CODI CIVIL DE CATALUNYA

CODI DE CONSUM

MEDIACIÓ

INFÀNCIA I ADOLESCÈNCIA

CODI CIVIL
DE CATALUNYA

CODI DE CONSUM
MEDIACIÓ
INFÀNCIA I ADOLESCÈNCIA

Edició a càrrec de:

JOAN EGEA FERNÁNDEZ
Catedràtic emèrit de Dret Civil a la Universitat Pompeu Fabra

JOSEP FERRER RIBA
Catedràtic de Dret Civil a la Universitat Pompeu Fabra

ESTHER FARNÓS AMORÓS
Professora Agregada de Dret Civil a la Universitat Pompeu Fabra

4a. edició
Tancament: setembre 2024

Atelier
LLIBRES JURÍDICS

©   De la selecció de textos: Joan Egea Fernàndez, Josep Ferrer Riba
i Esther Farnós Amorós

©   2024 Atelier
Santa Dorotea 8, 08004 Barcelona
e-mail: editorial@atelierlibros.es
www.atelierlibros.es
Tel.: 93 295 45 60

Primera edició: agost de 2018
Segona edició: febrer de 2020
Tercera edició: setembre 2021
Quarta edició: setembre 2024

ISBN: 978-84-10174-83-2

Dipòsit legal: B 16314-2024

Disseny i composició: Addenda, Pau Claris 92, 08010 Barcelona
www.addenda.es

Imprès a Espanya

ÍNDEX SISTEMÀTIC

LLIBRE SEGON. Persona i família

LLIBRE QUART. Successions

LLIBRE CINQUÈ. Drets reals

LLIBRE SISÈ. Obligacions i contractes

LLIBRE SEGON. Requisits de les relacions de consum

§ 1

CODI CIVIL DE CATALUNYA

§ 1. CODI CIVIL DE CATALUNYA

LLEIS D'APROVACIÓ DELS LLIBRES DEL CODI CIVIL

LLEI 29/2002, de 30 de desembre. Primera llei del Codi civil de Catalunya

(DOGC núm. 3798, de 13 de gener de 2003)

PREÀMBUL

L'exercici de la competència per a conservar, modificar i desenvolupar el dret civil de Catalunya, recuperada fa més de vint anys en el nou marc constitucional i estatutari, ha passat, fins ara, per diverses fases. En una primera fase, culminada amb la Llei 13/1984, del 20 de març, sobre la Compilació del dret civil de Catalunya, l'objectiu fou adoptar la Compilació de 1960, integrar-la en l'ordenament jurídic català i adaptar-la als principis constitucionals, per a superar els condicionaments polítics del moment històric en què fou dictada. En una segona fase, iniciada paral·lelament i continuada amb més o menys intensitat fins a l'actualitat, el Parlament de Catalunya va fer servir l'instrument tècnic de les lleis especials per anar donant cos a poc a poc a un ordenament jurídic encarcarat i amagrit per la prolongada absència d'institucions legislatives pròpies. A partir del 1991, amb la promulgació de la Llei 40/1991, del 30 de desembre, del Codi de successions per causa de mort en el dret civil de Catalunya, el dret català va entrar en una tercera fase, la de les codificacions parcials, continuada amb la Llei 9/1998, del 15 de juliol, del Codi de família, amb la voluntat de recollir, ordenar i sistematitzar la regulació sobre les diverses matèries continguda en les lleis especials que s'han anat promulgant i de completar-la fins a assolir la plenitud de l'exercici de les competències legislatives establertes per la Constitució i l'Estatut.

A la fi del 1998 el Departament de Justícia va organitzar les Jornades cap a un Codi Civil de Catalunya amb l'objectiu de fer partícip el món jurídic català de la voluntat del Govern d'avançar en la codificació del dret civil i d'analitzar, amb representants del món acadèmic, polític i professional, les possibilitats d'aprovar a curt termini un codi civil de Catalunya. Una peça clau per a dur a terme aquesta tasca és l'Observatori de Dret Privat de Catalunya, creat pel Decret 13/2000, del 10 de gener, de reestructuració parcial del Departament de Justícia, i format per un consell rector, una direcció executiva i una comissió de codificació, amb la finalitat, entre altres, que actuï com un instrument especialitzat de l'acció política del Govern en matèria de dret privat. Aquesta primera Llei del Codi civil de Catalunya té l'origen en els treballs de les diverses seccions i del Ple de la Comissió de Codificació d'aquest Observatori.

I

El primer objectiu d'aquesta Llei és establir l'estructura, el contingut bàsic i el procediment de tramitació del Codi civil de Catalunya.

La principal idea que la inspira és que el Codi civil de Catalunya ha d'ésser un codi obert, tant en l'estructura com en el contingut, i que s'ha d'anar conformant, d'acord amb el pla establert per aquesta Llei, mitjançant una successió de lleis seriades. Com tantes altres branques del dret, el dret civil és subjecte avui a un procés de canvi molt més dinàmic que en l'època de les grans codificacions. Tan impensable és assolir el vell ideal codificador de reduir totes les lleis civils a un sol codi com que les lleis així recollides tinguin un caràcter tendencialment permanent i immutable. D'una banda, el progrés social i el desenvolupament cientificotecnològic fan que en l'actualitat el dret civil hagi de donar resposta, de manera ràpida i continuada, a noves necessitats de regulació. De l'altra, el procés d'integració europea fa que els legisladors estatals, nacionals o autonòmics, segons qui tingui atribuïda la competència legislativa en una determinada matèria, hagin d'aplicar les directives que emanen de la Comissió Europea en uns terminis prefixats i relativament breus. La tècnica legislativa de les lleis especials, que sovint s'ha emprat per a adaptar-se tant a un aspecte com a l'altre, s'ha mostrat com a greument perjudicial per a la claredat, la sistemàtica i la coherència interna del dret civil.

Per aquestes raons, es considera que un codi que pugui superar aquests reptes ha de tenir una estructura que permeti anar incorporant les noves regulacions o les modificacions de les ja existents sense que se'n ressenti greument la sistemàtica.

Per tal de possibilitar aquesta flexibilitat i facilitar l'actualització continuada de la legislació civil, s'ha optat per emprar un sistema de numeració decimal, de manera que els articles es marquen amb dos números separats per un guionet. El primer número té tres xifres, que es refereixen, respectivament, al llibre, al títol i al capítol, i que indiquen, per tant, el lloc que ocupa l'article en el marc del Codi. El número que ve després del guionet correspon a la numeració contínua, que comença per l'1 en cada capítol. Aquest sistema ha de permetre que s'elabori el Codi civil per llibres o per parts de llibre, com està fent des de fa anys el legislador del Codi civil neerlandès, i que es combini la tècnica de la nova regulació de matèries fins ara insuficientment regulades en el nostre dret amb la de modificació i refosa de la regulació existent, com ja van fer la Llei 13/1984 i el Decret legislatiu 1/1984, del 19 de juliol, pel qual s'aprova el text refós de la Compilació de dret civil de Catalunya.

Aquest procediment ha de permetre que el legislador s'imposi el ritme que consideri més adequat i que, d'acord amb les circumstàncies socials i les necessitats del país, prioritzi unes parts de la regulació i hi imprimeixi un ritme més intens, amb el benentès que les omissions són provisionals i que no comporten cap mena de renúncia a l'exercici de les competències que li són pròpies.

Els llibres que componen aquest Codi, com indica l'article 3, són sis. El primer s'ocupa de les disposicions generals; el segon, de la persona i la família; el tercer, de la persona jurídica; el quart, de les successions; el cinquè, dels drets reals, i el sisè, de les obligacions i els contractes.

II

L'article 7 s'ocupa del segon objectiu d'aquesta Llei, que és el d'aprovar el llibre primer del Codi civil de Catalunya, titulat «Disposicions generals», el qual, sens perjudici que es pugui ampliar en el futur, s'estructura ara en dos títols.

El títol I, sota l'epígraf de «Disposicions preliminars», recull i sistematitza els preceptes continguts en el títol preliminar i en les disposicions finals segona i quarta de la Compilació del dret civil de Catalunya, i els completa, d'una banda, amb uns principis i unes doctrines que, si bé són consubstancials amb el dret civil de Catalunya, s'expliciten de manera expressa per primera vegada, i, de l'altra, amb normes que, encara que de manera esparsa, ja es troben en l'ordenament jurídic català vigent.

Així, l'article 111-1 enumera els elements que componen el dret civil de Catalunya i s'ocupa del valor que aquests elements tenen dins el seu propi sistema de fonts. Com en qualsevol ordenament jurídic modern, destaca el caràcter de font principal que hom atorga a la llei, mentre que el costum hi té un paper secundari, atès que només regeix en defecte de llei aplicable. La regulació reconeix als principis generals del dret la funció d'autointegració del dret civil de Catalunya, per evitar l'heterointegració mitjançant l'aplicació del dret supletori, i llur rellevància com a límit a una eventual al·legació indiscriminada de la tradició jurídica catalana, la referència a la qual es troba en l'article 111-2, com a expressió de la doctrina de la *iuris continuatio*. Finalment, si bé no com a font del dret, aquest darrer article reconeix a la jurisprudència civil del Tribunal de Cassació de Catalunya, en la mesura que no hagi estat modificada per la legislació vigent, i a l'emanada del Tribunal Superior de Justícia de Catalunya, el valor de doctrina jurisprudencial als efectes del recurs de cassació.

Per la seva banda, l'article 111-3 reprodueix en l'apartat 1, per raons d'ordre sistemàtic, l'article 7.1 de l'Estatut d'autonomia. Així mateix, refon parcialment els articles 2 i 3 del títol preliminar de la Compilació, en referir-se al caràcter territorial del dret local, i reprodueix, per les mateixes raons esmentades, l'article 7.2 de l'Estatut, relatiu a la subjecció al dret civil català dels estrangers que hagin adquirit la nacionalitat espanyola mentre mantinguin el veïnatge administratiu a Catalunya, llevat que manifestin llur voluntat en contra. El precepte es clou amb una referència al veïnatge local, el qual és determinat per les normes que regeixen el veïnatge civil.

L'article 111-4 destaca que el nou Codi civil té caràcter de dret comú a Catalunya i, per tant, caràcter supletori de les altres lleis.

L'article 111-5 es refereix tant al caràcter preferent de les disposicions del dret civil de Catalunya, llevat dels supòsits en què siguin directament aplicables normes de caràcter general, com a la limitació a l'heterointegració mitjançant l'aplicació com a supletori del dret de l'Estat, la qual només és possible quan no sigui contrària al dret propi o als principis generals que l'informen.

L'article 111-6, tot recollint com a disposició preliminar el principi de llibertat civil, remarca que, a diferència de l'article 1255 del Codi civil espanyol, no es limita a l'autonomia contractual, sinó que té caràcter de principi general. Alhora, palesa la prevalença dels actes d'exercici de l'autonomia privada sobre les disposicions que no siguin imperatives.

L'article 111-7 incorpora una norma sobre la bona fe perquè en la tradició del dret català, en la línia del dret continental europeu del qual forma part, és un principi que té caràcter general i que, per tant, no es pot limitar a l'àmbit contractual. També es refereix a l'honradesa dels tractes, com a concepte diferenciat, perquè, d'acord amb l'evolució més recent del dret privat europeu, en vol destacar l'aspecte objectiu, independent del coneixement o la ignorància de cadascun dels subjectes de la relació jurídica.

Per la seva banda, l'article 111-8 formula la doctrina dels actes propis i l'article 111-9 es refereix a la necessitat de tenir en compte l'equitat en l'aplicació de les normes i expressa la norma més tradicional d'acord amb la qual la resolució en equitat requereix autorització legal.

III

El títol II del llibre primer, sota l'epígraf de «Prescripció i caducitat», regula aquestes dues institucions de manera més moderna i dinàmica que el Codi civil espanyol, ancorat encara en concepcions romanistes i vuitcentistes, i en el qual es confonen sovint prescripció i caducitat, i no és clara la frontera entre aquella i la usucapió o prescripció adquisitiva.

És ben sabut que el dret històric català va regular sempre la prescripció. Va ésser el conegut usatge *Omnes Causae* (*Constitucions i altres drets de Catalunya*, llibre setè, títol II, constitució 2a, del volum I) el que va modificar les normes de dret romà i canònic aplicables. Al costat de l'usatge, el capítol XLIV del *Recognoverunt proceres* va recollir una norma semblant en matèria de prescripció, que va excloure els terminis de deu i vint anys del dret romà i va generalitzar el termini de trenta anys ja establert per l'usatge esmentat. Aquestes normes no eren les úniques vigents, sinó que subsistien altres terminis més curts, recollits per les Constitucions (llibre setè, títol II, volum I). La jurisprudència del Tribunal Suprem va ésser sempre molt respectuosa amb la normativa catalana sobre prescripció i, en aquest sentit, són nombroses les sentències en les quals es va aplicar la prescripció dels trenta anys de l'usatge i es va excloure la del Codi civil.

Avui la prescripció i la caducitat estan deficientment regulades. La primera és regulada per l'article 344 de la Compilació i pel Codi civil espanyol, al qual es remet la Compilació i no totes les normes del qual són aplicables a Catalunya. La caducitat, en canvi, només apareix referida a accions concretes i no està regulada en cap cos legal.

L'escassa aplicació a les accions personals que els tribunals catalans han fet del termini de prescripció de trenta anys i la preocupació per modificar i actualitzar la prescripció, que també s'ha palesat en els ordenaments jurídics dels països de l'entorn, han determinat que s'optés per emprendre una regulació detallada d'aquestes institucions, la qual ha tingut en compte les regulacions de diversos països europeus, algunes de les quals molt recents, i diverses propostes de reformes legislatives en curs.

En aquesta regulació la prescripció es predica de les pretensions, enteses com a drets a reclamar a una altra persona una acció o una omissió, i es refereix sempre a drets disponibles. La prescripció extingeix les pretensions, tant si s'exerceixen en forma d'acció com d'excepció. La caducitat, en canvi, s'aplica als poders de configuració jurídica, entesos com a facultats que la persona titular pot exercir per a alterar la realitat jurídica, que neixen amb una durada predeterminada i que no necessiten l'actuació d'altri. La caducitat n'impossibilita l'exercici i es pot produir tant en els casos de relacions jurídiques indisponibles com en els de relacions jurídiques disponibles. En aquest darrer cas, la caducitat presenta unes semblances amb la prescripció que aconsellen aplicar algunes de les seves normes.

Un dels eixos de la regulació ha estat l'escurçament considerable dels terminis de prescripció. En l'article 121-20 s'ha optat per un termini general de prescripció de deu anys, tant per a les accions personals com per a les reals, combinat amb altres terminis més curts, establerts pels articles 121-21 i 121-22, que mostren una clara tendència uniformadora. També s'ha generalitzat el criteri de la necessitat del coneixement o, si més no, de la cognoscibilitat de les dades de la pretensió per a iniciar el còmput del termini, de manera que, d'acord amb l'article 121-23, perquè comenci a computar-se el termini de prescripció no n'hi ha prou amb el naixement de la pretensió, sinó que cal, a més a més, que la persona titular hagi conegut o hagi pogut conèixer raonablement les circumstàncies que fonamenten la pretensió i la persona contra la qual es pot exercir. Tanmateix, l'article 121-24, tot donant una nova funció al termini de l'usatge *Omnes Causae*, es refereix als trenta anys, a comptar del naixement de la pretensió, com a termini de preclusió, exhaurit el qual, de manera absoluta i amb independència de qualsevol circumstància, ja no es pot fer valer la dita pretensió.

D'acord amb les regulacions europees més modernes i el principi de llibertat civil, l'article 121-3 introdueix una excepció a la norma de la inderogabilitat del règim de la prescripció, referida a la possibilitat de modificar-ne els terminis, sia per abreujar-los, sia per allargar-los. A més dels límits generals de l'autonomia de la voluntat, l'abreujament o l'allargament que es pactin no poden excedir, respectivament, la meitat o el doble del termini legalment establert.

Una novetat important, seguint la línia de l'evolució dels ordenaments jurídics dels països de l'entorn, ha estat la introducció de la suspensió de la prescripció, concebuda com a mitjà per a socórrer la persona titular del dret que no ha pogut interrompre la prescripció, sia per motius externs i aliens a la dita persona, sia per motius personals o familiars. Aquesta figura, ignorada pel Codi civil espanyol i només amb algun vestigi en el dret català vigent, reclamava una regulació com a categoria general, sens perjudici de la regulació dels casos específics en lleis especials, tal com fan la majoria dels ordenaments estrangers propers al català.

Fins ara les causes objectives eren les úniques causes de suspensió reconegudes pel sistema jurídic català; en especial, els casos de guerra o greu crisi social. Aquests casos de suspensió, que ja eren presents en els textos dels juristes clàssics catalans i en la jurisprudència antiga, es recondueixen en aquesta regulació cap al concepte de força major, la qual provoca la suspensió si persisteix quan manca un temps relativament curt, que el Codi fixa en sis mesos, per a exhaurir-se el termini de prescripció. A aquestes circumstàncies objectives, s'hi sumen ara les circumstàncies subjectives derivades de raons personals o familiars, que es donen quan una persona menor d'edat o incapaç es troba sense representació legal, de manera que no pot exercir els seus drets, i quan causes afectives i de proximitat personal fan que sigui summament difícil fer valer la pretensió davant una altra persona sense arriscar greument la convivència o una relació personal o familiar (matrimoni, relació paternofilial, tutela, etc.) més valuosa que la pretensió prescriptible. Atès que, per preservar aquesta relació, la persona interessada normalment no acciona el seu dret, ha d'haver-hi suspensió del termini de prescripció, per a no obligar-la a sacrificar un dret que l'ordenament ha de protegir amb vista a interessos superiors.

Atesa la importància i la previsible repercussió pràctica de la nova normativa sobre prescripció i caducitat, ha calgut finalment regular amb detall les situacions transitòries i optar per un grau de retroactivitat mitjà, que tendeix a afavorir l'aplicació dels terminis de prescripció més curts. Per aquestes mateixes raons i per la conveniència que el títol II del llibre primer del Codi civil de Catalunya entri en vigor al començament de l'any natural, també s'ha considerat necessari establir una *vacatio legis* fins a l'1 de gener de 2004.

Article 1.   *Objecte*

L'objecte d'aquesta Llei és establir l'estructura i la sistemàtica del Codi civil de Catalunya i aprovar-ne el llibre primer.

Article 2. *Estructura*

El Codi civil de Catalunya s'estructura en sis llibres i les disposicions addicionals, transitòries i finals corresponents.

Article 3. *Divisió*

Els llibres que componen el Codi civil de Catalunya són els següents:

a) Llibre primer, relatiu a les disposicions generals, que inclou les disposicions preliminars i la regulació de la prescripció i de la caducitat.

b) Llibre segon, relatiu a la persona i la família, que inclou la regulació de la persona física, les matèries actualment compreses en el Codi de família i les lleis especials d'aquest àmbit.

c) Llibre tercer, relatiu a la persona jurídica, que inclou la regulació de les associacions i de les fundacions.

d) Llibre quart, relatiu a les successions, que inclou la regulació de les matèries contingudes en el Codi de successions per causa de mort i en les altres lleis especials d'aquest àmbit.

e) Llibre cinquè, relatiu als drets reals, que inclou la regulació d'aquesta matèria aprovada pel Parlament.

f) Llibre sisè, relatiu a les obligacions i els contractes, que inclou la regulació d'aquestes matèries, comprenent-hi els contractes especials i la contractació que afecta els consumidors, aprovada pel Parlament.

Article 4. *Distribució interna*

Cada llibre del Codi civil de Catalunya es divideix en títols, i aquests, en capítols. Els capítols es poden dividir en seccions i aquestes, eventualment, en subseccions.

Article 5. *Numeració dels articles*

Els articles del Codi civil duen dos números separats per un guionet, llevat de les disposicions addicionals, transitòries i finals. El primer número és integrat per tres xifres, que indiquen respectivament el llibre, el títol i el capítol. El segon número correspon a la numeració contínua que, començant per l'1, s'atribueix a cada article dins de cada capítol.

Article 6. *Tramitació*

1. El Codi civil de Catalunya s'ha d'elaborar en forma de codi obert mitjançant l'aprovació de diferents lleis.

2. Els projectes de llei que el Govern presenti al Parlament han de correspondre a cadascun dels llibres o, eventualment, a cadascuna de les parts de llur contingut a què fa referència l'article 3.

3. Els projectes de llei han d'incloure les modificacions d'addició, supressió o nova redacció que es considerin necessàries per a conservar,

modificar o desenvolupar la regulació vigent, perquè siguin aprovades pel Parlament.

4. En cada llei, si escau, una disposició final ha d'autoritzar el Govern a refondre mitjançant decret legislatiu les modificacions que en derivin amb les normes i les disposicions que restin sense alteració, d'acord amb el que disposen l'article 33.1 de l'Estatut d'autonomia de Catalunya i els articles 34, 35 i 39 de la Llei 3/1982. Aquesta autorització ha d'incloure la facultat de regularitzar l'ordenació numèrica dels articles i d'aclarir i harmonitzar els textos legals que han d'ésser refosos.

5. Els decrets legislatius relatius a matèries de dret civil s'han d'elaborar d'acord amb el que disposa l'apartat 4 i s'han d'incorporar a la part del Codi civil que els correspongui d'acord amb la divisió establerta per l'article 3.

Article 7. *Tractament del gènere en les denominacions referides a persones*

En el Codi civil de Catalunya, s'entén que les denominacions en gènere masculí referides a persones inclouen dones i homes, llevat que del context se'n dedueixi el contrari.

Article 8. *Aprovació del llibre primer*

S'aprova el llibre primer del Codi civil de Catalunya amb el contingut següent: [...]

DISPOSICIÓ TRANSITÒRIA ÚNICA*

[...]

DISPOSICIONS FINALS

Primera. Resten substituïts pels preceptes corresponents d'aquesta Llei els articles 1, 2, 3 i 344 i les disposicions finals segona i quarta del Decret legislatiu 1/1984.

Segona. Aquesta Llei entra en vigor als vint dies després d'haver estat publicada en el Diari Oficial de la Generalitat de Catalunya, llevat de l'article 7, que aprova els títols I i II del llibre primer del Codi civil de Catalunya, i de la disposició final primera, que entren en vigor l'1 de gener de 2004.

---

* Per raons sistemàtiques, transcrivim el text de la disposició transitòria única de la Llei 29/2002, del 30 de desembre, al final de la part dispositiva del CCCat.

LLEI 25/2010, del 29 de juliol, del llibre segon del Codi civil de Catalunya, relatiu a la persona i la família

(DOGC núm. 5686, de 5 d'agost)

PREÀMBUL

I
Finalitat

La finalitat d'aquesta llei és aprovar el llibre segon del Codi civil de Catalunya, relatiu a la persona i la família, i bastir una altra de les parts del nou sistema jurídic privat que ha d'anar completant el Codi general.

Des que la Generalitat de Catalunya recuperà la competència legislativa en matèria civil, el Parlament de Catalunya ha dut a terme una tasca remarcable en l'àmbit del dret de la persona i de família. Inicialment, la Llei 13/1984, del 20 de març, va adaptar la Compilació als principis constitucionals d'igualtat jurídica dels cònjuges i d'equiparació jurídica dels fills dins i fora del matrimoni, alhora que incorporava el text compilat a l'ordenament català. Poc després, s'emprengué una etapa d'adequació del dret civil a les noves realitats familiars, en la qual es van combinar la tècnica de les lleis especials —les lleis 7/1991, del 27 d'abril, de filiacions; 37/1991, del 30 de desembre, sobre mesures de protecció dels menors desemparats i de l'adopció; 39/1991, del 30 de desembre, de la tutela i les institucions tutelars; 12/1996, del 29 de juliol, de la potestat del pare i de la mare, i 10/1996, del 29 de juliol, d'aliments entre parents— amb la reforma de la Compilació, per mitjà de la Llei 8/1993, del 30 de setembre, de modificació de la Compilació en matèria de relacions patrimonials entre cònjuges. D'aquesta manera es va anar perfilant un cos normatiu força complet en l'àmbit del dret civil que, seguint el camí marcat per la Llei 40/1991, del 30 de desembre, del Codi de successions per causa de mort en el dret civil de Catalunya, va conduir a la seva codificació sectorial, amb l'aprovació de la Llei 9/1998, del 15 de juliol, del Codi de família. Malgrat tot, per raons diverses, algunes institucions van quedar fora del Codi de família: per exemple, les unions estables de parella, regulades per la Llei 10/1998, del 15 de juliol.

L'actuació legislativa del Parlament en matèria de persona i família, tanmateix, no s'esgotà en el Codi de família, sinó que va tenir altres fites molt significatives, com la Llei 8/1995, del 27 de juliol, d'atenció i protecció dels infants i els adolescents, i la Llei 1/2001, del 15 de març, de mediació familiar de Catalunya. A més, va abordar realitats més concretes, com en la Llei 19/1998, del 28 de desembre, sobre situacions convivencials d'ajuda mútua, i problemes específics de determinats àmbits, com en la Llei 21/2000, del 29 de desembre, sobre els drets d'informació concernent la salut i l'autonomia del pacient, i la documentació clínica. Posteriorment, la Llei 3/2005, del 8 d'abril, de modificació de la Llei 9/1998, del Codi de família, de la Llei 10/1998, d'unions estables de parella, i de la Llei 40/1991, del Codi de successions per causa de mort en el dret civil de Catalunya, en matèria d'adopció i tutela, va eliminar les diferències quant a la possibilitat d'adopció conjunta per parelles formades per persones del mateix sexe.

D'acord amb l'article 3 de la Llei 29/2002, del 30 de desembre, primera del Codi civil de Catalunya, el llibre segon ha d'incloure la regulació de la persona física, les matèries compreses en la Llei 9/1998 i les lleis especials d'aquest àmbit. És per això que, des de la seva creació, l'Observatori de Dret Privat de Catalunya va començar a treballar en les tasques de revisió, harmonització i sistematització de la legislació en matèria familiar entesa en un sentit ampli, és a dir, incloent-hi la regulació de la persona física. Malgrat el que estableix l'article 6 de la Llei 29/2002, la integració del dret de la persona i de la família en el Codi civil no s'ha fet mitjançant una proposta de modificacions d'addició, supressió o nova redacció de les normes vigents, tot preveient una refosa ulterior en el nou llibre segon. S'ha optat, per contra, per presentar un text alternatiu íntegre, la qual cosa evita les dificultats inherents a una refosa posterior i permet contextualitzar les nombroses i importants novetats que s'introdueixen en aprovar el llibre segon.

II
Principis

L'article 40 de l'Estatut d'autonomia disposa que els poders públics han de garantir la protecció jurídica, econòmica i social de les diverses modalitats de família, com a estructura bàsica i factor de cohesió social i com a primer nucli de convivència de les persones. La mateixa norma estatutària posa èmfasi també en la protecció que la llei ha de donar als infants, els joves, les persones amb discapacitats i les persones grans. La família és, en efecte, el referent essencial dels ciutadans i un dels pocs que susciten l'adhesió de tothom. En totes les societats, és un dels àmbits vitals més ben valorats i té gran importància per als membres de la família.

En aquest àmbit té lloc la interacció i la solidaritat entre les generacions, especialment en ocasió de la criança i l'educació dels infants i joves. Aquest llibre recull i reforça el principi de l'interès superior del menor en relació amb el conjunt d'institucions i àmbits en què la seva persona o el seu patrimoni es poden veure afectats per decisions que altres prenen en el seu nom. La nova normativa proporciona, a més, criteris amb què es pot perfilar millor aquest interès en relació amb les circumstàncies del cas concret, especialment quan cal establir com s'exerceixen les responsabilitats parentals sobre els fills menors després de la ruptura matrimonial o de la convivència estable en parella, però també en el desenvolupament de la potestat parental o de la tutela.

D'altra banda, les transformacions socials han fet que avui la família s'entengui més aviat com un àmbit en què la comunicació i el respecte als desitjos i les aspiracions individuals dels membres que la componen ocupen un lloc important en la definició del projecte de vida en comú. És per això que es posa èmfasi en el desenvolupament individual, en la llibertat i autonomia de l'individu, però també en la seva responsabilitat. Aquesta concepció de la família també inspira tot el dret del menor i la regulació de les relacions entre els progenitors i els fills en potestat.

Tocant als interessos dels col·lectius especialment vulnerables, l'ordenament civil ha de fer possible, no obstant les especials necessitats de protecció per raó d'edat o de disminució psíquica o física, que tothom pugui desenvolupar el seu projecte de vida i prendre part, en igualtat de drets i deures, en la vida social. És per això que la nova regulació posa èmfasi en la capacitat natural de les persones i en el respecte a llur autonomia en l'àmbit personal i familiar, sense ignorar que la possibilitat d'abusos reclama la previsió de mecanismes de control adequats. En aquesta línia, s'insereixen dues noves institucions adreçades a protegir i afavorir l'autonomia de persones que, per diferents raons, poden necessitar protecció: d'una banda, l'assistència, concebuda com un mitjà de protecció a disposició de persones per a les quals, per llurs condicions psicofísiques, la incapacitació i la tutela posterior sovint no són possibles ni tan sols aconsellables, i, d'altra banda, la possibilitat de constituir patrimonis protegits, en interès de persones amb discapacitat psíquica o física o en situació de dependència, destinats a atendre'n les necessitats.

El llibre segon ha tingut en compte que la societat catalana, com altres de l'entorn, ha evolucionat i que les característiques de les famílies han canviat substancialment en relació amb les de la generació immediatament anterior. Catalunya es troba en plena transició demogràfica i és, avui, una societat més envellida i amb un gran creixement del nombre de llars unipersonals, fruit de l'augment de l'esperança de vida, d'una fecunditat més aviat baixa i de taxes de divorci en augment. D'altra banda, l'home ha deixat d'ésser l'únic membre de la llar que aporta ingressos a la unitat familiar, i cada vegada hi ha més famílies en les quals tant l'home com la dona tenen una feina remunerada. La taxa d'activitat femenina ha crescut d'una manera constant fins a apropar-se a la mitjana dels països més desenvolupats, la qual cosa explica també que l'edat en el moment de contreure el primer matrimoni superi els trenta anys tant en dones com en homes. Com en altres països de l'entorn de Catalunya, el divorci s'ha normalitzat i ha augmentat considerablement. Si a mitjan anys vuitanta les taxes de divorcis encara eren baixes, entorn de 0,1 per mil habitants, en l'actualitat han arribat a prop de 2,1 per mil habitants. Aquest augment dels divorcis s'ha traduït en un augment significatiu de llars familiars en què viu només un dels progenitors amb els fills, i també de famílies reconstituïdes, és a dir, formades per un progenitor, el seu cònjuge o parella, els fills d'almenys un d'ells i, si n'hi ha, els comuns, les quals, fins ara, si deixem de banda alguna norma aïllada en matèria de despeses familiars i l'adopció, gairebé no havien tingut reflex normatiu.

Finalment, avui predomina una més gran tolerància envers formes de vida i de realització personal diferents de les tradicionals. En una societat oberta, la configuració dels projectes de vida de les persones i de les mateixes biografies vitals no pot venir condicionada per la prevalença d'un model de vida sobre un altre, sempre que l'opció lliurement escollida no comporti danys a tercers. Aquest és el principi de què parteix el llibre segon pel que fa al reconeixement de les modalitats de família. Per això, a diferència del Codi de família, aquest llibre acull les relacions familiars basades en formes de convivència diferents de la matrimonial, com les famílies formades per un progenitor sol amb els seus descendents, la convivència en parella estable i les relacions convivencials d'ajuda mútua. La nova regulació acull també la família homoparental, salvant les diferències que imposa la naturalesa de les coses.

III
Estructura i contingut

Aquesta Llei, d'un sol article, aprova el llibre segon del Codi civil de Catalunya, relatiu a la persona i la família, i conté nou disposicions addicionals, vuit de transitòries, una de derogatòria i cinc de finals. S'estructura sobre la base del Codi de família, del qual reordena els continguts i esmena les errades tècniques i al qual introdueix un nombre considerable de novetats per a adequar l'ordenament jurídic a les noves necessitats socials.

El llibre segon del Codi civil es divideix en quatre títols: el títol I regula la persona física; el títol II, les institucions de protecció de la persona; el títol III, la família, i el títol IV, les altres relacions de convivència.

a) La persona física

El capítol I del títol I, relatiu a la personalitat civil i a la capacitat, col·loca la persona física en l'eix central de l'ordenament civil. Als efectes del dret català, la personalitat civil s'adquireix pel naixement, en la línia del que disposa l'article 7 de la Convenció sobre els drets de l'infant, adoptada per l'Assemblea General de les Nacions Unides el 20 de novembre de 1989 i ratificada per l'Estat espanyol el 30 de novembre de 1990. De fet, aquesta regla no fa més que explicitar i desenvolupar el que ja es desprenia dels articles 196.1 i 254.2 del Codi de successions, els quals, en relació amb la capacitat successòria, permetien entendre que l'adquisició de la personalitat es produeix sempre que el concebut arribi a néixer. S'explicita també el principi, que ja regia en el dret successori català, establert pels articles 9 i 143.2 del Codi de successions, entre d'altres, segons el qual el concebut té la consideració de persona per a tots els efectes que li siguin favorables si arriba a néixer. Pel que fa a la capacitat de la persona, el llibre segon posa l'accent en la capacitat natural com a criteri que fonamenta l'atribució de la capacitat d'obrar, d'acord amb el que disposa el Codi civil, de manera que, combinada amb l'edat, permet fer-ne una valoració gradual, no estrictament seccionada en etapes al llarg de la vida de la persona.

S'estableix una norma sobre commoriència que exigeix que, perquè pugui tenir lloc la transmissió de drets, el beneficiari de la successió o de la transmissió hagi sobreviscut al causant almenys setanta-dues hores. Es pretén eliminar els problemes de prova que aquestes situacions solen plantejar. Alhora, aquesta regla és més respectuosa amb la voluntat del causant que volia afavorir una determinada persona i no pas els hereus d'aquesta.

Finalment, aquest capítol conté unes disposicions sobre majoria i minoria d'edat i una regulació completa de l'emancipació i del règim jurídic dels actes del menor emancipat, que omple les llacunes existents. En aquest àmbit, s'ha optat per suprimir la intervenció dels dos parents més pròxims com a complementadors de la capacitat del menor emancipat en els casos de desacord o d'impossibilitat del que ha de complementar la capacitat, ja que no ha tingut cap transcendència pràctica. Per la mateixa raó, s'ha suprimit la intervenció dels dos parents amb relació a la curatela.

El capítol II, referit a l'autonomia de la persona en l'àmbit de la salut, incorpora els principis de la Llei 21/2000. Les disposicions, més aviat disperses, que el Codi de família dedicava a aquests principis en el marc de la tutela i la guarda de fet no els reflectien bé ni els harmonitzaven. En aquest sentit, s'aclareix l'abast de la legitimació per a prendre decisions en substitució del pacient, se suprimeix l'autorització judicial que havien de demanar el tutor o els pares per a aplicar certs tractaments mèdics a les persones posades en tutela o en potestat, que no exigeix la legislació de l'àmbit sanitari. Aquest capítol es completa amb unes normes referides al document de voluntats anticipades i a l'internament per raons de trastorn psíquic, del qual s'elimina la referència al fet que s'hagi de tractar d'un establiment tancat.

b)   Les institucions de protecció de la persona

La distinció que l'article 3 de la Llei 29/2002, en relació amb el contingut del llibre segon, fa entre persona física i família, ha permès emfasitzar el protagonisme que han de tenir les institucions tutelars, donant-los un tractament autònom i independent que les allunya, en part, de llur consideració com a succedani de les relacions familiars. Així, el títol II del llibre segon agrupa les institucions de protecció de les persones majors d'edat que no es poden governar per si mateixes i la protecció dels menors, en particular la dels menors en situació de desemparament. Juntament amb aquestes institucions, s'inclou la regulació de l'assistència i la protecció patrimonial de persones discapacitades i dependents.

La principal característica del títol II és que incorpora una gran varietat d'instruments de protecció, que pretenen cobrir tot el ventall de situacions en què es poden trobar les persones amb discapacitat.

Aquesta llei manté les institucions de protecció tradicionals vinculades a la incapacitació, però també en regula d'altres que operen o poden eventualment operar al marge d'aquesta, atenint-se a la constatació que en molts de casos la persona amb discapacitat o els seus familiars prefereixen no promoure-la. Aquesta diversitat de règims de protecció sintonitza amb el deure de respectar els drets, la voluntat i les preferències de la persona, i amb els principis de proporcionalitat i d'adaptació a les circumstàncies de les mesures de protecció, tal com preconitza la Convenció sobre els drets de les persones amb discapacitat, aprovada a Nova York el 13 de desembre de 2006 i ratificada per l'Estat espanyol. En particular, les referències del llibre segon a la incapacitació i a la persona incapacitada s'han d'interpretar d'acord amb aquesta convenció, en el sentit menys restrictiu possible de l'autonomia personal.

El capítol I d'aquest títol sistematitza unes disposicions comunes a totes les institucions de protecció i les configura com un deure que, sota el control de l'autoritat judicial, s'ha d'exercir en interès de la persona protegida i d'acord amb la seva personalitat, procurant que les decisions que l'afectin responguin als seus anhels i expectatives.

Pel que fa a la tutela, el capítol II incorpora el règim del Codi de família, però amb algunes novetats remarcables. D'una banda, en la línia d'un major reforçament de l'autonomia de la persona, que segueix el camí iniciat per la Llei 11/1996, del 29 de juliol, de modificació de la Llei 39/1991, del 30 de desembre, de la tutela i institucions tutelars, amb l'admissió de l'autotutela, es flexibilitza la resposta jurídica davant la pèrdua progressiva de facultats cognitives i volitives de la persona, admetent que, si s'havia atorgat un poder en previsió d'una situació de pèrdua de capacitat, el fet que aquesta circumstància s'arribi a produir no duu necessàriament a l'extinció d'aquell. És a dir, es permet que, sense necessitat de constituir la tutela, l'apoderat pugui continuar tenint cura dels interessos de la persona que ja no es pot valer per si mateixa. Això no impedeix, òbviament, que, en interès de la persona protegida, s'arribi finalment a constituir la tutela i que l'autoritat judicial, si li ho demana el tutor, pugui resoldre l'extinció del poder. Es tracta que no sempre calgui la incapacitació i la constitució formal de la tutela, que es configura com una mesura de protecció, especialment en casos de desemparament de l'incapaç, quan a la greu malaltia psíquica s'hi afegeix la manca, inadequació o impossibilitat de suport familiar. Paral·lelament, s'han fixat unes cauteles per a l'atorgament de les escriptures que contenen la delació feta per un mateix, ja que s'ha detectat que, amb una freqüència excessiva, algunes escriptures de designació de tutor s'atorguen just abans d'instar la incapacitació, fet que fa sospitar que hi pot haver captació de la voluntat per part del designat o, simplement, que l'atorgant no era plenament capaç. Per això, d'una banda, es consideren ineficaces les delacions fetes per un mateix si l'escriptura que les conté s'ha atorgat després d'haver-se instat el procés sobre la seva capacitat o després que el ministeri fiscal n'hagi iniciat les diligències preparatòries; i de l'altra, es legitimen les persones cridades per la llei per a exercir la tutela o el ministeri fiscal per a oposar-se judicialment a la designació feta pel mateix interessat dins l'any anterior a l'inici del procediment sobre la capacitat.

S'incideix també en l'aptitud per a exercir els càrrecs tutelars i s'adapten les normes sobre excuses a la realitat de la necessària i convenient especialització de les entitats tutelars no lucratives dedicades a la protecció de persones incapacitades. Per això, es permet que les persones jurídiques s'excusin si no disposen de mitjans suficients per a desenvolupar adequadament la tutela o si les condicions personals del tutelat són alienes a les finalitats per a les quals han estat creades. Finalment, en línia amb la crítica unànime que havien fet els operadors jurídics, també s'ha revisat el règim de la rendició de comptes durant l'exercici del càrrec i al final d'aquest, de manera que s'hagin de retre davant l'autoritat judicial que hagi constituït la tutela.

Els capítols III i IV tracten de la curatela i del defensor judicial, respectivament. Tot i que la curatela es concep com una institució complementadora de la capacitat en la qual és la persona protegida la que actua per si mateixa, s'admet que en supòsits d'incapacitació parcial la sentència pugui conferir facultats d'administració al curador, que, si cal, pot actuar com a representant. És per això que s'inclou també l'obligació de retre comptes, pròpia de tota gestió de negocis d'altri. El capítol IV manté el caràcter versàtil i flexible del defensor judicial partint de la seva configuració com a institució tutelar que acompleix una funció d'ajustament de les altres institucions de protecció, inclosa la potestat parental.

El capítol V delimita uns contorns més precisos per a la guarda de fet, que es vincula als casos en què hom té cura d'una persona menor en situació de desemparament o d'una persona major d'edat en la qual es dóna una causa d'incapacitació. En aquest segon cas, l'obligació de comunicar el fet de la guarda a l'autoritat judicial es limita al cas en què la persona està en un establiment residencial, sens perjudici del que estableix la legislació processal. A la pràctica s'ha pogut constatar que són excepcionals, i més aviat extrems, els casos en què les famílies prenen la decisió de sol·licitar la incapacitació de les persones ancianes afectades de demències senils o d'altres malalties que els impedeixen decidir per si mateixes. D'altra banda, quan s'exerceix la guarda de fet d'una persona que està en potestat parental o en tutela, també s'ha considerat pertinent que l'autoritat judicial pugui conferir funcions tutelars al guardador, si hi ha circumstàncies, com ara la durada previsible de la guarda o les necessitats de la persona guardada, que ho facin aconsellable. L'atribució de funcions tutelars comporta la suspensió de la potestat o la tutela, i evita al guardador la càrrega, massa onerosa, sobretot en un context familiar, d'haver d'instar la privació de la potestat o la remoció del tutor.

Juntament amb la disposició que permet no constituir la tutela si s'havia atorgat un poder en previsió de la pèrdua de capacitat, els canvis en relació amb la guarda de fet són un reflex del nou model de protecció de la persona que dissenya el llibre segon. Aquest model ha estat guiat per la idea de considerar que la incapacitació és un recurs massa dràstic i, a vegades, poc respectuós amb la capacitat natural de la persona protegida. És per això mateix que el capítol VI inclou un nou instrument de protecció, l'assistència, adreçat al major d'edat que ho necessita per a tenir cura de la seva persona o dels seus béns a causa de la disminució no incapacitant de les seves facultats físiques o psíquiques. Es parteix, així, d'una concepció de la protecció de la persona que no es vincula, necessàriament, als casos de manca de capacitat, sinó que inclou instruments que, basant-se en el lliure desenvolupament de la personalitat, serveixen per a protegir les persones en situacions com la vellesa, la malaltia psíquica o la discapacitat. Aquest instrument pot ésser molt útil, també, per a determinats col·lectius especialment vulnerables però per als quals la incapacitació i l'aplicació d'un règim de tutela o curatela resulten desproporcionades, com ara les persones afectades per un retard mental lleu o altres per a les quals, pel tipus de disminució que sofreixen, els instruments tradicionals no són apropiats per a atendre llurs necessitats. En línia amb les directrius de la Recomanació R (99) 4, del Comitè de Ministres del Consell d'Europa, del 28 de febrer de 1999, i amb els precedents existents en diferents ordenaments jurídics de l'entorn de Catalunya, es considera més adequat aquest model de protecció, paral·lel a la tutela o la curatela. A més, aquesta tendència és la mateixa que inspira la Convenció sobre els drets de les persones amb discapacitat.

El capítol VII incorpora al dret català la figura del patrimoni protegit, que comporta l'afectació de béns aportats a títol gratuït per la persona constituent, i també dels seus rendiments i béns subrogats, a la satisfacció de les necessitats vitals d'una persona afectada per discapacitat psíquica o física d'una certa gravetat o per una situació de dependència igualment severa. S'ha pogut detectar que, malgrat els beneficis fiscals que estableix la legislació estatal, els casos en què les famílies catalanes han fet servir aquest instrument han estat més aviat pocs. És per això que la regulació que es proposa, coherent amb l'objectiu d'oferir una protecció patrimonial a la persona beneficiària, afecta el patrimoni protegit a aquesta finalitat i parteix de la idea que aquest patrimoni no respon de les obligacions de la persona beneficiària, ni tampoc de les de la persona constituent o de qui hi va fer aportacions, sinó que únicament queda vinculat per les obligacions contretes per l'administrador per a atendre les necessitats vitals de la persona protegida. Com a complement d'aquesta figura, es dissenya un règim d'administració del patrimoni protegit i de supervisió de l'activitat de l'administrador i la disposició addicional primera regula, també, la creació del Registre de patrimonis protegits.

Per a acabar el títol I, el capítol VIII, relatiu a la protecció dels menors desemparats, incorpora al llibre segon els aspectes civils de la Llei

37/1991, del 30 de desembre, sobre mesures de protecció dels menors desemparats i de l'adopció, i té en compte el nou model de protecció de la legislació sobre la infància i l'adolescència, en la qual la declaració de desemparament es reserva per als casos més greus, és a dir, aquells en què cal separar el menor del seu nucli familiar. En aquesta matèria, el Codi civil de Catalunya regula la protecció de menors desemparats en paral·lel a les altres institucions de protecció de la persona, i remet a la legislació sobre la infància i l'adolescència els indicadors de desemparament, les mesures de protecció, el procediment per a adoptar-les i revisar-les, el règim de recursos i les causes de cessament. Alhora, es dóna visibilitat a la funció que compleix la persona o família acollidora, que assumeix la guarda i les responsabilitats parentals de caràcter personal respecte al menor i les facultats que en resulten, sens perjudici de la vigilància, l'assessorament i l'ajut de l'organisme competent. A més, l'acolliment preadoptiu, com a període de prova de l'adopció, passa a regular-se, juntament amb aquesta, en el capítol V del títol III. Es posa fi, així, a la discriminació, encara que només ho hagi estat en termes de tècnica legislativa, derivada del fet que el règim protector dels menors desemparats, és a dir, aquells respecte als quals no es pot constituir una tutela ordinària, perquè en llur cercle proper no hi ha persones que se'n puguin fer càrrec, es mantingués en una llei especial, fora de la norma simbòlicament més emblemàtica del dret civil català.

Tot i que se n'ha fet un ús més aviat escàs, es manté la legitimació de l'Administració pública per a instar la privació de la potestat parental i es completa la regulació amb una norma que considera causa justa per a la privació el fet que els progenitors, sense motiu suficient, no manifestin interès per llur fill desemparat o incompleixin el règim de relacions personals durant sis mesos, o el fet que els fills menors d'edat o incapacitats pateixin abusos sexuals o maltractaments.

c)   La família

El títol III manté la sistemàtica del Codi de família, llevat de la important incorporació, en el primer precepte, d'altres formes de família, com la parella estable i la família formada per un progenitor sol amb els seus descendents, i també del reconeixement del caràcter familiar dels nuclis en què conviuen fills no comuns, sens perjudici dels vincles d'aquests amb l'altre progenitor.

El capítol I regula les disposicions generals i els efectes del matrimoni, que es defineix d'una manera ajustada al nou marc normatiu que regula el dret a contreure matrimoni, tot incorporant una referència expressa al deure d'ambdós cònjuges de contribuir a les responsabilitats domèstiques, inclosa la de tenir cura d'altres membres de la família a llur càrrec i que convisquin amb ells.

Precisament, el nou marc normatiu del matrimoni, juntament amb el de la determinació de la filiació pel consentiment de la dona a les tècniques de reproducció assistida de la seva esposa o companya, i també la possibilitat d'adopció conjunta per matrimonis o parelles estables del mateix sexe, fan que el fill pugui tenir dos pares o dues mares. Això ha fet imprescindible una tasca d'harmonització que permet assolir més neutralitat en el llenguatge en termes de gènere. En aquesta línia, la major part de les referències que es feien al «marit» i la «muller» se substitueixen per «els cònjuges», i les que es feien al «pare» i la «mare» se substitueixen per «els progenitors» amb el benentès que aquesta accepció inclou tant els pares i les mares per naturalesa com els adoptius.

Pel que fa a les despeses familiars, se n'exclouen les d'adquisició i millorament de l'habitatge familiar, ja que són despeses d'inversió que cal vincular a la titularitat de l'immoble. De fet, el Codi de família ja les circumscrivia a la part corresponent al valor d'ús, però això tampoc no s'adequava amb el fet que aquesta mateixa obligació de contribució no s'apliqués també si l'habitatge ja pertanyia a un dels cònjuges abans del matrimoni o bé si l'havia adquirit a títol lucratiu durant aquest. D'altra banda, si s'esmentada regla de contribució es posava en relació amb el règim de responsabilitat per les obligacions contretes per raó de les despeses familiars, tampoc no resultava coherent que el cònjuge no titular pogués acabar responent d'aquesta obligació de manera solidària.

El règim de les adquisicions amb pacte de supervivència es manté en l'àmbit familiar. En la línia marcada per la jurisprudència del Tribunal Superior de Justícia de Catalunya, tanmateix, ja no es limita a les compravendes sinó que s'estén a tot tipus d'adquisició onerosa i es desvincula dels règims econòmics matrimonials de separació de béns o de participació. Això no exclou, òbviament, la possibilitat que, dins o fora de l'àmbit familiar, es pugui acudir a altres figures certament properes però d'un abast i un règim diferenciats, com els heretaments i les atribucions particulars.

D'altra banda, es desenvolupa la referència genèrica que el Codi de família feia, en matèria de capítols matrimonials, als pactes en previsió d'una ruptura matrimonial. Se n'estableixen els requisits formals i substantius perquè es puguin considerar plenament vàlids i eficaços. Entre aquests requisits destaquen la possibilitat d'adoptar-los en una escriptura que no sigui capitular i el paper cabdal que s'atribueix al notari que autoritza l'escriptura, per a garantir que els pactes, particularment els de renúncia, han estat precedits de suficient informació sobre les respectives situacions patrimonials i expectatives econòmiques. En línia amb precedents comparats en aquesta matèria, es deixa la porta oberta a la revisió de l'eficàcia del pacte si en el moment en què se'n pretén el compliment és greument perjudicial per a un cònjuge i aquest acredita que han sobrevingut circumstàncies que no es van preveure ni es podien raonablement preveure en el moment d'adoptar-lo. Al mateix temps, es marquen uns límits a les facultats dispositives de les parts en les institucions on aquests pactes poden tenir més incidència, com ara en la prestació compensatòria i en relació amb la compensació econòmica per raó de treball, i es distingeixen els acords en previsió d'una ruptura dels que es fan quan el matrimoni ja ha entrat en crisi. També s'ha considerat pertinent aclarir que l'exercici de les pretensions incloses en el pacte en previsió d'una ruptura matrimonial es poden fer efectives en el marc del procediment matrimonial contenciós posterior, sense que es pugui remetre les parts a un procediment declaratiu ulterior.

Finalment, en consonància amb la nova configuració que el llibre quart del Codi civil de Catalunya dóna als pactes successoris, s'ha optat per no incloure, entre altres normes, les que regulaven l'usdefruit universal capitular, ja que responien a un model de successió contractual propi d'una economia rural que no té res a veure amb la societat catalana d'avui. És clar, tanmateix, que si les parts el volen pactar ho poden fer. Semblantment, la completa regulació de la donació que conté el llibre cinquè ha permès simplificar les disposicions que es destinaven a les donacions per raó de matrimoni, per bé que ha calgut corregir la dissonància sistemàtica que comportava mantenir en aquell llibre una regla específica que remetia a la regulació de les donacions per raó de matrimoni del Codi de família.

El capítol II, relatiu als règims econòmics matrimonials, manté el règim de separació de béns com a legal supletori i en conserva, amb algunes modificacions remarcables, els trets definitoris. Es manté el principi que els béns adquirits a títol onerós durant el matrimoni pertanyen al cònjuge que consti com a titular, tradicionalment reforçat amb la presumpció de donació de la contraprestació si s'aconsegueix provar que aquesta prové del patrimoni de l'altre. Com a novetat, però, s'exclouen d'aquest règim els béns mobles destinats a l'ús familiar, com ara els vehicles, el mobiliari, els aparells domèstics o els altres béns que integren el parament de la casa. En aquest tipus de béns, la mera acreditació de la titularitat formal, per exemple per mitjà de rebuts de compra, és sovint poc significativa i, per això, atesa la destinació familiar dels béns, s'ha considerat preferible partir de la presumpció que pertanyen a ambdós cònjuges per meitats indivises, sens perjudici de la possibilitat de destruir aquesta presumpció per mitjans de prova més concloents.

En aquest capítol també es fa una regulació més completa i acurada de la compensació econòmica per raó de treball per a la casa o per a l'altre cònjuge, com a correctiu dels efectes no gens desitjables que en ocasions produeix aquest règim. Fins ara, l'aplicació de la compensació econòmica per raó de treball ha generat força problemes a causa, fonamentalment, de la migradesa de la regulació, cosa que ha comportat que a la pràctica hagi esdevingut un factor de difícil predicció, atès l'elevat marge de discrecionalitat en mans de l'autoritat judicial. S'ha estimat necessària una intervenció legislativa que proporcioni unes pautes normatives més clares i unes regles que facilitin la determinació de la procedència i el càlcul de la compensació. En aquest sentit, la nova regulació abandona tota referència a la compensació com a remei substitutori d'un enriquiment injust, prescindeix de la idea de sobrecontribució a les despeses familiars, implícita en la formulació de l'article 41 del Codi de família, vigent fins a l'entrada en vigor d'aquesta llei, i es fonamenta, senzillament, en el desequilibri que produeix entre les economies dels cònjuges el fet que un faci una tasca que no genera excedents acumulables i l'altre en faci una altra que sí que en genera. Per això, n'hi ha prou d'acreditar que un dels dos s'ha dedicat a la casa substancialment més que l'altre. Per a calcular l'import de la compensació es tenen en compte el tipus de treball prestat i la durada i intensitat de la dedicació, i es restringeix la discrecionalitat judicial a l'hora d'apreciar la rellevància d'aquests factors amb l'establiment d'un límit de quantia, que és el de la quarta part de la diferència dels increments patrimonials obtinguts pels cònjuges durant la vigència del règim. Tanmateix, es permet l'atorgament d'una compensació de quantia superior si el cònjuge creditor pot provar que la incidència del seu treball en l'increment patrimonial de l'altre cònjuge ha estat notablement superior. La regulació de la compensació aclareix també l'abast de l'autonomia dels cònjuges per a adoptar pactes sobre la compensació, fins i tot en previsió d'una ruptura matrimonial. Com a novetat, el supòsit de fet s'estén també als casos d'extinció del règim per mort d'un dels cònjuges si és el supervivent el qui té dret a la compensació.

Pel que fa als altres règims econòmics, s'han revisat tant el règim de participació en els guanys com el de comunitat per corregir les deficiències que, a la pràctica, dificultaven que poguessin tenir-se en compte com una alternativa al règim legal supletori.

El capítol III es dedica als efectes de la nul·litat del matrimoni, del divorci i de la separació judicial i comença amb una regulació específica de les mesures provisionals que s'ajusta més a les necessitats pròpies del dret civil català. També es regulen per primera vegada els anomenats acords amistosos de separació i se'n fixa el règim de validesa i els efectes, tot remarcant-ne el caràcter vinculant però preveient un termini de revocació que pretén garantir que els acords s'hagin adoptat lliurement. Concretament, el cònjuge que en el moment de l'adopció de l'acord no hagi disposat d'assistència lletrada independent el pot deixar sense efecte durant els tres mesos següents a l'adopció o, com a màxim, fins al moment de la contestació de la demanda o, si s'escau, de la reconvenció en el procés matrimonial en què es pretenguin fer valer. Aquesta possibilitat es justifica pel context especial en què les parts subscriuen aquests acords. Sovint hi ha desequilibris greus en la informació disponible per a una part i per a l'altra, i s'arriba als acords en situacions d'angoixa o estrès que fan difícil fer una valoració objectiva dels termes convinguts, en les quals hi ha un risc elevat d'explotació o abús d'una part per l'altra.

Pel que fa a la responsabilitat dels progenitors envers els fills en ocasió de la separació o el divorci, cal remarcar dues novetats. La primera és que tota proposta dels progenitors sobre aquesta matèria s'ha d'incorporar al procés judicial en forma de pla de parentalitat, que és un instrument per a concretar la manera com ambdós progenitors pensen exercir les responsabilitats parentals, en el qual es detallen els compromisos que assumeixen respecte a la guarda, la cura i l'educació dels fills. Sense imposar una modalitat concreta d'organització, encoratja els progenitors, tant si el procés és de mutu acord com si és contenciós, a organitzar per si mateixos i responsablement la cura dels fills en ocasió de la ruptura, de manera que han d'anticipar els criteris de resolució dels problemes més importants que els afectin. En aquesta línia, es facilita la col·laboració entre els advocats de cadascuna de les parts i amb psicòlegs, psiquiatres, educadors i treballadors socials independents, perquè facin una intervenció focalitzada en els aspectes relacionats amb la ruptura abans de presentar la demanda. Es vol afavorir així la concreció dels acords, la transparència per a ambdues parts i el compliment dels compromisos assolits.

La segona novetat és que s'abandona el principi general segons el qual el trencament de la convivència entre els progenitors significa automàticament que els fills s'han d'apartar d'un per a encomanar-los individualment a l'altre. Per contra, s'introdueix com a norma que la nul·litat, el divorci o la separació no alteren les responsabilitats dels progenitors envers els fills. En conseqüència, aquestes responsabilitats mantenen, després de la ruptura, el caràcter compartit i correspon a l'autoritat judicial determinar, si no hi ha acord sobre el pla de parentalitat o si aquest no s'ha aprovat, com s'han d'exercir les responsabilitats parentals i, en particular, la guarda del menor, atenint-se al caràcter conjunt d'aquestes i a l'interès superior del menor.

S'estima que, en general, la coparentalitat i el manteniment de les responsabilitats parentals compartides reflecteixen materialment l'interès del fill a continuar mantenint una relació estable amb tots dos progenitors. La igualtat de drets i deures entre els progenitors elimina les dinàmiques de guanyadors i perdedors, i afavoreix la col·laboració en els aspectes afectius, educatius i econòmics. Recentment, França, Itàlia i Bèlgica han adoptat normes en aquesta direcció. Això no impedeix, tanmateix, que l'autoritat judicial hagi de decidir d'acord amb les circumstàncies de cada cas i en funció de l'interès concret dels fills. És per això que el llibre segon proporciona una sèrie de criteris que s'han de ponderar conjuntament per a determinar el règim i la manera d'exercir la guarda.

El missatge del llibre segon és el d'afavorir les fórmules de coparentalitat i la pràctica de la mediació, com a eina per a garantir l'estabilitat de les relacions posteriors a la ruptura entre els progenitors, i l'adaptació natural de les regles als canvis de circumstàncies, però no s'oblida que les relacions familiars en la nostra societat mantenen encara un alt grau de masclisme. També s'ha tingut en compte que el paper de la mare és qualitativament més necessari per als menors que el del pare quan les dinàmiques familiars han estat construïdes sobre models tradicionals, tant en la idiosincràsia de Catalunya com en la realitat d'altres cultures que s'han incorporat a la societat catalana. Per aquest motiu, es destaquen com a criteris per a determinar la guarda individual la vinculació especial dels fills amb un dels progenitors i la dedicació als fills que la mare o el pare hagin tingut abans de la ruptura.

De manera més específica, en la línia de la Llei 5/2008, del 24 d'abril, del dret de les dones a eradicar la violència masclista, i amb la consciència de la lluita contra aquesta violència, s'exclou de tota participació en la guarda el progenitor contra el qual hi hagi sentència ferma o mentre hi hagi indicis fonamentats de violència familiar o masclista i s'estableix explícitament la supervisió de les relacions personals en situacions de risc.

Finalment, tot reconeixent el caràcter privilegiat de les relacions dels menors amb l'entorn més proper, particularment amb els avis i els germans, s'estableix un procediment que fixa la manera en què, en cas de crisi matrimonial, es pot fer efectiu el dret dels fills menors a mantenir aquestes relacions personals.

Tocant a la regulació de la pensió compensatòria, es mantenen els perfils de la institució tal com la va recollir el Codi de família, si bé, en generalitzar-se la possibilitat de pagament en forma de capital, passa a rebre el nom de prestació compensatòria. Certament, molts divorcis afecten matrimonis de durada mitjana força breu i persones relativament joves, per la qual cosa, en general, o bé tots dos hi perden semblantment o bé la convivència conjugal no ha compromès irremeiablement les oportunitats econòmiques de cap d'ells. Això no ha portat, tanmateix, a alterar essencialment la configuració legal de la prestació compensatòria. S'ha tingut en compte que la incorporació de la dona al mercat de treball no ha anat paral·lela, a la pràctica, a un repartiment de les responsabilitats domèstiques i familiars entre tots dos cònjuges i que en força casos l'activitat laboral o professional d'un dels cònjuges se supedita encara a la de l'altre, fins al punt que, en determinats nivells educatius i de renda, continua essent habitual que un dels cònjuges, típicament la dona, abandoni el mercat de treball en contreure matrimoni o en tenir fills. Ambdues circumstàncies abonen reconèixer el dret a prestació compensatòria vinculant-lo al nivell de vida de què es gaudia durant el matrimoni, per bé que donant prioritat al dret d'aliments dels fills i fixant la quantia d'acord amb els criteris que la mateixa norma detalla. No obstant això, per als casos en què la prestació se satisfà en forma de pensió, s'insisteix en el caràcter essencialment temporal d'aquesta, llevat que hi concorrin circumstàncies excepcionals que facin aconsellable acordar-la amb caràcter indefinit. En general, s'admet la renúncia al dret a prestació compensatòria, fins i tot la continguda en pactes prematrimonials, però sempre en el marc general que el llibre segon estableix per a aquests i amb el límit que la renúncia prèvia no pot acabar comprometent les necessitats bàsiques del cònjuge que té dret a la prestació.

Les regles sobre l'atribució de l'ús de l'habitatge familiar presenten novetats importants. Tot i partir d'atribuir-lo, preferentment, al cònjuge a qui correspongui la guarda dels fills, es posa èmfasi en la necessitat de valorar les circumstàncies del cas concret. Per això, es preveu que, a sol·licitud de l'interessat, es pugui excloure l'atribució de l'ús de l'habitatge familiar si qui en seria beneficiari té mitjans suficients per a cobrir les seves necessitats i les dels fills, o bé si el qui l'ha de cedir pot assumir i garantir suficientment el pagament dels aliments als fills i la prestació que pugui correspondre al cònjuge en una quantia que permeti cobrir les necessitats d'habitatge d'aquest. Inversament, si malgrat correspondre a un cònjuge l'ús de l'habitatge per raó de la guarda dels fills és previsible que la necessitat d'aquest es perllongui després d'arribar els fills a la majoria d'edat, l'atribució de l'ús de l'habitatge familiar es pot fer inicialment per aquest concepte. En tot cas, l'atribució per raó de la necessitat és sempre temporal, sens perjudici que es puguin instar les pròrrogues que escaiguin. Es vol posar fre a una jurisprudència excessivament inclinada a dotar de caràcter indefinit l'atribució, en detriment dels interessos del cònjuge titular. La matèria es completa establint criteris per a la distribució de les obligacions per raó de l'habitatge i per a la resolució del cas, força freqüent a la pràctica, en què algun familiar pròxim hagi cedit un immoble perquè hi vagi a viure el matrimoni. Com ha reiterat la jurisprudència, els qui ocupen l'habitatge familiar en condició de precaristes no poden obtenir una protecció possessòria superior a la que el precari proporciona a la família. Si la possessió deriva, en canvi, d'un títol contractual, hom s'ha d'ajustar al que estableixi aquest, sens perjudici de la possibilitat de subrogació que preveu la legislació d'arrendaments.

Amb relació als efectes de la nul·litat de matrimoni, del divorci i de la separació, el llibre segon fa un desenvolupament més ampli de la limitada regulació que l'article 76.2 del Codi de família feia de la mediació. Es parteix de l'existència d'una regulació general de la mediació per llei general, però se'n concreten aspectes especials dins de les institucions pròpies del dret de la persona i de la família, especialment quant a la previsió de la confidencialitat de les mediacions prèvies a la interposició de la demanda. Hom preveu que en qualsevol fase del procediment matrimonial els cònjuges puguin demanar sotmetre les discrepàncies a mediació o bé que l'autoritat judicial, sense menyscapte del caràcter voluntari d'aquesta, pugui remetre'ls d'ofici a una sessió informativa sobre mediació.

El capítol IV es dedica a la convivència estable en parella i substitueix íntegrament la Llei 10/1998, de manera que es posa fi al tractament separat que l'ordenament català havia donat a les parelles estables. Com és ben conegut, la regulació de les parelles estables, tot i que va seguir una tramitació parlamentària paral·lela al Codi de família i es va aprovar en la mateixa sessió plenària, finalment es va mantenir en una llei especial. D'altra banda, amb l'aprovació de la Llei de l'Estat 13/2005, de l'1 de juliol, per la qual es modifica el Codi civil en matèria de dret a contreure matrimoni, una part molt important dels objectius previstos inicialment per aquella llei especial han estat superats, per tal com és innegable que una de les seves principals finalitats fou dotar d'un règim jurídic les parelles formades per persones que, en la legalitat anterior a la Llei de l'Estat 13/2005, tenien exclòs l'accés al matrimoni.

A diferència de la Llei d'unions estables de parella, la regulació de la convivència estable en parella del llibre segon ja no estableix cap tipus de diferència per raó de l'orientació sexual dels membres de la parella. S'amplia, a més, l'àmbit subjectiu d'aplicació de la normativa, incloent-hi les parelles estables formades per persones que no podrien contreure matrimoni entre si perquè un d'ells continua casat amb una altra persona. S'estima que, tractant-se d'una regulació fonamentalment adreçada a resoldre els problemes derivats del cessament de la convivència, un tractament desigual no té justificació. Es vol evitar, així mateix, que un nombre molt important de parelles quedin fora de la regulació —segons algunes estimacions, entorn d'un 30% de les parelles heterosexuals existents a Catalunya i un nombre indeterminat de parelles homosexuals— i que les conseqüències de la ruptura s'hagin de determinar acudint a una doctrina jurisprudencial de perfils massa imprecisos.

Mentre dura la convivència les relacions de la parella estable es regulen exclusivament pels pactes dels convivents, incloent-hi, en la línia seguida per la jurisprudència del Tribunal Superior de Justícia de Catalunya, la possibilitat de fer adquisicions conjuntes oneroses amb pacte de supervivència. No obstant això, com a mesura de protecció de la família es manté la protecció davant de la disposició de l'habitatge familiar, que ja establia la Llei 10/1998. S'inclouen com a novetat els pactes en previsió del cessament de la convivència, amb remissió als límits que s'estableixen per al matrimoni, i una regulació del règim d'atribució de l'ús de l'habitatge familiar en cas de ruptura. Finalment, la disposició addicional cinquena assenyala que els conflictes judicials relatius a la ruptura de la parella estable es tramiten per les regles del procediment matrimonial.

El model de regulació de la parella estable que dissenya el llibre segon és el més apropiat per a la societat catalana actual. Certament, l'inici d'un projecte de vida en comú no es fa avui únicament per mitjà del matrimoni. A diferència d'altres països de l'entorn de Catalunya, no obstant això, la incidència de la convivència no matrimonial és relativament baixa i estudis recents constaten que en parelles joves es presenta com un fenomen força diferent del matrimoni, a partir d'indicadors com la durada, l'estabilitat, la fecunditat o el grau de compromís recíproc palesat en actes com la posada en comú de béns o coses similars. Predomina la modalitat que la concep com un matrimoni a prova, bé perquè la parella es trenca o bé perquè es transforma en matrimoni. Aquest fet justifica prescindir d'un estatut jurídic de la convivència estable en parella, que és molt difícil d'harmonitzar amb la gran varietat de situacions que presenta aquesta realitat. Naturalment, això no exclou que, quan la ruptura de la convivència provoca —per la seva durada, pel fet d'haver tingut fills en comú o, en general, per raó de les decisions preses per cadascun dels convivents en interès comú— que algun d'ells es trobi en una situació de necessitat, pugui obtenir de l'altre els mitjans necessaris per a refer la seva vida. Tot plegat, sens perjudici del dret a la compensació econòmica per raó del treball per a la llar o per a l'altre convivent, que neix al marge de l'estatut jurídic de la convivència i que resulta del fet que, en interès comú, un convivent ha fet una tasca que no ha generat excedents acumulables mentre que l'altre n'ha fet una altra que sí que n'ha generat.

El capítol V, relatiu a la filiació, abraça tant la filiació per naturalesa com l'adoptiva, que el Codi de família regulava en títols separats.

Pel que fa a la filiació per naturalesa, s'incorporen els canvis respecte a la filiació dels nascuts a conseqüència de fecundació assistida introduïts per la Llei 10/2008, del 10 de juliol, del llibre quart del Codi civil de Catalunya, relatiu a les successions, que possibiliten l'establiment de la maternitat en relació amb la dona que consent l'aplicació de tècniques de reproducció humana assistida a l'esposa o a la companya amb la qual està convivint en parella estable. Evidentment, la maternitat derivada del mer consentiment per a la procreació assistida de la seva esposa o companya no és una maternitat biològica, per naturalesa, sinó una relació jurídica purament legal. Tanmateix, això no és cap novetat en l'ordenament jurídic català. Es dóna en la paternitat de l'home, casat o no, que presta el consentiment per a la procreació assistida de la seva esposa o parella estable. Per aquest motiu, s'ha cregut oportú no incorporar una nova categoria jurídica per a aquest tipus de filiació i s'ha optat per assimilar-la, quant al tractament legal, a la paternitat de l'home que consent la fecundació assistida, atès que en ambdues el títol d'atribució és el consentiment, i no pas la relació biològica. Com que la possibilitat que la maternitat de l'esposa o companya que consent la fecundació assistida de la que serà la mare biològica es determini directament afecta els mitjans de determinació de la filiació, ha calgut afegir el consentiment per a la procreació assistida a la llista de títols d'atribució de la filiació. A partir d'aquí, s'ha considerat convenient estendre-hi el règim d'impugnació del reconeixement, cosa que estalvia una aplicació analògica de la legislació sobre tècniques de reproducció humana assistida.

Finalment, per a esvair qualsevol dubte sobre la no-aplicabilitat a Catalunya de les disposicions de la Llei de l'Estat 1/2000, del 7 de gener, d'enjudiciament civil, que, en els processos sobre filiació, exigeixen aportar un principi de prova sobre els fets en els quals es fonamenta l'acció, es deixa clar que, en el dret català, aquesta aportació no és un requisit d'admissibilitat de la demanda; tot això, una vegada més, en la línia de la jurisprudència del Tribunal Superior de Justícia de Catalunya, seguint la tradició jurídica catalana.

Amb relació a la filiació adoptiva, els canvis més substancials es van produir amb l'aprovació de la Llei 3/2005, que possibilità l'adopció per parelles del mateix sexe. Posteriorment, la Llei 10/2008 va suprimir les restriccions a la formació de relacions de parentiu entre l'adoptat i els seus descendents i la família de l'adoptant. El llibre segon hi introdueix unes modificacions sistemàtiques, ja que s'ha optat per una regulació conjunta de l'adopció i de l'acolliment preadoptiu fent prevaler la consideració d'aquest com a període d'acoblament del menor amb la que ha d'ésser la persona o família adoptant. Quant a la formalització de l'acolliment preadoptiu, es remet al procediment que estableix la legislació

sobre la infància i l'adolescència. D'altra banda, es reconeix explícita-
ment el dret dels adoptats a conèixer la informació sobre llur origen i,
en línia amb la legislació comparada més moderna, s'imposa als adop-
tants l'obligació d'informar el fill adoptat sobre l'adopció. Per a fer-lo
efectiu, s'estableix, així mateix, un procediment confidencial de medi-
ació. També i excepcionalment, s'obren fórmules perquè, en interès del
fill adoptat, aquest pugui continuar mantenint les relacions personals
amb la família d'origen.

El capítol VI té per objecte la potestat parental, que és un dels elements
integrants de les responsabilitats parentals que els progenitors assumei-
xen com a resultat del vincle de filiació.

En aquest àmbit, s'incorporen, en la línia iniciada per altres ordena-
ments europeus, unes disposicions per a donar resposta a les necessitats
de les anomenades famílies recompostes o reconstituïdes, és a dir, les
integrades per parelles que tenen a llur càrrec fills no comuns. Fins a
l'entrada en vigor del llibre segon, l'adopció del fill del cònjuge o del
convivent, que, val a dir-ho, no sempre és possible, era l'única via per a
permetre al cònjuge o la parella del progenitor biològic intervenir en la
potestat parental sobre els fills d'aquest, especialment en cas de mort de
l'altre progenitor o si aquest darrer s'havia desentès del fill i el referent
patern o matern havia passat a ésser l'actual parella de la mare o el pare
biològic. El llibre segon el faculta per a intervenir en les qüestions re-
ferides a les relacions amb els educadors, l'atenció a les necessitats or-
dinàries i altres determinacions que afecten el menor i en les quals,
sovint, està involucrat materialment. A més de poder fer, durant la con-
vivència, aquests actes de la vida ordinària en interès del fill de l'altre,
es preveu la possibilitat que, una vegada mort el progenitor que tenia la
guarda de manera exclusiva, si l'altre progenitor no la recupera, l'auto-
ritat judicial atribueixi excepcionalment al vidu o al convivent supervi-
vent la guarda i les altres responsabilitats parentals, sempre que això
sigui favorable a l'interès del menor i es garanteixi que tant el menor
com l'altre progenitor han estat escoltats.

Finalment, amb l'objectiu de donar una resposta clara als problemes
derivats de la violència en les relacions familiars, es considera causa
justa perquè l'autoritat judicial pugui suspendre o denegar les relacions
personals dels progenitors amb els fills menors que aquests hagin estat
víctimes directes o indirectes de violència de gènere en el marc d'aque-
lles relacions.

El capítol VII, relatiu als aliments d'origen familiar, manté la regula-
ció del Codi de família amb pocs canvis. Primerament, cal referir-se,
per la seva finalitat essencialment protectora i de lluita contra la xacra
de la violència familiar o masclista, a la norma que permet demanar els
aliments anteriors a la reclamació judicial o extrajudicial, si aquests no
es van reclamar per una causa imputable a la persona obligada a pres-
tar-los, com massa sovint passa, en els casos de maltractaments a la
persona que els havia de reclamar. En segon lloc, se suprimeix la inco-

herent regulació del dret als aliments dels germans, dels descendents i dels ascendents, de manera que, basant-se en el principi d'autosatisfacció de les necessitats pròpies, s'explicita amb caràcter general que no tenen dret als aliments les persones que estan en situació de necessitat per una causa que els sigui imputable, mentre dura aquesta causa.

d)　Altres relacions convivencials

La Llei 19/1998 va regular les relacions convivencials constituïdes per parents en la línia col·lateral o per persones simplement unides per vincles d'amistat o companyonia que, sense constituir una família nuclear, comparteixen l'habitatge i posen en comú el treball domèstic amb voluntat d'ajuda mútua i de permanència. Aquesta llei s'integra al llibre segon com a títol IV, amb algunes modificacions. La primera es refereix al nom de la institució, que ara, d'una manera més descriptiva, es denomina relació convivencial d'ajuda mútua. Pel que fa al contingut, s'ha considerat que no esqueia mantenir el dret a la compensació econòmica per raó de treball, que partia d'un estricte paral·lelisme amb el matrimoni i amb les parelles estables, perquè difícilment es donarà, atès que la finalitat de les relacions convivencials d'ajuda mútua és posar remei a les dificultats pròpies de la gent gran. Igualment, s'ha eliminat la norma que, sense fixar cap criteri orientatiu ni limitació temporal, permetia atribuir l'ús de l'habitatge de titularitat conjunta a algun dels cotitulars. Aquesta és una qüestió que s'ha de resoldre per les regles pròpies de la comunitat.

Pel que fa al pacte d'acolliment que regula la Llei 22/2000, del 29 de desembre, d'acolliment de persones grans, tot i que denota una certa inspiració en institucions de dret de família i que dibuixa un contingut amb uns perfils extrets de la relació de parentiu, en la mesura que es concep com un contracte onerós i que hi intervé una contraprestació, ha de restar fora del llibre segon i, si escau, integrar-se en el llibre sisè, relatiu a les obligacions i els contractes.

IV
Part final de la Llei

Aquesta Llei inclou nou disposicions addicionals, el contingut de les quals és la constitució del Registre de patrimonis protegits, les mesures de conciliació del treball i la vida familiar del personal de les administracions públiques catalanes que conviu en parella estable, les especialitats processals relatives a pretensions patrimonials exercides dins dels processos matrimonials i dins dels processos de liquidació i divisió de l'herència, els procediments relatius a la ruptura de parella estable, els dictàmens pericials relatius al règim d'exercici de la responsabilitat parental, la supervisió del règim de relacions personals, la intervenció d'especialistes com a auxiliars dels tribunals en el control de les institucions de protecció i la informació sobre el pla de parentalitat. Amb relació a les especialitats processals, es pretén oferir una via processal per a canalitzar la reclamació de la compensació econòmica per raó de treball i incentivar que en el procés corresponent es presenti tota la documentació rellevant. A aquest efecte, es preveu que l'autoritat judicial pugui incorporar al procés la informació rellevant que consti per altres causes, pendents o resoltes, entre les parts. El nombre de disposicions transitòries és de vuit. Aquestes disposicions regulen les diferents conseqüències pràctiques de la substitució del dret vigent abans de l'entrada en vigor del llibre segon. Pot resultar especialment important la disposició transitòria tercera, que permet acordar la revisió de les mesures adoptades en el procediment matrimonial en aquells aspectes en què la nova regulació ha obert noves possibilitats.

Aquesta llei substitueix tot el dret català de família i de la persona anterior i, convenientment harmonitzat i ajustat a les necessitats socials actuals, l'incorpora al que ha d'ésser el text més emblemàtic del dret civil català.

Mitjançant tres disposicions finals es modifiquen una sèrie de disposicions dels llibres primer, quart i cinquè del Codi civil de Catalunya, a fi d'harmonitzar-ne el contingut amb els criteris que fixa el llibre segon. La disposició final quarta fa referència a les remissions que la Llei 21/2000 feia al Codi de família i que ara s'han d'entendre fetes al llibre segon. En una cinquena disposició s'estableix l'entrada en vigor d'aquesta llei.

Article únic

S'aprova el llibre segon del Codi civil de Catalunya, amb el contingut següent: [...]

DISPOSICIONS ADDICIONALS

Primera. *Registre de patrimonis protegits*

1. Es crea el Registre de patrimonis protegits, adscrit al departament competent en matèria de dret civil mitjançant el centre directiu que tingui atribuïda la competència.

2. En el Registre de patrimonis protegits s'hi han de fer constar:

a) Les escriptures de constitució de patrimonis protegits i llurs modificacions.

b) Les escriptures d'aportació de béns a patrimonis protegits constituïts i inscrits en el Registre.

c) Els canvis en la persona de l'administrador de patrimonis protegits inscrits en el Registre.

d) Les mesures adoptades judicialment, amb caràcter transitori o permanent, referides a l'administració de patrimonis protegits inscrits en el Registre.

3. L'organització, el funcionament i la publicitat del Registre de patrimonis protegits s'han d'establir per reglament.

Segona. *Mesures de conciliació del treball i la vida familiar del personal de les administracions públiques catalanes que conviu en parella estable*

1. Les mesures de conciliació del treball amb la vida familiar aplicables a les administracions públiques catalanes i que la legislació estableix a favor de convivents fan referència a la parella estable, que regula l'article 234-1 del Codi civil.

2. Als efectes d'acreditar l'existència d'una parella estable, es pot aportar l'escriptura pública a què fa referència l'article 234-1.c del Codi civil o una acta de notorietat que demostri la convivència ininterrompuda durant dos anys o durant un període inferior si una vegada iniciada la convivència els convivents han tingut un fill comú.

Tercera. *Especialitats processals relatives a pretensions liquidatòries de règim econòmic exercides dins dels processos matrimonials*

1. Per a determinar, en el procediment matrimonial, la compensació per raó de treball, i també la titularitat dels béns, si cal per a establir la procedència i la quantia de la compensació, s'han d'aplicar les regles següents:

a) La demanda o, si s'escau, la reconvenció s'ha d'acompanyar amb una proposta d'inventari que inclogui els béns propis i els de l'altre cònjuge, amb la indicació de llur valor, i l'import de les obligacions, i també amb la documentació de rellevància patrimonial que hom tingui. A petició de la part reconvinent, l'autoritat judicial pot ampliar motivadament el termini de contestació a la demanda en deu dies improrrogables, perquè la part reconvinent pugui preparar la proposta d'inventari.

b) Si les parts no han pogut tenir accés a informació rellevant per a fonamentar llurs pretensions, abans de la vista poden sol·licitar a l'autoritat judicial que l'obtingui emprant els mitjans de què disposa.

2. Per a determinar el crèdit de participació o per a liquidar els règims econòmics matrimonials de comunitat, s'ha de seguir el procediment que estableixen els articles 806 a 811 de la Llei de l'Estat 1/2000, del 7 de gener, d'enjudiciament civil. També s'ha d'aplicar aquest procediment per a dividir els béns en comunitat ordinària indivisa en el supòsit a què fa referència l'article 232-12.2.

Quarta. *Especialitats processals relatives a pretensions economicomatrimonials exercides en els processos de liquidació i divisió de l'herència*

1. En cas de dissolució del matrimoni per mort, el cònjuge supervivent pot exercir l'acció de divisió de cosa comuna respecte als béns que

tinguessin en comunitat ordinària indivisa i demanar la determinació de la compensació econòmica per raó de treball, d'acord amb el procediment que estableixen els articles 782 a 789 de la Llei de l'Estat 1/2000, excepte en el cas de la compensació, que és regulada per l'article 232-11.2 del Codi civil.

2. L'acord a què s'arribi o la sentència que es dicti en el procediment de divisió d'herència ha d'incloure la determinació, la liquidació i la divisió dels béns que els cònjuges tinguessin en comunitat indivisa durant el matrimoni, i també, si escau, la compensació econòmica per raó de treball, concretada com a crèdit del cònjuge supervivent abonable pels qui resultin hereus.

Cinquena. *Procediments relatius a la ruptura de la parella estable*

1. Els procediments judicials relatius a la ruptura de la parella estable es tramiten, en allò no regulat expressament pel Codi civil, d'acord amb el que la Llei de l'Estat 1/2000 estableix en matèria de processos matrimonials. En aquests processos, les parts poden sotmetre les discrepàncies a mediació i l'autoritat judicial els pot remetre a una sessió informativa sobre mediació, d'acord amb el que estableix l'article 233-6 del Codi Civil.

2. Les reclamacions fonamentades en el que estableixen els articles 234-7 a 234-14 del Codi civil s'han d'acumular en un únic procés. En el mateix procés, qualsevol dels membres de la parella pot exercir l'acció de divisió de cosa comuna respecte als béns que tinguin en comunitat ordinària indivisa. Si hi ha diversos béns en comunitat ordinària indivisa i un dels membres de la parella ho demana, l'autoritat judicial els pot considerar com una massa comuna a efectes de la formació de lots i de llur adjudicació.

Sisena. *Dictàmens pericials relatius al règim d'exercici de la responsabilitat parental*

1. Els dictàmens pericials relatius al règim d'exercici de la responsabilitat parental tenen per objecte primordial esbrinar o apreciar l'existència en el menor, o en algun dels progenitors o en altres membres de la família que hi convisquin, d'una malaltia mental o d'anomalies de conducta que incideixin, perjudiquin o interfereixin en les relacions familiars, per a establir el règim de guarda i de relacions personals. També poden tenir per objecte comprendre adequadament el sistema de relacions personals existent en la família o en els nous nuclis en què el menor s'ha d'integrar, i les mesures de seguiment que s'hagin d'adoptar per a garantir el dret dels menors a mantenir la normalitat en les relacions amb llurs progenitors.

2. Els dictàmens relatius al règim d'exercici de la responsabilitat parental que les parts aportin al procés equivalen als que elabora l'equip tècnic de suport judicial o els professionals que el jutge designa en lloc seu, sempre que el perit hagi estat designat per un col·legi professional

o una entitat reconeguda per l'Administració a partir d'un cens d'especialistes i de manera que se'n garanteixi l'objectivitat, la imparcialitat i la capacitat tècnica.

3. Si els mitjans probatoris aportats per les parts relatius al règim de guarda, inclosa la compartida, i de relacions personals no ofereixen suficients elements de judici, el tribunal pot disposar que un perit judicial elabori un informe. El perit s'ha de designar entre els especialistes dels equips tècnics de suport judicial, de la clínica de medicina forense o dels col·legis professionals corresponents si els serveis públics d'assessorament no existeixen o no poden assumir la designació.

4. Els especialistes integrats en els equips tècnics que donen suport als tribunals o els designats en lloc d'aquells són auxiliars dels tribunals. Les autoritats i els organismes públics i privats, i els professionals que hagin intervingut prèviament amb la família, tenen el deure de col·laborar-hi. Si la col·laboració sol·licitada fa referència a aspectes protegits pel secret professional, pel dret d'intimitat o per la normativa relativa a dades personals, es requereix una resolució expressa del tribunal.

Setena. *Supervisió del règim de relacions personals per la xarxa de serveis socials o el punt de trobada familiar*

1. D'acord amb la Llei 12/2007, de l'11 d'octubre, de serveis socials, l'autoritat judicial pot confiar la supervisió del règim de relacions personals a la xarxa de serveis socials, si hi ha una situació de risc social o de perill, perquè es faci un seguiment de la situació familiar.

2. L'autoritat judicial, si disposa la intervenció d'un punt de trobada familiar d'acord amb el que estableix l'article 233-13 del Codi civil, ha de concretar la modalitat d'intervenció. La supervisió pot consistir en el control dels lliuraments i les recollides, en la vigilància de la relació dins del centre, en l'assistència per a facilitar la relació o en qualsevol altra modalitat d'intervenció que sigui adequada.

3. Els responsables del punt de trobada familiar han de presentar a l'autoritat judicial un informe de seguiment cada tres mesos o, sense esperar al finiment del termini, sempre que calgui. Han de proposar la modificació de la modalitat d'intervenció si aprecien que hi concorren circumstàncies que ho aconsellen i, així mateix, han de proposar al jutjat el cessament de la mesura si entenen que la relació que es pretén garantir pot ésser perjudicial per al menor.

4. En els casos en què no hi hagi cap risc de violència, abusos o maltractaments, quan la relació parental es consolidi, els responsables del punt de trobada familiar poden proposar a l'autoritat judicial la derivació del cas a una sessió informativa de mediació familiar.

5. El tribunal pot delegar al servei tècnic de suport judicial el seguiment de les mesures adoptades respecte al compliment del règim de relacions personals i a la seva supervisió.

Vuitena. *Intervenció d'especialistes com a auxiliars dels tribunals en el control de les institucions de protecció*

Als efectes del que estableix l'article 221-5 del Codi civil, l'autoritat judicial pot requerir la intervenció d'especialistes en psicologia, psiquiatria, pediatria, geriatria, medicina de família, treball o educació social. L'autoritat judicial també pot requerir la intervenció d'agents de la propietat immobiliària, economistes, auditors o censors de comptes perquè facin el seguiment i el control de la gestió econòmica encarregada als òrgans tutelars i, específicament, perquè examinin la conveniència dels actes de disposició i gravamen de béns i drets de les persones protegides.

Novena. *Informació sobre el pla de parentalitat*

El Departament de Justícia, en col·laboració amb els col·legis professionals, ha de difondre la informació sobre el pla de parentalitat i ha de facilitar models per a elaborar-lo adaptats a les diferents etapes de la vida dels menors.

Desena. *Registre de parelles estables**

1. Es crea el Registre de parelles estables, a l'efecte de publicitat, adscrit al departament competent en matèria de dret civil, mitjançant el centre directiu que en tingui atribuïda la competència.

2. En el Registre de parelles estables s'inscriuen les escriptures públiques de constitució de les parelles estables, les seves modificacions i, si s'escau, la seva extinció, com també les actes de notorietat relatives als supòsits regulats per l'article 234-1, *a)* i *b)*.

DISPOSICIONS TRANSITÒRIES**

[…]

DISPOSICIÓ DEROGATÒRIA

[…]

---

*   Desplegada per Ordre JUS/44/2017, de 28 de març, per la qual s'aprova el Reglament del Registre de parelles estables de Catalunya (DOGC núm. 7341, de 31 de març).

**   Per raons sistemàtiques, transcrivim el text de les disposicions transitòries de la Llei 25/2010, del 29 de juliol, al final de la part dispositiva del CCCat.

DISPOSICIONS FINALS

Primera.   *Modificació del llibre primer del Codi civil de Catalunya*

[…]

Segona.   *Modificació del llibre quart del Codi civil*

[…]

Tercera.   *Modificació del llibre cinquè del Codi civil de Catalunya*

[…]

Quarta.   *Remissions de la Llei 21/2000*

Des de l'entrada en vigor d'aquesta llei, les remissions que l'article 7 de la Llei 21/2000, del 29 de desembre, sobre els drets d'informació concernent la salut i l'autonomia del pacient, i la documentació clínica, fa al Codi de família s'han d'entendre fetes al que l'article 212-2.2 del Codi civil estableix en matèria de consentiment informat.

Cinquena.   *Entrada en vigor*

Aquesta llei entra en vigor l'1 de gener de 2011.

Sisena.   *Organització i funcionament del Registre de parelles estables*

L'organització, el funcionament i la publicitat del Registre de parelles estables s'ha d'establir per reglament.

LLEI 4/2008, del 24 d'abril, del llibre tercer del Codi civil de Catalunya, relatiu a les persones jurídiques

(DOGC núm. 5123, de 2 de maig. Correcció d'errades DOGC núm. 5170, de 10 de juliol)

PREÀMBUL

I

Seguint el procés d'elaboració del Codi civil de Catalunya emprès per la Llei 29/2002, del 30 de desembre, aquesta llei n'aprova el llibre tercer, relatiu a les persones jurídiques. Aquest llibre té com a primer objectiu refondre, sistematitzar i harmonitzar, d'acord amb les exigències pròpies de la tècnica codificadora, la legislació catalana d'associacions i fundacions, continguda en la Llei 7/1997, del 18 de juny, d'associacions, i la Llei 5/2001, del 2 de maig, de fundacions. Alhora, però, s'ha aprofitat l'impuls codificador per a formular unes disposicions generals que contenen l'estatut bàsic de la personalitat jurídica en dret català i, ja en l'àmbit específic de les associacions i les fundacions, per a actualitzar alguns aspectes de llur règim jurídic a fi d'afavorir-ne l'operativitat i de garantir que puguin complir de manera més efectiva les finalitats que els són pròpies.

De la recuperació de l'autonomia política ençà, el Parlament de Catalunya ha legislat respecte a un nombre substancial de persones jurídiques de dret privat: les associacions, les fundacions, les cooperatives, les caixes d'estalvis i les mutualitats de previsió social. Aquesta tasca legislativa s'ha recolzat sobre les competències de la Generalitat en matèria de dret civil i sobre les competències sectorials. El llibre tercer enllaça amb aquesta producció legislativa, en la qual, encara que al principi no la integri completament, s'ha inspirat per a adoptar moltes de les decisions normatives.

Sistemàticament, el llibre tercer del Codi civil consta de tres títols: el primer conté les disposicions generals, i el segon i el tercer es dediquen, respectivament, a les associacions i a les fundacions. Cal tenir en compte, en tot cas, que el Codi civil de Catalunya es basteix com a codi obert, que permet d'incorporar-hi fàcilment títols i capítols i, per tant, d'encaixar-hi, en el moment en què es consideri pertinent, altres tipus de persones jurídiques que fins aquell moment estiguin subjectes a una legislació especial o que es poden regular després de l'aprovació d'aquesta llei.

II

El títol I, de disposicions generals, defineix l'àmbit d'aplicació del llibre tercer i regula els atributs essencials de la personalitat jurídica, les normes bàsiques d'actuació i representació de les persones jurídiques, llur règim comptable i documental, els actes de modificació estructural, el procediment de liquidació subsegüent a la dissolució i els trets bàsics del sistema de publicitat dels registres de persones jurídiques dependents de la Generalitat.

Les disposicions del títol I del llibre tercer tenen una vocació d'aplicació general a totes les persones jurídiques regulades pel dret català i són dret comú a Catalunya pel que fa a la personalitat jurídica. S'apliquen directament a les associacions i les fundacions sobre les quals té competència la Generalitat, i també a les delegacions d'associacions i fundacions que, d'acord amb la legislació estatal, tenen la consideració d'estrangeres i que exerceixen majoritàriament llurs activitats a Catalunya, pel que fa a la publicitat i, en el cas de les fundacions, també pel que fa a la supervisió administrativa. Respecte a les altres persones jurídiques privades que el Codi no ha incorporat (cooperatives, mutualitats de previsió social i caixes d'estalvis), les seves disposicions s'hi apliquen subsidiàriament, a fi de cobrir les llacunes que llur normativa especial presenti eventualment.

En matèria d'actuació i representació de les persones jurídiques, el Codi parteix del principi d'autonomia organitzativa i, per tant, redueix al mínim estrictament necessari el dret imperatiu. Algunes de les normes que s'hi inclouen compleixen una funció facilitadora del funcionament de les persones jurídiques i s'activen només quan una entitat ho ha previst estatutàriament, com ara les que permeten tenir reunions a través de mitjans de comunicació a distància o adoptar acords sense tenir una reunió. És remarcable també, com a novetat, l'establiment d'una norma general sobre conflictes d'interessos, que inclou els deures d'abstenció i d'informació prèvia a l'òrgan que hagi de prendre una decisió o adoptar un acord si algun dels seus membres es troba en un conflicte d'aquest tipus, sigui directament sigui per mitjà d'una persona que hi estigui estretament vinculada. Aquestes disposicions generals regulen també el règim d'impugnació dels acords, les decisions i els actes contraris a la llei o als estatuts o lesius de l'interès de la persona jurídica. El Codi s'ocupa, en aquest punt, de definir els aspectes substantius de la impugnació, és a dir, els supòsits en què és procedent, la legitimació per a promoure-la i els límits temporals a què se subjecten les pretensions impugnatòries, i remet la regulació de la competència jurisdiccional i del procediment a la legislació processal.

El règim comptable i documental de les persones jurídiques se circumscriu, en essència, al compliment del deure de portar una comptabilitat ordenada i adequada a l'activitat i a l'observança dels principis de comptabilitat generalment admesos, i els deures substantius de portar llibres es defineixen en termes que no van enllà dels que resulten del compliment acurat de la legislació tributària. Els deures comptables generals del capítol III s'han d'entendre sens perjudici dels deures més exigents als quals se subjecten determinats tipus d'entitats, com ara les fundacions, regulats en el títol corresponent.

El capítol IV del títol I descriu les operacions de fusió, escissió i transformació i en regula els trets generals, com també els del procediment de liquidació de les persones jurídiques un cop s'ha esdevingut una causa de dissolució. En aquesta matèria, el Codi recull un cabal normatiu consolidat en l'àmbit del dret de societats, perfectament traslladable a les exigències d'altres tipus de persones jurídiques. Les operacions de modificació estructural no estan regulades en la Llei 7/1997, d'associacions, i ho estan només de manera fragmentària en la Llei 5/2001, de fundacions. El Codi concreta les exigències documentals i procedimentals que comporten aquestes operacions i estén expressament a associacions i fundacions, per aplicació de les respectives disposicions generals, el deure de donar publicitat a les operacions de fusió i d'escissió, amb la conseqüent facultat dels creditors d'oposar-s'hi.

El títol de disposicions generals es tanca amb una regulació general del sistema de publicitat de les persones jurídiques en el dret català, que s'ha de desplegar per reglament pel que fa a l'organització i el funcionament de cada registre. El Codi, en efecte, no altera el sistema vigent d'acord amb el qual cada tipus de persona jurídica té el seu propi registre, i confirma i detalla l'exercici de les funcions de qualificació, inscripció i certificació.

III

El títol II del llibre tercer comprèn el règim jurídic privat de les associacions, de conformitat amb la jurisprudència constitucional, que ha entès que les comunitats autònomes que han assumit competències en aquesta matèria estan habilitades per a regular tant el règim intern de les associacions, és a dir, l'organització i el funcionament, com el règim extern o de participació en el tràfic, amb la condició que no contradiguin les normes bàsiques dictades per l'Estat.

Per raó de llur naturalesa, no s'han incorporat al Codi civil les disposicions administratives que tenen per objecte les relacions de les associacions amb l'Administració i el Consell Català d'Associacions. Aquests preceptes mantenen llur vigència en la Llei 7/1997, que es deroga només parcialment. El Codi civil tampoc no ha reservat un capítol a la regulació de les associacions de caràcter especial, com fa la Llei 7/1997. A aquestes associacions se'ls aplica el règim civil general encara que tinguin algunes singularitats, sobretot pel que fa a llurs relacions amb les administracions públiques, que el Codi òbviament respecta. Per això s'ha considerat més adequat incloure-hi una referència expressa en una disposició addicional, si bé, en el cas de les associacions infantils i juvenils, s'han reconduït alguns trets de llur règim jurídic .la capacitat per a constituir-les o per a ingressar-hi o l'existència d'un òrgan adjunt a la junta directiva. a la regulació comuna de les associacions, com a especialitats amb transcendència civil.

El capítol I del títol II tracta de la naturalesa i la constitució de les associacions. S'hi recull el principi no lucratiu i es permet que les associacions duguin a terme activitats econòmiques accessòries o subordinades a llur finalitat, que pot ésser d'interès general o particular. El principi no lucratiu es plasma principalment en la prohibició que el patrimoni de l'associació sigui repartit entre els associats o cedit gratuïtament a persones físiques determinades o a altres persones jurídiques amb ànim de lucre. Això és compatible, però, amb la restitució de les aportacions reemborsables, que són objecte d'un cert desenvolupament legal atesa la importància que poden tenir, a vegades, per a cobrir necessitats de finançament de l'associació.

En el règim d'organització i funcionament de les associacions és novetat, seguint el criteri consolidat en altres persones jurídiques d'estructura corporativa, la possibilitat que l'assemblea acordi la convocatòria d'una nova reunió, l'exercici de l'acció de responsabilitat contra els membres de l'òrgan de govern o la separació d'aquests de llurs càrrecs, encara que aquests punts no constessin en l'ordre del dia. Es precisen també algunes qüestions relatives al dret de vot, com ara la forma d'exercir-lo quan un associat és menor d'edat o es troba incapacitat o la possibilitat de fer-lo efectiu per delegació i per mitjans telemàtics sempre que els estatuts en regulin el procediment d'exercici. Quant al règim d'adopció d'acords, és destacable l'exigència de quòrums de presència o, alternativament, de l'assoliment d'una majoria reforçada per a modificar els estatuts i aprovar la transformació, la fusió, l'escissió o la dissolució de l'associació si els estatuts no ho regulen específicament.

Amb relació a l'òrgan de govern de les associacions, el llibre tercer aixeca l'impediment per a ésser-ne membre que recau sobre els associats que duen a terme una activitat retribuïda per a l'associació, amb la condició que el nombre de membres de la junta directiva que percebin qualsevol tipus de retribució no superi la meitat dels que integren l'òrgan. Una altra novetat, que converteix en norma vinculant quelcom que el mateix sector no lucratiu ha recomanat amb insistència, és l'establiment del deure de donar transparència als comptes anuals que s'imposa a les associacions declarades d'utilitat pública, a les que reben periòdicament ajuts econòmics de les administracions i a les que recorren a la captació pública de fons per a finançar-se.

IV

De les innovacions que el títol III incorpora al dret de fundacions, en destaquen, primerament, l'establiment d'una quantia mínima per a la dotació inicial de les fundacions, que ha d'ésser aportada en béns fructífers, i l'exigència que la carta fundacional vagi acompanyada d'un projecte de viabilitat econòmica, a fi de verificar la suficiència dels mitjans de finançament previstos per al compliment de les finalitats projectades. L'establiment d'una xifra de dotació inicial no s'ha de considerar en cap cas una mesura lesiva de l'exercici del dret a fundar. Aquest dret es pot exercir també, amb exigències patrimonials inferiors, per mitjà de fundacions amb dotació successiva o de fundacions temporals susceptibles d'ésser reconvertides en fundacions de durada indefinida si incrementen la dotació abans que fineixi el període màxim de durada. També s'ha de tenir present que, per a vehicular projectes fundacionals de magnitud econòmica més reduïda o que no requereixen una organització independent, es poden constituir fons especials en altres fundacions preexistents, amb la condició que les respectives finalitats siguin compatibles. Aquesta gradació de tècniques de destinació fundacional garanteix a bastament la possibilitat de destinar recursos a finalitats d'interès general amb una certa voluntat de permanència, i ho fa compatible amb el designi ferm que les fundacions permanents amb personalitat autònoma estiguin ben dotades i finançades, presentin d'entrada signes clars de viabilitat i puguin complir llurs finalitats amb garanties d'efectivitat.

Una novetat important relativa a l'organització i el funcionament de les fundacions és la imposició legal del deure de separar les funcions de govern i de gestió ordinària. Aquest deure es tradueix en l'exigència que les fundacions d'una certa importància econòmica hagin de nomenar un o més directors que no siguin membres del patronat i en la prohibició que els patrons d'aquestes puguin prestar serveis professionals o laborals retribuïts a l'entitat en el govern de la qual participen. Aquestes decisions, que el sector fundacional considera com a mesures de bona pràctica, reforcen el principi no lucratiu, fomenten la professionalització de la gestió i reafirmen la posició sobirana i independent que ha de tenir l'òrgan de govern en la seva funció de control de les decisions executives preses per l'equip de gestió.

Del règim econòmic de les fundacions se'n pot destacar, en primer terme, la redefinició de les funcions de control preventiu del protectorat. En concret, se'n requereix l'autorització prèvia per a fer actes de disposició, gravamen o administració extraordinària sobre béns o drets que s'hagin adquirit amb diners provinents de subvencions públiques, i també si ho exigeix el donant o ho estableixen els estatuts, o si el producte de l'operació no es reinverteix totalment en el patrimoni de la fundació. En qualsevol cas, aquests actes s'han de fer respectant plenament les condicions imposades pels fundadors. Alhora, el llibre tercer flexibilitza les condicions de participació de les fundacions en societats, permetent que participin, amb l'autorització prèvia del protectorat, en les de caràcter personalista, en les quals els socis tenen responsabilitat pels deutes socials, com ara en les agrupacions d'interès econòmic. Si es tracta d'assumir participacions que donin el control en societats de capital, és suficient la comunicació d'aquest fet al protectorat i no cal l'autorització prèvia com fins a l'entrada en vigor del llibre tercer, però sí que cal, en aplicació de la legislació mercantil, que la fundació presenti els comptes anuals consolidats. En general, respecte als comptes anuals, es pot destacar, en sintonia amb algunes modificacions legals fetes poc abans de l'aprovació d'aquesta llei, la reafirmació del deure de presentar els comptes en suport digital o per via telemàtica i del caràcter públic de la documentació econòmica que les fundacions presenten al protectorat.

El capítol IV del títol III tracta dels fons especials, que són una modalitat de destinació de béns a finalitats d'interès general que es fa efectiva transmetent-los a una fundació preexistent, la qual els adquireix amb el vincle de destinació. Aquesta tècnica evita haver de constituir una persona jurídica i permet reduir despeses d'administració patrimonial i beneficiar-se d'economies d'escala en la inversió dels actius fructífers, ja que el fons el gestiona l'entitat que l'adquireix. Això és compatible, però, amb la preservació de la individualitat del fons, que pot tenir la seva denominació i es pot dotar de regles específiques per a l'aplicació dels béns o dels rendiments a les finalitats volgudes, fins i tot amb la intervenció de l'aportant si així s'acorda. La regulació dels fons especials en el Codi aclareix i millora el règim preexistent: hom preveu que es puguin administrar de manera separada o no, en funció de la naturalesa dels béns; s'estableix la possibilitat de modificar-los per acord dels aportants i de la fundació titular, i, finalment, si la gestió és insatisfactòria, es permet d'extingir-los a voluntat dels aportants, si bé aquests han de donar als béns una altra destinació d'interès general.

El règim de modificació estatutària, fusió, escissió i dissolució de les fundacions no s'aparta significativament del vigent abans de l'entrada en vigor del llibre tercer. La modificació d'estatuts l'ha d'acordar el patronat i l'ha d'aprovar el protectorat, si bé la possibilitat de denegar-la està limitada als supòsits que fixa el llibre tercer. Es continuen atribuint al protectorat facultats per a iniciar el procediment de modificació estatutària si sobrevenen circumstàncies que impedeixen complir raonablement les finalitats fundacionals o el temps ha fet que aquestes finalitats hagin esdevingut il·lícites o obsoletes, i fins i tot, si la modificació estatutària no és adequada, per a promoure la fusió de fundacions inoperants amb altres que acceptin d'absorbir-les. Aquestes potestats d'intervenció administrativa operen com a darrer recurs: només es poden exercir si el patronat de la fundació afectada no atén els requeriments que li han hagut de fer amb anterioritat perquè tingui l'oportunitat de reconduir autònomament la seva situació irregular. S'exceptuen d'aquests processos les fundacions que, en la data de tancament de l'exercici econòmic, puguin portar un règim simplificat de la comptabilitat.

Pel que fa al protectorat de la Generalitat, el Codi es limita a descriure'n en termes generals les funcions, a definir les entitats que hi estan subjectes i a perfilar la mesura d'intervenció temporal, que pot ordenar l'autoritat judicial a instàncies del protectorat en cas que una fundació no presenti els seus comptes o que s'hagin produït altres incompliments greus de les obligacions legals. Aquestes disposicions bàsiques han d'ésser desplegades per altres instruments normatius, que, atesa llur naturalesa essencialment administrativa, s'ha considerat preferible que restin fora del Codi civil.

V

La part final d'aquesta llei consta de dues disposicions addicionals, quatre de transitòries, dues de derogatòries i cinc de finals.

La disposició addicional primera estableix que les disposicions del llibre tercer són directament aplicables a les associacions juvenils, d'alumnes, de pares d'alumnes, de consumidors i usuaris, d'interès cultural i de veïns, sens perjudici de llur normativa específica. La segona conté les regles per les quals s'han de regir els actes de disposició i el deure de reinversió als efectes del que estableix l'article 333-1 del Codi civil.

Pel que fa a les disposicions transitòries, cal destacar que es dóna un termini de tres anys a les associacions i fundacions ja constituïdes perquè adaptin els estatuts a les disposicions del llibre tercer. Així mateix, es regulen transitòriament, mentre no s'aprovi la llei del protectorat, les funcions d'aquest òrgan i s'estableixen determinats supòsits d'inspecció.

D'altra banda, es deroguen diversos preceptes de les Llei 7/1997 i 5/2001. I, pel que fa a les disposicions finals, són destacables la primera, que deixa sense efecte les disposicions estatutàries i de règim intern de les persones jurídiques que s'oposin a les disposicions del llibre tercer, i la segona, que estableix l'aplicació subsidiària de les disposicions del llibre tercer a les cooperatives, les mutualitats de previsió social i les caixes d'estalvis.

Article únic. *Aprovació del llibre tercer del Codi civil de Catalunya*

S'aprova el llibre tercer del Codi civil de Catalunya, amb el contingut següent: […]

DISPOSICIONS ADDICIONALS

Primera. *Associacions amb normativa especial*

Les disposicions del llibre tercer del Codi civil són directament aplicables, sens perjudici de les especialitats que conté llur normativa específica, a les associacions següents:

a) Associacions juvenils, regulades parcialment, pel que fa a llur composició, pel Decret 116/1983, del 28 de març.

b) Associacions d'alumnes, regulades pel Decret 197/1987, del 19 de maig.

c) Associacions de pares d'alumnes, regulades pel Decret 202/1987, del 19 de maig.

d) Associacions de consumidors i usuaris, regulades per la Llei 3/1993, del 5 de març, de l'estatut del consumidor.

e) Associacions d'interès cultural, regulades per la Llei 2/1993, del 5 de març, de foment i protecció de la cultura popular i tradicional i de l'associacionisme cultural.

f) Associacions de veïns, constituïdes per a la defensa de llurs interessos generals o sectorials, a les quals fa referència, amb la consideració d'entitats de participació ciutadana, la Llei 8/1987, del 15 d'abril, municipal i de règim local de Catalunya.

Segona. *Regles aplicables als actes de disposició i al deure de reinversió de la fundació*

[Sense contingut. Disposició derogada per la Llei 7/2012, del 15 de juny]

Tercera. *Efectes del finançament públic de les fundacions*

[Sense contingut. Disposició derogada per la Llei 7/2012, del 15 de juny]

DISPOSICIONS TRANSITÒRIES*

[…]

DISPOSICIONS DEROGATÒRIES

Primera. *Derogació de diversos preceptes de la Llei 7/1997*
[…]

Segona. *Derogació de diversos preceptes de la Llei 5/2001*
[…]

DISPOSICIONS FINALS

Primera. *Ineficàcia d'estatuts i d'altres regles de règim intern*
Resten sense efecte les disposicions estatutàries i les altres regles de règim intern de les persones jurídiques subjectes a les disposicions del llibre tercer del Codi civil que s'oposin al que aquestes estableixen.

---

* Per raons sistemàtiques, transcrivim el text de les disposicions transitòries de la Llei 4/2008, del 24 d'abril, al final de la part dispositiva del CCCat.

Segona. *Aplicació subsidiària*

Les disposicions del llibre tercer del Codi civil s'apliquen subsidiàriament a les cooperatives, les mutualitats de previsió social i les caixes d'estalvis.

Tercera. *Remissions dels estatuts de les fundacions a altres lleis de fundacions*

Les remissions que els estatuts de les fundacions facin a la Llei 1/1982, del 3 de març, de fundacions privades, a la Llei 5/2001 o a altres lleis de fundacions, per regular l'alienació o gravamen dels béns de la dotació i la destinació del producte obtingut o per regular les autoritzacions i comunicacions dels actes de disposició i gravamen de béns i drets, s'entén que es fan al llibre tercer del Codi civil.

Quarta. *Modificació de la disposició transitòria primera de la Llei 7/2006*

[...]

Cinquena. *Entrada en vigor*

Aquesta llei entra en vigor al cap de tres mesos d'haver estat publicada en el Diari Oficial de la Generalitat de Catalunya.

LLEI 10/2008, del 10 de juliol, del llibre quart del Codi civil de Catalunya, relatiu a les successions

(DOGC núm. 5175, de 17 de juliol)

PREÀMBUL

I
Principis i sistemàtica

Aquesta llei, seguint el pla de codificació del dret civil català traçat per la Llei 29/2002, del 30 de desembre, primera llei del Codi civil de Catalunya, aprova el llibre quart del Codi civil, dedicat al dret de successions. Malgrat el que estableix l'article 6 de la dita llei, no ho fa per mitjà de modificacions d'addició, supressió o nova redacció de les normes vigents, sinó d'un text alternatiu íntegre, que evita les dificultats inherents a una refosa posterior.

Com és sabut, el dret català havia estat ja codificat en aquest àmbit, amb vocació de completesa, per la Llei 40/1991, del 30 de desembre, del Codi de successions per causa de mort en el dret civil de Catalunya. La llei que ara s'aprova segueix l'empremta d'aquest codi precedent i en conserva els fonaments, el disseny institucional bàsic i, fins i tot, la redacció de nombrosos articles. Tanmateix, s'ha aprofitat l'oportunitat que oferia la incorporació del seu contingut al llibre quart del Codi civil per a actualitzar-ne un nombre significatiu d'institucions i preceptes i, en algunes matèries, per a fer-hi reformes d'una certa profunditat. Cal no oblidar, en aquest sentit, que tot i que el Codi de successions era un text relativament recent, amb setze anys de vigència, una part substancial del seu articulat procedia de la Compilació del 1960 o del Projecte de compilació del 1955, cossos legals anquilosats per les circumstàncies del moment històric en què es van redactar.

Els treballs d'actualització empresos per aquesta llei han partit del reconeixement de l'alta qualitat tècnica del Codi de successions i de la seva utilitat contrastada en la pràctica. La seva revisió, per tant, respon només al designi d'adequar-ne el contingut a les transformacions de l'economia, la societat i les famílies en els darrers decennis i d'aprofitar l'experiència professional i jurisdiccional acumulada per a esmenar o suprimir regles dubtoses, suplir alguna mancança i facilitar-ne l'aplicació extrajudicial. Atès tot això, el llibre quart presenta alhora novetats de naturalesa tècnica i d'altres que reflecteixen decisions de política jurídica amb una clara repercussió social. Aquestes darreres es troben, sobretot, en la remodelació integral del sistema de pactes successoris, la reconsideració dels drets successoris en la successió intestada entre cònjuges o convivents, la modificació de les regles de càlcul de la llegítima, la regulació de nova planta de la quarta vidual i la supressió de les reserves.

El llibre quart respecta l'estructura del Codi de successions amb dos canvis d'ordre sistemàtic. El títol I del Codi de successions, de disposicions generals, es desdobla en dos títols i el segon passa a ésser el títol VI del nou llibre quart, relatiu a l'adquisició de l'herència, que inclou les regles sobre acceptació i repudiació, dret d'acréixer, comunitat hereditària, partició, col·lació i protecció del dret hereditari. Aquesta reordenació sistemàtica, que té un precedent en el Projecte de compilació del 1955, s'ajusta a l'ordre temporal de les fases en què es desenvolupa el fenomen successori. En segon lloc, el títol III del Codi de successions, sobre els testaments, passa a ésser el títol II del llibre quart, amb la voluntat de reflectir la centralitat de la successió testamentària, mentre que el títol II del Codi de successions, sobre els heretaments, passa a constituir el nou títol III, que inclou els pactes successoris i les donacions per causa de mort. Tot i la preferència de la successió contractual com a fonament de la vocació successòria, ha prevalgut en aquest punt, com a raó per a avantposar la successió testamentària, la seva molt superior freqüència estadística. A banda dels títols esmentats, el títol IV del nou llibre es dedica a la successió intestada, i el títol V comprèn les altres atribucions successòries determinades per la llei, és a dir, la llegítima i la quarta vidual.

En el pla substantiu, el llibre quart manté els principis successoris del dret català tal com estaven plasmats en el Codi de successions: els principis de necessitat d'hereu, d'universalitat del títol d'hereu, d'incompatibilitat de títols successoris, de prevalença del títol voluntari i de perdurabilitat del títol successori. Aquests principis, que distingeixen el dret català de successions de molts altres ordenaments, han funcionat raonablement bé en la praxi successòria i no s'ha considerat oportú alterar-los. D'altra banda, com és sabut, el mateix sistema n'estableix, quan hi ha raons que ho justifiquen, les excepcions o modulacions pertinents.

Des d'una perspectiva formal, cal destacar la reducció de disposicions que es podien considerar supèrflues, massa detallistes i àdhuc reiteratives, sobretot amb relació als fideïcomisos. Així, s'ha passat dels 396 articles del Codi de successions als 377 del llibre quart. També s'ha adaptat la presentació dels preceptes a les exigències de la tècnica legislativa actual, mitjançant la divisió dels articles en apartats i la introducció de rúbriques, inexistents en el Codi de successions. Pel que fa a la redacció dels textos, finalment, s'han eliminat arcaismes, s'ha procurat una redacció més directa i s'ha posat cura a harmonitzar la terminologia tècnica amb l'emprada en els llibres primer, tercer i cinquè del Codi civil i en els altres projectes de llei en curs.

II
Disposicions generals

El títol I del llibre quart, que conté les disposicions generals de la successió per causa de mort, manté substancialment el dret vigent amb alguna modificació tècnica i sistemàtica. Les variants sistemàtiques més remarcables són el desplaçament del paràgraf segon de l'article 1 del Codi de successions, que passa a ésser el nou article 463-1, situat en el capítol dedicat a la comunitat hereditària; el desplaçament de la regla continguda en la segona frase del paràgraf segon de l'article 4, que passa a l'article 425-4.1, relatiu a la substitució vulgar, amb una formulació diferent; la introducció de l'article 411-8, sobre reserves i reversions legals, que en constata la supressió en el dret català; la inclusió en el capítol sobre capacitat successòria, com a supòsits d'inhabilitat, de les prohibicions de disposar que establia l'article 147 del Codi de successions, i la reordenació del règim de la indignitat successòria, que es tracta conjuntament amb el de la inhabilitat per a succeir.

Entre les novetats substantives, és remarcable la regulació, en el supòsit d'herència jacent, de les conseqüències que produeix l'acceptació d'algun dels cohereus, si n'hi ha d'altres que no s'han pronunciat encara. En aquest cas, s'entén que la situació de jacència s'extingeix i el llibre quart opta per atribuir l'administració ordinària de l'herència als qui accepten, en espera que la resta també ho faci o es frustrin les crides. En matèria de capacitat successòria, cal destacar la norma que redefineix i amplia les causes d'indignitat, en particular estenent-la als qui cometen delictes de lesions greus, contra la llibertat, de tortures, contra la integritat moral -incloent-hi els delictes de violència familiar i de gènere- o contra la llibertat i la indemnitat sexuals, sempre que en siguin víctimes el causant o altres persones del seu nucli familiar. També s'amplia el supòsit d'indignitat per causa d'impagament de prestacions econòmiques imposades en processos matrimonials, que en el llibre quart comprèn els casos de comissió de delictes contra els drets i deures familiars, incloent-hi, per tant, casos de trencament de deures de custòdia, substracció de menors o altres formes d'abandonament de família diferents de l'impagament de pensions al cònjuge, l'excònjuge o els fills. Finalment, és digne d'esment, amb relació a la inhabilitat successòria, l'addició d'un apartat al precepte que en regula les causes, per mitjà del qual es limita la possibilitat que les persones que presten serveis assistencials, residencials o anàlegs al causant, en virtut d'una relació contractual, siguin afavorides en la seva successió. El llibre quart no ha optat per inhabilitar aquestes persones, entenent que una regla tan dràstica podria donar lloc a situacions injustes, però, a fi de reduir el risc de captació de la voluntat, ha semblat oportú exigir, en aquests casos, que la disposició es faci en testament notarial obert.

III
La successió testada

a)   Formes testamentàries

El títol II del llibre quart té per objecte la successió testada i s'inicia amb un capítol sobre els testaments, els codicils i les memòries testamentàries, en el qual es regulen els tipus de testaments i altres actes que poden contenir disposicions d'última voluntat, els requisits de capacitat per a atorgar-los, llur contingut, llurs formalitats i les regles generals a les quals se subjecta la interpretació de les disposicions que contenen.

Respecte a les formes testamentàries, la novetat més rellevant, encara que amb una transcendència pràctica molt limitada, és la decisió de suprimir el testament ordinari davant rector. D'aquesta manera, els tipus de testaments que es poden atorgar en aplicació del dret català es redueixen a dos: el notarial, en les modalitats de testament obert i testament tancat, i l'hològraf. Es manté vigent, per tant, la prohibició dels testaments atorgats exclusivament davant de testimonis, sens perjudici dels casos en què se'ls pugui reconèixer validesa d'acord amb les normes del dret internacional privat.

L'atorgament de testaments i codicils segueix subjecte als requisits de capacitat, contingut i forma vigents. El llibre quart precisa els supòsits en què intervenen facultatius en l'acte d'atorgament del testament a fi de certificar que el testador té prou capacitat i lucidesa per a fer-ho, distingint segons que el testador estigui incapacitat judicialment o no ho estigui. En el primer cas, la presència dels facultatius, que han d'ésser acceptats pel notari, és inexcusable; en el segon, els facultatius hi intervenen si el notari, que ha d'apreciar la capacitat del testador, ho considera pertinent.

Pel que fa al contingut dels actes successoris, es flexibilitza, ampliant-lo, l'objecte de les memòries testamentàries, que poden contenir disposicions que no excedeixin el 10% de l'actiu hereditari, en lloc del 5% que establia l'article 123 del Codi de successions. Finalment, el llibre quart també recull la facultat de designar i modificar, en testament o en codicil, els beneficiaris d'assegurances de vida o d'altres instruments d'estalvi o previsió, tal com sovint es fa en la pràctica. Naturalment, aquesta facultat també es pot exercir per altres mitjans establerts per la llei o pel contracte, i, atès que la designació testamentària de beneficiari no és un acte de disposició per causa de mort, no cal revocar-la en un testament ulterior, sinó que es pot fer també per qualsevol altre mitjà admès en dret.

b)   Nul·litat i ineficàcia dels testaments i de les disposicions testamentàries

Les normes sobre ineficàcia dels testaments i de les disposicions testamentàries, contingudes en el capítol II del títol II, són objecte d'una nova sistematització i reformulació, més d'acord amb els principis de la dogmàtica jurídica moderna. El capítol comença amb un precepte en el qual s'exposa el conjunt de les causes de nul·litat dels testaments. Aquest precepte atribueix rang legal a la doctrina jurisprudencial, particularment rellevant en els testaments hològrafs, que n'evita la nul·litat quan falta l'expressió de la data i del lloc, sempre que aquestes dades es puguin acreditar d'alguna altra manera. Es fixa un termini general de caducitat de quatre anys per a les accions de nul·litat, que s'unifica amb els terminis d'altres accions d'impugnació també subjectes a caducitat, com la de preterició errònia. S'estableix, en substitució dels paràgrafs segon i tercer de l'article 128 del Codi de successions, una regla que impedeix l'exercici de l'acció de nul·litat a les persones que, coneixent la possible causa de nul·litat, admeten la validesa de la disposició testamentària, l'executen voluntàriament o renuncien a l'exercici de l'acció.

Es posa una cura especial a aclarir el dret vigent en matèria de revocació i compatibilitat entre testaments, com també en tot el relatiu a les conseqüències de la ineficàcia dels testaments. En aquest sentit, es precisen les conseqüències generals de la nul·litat i la caducitat d'un testament respecte al testament anterior i les conseqüències de la nul·litat parcial. En matèria de revocació, es preveu la possibilitat d'atorgar un testament merament revocatori, cas en el qual la successió es defereix aplicant l'ordre de successió establert per a la successió intestada.

El capítol es tanca amb l'actualització de l'article 132 del Codi de successions, que presumia revocades les disposicions ordenades a favor del cònjuge en alguns casos de crisi matrimonial. El nou precepte eludeix formular la norma com una presumpció de revocació i la configura com un supòsit d'ineficàcia sobrevinguda, si bé salva les disposicions fetes a favor del cònjuge o el convivent quan del context del negoci successori en resulta que el testador l'hauria ordenat igualment en cas de crisi familiar ulterior. D'altra banda, la superació del sistema causalista en la regulació de l'accés a la separació matrimonial i al divorci justifica que el precepte hagi optat per una definició objectiva dels pressupòsits d'aplicació de la norma: n'hi ha prou amb el trencament efectiu de la convivència, fins i tot per separació de fet, o la interposició d'una demanda en procés matrimonial, sempre que posteriorment no hi hagi hagut represa de la convivència o reconciliació, per a fer valer la ineficàcia de les disposicions atorgades a favor del cònjuge o el convivent. El mateix sistema s'ha seguit en altres tipus d'atribucions successòries: en concret, en matèria de pactes successoris, en la successió intestada i en la quarta vidual.

c)   Institució d'hereu i disposicions fiduciàries

Es manté el principi tradicional de necessitat d'institució d'hereu en els testaments, amb les excepcions, prou conegudes, del testament amb nomenament de marmessor universal i de l'atorgat en aplicació del dret de Tortosa, en el qual és possible repartir tota l'herència en llegats. Seguint el dret vigent, es mantenen les regles interpretatives i integradores de la voluntat del testador en diversos supòsits d'institució d'hereu que ho requereixen per llur complexitat, incertesa o designació genèrica dels afavorits.

La condició, el termini i el mode, que el Codi de successions regulava en un mateix capítol referit a les modalitats en la designació dels successors, tenen un nou tractament sistemàtic. D'una banda, el règim jurídic de la condició té una secció pròpia dins del capítol de la institució d'hereu, a les normes de la qual remet posteriorment el capítol dels llegats, en tot allò que és aplicable també als llegats condicionals. D'altra banda, el règim jurídic de les disposicions fetes a termini es desenvolupa amb relació als llegats, atesa la prohibició d'aposar terminis a la institució d'hereu. Finalment, el mode successori es configura com una disposició successòria més i, per això, es desplaça a un capítol específic a continuació dels llegats.

En matèria de condició, el llibre quart delimita de manera més completa les facultats de l'hereu condicional, de qui el Codi de successions es limitava a dir que podia demanar la possessió provisional de l'herència. El llibre quart explicita com s'exerceixen les facultats d'administració de l'herència mentre la condició està pendent de compliment i permet als cohereus que ja hagin acceptat l'herència practicar-ne la partició, deixant en administració els béns assignats a la quota de l'hereu condicional. Finalment, amb relació a la tipologia legal de les condicions, és destacable la norma, de nova redacció, que declara ineficaç la condició de no impugnar el testament o de no promoure litigis successoris, condició que apareix amb una certa freqüència en els actes d'última voluntat, però que erosiona la seguretat jurídica i coarta inadmissiblement l'accés a la tutela judicial.

Pel que fa a les disposicions fiduciàries, es manté el règim vigent de la institució d'hereu per fiduciari i dels hereus i legataris de confiança, amb canvis lleus adreçats a simplificar la redacció dels preceptes i a harmonitzar-los amb la resta del llibre quart. En aquest sentit, per exemple, s'estén l'exercici de la facultat d'elegir hereu o de distribuir l'herència a la persona que convivia amb el causant en unió estable de parella, seguint la tònica d'equiparació entre el cònjuge i el convivent que es fa en tot el dret de successions. També s'explica per aquesta voluntat d'harmonitzar textos la reducció del termini atorgat a l'hereu de confiança per a practicar inventari, que passa d'un any a sis mesos, comptats des del coneixement de la delació, tal com es demana també a l'hereu que vol gaudir del benefici d'inventari i al que vol detreure les quartes per raó de fideïcomís o d'excés de llegats.

d)   Substitucions hereditàries

Les substitucions vulgar, pupil·lar i exemplar mantenen la regulació tradicional, amb pocs canvis significatius a part d'esmenes d'estil. Amb relació a la substitució vulgar, s'aclareix la qüestió, que es podia considerar dubtosa tenint en compte el que establia l'article 4 del Codi de successions, relativa al moment en què es produeix la delació a favor del substitut vulgar si es frustra la crida preferent. L'única novetat en les substitucions pupil·lars i exemplars -al marge del desplaçament sistemàtic de la norma sobre el dret a llegítima en l'herència del substituït, que, tot i que es pot aplicar a ambdues substitucions, en el llibre quart es col·loca en la secció relativa a la pupil·lar- és la modificació de les regles de designació de substituts en la substitució exemplar. Seguint un criteri adequat a la realitat social contemporània es fixa un ordre de possibles substituts, però s'hi introdueixen canvis quant a les persones que ho poden ésser efectivament: en primer lloc, s'hi inclouen no només els descendents de l'incapaç, sinó també el seu cònjuge o convivent en unió estable, i, en segon lloc, abans que entri qualsevol estrany, s'hi inclouen tots els parents consanguinis de l'incapaç dins del quart grau i no, com fins ara, els descendents del testador, que podria ésser que no fossin parents del substituït. A més, es permet que el causant ordeni la substitució, prescindint de les prelacions esmentades, a favor de les persones que hagin exercit la tutela de l'incapaç o que hagin assumit i complert deures d'atenció personal envers aquest.

e) Fideïcomisos

En matèria de fideïcomisos, s'ha abordat una revisió a fons de la normativa amb la finalitat de simplificar-la i adaptar-la a la realitat social. El nombre d'articles dedicats als fideïcomisos, que eren gairebé una cinquena part de les disposicions del Codi de successions, s'ha reduït significativament. Els articles derogats, en la mesura que no s'oposin al nou dret, s'incorporen a la tradició jurídica catalana. S'ha de fer esment de la reformulació de la norma que estableix els límits dels fideïcomisos. Aquesta norma parteix de la base que no és desitjable, ateses les exigències d'una economia de mercat moderna i la funció social dels recursos econòmics, que els béns siguin amortitzats per més d'una generació. Per això, el llibre quart ha posat molta cura a cercar un equilibri entre la voluntat del testador i les exigències pràctiques del món contemporani. Els fideïcomisos es poden ordenar a favor de persones vives o, si es pretén cridar persones no nascudes en el moment de l'obertura de la successió, a favor d'un únic substitut. Aquesta regla no s'aplica als fideïcomisos familiars, cas en el qual es permet la crida de dues generacions, entenent com a primera la dels fills o nebots del fideïcomitent.

Quant als efectes que produeix el fideïcomís mentre està pendent, s'estableixen mesures per a permetre la disposició de béns fideïcomesos si es garanteix l'eficàcia del fideïcomís. Així es fa, en concret, a imatge de la regla aplicable a l'usdefruit de diners, respecte als diners, valors o altres actius financers integrats en el fideïcomís, dels quals el fiduciari pot disposar lliurement si ha prestat una fiança suficient per a restituir-ne el valor. Per al cas en què quedin subjectes al fideïcomís accions o participacions, el llibre quart estableix també quins drets corresponen al fiduciari i quins efectes produeix la subscripció de noves accions en ampliacions de capital, l'emissió d'accions alliberades i l'alienació, si s'escau, dels drets de subscripció preferent. Destaca, finalment, la simplificació de la regulació dels fideïcomisos de residu i la substitució preventiva de residu. Es manté el principi de subrogació real, com a regla de defecte, i se suprimeix l'exigència de reservar una quarta inversa.

f) Llegats i modes successoris

En matèria de llegats, se sistematitza l'extensa i acurada normativa de l'anterior Codi de successions, que va recuperar la del Projecte de compilació del 1955, i s'hi introdueixen algunes disposicions per a satisfer les necessitats del tràfic. Es determina amb precisió el règim del llegat de diners, actius financers, accions i participacions socials, com també l'abast del llegat d'immobles amb relació als mobles que contenen. També s'aborden alguns casos de subrogació d'objectes llegats per altres béns i, pel que fa a la delació i l'acceptació dels llegats, s'especifica la independència de cada llegat com a disposició a títol particular. El llibre quart manté la institució de la quarta falcídia o quota hereditària mínima, com a contingut econòmic mínim del títol hereditari, si bé se'n simplifica la normativa. Es manté també la possibilitat de reduir els llegats si són excessius.

Les disposicions modals es regulen en un capítol propi, emfasitzant llur caràcter diferenciat de la condició i el termini. Es modifica l'article que tracta del compliment del mode, que atorga legitimació a associacions i fundacions per a exigir el compliment de modes amb finalitats d'interès general. Es limita també la durada de les prohibicions de disposar, que se circumscriu a la vida d'una persona o a trenta anys, i es faculta la persona afectada a sol·licitar l'autorització judicial per a disposar si sobrevé una justa causa.

g) Marmessors

El règim de la marmessoria es manté substancialment inalterat, excepte pel que fa al sistema de retribució. Partint del respecte a la voluntat del causant, el llibre quart atribueix al marmessor universal una remuneració, per defecte, del 5% del valor de l'actiu hereditari líquid, en lloc del 10% anterior, i es manté per al comptador partidor la del 2% del valor del mateix actiu o dels béns objecte de partició. A més, s'estableix que els honoraris professionals del marmessor, si escauen, s'han d'imputar a aquest percentatge. Es fixa un termini màxim per al compliment de l'encàrrec, que és de trenta anys o el termini de durada màxima dels fideïcomisos, si s'estableix per referència a la vida de diverses persones. S'ha aprofitat la reforma, finalment, per a incloure la norma sobre destinació d'herències a sufragis o als pobres en el capítol de la marmessoria, atès que la finalitat de la successió, en aquests casos, és el compliment d'un encàrrec de destinació i no l'atribució de béns per títol successori.

IV
Pactes successoris

El règim dels pactes successoris és, sens dubte, la innovació de més volada que presenta el llibre quart respecte a l'anterior Codi de successions. El dret català ha conegut tradicionalment els pactes successoris en forma de donació universal o heretament. Aquests pactes, com és sabut, eren el vehicle de transmissió intergeneracional dels patrimonis familiars, de base típicament agrària, per mitjà de la institució d'hereu únic convinguda en capítols matrimonials. Malgrat la importància històrica dels heretaments, llur regulació, ancorada en una realitat socioeconòmica i una concepció de les relacions familiars pròpies d'una altra època, resultava més útil per a interpretar capítols matrimonials antics que com a instrument de planificació successòria. A partir d'aquesta premissa, sense renunciar al bagatge conceptual heretat de la tradició jurídica catalana entorn dels heretaments, el llibre quart regula els pactes successoris d'una manera molt més oberta i flexible.

En aquesta línia de més obertura, s'han de destacar dos trets del nou sistema de successió contractual. D'una banda, pel que fa al contingut del títol successori, els pactes successoris no es limiten ja a la institució d'hereu o heretament, sinó que admeten també, conjuntament amb l'heretament o aïlladament, la realització d'atribucions particulars, equivalents als llegats en la successió testamentària. D'altra banda, la successió contractual es deslliga del seu context matrimonial: si bé els pactes es poden continuar fent en capítols matrimonials, això ja no és un requisit essencial, perquè no s'han d'atorgar necessàriament entre cònjuges o futurs cònjuges, ni tampoc entre els pares o altres familiars i els fills que es casen. Entre el manteniment de l'esquema tradicional i l'obertura dels pactes a qualssevol contractants, el llibre quart ha optat per una solució intermèdia prudent: els pactes només es poden atorgar amb el cònjuge o convivent, amb la família d'aquest o amb la família pròpia, dins d'un cert grau de parentiu per consanguinitat o afinitat. Aquesta regla té en compte el major risc dels contractes successoris entre no-familiars, però alhora és prou oberta per a emparar els pactes que a vegades s'estipulen en ocasió de la transmissió d'empreses familiars, en els quals poden arribar a intervenir diverses generacions de parents en línia recta i altres membres de la família extensa.

La restricció legal quant al grup de persones que poden convenir pactes successoris no regeix per a ésser afavorit. Els pactes poden contenir disposicions a favor de terceres persones, però aquestes no adquireixen cap dret fins a la mort del causant. D'aquesta manera es permet, per exemple, que el pare i la mare pactin, entre ells dos, que l'herència sigui per a un o uns fills determinats, encara que no tinguin el consentiment d'aquests, i, més endavant, si les circumstàncies ho aconsellen, convinguin un nou pacte successori per a instituir un altre fill o una altra persona.

Les disposicions generals de la secció primera del capítol dedicat als pactes successoris s'ocupen, a més de definir els pactes i determinar llurs atorgants i possibles afavorits, de regular la capacitat per a atorgar-los, llur objecte, forma i publicitat i llurs modalitats d'ineficàcia. El tipus bàsic de pacte successori implícit en el llibre quart és un pacte amb causa gratuïta, en el qual es poden imposar càrregues a l'afavorit, com ara la de tenir cura d'un atorgant que tingui la condició de causant de la successió i prestar-li assistència, i també la de fer constar la finalitat que hom pretén assolir amb l'atorgament del pacte. Això no impedeix que les parts puguin causalitzar el pacte de manera diferent, atesa la llibertat de configuració del contingut que els dóna el llibre quart. Aquest hibridisme causal es posa en relleu en la regulació de les causes de revocació dels pactes, que provenen de la dogmàtica dels actes successoris, de les donacions i dels contractes. En concret, els pactes es poden revocar per indignitat de l'afavorit, per les causes pactades expressament en el contracte, per incompliment de càrregues, per impossibilitat de compliment de la finalitat essencial o per un canvi substancial, sobrevingut i imprevisible de les circumstàncies fonamentals. Aquesta multiplicitat de fonaments de revocació ha exigit també que se n'especifiquin les conseqüències en cada cas, tenint en compte si hi ha disposicions corespectives o si alguna de les parts ha complert obligacions o càrregues que hagin enriquit l'altre atorgant.

A continuació, el llibre quart regula els diferents tipus d'atribucions que es poden fer en un pacte successori, és a dir, els heretaments i les atribucions particulars. L'heretament, seguint el dret compilat, pot ésser simple o cumulatiu i es pot pactar amb caràcter mutual. S'ha de fer notar també l'admissió de l'anomenat heretament preventiu, que es pot revocar unilateralment per mitjà d'un testament o un pacte successori posterior. Les disposicions preventives són, en principi, indistingibles de les testamentàries, però a vegades poden acompanyar útilment altres disposicions irrevocables atorgades en un mateix instrument. A part d'això, el llibre quart estableix que, si el testador no ho dispensa, la revocació unilateral d'una disposició preventiva s'ha de notificar als altres atorgants del pacte, com a requisit d'eficàcia. Aquest tret permet conferir als pactes successoris, si es dissenyen adequadament, la funcionalitat pròpia dels testaments mancomunats.

V
Successió intestada

El dret anterior al llibre quart en matèria de successió intestada, contingut en els articles 322 a 349 del Codi de successions, procedia de la Llei 9/1987, del 25 de maig, de successió intestada, la qual, al seu torn, s'havia inspirat en la Llei de successió intestada del 7 de juliol de 1936, encara que no en compartís tots els principis. El llibre quart segueix el fil d'aquesta tradició i respecta els trets bàsics del sistema anterior, si bé hi introdueix alguns canvis tècnics i altres, més transcendents, de política jurídica.

Les principals innovacions que presenta el llibre quart afecten la successió intestada en les relacions de parella. D'una banda, es reconeixen drets successoris al convivent en unió estable de parella en pla d'igualtat amb el cònjuge vidu, sempre que la convivència hagi perdurat fins al moment de la mort de l'altre membre de la parella i amb independència que es tracti d'una parella heterosexual o homosexual. Es posa fi, doncs, al sistema asimètric de reconeixement de drets successoris en les unions estables de parella, que els atorgava només a les unions homosexuals. L'obertura del matrimoni a les parelles homosexuals buida de sentit el tracte diferencial de les relacions de parella en funció de l'orientació sexual dels convivents; per això, s'elimina la dualitat de règims. Però el llibre quart, com s'ha dit abans, va més lluny i, amb caràcter general, assimila els drets successoris dels convivents als dels cònjuges, entenent que, a efectes de la successió per causa de mort, allò que és rellevant és l'existència d'una comunitat de vida estable i els llaços d'afecte entre els qui conviuen com a parella, i no el caràcter institucional del vincle que els uneix.

D'altra banda, en aquest mateix àmbit dels drets successoris en les relacions de parella, s'ha de destacar la millora de la posició del cònjuge vidu, que s'estén, com hem dit, al convivent supervivent d'una unió estable, quan concorre a la successió intestada amb descendents. La pràctica anterior a l'aprovació d'aquesta llei feia palès que la solució usufructuària, emmirallada en el model tradicional de l'usdefruit capitular de regència, tot i tenir l'avantatge d'atorgar una posició personal i econòmica sòlida al vidu, pot presentar disfuncions en la gestió de patrimonis de base urbana, financera o empresarial, cosa que fa aconsellable establir l'opció de commutar el dret d'usdefruit universal per l'usdefruit de l'habitatge familiar, si pertanyia al difunt, i una quarta part alíquota de l'herència, un cop descomptat el valor de l'usdefruit esmentat. Aquesta facultat de commutació, que el vidu o convivent té durant l'any següent a l'obertura de la successió, millora sensiblement la posició d'aquest en la successió intestada, com també la reforça el fet que aquests usdefruits, tant l'universal com el que recau sobre l'habitatge, tinguin caràcter vitalici i no es perdin pel fet de contreure un nou matrimoni o d'iniciar una nova convivència.

El llibre quart introdueix modulacions de nota en el règim de successió intestada en el cas d'adopció. D'antuvi, disposa que el parentiu per adopció produeix els mateixos efectes successoris que el parentiu per consanguinitat, i això, en coordinació amb la modificació de l'article 127.1.a del Codi de família, implica l'establiment de drets successoris abintestat entre l'adoptat i els seus descendents i l'adoptant i tota la seva família, inclosos els oncles, cosins, nebots i altres parents col·laterals. L'adopció crea lligams familiars indistingibles dels que genera la procreació natural, la qual cosa ha conduït progressivament a la convicció social que cal equiparar la filiació natural i l'adoptiva en tots els sentits. Tanmateix, hi ha supòsits d'adopció que, sens perjudici de l'equiparació d'efectes acabada d'esmentar, mereixen un tractament singular. És el cas de l'adopció dels fills del cònjuge o del convivent i de l'anomenada adopció intrafamiliar, en la qual un fill orfe és adoptat per un parent dins del quart grau. En ambdós supòsits, el llibre quart manté drets successoris abintestat entre la persona adoptada i els seus avis, o ulteriors ascendents, de la branca familiar que ha quedat desplaçada com a conseqüència de l'adopció pel nou cònjuge o convivent de l'altre progenitor o de l'adopció de l'orfe per un parent col·lateral de la família de l'altre progenitor. En aquests casos, també es mantenen els drets successoris abintestat entre els germans per naturalesa, que no s'han de veure perjudicats pel fet que algun d'ells hagi estat adoptat i altres no -o ho hagin estat per una altra persona. El manteniment d'aquests drets successoris està molt lligat a la idea que, en aquestes modalitats d'adopció, és possible que es mantingui el tracte familiar amb els avis o els germans d'origen i que, quan això passa, és just que la llei ho reconegui. Tant és així que, si hom pot acreditar que s'ha perdut el tracte familiar, el dret decau.

Al marge d'aquestes reformes, són dignes d'esment la norma que regula la delació de l'herència intestada quan és repudiada per tots els descendents d'un mateix grau i, d'altra banda, la que destina les finques urbanes heretades per la Generalitat de Catalunya, com a hereva legal, a polítiques d'habitatge social.

VI
Llegítima i quarta vidual

El llibre quart manté la llegítima com a atribució successòria legal i límit a la llibertat de testar, però accentua la tendència secular a afeblir-la i a restringir-ne la reclamació. Una mesura destacable en aquest sentit és la limitació de la computació de donacions a les fetes en els deu anys precedents a la mort del causant, llevat que es tracti de donacions atorgades a legitimaris i imputables a llur llegítima, cas en el qual són computables sense límit temporal. La restricció de la computació a les donacions fetes en els darrers deu anys de vida facilita les operacions de càlcul de la quantia de la llegítima, que no es veuran entorpides per problemes de prova i de valoració d'actes pretèrits, però, sobretot, s'ha de percebre com una reducció dels drets dels legitimaris ajustada a la realitat de la societat contemporània, en què preval l'interès a procurar formació als fills sobre l'interès a garantir-los un valor patrimonial quan manquin els progenitors.

Com en el dret anterior al llibre quart, continuen essent legitimaris els descendents o, si no n'hi ha, els progenitors del causant, si bé en aquest cas llur dret és intransmissible i s'extingeix si no és reclamat en vida pel legitimari. En la línia descendent, opera el dret de representació a favor dels descendents de fills premorts, desheretats i indignes, i també dels absents, per tal com aquests no tenen dret propi per a reclamar-la, atesa la incertesa sobre llur existència. Precisament per aquesta manca de dret, l'absent tampoc no fa nombre per a determinar l'import de les llegítimes individuals si no té qui el representi. A diferència de la successió intestada, que té un altre fonament, en matèria de llegítima no es reconeixen drets en la successió dels ascendents d'origen si el descendent que n'hauria estat legitimari ha estat adoptat pel cònjuge o convivent de l'altre progenitor o per un parent col·lateral de l'altre progenitor. En aquests casos, el fill adoptiu té ja les seves llegítimes en la successió dels qui l'han adoptat i, si escau, dels seus ascendents, i no hi ha cap raó sòlida per a limitar la llibertat de testar del progenitor o dels avis desplaçats per l'adopció.

En matèria d'imputació legitimària, es manté el sistema en virtut del qual, en principi, només s'imputen a la llegítima les donacions fetes en pagament o a compte de la llegítima o aquelles en què hi ha un pacte exprés d'imputació. Tanmateix, modernitzant la regla tradicional que feia imputables les donacions matrimonials i altres formes anàlogues de dotació als fills, es declaren també imputables, llevat que el donant disposi una altra cosa, les donacions fetes als fills per a adquirir el primer habitatge o per a emprendre una activitat que els proporcioni independència personal o econòmica.

Es generalitza la fórmula de la cautela compensatòria de llegítima, o cautela socini, com a regla per defecte en tota successió. Aquesta decisió, també afeblidora de la llegítima, implica que se'n respecta només la intangibilitat quantitativa i no pas la qualitativa. Els legitimaris gravats han d'optar per acceptar la llegítima gravada o per renunciar a la institució d'hereu o el llegat i reclamar la que estrictament els correspongui, sense poder pretendre la supressió de càrregues ni gravàmens si el valor d'allò rebut és superior al de la llegítima.

El règim de la preterició també és objecte d'una depuració substancial, sense alterar, però, l'essència del dret vigent. Es mantenen les conseqüències de la preterició errònia i es dóna una nova redacció, més clara, als supòsits que s'exceptuen d'una possible declaració d'ineficàcia del testament. També es puntualitza que la mera declaració genèrica per la qual s'atribueix el dret de llegítima o un llegat simple de llegítima a tots els possibles legitimaris no impedeix exercir l'acció de preterició errònia si se'n donen els pressupòsits. Amb relació al desheretament, és destacable l'afegiment d'una nova causa, que és l'absència manifesta i continuada de relació familiar entre el causant i el legitimari per causa exclusivament imputable a aquest darrer. Tot i que, certament, el precepte pot ésser font de litigis per la dificultat probatòria del seu supòsit de fet, que pot conduir el jutjador a haver de fer suposicions sobre l'origen de desavinences familiars, s'ha contrapesat aquest cost elevat d'aplicació de la norma amb el valor que té com a reflex del fonament familiar de la institució i el sentit elemental de justícia que hi és subjacent. En matèria d'inoficiositat legitimària, s'estén la legitimació activa per a demanar la reducció o supressió de donacions als hereus del causant.

El termini de prescripció de l'acció de reclamació de llegítima o del suplement s'harmonitza amb el termini general en dret català, que és de deu anys. Ara bé, atès que sovint la persona obligada al pagament és un progenitor del legitimari, s'estableix que el termini de prescripció se suspengui i no es comenci a comptar fins a la mort d'aquell, sens perjudici del termini trentenari de preclusió que estableix el llibre primer.

La quarta vidual experimenta també canvis importants. Tot i mantenir la denominació tradicional, la quarta vidual ja no s'atribueix només al cònjuge vidu, sinó també al membre supervivent d'una unió estable de parella, i no consisteix pròpiament en una quarta part del cabal relicte, ja que la quarta part, com ja passava abans de l'entrada en vigor d'aquesta llei, actua només com a límit màxim. Els requisits per a reclamar-la s'actualitzen: en lloc del paràmetre de la còngrua sustentació, lligat a una concepció social en declivi de la viduïtat, el llibre quart recorre al de satisfacció de les necessitats, que es pot dotar de contingut a partir de criteris com ara el nivell de vida, l'edat, l'estat de salut, els salaris i les rendes percebudes o les perspectives econòmiques previsibles, que són anàlegs dels que serveixen per a fixar la pensió compensatòria en una crisi matrimonial. La remissió al marc normatiu de la pensió compensatòria pretén assegurar, precisament, que en cas de viduïtat el cònjuge no quedi paradoxalment en una condició pitjor de la que podria haver gaudit si el matrimoni s'hagués dissolt per divorci. Cal tenir en compte, en aquest punt, que la regulació anterior de la quarta vidual, a la qual s'havien d'imputar, a efectes de disminuir-la, els salaris, les rendes o les pensions que percebia el vidu, capitalitzats a l'interès legal del diner, havia fet inviable en molts casos la seva reclamació o l'havia reduïda, injustament, a imports insignificants.

A partir de l'entrada en vigor d'aquesta llei, la quarta vidual, que segueix sense ésser un dret legitimari, es pot reclamar sempre que calgui per a cobrir les necessitats vitals del vidu o del convivent i no es poden imputar a la quantia de la quarta els béns propis d'aquest, els que rebi per liquidació del règim econòmic, els que li puguin ésser atribuïts per causa de mort ni, menys encara, els seus ingressos presents o futurs. Lògicament, la tinença d'un patrimoni, l'adquisició de béns per algun títol hereditari i la perspectiva de futurs ingressos incideixen en els recursos de què hom disposa per a satisfer les pròpies necessitats i, per tant, mediatament, repercuteix en el reconeixement del dret a la quarta i en el seu import.

A part d'aquest canvi de concepció, s'introdueixen per al càlcul de la quarta regles anàlogues a les de la llegítima, i també es permet reduir o suprimir llegats i donacions aplicant-hi les regles sobre inoficiositat legitimària. En consonància amb el caràcter finalístic d'aquesta atribució patrimonial, s'estableix que aquesta s'extingeix si el vidu o el convivent mor sense haver-la reclamada.

VII
Adquisició de l'herència

El darrer títol del llibre quart recull la normativa dels capítols III a VII del títol I del Codi de successions i en sistematitza el contingut en cinc capítols relatius a l'acceptació i la repudiació de l'herència, el dret d'acréixer, la comunitat hereditària, la partició i la col·lació, i la protecció del dret hereditari.

En matèria d'acceptació i repudiació, la novetat més destacada és la facilitació dels efectes de limitació de la responsabilitat de l'hereu vinculats al benefici d'inventari. El llibre quart avança cap a la generalització de la limitació de responsabilitat de l'hereu als béns rebuts per herència i ho fa tot estenent les conseqüències del benefici d'inventari, com a efecte legal, als hereus que efectivament han practicat inventari, encara que no hagin manifestat la voluntat d'acollir-se a aquest benefici o fins i tot encara que hagin manifestat que l'accepten de manera pura i simple. Allò que compta, al capdavall, és haver practicat, dins del termini marcat per la llei, un inventari fidel, en el qual figurin tots els béns i tots els deutes del causant que l'hereu conegui o hauria de conèixer raonablement, i pagar els deutes hereditaris observant les prelacions i les regles d'administració que la llei imposa a l'hereu beneficiari. Amb la mateixa voluntat de fer més accessible el gaudi del benefici, el llibre quart equipara l'inventari formalitzat en document privat al notarial o judicial, per tal com en les herències modestes en què no hi ha béns immobles, s'acostuma a fer en document privat. Aquesta equiparació es condiciona al fet que aquest inventari s'hagi presentat a l'administració pública competent per a pagar els tributs relatius a la successió. A part d'aquesta novetat, també s'ha de fer notar la nova redacció de la regla sobre l'acceptació de l'herència pels creditors, que passa a configurar-se, tal com la interpreta majoritàriament la doctrina, com un supòsit d'inoposabilitat, a semblança de la inoposabilitat de les donacions, però subjecta a un termini de caducitat relativament breu.

Al final del capítol sobre l'acceptació i els seus efectes, el llibre quart conté les regles d'administració dels béns adquirits per títol successori pels menors d'edat, que s'estén, per identitat de raó, als béns atribuïts a persones incapacitades. Tot i que les modalitats d'administració dels béns atribuïts a menors o incapacitats ja estan regulades en el dret de família, s'ha cregut oportú mantenir en el llibre quart un precepte que recapituli els diferents supòsits d'administració que es poden arribar a constituir i precisi qui està legitimat per a actuar en cada cas i d'acord amb quines regles. Precisament en aquest àmbit, s'ha afegit una norma en virtut de la qual el causant, si és un ascendent del menor o de l'incapacitat, pot facultar l'administrador per a prendre possessió dels béns objecte d'administració per si mateix un cop l'herència ha estat acceptada pel representant legal. Aquesta norma, en conjunció amb la de l'article 461-12.3, que dóna valor d'acceptació al silenci del representant legal en cas que hagi d'ésser interpel·lat per a exercir la delació, pot facilitar la protecció efectiva dels interessos del menor o de l'incapacitat quan la relació entre el representant legal i la persona encarregada de l'administració sigui conflictiva.

El dret d'acréixer experimenta una simplificació notable. S'elimina la incoherència que resultava d'un sistema que, d'una banda, subjectava l'acreixement hereditari a requisits estrictes, en exigir la crida conjunta i admetre'n la prohibició pel testador, però, d'altra banda, ordenava l'increment forçós de les quotes vacants o no disposades a favor dels cohereus, a fi de respectar el principi d'incompatibilitat entre la successió testada i la intestada. Enfront d'aquest plantejament, que artificiosament ordenava que es produís per una via indirecta el mateix efecte que s'impedia pel camí més recte, el llibre quart ha optat per eliminar l'increment forçós i regula un dret d'acréixer entre cohereus molt ampli, que comprèn tots els casos en què una quota pot arribar a quedar vacant o no és atribuïda a ningú, sens perjudici, òbviament, de mantenir la norma que disposa l'acreixement preferent entre els cridats en una mateixa quota o porció de l'herència. En els llegats i en els fideïcomisos, en canvi, l'operativitat del dret d'acréixer se subordina a la voluntat del causant i a la crida conjunta, en no haver-hi obstacles derivats del principi successori abans esmentat.

A diferència del Codi de successions, el llibre quart dedica un capítol a la comunitat hereditària, en el qual es regulen els supòsits d'indivisió i l'exercici de les facultats de gaudi, administració i disposició dels béns de la comunitat, amb les remissions pertinents a les normes de la comunitat ordinària del llibre cinquè. Es manté el principi que la responsabilitat dels hereus no és ni solidària ni mancomunada, sinó que, d'acord amb la tradició catalana, els deutes hereditaris es divideixen entre els hereus que accepten, sens perjudici del dret de tots els creditors del causant a oposar-se a la partició abans que se'ls paguin o fiancin els crèdits.

Els trets essencials del règim de partició i col·lació no varien respecte als de l'anterior, però s'ha aprofitat la reforma per a ordenar millor la matèria, depurar-la, concordar les regles d'adjudicació dels béns amb les del llibre cinquè i revisar alguns efectes de la partició o de la seva pràctica defectuosa. Pel que fa als subjectes que poden fer la partició, s'ha suprimit la norma que permetia als hereus i legataris que representessin més de la meitat del cabal relicte sol·licitar a l'autoritat judicial la designació d'un comptador partidor, entenent que aquest resultat ja és possible, sense acord majoritari, pels mitjans que estableix la legislació processal. Un tret destacable és la decisió de potenciar l'autonomia dels cohereus per a arribar a acords sobre la manera de fer la partició. Si hi ha unanimitat, els cohereus no només poden prescindir dels comptadors partidors, sinó també de les disposicions particionals establertes pel mateix causant i, àdhuc, dels prellegats, llevat que el testador hagi disposat expressament el contrari. Aquesta regla té en compte la funció particional que sovint compleixen els prellegats i permet que els hereus s'adjudiquin els béns de la manera que considerin més satisfactòria, sense haver de vendre o permutar entre ells posteriorment, amb costos addicionals, per a assolir el mateix resultat.

Quant als efectes de la partició, el llibre quart aclareix expressament que els cohereus no només estan obligats al sanejament per evicció, sinó també per vicis ocults, i regula les conseqüències que se'n deriven i els terminis de preclusió i d'exercici de l'acció. També es dóna una nova redacció a les normes sobre rectificació i addició de la partició. La facultat de rectificar la partició es connecta, d'una banda, a l'exercici de l'acció de rescissió, com un remei per a evitar-la, tal com estableix la llei en la rescissió per lesió ultra dimidium o engany a mitges en el cas de les compravendes, i, d'altra banda, també es permet quan s'ha fet la partició amb l'omissió involuntària d'un hereu, supòsit que el Codi de successions no regulava específicament. Amb relació al cas en què la partició s'hagi fet amb algú que no és hereu, se substitueix la norma que en declarava la nul·litat per una altra, més pragmàtica, que estableix l'addició proporcional a la part de cada coereu de la que es va atribuir a l'hereu aparent, llevat que la majoria dels coereus decideixin tornar a fer íntegrament la partició.

La naturalesa de l'operació de col·lació, com també la definició dels supòsits en què escau i dels seus efectes, es manté inalterada respecte al dret anterior, si bé, lògicament, es veu afectada per les modificacions introduïdes en el règim d'imputació legitimària. Els preceptes que regulen la col·lació, en la redacció que hi dóna el llibre quart, deixen clar que l'objecte de la col·lació és el valor de determinades atribucions i no els béns que en són objecte, i també que el deure de col·lacionar en cap cas no comporta haver de restituir l'excés si el valor col·lacionable supera el de la quota hereditària.

El llibre quart es clou amb la regulació de l'acció de petició d'herència i de les conseqüències que es deriven del fet que sigui estimada. La principal innovació en aquesta matèria és la decisió de considerar imprescriptible l'acció, salvats els efectes de la usucapió respecte als béns singulars. La imprescriptibilitat és congruent amb la doble finalitat de l'acció com a mitjà de reconeixement de la qualitat d'hereu i de restitució dels béns com a universalitat. La pretensió restitutòria, com també posa en relleu el règim de l'acció reivindicatòria, igualment imprescriptible, només cedeix davant de l'adquisició de la titularitat per una altra persona.

VIII
Part final

Les disposicions transitòries pretenen regular les principals conseqüències de la substitució del Codi de successions pel llibre quart del Codi civil, particularment respecte als actes per causa de mort atorgats abans de l'entrada en vigor d'aquesta llei que hagin de regir successions obertes amb posterioritat, i també respecte a les successions obertes abans però que encara puguin produir efectes després, com passa, sobretot, quan s'ha ordenat un fideïcomís. En matèria de fideïcomisos, precisament, és rellevant la disposició transitòria quarta, que pretén facilitar la cancel·lació en el Registre de la Propietat dels assentaments referents a substitucions fideïcomissàries condicionals, sense recórrer a l'expedient d'alliberament de càrregues, sempre que es pugui acreditar mitjançant una acta de notorietat que s'ha incomplert la condició o que han transcorregut més de trenta anys des de la mort del fiduciari i els hereus d'aquest o llurs causahavents han posseït com a tals els béns del fideïcomís sense que consti en el Registre cap inscripció o anotació a favor dels fideïcomissaris que pugui denotar la vigència de llur dret.

Les disposicions finals modifiquen diversos preceptes del llibre cinquè del Codi civil i del Codi de família. Respecte al llibre cinquè, s'actualitzen les remissions que es feien al Codi de successions, es modifica la redacció del precepte que regula les hipoteques que es poden constituir en cas de substitució fideïcomissària i s'elimina la suspensió de la usucapió durant el temps en què el bé usucapit es troba en una herència jacent, atès que la jacència no impedeix pas que els hereus cridats o els administradors de l'herència puguin fer valer els mitjans de defensa adients contra l'usucapient. També s'ha aprofitat aquesta primera ocasió en què s'esmena el llibre cinquè per a corregir-ne diversos errors purament materials que s'hi havien detectat. Respecte al Codi de família, es modifiquen els articles 113.1 i 127.1, a fi de suprimir les restriccions a la formació de relacions de parentiu entre l'adoptat i els seus descendents i la família de l'adoptant, en consonància amb l'equiparació d'efectes que s'estableix entre el parentiu per naturalesa i el parentiu per adopció; tot això, com s'ha dit, sens perjudici del manteniment de diversos efectes successoris específics en l'adopció.

Article únic. *Aprovació del llibre quart del Codi civil de Catalunya*

S'aprova el llibre quart del Codi civil de Catalunya, amb el contingut següent: [...]

DISPOSICIONS ADDICIONALS

Primera. *Règim tributari*

En el termini d'un any a partir de l'entrada en vigor d'aquesta llei, el Govern ha de presentar al Parlament un projecte de llei d'harmonització de la normativa tributària vigent amb relació a les institucions successòries que regula el llibre quart del Codi civil, prenent com a referència, en tots els casos, les institucions del dret civil català.

Segona. *Aplicació de mitjans per a suplir la discapacitat sensorial*

[Sense contingut. Disposició derogada per la Llei 6/2019, de 23 d'octubre]

Tercera. *Registre electrònic de voluntats digitals*

[Disposició declarada inconstitucional per STC 7/2019, de 17 de gener]

DISPOSICIONS TRANSITÒRIES[*]

[…]

DISPOSICIÓ DEROGATÒRIA

[…]

DISPOSICIONS FINALS

Primera. *Modificació de la Llei 29/2002*

[…]

Segona. *Modificació del llibre cinquè del Codi civil de Catalunya*

[…]

Tercera. *Modificació de la Llei 9/1998*

[…]

Quarta. *Entrada en vigor*

Aquesta llei entra en vigor l'1 de gener de 2009, llevat de la disposició final tercera, que entra en vigor l'endemà de la publicació d'aquesta llei en el Diari Oficial de la Generalitat de Catalunya.

Cinquena. *Organització, funcionament i accés al Registre electrònic de voluntats digitals*

[Disposició declarada inconstitucional per STC 7/2019, de 17 de gener]

---

[*] Per raons sistemàtiques, transcrivim el text de les disposicions transitòries de la Llei 10/2008, del 10 de juliol, al final de la part dispositiva del CCCat.

LLEI 5/2006, de 10 de maig, del llibre cinquè del Codi civil de Catalunya, relatiu als drets reals

(DOGC núm. 4640, de 24 de maig. Correcció d'errades DOGC núm. 4655, de 15 de juny)

PREÀMBUL

I
Finalitat

El dret civil té un paper clau en la configuració de Catalunya com a societat moderna perquè permet d'adaptar el marc jurídic a la realitat d'avui i satisfer les necessitats quotidianes dels ciutadans, que, d'acord amb aquell, poden exercir plenament la llibertat en l'àmbit privat. És per això que té, a més, una significació especial com a element d'identificació nacional i com a instrument de cohesió social.

La recuperació de les institucions polítiques operada l'any 1980 per l'Estatut d'autonomia ha permès que, en un quart de segle, el Parlament de Catalunya hagi acomplert una tasca legislativa intensa, en un procés de modernització del dret civil tradicional que ha estat àmpliament participatiu, progressiu i constant, cosa que l'ha dotat de la solidesa que calia per a superar les interpretacions restrictives de les competències exclusives que corresponien a la Generalitat en matèria de conservació, modificació i desenvolupament del dret civil català.

Aquest procés, iniciat amb la Llei 13/1984, del 20 de març, de reforma de la Compilació del dret civil de 1960, ha continuat al llarg de diverses legislatures. Les fites més rellevants han estat l'aprovació del Codi de successions, per la Llei 40/1991, del 30 de desembre; del Codi de família, per la Llei 9/1998, i de la Llei 10/1998, d'unions estables de parella, ambdues del 15 de juliol, i de la Llei 29/2002, del 30 de desembre, primera llei del Codi civil de Catalunya, la qual n'estableix l'estructura i l'elaboració en forma de codi obert, que cal construir a partir d'un procés continuat i que en el futur es pot adaptar de manera flexible a les necessitats socials i als avenços de la ciència jurídica de cada moment.

La finalitat d'aquesta llei és aprovar el llibre cinquè del Codi civil de Catalunya, relatiu als drets reals, com un pas més en la construcció del nou sistema jurídic privat català i en el seu procés codificador.

II
Els principis

Aquest codi aporta una regulació nova, pròpia de Catalunya, d'institucions fonamentals en el dret de coses, com són la possessió, la propietat i les situacions de comunitat, especialment l'anomenada *propietat horitzontal*, i introdueix la regulació dels drets de vol i d'hipoteca.

D'altra banda, refon i modifica parcialment la legislació aprovada pel Parlament en matèria de dret de coses i hi dóna unitat interna. Aquesta legislació comprèn un total de sis lleis, des de la Llei 6/1990, del 16 de març, dels censos, fins a la Llei 19/2002, del 5 de juliol, de drets reals de garantia.

La regulació del llibre cinquè, tot i que manté, actualitzades profundament, institucions tradicionals en el dret català, algunes d'ascendència romana, com són l'usdefruit i els seus diminutius o les servituds, i d'altres d'origen medieval, com són els drets de cens o la mitgeria, posa l'accent en els aspectes més innovadors, com són una regulació breu i ordenada del fet possessori i de les seves conseqüències jurídiques, una regulació dels límits i les limitacions de la propietat conforme a la cultura jurídica actual, la regulació de la propietat horitzontal com a instrument que facilita l'accés al dret fonamental a l'habitatge o la regulació dels drets de superfície, de vol o d'opció.

Aquest codi parteix dels principis bàsics de llibertat civil, que es manifesta deixant a l'autonomia de la voluntat un camp molt ampli d'actuació en la constitució i la configuració dels drets reals limitats i de les situacions de comunitat, en la limitació dels drets de tanteig i de retracte legals als casos indispensables i en l'establiment d'una regulació dels drets reals limitats que gairebé sempre és subsidiària del pacte entre les parts; de protecció dels consumidors i, en general, de les persones en situació de necessitat, que es manifesta sobretot en la normativa de la propietat horitzontal i en tot allò que té relació amb la regulació dels edificis amb una pluralitat d'habitatges; de la bona fe, que es presumeix sempre i que es manifesta en la regulació de la possessió, dels títols d'adquisició i de l'accessió i, en general, en el fet que mai no s'atorga protecció jurídica a qui actua de mala fe; de promoció de la seguretat jurídica preventiva, que es manifesta en la utilització equilibrada dels instruments notarials i dels registres públics en els supòsits en què l'interès públic i la transcendència dels interessos de tercers en fa aconsellable l'ús; i de la funció social de la propietat, que es manifesta en la regulació amb caràcter general de les restriccions al dret de propietat i de les relacions de veïnatge i en la superació del principi d'unanimitat en la gestió de les situacions de comunitat.

Finalment, aquest codi té molt present que les seves disposicions tenen caràcter de dret comú a Catalunya. Per això, quan és pertinent, subratlla la seva profunda imbricació amb la normativa, sovint qualificada d'administrativa, que configura la propietat moderna, tan imbuïda de la seva funció social, com és el cas de les normes urbanístiques o d'habitatge, agràries, forestals i mediambientals, i del patrimoni cultural.

III
L'estructura i el contingut

Aquesta llei, amb un sol article, aprova el llibre cinquè del Codi civil de Catalunya, relatiu als drets reals, i conté vint disposicions transitòries, una disposició derogatòria i una disposició final.

El llibre cinquè és format per 382 articles. D'acord amb la Primera llei del Codi civil, el llibre cinquè es distribueix en títols, concretament en sis, que estableixen unes disposicions generals sobre els béns (títol I) i regulen la possessió (títol II), l'adquisició i l'extinció dels drets reals (títol III), el dret de propietat (títol IV), les situacions de comunitat (títol V) i els drets reals limitats (títol VI). Cada un dels títols, llevat del primer, es divideix en capítols, vint-i-cinc en total, i aquests en seccions i subseccions.

El títol I és configurat per alguns articles, de caràcter introductori i general, sobre el règim jurídic dels béns, el concepte dels quals es pren en un sentit ampli, de manera que inclou els drets i, d'acord amb la tradició jurídica catalana més recent, estableix que els animals no tenen la consideració de coses i estan sota la protecció de les lleis.

El títol II conté la regulació de la possessió, considerada com un mecanisme primari de publicitat de drets que aquest codi protegeix per preservar la pau civil partint de la base que la possessió ha de tenir com a efecte principal el dret a continuar posseint. També regula els criteris de liquidació de la situació possessòria, per al cas en què els posseïdors que en tenen la possessió efectiva la perdin a favor d'altres persones que demostrin que tenen un millor dret. Finalment, configura l'adquisició de bona fe de béns mobles com a mecanisme transmissor del dret sobre el bé posseït.

El títol III regula l'adquisició i l'extinció del dret real. Regula la tradició en concordança amb els títols d'adquisició, tot configurant el sistema transmissor-adquisitiu d'acord amb la teoria del títol i del mode vigent tradicionalment en l'ordenament jurídic català. També regula la donació, a la qual reconeix la consideració de títol d'adquisició, juntament amb la successió, el contracte, l'ocupació, l'accessió i la usucapió. Tot i això, les donacions per raó de matrimoni o entre cònjuges i les donacions per causa de mort es mantenen, per ara, en el Codi de família i en el Codi de successions. Pel que fa a la usucapió, aquest títol redueix els terminis de la possessió per a usucapir a tres anys per als béns mobles i a vint per als immobles i en regula la interrupció i la suspensió.

En aquest mateix títol, el capítol II regula l'extinció dels drets reals amb caràcter general per causa de pèrdua total i sobrevinguda del bé, de consolidació i de renúncia.

El títol IV estableix una regulació general del dret de propietat que, quan és adquirida legalment, atorga als titulars el dret a usar de forma plena i exclusiva els béns que en constitueixen l'objecte i a gaudir-n'hi i disposar-n'hi, però sempre d'acord amb la seva funció social i dins dels límits i amb les restriccions que estableixen les lleis.

Així mateix, el títol IV regula els títols adquisitius exclusius del dret de propietat, amb una simplificació notable del text de la Llei 25/2001, del 31 de desembre, de l'accessió i l'ocupació, i el títol exclusiu de pèrdua d'aquest dret, és a dir, l'abandonament. També estableix la normativa civil de l'acció reivindicatòria, com a exponent de la protecció del dret en cas d'espoli, i de les accions negatòries, de tancament de finques i de delimitació i fitació, com a accions relatives a la facultat d'exclusió.

Finalment, el capítol V regula les restriccions de l'exercici del dret de propietat d'acord amb la seva funció social. Quan les estableixen les lleis, constitueixen els *límits* del dret de propietat si són en interès de la comunitat i en constitueixen les *limitacions* si són en interès de particulars indeterminats, normalment els veïns, inclosos en aquest cas els copropietaris dels immobles sotmesos al règim de la propietat horitzontal. En ambdós casos les restriccions afecten la disponibilitat o l'exercici del dret, no necessiten un acte exprés de constitució i no atorguen dret a indemnització. En canvi, les restriccions establertes per l'autonomia de la voluntat en interès privat constitueixen els drets reals limitats i es regeixen per l'autonomia de la voluntat. Atès que els límits es regulen per remissió a lleis especials, a les situacions de comunitat especials i als drets reals limitats, el capítol VI d'aquest títol regula les relacions de contigüitat, l'estat de necessitat i les immissions, amb les actualitzacions i les simplificacions sobre la Llei 13/1990, del 8 de juliol, de l'acció negatòria, les immissions, les servituds i les relacions de veïnatge, que la doctrina i la pràctica jurídica han fet aconsellables.

El títol V regula les anomenades *situacions de comunitat*, tant pel que fa a la comunitat ordinària, és a dir, el condomini indivís d'arrel romana, amb relació al qual s'estableixen algunes novetats, sobretot en matèria de divisió de la comunitat de béns, com pel que fa a les situacions que resulten del règim jurídic voluntari de la propietat horitzontal.

Aquesta regulació és, precisament, una de les novetats de més transcendència social del Codi, atès que la propietat horitzontal ha permès, els darrers cinquanta anys, una extraordinària generalització del dret de la propietat, fins al punt de convertir-se en un dels instruments jurídics fonamentals que garanteixen l'accés dels ciutadans a la propietat de l'habitatge. La regulació, que parteix de la base de l'existència d'un immoble unitari en el qual concorren més d'un titular i que es compon simultàniament de béns privatius i béns comuns relacionats entre ells de manera inseparable per la quota o el coeficient, adopta, actualitzant-lo, el model de la Llei 49/1960, del 21 de juliol, sobre propietat horitzontal, vigent en el moment en què s'aprova aquesta llei, però introdueix diverses millores, entre les quals la sistemàtica no és pas la menys transcendent. Així, el capítol III, que regula la propietat horitzontal, es distribueix en quatre seccions. La primera conté les disposicions generals, amb la configuració de la comunitat, el títol de constitució, en la regulació del qual es garanteixen al màxim els drets dels futurs adquirents de pisos o locals, i el funcionament de la junta de propietaris, detallat, clar i adaptat a les necessitats que l'experiència dels anys i l'evolució de la legislació feien imprescindibles, entre les quals destaca la limitació del principi d'unanimitat a casos molt puntuals. Les seccions segona i tercera regulen la propietat horitzontal simple i la complexa, aquesta darrera adequada als conjunts immobiliaris amb diversos edificis però amb zones comunitàries, com són piscines o zones d'esbarjo. Cal destacar també la regulació de les zones comunes d'ús privatiu i dels elements privatius d'ús comú, l'establiment de l'acció de cessació sobre determinades activitats i l'exclusió dels drets de tanteig i retracte per als locals amb garatges i altres usos semblants. La secció quarta regula la propietat horitzontal per parcel·les i, d'acord amb la pràctica jurídica, estén els principis de la normativa a les mal anomenades *urbanitzacions privades.*

El capítol IV conté una regulació de la comunitat especial per torns, que és diferent de la regulació dels torns d'apartaments per a vacances que regeix la Directiva 94/47/CE, del 26 d'octubre, i que hi és compatible, perquè aquest capítol es limita a béns unitaris i exclou de manera expressa l'aplicació als supòsits a què fa referència la normativa europea. El títol es clou amb la regulació de la mitgeria.

El títol VI, el més extens del llibre amb molta diferència, regula els drets reals limitats d'usdefruit, d'ús i d'habitació; d'aprofitament parcial, de superfície, de cens emfitèutic i vitalici, de servitud, de vol, d'opció, de tanteig i retracte, inclosos els retractes legals de confrontants i el gentilici de la Vall d'Aran conegut com a *torneria*; els drets de retenció, de penyora i d'anticresi, i, finalment, algunes especialitats del dret d'hipoteca resultants de les especificitats del dret català.

Els drets d'usdefruit, d'ús i d'habitació es regulen d'acord amb la Llei 13/2000, del 20 de novembre, de regulació dels drets d'usdefruit, ús i habitació, tot i que s'hi introdueixen millores de tècnica jurídica, s'hi introdueix l'usdefruit de propietari i es modifica el règim de l'usdefruit de participacions en fons d'inversió i en altres instruments d'inversió col·lectiva per a adequar-los a la realitat d'un mercat que no sempre produeix increments de valor. La regulació dels drets d'aprofitament parcial, autèntic calaix de sastre d'aprofitaments diversos que poden ésser útils per a promoure la conservació dels boscos i dels espais naturals mitjançant una explotació racional, agrupa les antigues servituds personals. El dret de superfície es regula d'acord amb la Llei 22/2001, del 31 de desembre, de regulació dels drets de superfície, de servitud i d'adquisició voluntària o preferent, tot i que s'estableix la necessitat de l'escriptura pública per a constituir-se i que se subratlla que, en extingir-se, les construccions o les plantacions reverteixen en els titulars del sòl.

Els drets de cens, emfitèutic i vitalici, es regulen seguint la Llei 6/1990, en la qual s'introdueix una norma de procediment per a la reclamació de les pensions, s'harmonitzen els terminis i es fixa d'una manera més entenedora el valor de la redempció. Les servituds es regulen d'acord amb la Llei 22/2001, sense altres modificacions que les sistemàtiques i les necessàries per a l'harmonització del text en el Codi, mentre que la regulació del dret de vol, com a dret real sobre un edifici o un solar edificat aliè que atribueix a qui en són els titulars la facultat de construir una planta o més, sobre o sota l'immoble gravat, i de fer seva la propietat de les noves construccions, és nova i té per objectiu delimitar amb claredat la distinció entre els drets de superfície, que comporten la propietat separada de manera temporal, i aquest, que és un instrument per a facilitar la construcció de plantes o edificis sotmesos al règim de la propietat horitzontal i comporta una divisió definitiva de la propietat.

La regulació dels drets d'adquisició introdueix modificacions tècniques i sistemàtiques a la de la Llei 22/2001, amb l'objectiu de donar resposta a algunes qüestions que aquesta deixava obertes tant amb relació a la conservació i la pèrdua de l'objecte sobre el qual recau l'adquisició com amb relació a la cancel·lació de càrregues constituïdes entre la constitució i l'exercici del dret d'opció. El capítol VIII també incorpora els drets de retracte de confrontants, al qual només tenen dret els propietaris confrontants de finques de superfície inferior a la unitat mínima de conreu que tinguin la consideració de conreador directe i personal, i el de la torneria, exclusiu i propi del territori de la Vall d'Aran, que només s'aplica a finques rústiques i cases pairals.

Finalment, la regulació dels drets reals de garantia del capítol IX es fa seguint la Llei 19/2002, tot i que se simplifica la normativa concernent al dret de retenció, i introduint la regulació de la hipoteca per a supòsits específics del dret català als quals la legislació hipotecària no donava fins ara la solució adequada, com és el cas dels béns sotmesos a fideïcomisos, de la hipoteca en garantia de pensions compensatòries derivades de sentències de separació o divorci i de pensions per aliments, o de la subrogació en el pagament de la pensió periòdica o censal en el cas de finca hipotecada en garantia d'aquest.

Les disposicions transitòries d'aquesta llei estableixen el règim de les usucapions iniciades abans de l'entrada en vigor del llibre cinquè del Codi; la subsistència de l'acció negatòria nascuda i no exercida abans; l'adaptació de les propietats horitzontals constituïdes abans, incloses les urbanitzacions, que es fa de la manera menys formalista i costosa possible, i el règim dels drets reals limitats anteriors a l'entrada en vigor. Es mantenen, també, normatives transitòries per als censos i les rabasses mortes constituïdes abans de l'entrada en vigor de la Llei 6/1990 i de la Llei 22/2001, amb el benentès que les normes que establien aquestes lleis per a facilitar l'extinció i la redempció d'aquests drets són llur actiu pràctic principal.

Igualment, aquesta llei conté una disposició derogatòria i una disposició final. La primera deroga diverses lleis i la segona estableix l'entrada en vigor d'aquesta llei.

Article únic.   *Aprovació del llibre cinquè del Codi civil de Catalunya*

S'aprova el llibre cinquè del Codi civil de Catalunya, amb el contingut següent: […]

DISPOSICIONS TRANSITÒRIES[*]

[…]

DISPOSICIÓ DEROGATÒRIA

[…]

DISPOSICIÓ FINAL

Entrada en vigor

Aquesta llei entra en vigor l'1 de juliol de 2006.

---

[*]   Per raons sistemàtiques, transcrivim el text de les disposicions transitòries de la Llei 5/2006, del 10 de maig, al final de la part dispositiva del CCCat.

LLEI 3/2017, del 15 de febrer, del llibre sisè del Codi civil de Catalunya, relatiu a les obligacions i els contractes, i de modificació dels llibres primer, segon, tercer, quart i cinquè

(DOGC núm. 7314, de 22 de febrer. Correcció d'errades DOGC núm. 7329, de 15 de març. Correcció d'errada a la correcció d'errades DOGC núm. 7332, de 20 de març)

PREÀMBUL

L'objecte d'aquesta llei és establir l'estructura del llibre sisè del Codi civil de Catalunya, relatiu a les obligacions i els contractes, aprovar la regulació dels contractes de compravenda, de permuta i de mandat, modificar i incorporar els contractes regulats per lleis especials i substituir la Compilació del dret civil de Catalunya, d'acord amb el que estableix l'article 3.*f* de la Llei 29/2002, del 30 de desembre, primera llei del Codi civil de Catalunya.

En el moment d'iniciar la regulació de la matèria civil que ha de contenir aquest llibre sisè, calia formular una estructura sistemàtica que permetés de fer-hi incorporacions futures. Tenint en compte, doncs, el caràcter de codi obert, de formació successiva, i de conformitat amb el que estableixen els articles 4 i 6 de la Llei 29/2002, s'ha optat per una estructura mínima, que pot ésser necessari de completar més endavant, de manera que el llibre sisè es divideix, inicialment, en tres títols.

El títol primer, relatiu a les disposicions generals, es reserva per a la regulació de les parts generals de l'obligació i del contracte, tenint en compte els principis que informen la contractació que afecta els consumidors. El títol segon es dedica a les fonts contractuals i ha de contenir els diversos tipus contractuals. El títol tercer s'ha de referir a les fonts no contractuals de l'obligació.

En el títol segon, amb el propòsit de regular inicialment alguns contractes, s'ha fet necessari, també, de preveure una sistemàtica pròpia d'aquest títol, que permeti d'agrupar, quan calgui, els diversos tipus contractuals. En aquest sentit, s'ha previst una organització per capítols i seccions, que encaixen amb el sistema de numeració del Codi civil de Catalunya.

El contracte de compravenda és el paradigma regulatori dels contractes d'intercanvi. En el dret vigent hi ha quatre regulacions potencialment aplicables al contracte de compravenda. Dues d'elles, els articles

325 i següents del Codi de comerç del 1885, juntament amb els articles 1445 i següents del Codi civil del 1889, van oferir un cos normatiu de referència, complet en el cas de la compravenda civil i fragmentari en el de la compravenda mercantil, però han quedat superades després de més d'un segle d'història. Les regulacions més modernes vigents, sobre compravenda internacional de mercaderies i venda a terminis de béns mobles, són parcials. Finalment, la Compilació del dret civil de Catalunya, aprovada per la Llei 40/1960, del 21 de juliol, i reformada el 1984, incloïa disposicions aïllades en matèria de compravenda, particularment relacionades amb la rescissió per lesió i la venda a carta de gràcia. La regulació de la compravenda que proposa el llibre sisè té molt en compte el procés de construcció del dret privat europeu de contractes.

En la subsecció primera i, assenyaladament, en la definició del contracte de compravenda, es remarca la seva naturalesa de contracte obligatori, segons el qual el venedor s'obliga a lliurar el bé, i el comprador, a pagar el preu, però sobretot es destaquen dos trets bàsics del modern dret de la compravenda: el bé ha d'ésser conforme al contracte, i el venedor i el comprador s'obliguen, respectivament, a transmetre la titularitat del dret i a rebre el bé.

El llibre sisè pretén assolir una regulació unificada del contracte, sense establir dos textos paral·lels per a la compravenda en general i la compravenda de consum respectivament, per a promoure una interpretació integradora de la compravenda, i sens perjudici del que estableix el Codi de consum de Catalunya.

La regulació de la compravenda de consum incorpora les normes que estableix la Directiva 1999/44/CE del Parlament Europeu i del Consell, del 25 de maig de 1999, sobre determinats aspectes de la venda i les garanties dels béns de consum, i té en compte la Directiva 2011/83/UE, del 25 d'octubre, sobre drets dels consumidors. La caracterització de la compravenda de consum és, així, la tradicional, conforme a la qual el venedor actua amb un propòsit relacionat amb la seva activitat empresarial o professional i el comprador ho fa amb un de diferent de les dites activitats. Nogensmenys, s'ha seguit el criteri extensiu segons el qual les persones jurídiques poden ésser considerades consumidores.

En la línia de les regulacions clàssiques de la compravenda —el Codi civil i el Codi de comerç—, el seu objecte es defineix de manera àmplia, d'acord amb els articles 511-1 i 511-2 del Codi civil de Catalunya, i s'especifica que també el poden constituir els béns futurs i els que hagin d'ésser produïts, manufacturats o fabricats.

Les regles sobre la determinació del preu es fan ressò de la tendència legislativa de la no necessitat de fixar-lo inicialment en el contracte, alhora que aclareixen l'exigència que en les compravendes de consum s'entengui que les referències al preu final incloguen els tributs corresponents.

La incorporació de la compravenda a prova o assaig té en compte la bona pràctica de sistemes comparats, com ara l'alemany, i se centra en la seva caracterització com a compravenda amb condició suspensiva.

La regulació del deure d'informació incorpora una de les directrius bàsiques del modern dret europeu de contractes i posa fre a l'asimetria d'informació que hi pugui haver entre venedor i comprador a favor del primer. Així, el precepte introdueix un deure d'informació, en benefici del comprador, que permet d'incrementar la transparència contractual, tenint en compte els estàndards raonables d'integració d'aquest deure i, molt destacadament, els que resultin de la bona fe i l'honradesa dels tractes.

La regulació de les arres s'inspira en la tradició, però distingeix nítidament entre arres confirmatòries i penitencials i, com és el cas de moltes disposicions d'aquest llibre, té com a finalitat integrar contractes que en molts casos no faran referència específica al règim volgut per les parts.

La subsecció segona regula les obligacions del venedor, que bàsicament consisteixen a lliurar el bé, i també els seus accessoris i els documents relacionats, a transmetre la titularitat del dret i a garantir que el bé és conforme al contracte. En el marc del dret europeu en curs d'elaboració i, específicament, en el del dret de la compravenda, en el qual la prestació característica és la del venedor, convenia destacar que, a més de l'obligació tradicional del lliurament del bé, els accessoris i els documents relacionats, el venedor n'ha de transmetre la titularitat i ha de garantir que el bé és conforme al contracte. Les idees cardinals són que en el contracte de compravenda el venedor ja no s'obliga només a transmetre la possessió legal i pacífica del bé venut, sinó la titularitat del dret, tot admetent el pacte exprés de reserva d'aquesta transmissió com a garantia.

La regulació de l'obligació de lliurament distingeix entre la transmissió de la possessió i la posada a disposició, tenint en compte que el contracte faci la previsió del transport a càrrec del venedor o del comprador.

Es regulen detalladament les circumstàncies de l'obligació de lliurament —temps i lloc— i s'incorpora al dret de la compravenda el tractament normatiu de la qüestió relativa a la negativa injustificada del comprador a rebre el bé. La posició central del lliurament es reflecteix en la regla general de transmissió de riscos en el moment del lliurament del bé o dels documents que el representin, amb les especificitats dels casos en què els béns venuts són objecte de transport o són venuts en trànsit.

Com s'ha assenyalat adés, la subsecció tercera, sobre la conformitat, és una de les grans innovacions. L'obligació de conformitat pretén aconseguir que el bé lliurat al comprador correspongui a allò pactat, atenent no només les especificacions del contracte, sinó també els criteris proposats per la llei per a valorar si es dona la dita correspondència. Es generalitzen a tota compravenda els criteris de conformitat introduïts per la Directiva 1999/44/CE del Parlament Europeu i del Consell. Per tant, s'ha considerat que l'aptitud del bé lliurat per a l'ús particular manifestat pel comprador al venedor en el moment de contractar ha de constituir també un d'aquests criteris. La normativa sobre instal·lació incorrecta o manca de lliurament dels accessoris i documents relacionats especifica dos supòsits típics que poden constituir manca de conformitat i el règim jurídic de cadascun d'ells a l'efecte de la responsabilitat del venedor. Es determina que la manca de conformitat rellevant és la que hi ha en el moment de la transmissió del risc i que en la compravenda de consum es presumeix que ho és aquella que es manifesta en els sis mesos posteriors a la transmissió del bé. La integració del contracte té lloc amb les manifestacions prèvies del venedor, les quals es consideren rellevants per a determinar l'existència de manca de conformitat. En el cas de la compravenda de consum, la integració abasta a les manifestacions públiques fetes per un tercer que hagi intervingut en la comercialització, la publicitat o l'etiquetatge dels béns. S'exclou la responsabilitat del venedor per manca de conformitat si el comprador la coneix o no la pot ignorar fonamentadament, tot limitant-ne estrictament l'exoneració a la compravenda de consum.

Es tracta així de cercar un equilibri entre la licitud de vendre objectes que no siguin conformes al contracte quan la part compradora n'és conscient i ho accepta, i la necessària protecció dels compradors en un contracte com la compravenda, en què normalment els venedors tenen més informació sobre els béns venuts que els compradors. Encara que, naturalment, el venedor no respongui de la manca de conformitat imputable al comprador, es tracta de delimitar les circumstàncies que generen tal imputabilitat. La regulació del deure d'examen del bé venut té en compte les directrius que resulten de les regulacions contemporànies de la compravenda i fa palès que els consumidors no estan obligats a examinar els béns que compren. En tot cas, però, el comprador ha de notificar la manca de conformitat, llevat del cas en què el venedor la conegui, no la pugui ignorar o hagi garantit la conformitat expressament.

En la línia proposada per la tradició i la legislació europea de protecció del consumidor, s'estableix un termini breu de responsabilitat per la manca de conformitat, de dos anys de durada, salvant naturalment el cas en què la manca de conformitat resulti de l'existència de drets o pretensions de tercers, supòsit específicament regulat i que substitueix la regulació tradicional en matèria d'evicció.

La subsecció quarta regula les obligacions del comprador, bàsicament les de pagar el preu i rebre el bé i els documents relacionats. Les disposicions de la subsecció aborden alguns dels problemes més recurrents de la pràctica de la compravenda i, específicament, els que es relacionen amb el temps i lloc de pagament del preu, i l'obligació de rebre el bé, que incorpora el principi de col·laboració entre les parts i el supòsit de l'especificació per part del comprador de les característiques del bé venut. S'estableix el deure de conservar el bé a càrrec del comprador que pretengui rebutjar-lo per manca de conformitat.

La subsecció cinquena inclou una regulació unitària dels remeis del comprador i del venedor. El principi d'unitat de remeis és un criteri acceptat i calia superar la tradició del doble règim jurídic, de l'incompliment en general i dels vicis materials i jurídics del bé. Els remeis que no siguin incompatibles són acumulables entre si i, en tot cas, ho són amb la indemnització pels danys efectivament causats. La regulació dels remeis ha tingut en compte el principi de preservació del contracte en supòsits tals com els de compliment anticipat del venedor que lliura un bé no conforme al contracte, o fins i tot de lliurament d'un bé no conforme al contracte una vegada ha vençut el termini, en els quals el text admet, en interès del contracte i del tràfic jurídic, que el venedor assabentat de la manca de conformitat ofereixi de corregir-la, tot i que ho contrapesa amb fortes facultats del comprador de rebutjar la correcció si té motius raonables per a fer-ho o l'incompliment és essencial.

Es fixa un termini de tres anys per a l'extinció dels remeis, a reserva del que puguin disposar altres lleis, a comptar del moment en què s'haguessin pogut exercir les accions o pretensions de la part, llevat del cas de manca de conformitat, en què el còmput del termini s'inicia en el moment en què el comprador coneixia o podia conèixer la manca de conformitat.

La subsecció sisena incorpora una nova regulació de l'avantatge injust en l'àmbit subjectiu, amb la finalitat d'evitar casos clars d'abús d'una de les parts envers l'altra, tot vetllant per la justícia de l'intercanvi, en sintonia amb els textos internacionals del dret contractual europeu. En l'àmbit objectiu, es manté i es generalitza l'antiga doctrina de la *laesio enormis* per a resoldre supòsits de greu desequilibri de les prestacions. S'estableix una acció de rescissió, renunciable només amb posterioritat a la conclusió del contracte, i la part legitimada pot demanar al tribunal en tot cas l'adaptació del contracte.

La subsecció setena incorpora especialitats de la compravenda immobiliària que la pràctica notarial i registral catalana havia ja prefigurat. Així, es regulen les facultats de desistiment per al cas en què el contracte hagi inclòs una previsió del finançament del preu per tercers que finalment queda frustrada. La regulació sobre indicació de la superfície de l'immoble pretén millorar la regla tradicional i aclarir la distinció entre compravendes segons el mode de determinació del preu, tant si es fa per referència a la cabuda, la mesura o la superfície de l'immoble com si consisteix en una quantitat global. En tot cas, se salva la possibilitat que el contracte estableixi —o que resulti del seu contingut— que les parts s'han volgut apartar de la regla legal, que és clarament dispositiva. Es constitueix i regula el règim jurídic d'una comunitat específica en els casos de compravenda d'un habitatge, un local o un altre element d'un edifici en construcció i rehabilitació. Finalment, es regula de manera ponderada la condició resolutòria explícita.

Pel que fa a la conservació de la compravenda a carta de gràcia, aquesta llei incorpora la part relativa al contracte, però, mitjançant una disposició final, es modifica el llibre cinquè, concretament l'article 568-1, i s'introdueix una nova secció, la cinquena, amb la rúbrica «Dret de redimir en la venda a carta de gràcia» i amb els articles 568-28 a 568-32, tot això amb la finalitat de regular adequadament el dret de redimir com a modalitat de dret d'adquisició preferent de caràcter voluntari.

La secció segona del capítol primer regula el contracte de permuta, com a contracte diferent de la compravenda i de la cessió de solar o d'aprofitament urbanístic a canvi de construcció futura. Se'n precisa la qualificació jurídica en funció de la contraprestació pactada i s'estableix el mateix règim jurídic de la compravenda.

Així mateix, aquesta llei incorpora al Codi civil, amb les modificacions pertinents, els tipus contractuals que eren regulats per lleis especials de caràcter patrimonial i que constitueixen matèries que han d'ésser objecte del llibre sisè, sens perjudici que es pugui legislar sobre la resta de matèria civil objecte de la competència legislativa de la Generalitat i que, atès el caràcter de codi obert, aquesta legislació s'hi pugui incorporar successivament.

S'inclouen a la sistemàtica del Codi civil les lleis 6/2000, del 19 de juny, de pensions periòdiques; 22/2000, del 29 de desembre, d'acolliment de persones grans; 23/2001, del 31 de desembre, de cessió de finca o d'edificabilitat a canvi de construcció futura; 2/2005, del 4 d'abril, de contractes d'integració, i 1/2008, del 20 de febrer, de contractes de conreu.

D'una banda, s'han fet canvis de redacció relatius al gènere de les referències a persones, en el sentit que s'han redactat en gènere masculí, tenint en compte l'harmonització de tot el llibre sisè i d'acord amb l'article 7 de la Llei 29/2002, redactat per la Llei 10/2008, del 10 de juliol, del llibre quart del Codi civil de Catalunya, relatiu a les successions. D'altra banda, s'han fet modificacions amb relació a les actualitzacions derivades de la Llei 9/2011, del 29 de desembre, de promoció de l'activitat econòmica.

En la secció tercera del capítol primer s'hi incorpora el contracte de cessió de finca o d'aprofitament urbanístic a canvi de construcció futura, respecte al qual s'han precisat tant la denominació com alguns aspectes relatius al concepte, a l'adquisició de l'obra per part del cedent i a l'incompliment.

El capítol segon del títol segon, relatiu als contractes sobre activitat aliena, regula el contracte de mandat i la gestió d'afers aliens, que, tot i que no és un contracte, necessita unes regles per al cas que no sigui ratificada.

La secció primera es reserva per a la regulació de les disposicions generals relatives a tots els contractes de serveis. Es parteix d'una idea de *serveis* en sentit ampli, que pot incloure diversos tipus contractuals, com els contractes d'obra, de prestació d'informació i assessorament, de disseny, de dipòsit o de mandat.

La secció segona regula el mandat en sentit estricte, és a dir, el mandat representatiu, que implica la legitimació i l'obligació d'actuar per part del mandatari. No es regula el mandat no representatiu o simple ni la representació o la situació, dita imprecisament de *representació indirecta*, que en realitat no és tal representació. Aquestes matèries s'han de regular o bé en disposicions generals relatives al contracte, en el títol primer del llibre sisè, o bé en el llibre primer, com a institució jurídica transversal.

El llibre sisè situa, doncs, el contracte de mandat en l'àmbit dels contractes de serveis i, en particular, de gestió, més enllà d'una mera relació de confiança o d'amistat, i posa èmfasi en la gestió d'afers jurídics per encàrrec del mandant i d'acord amb les seves instruccions.

El mandat confereix una legitimació per a actuar, com ho fa l'atorgament d'un poder mitjançant un negoci unilateral d'apoderament, que implica, doncs, una representació. Alhora, el mandatari assumeix una obligació d'actuar, a diferència, per tant, del poder, com també de la gestió d'afers aliens.

La regulació té com a punt central les instruccions del mandant, les quals marquen l'àmbit i l'extensió del mandat, sens perjudici sempre de la possibilitat de ratificació en els casos d'actuació extralimitada. El mandatari només pot fer actes d'administració ordinària, llevat que estigui facultat expressament per a fer-ne d'altres. Es regulen els supòsits d'autocontractació i de doble mandat, sota la regla subjectiva d'autorització expressa o la regla objectiva de determinació precisa del contingut del contracte, que ja evita el risc de lesió dels interessos del mandant. S'estableix una actuació personal del mandatari, de manera que la substitució o la delegació requereixen autorització expressa i, respecte a l'execució del mandat, es determina que el mandatari ha d'actuar amb la diligència d'una persona raonable. Es regulen els casos de pluralitat de mandataris i de mandants, el retiment de comptes i la restitució de tot allò rebut o obtingut per l'execució del mandat. Pel que fa a l'extinció del mandat, se n'estableixen les causes i es determinen unes regles específiques per a la revocació per part del mandant, amb una atenció especial al pacte d'irrevocabilitat.

La secció tercera inclou uns preceptes relatius a la gestió d'afers aliens sense mandat, reconeguda per alguns preceptes d'aquest codi, com l'article 231-4.4, amb relació a l'actuació d'un dels cònjuges en la direcció de la família, o els supòsits d'aliments per compte d'altri dels articles 237-7, 237-11 i 237-12.2.

Malgrat que és una institució jurídica que, tradicionalment, es tracta en l'àmbit de les fonts no contractuals de les obligacions, en concret de les derivades de fets i actes lícits, i que se sol incloure en la definició, també tradicional, de *quasicontracte*, la present regulació s'aparta d'aquesta sistemàtica.

Efectivament, la gestió d'afers aliens es presenta com una institució residual respecte al mandat, precisament pel fet que la ratificació de la gestió implica l'aplicació de les regles del mandat. Ara bé, a manca de ratificació, cal determinar les obligacions derivades de la gestió d'afers aliens, que es basen en un acte voluntari no negocial, no només perquè els efectes jurídics són independents de la intenció o voluntat subjacent en la conducta del gestor, sinó, a més, perquè el gestor no s'obliga a partir d'una declaració de voluntat, sinó pel mateix acte de gestió.

La gestió d'afers aliens es configura com un instrument de solidaritat o auxili mutu entre particulars, lluny, però, de tot acte d'ingerència indeguda. És una gestió desinteressada amb el propòsit d'atendre un afer aliè en interès o utilitat del seu titular i no es fonamenta ni s'ha de confondre amb l'ànim de liberalitat, el qual no es pot presumir.

S'evidencia que calen unes regles per al supòsit de fet de la gestió d'afers aliens, centrades fonamentalment en el deure de diligència exigible al gestor en funció de l'afer gestionat, el deure de comunicació i de retiment de comptes i, sobretot, el seu rescabalament i indemnitat, sense, però, cap dret de retribució encara que es tracti d'un professional. En definitiva, es vol delimitar l'àmbit de la gestió d'afers aliens, quan no siguin aplicables les regles del contracte de mandat.

Finalment, en l'àmbit del dret transitori, se segueix la regla de no aplicació immediata de la nova llei als supòsits anteriors a la seva entrada en vigor. La nova llei s'aplica als actes que tinguin lloc després de la seva entrada en vigor.

El capítol tercer, relatiu als contractes sobre objecte aliè, ja que el segon regula els contractes sobre activitat aliena, incorpora la Llei 1/2008, del 20 de febrer, de contractes de conreu. Atès que no tots els contractes regulats per la dita llei són contractes de conreu, i tenint en compte la conveniència de precisar el règim jurídic dels diferents contractes, s'estableixen tres seccions diferenciades. La primera, amb les subseccions corresponents, inclou les disposicions generals dels contractes de conreu, l'arrendament rústic, la parceria i la masoveria. La secció segona, prenent com a base l'anterior arrendament amb finalitats de protecció del patrimoni natural, incorpora un nou contracte de custòdia del territori, que es tipifica a partir del títol de constitució contractual i amb independència del dret personal o real constituït. Finalment, la secció tercera regula l'arrendament per a pastures.

El capítol quart es refereix als contractes aleatoris, de manera que, de la Llei 6/2000, del 19 de juny, de pensions periòdiques, la part relativa al violari s'incorpora a la secció primera i la regulació d'un nou contracte d'aliments, a la secció segona.

La regulació del contracte d'aliments es deriva de l'article 237-14 del llibre segon, de la lletra *d* de la part III del preàmbul de la Llei 25/2010, del 29 de juliol, del llibre segon del Codi civil de Catalunya, relatiu a la persona i família, i de l'article 4.3 de la Llei 22/2000, del 29 de desembre, d'acolliment de persones grans, que es refereix succintament a un pacte d'aliments, el qual ha permès una regulació més desenvolupada i actualitzada del contracte d'aliments. Aquesta regulació i el fet que el pacte d'acolliment, a banda de qüestions dubtoses relatives a la seva naturalesa onerosa i aleatòria, a més d'efectes successoris, no hagi tingut un arrelament pràctic, fins al punt que el Registre d'acolliment de persones grans no s'ha arribat a desplegar reglamentàriament, han permès de prescindir de la tipificació del dit pacte d'acolliment.

El capítol cinquè regula els contractes de cooperació. La secció primera incorpora la Llei 2/2005, del 4 d'abril, de contractes d'integració, degudament sistematitzada i actualitzada, especialment pel que fa a la delimitació de les obligacions contractuals i administratives de les parts.

El capítol sisè es dedica als contractes de finançament i de garantia, de manera que la secció primera regula el contracte de censal, amb l'objectiu innovador de readaptar aquesta institució a la seva finalitat de finançament a llarg termini, com a alternativa al préstec. Partint de la Llei 6/2000, el censal es configura com un contracte de finançament en el qual, a canvi de la percepció d'un capital la devolució del qual mai no pot ésser exigida pel prestador i és potestativa per al prestatari, aquest només està obligat a satisfer una pensió per temps indefinit.

En l'àmbit del dret transitori, s'estableix la no aplicació immediata d'aquesta llei als contractes conclosos abans de la seva entrada en vigor. Se segueix, doncs, el criteri general en virtut del qual cada contracte es regeix per les disposicions vigents en el moment de concloure'l, de manera que, si hi ha hagut cap canvi en aquella regulació, la nova llei s'aplicarà als contractes posteriors a la seva entrada en vigor.

Respecte a la derogació de la Compilació, atesa la seva significació en l'ordenament jurídic de Catalunya i amb la idea de continuïtat, s'utilitza la fórmula de la substitució normativa, malgrat que, certament, es pot considerar que es tracta d'una norma derogatòria.

Les disposicions finals d'aquesta llei modifiquen diversos llibres del Codi civil com a conseqüència de la nova regulació de la jurisdicció voluntària, la qual atribueix diverses competències que restaven en l'àmbit de l'autoritat judicial i que, en desjudicialitzar-se, han passat al notariat i al lletrat de l'Administració de justícia. Es tracta de posar a l'abast del ciutadà, per a conèixer de determinats expedients que estableix la llei i que s'ha considerat pertinent d'introduir en el Codi, uns procediments i un model de justícia més simple i àgil, sense pèrdua d'eficàcia i exigència tècnica, de manera que, a més, això permeti de descongestionar els jutjats de l'excés de càrrega en benefici dels particulars que accedeixin als tribunals, dels mateixos tribunals i de la mateixa Administració, que podrà reduir costos estructurals en aquest capítol.

S'han respectat els criteris que la regulació de la jurisdicció voluntària té presents per a continuar atribuint certes matèries a l'autoritat judicial, i també els criteris que té per a atribuir certes matèries en exclusiva al notariat o al lletrat de l'Administració de Justícia, o fins i tot a tots dos alternativament. En conseqüència, s'ha revisat cada un dels llibres del Codi civil i, quan s'ha considerat necessari, s'han donat solucions pròpies, sempre conformes als principis que l'inspiren, o pel fet de tenir efectes diferents en la legislació estatal.

Finalment, la modificació de l'article 211-3, relatiu a la capacitat d'obrar, respon a la petició de les famílies i les entitats tutelars que tenen a càrrec persones amb la capacitat modificada i que, en el tràmit judicial de modificació de la capacitat, han estat desposseïdes del dret de sufragi actiu i passiu. Es planteja una reforma adreçada a fer que l'autoritat judicial s'hagi de pronunciar expressament amb relació a aquesta qüestió a l'hora de decidir sobre la modificació de la capacitat de la persona. És una reivindicació que fa temps que plantegen i que s'ha considerat necessari d'introduir en el Codi.

Article 1.   *Objecte*

De conformitat amb els articles 3.f i 6 de la Llei 29/2002, del 30 de desembre, primera llei del Codi civil de Catalunya, aquesta llei estableix l'estructura del llibre sisè del Codi civil de Catalunya, relatiu a les obligacions i els contractes, regula els contractes de compravenda, de mandat i de permuta, i la modificació i la incorporació dels contractes regulats per lleis especials, i substitueix la Compilació del dret civil de Catalunya.

Article 2.   *Estructura del llibre sisè*

El llibre sisè del Codi civil de Catalunya s'estructura, inicialment, en tres títols:

a) Títol I, relatiu a les disposicions generals.

b) Títol II, relatiu als tipus contractuals.

c) Títol III, relatiu a les fonts no contractuals de les obligacions.

Articles 3 a 8.   [...]

Article 9.   *Aprovació de la part final del llibre sisè*

S'aproven les disposicions addicionals, transitòries, derogatòria i finals del llibre sisè del Codi civil de Catalunya, amb el contingut següent:

DISPOSICIONS ADDICIONALS

Primera. *Les assegurances en els contractes de conreu*

1. El cost de les assegurances que es contractin relatives al conreu de la finca és íntegrament a càrrec del conreador, llevat de pacte en contra.

2. La manca d'assegurança dels riscos de l'activitat de conreu per part del conreador no repercuteix en l'execució del contracte.

3. El que estableixen els apartats 1 i 2 s'entén sens perjudici de la normativa vigent en matèria d'assegurances.

Segona. *Junta d'Arbitratge i Mediació dels Contractes de Conreu i dels Contractes d'Integració*

1. La Junta d'Arbitratge i Mediació dels Contractes de Conreu i dels Contractes d'Integració, adscrita al departament competent en aquesta matèria, és l'òrgan competent per a resoldre extrajudicialment les qüestions litigioses.

2. Qualsevol de les parts pot accedir a la Junta d'Arbitratge i Mediació dels Contractes de Conreu i dels Contractes d'Integració si s'ha pactat expressament en el contracte la clàusula de submissió arbitral o s'ha acordat posteriorment. El laude de la Junta d'Arbitratge és de compliment obligat per a les parts i es regeix pel que disposa la legislació d'arbitratge.

3. Les parts, amb caràcter voluntari i de comú acord, poden sol·licitar la intervenció de la Junta d'Arbitratge i Mediació dels Contractes de Conreu i dels Contractes d'Integració per tal que designi una persona mediadora. El procediment de mediació es regeix pel que disposa la legislació específica.

DISPOSICIONS TRANSITÒRIES*

[...]

DISPOSICIÓ DEROGATÒRIA

[...]

---

* Per raons sistemàtiques, transcrivim el text de les disposicions transitòries de la Llei 3/2017, del 15 de febrer, al final de la part dispositiva del CCCat.

DISPOSICIONS FINALS

Primera a Setena. […]

Vuitena. *Habilitació*

S'habilita el departament competent en matèria d'agricultura, ramaderia i desenvolupament del món rural, per tal que, reglamentàriament, en el termini de sis mesos, estableixi els models de contractes de conreu.

Novena. *Entrada en vigor*

Aquesta llei entra en vigor l'1 de gener de 2018, llevat de l'apartat 1 de la disposició final segona, l'apartat 11 de la disposició final quarta, l'apartat 4 de la disposició final cinquena i la disposició final sisena, que entren en vigor l'1 de març de 2017.

MODIFICACIONS AL CODI CIVIL

LLEI 16/2008, de 23 de desembre, de mesures fiscals i financeres (*DOGC núm. 5288, de 31 de desembre*)

LLEI 10/2011, del 29 de desembre, de simplificació i millorament de la regulació normativa (*DOGC núm. 6035, de 30 de desembre*)

LLEI 7/2012, del 15 de juny, de modificació del llibre tercer del Codi civil de Catalunya, relatiu a les persones jurídiques (*DOGC núm. 6152, de 16 de setembre*)

LLEI 1/2015, del 5 de febrer, del règim especial d'Aran (*DOGC núm. 6810A, de 13 de febrer*)

LLEI 5/2015, del 13 de maig, de modificació del llibre cinquè del Codi civil de Catalunya, relatiu als drets reals (*DOGC núm. 6875, de 20 de maig*)

LLEI 6/2015, del 13 de maig, d'harmonització del Codi civil de Catalunya (*DOGC núm. 6875, de 20 de maig. Correcció d'errades DOGC núm. 6980, de 21 d'octubre*)

LLEI 19/2015, del 29 de juliol, d'incorporació de la propietat temporal i de la propietat compartida al llibre cinquè del Codi civil de Catalunya (*DOGC núm. 6927, de 4 d'agost. Correcció d'errades DOGC núm. 6980, de 21 d'octubre*)

DECRET LLEI 3/2015, de 6 d'octubre, de modificació de la Llei 25/2010, del 29 de juliol, del llibre segon del Codi civil de Catalunya, relativa a la creació del Registre de parelles estables (*DOGC núm. 6972, de 8 d'octubre*)

LLEI 10/2017, del 27 de juny, de les voluntats digitals i de modificació dels llibres segon i quart del Codi civil de Catalunya (*DOGC núm. 7401, de 29 de juny*)

LLEI 6/2019, de 23 d'octubre, de modificació del llibre quart del Codi civil de Catalunya, relatiu a les successions, per a garantir la igualtat de drets i la no-discriminació de les persones amb discapacitat sensorial (*DOGC núm. 7990, de 28 d'octubre*)

LLEI 5/2020, del 29 d'abril, de mesures fiscals, financeres, administratives i del sector públic i de creació de l'impost sobre les instal·lacions que incideixen en el medi ambient (*DOGC núm. 8124, de 30 d'abril*)

LLEI 9/2020, del 31 de juliol, de modificació del llibre segon del Codi civil de Catalunya, relatiu a la persona i la família, i de la Llei 15/2009, de mediació en l'àmbit del dret privat *(DOGC núm. 8193, de 4 d'agost)*

LLEI 14/2020, del 25 de novembre, de modificació del llibre segon del Codi civil de Catalunya, relatiu a la persona i la família (*DOGC núm. 8283, de 30 de novembre*)

DECRET LLEI 19/2021, de 31 d'agost, pel qual s'adapta el Codi civil de Catalunya a la reforma del procediment de modificació judicial de la capacitat (*DOGC núm. 8493, de 2 de setembre*)

DECRET LLEI 26/2021, de 30 de novembre, de modificació del llibre segon del Codi civil de Catalunya en relació amb la violència vicària

DECRET LLEI 27/2021, de 14 de desembre, d'incorporació de les directives (UE) 2019/770 i 2019/771, relatives als contractes de subministrament de continguts i serveis digitals i als contractes de compravenda de béns, al llibre sisè del Codi civil de Catalunya

DECRET LLEI 28/2021, de 21 de desembre, de modificació del llibre cinquè del Codi civil de Catalunya, per tal d'incorporar la regulació de les instal·lacions per a la millora de l'eficiència energètica o hídrica i dels sistemes d'energies renovables en els edificis sotmesos al règim de propietat horitzontal, i de modificació del Decret llei 10/2020, de 27 de març, pel qual s'estableixen noves mesures extraordinàries per fer front a l'impacte sanitari, econòmic i social de la COVID-19, en l'àmbit de les persones jurídiques de dret privat subjectes a les disposicions del dret civil català

LLEI 1/2023, del 15 de febrer, de modificació de la Llei 18/2007, del dret a l'habitatge, i del llibre cinquè del Codi civil de Catalunya, relatiu als drets reals, amb relació a l'adopció de mesures urgents per a afrontar la inactivitat dels propietaris en els casos d'ocupació il·legal d'habitatges amb alteració de la convivència veïnal

LLEI 3/2023, del 16 de març, de mesures fiscals, financeres, administratives i del sector públic per al 2023

CODI CIVIL DE CATALUNYA

Llibre primer. *Disposicions generals*

TÍTOL I. *Disposicions preliminars*

Article 111-1. *Dret civil de Catalunya*

1. El dret civil de Catalunya és constituït per les disposicions d'aquest Codi, les altres lleis del Parlament en matèria de dret civil, els costums i els principis generals del dret propi.

2. El costum només regeix si no hi ha llei aplicable.

Article 111-2. *Interpretació i integració*

1. En la seva aplicació, el dret civil de Catalunya s'ha d'interpretar i s'ha d'integrar d'acord amb els principis generals que l'informen, prenent en consideració la tradició jurídica catalana.

2. De manera especial, en interpretar i aplicar el dret civil de Catalunya s'han de tenir en compte la jurisprudència civil del Tribunal de Cassació de Catalunya i la del Tribunal Superior de Justícia de Catalunya no modificades per aquest Codi o altres lleis. L'una i l'altra poden ésser invocades com a doctrina jurisprudencial als efectes del recurs de cassació.

Article 111-3. *Territorialitat*

1. El dret civil de Catalunya té eficàcia territorial, sens perjudici de les excepcions que es puguin establir en cada matèria i de les situacions que s'hagin de regir per l'estatut personal o altres normes d'extraterritorialitat.

2. El que estableix l'apartat 1 s'aplica també al dret local, escrit o consuetudinari, propi d'alguns territoris o poblacions, en la mesura que la llei hi remeti.

3. Les persones estrangeres que adquireixin la nacionalitat espanyola resten sotmeses al dret civil català mentre mantinguin el veïnatge administratiu a Catalunya, llevat que manifestin llur voluntat en contra.

4. El veïnatge local és determinat per les normes que regeixen el veïnatge civil.

Article 111-4. *Caràcter de dret comú*

Les disposicions d'aquest Codi constitueixen el dret comú a Catalunya i s'apliquen supletòriament a les altres lleis.

Article 111-5. *Preferència i supletorietat*

Les disposicions del dret civil de Catalunya s'apliquen amb preferència a qualssevol altres. El dret supletori només regeix en la mesura que no s'oposa a les disposicions del dret civil de Catalunya o als principis generals que l'informen.

Article 111-6. *Llibertat civil*

Les disposicions d'aquest Codi i de les altres lleis civils catalanes poden ésser objecte d'exclusió voluntària, de renúncia o de pacte en contra, llevat que estableixin expressament llur imperativitat o que aquesta es dedueixi necessàriament de llur contingut. L'exclusió, la renúncia o el pacte no són oposables a tercers si en poden resultar perjudicats.

Article 111-7. *Bona fe*

En les relacions jurídiques privades s'han d'observar sempre les exigències de la bona fe i de l'honradesa en els tractes.

Article 111-8. *Actes propis*

Ningú no pot fer valer un dret o una facultat que contradigui la conducta pròpia observada amb anterioritat si aquesta tenia una significació inequívoca de la qual deriven conseqüències jurídiques incompatibles amb la pretensió actual.

Article 111-9. *Equitat*

L'equitat s'ha de tenir en compte en l'aplicació de les normes, si bé els tribunals només poden fonamentar llurs resolucions exclusivament en l'equitat quan la llei ho autoritza expressament.

Article 111-10. *Vigència de les lleis*

1. Les lleis de Catalunya entren en vigor una vegada han transcorregut vint dies des del dia en què han estat publicades íntegrament en el *Diari Oficial de la Generalitat de Catalunya*, si no s'hi disposa altrament.

2. La vigència de les lleis i de les altres normes cessa quan són derogades per altres de posteriors de rang igual o superior que ho declarin expressament.

TÍTOL II. *La prescripció i la caducitat*

CAPÍTOL I. *La prescripció*

SECCIÓ PRIMERA. *Disposicions generals*

Article 121-1. *Objecte*

La prescripció extingeix les pretensions relatives a drets disponibles, tant si s'exerceixen en forma d'acció com si s'exerceixen en forma d'excepció. S'entén com a pretensió el dret a reclamar d'altri una acció o una omissió.

Article 121-2. *Pretensions no prescriptibles*

No prescriuen les pretensions que s'exerceixen mitjançant accions merament declaratives, incloent-hi l'acció de declaració de qualitat d'hereu o hereva; les de divisió de cosa comuna; les de partició d'herència; les de delimitació de finques contigües, ni les d'elevació a escriptura pública d'un document privat, ni tampoc les pretensions relatives a drets indisponibles o les que la llei exclogui expressament de la prescripció.

Article 121-3. *Imperativitat*

Les normes sobre prescripció són de naturalesa imperativa. Tanmateix, les parts poden pactar un abreujament o un allargament del termini no superiors, respectivament, a la meitat o al doble del que està establert legalment, sempre que el pacte no comporti indefensió de cap de les parts.

Article 121-4. *Al·legació*

La prescripció no pot ésser tinguda en compte d'ofici pels tribunals, sinó que ha d'ésser al·legada judicialment o extrajudicialment per una persona legitimada.

Article 121-5. *Legitimació*

Poden al·legar i fer valer la prescripció:

a)   Les persones obligades a satisfer la pretensió.

b)   Les terceres persones perjudicades en llurs interessos legítims per la manca d'oposició o per la renúncia de la prescripció consumada, excepte si hi ha recaigut sentència ferma.

Article 121-6. *Persones davant les quals la prescripció produeix efectes*

1.   La prescripció produeix efectes en perjudici de qualsevol persona, llevat dels casos de suspensió.

2.   La persona titular de la pretensió prescrita té acció per a reclamar el rescabalament dels danys que en derivin a les persones a qui siguin imputables.

Article 121-7. *Successió en la prescripció*

El transcurs, la interrupció i la suspensió del temps de prescripció beneficien o perjudiquen, segons que escaigui, la persona que succeeixi la que tenia la posició activa o passiva de la relació jurídica que va originar la pretensió.

Article 121-8. *Efectes*

1. L'efecte extintiu de la prescripció, un cop al·legada i apreciada, es produeix quan es compleix el termini.

2. L'extinció per prescripció de la pretensió principal s'estén a les garanties accessòries, encara que no n'hagi transcorregut el termini propi de prescripció.

Article 121-9. *Irrepetibilitat*

No es pot fer una repetició del pagament efectuat en compliment d'una pretensió prescrita, encara que s'hagi fet amb desconeixement de la prescripció.

Article 121-10. *Renúncia*

1. La renúncia anticipada a la prescripció és nul·la, si bé la feta en el transcurs del termini de prescripció produeix els efectes de la interrupció.

2. Qualsevol persona obligada a satisfer la pretensió pot renunciar a la prescripció consumada.

3. Qualsevol acte incompatible amb la voluntat de fer valer la prescripció comporta renunciar-hi.

4. La renúncia, efectuada vàlidament, a la prescripció consumada deixa subsistent la pretensió a què es refereix, però no n'impedeix la futura prescripció.

SECCIÓ SEGONA. *Interrupció de la prescripció*

Article 121-11. *Causes d'interrupció*

Són causes d'interrupció de la prescripció:

a) L'exercici de la pretensió davant els tribunals, encara que sigui desestimada per defecte processal.

b) L'inici del procediment arbitral relatiu a la pretensió.

c) La reclamació extrajudicial de la pretensió.

d) El reconeixement del dret o la renúncia a la prescripció de la persona contra qui es pot fer valer la pretensió en el transcurs del termini de prescripció.

Article 121-12. *Requisits de la interrupció*

Perquè la interrupció de la prescripció sigui eficaç s'han de complir els requisits següents:

a) Si l'acte que la interromp consisteix en l'exercici de la pretensió, cal que:

Primer. Procedeixi de la persona titular de la pretensió o d'una tercera persona que actuï en defensa d'un interès legítim i que tingui capacitat suficient.

Segon. S'efectuï davant el subjecte passiu de la pretensió, abans que es consumi la prescripció.

b) Si l'acte que interromp la prescripció consisteix en el reconeixement del dret al qual es vincula la pretensió o en la renúncia a la prescripció en curs, ha de procedir del subjecte passiu de la pretensió.

Article 121-13. *Al·legació de la interrupció*

La interrupció de la prescripció no pot ésser tinguda en compte d'ofici pels tribunals, sinó que ha d'ésser al·legada per la part a qui beneficia.

Article 121-14. *Efectes de la interrupció*

La interrupció de la prescripció determina que comenci a córrer de nou i completament el termini, que es torna a computar de la manera següent:

a) En cas d'exercici extrajudicial de la pretensió, des del moment en què l'acte d'interrupció esdevingui eficaç.

b) En cas d'exercici judicial de la pretensió, des del moment en què la sentència o la resolució que posa fi al procediment esdevinguin fermes, o, si aquell no ha prosperat per defecte processal, des del mateix moment de l'exercici de l'acció amb què s'exigeix la pretensió.

c) En cas d'arbitratge, des del moment en què es dicti el laude, des del desistiment del procediment arbitral o des de la finalització d'aquest per les altres causes que estableix la llei.

d) En cas de reconeixement del dret al qual es vincula la pretensió i en cas de renúncia a la prescripció en curs, des del moment en què esdevinguin eficaços.

SECCIÓ TERCERA. *Suspensió de la prescripció*

Article 121-15. *Suspensió per força major*

1. La prescripció se suspèn si la persona titular de la pretensió no la pot exercir, ni per ella mateixa ni per mitjà de representant, per causa de força major concurrent en els sis mesos immediatament anteriors a l'acabament del termini de prescripció.

2. Els efectes de la suspensió no s'inicien en cap cas abans dels sis mesos establerts per l'apartat 1, encara que la força major sigui preexistent.

Article 121-16. *Suspensió per raons personals o familiars*

La prescripció també se suspèn:

a)   En les pretensions de les quals siguin titulars persones menors d'edat o amb discapacitat mentre no disposin de representació legal o mentre no hagin nomenat un apoderat, d'acord amb el que estableix l'article 222-2.1, en l'àmbit de les seves funcions.

b)   En les pretensions entre cònjuges, mentre dura el matrimoni, fins a la separació legal o de fet.

c)   En les pretensions entre els membres d'una parella estable, mentre es manté la convivència.

d)   En les pretensions entre el pare o la mare i els fills en potestat, fins que aquesta s'extingeixi per qualsevol causa.

e)   En les pretensions entre la persona que exerceix els càrrecs de tutor, curador, administrador patrimonial, defensor judicial o acollidor i la persona menor o que tingui la capacitat judicialment modificada, mentre es manté la funció corresponent.

f)   En les pretensions entre la persona protegida i l'apoderat, d'acord amb el que estableix l'article 222-2.1, en l'àmbit de les seves funcions.

Article 121-17. *Suspensió respecte a l'herència jacent*

La prescripció de les pretensions entre les persones cridades a heretar i l'herència jacent se suspèn mentre no sigui acceptada l'herència.

Article 121-18. *Suspensió per raó de la mediació*

1.   La sol·licitud d'inici de la mediació, feta de conformitat amb la llei que la regula, suspèn la prescripció de les pretensions des de la data en què consti la recepció de la dita sol·licitud pel mediador o el dipòsit d'aquesta davant la institució de mediació.

2.   Si en el termini de quinze dies naturals, a comptar de la recepció o el dipòsit de la sol·licitud, no se signa l'acta de la sessió constitutiva del procediment de mediació, es reprèn el còmput del termini de prescripció.

3.   La suspensió es prolonga fins a la data de la signatura de l'acord de mediació o, subsidiàriament, la signatura de l'acta final, o fins que acaba la mediació per alguna de les causes que estableix la llei que la regula.

Article 121-19. *Al·legació i efectes de la suspensió*

1.   La suspensió de la prescripció no pot ésser tinguda en compte d'ofici pels tribunals, sinó que ha d'ésser al·legada per la part a qui be-

neficia, llevat de la produïda en els supòsits establerts per l'article 121-16.*a*, quan afecti persones que encara són menors o que són incapaces.

2. El temps durant el qual la prescripció resta suspesa no es computa en el termini de prescripció.

SECCIÓ QUARTA. *Terminis de prescripció i còmput*

Article 121-20. *Prescripció decennal*

Les pretensions de qualsevol classe prescriuen al cap de deu anys, llevat que algú hagi adquirit abans el dret per usucapió o que aquest Codi o les lleis especials disposin una altra cosa.

Article 121-21. *Prescripció triennal*

Prescriuen al cap de tres anys:

a)   Les pretensions relatives a pagaments periòdics que s'hagin de fer per anys o terminis més breus.

b)   Les pretensions relatives a la remuneració de prestacions de serveis i d'execucions d'obra.

c)   Les pretensions de cobrament del preu en les vendes al consum.

d)   Les pretensions derivades de responsabilitat extracontractual.

Article 121-22. *Prescripció anual*

Les pretensions protectores exclusivament de la possessió prescriuen al cap d'un any.

Article 121-23. *Còmput del termini*

1. El termini de prescripció s'inicia quan, nascuda i exercible la pretensió, la persona titular d'aquesta coneix o pot conèixer raonablement les circumstàncies que la fonamenten i la persona contra la qual es pot exercir.

2. En el còmput del termini de prescripció no s'exclouen els dies inhàbils ni els festius. El còmput de dies es fa per dies sencers. El dia inicial s'exclou i el dia final s'ha de complir totalment.

3. El còmput de mesos o anys es fa de data a data. Si al mes del venciment no hi ha el dia corresponent a l'inicial, es considera que el termini acaba el darrer dia del mes.

Article 121-24. *Termini de preclusió*

Qualsevol pretensió susceptible de prescripció s'extingeix en tot cas pel transcurs ininterromput de trenta anys des del seu naixement, amb independència que hi hagin concorregut causes de suspensió o que les persones legitimades per a exercir-la no hagin conegut o no hagin pogut conèixer les dades o les circumstàncies a què fa referència l'article 121-23, en matèria de còmput de terminis.

CAPÍTOL II. *La caducitat*

Article 122-1. *Caducitat d'accions i altres poders jurídics*

1.   Les accions i els poders de configuració jurídica sotmesos a caducitat s'extingeixen pel venciment dels terminis corresponents.

2.   La caducitat de les accions o dels poders de configuració jurídica deixa de tenir efecte únicament si una persona legitimada els exerceix adequadament.

3.   Les normes sobre caducitat són de naturalesa imperativa, sens perjudici del que disposa l'article 122-3.1 en matèria de suspensió.

Article 122-2. *Caducitat en les relacions jurídiques indisponibles*

1.   En les relacions jurídiques indisponibles els terminis establerts legalment no es poden suspendre.

2.   En les relacions jurídiques indisponibles la caducitat ha d'ésser tinguda en compte d'ofici pels tribunals.

Article 122-3. *Caducitat en les relacions jurídiques disponibles*

1.   El termini de caducitat se suspèn d'acord amb el que estableixen els articles del 121-15 al 121-19 pel que fa a la suspensió de la prescripció, o per acord exprés de les parts. La suspensió s'aixeca una vegada exhaurit el termini pactat o, si no n'hi ha, a partir del moment en què qualsevol de les parts denuncïi l'acord de manera fefaent.

2.   Quan es tracta de relacions jurídiques disponibles, la caducitat no ha d'ésser tinguda en compte d'ofici pels tribunals, sinó que ha d'ésser al·legada per una persona legitimada.

Article 122-4. *Caducitat convencional*

La caducitat convinguda per les parts es regeix, si no hi ha pacte, per les disposicions sobre caducitat en les relacions jurídiques disponibles establertes per aquest Codi.

Article 122-5. *Còmput del termini i preclusió*

1.   El termini de caducitat s'inicia, si no hi ha normes específiques, quan neix l'acció o quan la persona titular pot conèixer raonablement les circumstàncies que fonamenten l'acció i la persona contra la qual es pot

exercir. En tot cas, s'aplica també a la caducitat el que disposa l'article 121-24 en matèria de preclusió.

2.   En el còmput del termini de caducitat no s'exclouen els dies inhàbils ni els festius. El còmput de dies es fa per dies sencers. El dia inicial s'exclou i el dia final s'ha de complir totalment.

3.   El còmput de mesos o anys es fa de data a data. Si al mes del venciment no hi ha el dia corresponent a l'inicial, es considera que el termini acaba el darrer dia del mes.

Llibre segon.   *Persona i família*

TÍTOL I.   *La persona física*

CAPÍTOL I.   *Personalitat civil i capacitat*

Article 211-1.   *Personalitat civil*

1.   La personalitat civil és inherent a la persona física des del naixement.

2.   El concebut té la consideració de persona als efectes que li siguin favorables, sempre que arribi a néixer.

3.   La personalitat civil s'extingeix amb la mort.

Article 211-2.   *Commoriència i mort consecutiva derivada d'un mateix esdeveniment*

1.   La crida a una successió o la transmissió de drets a favor d'una persona que depenen del fet que hagi sobreviscut a una altra només tenen lloc si es prova aquesta supervivència. En cas contrari, es considera que s'han mort alhora i no hi ha successió o transmissió de drets entre aquestes persones.

2.   Sens perjudici del que estableix l'apartat 1, es considera que s'han mort alhora quan hi ha unitat de causa o de circumstància que motiven les defuncions i entre ambdues morts han transcorregut menys de setanta-dues hores.

Article 211-3.   *Capacitat d'obrar*

1.   La capacitat d'obrar de la persona es fonamenta en la seva capacitat natural, d'acord amb el que estableix aquest codi.

2.   La capacitat d'obrar plena s'assoleix amb la majoria d'edat.

3.   Les limitacions a la capacitat d'obrar s'han d'interpretar d'una manera restrictiva, atenent la capacitat natural.

4.   L'autoritat judicial s'ha de pronunciar expressament sobre la capacitat per a exercir el dret de sufragi quan declari la modificació de la

capacitat d'una persona, d'acord amb el que estableix la legislació processal i la de règim electoral.

Article 211-4. *Majoria d'edat*

1. La majoria d'edat s'assoleix als divuit anys.

2. El dia del naixement es considera sencer per al còmput de l'edat.

Article 211-5. *Minoria d'edat*

El menor pot fer per si mateix, segons la seva edat i capacitat natural, els actes següents:

a) Els relatius als drets de la personalitat, llevat que les lleis que els regulin estableixin una altra cosa.

b) Els relatius a béns o serveis propis de la seva edat, d'acord amb els usos socials.

c) Els altres actes que la llei li permeti.

Article 211-6. *Interès superior del menor*

1. L'interès superior del menor és el principi inspirador de qualsevol decisió que l'afecti.

2. El menor d'edat, d'acord amb la seva edat i capacitat natural i, en tot cas, si ha complert dotze anys, té dret a ésser informat i escoltat abans que es prengui una decisió que afecti directament la seva esfera personal o patrimonial.

3. Per a qualsevol acte del representant legal que impliqui alguna prestació personal del menor, es requereix el seu consentiment si ha complert dotze anys o si, tenint-ne menys, té prou coneixement.

Article 211-7. *Emancipació*

1. El menor emancipat actua jurídicament com si fos major d'edat, però necessita el complement de capacitat per als actes que estableix l'article 211-12.

2. La capacitat del menor emancipat es complementa amb l'assistència del cònjuge o del convivent major d'edat en cas de matrimoni o de convivència estable en parella de l'emancipat, dels progenitors o, a manca d'aquests, del curador.

Article 211-8. *Formes d'emancipació*

1. L'emancipació pot tenir lloc:

a) Per consentiment dels qui exerceixen la potestat parental o la tutela.

b) Per resolució judicial.

2. L'emancipació és irrevocable i s'ha de fer constar al Registre Civil. Mentre no s'inscrigui, no produeix efectes contra tercers.

Article 211-9. *Emancipació per consentiment*

1.   L'emancipació per consentiment dels qui exerceixen la potestat parental o la tutela requereix que el menor tingui almenys setze anys i la consenti. En cas d'emancipació per consentiment del titular de la tutela, es requereix, a més, l'autorització judicial amb un informe del ministeri fiscal.

2.   L'emancipació per consentiment s'atorga en una escriptura pública o per compareixença davant de l'autoritat judicial encarregada del Registre Civil. El notari ha de comunicar d'ofici l'emancipació al Registre Civil.

Article 211-10. *Emancipació per resolució judicial*

1.   L'autoritat judicial pot concedir l'emancipació, a sol·licitud del menor de més de setze anys, si hi ha causes que fan impossible la convivència amb els progenitors o amb el tutor, o que dificulten greument l'exercici de la potestat parental o de la tutela.

2.   La concessió judicial de l'emancipació requereix l'audiència prèvia de les persones que exerceixen la potestat parental o la tutela i l'informe del ministeri fiscal.

Article 211-11. *Vida independent del menor*

1.   El menor de més de setze anys es considera emancipat si viu d'una manera econòmicament independent dels progenitors o el tutor, amb llur consentiment. Aquest consentiment es pot revocar.

2.   En el cas a què fa referència l'apartat 1, el menor necessita el complement de capacitat per als mateixos actes que el menor emancipat.

Article 211-12. *Actes que requereixen complement de capacitat*

1.   El menor emancipat necessita el complement de capacitat per a:

a)   Fer els actes a què fa referència l'article 236-27.1.

b)   Acceptar el càrrec d'administrador d'una societat.

2.   El complement de capacitat no es pot concedir de manera general, però es pot atorgar per a diversos actes de la mateixa naturalesa o referits a la mateixa activitat econòmica, encara que siguin futurs, especificant-ne les circumstàncies i característiques fonamentals.

3.   Els actes fets sense el complement de capacitat són anul·lables, en el termini de quatre anys, a instància de la persona que havia de prestar-lo d'acord amb l'article 211-7 i, a partir de l'arribada a la majoria d'edat, de la persona interessada.

4.   El complement de capacitat amb relació als béns i els drets adquirits per donació o a títol successori no és necessari si el donant o el causant l'han exclòs expressament.

Article 211-13. *Manca d'atorgament del complement de capacitat*

El menor emancipat pot demanar autorització judicial per a actuar tot sol en els casos d'impossibilitat o de desacord entre les persones que han de prestar el complement de capacitat, o si aquestes no l'atorguen sense causa justificada.

CAPÍTOL II.   *Autonomia de la persona en l'àmbit de la salut*

SECCIÓ PRIMERA.   *Tractaments mèdics*

Article 212-1.   *Dret a la informació sobre la salut*

1.   Tota persona té dret a rebre informació verídica, comprensible i adequada a les seves necessitats i als seus requeriments sobre l'abast de qualsevol intervenció en l'àmbit de la seva salut, que l'ajudi a prendre decisions d'una manera autònoma, llevat que hagi expressat la voluntat de no ésser-ne informada. Aquest dret és directament exigible davant dels tribunals de justícia.

2.   El pacient és el titular del dret a la informació i qui té el dret a permetre i autoritzar l'accés a la informació que fa referència a la seva salut, llevat dels casos en què la legislació estableix una altra cosa.

3.   Tota persona té dret que es respecti la confidencialitat de les dades que fan referència a la seva salut i que no es generin registres amb dades personals de salut que no siguin estrictament necessàries.

4.   Si la persona es troba en un estat físic o psíquic que no li permet rebre la informació o comprendre-la, aquesta s'ha de donar, de la manera que estableix la legislació per a l'àmbit sanitari, a la persona designada en el document de voluntats anticipades, a l'assistent legalment designat, al representant legal, a la persona que en té la guarda de fet, als familiars o a les persones que hi estan vinculades, segons que correspongui.

Article 212-2.   *Consentiment informat*

1.   Les persones majors de setze anys i les menors que tinguin una maduresa intel·lectual i emocional suficient per a comprendre l'abast de la intervenció en la seva salut han de donar el consentiment per si mateixes, llevat dels casos en què la legislació d'àmbit sanitari estableix una altra cosa.

2.   Si la persona es troba en un estat físic o psíquic que no li permet fer-se càrrec de la seva situació ni decidir, el consentiment s'ha d'obtenir, de la manera que estableix la legislació per a l'àmbit sanitari, de les mateixes persones que han de rebre la informació a què fa referència l'article 212-1.4.

3.   L'interessat, o les persones que supleixen la seva capacitat, en interès del mateix interessat, poden revocar el consentiment atorgat.

4. Si les persones cridades a donar consentiment per substitució s'hi neguen, l'autoritat judicial pot autoritzar la intervenció a sol·licitud del facultatiu responsable i en interès de la persona que no pot consentir.

Article 212-3. *Document de voluntats anticipades*

1. La persona major d'edat amb plena capacitat d'obrar pot expressar en un document de voluntats anticipades les instruccions per a la realització d'actes i tractaments mèdics, per al cas en què es trobi en una situació en què no ho pugui decidir per ella mateixa. També pot designar la persona que, en substitució seva, ha de rebre la informació sobre la seva salut i decidir sobre la realització d'aquells actes i tractaments.

2. En el document de voluntats anticipades hi poden constar previsions referents a la donació dels òrgans o del cos, i a les formes d'enterrament o a la incineració.

3. Els professionals que atenguin l'atorgant d'un document de voluntats anticipades han de respectar les instruccions que hi expressa, dins dels límits que estableix la legislació de l'àmbit sanitari.

4. Pel que fa a la forma d'atorgament del document de voluntats anticipades, al procediment de comunicació de les voluntats anticipades al centre sanitari i als seus efectes, hom s'ha d'ajustar al que estableix la legislació especial de l'àmbit sanitari.

5. El document de voluntats anticipades és sempre revocable.

6. Si la persona atorgant d'un document de voluntats anticipades ha fet delació voluntària de la seva tutela d'acord amb l'article 222-4 i ambdós actes contenen designacions o instruccions incompatibles, prevalen les del document de data posterior.

SECCIÓ SEGONA. *Internaments*

Article 212-4. *Internament*

L'internament en un establiment especialitzat d'una persona per raó de trastorns psíquics o malalties que puguin afectar la capacitat cognitiva requereix l'autorització judicial prèvia si la seva situació no li permet decidir per si mateixa, qualsevol que en sigui l'edat.

Article 212-5. *Internament urgent*

1. No cal autorització judicial prèvia si es produeix una causa d'urgència mèdica que requereixi l'internament sense dilació. Aquesta causa ha d'ésser constatada per un facultatiu i s'ha de fonamentar en un risc immediat i greu per a la salut del malalt o per a la integritat física o psíquica del malalt o d'altres persones.

2. El director de l'establiment on es faci l'internament l'ha de comunicar a l'autoritat judicial del lloc on estigui l'establiment en el termini de vint-i-quatre hores.

3. L'autoritat judicial ha de ratificar o deixar sense efecte l'internament, d'acord amb la legislació processal, en el termini de setanta-dues hores des que rep la comunicació.

4. L'autoritat judicial, en la resolució en què ratifica l'internament, hi ha de fer constar el termini, que no pot excedir els dos mesos, en el qual el director de l'establiment ha d'informar periòdicament sobre la situació de la persona internada, a fi de revisar la necessitat de la mesura. A petició del director de l'establiment, l'autoritat judicial pot acordar, atesa la situació de la persona internada, que els informes successius s'emetin en intervals superiors, que no poden excedir els sis mesos.

Article 212-6. *Canvi de circumstàncies en l'internament voluntari*

Si una persona que va consentir el seu propi internament per raó de trastorn psíquic ja no està en condicions de decidir-ne la continuació perquè les circumstàncies clíniques o el risc associat al trastorn han canviat de manera significativa, el director de l'establiment ho ha de comunicar a l'autoritat judicial perquè, si escau, en ratifiqui la continuació, d'acord amb el que estableix l'article 212-5.3.

SECCIÓ TERCERA. *Decisions sobre el propi cos*

Article 212-7. *Decisions sobre el propi cos*

La lliure decisió de les persones és determinant en les qüestions que puguin afectar llur dignitat, integritat i benestar físic i mental i, en particular, pel que fa al propi cos i a la salut reproductiva i sexual.

TÍTOL II. *Les institucions de protecció de la persona*[*]

CAPÍTOL I. *Disposicions comunes*

Article 221-1. *Funció de protecció*

Les funcions de protecció de les persones menors d'edat, de les que no es poden governar per elles mateixes, si no estan en potestat parental,

---

[*] La Llei estatal 8/2021, de 2 de juny, per la qual es reforma la legislació civil i processal per al suport a les persones amb discapacitat en l'exercici de la seva capacitat jurídica (BOE núm. 132, de 3 de juny), ha eliminat el procediment de modificació judicial de la capacitat d'obrar i l'ha substituït pels processos sobre provisió de mesures judicials de suport a les persones amb discapacitat. Atesa aquesta novetat, el Govern de Catalunya ha dictat el Decret llei 19/2021 de 31 d'agost, pel qual

i de les que necessiten assistència s'han d'exercir sempre en interès de
la persona assistida, d'acord amb la seva personalitat, i s'adrecen a la

---

s'adapta el Codi civil de Catalunya a la reforma del procediment de modificació
judicial de la capacitat (DOGC núm. 8493, de 2 de setembre), en virtut del qual, com
disposa el seu art. 1, «*La persona major d'edat que necessita suport per exercir la
seva capacitat jurídica en condicions d'igualtat pot sol·licitar la constitució de l'as-
sistència que regulen els articles 226-1 a 226-7 del Codi civil de Catalunya*». Així
doncs, a partir de l'entrada en vigor del dit Decret llei el dia 3 de setembre de 2021,
ja no es poden constituir tuteles, curateles i potestats parentals prorrogades o reha-
bilitades en relació amb persones majors d'edat, sinó només el règim d'assistència
establert en els articles esmentats. En relació amb les institucions de protecció cons-
tituïdes abans de l'entrada en vigor del Decret llei i amb les delacions fetes per la
persona mateixa en previsió que fos declarada incapaç, cal tenir en compte les dis-
posicions transitòries del mateix Decret llei que transcrivim a continuació:

Disposició transitòria primera. *Assistències constituïdes a l'empara de la regu-
lació anterior*
Les assistències constituïdes fins a l'entrada en vigor d'aquest Decret llei es man-
tenen en els termes en què van ser acordades per l'autoritat judicial competent,
sense perjudici de la modificació judicial a instància de la persona concernida o
de qui li presta l'assistència, per tal d'adaptar-les a la nova normativa.

Disposició transitòria segona. *Revisió de les mesures judicials en vigor*
1. A partir de l'entrada en vigor d'aquest Decret llei, la tutela, la curatela i la
potestat parental prorrogada o rehabilitada, regulades per les disposicions del títol
II del llibre segon del Codi civil de Catalunya, no es poden constituir en relació
amb les persones majors d'edat.
2. Les tuteles, les curateles i les potestats parentals prorrogades o rehabilitades
constituïdes amb anterioritat a l'entrada en vigor d'aquest Decret llei es mantenen
fins la revisió a què fan referència els apartats 3 i 4.
3. Les persones amb la capacitat modificada judicialment, els progenitors que
tenen la potestat parental prorrogada o rehabilitada i les persones que exerceixen
càrrecs tutelars o de curatela poden sol·licitar en qualsevol moment la revisió de
les mesures que s'hagin establert per tal d'adaptar-les a la supressió de la modi-
ficació judicial de la capacitat i aplicar-hi, si s'escau, el règim d'assistència que
regulen els articles 226-1 a 226-8 del Codi civil de Catalunya. La revisió de les
mesures s'ha de fer en el termini màxim d'un any des de la sol·licitud.
4. En cas que no hi hagi la sol·licitud esmentada a l'apartat 3, la revisió l'ha de
fer d'ofici l'autoritat judicial, o a instància del ministeri fiscal, en un termini
màxim de tres anys des de l'entrada en vigor d'aquest Decret llei.
5. Les persones que han estat declarades judicialment pròdigues i les que n'exer-
ceixen la curatela poden demanar, en qualsevol moment, l'extinció de la curatela.
El que estableixen els articles 223-1 a 223-10 del Codi civil de Catalunya es manté
i regeix fins a l'extinció de la curatela.

Disposició transitòria tercera. *Delacions fetes per la persona mateixa*
1. Les delacions fetes per la persona mateixa per al cas de modificació judicial
de la capacitat mantenen llur eficàcia i s'apliquen, si escau, en cas que es dema-
ni el nomenament d'una persona perquè assisteixi l'atorgant en l'exercici de la
seva capacitat jurídica.
2. S'aplica a aquestes delacions el que estableix l'article 226-3 del Codi civil de
Catalunya.

cura de la seva persona, a l'administració o defensa dels seus béns i interessos patrimonials i a l'exercici dels seus drets.

Article 221-2. *Deure d'exercici*

1. L'exercici de les funcions de protecció és un deure i té caràcter personalíssim. Només se n'admet l'excusa en els casos a què fa referència l'article 222-18.

2. Les persones titulars de les funcions de protecció només poden atorgar poders especials per a actes concrets o per a diversos actes de la mateixa naturalesa o referits a la mateixa activitat econòmica.

Article 221-3. *Gratuïtat*

Les persones titulars de les funcions de protecció exerceixen els càrrecs de manera gratuïta, llevat dels casos en què s'estableixi expressament una remuneració. Tanmateix, tenen dret al reemborsament de les despeses i a la indemnització per danys per raó d'aquest exercici a càrrec del patrimoni de la persona assistida.

Article 221-4. *Obligació d'informar i escoltar la persona assistida*

Les persones titulars de les funcions de protecció han d'informar i escoltar la persona assistida d'acord amb el que estableix l'article 211-6 si és menor i, si es tracta d'una persona major d'edat, sempre que tingui prou coneixement.

Article 221-5. *Mesures de control*

1. L'autoritat judicial, d'ofici o a instància del ministeri fiscal, dels titulars de les funcions de protecció, de la mateixa persona assistida o de les persones cridades a l'exercici de la tutela d'acord amb l'article 222-10, pot acordar, en qualsevol moment, les mesures que estimi necessàries per a controlar el bon funcionament de la institució de protecció, sens perjudici de les mesures de control previstes per la persona interessada o pels progenitors del menor o incapacitat.

2. L'autoritat judicial, per al seguiment de l'evolució i de les condicions de vida de les persones i amb relació a mesures de control de la gestió patrimonial, pot requerir la intervenció d'especialistes, que tenen la consideració d'auxiliars dels tribunals.

CAPÍTOL II. *La tutela**

SECCIÓ PRIMERA. *Disposicions generals*

Article 222-1. *Persones que s'han de posar en tutela*

S'han de posar en tutela:

a) Els menors no emancipats que no estiguin en potestat parental.

b) Els incapacitats, si ho determina la sentència.

Article 222-2. *Poder en previsió de pèrdua sobrevinguda de capacitat*

1. No cal posar en tutela les persones majors d'edat que, per causa d'una malaltia o deficiència persistent de caràcter físic o psíquic, no es poden governar per si mateixes, si a aquest efecte han nomenat un apoderat en escriptura pública perquè tingui cura de llurs interessos.

2. El poderdant pot ordenar que el poder produeixi efectes des de l'atorgament, o bé establir les circumstàncies que han de determinar l'inici de l'eficàcia del poder. En el primer cas, la pèrdua sobrevinguda de capacitat del poderdant no comporta l'extinció del poder. El poderdant també pot fixar les mesures de control i les causes per les quals s'extingeix el poder.

3. Si en interès de la persona protegida s'arriba a constituir la tutela, l'autoritat judicial, en aquell moment o amb posterioritat, a instància del tutor, pot acordar l'extinció del poder.

4. El poderdant pot establir la gestió de les seves voluntats digitals i llur abast perquè, en cas de pèrdua sobrevinguda de la capacitat, l'apoderat actuï davant dels prestadors de serveis digitals amb els qui el poderdant tingui comptes actius a fi de gestionar-los i, si escau, sol·licitar-ne la cancel·lació. En la mesura que sigui possible, el poderdant també ha de poder conèixer les decisions sobre els comptes actius que hagi d'adoptar l'apoderat i participar-hi.

---

* V. nota al peu a la rúbrica del Títol II. Respecte de les tuteles deferides pels titulars de la potestat parental i dels poders atorgats en previsió d'una necessitat de suport, les disposicions d'aquest capítol han estat desenvolupades pel Decret 30/2012, de 13 de març, del Registre de nomenaments no testamentaris de suports a la capacitat jurídica i del Registre de patrimonis protegits (DOGC núm. 6088, de 15 de març), d'acord amb la nova denominació que va donar a aquest decret el Decret llei 19/2021, de 31 d'agost, pel qual s'adapta el Codi civil de Catalunya, a la reforma del procediment de modificació judicial de la capacitat (DOGC núm. 8493, de 2 de setembre). Així mateix, a partir de l'entrada en vigor del Decret llei 19/2021, totes les referències que el Decret 30/2012 fa al Registre de nomenaments tutelars no testamentaris i de poders atorgats en previsió d'incapacitat s'han d'entendre fetes al Registre de nomenaments no testamentaris de suports a la capacitat jurídica.

Article 222-3. *Formes de delació*

1. La tutela es defereix per:

a) Testament o codicil.

b) Escriptura pública.

c) Resolució judicial.

2. La tutela dels menors desemparats es defereix de la manera que estableixen les lleis i es regeix per les seves normes especials.

SECCIÓ SEGONA. *Delació voluntària*

Article 222-4. *Delacions fetes per un mateix*

1. Per al cas que sigui declarada incapaç, tota persona amb plena capacitat d'obrar pot nomenar o excloure, en escriptura pública, una o més persones perquè exerceixin els càrrecs tutelars. També pot fer disposicions respecte al funcionament i el contingut del règim de protecció que pugui ésser adequat, especialment pel que fa a la cura de la seva persona.

2. L'atorgament d'un acte de delació tutelar posterior revoca l'anterior en tot allò que el modifiqui o hi resulti incompatible.

3. Són ineficaces les delacions fetes per un mateix atorgades des que s'insta el procés sobre la seva capacitat o el ministeri fiscal n'inicia les diligències preparatòries.

Article 222-5. *Tutela deferida pels titulars de la potestat parental*

1. Els titulars de la potestat parental poden ordenar la tutela de llurs fills menors no emancipats i, si en tenen la potestat prorrogada o rehabilitada, la dels fills emancipats o majors d'edat incapacitats, amb l'abast que estableix l'article 222-4.1.

2. En el cas a què fa referència l'apartat 1, la delació de la tutela es pot fer mitjançant una escriptura pública, un testament o un codicil, i de manera individual o conjunta.

Article 222-6. *Concurrència de nomenaments o d'exclusions*

En cas de concurrència de nomenaments o d'exclusions fets pels titulars de la potestat parental, és preferida la voluntat de qui l'ha exercida en darrer lloc, sens perjudici, si s'escau, de l'eficàcia del nomenament fet per l'altre del titular de l'administració especial dels béns que ell mateix hagi disposat per donació o títol successori a favor del menor o incapaç.

Article 222-7. *Substituts*

1. En els actes de delació voluntària de càrrecs tutelars, es poden designar substituts.

2.   Si es designen substitutes diverses persones i no s'especifica l'ordre de substitució, es prefereix la designada en el document posterior i, si n'hi ha més d'una, la designada en primer lloc.

Article 222-8.   *Inscripció*

1.   Les delacions de les tuteles atorgades en escriptura pública en ús de les facultats que estableixen els articles 222-4 i 222-5 s'han d'inscriure en el Registre de Nomenaments Tutelars no Testamentaris.

2.   El notari que autoritzi l'escriptura ho ha de comunicar d'ofici al registre a què fa referència l'apartat 1, d'acord amb la seva normativa específica.

3.   Els poders atorgats en previsió d'una situació d'incapacitat s'han d'inscriure en el Registre de Nomenaments Tutelars no Testamentaris.

Article 222-9.   *Nomenament*

1.   Si es constitueix la tutela, l'autoritat judicial ha de nomenar les persones designades en l'acte de delació voluntària.

2.   No obstant el que estableix l'apartat 1, ateses les circumstàncies del cas i a instància del ministeri fiscal o d'alguna de les persones cridades per la llei a exercir la tutela d'acord amb l'article 222-10, l'autoritat judicial pot prescindir d'aquella designació en els supòsits següents:

a)   Si s'ha produït una modificació sobrevinguda de les causes explicitades o que presumiblement es van tenir en compte en fer l'acte de delació voluntària.

b)   Si l'acte de delació voluntària es va fer dins l'any anterior a l'inici del procediment relatiu a la capacitat de la persona protegida.

SECCIÓ TERCERA.   *Delació judicial*

Article 222-10.   *Ordre de la delació*

1.   La designació correspon a l'autoritat judicial si no hi ha cap persona designada per un acte de delació voluntària, si no escau el seu nomenament o si s'excusa o cessa per qualsevol causa.

2.   En el cas a què fa referència l'apartat 1, l'autoritat judicial prefereix per a la tutela:

a)   El cònjuge o el convivent en parella estable de la persona amb la capacitat modificada judicialment, si hi ha convivència.

b)   Els descendents majors d'edat de la persona amb la capacitat modificada judicialment.

c) Els ascendents del menor o la persona amb la capacitat modificada judicialment, llevat que es prorrogui o rehabiliti la potestat parental.

d) En cas de mort del progenitor del menor o la persona amb la capacitat modificada judicialment, el cònjuge o el convivent en parella estable d'aquell, si conviu amb la persona que s'ha de posar en tutela.

e) Els germans del menor o de la persona amb la capacitat modificada judicialment.

3. No obstant el que estableix l'apartat 2, si ho estima més convenient per als interessos de la persona menor o la persona amb la capacitat modificada judicialment, l'autoritat judicial, per mitjà d'una resolució motivada, pot alterar l'ordre establert o elegir la persona que ha actuat com a assistent o com a guardadora de fet, les que es presentin voluntàriament per a assumir els càrrecs indicats o una altra persona.

4. Si hi ha diverses persones que volen assumir la tutela, l'autoritat judicial, amb la finalitat que assoleixin un acord, les pot derivar a una sessió prèvia sobre mediació de caràcter obligatori per tal que coneguin el valor, els avantatges, els principis i les característiques de la mediació. Si així ho acorden les parts, a les quals cal escoltar, la sessió prèvia pot continuar, en el mateix moment o en un de posterior, amb una exploració del conflicte que les afecta. Les parts poden participar en la sessió prèvia assistides per llurs advocats. Aquesta assistència és necessària si ho requereixen les parts o si així ho disposa l'autoritat judicial i s'ha de desenvolupar sempre amb ple respecte pels principis de la mediació i per la igualtat entre les parts.

5. Si no hi ha persones de l'entorn familiar o comunitari que vulguin assumir la tutela, l'autoritat judicial ha de designar persones jurídiques, públiques o privades, sense ànim de lucre, que la puguin assumir satisfactòriament.

Article 222-11. *Tutela de germans*

La delació judicial de la tutela de germans menors d'edat ha de recaure en una mateixa persona, llevat que les circumstàncies justifiquin una resolució diferent.

Article 222-12. *Separació de l'administració patrimonial*

1. En constituir la tutela, l'autoritat judicial pot separar la tutela de la persona de l'administració dels béns, designar els titulars d'ambdós càrrecs i fixar-ne l'àmbit de competència.

2. L'autoritat judicial, d'ofici o a sol·licitud del tutor, del ministeri fiscal o del tutelat, pot nomenar un administrador patrimonial en el decurs de la tutela si el patrimoni del tutelat assoleix una importància considerable o si es produeix una altra causa que ho fa necessari.

Article 222-13. *Remuneració*

1. La persona interessada o els titulars de la potestat parental, en l'acte de delació voluntària de la tutela, o l'autoritat judicial, en la resolució d'aprovació de l'inventari, si s'escau, poden fixar una remuneració per al tutor i, si escau, per a l'administrador patrimonial, sempre que el patrimoni del tutelat ho permeti.

2. L'autoritat judicial pot modificar la quantia de la remuneració si és excessiva o insuficient ateses les circumstàncies de la tutela o si varia substancialment el patrimoni del tutelat.

SECCIÓ QUARTA.   *Constitució i exercici de la tutela*

Article 222-14.   *Persones obligades a promoure la constitució de la tutela*

1. Les persones a què fa referència l'article 222-10 i les persones o les institucions que tinguin en llur guarda un menor o una persona que s'ha de posar en tutela estan obligades a promoure'n la constitució i responen dels danys i perjudicis que causin a aquella persona si no la promouen.

2. L'entitat pública competent en matèria de protecció de menors ha d'instar la constitució de la tutela dels menors desemparats que tingui a càrrec si hi ha persones que la puguin assumir en interès d'aquells.

3. El ministeri fiscal ha de demanar la constitució de la tutela o l'autoritat judicial l'ha de disposar d'ofici si s'assabenten que hi ha alguna persona que s'ha de posar en tutela en l'àmbit de llur jurisdicció.

4. Tota persona que conegui la circumstància a què fa referència l'apartat 3 l'ha de comunicar a l'autoritat judicial o al ministeri fiscal.

Article 222-15.   *Aptitud per a exercir càrrecs tutelars*

Poden ésser titulars de la tutela o de l'administració patrimonial les persones físiques que tinguin capacitat d'obrar plena i no incorrin en cap de les causes d'ineptitud següents:

a)   Estar privades o suspeses de l'exercici de la potestat o de la guarda per resolució administrativa o judicial ferma, o haver-ho estat durant cinc anys.

b)   Haver estat remogudes d'una tutela per una causa que els fos imputable.

c)   Estar complint una pena privativa de llibertat.

d)   Estar en situació declarada de concurs i no haver estat rehabilitades, llevat que la tutela no inclogui l'administració dels béns.

e)   Haver estat condemnades per qualsevol delicte que faci suposar fonamentadament que no exercirien la tutela d'una manera correcta.

f)   Observar una conducta que pugui perjudicar la formació del menor o la cura de l'incapacitat.

g)   Estar en situació d'impossibilitat de fet per a exercir el càrrec.

h)   Tenir enemistat amb la persona tutelada, o tenir-hi o haver-hi tingut plets o conflictes d'interessos.

i)   No tenir mitjans de vida coneguts.

Article 222-16.   *Tutela per persones jurídiques*

1.   Poden ésser titulars de la tutela les persones jurídiques sense ànim de lucre que es dediquin a la protecció de persones menors o incapacitades i que compleixin els requisits que estableix la llei.

2.   Les persones jurídiques han de notificar a l'entitat pública competent el nomenament i el cessament com a tutores en el termini de quinze dies des que hagin tingut lloc.

3.   Les persones jurídiques han d'assignar un o més professionals perquè es responsabilitzin del benestar del tutelat. Aquestes persones no poden incórrer en cap de les situacions d'ineptitud que estableix l'article 222-15.

Article 222-17.   *Exclusió per conflicte d'interessos*

1.   No poden ésser titulars de la tutela ni de l'administració patrimonial, ni executores materials de les funcions tutelars, les persones físiques o jurídiques privades que estiguin en una situació de conflicte d'interessos amb la persona protegida. En particular, no ho poden ésser les que, en virtut d'una relació contractual, prestin serveis assistencials, residencials o de naturalesa anàloga a la persona protegida.

2.   No obstant el que estableix l'apartat 1, davant circumstàncies excepcionals per necessitats de la persona tutelada, l'autoritat judicial pot autoritzar les entitats tutelars a prestar serveis assistencials i residencials.

Article 222-18.   *Excuses per a no exercir càrrecs tutelars*

1.   Es poden al·legar com a excuses per a no exercir càrrecs tutelars l'edat, la malaltia, la manca de relació amb la persona que s'ha de posar en tutela, les derivades de les característiques de l'ocupació professional del designat o qualsevol altra que faci l'exercici de la tutela especialment feixuc o que el pugui afectar.

2.   Les persones jurídiques es poden excusar d'exercir càrrecs tutelars si no tenen els mitjans humans i materials suficients per a exercir-los adequadament o si les condicions de la persona que s'ha de posar en tutela no s'adeqüen a les finalitats per a les quals han estat creades les dites persones jurídiques.

Article 222-19. *Al·legació i acceptació de l'excusa*

1. L'excusa s'ha d'al·legar en el termini de quinze dies a partir de la notificació del nomenament. Si l'excusa sobrevé posteriorment, s'ha d'al·legar amb la màxima diligència possible.

2. La persona que s'excusa després d'haver acceptat el càrrec l'ha d'exercir fins que l'autoritat judicial accepti l'excusa.

3. L'autoritat judicial, simultàniament a l'acceptació de l'excusa, ha de nomenar una altra persona per a exercir el càrrec.

4. L'acceptació de l'excusa comporta la pèrdua del que s'hagi donat o llegat en consideració al nomenament. Si l'excusa es produeix d'una manera sobrevinguda, l'autoritat judicial en pot acordar la pèrdua total o parcial, ateses les circumstàncies del cas.

Article 222-20. *Caució*

Abans de donar possessió d'un càrrec tutelar, l'autoritat judicial pot exigir caució a la persona designada per a exercir-lo. En qualsevol moment i per una causa justa, la pot deixar sense efecte o modificar.

Article 222-21. *Inventari*

1. El tutor i, si n'hi ha, l'administrador patrimonial han de fer inventari del patrimoni del tutelat, en el termini de dos mesos a partir de la presa de possessió del càrrec. El lletrat de l'Administració de justícia pot prorrogar aquest termini per causa justa fins a un màxim de dos mesos.

2. L'inventari s'ha de formalitzar judicialment o notarialment. En aquest segon cas, el tutor i, si n'hi ha, l'administrador patrimonial n'han de dipositar una còpia en el jutjat que ha constituït la tutela.

3. El ministeri fiscal i el tutelat, si té prou coneixement i, en tot cas, si és un menor de més de dotze anys, han d'ésser convocats a la formalització de l'inventari.

4. El tutor i, si n'hi ha, l'administrador patrimonial han de facilitar l'accés a l'inventari al tutelat si té prou coneixement i, en tot cas, si té més de dotze anys i es tracta de tutela de menor.

Article 222-22. *Contingut de l'inventari*

1. L'inventari ha de descriure amb detall els béns, els crèdits, les càrregues i els deutes que integren el patrimoni objecte de la tutela, incloent-hi, si escau, els béns l'administració dels quals hagi estat encomanada a un administrador especial. Si la tutela o l'administració comprèn alguna empresa mercantil, s'hi ha d'incorporar també l'inventari i els darrers comptes anuals d'aquesta.

2. El tutor i, si escau, l'administrador patrimonial que no incloguin en l'inventari els crèdits que la persona tutelada tingui contra ells han d'ésser remoguts del càrrec. Si l'omissió fa referència a un crèdit a favor del tutor o l'administrador, s'entén que hi renuncien.

Article 222-23. *Dipòsit de valors i objectes preciosos*

El tutor o, si escau, l'administrador patrimonial ha de dipositar o tenir en un lloc segur els valors, les joies, les obres d'art i els altres objectes preciosos del tutelat, i ho ha de comunicar al jutjat.

Article 222-24. *Despeses*

Les despeses originades per la realització de l'inventari, la prestació de caució i les mesures de control que estableix l'article 221-5 són a càrrec del patrimoni del tutelat.

Article 222-25. *Nombre de titulars*

La tutela l'exerceix una sola persona, excepte en els casos següents:

a) Si la persona interessada o els titulars de la potestat parental han designat dues persones per a exercir el càrrec.

b) Si la tutela correspon a una persona casada o que conviu en parella estable i es creu convenient que el cònjuge o l'altre membre de la parella també l'exerceixin.

Article 222-26. *Tutela conjunta*

En els casos en què hi hagi dos tutors, la tutela s'ha d'exercir de la manera que s'estableixi en constituir-la. Si no s'estableix, ambdós han d'actuar conjuntament però qualsevol d'ells pot fer els actes que, d'acord amb les circumstàncies, es pot considerar normal que siguin fets per un sol tutor, i també els actes de necessitat urgent.

Article 222-27. *Distribució de funcions entre tutor i administrador*

Si hi ha un administrador patrimonial, el tutor només s'ocupa de l'àmbit personal. Les decisions que concerneixin tant l'àmbit personal com el patrimonial s'han de prendre conjuntament.

Article 222-28. *Desacords*

Els desacords entre els tutors o entre els titulars de la tutela i de l'administració patrimonial, si han d'actuar conjuntament, s'han de resoldre judicialment, en ambdós casos sense recurs ulterior i amb l'audiència prèvia dels afectats i de la persona tutelada, si té prou coneixement i, en tot cas, si té més de dotze anys i es tracta de tutela de menor.

Article 222-29. *Conflicte d'interessos*

En el cas de conflicte d'interessos amb el tutelat, si hi ha dos tutors o un tutor i un administrador patrimonial, la persona afectada és substituïda per l'altra. Si només hi ha un tutor o si el conflicte d'interessos també hi és amb relació a la persona que l'hauria de substituir, el lletrat de l'Administració de justícia ha de nomenar un defensor judicial.

Article 222-30. *Cessament d'un tutor o d'un administrador patrimonial*

1. Si hi ha dos tutors o un tutor i un administrador patrimonial i, per qualsevol causa, un d'ells cessa, l'altre ha de continuar exercint la tutela o l'administració, excepte que s'hagi exclòs expressament, i ho ha de comunicar a l'autoritat judicial perquè designi un substitut.

2. Les persones obligades a demanar la constitució de la tutela han de comunicar el cessament del tutor o l'administrador patrimonial a l'autoritat judicial. També pot comunicar-lo el tutelat.

Article 222-31. *Comptes anuals*

1. El tutor o, si escau, l'administrador han de retre anualment els comptes de la tutela dins els sis primers mesos de l'exercici següent. No obstant això, si el patrimoni de la persona tutelada és reduït, l'autoritat judicial, després de la primera rendició de comptes anuals, pot disposar, amb l'audiència prèvia del tutelat si té prou coneixement i, en tot cas, si té més de dotze anys i es tracta de tutela de menor, que les següents rendicions de comptes es facin per períodes més llargs, que no ultrapassin els tres anys.

2. La rendició de comptes a què fa referència l'apartat 1 s'ha de fer davant l'autoritat judicial que va constituir la tutela, amb la intervenció del ministeri fiscal.

3. La rendició anual de comptes consisteix en un estat detallat d'ingressos i despeses, un inventari de l'actiu i el passiu del patrimoni a la fi de l'exercici i el detall dels canvis amb relació a l'inventari de l'any anterior, acompanyat dels justificants corresponents.

4. Si el volum d'ingressos bruts del tutelat supera els 100.000 euros anuals o si percep rendes de pensions, plans de pensions o altres rendiments periòdics superiors, en conjunt, als 7.500 euros mensuals, l'autoritat judicial pot demanar al tutor o a l'administrador patrimonial que encarregui una auditoria independent que, si escau, doni el vistiplau als comptes anuals. Aquesta auditoria ha de detallar els canvis amb relació a l'inventari de l'any anterior i s'ha d'acompanyar amb els justificants corresponents.

5. Els comptes han de quedar dipositats en el jutjat en què es va constituir la tutela.

Article 222-32. *Informe sobre la situació personal*

En ocasió de la rendició de comptes, el tutor ha d'informar detalladament dels canvis rellevants que s'hagin produït en la persona incapacitada tutelada des de l'anterior rendició de comptes, indicant-ne l'estat de salut, el lloc de residència i la situació personal i familiar.

Article 222-33. *Causes de remoció*

1. El tutor i, si escau, l'administrador patrimonial han d'ésser remoguts del càrrec si els sobrevé una causa d'ineptitud, si incompleixen els deures inherents al càrrec o si actuen amb negligència en l'exercici d'aquest. El tutor també pot ésser remogut del càrrec si es produeixen problemes de convivència greus i continuats amb el tutelat.

2. L'autoritat judicial pot ordenar la remoció del tutor o de l'administrador d'ofici o a sol·licitud del ministeri fiscal, del tutelat, del tutor o de l'administrador, aquests darrers, l'un amb relació a l'altre, o de les persones obligades a demanar la constitució de la tutela.

3. Abans de resoldre sobre la remoció del tutor o l'administrador, l'autoritat judicial ha d'escoltar la persona afectada, les que poden instar la remoció i el tutelat, si té prou coneixement i, en tot cas, si té més de dotze anys i es tracta de tutela de menor.

Article 222-34. *Nomenament de nou càrrec tutelar*

1. La resolució que ordena la remoció ha de contenir el nomenament de la persona que ha d'ocupar el càrrec en substitució de la que ha estat remoguda. Mentre no recaigui aquesta resolució, s'ha de designar un defensor judicial.

2. L'autoritat judicial, ateses les circumstàncies del cas, pot acordar que el remogut de la tutela o de l'administració patrimonial perdi, totalment o parcialment, allò que hom li hagi deixat en consideració al nomenament.

SECCIÓ CINQUENA. *Contingut de la tutela*

Article 222-35. *Deure de cura i de procurar aliments*

1. El tutor ha de tenir cura del tutelat i li ha de procurar aliments si els recursos econòmics d'aquest no són suficients.

2. L'administrador patrimonial, si n'hi ha, ha de facilitar al tutor els recursos perquè pugui complir adequadament les seves obligacions. En cas de desacord sobre aquesta qüestió, l'autoritat judicial ha de resoldre d'acord amb el que estableix l'article 222-28.

Article 222-36. *Relacions entre tutors i tutelats*

1. El tutor ha de tractar el tutelat amb consideració i ambdós s'han de respectar mútuament.

2. El tutelat, si és menor d'edat, ha d'obeir el tutor, que el pot corregir d'una manera proporcionada, raonable i moderada, amb ple respecte a la seva dignitat. El tutor no li pot imposar sancions humiliants ni que atemptin contra els seus drets. Amb aquesta finalitat, el tutor pot sol·licitar l'assistència dels poders públics.

3. El tutor ha de vetllar perquè la presència del tutelat en els entorns digitals sigui apropiada a la seva edat i personalitat, a fi de protegir-lo dels riscos que en puguin derivar. Els tutors també poden promoure les mesures adequades i oportunes davant dels prestadors de serveis digitals i, entre d'altres, instar-los a suspendre provisionalment l'accés dels tutelats a llurs comptes actius, sempre que hi hagi un risc clar, immediat i greu per a llur salut física o mental, havent-los escoltat prèviament. L'escrit adreçat als prestadors de serveis digitals ha d'anar acompanyat de l'informe del facultatiu en què es constati l'existència d'aquest risc. La suspensió de l'accés resta sense efectes en el termini de tres mesos a comptar del moment en què s'hagi adoptat, llevat que sigui ratificada per l'autoritat judicial.

4. Els tutors poden sol·licitar l'assistència dels poders públics als efectes del que estableixen els apartats 2 i 3.

Article 222-37. *Deure d'educació*

1. El tutor té el deure d'educar el tutelat i de proporcionar-li una formació integral, si escau a la seva edat i situació personal.

2. Per a adoptar decisions relatives a l'educació, el tutor necessita l'autorització judicial si el tutelat té més de dotze anys i manifesta voluntat contrària.

3. Per a internar el tutelat en un centre o en una institució d'educació especial, cal l'autorització judicial.

Article 222-38. *Deures respecte a la persona incapacitada*

1. El tutor ha d'assegurar el benestar moral i material de la persona incapacitada i ha de respectar tant com sigui possible els desigs que aquesta expressi d'acord amb la seva capacitat natural.

2. El tutor ha de fer tot el que calgui per a afavorir la recuperació de la capacitat del tutelat i la seva inserció en la societat o, si això no és possible, per a prevenir el seu empitjorament i per a mitigar les conseqüències de la incapacitat.

Article 222-39. *Lloc de residència i domicili*

1. El tutor pot establir el lloc de residència del tutelat.

2. El tutor ha de conviure amb el menor tutelat. Si hi ha un motiu suficient, l'autoritat judicial, havent escoltat prèviament el tutelat, pot autoritzar que aquest resideixi en un lloc diferent.

3. Si el tutor és una persona jurídica, ha de comunicar a l'autoritat judicial el lloc de residència del tutelat i els canvis de residència posteriors.

4. El domicili del tutelat és el del tutor. Si hi ha més d'un tutor i tenen domicilis diferents, el domicili de la persona tutelada és el d'aquell amb qui convisqui, llevat que en la constitució de la tutela o per resolució judicial posterior s'hagi establert una altra cosa.

Article 222-40. *Administració dels béns*

1. En l'exercici de les funcions respectives, el tutor, l'administrador patrimonial o l'apoderat d'acord amb l'article 222-2.1 han d'actuar amb la diligència d'un bon administrador i responen dels danys causats per llur actuació.

2. L'acció per a reclamar la responsabilitat a què fa referència l'apartat 1 prescriu al cap de tres anys de la rendició final de comptes.

3. Els fruits dels béns administrats pertanyen al tutelat. També li pertanyen els béns que adquireixi amb la seva activitat.

Article 222-41. *Béns subjectes a administració especial*

1. Estan subjectes a administració especial els béns que el tutelat adquireix per donació o títol successori si el donant o el causant ho ha ordenat i ha nomenat la persona que ha d'exercir-la.

2. El nomenament d'una persona per a l'administració especial no és eficaç mentre no s'hagi acceptat la donació o el títol successori.

3. Són aplicables als titulars de l'administració especial les normes relatives a la tutela pel que fa a aptitud, excusa i remoció dels tutors, i també a l'administració i la disposició dels béns afectats i a la responsabilitat dels qui actuen com a administradors patrimonials, si el donant o el causant no ha establert altres normes.

Article 222-42. *Administració per la persona tutelada*

El menor tutelat que adquireix béns amb la seva activitat té, a partir dels setze anys, facultat per a administrar-los, amb l'assistència del tutor en els supòsits a què fa referència l'article 222-43.

Article 222-43. *Actes que requereixen autorització judicial*

1. El tutor i l'administrador patrimonial necessiten autorització judicial per als actes següents:

a) Alienar béns immobles, establiments mercantils, drets de propietat intel·lectual i industrial o altres béns de valor extraordinari, i també gravar-los o subrogar-se en un gravamen preexistent, llevat que el gravamen o la subrogació es faci per a finançar l'adquisició del bé.

b) Alienar drets reals sobre els béns a què fa referència la lletra a o renunciar-hi, amb l'excepció de les redempcions de censos.

c) Alienar o gravar valors, accions o participacions socials. No cal l'autorització, però, per a alienar, almenys pel preu de cotització, les accions cotitzades en borsa ni per a alienar els drets de subscripció preferent.

d) Renunciar a crèdits.

e) Renunciar a donacions, herències o llegats; acceptar llegats i donacions modals o oneroses.

f) Donar i prendre diners en préstec o a crèdit, llevat que aquest es constitueixi per a finançar l'adquisició d'un bé.

g) Atorgar arrendaments sobre béns immobles per un termini superior a quinze anys.

h) Avalar, prestar fiança o constituir drets de garantia d'obligacions alienes.

i) Adquirir la condició de soci en societats que no limitin la responsabilitat de les persones que en formin part, i també constituir, dissoldre, fusionar o escindir aquestes societats.

j) Renunciar, assentir a la demanda, desistir o transigir en qüestions relacionades amb els béns o els drets a què fa referència aquest apartat.

k) Cedir a terceres persones els crèdits que el tutelat tingui contra el tutor o adquirir a títol onerós els crèdits de tercers contra el tutelat.

l) Demanar als prestadors de serveis digitals la cancel·lació de comptes digitals, sens perjudici de la facultat d'instar-ne la suspensió provisional en els termes de l'article 222-36.

2. No cal l'autorització judicial amb relació als béns adquirits per donació o a títol successori si el donant o el causant l'han exclosa expressament.

3. El tutor i l'administrador patrimonial no poden sotmetre a arbitratge les qüestions relacionades amb els béns o els drets a què fa referència l'apartat 1.

Article 222-44. *Autorització judicial*

1. L'autorització judicial es concedeix en interès de la persona tutelada en cas d'utilitat o necessitat justificades degudament, amb l'audiència prèvia del ministeri fiscal.

2. L'autorització no es pot concedir de manera general. Això no obstant, es pot atorgar amb aquest caràcter per a una pluralitat d'actes de la mateixa naturalesa o referits a la mateixa activitat econòmica, encara que siguin futurs. En tots els supòsits s'han d'especificar les circumstàncies i característiques fonamentals dels dits actes.

3. L'apoderat, d'acord amb l'article 222-2.1, necessita l'autorització judicial per als mateixos actes que el tutor, llevat que el poderdant l'hagi exclosa expressament.

4. L'autoritat judicial, si la repercussió econòmica de l'acte de disposició o gravamen que s'ha d'autoritzar supera els 50.000 euros, pot demanar al tutor que aporti un informe tècnic elaborat per un agent de la propietat immobiliària, un economista o un censor jurat de comptes o auditor independent, segons la naturalesa de l'acte. Tenen la consideració d'independents els professionals imparcials escollits pels col·legis professionals de llistes o censos predeterminats.

Article 222-45. *Denegació de la renúncia d'adquisicions gratuïtes*

La denegació de l'autorització judicial per a les renúncies a què fa referència l'article 222-43.1.e comporta l'acceptació de la transmissió. Si es tracta d'una herència, s'entén que s'accepta a benefici d'inventari.

Article 222-46. *Actes fets sense autorització judicial pel tutor o per l'apoderat especialment designat*

1. Els actes fets pel tutor, o per l'administrador patrimonial, sense l'autorització judicial, quan sigui necessària, són anul·lables a instància del nou tutor o, si no n'hi ha, de les persones legalment obligades a constituir la tutela i del mateix tutelat, en aquest darrer cas en el termini de quatre anys a partir del moment en què surti de la tutela. També els poden impugnar els hereus del tutelat en el termini de quatre anys a partir de la mort d'aquest, o en el temps que resti per a completar-lo si ha començat a córrer abans.

2. Els actes de l'apoderat nomenat d'acord amb l'article 222-2.1 fets sense autorització judicial són anul·lables a instància del tutor, després d'haver constituït la tutela, i a instància del poderdant en el termini de quatre anys a partir del moment en què té lloc l'acte, si el tutelat té prou capacitat, o a partir del moment en què aquest surt de la tutela. També els poden impugnar els hereus del poderdant en el termini de quatre anys a partir de la seva mort, o en el temps que resti per a completar-lo si ha començat a córrer abans.

Article 222-47. *Representació legal*

1. El tutor i, si escau, l'administrador patrimonial, en l'àmbit de les competències respectives, són els representants legals del tutelat.

2. S'exceptuen de la representació legal els actes següents:

a) Els relatius als drets de la personalitat, llevat que les lleis que els regulin estableixin una altra cosa.

b) Els que pugui fer el tutelat d'acord amb la seva capacitat natural i, en la tutela de menors, els relatius a béns o serveis propis de la seva edat, d'acord amb els usos socials.

c) Aquells en els quals hi hagi un conflicte d'interessos amb el tutelat.

d) Els relatius als béns exclosos de l'administració de la tutela o, si escau, de l'administració patrimonial, d'acord amb els articles 222-41 i 222-42.

SECCIÓ SISENA. *Extinció*

Article 222-48. *Causes d'extinció*

1. La tutela s'extingeix per les causes següents:

a) La majoria d'edat o l'emancipació. L'arribada de la majoria d'edat no comporta l'extinció de la tutela si abans el menor ha estat incapacitat.

b) L'adopció del tutelat.

c) La resolució judicial que deixa sense efecte la declaració d'incapacitat, o que la modifica i substitueix la tutela per la curatela.

d) La mort o la declaració de mort o d'absència del tutelat.

2. En cas d'extinció de la tutela, el tutelat, el tutor o l'administrador patrimonial, si escau, han de comunicar el fet que l'ha causada al jutjat on es va constituir la tutela. També ho pot fer qualsevol altra persona interessada.

Article 222-49. *Rendició final de comptes*

1. En acabar la tutela, el tutor o, si escau, el tutor i l'administrador patrimonial han de retre comptes finals de la tutela a l'autoritat judicial en el termini de sis mesos a partir de l'extinció d'aquella, prorrogables judicialment, per una causa justa, per un altre període de tres mesos com a màxim. L'obligació es transmet als hereus si la persona obligada mor abans de la rendició de comptes, però, en aquest cas, el termini se suspèn entre la defunció i l'acceptació de l'herència.

2. El tutelat o, si escau, el seu representant legal o els seus hereus poden reclamar la rendició de comptes durant tres anys a partir del venciment del termini que estableix l'apartat 1. El còmput de la prescripció de l'acció no s'inicia fins al moment en què hagi cessat la convivència entre el tutelat i el tutor.

3. Les despeses necessàries de la rendició de comptes són a càrrec del patrimoni del tutelat.

Article 222-50. *Rendició de comptes per cessament en el càrrec*

1. Si, abans de l'extinció de la tutela, es produeix el cessament del tutor o, si escau, de l'administrador patrimonial, aquestes persones han de retre comptes de llur gestió a l'autoritat judicial que va constituir la tutela, en el termini que estableix l'article 222-49, comptador des del cessament.

2. Si el cessament del tutor o l'administrador patrimonial és per mort, correspon als hereus fer la rendició de comptes i el termini es compta des de l'acceptació de l'herència.

Article 222-51. *Aprovació dels comptes*

1. L'autoritat judicial ha d'aprovar els comptes o denegar-ne l'aprovació, tant si són finals com per raó de cessament, amb la intervenció del ministeri fiscal i l'audiència, segons que correspongui, del tutelat, del tutor o de l'administrador patrimonial. Amb aquesta finalitat, pot practicar les diligències que estimi pertinents.

2. L'aprovació dels comptes no impedeix l'exercici de les accions que corresponguin recíprocament a les persones a què fa referència l'apartat 1 per raó de la tutela.

Article 222-52. *Meritació d'interès*

1. Les quantitats acreditades en virtut de la rendició de comptes pel tutelat o pel tutor o, si escau, l'administrador patrimonial meriten l'interès legal.

2. Si el ròssec resultant és a favor de les persones que van ocupar els càrrecs tutelars, l'interès es merita des del moment en què el tutelat és requerit de pagament, un cop aprovats els comptes i lliurat el patrimoni. Si és en contra d'aquelles, l'interès es merita des del moment en què s'aproven els comptes.

Article 222-53. *Desaprovació dels comptes*

Si es denega l'aprovació dels comptes, l'autoritat judicial ho ha de comunicar al ministeri fiscal perquè insti, si escau, les accions oportunes, inclosa la de responsabilitat, i pot demanar a les persones que van exercir el càrrec de tutor o, si escau, d'administrador patrimonial, o a llurs hereus, garanties per a la protecció de l'interès del tutelat.

SECCIÓ SETENA. *El consell de tutela*

Article 222-54. *Consell de tutela*

En les tuteles deferides per un mateix o pels titulars de la potestat parental, d'acord amb el que estableixen els articles 222-4.1 i 222-5.1, la supervisió de l'exercici de la tutela es pot encomanar a un consell de tutela, que ha de constituir-se i actuar d'acord amb les regles següents:

a) El consell de tutela ha d'estar compost per un mínim de tres membres, als quals s'han d'aplicar les normes sobre aptitud per a exercir càrrecs tutelars, excusa per a no exercir-los i remoció de la tutela. El nomenament dels membres del consell correspon a l'autoritat judicial en l'acte de constitució de la tutela.

b)   El consell de tutela ha d'actuar d'acord amb les normes que estableix l'acte de delació o, si no n'estableix, d'acord amb les que aprovi el mateix consell per al seu funcionament. Així mateix, el consell ha de vetllar pel bon desenvolupament de la tutela i, a aquest efecte, els seus membres han de mantenir una relació regular amb el tutor o els tutors. El consell s'ha de reunir com a mínim una vegada l'any per a ésser informat sobre la situació de la persona tutelada i perquè li siguin retuts els comptes anuals de la tutela.

c)   Es poden atribuir al consell, si ho estableix l'acte de delació de la tutela, la funció de resoldre conflictes entre els tutors i la d'autoritzar els actes a què fa referència l'article 222-43.

CAPÍTOL III.   *La curatela**

Article 223-1.   *Casos de curatela*

S'han de posar en curatela, si escau, les persones següents:

a)   Els menors d'edat emancipats, si els progenitors han mort o han quedat impedits per a exercir l'assistència prescrita per la llei, llevat del menor emancipat casat o convivent en parella estable amb una persona plenament capaç.

b)   Els incapacitats amb relació als quals no s'hagi considerat adequada la constitució de la tutela.

c)   Els pròdigs.

Article 223-2.   *Constitució*

1.   Les persones obligades a instar la constitució de la tutela han de demanar la de la curatela, si escau.

2.   L'autoritat judicial pot disposar la constitució de la curatela, malgrat que hom hagi demanat la de la tutela, d'acord amb les circumstàncies de la persona afectada.

Article 223-3.   *Preexistència de tutela*

Si s'ha de constituir la curatela d'un tutelat, l'ha d'exercir la persona que n'és tutor o administrador patrimonial, llevat que l'autoritat judicial disposi una altra cosa.

---

*   V. nota al peu a la rúbrica del Títol II.

Article 223-4. *Contingut*

1.   El curador no té la representació de la persona posada en curatela i es limita a completar-ne la capacitat, sens perjudici del que estableix l'article 223-6.

2.   Si el curador refusa, sense causa justificada, prestar l'assistència en algun dels actes que la requereixin, la persona posada en curatela pot demanar l'autorització judicial per a actuar tota sola.

3.   La sentència que declari la prodigalitat o la incapacitat relativa ha de determinar l'àmbit en el qual la persona afectada necessita l'assistència del curador. En qualsevol cas, aquesta assistència és necessària per als actes a què fa referència l'article 222-43 i per a atorgar capítols matrimonials.

Article 223-5. *Curatela dels menors emancipats*

La curatela dels menors emancipats només s'ha de constituir, a instància d'aquests, quan calgui la intervenció del curador.

Article 223-6. *Curatela de les persones incapacitades*

La sentència d'incapacitació pot conferir al curador funcions d'administració ordinària de determinats aspectes del patrimoni de la persona assistida, sens perjudici de les facultats d'aquesta per a fer els altres actes d'aquesta naturalesa per ella mateixa.

Article 223-7. *Conflicte d'interessos*

Si hi ha conflicte d'interessos entre la persona posada en curatela i el curador, i també en el cas d'impossibilitat, el lletrat de l'Administració de justícia ha de designar un defensor judicial.

Article 223-8. *Manca de complement de capacitat*

Els actes fets sense l'assistència del curador, si és necessària, són anul·lables a instància del curador, o de la persona posada en curatela en el termini de quatre anys a partir del moment en què surt de la curatela.

Article 223-9. *Extinció*

La curatela s'extingeix per les causes següents:

a)   La majoria d'edat del menor emancipat.

b)   El matrimoni o la convivència en parella estable del menor emancipat amb una persona plenament capaç.

c)   L'adopció de la persona posada en curatela.

d)   La resolució judicial que deixa sense efecte la declaració d'incapacitat, o que la modifica i substitueix la curatela per la tutela.

e)   La mort o la declaració de mort o d'absència de la persona posada en curatela.

f)   La resolució judicial que deixa sense efecte la declaració de prodigalitat.

Article 223-10.   *Règim jurídic*

S'apliquen a la curatela les normes de la tutela en allò en què no s'oposin al règim propi d'aquella, incloses les relatives a la rendició de comptes si el curador té atribuïdes funcions d'administració ordinària.

CAPÍTOL IV.   *El defensor judicial*

Article 224-1.   *Defensor judicial*

El lletrat de l'Administració de justícia ha de nomenar un defensor judicial en els casos següents:

a)   Si hi ha un conflicte d'interessos entre el tutor i el tutelat, o entre el curador i la persona posada en curatela.

b)   Si ho exigeixen les circumstàncies de la persona que ha d'ésser tutelada, mentre la tutela no es constitueixi.

c)   Mentre no es constitueixi la curatela de pròdigs o de persones en situació d'incapacitat relativa.

d)   En els supòsits en què per qualsevol causa els tutors o curadors no exerceixin llurs funcions, mentre no acabi la causa o no es designi una altra persona per a l'exercici dels càrrecs.

e)   En els altres casos determinats per la llei.

Article 224-2.   *Nomenament*

1.   El lletrat de l'Administració de justícia nomena defensor judicial, d'ofici o a petició del ministeri fiscal, del tutor, del curador, del mateix menor o de qualsevol persona amb un interès legítim.

2.   El nomenament ha de recaure en la persona que el lletrat de l'Administració de justícia cregui més idònia, tenint en compte el fet que determina el nomenament.

Article 224-3.   *Actuació*

En els casos de conflicte d'interessos, l'actuació del defensor judicial es limita als actes que n'hagin determinat el nomenament.

Article 224-4. *Ineficàcia dels actes en cas de conflicte d'interessos*

Els actes fets pel tutor, per l'apoderat nomenat d'acord amb l'article 222-2.1 o per la persona posada en curatela amb l'assistència del curador, en cas de conflicte d'interessos, si no ha nomenat un defensor judicial, són anul·lables d'acord amb el que els articles 222-46 i 223-8 estableixen per a la tutela i la curatela, respectivament.

Article 224-5. *Règim jurídic*

1. Són aplicables al defensor judicial les normes relatives a l'aptitud per a exercir el càrrec de tutor, a les excuses per a no exercir-lo, a les causes de remoció i, si escau, a la remuneració. El defensor judicial ha de donar compte de la seva gestió, una vegada acabada, a l'autoritat judicial.

2. Si el defensor judicial, d'acord amb el que estableix l'article 224-1, exerceix funcions tutelars, se li apliquen les normes de la tutela o de la curatela, segons que correspongui.

CAPÍTOL V. *La guarda de fet*

Article 225-1. *Guardador de fet*

És guardadora de fet la persona física o jurídica que té cura d'un menor o d'una persona en la qual es dóna una causa d'incapacitació, si no està en potestat parental o tutela o, encara que ho estigui, si els titulars d'aquestes funcions no les exerceixen.

Article 225-2. *Obligació de comunicar la guarda*

1. El guardador de fet que ha acollit transitòriament un menor que ha estat desemparat per les persones que tenen l'obligació de tenir-ne cura ho ha de comunicar a l'entitat pública competent en matèria de protecció de menors o a l'autoritat judicial en el termini de setanta-dues hores des de l'inici de la guarda.

2. En cas de guarda de fet d'una persona major d'edat en la qual es dóna una causa d'incapacitació, si aquesta està en un establiment residencial, la persona titular de l'establiment residencial ho ha de comunicar a l'autoritat judicial o al ministeri fiscal en el termini que fixa l'apartat 1.

Article 225-3. *Funcions del guardador de fet*

1. El guardador de fet ha de tenir cura de la persona en guarda i ha d'actuar sempre en benefici d'aquesta. Si n'assumeix la gestió patrimonial, s'ha de limitar a fer actes d'administració ordinària.

2. En la guarda de fet de persones que estiguin en potestat parental o en tutela, l'autoritat judicial pot conferir al guardador, si ho sol·liciten aquelles persones, les funcions tutelars, sempre que hi concorrin circumstàncies que ho facin aconsellable. Les funcions tutelars s'atribueixen en

un procediment de jurisdicció voluntària, amb l'audiència de les persones titulars de la potestat o tutela si és possible. Aquesta atribució comporta la suspensió de la potestat parental o tutela.

Article 225-4. *Indemnització*

El guardador de fet té dret al reemborsament de les despeses i a la indemnització per danys per raó de la guarda, a càrrec dels béns de la persona protegida.

Article 225-5. *Extinció*

1.   La guarda de fet s'extingeix per desaparició de les causes que la van motivar, per la declaració de desemparament del menor, pel nomenament de defensor judicial o per la constitució del règim de protecció pertinent.

2.   En acabar la guarda de fet, l'autoritat judicial pot disposar que el guardador li reti comptes de la seva gestió si ho justifica la durada de la guarda.

CAPÍTOL VI. *L'assistència**

Article 226-1. *Concepte i tipus de designació*

1.   La persona major d'edat pot sol·licitar la designació d'una o més persones que l'assisteixin, d'acord amb el que estableix aquest capítol, si la necessita per exercir la seva capacitat jurídica en condicions d'igualtat.

2.   La constitució de l'assistència es pot dur a terme mitjançant l'atorgament d'una escriptura pública notarial o d'acord amb el procediment de jurisdicció voluntària per a la provisió de mesures judicials de suport a les persones amb discapacitat.

3.   També poden demanar la designació judicial de l'assistència les persones legitimades per la Llei de la jurisdicció voluntària per promoure l'expedient de provisió de mesures judicials de suport a les persones amb discapacitat, en el cas que no s'hagi constituït prèviament de manera voluntària, i sempre que no hi hagi un poder preventiu en vigor que sigui suficient per proporcionar el suport que la persona requereix.

4.   L'exercici de les funcions d'assistència s'ha de correspondre amb la dignitat de la persona i ha de respectar-ne els drets, la voluntat i les preferències.

---

*   V. nota al peu a la rúbrica del Títol II.

Article 226-2. *Designació judicial de la persona que ha de prestar l'assistència*

1.   La voluntat, els desitjos i les preferències de la persona concernida s'han de tenir en compte pel que fa a la designació de la persona que ha de prestar l'assistència requerida.

2.   Quan la persona assistida no pugui expressar la voluntat i les preferències, i no hagi atorgat el document a què fa referència l'article 226-3, la designació de la persona que presta l'assistència s'ha de basar en la millor interpretació de la voluntat de la persona concernida i de les seves preferències, d'acord amb la seva trajectòria vital, les seves manifestacions prèvies de voluntat en contextos similars, la informació que tenen les persones de confiança i qualsevol altra consideració pertinent per al cas. En aquest supòsit, és obligatori comunicar a l'autoritat judicial totes les circumstàncies que es coneguin en relació amb els desitjos manifestats per la persona assistida.

3.   Excepcionalment, mitjançant una resolució motivada, es pot prescindir del que ha manifestat la persona afectada quan s'acreditin circumstàncies greus desconegudes per ella o quan, en el cas de nomenar la persona que ella ha indicat, es trobi en una situació de risc d'abús, conflicte d'interessos o influència indeguda.

4.   L'autoritat judicial pot establir les mesures de control que estimi oportunes per garantir el respecte dels drets, la voluntat i les preferències de la persona, i també per evitar els abusos, els conflictes d'interessos i la influència indeguda.

5.   El nomenament de la persona que assisteix i la presa de possessió del càrrec s'han d'inscriure al registre civil mitjançant la comunicació de la resolució judicial corresponent.

6.   La mesura d'assistència s'ha de revisar d'ofici cada tres anys. Excepcionalment, l'autoritat judicial pot establir un termini de revisió superior, que no pot excedir de sis anys.

Article 226-3. *Designació notarial per part de la persona mateixa*

1.   Qualsevol persona major d'edat, en escriptura pública, en previsió o apreciació d'una situació de necessitat de suport, pot nomenar una o més persones perquè exerceixin l'assistència i pot establir disposicions respecte al funcionament i al contingut del règim de suport adequat, fins i tot pel que fa a la cura de la seva persona. També pot establir les mesures de control que estimi oportunes per garantir els seus drets, el respecte a la seva voluntat i a les seves preferències i per evitar els abusos, els conflictes d'interessos i la influència indeguda.

2.   L'atorgament d'un acte de designació d'assistència posterior revoca l'anterior en tot allò que el modifiqui o sigui incompatible.

3.   En el cas de designació voluntària de l'assistència es poden establir substitucions. Si es nomenen diverses persones i no s'especifica l'ordre

de substitució, es prefereix la que consta en el document posterior i, si n'hi ha més d'una, la designada en primer lloc.

4. Les designacions d'assistència atorgades en escriptura pública s'han de comunicar al registre civil per inscriure-les al foli individual de la persona concernida i també al Registre de nomenaments no testamentaris de suports a la capacitat jurídica, o el que el substitueixi.

5. L'autoritat judicial, en defecte o per insuficiència de les mesures adoptades voluntàriament, en pot establir unes altres de supletòries o complementàries. Excepcionalment, mitjançant una resolució motivada, es pot prescindir del que ha manifestat la persona afectada, quan s'acreditin circumstàncies greus desconegudes per ella o quan, en cas de nomenar la persona que ella ha indicat, es trobi en una situació de risc d'abús, conflicte d'interessos o influència indeguda.

Article 226-4. *Contingut de l'assistència constituïda judicialment*

1. La voluntat, els desitjos i les preferències de la persona s'han de tenir en compte pel que fa al tipus i a l'abast de l'assistència.

2. En la resolució de nomenament de l'assistència, l'autoritat judicial ha de concretar les funcions que ha d'exercir la persona que presta l'assistència, tant en l'àmbit personal com en el patrimonial, segons que correspongui.

3. L'autoritat judicial, en resolució motivada i només en els casos excepcionals en què resulti imprescindible per les circumstàncies de la persona assistida, pot determinar els actes concrets en els quals la persona que presta assistència pot assumir la representació de la persona assistida.

Article 226-5. *Ineficàcia dels actes de la persona assistida*

Els actes jurídics que la persona assistida faci sense la intervenció de la persona que l'assisteix, si aquesta intervenció és necessària d'acord amb la mesura voluntària o judicial d'assistència, són anul·lables a instància de qui assisteix, de la persona assistida i de les persones que la succeeixin a títol hereditari, en el termini de quatre anys des de la celebració de l'acte jurídic.

Article 226-6. *Règim jurídic*

S'apliquen a l'assistència les regles de la tutela en tot allò que no s'oposin al règim propi de l'assistència, interpretades d'acord amb la Convenció internacional sobre els drets de les persones amb discapacitat.

Article 226-7. *Modificació de l'assistència*

1. Les persones legitimades per sol·licitar la constitució de l'assistència poden sol·licitar-ne la modificació o revisió si hi ha un canvi en les circumstàncies que les van motivar.

2. Si la persona que assisteix té coneixement de circumstàncies que permeten l'extinció de l'assistència o la modificació del seu àmbit o de les funcions, ho ha de comunicar a l'autoritat judicial.

Article 226-8. *Extinció de l'assistència*

1. L'assistència s'extingeix per les causes següents:

a) Per la mort o la declaració de mort o d'absència de la persona assistida.

b) Per la desaparició de les circumstàncies que la van determinar.

2. En el supòsit de l'apartat 1.*b*), l'autoritat judicial, a instància de part, ha de declarar el fet que dona lloc a l'extinció de l'assistència i ha de deixar sense efecte el nomenament de la persona assistent.

CAPÍTOL VII. *Protecció patrimonial de la persona discapacitada o dependent**

Article 227-1. *Beneficiaris*

1. Poden ésser beneficiàries de patrimonis protegits constituïts d'acord amb aquest capítol les persones amb discapacitat psíquica igual o superior al 33% o amb discapacitat física o sensorial igual o superior al 65%. També ho poden ésser les persones que estan en situació de dependència de grau II o III, d'acord amb la legislació aplicable.

2. El grau de discapacitat o de dependència s'acredita per mitjà del certificat emès per l'òrgan administratiu competent o per mitjà d'una resolució judicial ferma.

Article 227-2. *Patrimoni protegit*

1. El patrimoni protegit comporta l'afectació de béns aportats a títol gratuït pel constituent, i també dels seus rendiments i subrogats, a la satisfacció de les necessitats vitals del beneficiari. S'identifica mitjançant la denominació que consta en l'escriptura de constitució i és un patrimoni autònom, sense personalitat jurídica, sobre el qual el constituent, l'administrador i el beneficiari no tenen la propietat ni cap altre dret real.

---

* En relació amb la publicitat dels patrimonis protegits, les disposicions d'aquest capítol han estat desenvolupades pel Decret 30/2012, de 13 de març, del Registre de nomenaments no testamentaris de suports a la capacitat jurídica i del Registre de patrimonis protegits (DOGC núm. 6088, de 15 de març), d'acord amb la nova denominació que va donar a aquest decret el Decret llei 19/2021, de 31 d'agost, pel qual s'adapta el Codi civil de Catalunya, a la reforma del procediment de modificació judicial de la capacitat (DOGC núm. 8493, de 2 de setembre).

2.   El patrimoni protegit no respon de les obligacions del beneficiari, ni tampoc de les del constituent o de qui hi va fer aportacions. Tanmateix, les aportacions fetes a un patrimoni protegit després de la data del fet o de l'acte del qual neixi el crèdit no perjudiquen els creditors de la persona que les va fer, si manquen altres recursos per a cobrar-lo. Tampoc no perjudiquen els legitimaris.

Article 227-3.   *Constitució*

1.   Tota persona, inclosa la beneficiària, pot constituir un patrimoni protegit. La constitució d'un patrimoni protegit en interès d'una persona diferent del constituent requereix l'acceptació del beneficiari o, si escau, la dels seus representants legals.

2.   La constitució del patrimoni protegit es formalitza per mitjà d'escriptura pública en què s'han de fer constar:

a)   El constituent i els beneficiaris, i també les circumstàncies d'aquests que autoritzen la constitució del patrimoni protegit.

b)   L'expressió de la voluntat de constituir un patrimoni protegit i d'afectar els béns que l'integren a la satisfacció de les necessitats vitals dels beneficiaris.

c)   La denominació del patrimoni protegit, que s'ha de fer mitjançant l'expressió «patrimoni protegit a favor de» seguida del nom i els cognoms del beneficiari.

d)   La descripció dels béns objecte de l'aportació i de la forma com es fa o es farà.

e)   Les persones designades per a administrar el patrimoni protegit, que no poden ésser els beneficiaris.

f)   Les persones davant les quals s'han de retre comptes en cas de conflicte d'interessos.

3.   En l'escriptura de constitució s'hi pot fer constar qualsevol altra disposició referent al patrimoni protegit, especialment les normes d'administració dels béns que l'integren, les facultats de disposició i administració conferides a l'administrador i les garanties que aquest ha de prestar. També hi pot constar la destinació del romanent del patrimoni protegit per al moment en què aquest s'extingeixi d'acord amb l'article 227-7.

4.   Les successives aportacions a un patrimoni protegit s'han de formalitzar en escriptura pública i llur administració s'ha de subjectar al que s'hagi establert en l'escriptura de constitució, sens perjudici del que estableix l'article 227-4.6 en matèria de modificació de les normes d'administració.

Article 227-4.   *Administració del patrimoni protegit*

1.   L'administració del patrimoni protegit correspon a la persona física o jurídica designada en l'escriptura pública de constitució. Si la

persona designada no pot o no vol acceptar, o renuncia a continuar en el càrrec, qualsevol persona interessada o el ministeri fiscal poden sol·licitar a l'autoritat judicial el nomenament d'un administrador. Són aplicables als administradors del patrimoni protegit les normes d'aquest codi en matèria d'aptitud, excusa i remoció del tutor.

2. El constituent pot ésser administrador del patrimoni protegit si no n'és alhora beneficiari.

3. L'administrador té el deure de conservar els béns que l'integren, mantenir-ne la productivitat i aplicar-los, directament o per mitjà de llurs rendiments, a la satisfacció de les necessitats vitals del beneficiari.

4. L'administrador està legitimat per a defensar processalment el patrimoni protegit i pot contreure obligacions a càrrec del patrimoni per a complir la finalitat per a la qual es va constituir.

5. Si l'escriptura de constitució no estableix res respecte a les facultats de disposició i administració sobre els béns afectats, s'apliquen a l'administrador els articles 222-40 a 222-46, en matèria d'administració dels béns del tutelat.

6. Si les normes d'administració que conté l'escriptura de constitució del patrimoni protegit no serveixen adequadament la seva finalitat, qualsevol persona interessada o el ministeri fiscal poden sol·licitar a l'autoritat judicial que les modifiqui.

Article 227-5. *Mesures de control de l'administració*

1. En constituir el patrimoni protegit, es poden designar persones que en supervisin l'administració i es poden adoptar les mesures de control de la gestió de l'administrador que es considerin convenients.

2. Si els beneficiaris del patrimoni protegit són menors d'edat o incapacitats, s'ha d'aplicar el que l'article 221-5 estableix sobre la facultat de l'autoritat judicial d'acordar d'ofici les mesures que estimi necessàries per al bon funcionament de l'administració del patrimoni protegit.

Article 227-6. *Rendició de comptes*

1. L'administrador ha de retre anualment comptes davant del beneficiari o els seus representants legals. Si escau, els comptes s'han de retre davant de la persona designada a aquest efecte d'acord amb l'article 227-3.2.f.

2. A més del que estableix l'apartat 1, la rendició anual de comptes s'ha de fer davant de les persones especialment encarregades de supervisar l'administració del patrimoni protegit i, si s'ha previst expressament en l'escriptura de constitució, davant de la persona constituent o els seus hereus.

3. En matèria de rendició dels comptes de la tutela, són aplicables els articles 222-31 i 222-32, llevat que l'escriptura de constitució del patrimoni protegit disposi una altra cosa.

Article 227-7. *Extinció*

1. El patrimoni protegit s'extingeix per les causes següents:

a) Mort o declaració de mort del beneficiari.

b) Pèrdua de la condició de persona discapacitada o en situació de dependència.

c) Renúncia de tots els beneficiaris.

d) Expiració del termini pel qual es va constituir o compliment d'alguna condició resolutòria establerta en l'escriptura de constitució.

2. A instància del constituent o dels seus hereus, l'autoritat judicial ha de disposar l'extinció del patrimoni protegit si el beneficiari incorre en una causa d'ingratitud envers el constituent, d'acord amb el que estableix l'article 531-15.1.d en matèria de revocació de donacions.

3. L'extinció del patrimoni protegit comporta la seva liquidació, que han de fer les persones designades en l'escriptura de constitució o, si no n'hi ha, l'administrador.

4. L'extinció del patrimoni protegit per alguna de les causes que estableix aquest article comporta l'obligació de l'administrador de retre comptes finals de la seva gestió davant de la persona beneficiària o dels seus hereus.

Article 227-8. *Romanent*

1. La persona que ha fet la liquidació del patrimoni protegit ha de donar al romanent la destinació establerta en l'escriptura de constitució, que pot incloure la reversió dels béns al constituent o als seus hereus.

2. Si l'escriptura de constitució no estableix la destinació dels béns o si aquesta no es pot complir, el romanent ha de revertir al constituent o als seus hereus testamentaris o legals. En cas de successió per la Generalitat, s'ha d'adjudicar a una entitat no lucrativa que tingui per finalitat la protecció de persones amb discapacitats o en situació de dependència.

Article 227-9. *Publicitat registral*

1. Els béns que integren el patrimoni protegit són inscriptibles en el Registre de la Propietat o en altres registres públics a favor del mateix patrimoni amb la denominació que consta en l'escriptura de constitució d'acord amb l'article 227-3.2.c.

2. En la inscripció dels béns que integren el patrimoni protegit, s'han de fer constar les facultats conferides a l'administrador, les causes d'extinció del patrimoni protegit i la destinació establerta per al romanent.

CAPÍTOL VIII.   *La protecció dels menors desemparats*

Article 228-1.   *Menors desemparats*

1. Es consideren desemparats els menors que estan en una situació de fet en la qual els manquen els elements bàsics per al desenvolupament integral de llur personalitat, o que estan sotmesos a maltractaments físics o psíquics o abusos sexuals, sempre que per a llur protecció efectiva calgui aplicar una mesura que impliqui la separació del menor del seu nucli familiar.

2. L'entitat pública competent ha d'adoptar les mesures necessàries per a assolir la protecció efectiva dels menors desemparats, d'acord amb el que estableixen aquest codi i la legislació sobre la infància i l'adolescència.

Article 228-2.   *Declaració de desemparament*

La declaració de desemparament es regeix pel que estableixen aquest codi i la legislació sobre la infància i l'adolescència en allò que fa referència als indicadors de desemparament, el procediment, el règim d'impugnació i la revisió per canvi de circumstàncies.

Article 228-3.   *Efectes de la declaració de desemparament*

1. La declaració de desemparament comporta l'assumpció immediata, per l'entitat pública competent, de les funcions tutelars sobre el menor, mentre no es constitueixi la tutela per les regles ordinàries o mentre el menor no sigui adoptat o reintegrat a qui en tingui la potestat o la tutela, o mentre no s'emancipi o arribi a la majoria d'edat. Aquestes funcions comprenen les mateixes facultats que la tutela ordinària, i s'hi aplica el que estableix el capítol II, llevat d'allò que s'oposi a la regulació específica del present capítol o al règim propi de l'entitat pública, d'acord amb la legislació sobre la infància i l'adolescència.

2. L'assumpció de les funcions tutelars implica la suspensió de la potestat parental o de la tutela ordinària durant el temps d'aplicació de la mesura.

3. L'entitat pública competent pot demanar, si escau, la privació de la potestat parental o la remoció de la tutela i exercir les accions penals corresponents.

4. La suspensió o la privació de la potestat parental no afecten l'obligació dels progenitors o d'altres parents de fer tot el que calgui per a assistir els menors ni la de prestar-los aliments en el sentit més ampli.

Article 228-4.   *Dades biogenètiques*

L'entitat pública competent, mentre exerceix les funcions tutelars sobre el menor desemparat, pot sol·licitar les dades biogenètiques dels progenitors d'aquest, en interès de la seva salut.

Article 228-5. *Canvi de circumstàncies*

Només si s'ha produït un canvi substancial en les circumstàncies que van motivar la declaració de desemparament, els progenitors o els titulars de la tutela que no hagin estat privats de la potestat o remoguts de la tutela ordinària poden sol·licitar a l'entitat pública competent, dins el termini i amb els requisits i el procediment que estableix la legislació sobre la infància i l'adolescència, que deixi sense efecte la dita declaració.

Article 228-6. *Guarda per l'entitat pública*

1. L'entitat pública competent assumeix la guarda dels menors si li ho demanen els progenitors o els titulars de la tutela perquè hi concorren circumstàncies greus i alienes que els impedeixen temporalment complir les funcions de guarda pròpies. Pel que fa a la possibilitat d'aplicar una mesura protectora, hom s'ha d'atenir al que estableix la legislació sobre la infància i l'adolescència.

2. La guarda no afecta l'obligació dels progenitors o d'altres parents de fer tot el que calgui per a assistir els menors ni la de prestar-los aliments en el sentit més ampli.

Article 228-7. *Mesures de protecció*

Les mesures de protecció dels menors en situació de desemparament, el procediment per a adoptar-les i revisar-les, el règim de recursos i les causes de cessament són els que estableix la legislació sobre la infància i l'adolescència.

Article 228-8. *Règim de relacions personals*

La declaració de desemparament i l'aplicació conseqüent d'una mesura de protecció no han d'impedir les relacions personals del menor amb els seus familiars, llevat que l'interès superior del menor faci aconsellable limitar-les o excloure-les.

Article 228-9. *L'acolliment familiar com a mesura de protecció del menor desemparat*

1. En cas de desemparament d'un menor, l'administració pública competent pot acordar com a mesura de protecció l'acolliment familiar simple o permanent. La persona o família acollidora ha de vetllar pel menor, tenir-lo en companyia seva, alimentar-lo, educar-lo i procurar-li una formació integral, sempre sota la vigilància, l'assessorament i l'ajut de l'organisme competent.

2. La persona o família acollidora assumeix la guarda i l'exercici ordinari de les funcions tutelars personals sobre el menor, per delegació de l'administració pública competent.

3. El procediment per a formalitzar i revisar la mesura d'acolliment familiar, el règim de recursos i les causes de cessament són els que estableix la legislació sobre la infància i l'adolescència.

TÍTOL III. *La família*

CAPÍTOL I. *Abast de la institució familiar*

Article 231-1. *L'heterogeneïtat del fet familiar*

1. La família gaudeix de la protecció jurídica que determina la llei, que empara sense discriminació les relacions familiars derivades del matrimoni o de la convivència estable en parella i les famílies formades per un progenitor sol amb els seus descendents.

2. Es reconeixen com a membres de la família, amb els efectes que es determinin legalment, els fills de cadascun dels progenitors que convisquin en el mateix nucli familiar, com a conseqüència de la formació de famílies reconstituïdes. Aquest reconeixement no altera els vincles amb l'altre progenitor.

SECCIÓ PRIMERA. *El matrimoni: disposicions generals i efectes*

Article 231-2. *Matrimoni*

1. El matrimoni estableix un vincle jurídic entre dues persones que origina una comunitat de vida en la qual els cònjuges han de respectar-se, actuar en interès de la família, guardar-se lleialtat, ajudar-se i prestar-se socors mutu.

2. Els cònjuges tenen en el matrimoni els mateixos drets i deures, especialment la cura i l'atenció dels altres membres de la família que estiguin a llur càrrec i convisquin amb ells, i han de compartir les responsabilitats domèstiques.

Article 231-3. *Domicili familiar*

1. Els cònjuges determinen de comú acord el domicili familiar. Davant terceres persones, es presumeix que el domicili familiar és aquell on els cònjuges o bé un d'ells i la major part de la família conviuen habitualment.

2. En cas de desacord respecte al domicili, qualsevol dels cònjuges pot acudir a l'autoritat judicial, que l'ha de determinar en interès de la família als efectes legals.

Article 231-4. *Direcció de la família*

1. La direcció de la família correspon als dos cònjuges de comú acord, tenint sempre en compte l'interès de tots els seus membres.

2. En interès de la família, qualsevol dels cònjuges pot actuar tot sol per a atendre les necessitats i les despeses familiars ordinàries, d'acord amb els usos i el nivell de vida de la família, i es presumeix que el cònjuge que actua té el consentiment de l'altre.

3. Cap dels cònjuges no es pot atribuir la representació de l'altre si no li ha estat conferida, llevat de situacions d'urgència o d'impossibilitat de l'altre cònjuge de donar el consentiment.

4. A la gestió feta per un dels cònjuges en nom de l'altre, li són aplicables les regles en matèria de gestió de negocis.

Article 231-5. *Despeses familiars*

1. Són despeses familiars les necessàries per al manteniment de la família, d'acord amb els usos i el nivell de vida familiar, especialment les següents:

a) Les originades en concepte d'aliments, en el sentit més ampli, d'acord amb la definició que en fa aquest codi.

b) Les despeses ordinàries de conservació, manteniment i reparació dels habitatges o d'altres béns d'ús de la família.

c) Les atencions de previsió, les mèdiques i les sanitàries.

2. Són despeses familiars els aliments a què fa referència l'article 237-1 dels fills no comuns que convisquin amb els cònjuges, i les despeses originades pels altres parents que hi convisquin, llevat, en ambdós casos, que no ho necessitin.

3. No són despeses familiars les derivades de la gestió i la defensa dels béns privatius, llevat de les que tenen connexió directa amb el manteniment familiar. Tampoc no són despeses familiars les que responen a l'interès exclusiu d'un dels cònjuges.

Article 231-6. *Contribució a les despeses familiars*

1. Els cònjuges han de contribuir a les despeses familiars, de la manera que pactin, amb els recursos procedents de llur activitat o de llurs béns, en proporció a llurs ingressos i, si aquests no són suficients, en proporció a llurs patrimonis. L'aportació al treball domèstic és una forma de contribució a les despeses familiars. Si hi ha béns especialment afectes a les despeses familiars, llurs fruits i rendes s'han d'aplicar preferentment a pagar-les.

2. Els fills, comuns o no, mentre conviuen amb la família, han de contribuir proporcionalment a aquestes despeses de la manera que estableix l'article 236-22.1.

3. Els parents que conviuen amb la família han de contribuir, si escau, a les despeses familiars en la mesura de llurs possibilitats i d'acord amb les despeses que generen.

Article 231-7. *Deure d'informació recíproca*

Els cònjuges tenen l'obligació recíproca d'informar-se adequadament de la gestió patrimonial que duen a terme amb relació a l'atenció de les despeses familiars.

Article 231-8. *Responsabilitat per despeses familiars*

Davant terceres persones, ambdós cònjuges responen solidàriament de les obligacions contretes per a atendre les necessitats i les despeses familiars ordinàries d'acord amb els usos i el nivell de vida de la família. En cas d'altres obligacions, en respon el cònjuge que les contreu.

Article 231-9. *Disposició de l'habitatge familiar*

1. Amb independència del règim econòmic matrimonial aplicable, el cònjuge titular, sense el consentiment de l'altre, no pot fer cap acte d'alienació, de gravamen o, en general, de disposició del seu dret sobre l'habitatge familiar o sobre els mobles d'ús ordinari que en comprometi l'ús, encara que es refereixi a quotes indivises. Aquest consentiment no es pot excloure per pacte ni atorgar amb caràcter general. Si manca el consentiment, l'autoritat judicial pot autoritzar l'acte, tenint en compte l'interès de la família, i també si es dóna una altra causa justa.

2. L'acte fet sense el consentiment o l'autorització que estableix l'apartat 1 és anul·lable, a instància de l'altre cònjuge, si viu en el mateix habitatge, en el termini de quatre anys des que en pren coneixement o des que s'inscriu l'acte en el Registre de la Propietat.

3. L'acte manté l'eficàcia si l'adquirent actua de bona fe i a títol onerós i, a més, el titular ha manifestat que l'immoble no té la condició d'habitatge familiar, encara que sigui una manifestació inexacta. No hi ha bona fe si l'adquirent coneixia o podia conèixer raonablement en el moment de l'adquisició la condició de l'habitatge. En qualsevol cas, el cònjuge que n'ha disposat respon dels perjudicis que hagi causat, d'acord amb la legislació aplicable.

SECCIÓ SEGONA.   *Relacions econòmiques entre els cònjuges*

SUBSECCIÓ PRIMERA.   *Disposicions generals*

Article 231-10. *Règim econòmic del matrimoni*

1. El règim econòmic matrimonial és el convingut en capítols.

2. Si no hi ha pacte o si els capítols matrimonials són ineficaços, el règim econòmic és el de separació de béns.

Article 231-11. *Llibertat de contractació*

Els cònjuges es poden transmetre béns i drets per qualsevol títol i fer entre ells tota mena de negocis jurídics. En cas d'impugnació judicial, correspon als cònjuges la prova del caràcter onerós de la transmissió.

Article 231-12. *Presumpció de donació*

1. En cas de declaració de concurs d'un dels cònjuges, els béns adquirits per l'altre a títol onerós durant l'any anterior a la declaració se subjecten al règim següent:

a) Si la contraprestació per a adquirir-los procedia del cònjuge concursat, se'n presumeix la donació.

b) En aquella part en què no es pugui acreditar la procedència de la contraprestació, se'n presumeix la donació de la meitat.

2. La presumpció de l'apartat 1.b es destrueix si s'acredita que, en el moment de l'adquisició, l'adquirent tenia ingressos o recursos suficients per a fer-la.

3. Les presumpcions que estableix aquest article no regeixen si els cònjuges estaven separats judicialment o de fet en el moment de l'adquisició.

Article 231-13. *Comptes indistints*

En cas de declaració de concurs de qualsevol dels cònjuges o d'embargament de comptes indistints per deutes privatius d'un dels cònjuges, el cònjuge no deutor pot sostreure de la massa activa del concurs o de l'embargament els imports que acrediti que li pertanyen.

Article 231-14. *Donacions fora de capítols*

Les donacions entre cònjuges fetes fora de capítols matrimonials són revocables en els casos generals de revocació de donacions, encara que, en el cas de supervenció de fills, només ho són si es tracta de fills comuns.

SUBSECCIÓ SEGONA. *Adquisicions oneroses
amb pacte de supervivència*

Article 231-15. *Règim dels béns adquirits amb pacte de supervivència*

1. Els cònjuges o futurs contraents que adquireixin béns conjuntament a títol onerós poden pactar en el mateix títol d'adquisició que,

quan qualsevol d'ells mori, el supervivent esdevingui titular únic de la totalitat.

2. Mentre visquin ambdós cònjuges, els béns adquirits amb pacte de supervivència s'han de regir per les regles següents:

a) No poden ésser alienats ni gravats, si no és per acord d'ambdós cònjuges.

b) Cap dels cònjuges no pot transmetre a terceres persones el seu dret sobre els béns.

c) S'ha de mantenir la indivisió dels béns.

3. En els béns adquirits amb pacte de supervivència, l'adquisició de la participació del premort s'ha de computar en l'herència d'aquest pel valor que tingui la participació en el moment de produir-se la mort, als efectes del càlcul de la llegítima i de la quarta vidual, i s'ha d'imputar a aquesta pel mateix valor. En cas de renúncia, s'entén que el renunciant no ha adquirit mai la participació del premort.

4. El pacte de supervivència atorgat per futurs contraents caduca si el matrimoni no s'arriba a celebrar en el termini d'un any.

Article 231-16. *Incompatibilitat amb l'heretament*

El pacte de supervivència esdevé ineficaç si un dels cònjuges adquirents ha atorgat amb anterioritat un heretament universal i aquest és eficaç en morir l'heretant.

Article 231-17. *Embargament i concurs*

1. El creditor d'un dels cònjuges pot demanar l'embargament sobre la part que el deutor té en els béns adquirits amb pacte de supervivència. L'embargament s'ha de notificar al cònjuge que no és part en el litigi.

2. En cas de declaració de concurs, la part corresponent al cònjuge concursat s'integra a la massa activa. L'altre cònjuge té dret a treure de la massa aquesta part satisfent-ne el valor. Si es tracta de l'habitatge familiar, el valor és el del preu d'adquisició actualitzat d'acord amb l'índex de preus de consum específic del sector de l'habitatge. En els altres béns, el valor és el que determinin de comú acord el cònjuge del concursat i l'administració concursal o, si no n'hi ha, el que fixi l'autoritat judicial després d'haver escoltat les parts i amb l'informe previ d'un expert si ho considera pertinent.

Article 231-18. *Extinció*

1. El pacte de supervivència s'extingeix per:

a) Acord d'ambdós cònjuges durant el matrimoni.

b) Declaració de nul·litat del matrimoni, separació judicial o de fet, o divorci.

c) Adjudicació a un tercer de la meitat del bé com a conseqüència de l'embargament o d'un procediment concursal.

2. La ineficàcia i l'extinció del pacte de supervivència determinen la cotitularitat, en comunitat indivisa ordinària, dels cònjuges, o del cònjuge supervivent i dels hereus del premort, o bé del cònjuge no deutor i de l'adjudicatari de la meitat del cònjuge deutor.

SECCIÓ TERCERA. *Els capítols matrimonials*

Article 231-19. *Contingut*

1. En els capítols matrimonials, hom pot determinar el règim econòmic matrimonial, convenir pactes successoris, fer donacions i establir les estipulacions i els pactes lícits que es considerin convenients, fins i tot en previsió d'una ruptura matrimonial.

2. Els capítols matrimonials es poden atorgar abans o després de la celebració del matrimoni. Els atorgats abans només produeixen efectes a partir de la celebració del matrimoni i caduquen si el matrimoni no s'arriba a celebrar en el termini d'un any.

Article 231-20. *Pactes en previsió d'una ruptura matrimonial*

1. Els pactes en previsió d'una ruptura matrimonial es poden atorgar en capítols matrimonials o en una escriptura pública. En cas que siguin avantnupcials, només són vàlids si s'atorguen abans dels trenta dies anteriors a la data de celebració del matrimoni, i caduquen d'acord amb el que estableix l'article 231-19.2.

2. El notari, abans d'autoritzar l'escriptura a què fa referència l'apartat 1, ha d'informar per separat cadascun dels atorgants sobre l'abast dels canvis que es pretenen introduir amb els pactes respecte al règim legal supletori i els ha d'advertir de llur deure recíproc de proporcionar-se la informació a què fa referència l'apartat 4.

3. Els pactes d'exclusió o limitació de drets han de tenir caràcter recíproc i precisar amb claredat els drets que limiten o als quals es renuncia.

4. El cònjuge que pretengui fer valer un pacte en previsió d'una ruptura matrimonial té la càrrega d'acreditar que l'altra part disposava, en el moment de signar-lo, d'informació suficient sobre el seu patrimoni, els seus ingressos i les seves expectatives econòmiques, sempre que aquesta informació fos rellevant amb relació al contingut del pacte.

5. Els pactes en previsió de ruptura que en el moment en què se'n pretén el compliment siguin greument perjudicials per a un cònjuge no són eficaços si aquest acredita que han sobrevingut circumstàncies rellevants que no es van preveure ni es podien raonablement preveure en el moment en què es van atorgar.

Article 231-21. *Capacitat*

Poden atorgar capítols matrimonials els qui poden contreure vàlidament matrimoni, però necessiten, si escau, els complements de capacitat corresponents.

Article 231-22. *Forma i inscripció*

1. Els capítols matrimonials i llurs modificacions s'han d'atorgar en escriptura pública.

2. Els capítols matrimonials, llurs modificacions i les resolucions judicials que alterin el règim econòmic matrimonial no són oposables a terceres persones mentre no es facin constar en la inscripció del matrimoni en el Registre Civil i, si escau, en altres registres públics.

Article 231-23. *Modificació*

1. Per a modificar els capítols o per a deixar-los sense efecte, cal el consentiment de totes les persones que els havien atorgats, o de llurs hereus, si la modificació afecta drets conferits per aquestes persones.

2. Els cònjuges poden modificar el règim econòmic matrimonial sense la intervenció de les altres persones que hagin atorgat els capítols.

Article 231-24. *Drets adquirits*

La modificació del règim econòmic matrimonial no afecta els drets adquirits per terceres persones.

Article 231-25. *Donacions*

Les donacions atorgades en capítols matrimonials únicament són revocables per incompliment de càrregues.

Article 231-26. *Ineficàcia per nul·litat, separació legal o divorci*

Els capítols queden sense efecte si es declara nul el matrimoni, si hi ha separació legal o si el matrimoni es dissol per divorci, però conserven l'eficàcia:

a)   El reconeixement de fills fet per qualsevol dels cònjuges.

b)   Els pactes fets en previsió de la ruptura matrimonial.

c)   Els pactes successoris en els casos en què ho estableix aquest codi.

d)   Els pactes que tenen els capítols com a instrument merament documental.

SECCIÓ QUARTA. *Les donacions per raó de matrimoni atorgades fora de capítols matrimonials*

Article 231-27. *Règim*

Les donacions que un dels contraents atorga fora de capítols matrimonials a favor de l'altre en consideració al matrimoni i les que atorguin altres persones per la mateixa raó es regeixen per les regles generals de les donacions, llevat del que estableix aquesta secció.

Article 231-28. *Donacions condicionals, modals i de béns gravats*

1. Les donacions per raó de matrimoni atorgades fora de capítols es poden sotmetre a condicions i modes.

2. Si el bé donat està subjecte a càrrega o gravamen, el donant no està obligat a l'alliberament corresponent.

Article 231-29. *Revocació*

Les donacions a què fa referència aquesta secció es poden revocar pels motius següents:

a) Manca de celebració del matrimoni en el termini d'un any des de la donació.

b) Declaració de nul·litat del matrimoni, si el donatari és de mala fe i el donant és el seu cònjuge.

c) Incompliment de càrregues.

d) Ingratitud del donatari.

SECCIÓ CINQUENA. *Els drets viduals familiars*

Article 231-30. *Dret al parament de l'habitatge*

1. Correspon al cònjuge supervivent, no separat legalment o de fet, la propietat de la roba, del mobiliari i dels estris que formen el parament de l'habitatge conjugal. Els dits béns no es computen en el seu haver hereditari.

2. No són objecte del dret de predetracció les joies, els objectes artístics o històrics, ni els altres béns del cònjuge premort que tinguin un valor extraordinari amb relació al nivell de vida del matrimoni i al patrimoni relicte. Tampoc no ho són els mobles de procedència familiar si el cònjuge premort n'ha disposat per actes d'última voluntat a favor d'altres persones.

Article 231-31. *Any de viduïtat*

1. Durant l'any següent a la mort d'un dels cònjuges, el supervivent no separat legalment o de fet que no sigui usufructuari universal del

patrimoni del premort té dret a continuar usant l'habitatge conjugal i a ésser alimentat a càrrec d'aquest patrimoni, d'acord amb el nivell de vida que havien mantingut els cònjuges i amb la importància del patrimoni. Aquest dret és independent dels altres que li corresponguin en virtut de la defunció del premort.

2. El cònjuge supervivent perd els drets a què fa referència l'apartat 1 si, durant l'any següent a la mort o declaració de mort del seu cònjuge, es torna a casar o passa a viure maritalment amb una altra persona, i també si abandona o negligeix greument els fills comuns en potestat parental. En cap cas no està obligat a tornar l'import dels aliments percebuts.

CAPÍTOL II.   *Règims econòmics matrimonials*

SECCIÓ PRIMERA.   *El règim de separació de béns*

Article 232-1.   *Contingut*

En el règim de separació de béns, cada cònjuge té la propietat, el gaudi, l'administració i la lliure disposició de tots els seus béns, amb els límits que estableix la llei.

Article 232-2.   *Béns propis*

En el règim de separació de béns, són propis de cadascun dels cònjuges tots els que tenia com a tals quan es va celebrar el matrimoni i els que adquireixi després per qualsevol títol.

Article 232-3.   *Adquisicions oneroses*

1. Els béns adquirits a títol onerós durant el matrimoni pertanyen al cònjuge que consti com a titular. Si es prova que la contraprestació es va pagar amb béns o diners de l'altre cònjuge, se'n presumeix la donació.

2. Si els béns adquirits a títol onerós durant el matrimoni són béns mobles de valor ordinari destinats a l'ús familiar, es presumeix que pertanyen a ambdós cònjuges per meitats indivises, sense que prevalgui contra aquesta presumpció la mera prova de la titularitat formal.

Article 232-4.   *Titularitats dubtoses*

Si és dubtós a quin dels cònjuges pertany algun bé o dret, s'entén que correspon a ambdós per meitats indivises. Tanmateix, es presumeix que els béns mobles d'ús personal d'un dels cònjuges que no siguin d'extraordinari valor i els que estiguin directament destinats a l'exercici de la seva activitat li pertanyen exclusivament.

Article 232-5.   *Compensació econòmica per raó de treball*

1. En el règim de separació de béns, si un cònjuge ha treballat per a la casa substancialment més que l'altre, té dret a una compensació

econòmica per aquesta dedicació sempre que en el moment de l'extinció del règim per separació, divorci, nul·litat o mort d'un dels cònjuges o, si s'escau, del cessament efectiu de la convivència, l'altre hagi obtingut un increment patrimonial superior d'acord amb el que estableix aquesta secció.

2. Té dret a compensació, en els mateixos termes que estableix l'apartat 1, el cònjuge que ha treballat per a l'altre sense retribució o amb una retribució insuficient.

3. Per a determinar la quantia de la compensació econòmica per raó de treball, s'ha de tenir en compte la durada i la intensitat de la dedicació, atesos els anys de convivència i, concretament, en cas de treball domèstic, el fet que hagi inclòs la criança de fills o l'atenció personal a altres membres de la família que convisquin amb els cònjuges.

4. La compensació econòmica per raó de treball té com a límit la quarta part de la diferència entre els increments dels patrimonis dels cònjuges, calculada d'acord amb les regles que estableix l'article 232-6. Tanmateix, si el cònjuge creditor prova que la seva contribució ha estat notablement superior, l'autoritat judicial pot incrementar aquesta quantia.

5. En cas d'extinció del règim de separació per mort, el cònjuge supervivent pot reclamar la compensació econòmica per raó de treball com a dret personalíssim, sempre que els drets que el causant li hagi atribuït, en la successió voluntària o en previsió de la seva mort, o els que li pertoquin en la successió intestada, no cobreixin l'import que li correspondria.

Article 232-6. *Regles de càlcul*

1. Els increments dels patrimonis dels cònjuges es calculen d'acord amb les regles següents:

a) El patrimoni de cadascun dels cònjuges està integrat pels béns que tingui en el moment de l'extinció del règim o, si s'escau, del cessament efectiu de la convivència, una vegada deduïdes les càrregues que els afectin i les obligacions.

b) S'ha d'afegir al patrimoni de cadascun dels cònjuges el valor dels béns dels quals hagi disposat a títol gratuït, calculat en el moment de transmetre'ls, excloses les donacions fetes als fills comuns i les liberalitats d'ús, i també el valor del detriment produït per actes fets amb la intenció de perjudicar l'altre cònjuge.

c) S'ha de descomptar del patrimoni de cadascun dels cònjuges el valor dels béns que tenia en començar el règim i que conserva en el moment en què s'extingeix, una vegada deduïdes les càrregues que els afectin, i també el valor dels adquirits a títol gratuït durant la vigència del règim i les indemnitzacions per danys personals, exclosa la part corresponent al lucre cessant durant el temps de convivència.

2. Les atribucions patrimonials que el cònjuge deutor hagi fet al cònjuge creditor durant la vigència del règim s'imputen a la compensació pel valor que tenen en el moment de l'extinció del règim.

Article 232-7. *Pactes sobre la compensació*

En previsió d'una ruptura matrimonial o de dissolució del matrimoni per mort, hom pot pactar l'increment, la reducció o l'exclusió de la compensació econòmica per raó de treball d'acord amb el que estableix l'article 231-20.

Article 232-8. *Forma de pagament de la compensació*

1. La compensació s'ha de pagar en diners, llevat que les parts acordin una altra cosa. No obstant això, per causa justificada i a petició de qualsevol de les parts o dels hereus del cònjuge deutor, l'autoritat judicial en pot ordenar el pagament total o parcial amb béns.

2. A petició del cònjuge deutor o dels seus hereus, l'autoritat judicial pot ajornar el pagament de la compensació o ordenar que es faci a terminis, amb un venciment màxim de tres anys i la meritació de l'interès legal a comptar del reconeixement. L'autoritat judicial pot, en aquest cas, ordenar la constitució, si escau, d'una hipoteca, d'acord amb el que estableix l'article 569-36, o d'altres garanties a favor del cònjuge creditor.

Article 232-9. *Actes en perjudici del dret a la compensació*

1. Si en el patrimoni del cònjuge deutor no hi ha béns suficients per a satisfer la compensació econòmica per raó de treball, el creditor pot demanar la reducció o la supressió de les donacions i les atribucions particulars en pacte successori fetes per aquell durant la vigència del règim, començant per la més recent, seguint per la següent més recent i així successivament, per ordre invers de data. La reducció s'ha de fer a prorrata si la data és la mateixa o és indeterminada. El creditor també pot impugnar els actes a títol onerós fets pel deutor en frau del seu dret.

2. Les accions a què fa referència l'apartat 1 caduquen al cap de quatre anys de l'extinció del règim i no són procedents quan els béns estiguin en poder de terceres persones adquirents a títol onerós i de bona fe.

Article 232-10. *Compatibilitat*

El dret a la compensació econòmica per raó de treball és compatible amb els altres drets de caràcter econòmic que corresponen al cònjuge creditor i s'ha de tenir en compte per a fixar aquests drets i, si escau, per a modificar-los.

Article 232-11. *Exercici del dret a la compensació*

1. En cas de nul·litat del matrimoni, separació o divorci, la compensació econòmica per raó de treball s'ha de reclamar en el procés que causa l'extinció del règim, i en el cas de resolucions o decisions eclesiàstiques, en el procés adreçat a obtenir-ne l'eficàcia civil. Com a qüestió prèvia, la sentència matrimonial es pot pronunciar sobre el règim vigent si les parts en fan qüestió.

2. En cas d'extinció del règim de separació per mort, la pretensió per a reclamar la compensació econòmica per raó de treball prescriu al cap de tres anys de la mort del cònjuge. Tanmateix, si el cònjuge supervivent interposa una demanda a l'empara de l'article 233-14.2, ha de reclamar la compensació en el mateix procediment.

Article 232-12. *Divisió dels béns en comunitat ordinària indivisa*

1. En els procediments de separació, divorci o nul·litat i en els adreçats a obtenir l'eficàcia civil de les resolucions o decisions eclesiàstiques, qualsevol dels cònjuges pot exercir simultàniament l'acció de divisió de cosa comuna respecte als béns que tinguin en comunitat ordinària indivisa.

2. Si hi ha diversos béns en comunitat ordinària indivisa i un dels cònjuges ho demana, l'autoritat judicial els pot considerar en conjunt a efectes de formar lots i adjudicar-los.

SECCIÓ SEGONA. *El règim de participació en els guanys*

SUBSECCIÓ PRIMERA. *Disposicions generals*

Article 232-13. *Contingut*

1. El règim econòmic matrimonial de participació en els guanys atribueix a qualsevol dels cònjuges, en el moment en què s'extingeix el règim, el dret a participar en l'increment patrimonial obtingut per l'altre durant el temps que aquest règim hagi estat vigent.

2. Durant el matrimoni, cada cònjuge té la propietat, el gaudi, l'administració i la lliure disposició dels seus béns, però té el deure d'informar adequadament l'altre de la seva gestió patrimonial.

3. Si no hi ha pacte i no es pot aplicar el que estableix aquesta secció, el règim de participació en els guanys es regeix per les normes del de separació de béns.

Article 232-14. *Inventari*

L'escriptura pública de constitució del règim de participació en els guanys s'ha d'acompanyar amb un inventari del patrimoni inicial de cada cònjuge, en el qual s'han de ressenyar els béns, indicant-ne l'estat material, les càrregues i les obligacions.

Article 232-15.   *Pactes sobre l'abast de la participació en els guanys*

1.   Els pactes que atribueixin una participació en els guanys diferent de la meitat de l'increment patrimonial solament són vàlids si s'estableixen amb caràcter recíproc i igual a favor de qualsevol dels cònjuges.

2.   La invalidesa del pacte determina la participació en els guanys en la meitat.

Article 232-16.   *Extinció*

1.   El règim de participació en els guanys s'extingeix per:

a)   La nul·litat o la dissolució del matrimoni o la separació legal.

b)   L'acord dels cònjuges per mitjà del qual estipulen en capítols matrimonials un règim diferent.

2.   El règim de participació en els guanys s'extingeix per resolució judicial, a petició d'un dels cònjuges, si es produeix alguna de les circumstàncies següents:

a)   Separació de fet per un període superior a sis mesos.

b)   Incompliment greu o reiterat per l'altre cònjuge del deure d'informar, d'acord amb el que estableix l'article 232-13.2.

c)   Gestió patrimonial irregular o supervenció d'alguna circumstància personal o patrimonial en l'altre cònjuge que comprometi greument els interessos de qui sol·licita l'extinció.

Article 232-17.   *Retroacció dels efectes de l'extinció*

Si el règim de participació en els guanys s'extingeix per resolució judicial, els efectes de l'extinció es retrotreuen al moment de la presentació de la demanda. A petició d'un dels cònjuges o dels seus causahavents, l'autoritat judicial pot acordar la retroacció dels efectes de l'extinció a la data en què va cessar la convivència.

SUBSECCIÓ SEGONA.   *La liquidació del règim*

Article 232-18.   *Inici de la liquidació*

El règim de participació en els guanys, una vegada extingit, s'ha de liquidar per a fixar el crèdit de participació, establint la diferència entre el patrimoni final i l'inicial de cada cònjuge.

Article 232-19.   *Determinació del patrimoni final*

1.   El patrimoni final de cadascun dels cònjuges comprèn tots els béns que li pertanyin en el moment de l'extinció del règim en l'estat material en què es trobin, una vegada deduïdes les càrregues que els

afectin i les obligacions, i exclosos els béns comprats amb pacte de supervivència.

2. Al patrimoni calculat d'acord amb el que estableix l'apartat 1 s'hi ha d'afegir:

a) El valor dels béns dels quals s'hagi disposat a títol gratuït durant la vigència del règim, d'acord amb l'estat material en què es trobaven en el moment de disposar-ne, amb l'excepció de les liberalitats d'ús i de les donacions que l'altre cònjuge hagi consentit.

b) El valor dels béns dels quals s'hagi disposat a títol onerós durant la vigència del règim per a disminuir fraudulentament els guanys, d'acord amb l'estat material en què es trobaven en el moment d'alienar-los i amb independència del preu que s'hagi fet constar, i també el valor de les obligacions o dels gravàmens constituïts fraudulentament.

c) El valor dels béns destruïts o deteriorats, en les mateixes circumstàncies a què fa referència la lletra b.

3. El valor dels béns és el que tenen en el moment en què s'extingeix el règim. En cas de béns alienats, deteriorats o destruïts es pren per valor el que tenien en el moment en què es van transmetre, deteriorar o perdre.

Article 232-20. *Determinació del patrimoni inicial*

1. El patrimoni inicial de cadascun dels cònjuges comprèn tots els béns que li pertanyien en el moment de començar el règim, una vegada deduïdes les càrregues que els afectaven i les obligacions. Si el passiu del patrimoni inicial és superior a l'actiu, s'ha de computar el valor negatiu, llevat que les parts acordin una altra cosa.

2. Al patrimoni calculat d'acord amb el que estableix l'apartat 1 s'hi ha d'afegir:

a) El valor dels béns adquirits a títol lucratiu durant la vigència del règim, una vegada deduïdes les càrregues que els afectaven.

b) Les indemnitzacions per danys personals, exclosa la part corresponent al lucre cessant durant el temps de vigència del règim.

3. El valor dels béns és el que tenen en el moment en què s'extingeix el règim, tenint en compte l'estat material en què es trobaven a l'inici del règim i, quant als adquirits a títol gratuït, l'estat material en què es trobaven en el moment d'adquirir-los.

Article 232-21. *Determinació del crèdit*

Si no hi ha pacte, el crèdit de participació es determina d'acord amb les regles següents:

a) Si únicament un dels cònjuges ha obtingut un increment patrimonial, calculat per la diferència entre el patrimoni final i l'inicial, l'altre o els seus successors tenen dret a la meitat del valor d'aquest increment.

b) Si ambdós cònjuges han obtingut un increment patrimonial, qui n'hagi obtingut menys, o els seus successors, tenen dret a la meitat de la diferència entre el valor del seu propi increment i el de l'altre cònjuge.

c) Si cap dels cònjuges no ha obtingut un increment patrimonial, no hi ha crèdit de participació.

SUBSECCIÓ TERCERA.   *Pagament del crèdit de participació*

Article 232-22.   *Forma de pagament*

1. El crèdit de participació s'ha de pagar en diners, llevat que les parts acordin una altra cosa. No obstant això, per causa justificada i a petició de qualsevol de les parts o de llurs hereus, l'autoritat judicial en pot ordenar el pagament total o parcial amb béns de la persona obligada.

2. Si el règim s'extingeix per la mort d'un dels cònjuges i al supervivent li correspon el crèdit de participació, pot demanar que se li adjudiqui l'habitatge familiar en propietat o en usdefruit. Si el valor del bé o el dret adjudicat és superior al del crèdit de participació, l'adjudicatari ha de pagar la diferència en diners.

3. Per causa justificada i a petició del cònjuge deutor o dels seus hereus, l'autoritat judicial pot ajornar el pagament o ordenar que es faci a terminis amb un venciment màxim de tres anys i una meritació de l'interès legal a comptar del reconeixement. En aquest cas, l'autoritat judicial pot ordenar la constitució de garanties a favor del creditor.

Article 232-23.   *Anotació preventiva*

El creditor o els seus successors poden demanar l'adopció de mesures cautelars, inclosa l'anotació preventiva d'embargament als registres públics, per a assegurar el pagament del crèdit de participació mentre es tramita llur reclamació.

Article 232-24.   *Actes en perjudici del crèdit*

1. Si en el patrimoni del cònjuge deutor no hi ha béns suficients per a satisfer el crèdit de participació, el creditor pot demanar la reducció o la supressió de les donacions i les atribucions particulars en pacte successori fetes per aquell durant la vigència del règim i fins que hagi estat liquidat, començant per la més recent, seguint per la següent més recent i així successivament, per ordre invers de data. La reducció es fa a prorrata si la data és la mateixa o és indeterminada. El creditor també pot impugnar els actes a títol onerós fets pel deutor en frau del seu dret.

2. Les accions a què fa referència l'apartat 1 caduquen al cap de quatre anys de l'extinció del règim i no són procedents quan els

béns estan en poder de terceres persones adquirents a títol onerós i de bona fe.

SECCIÓ TERCERA.   *L'associació a compres i millores*

Article 232-25.   *Règim*

1.   L'associació a compres i millores, pròpia del Camp de Tarragona i d'altres comarques, exigeix un pacte exprés en capítols matrimonials.

2.   En tot allò que no regulin els pactes de la constitució del règim ni aquesta secció, l'associació a compres i millores es regeix pel costum de la comarca i, si no n'hi ha, per les disposicions del règim de participació en els guanys, en la mesura que ho permeti la seva naturalesa específica.

3.   Cada cònjuge pot associar l'altre a les compres i les millores que faci durant el matrimoni. També es pot establir l'associació amb caràcter recíproc o associant als cònjuges llurs ascendents, tant si els han fet heretament com si no.

4.   Es consideren compres els béns que, constant l'associació, qualsevol de les persones associades adquireixi a títol onerós o obtingui per la seva activitat professional o treball.

5.   Es consideren millores els augments de valor dels béns de qualsevol dels associats deguts a impenses útils i a l'alliberament de càrregues i gravàmens.

Article 232-26.   *Administració*

1.   L'administració de l'associació a compres i millores correspon a l'associat que s'indiqui en els capítols. Si no hi ha designacions, correspon a tots els associats.

2.   L'administrador únic de l'associació, si escau, pot, sense que hi intervingui ningú més, disposar a títol onerós dels béns que la constitueixen, però no pot fiançar en nom de l'associació, si no és per a profit de la família.

3.   Els deutes particulars de cada associat graven exclusivament la seva part.

Article 232-27.   *Liquidació*

La liquidació dels guanys de cada associat es refereix al moment de la seva mort o de l'extinció del règim i es pot fer amb diners o amb altres béns de l'associació.

SECCIÓ QUARTA. *L'agermanament o pacte de mig per mig*

Article 232-28. *Règim*

1. L'agermanament o pacte de mig per mig, propi del dret de Tortosa, exigeix un pacte exprés en capítols matrimonials.

2. En tot allò que no regulin els pactes de la constitució del règim ni aquesta secció, l'agermanament es regeix pel costum del lloc i, si no n'hi ha, per les disposicions del règim de comunitat, en la mesura que ho permeti la seva naturalesa específica.

3. La comunitat inclou tots els béns que tinguin els cònjuges en casar-se o en el moment de convenir el pacte d'agermanament, els que adquireixin per qualsevol títol i els guanys o lucres de tota mena mentre subsisteixi el règim.

4. En l'agermanament, l'administració de la comunitat correspon a ambdós cònjuges.

5. La liquidació de l'agermanament s'ha de fer adjudicant a parts iguals els béns que inclogui entre els cònjuges o entre el cònjuge supervivent i els hereus del premort.

SECCIÓ CINQUENA. *El pacte de convinença*
o mitja guadanyeria

Article 232-29. *Règim*

1. La convinença, o mitja guadanyeria, associació pròpia de la Vall d'Aran, exigeix un pacte exprés en capítols matrimonials.

2. En tot allò que no regulin els pactes de la constitució del règim ni aquesta secció, s'han d'aplicar el costum de la Vall d'Aran i el capítol X del privilegi de la Querimònia.

3. A més del que estableix l'apartat 1, la convinença també es pot establir entre els progenitors i els fills, i fins i tot entre estranys, pactant que els béns guanyats i els que es guanyaran restin en comunitat mentre subsisteixi l'associació.

4. Els cònjuges han de contribuir per parts iguals a pagar les despeses derivades del règim i el govern de la casa i han de dividir, quan es dissol el règim, si no hi ha fills, els guanys i els augments.

SECCIÓ SISENA. *El règim de comunitat de béns*

Article 232-30. *Contingut*

En el règim de comunitat de béns, els guanys obtinguts indistintament per qualsevol dels cònjuges i els béns als quals confereixin aquest caràcter esdevenen comuns.

Article 232-31. *Béns comuns*

Són béns comuns:

a)   Els béns als quals els cònjuges confereixin aquest caràcter en el moment de convenir el règim o després.

b)   Els guanys obtinguts per l'activitat professional o pel treball de qualsevol dels cònjuges.

c)   Els fruits i les rendes de tots els béns, si no hi ha pacte en contra.

d)   Els béns adquirits per subrogació real d'altres béns comuns.

e)   Els guanys obtinguts en el joc per qualsevol dels cònjuges.

Article 232-32. *Béns privatius*

Són béns privatius de cada cònjuge:

a)   Els que pertanyien a cada cònjuge abans d'iniciar el règim, si no se'ls ha conferit el caràcter de comuns.

b)   Els adquirits per donació o títol successori.

c)   Els adquirits per subrogació real d'altres béns privatius.

d)   Les indemnitzacions per danys personals, exclosa la part corresponent al lucre cessant durant el temps de vigència del règim.

e)   Els béns d'ús personal que no siguin d'un valor extraordinari i els estris necessaris per a exercir la professió, encara que l'adquisició s'hagi fet a càrrec dels béns comuns.

Article 232-33. *Administració i disposició dels béns comuns*

1.   Si no hi ha pacte, l'administració i la disposició dels béns comuns corresponen als cònjuges conjuntament, o a un d'ells amb consentiment de l'altre.

2.   Qualsevol dels cònjuges pot contreure obligacions a càrrec de la comunitat i disposar dels béns comuns per a pagar les despeses familiars.

3.   Si un dels cònjuges exerceix una activitat professional o mercantil valent-se de béns comuns amb el consentiment de l'altre, pot fer tot sol, amb relació als béns mobles que hi estiguin afectes, els actes d'administració i de disposició que siguin conseqüència de l'exercici normal d'aquella activitat.

4.   En cas de manca de capacitat d'un dels cònjuges o d'impossibilitat de gestió conjunta, l'autoritat judicial pot conferir l'administració de la comunitat i la disposició dels béns comuns a un sol dels cònjuges. També pot autoritzar que un de sol faci actes dispositius, en interès de la família o si es produeix una altra causa justa, si l'altre no hi dóna el consentiment.

Article 232-34. *Règim dels béns privatius*

1. Cadascun dels cònjuges té l'administració i la lliure disposició dels seus béns privatius dins dels límits que estableix la llei.

2. Dels deutes contrets per qualsevol dels cònjuges, per raó de la tinença i l'administració dels béns privatius, en responen aquests. Si els béns privatius són insuficients, el creditor pot demanar l'embargament de béns comuns, que ha d'ésser notificat a l'altre cònjuge, el qual pot exigir la dissolució de la comunitat i que l'embargament tingui lloc sobre la meitat corresponent al cònjuge deutor.

Article 232-35. *Responsabilitat per despeses familiars*

Dels deutes contrets per a atendre despeses familiars, en responen solidàriament els béns de la comunitat i els del cònjuge deutor, i subsidiàriament els de l'altre cònjuge.

Article 232-36. *Extinció del règim*

1. El règim de comunitat de béns s'extingeix per les causes següents:

a) La nul·litat o la dissolució del matrimoni o la separació legal.

b) L'acord dels cònjuges per mitjà del qual estipulen en capítols matrimonials un règim diferent.

2. El règim de comunitat de béns s'extingeix per resolució judicial, a petició d'un dels cònjuges, si es produeix alguna de les circumstàncies següents:

a) Separació de fet per un període superior a sis mesos.

b) Incompliment greu o reiterat per l'altre cònjuge del deure d'informar-lo de les seves activitats econòmiques.

c) Gestió patrimonial irregular o supervenció d'alguna circumstància personal o patrimonial en l'altre cònjuge que comprometi greument els interessos de qui sol·licita l'extinció.

d) Embargament de béns comuns en el supòsit de l'article 232-34.2.

Article 232-37. *Determinació i valoració dels béns*

1. Als efectes de la divisió de la comunitat, els béns comuns i els béns privatius s'han de determinar amb referència al moment de la dissolució.

2. Els béns comuns que es posseeixin en el moment de la dissolució de la comunitat s'han de computar segons el valor que tinguin en el moment de fer-ne la liquidació.

Article 232-38. *Divisió dels béns comuns*

1. En cas d'extinció de la comunitat, els béns comuns s'han de dividir entre els cònjuges o entre el cònjuge supervivent i els hereus del premort a parts iguals, llevat que s'hagi convingut una altra cosa.

2. En el supòsit que regula l'apartat 1, si l'habitatge conjugal i els seus mobles d'ús ordinari tenen la condició de béns comuns, el cònjuge supervivent pot demanar que li sigui atribuïda la propietat d'aquests béns en pagament de la seva quota. Si el valor és superior al valor de la seva quota, l'adjudicatari ha de pagar la diferència en diners.

3. En la divisió dels béns comuns, cada cònjuge pot recuperar els béns que eren de la seva propietat abans de l'inici del règim de comunitat i que subsisteixen en el moment de l'extinció, segons l'estat inicial. Els altres béns i les millores fetes en els béns aportats s'han d'incloure en la divisió de la comunitat i, si el valor d'aquells béns és superior al valor de la quota, l'adjudicatari ha de pagar la diferència en diners.

CAPÍTOL III. *Els efectes de la nul·litat del matrimoni,*
del divorci i de la separació legal

SECCIÓ PRIMERA. *Disposicions generals*

Article 233-1. *Mesures provisionals*

1. El cònjuge que pretengui demandar o demandi la separació, el divorci o la nul·litat del matrimoni i el cònjuge demandat, en contestar la demanda, poden sol·licitar a l'autoritat judicial que adopti, d'acord amb els procediments que estableix la legislació processal, les mesures provisionals següents:

a) La determinació de la manera com els fills han de conviure amb els pares i s'han de relacionar amb aquell d'ambdós amb qui no estiguin convivint. Excepcionalment, l'autoritat judicial pot encomanar la guarda dels fills als avis, a altres parents, a persones pròximes o, si no n'hi ha, a una institució idònia, a les quals es poden conferir funcions tutelars amb suspensió de la potestat parental.

b) La manera com s'ha d'exercir la potestat sobre els fills.

c) L'establiment, si escau, del règim de relacions personals dels fills amb els germans que no convisquin en la mateixa llar.

d) La distribució del deure d'aliments a favor dels fills i, si escau, la fixació d'aliments provisionals a favor d'un dels cònjuges.

e) La fixació d'aliments per als fills majors d'edat o emancipats que no tinguin recursos econòmics propis i convisquin amb algun dels progenitors, tenint en compte el que estableix l'article 237-1.

f) L'assignació de l'ús de l'habitatge familiar amb el seu parament o, alternativament, l'adopció de mesures que garanteixin les necessitats d'habitatge dels cònjuges i dels fills. Si s'atribueix l'ús de l'habitatge familiar a un cònjuge, l'autoritat judicial ha de fixar la data en què l'altre l'ha d'abandonar.

g) El règim de tinença i administració dels béns en comunitat ordinària indivisa i dels que, per capítols matrimonials o escriptura pública, estiguin especialment afectes a les despeses familiars i, si el règim és de comunitat, dels béns comuns.

h) Les necessàries per a evitar el desplaçament o la retenció il·lícits dels fills, si n'hi ha el risc.

2. En cas de violència familiar o masclista, l'autoritat judicial competent ha d'adoptar, a més de les mesures que estableix l'apartat 1, les que estableix la legislació específica.

3. L'autoritat judicial pot acordar les garanties que siguin adequades per a assegurar el compliment de les mesures provisionals.

4. L'autoritat judicial, en el moment d'acordar les mesures definitives, pot revisar els acords assolits pels cònjuges respecte al contingut de les mesures provisionals.

5. La sol·licitud de mesures provisionals implica la revocació dels consentiments i poders que qualsevol dels cònjuges hagi atorgat a favor de l'altre.

Article 233-2. *Mesures definitives*

1. Si els cònjuges arriben a un acord sobre les mesures reguladores de la separació o el divorci o sobre les conseqüències de la nul·litat del matrimoni, han de formular un conveni amb el contingut que escaigui de conformitat amb els apartats 4, 5, 6 i 7.

2. Si els cònjuges tenen fills menors no emancipats o amb la capacitat modificada judicialment que depenguin d'ells, han de presentar el conveni a l'autoritat judicial perquè sigui aprovat. També ho han de fer, en tot cas, si es tracta d'un conveni regulador de les conseqüències de la nul·litat del matrimoni.

3. Si els cònjuges no es troben en els supòsits de l'apartat 2, poden formular el contingut del conveni davant d'un lletrat de l'Administració de justícia o en una escriptura pública davant de notari. En aquests casos, cal que els cònjuges intervinguin personalment en l'atorgament, estiguin assistits per un lletrat en exercici i expressin la voluntat inequívoca de separar-se o divorciar-se.

4. Si els cònjuges tenen fills comuns que estan sota llur potestat, el conveni regulador ha de contenir:

a) Un pla de parentalitat, d'acord amb el que estableix l'article 233-9.

b)   Els aliments que els han de prestar, tant respecte a les necessitats ordinàries com a les extraordinàries, indicant-ne la periodicitat, la modalitat de pagament, els criteris d'actualització i, si ho han previst, les garanties.

c)   Si escau, el règim de relacions personals amb els avis i els germans que no convisquin en el mateix domicili.

5.   A més del que estableix l'apartat 4, el conveni regulador també ha de contenir, si escau:

a)   La prestació compensatòria que s'atribueix a un dels cònjuges, indicant-ne la modalitat de pagament i, si escau, la durada, els criteris d'actualització i les garanties.

b)   L'atribució o distribució de l'ús de l'habitatge familiar amb el seu parament.

c)   La compensació econòmica per raó de treball.

d)   La liquidació del règim econòmic matrimonial i la divisió dels béns en comunitat ordinària indivisa

6.   A més del que estableixen els apartats 4 i 5, en el conveni regulador els cònjuges també poden acordar aliments per als fills majors d'edat o emancipats que no tinguin recursos econòmics propis.

7.   A més del que estableixen els apartats 4, 5 i 6, el conveni regulador pot incloure pactes de submissió a mediació i altres mecanismes alternatius de resolució de conflictes.

Article 233-3.   *Aprovació judicial dels pactes*

1.   En els supòsits que estableix l'apartat 2 de l'article 233-2, els pactes adoptats en conveni regulador han d'ésser aprovats per l'autoritat judicial, llevat dels punts que no siguin conformes amb l'interès dels fills menors.

2.   Si denega l'aprovació dels pactes adoptats en conveni regulador, l'autoritat judicial ha d'indicar els punts que s'han de modificar i ha de fixar el termini per a fer-ho. Si els cònjuges no formulen una proposta de modificació o aquesta tampoc no és aprovada, l'autoritat judicial ha d'adoptar la resolució pertinent.

3.   La sentència ha d'incorporar els punts del conveni que hagin estat aprovats i la decisió que correspongui quant als punts no aprovats. També pot contenir les mesures necessàries per a garantir-ne el compliment efectiu.

Article 233-4.   *Mesures definitives acordades per l'autoritat judicial*

1.   Si un cònjuge demana la nul·litat del matrimoni, el divorci o la separació judicial sense consentiment de l'altre, o si ambdós cònjuges no arriben a un acord sobre el contingut del conveni regulador, l'autoritat

judicial ha d'adoptar les mesures definitives pertinents sobre l'exercici de les responsabilitats parentals, incloent-hi el deure d'aliments i, si escau, el règim de relacions personals amb avis i germans. Així mateix, l'autoritat judicial, a instància del cònjuge amb qui els fills convisquin, pot acordar aliments per als fills majors d'edat o emancipats tenint en compte el que estableix l'article 237-1, i que aquests aliments es mantinguin fins que els dits fills tinguin ingressos propis o estiguin en disposició de tenir-ne.

2. Si algun dels cònjuges ho sol·licita, l'autoritat judicial ha d'adoptar les mesures pertinents respecte a l'ús de l'habitatge familiar i el seu parament, la prestació compensatòria, la compensació econòmica per raó del treball si el règim econòmic és el de separació de béns, la liquidació del règim econòmic matrimonial i la divisió dels béns comuns o en comunitat ordinària indivisa.

Article 233-5. *Pactes fora de conveni regulador*

1. Els pactes en previsió d'una ruptura matrimonial atorgats d'acord amb l'article 231-20 i els adoptats després de la ruptura de la convivència que no formin part d'una proposta de conveni regulador vinculen els cònjuges. L'acció per a exigir el compliment d'aquests pactes es pot acumular a la de nul·litat, separació o divorci i es pot demanar que s'incorporin a la sentència. També es pot demanar que s'incorporin al procediment sobre mesures provisionals perquè siguin recollits per la resolució judicial, si escau.

2. Els pactes adoptats després de la ruptura de la convivència sense assistència lletrada, independent per a cadascun dels cònjuges, es poden deixar sense efecte, a instància de qualsevol d'ells, durant els tres mesos següents a la data en què són adoptats i, com a màxim, fins al moment de la contestació de la demanda o, si escau, de la reconvenció en el procés matrimonial en què es pretenguin fer valer.

3. Els pactes en matèria de guarda i de relacions personals amb els fills menors, i també els d'aliments a favor d'aquests, només són eficaços si són conformes a llur interès en el moment en què se'n pretengui el compliment.

Article 233-6. *Mediació*

1. La submissió a la mediació és obligatòria abans de la presentació d'accions judicials si s'ha pactat expressament.

2. Els cònjuges, abans de presentar la demanda, en qualsevol fase del procés judicial i en qualsevol instància, poden sotmetre les discrepàncies a mediació amb vista a aconseguir un acord, excepte en els casos de violència familiar o masclista.

3. Una vegada iniciat el procés judicial, l'autoritat judicial, a iniciativa pròpia o a petició d'una de les parts o dels advocats o d'altres professionals, pot derivar les parts a una sessió prèvia sobre mediació, de caràcter obliga-

tori, per tal que coneguin el valor, els avantatges, els principis i les característiques de la mediació, amb la finalitat que puguin assolir un acord. Si així ho acorden les parts, a les quals cal escoltar, aquesta sessió pot continuar, en el mateix moment o en un de posterior, amb una exploració del conflicte que les afecta. Les parts poden decidir si opten o no pel procediment de mediació, i poden participar en la sessió prèvia i en la de mediació assistides per llurs advocats. Aquesta assistència és necessària si ho requereixen les parts o si així ho disposa l'autoritat judicial i s'ha de desenvolupar sempre amb ple respecte pels principis de la mediació i per la igualtat entre les parts.

4.   La manca d'assistència no justificada a la sessió prèvia obligatòria sobre mediació no està sotmesa a confidencialitat i ha d'ésser comunicada a l'autoritat judicial.

5.   Les parts poden demanar de comú acord la suspensió del procés judicial mentre dura la mediació. El procés judicial s'ha de reprendre quan fineixi el termini previst per a fer efectiva la mediació, quan ho sol·liciti qualsevol de les parts o quan s'assoleixi un acord en la mediació.

6.   L'inici d'un procediment de mediació familiar està sotmès als principis de voluntarietat i confidencialitat. En cas de desistiment del procediment de mediació, aquest no pot perjudicar els litigants que hi han participat. La comunicació a l'autoritat judicial del desistiment de qualsevol de les parts o de l'acord assolit en la mediació dona lloc a l'aixecament de la suspensió.

7.   Els acords assolits en la mediació, una vegada incorporats en forma al procés judicial, s'han de sotmetre a l'aprovació judicial en els mateixos termes que l'article 233-3 estableix per al conveni regulador.

8.   Els acords assolits en la mediació respecte al règim d'exercici de la responsabilitat parental es consideren adequats per als interessos del menor. La manca d'aprovació per l'autoritat judicial s'ha de fonamentar en criteris d'ordre públic i d'interès del menor.

Article 233-7.   *Modificació de mesures*

1.   Les mesures establertes per un procés matrimonial o per un conveni atorgat davant de notari o lletrat de l'Administració de justícia es poden modificar, mitjançant una resolució judicial posterior, si varien substancialment les circumstàncies concurrents en el moment de dictar-les. També es poden modificar, en tot cas, de comú acord entre els cònjuges dintre de llurs facultats d'actuació.

2.   El conveni regulador o la sentència poden preveure anticipadament les modificacions pertinents.

3.   Si la part que sol·licita judicialment la modificació de les mesures establertes per alteració substancial de circumstàncies ha intentat arribar a un acord extrajudicial iniciant un procés de mediació, la resolució judicial que modifica les mesures pot retrotreure els efectes a la data d'inici del procés de mediació.

SECCIÓ SEGONA. *Cura dels fills*

Article 233-8. *Responsabilitat parental*

1. La nul·litat del matrimoni, el divorci o la separació no alteren les responsabilitats que els progenitors tenen envers els fills d'acord amb l'article 236-17.1. En conseqüència, aquestes responsabilitats mantenen el caràcter compartit i, en la mesura que sigui possible, s'han d'exercir conjuntament.

2. Els cònjuges, per a determinar com s'han d'exercir les responsabilitats parentals, han de presentar llurs propostes de pla de parentalitat, amb el contingut que estableix l'article 233-9.

3. L'autoritat judicial, en el moment de decidir sobre les responsabilitats parentals dels progenitors, ha d'atendre de manera prioritària l'interès del menor.

Article 233-9. *Pla de parentalitat*

1. El pla de parentalitat ha de concretar la manera en què ambdós progenitors exerceixen les responsabilitats parentals. S'hi han de fer constar els compromisos que assumeixen respecte a la guarda, la cura i l'educació dels fills.

2. En les propostes de pla de parentalitat hi han de constar els aspectes següents:

a) El lloc o els llocs on viuran els fills habitualment. S'hi han d'incloure regles que permetin determinar a quin progenitor correspon la guarda en cada moment.

b) Les tasques de què s'ha de responsabilitzar cada progenitor amb relació a les activitats quotidianes dels fills.

c) La manera com s'han de fer els canvis en la guarda i, si escau, com s'han de repartir els costos que generin.

d) El règim de relació i de comunicació amb els fills durant els períodes en què un progenitor no els tingui amb ell.

e) El règim d'estades dels fills amb cadascun dels progenitors en períodes de vacances i en dates especialment assenyalades per als fills, per als progenitors o per a llur família.

f) El tipus d'educació i les activitats extraescolars, formatives i de lleure, si escau.

g) La manera de complir el deure de compartir tota la informació sobre l'educació, la salut i el benestar dels fills.

h) La manera de prendre les decisions relatives al canvi de domicili i a altres qüestions rellevants per als fills.

3. Les propostes de pla de parentalitat poden preveure la possibilitat de recórrer a la mediació familiar per a resoldre les diferències derivades de l'aplicació del pla, o la conveniència de modificar-ne el contingut per a adaptar-lo a les necessitats de les diferents etapes de la vida dels fills.

Article 233-10. *Exercici de la guarda*

1. La guarda s'ha d'exercir de la manera convinguda pels cònjuges en el pla de parentalitat, llevat que resulti perjudicial per als fills.

2. L'autoritat judicial, si no hi ha acord o si aquest no s'ha aprovat, ha de determinar la manera d'exercir la guarda, atenint-se al caràcter conjunt de les responsabilitats parentals, d'acord amb l'article 233-8.1. Tanmateix, l'autoritat judicial pot disposar que la guarda s'exerceixi de manera individual si convé més a l'interès del fill.

3. La manera d'exercir la guarda no altera el contingut de l'obligació d'aliments envers els fills comuns, si bé cal ponderar el temps de permanència dels menors amb cadascun dels progenitors i les despeses que cadascun d'ells hagi assumit pagar directament.

4. L'autoritat judicial, excepcionalment, pot encomanar la guarda als avis, a altres parents, a persones pròximes o, si no n'hi ha, a una institució idònia, a les quals es poden conferir funcions tutelars amb suspensió de la potestat parental.

Article 233-11. *Criteris per a determinar el règim i la manera d'exercir la guarda*

1. Per a determinar el règim i la manera d'exercir la guarda, cal tenir en compte les propostes de pla de parentalitat i, en particular, els criteris i les circumstàncies següents ponderats conjuntament:

a) La vinculació afectiva entre els fills i filles i cadascun dels progenitors, i també les relacions amb les altres persones que conviuen a les llars respectives.

b) L'aptitud dels progenitors per a garantir el benestar dels fills i filles i la possibilitat de procurar-los un entorn adequat, d'acord amb llur edat.

c) L'actitud de cadascú dels progenitors per a cooperar amb l'altre a fi d'assegurar la màxima estabilitat als fills i filles, especialment per a garantir adequadament les relacions d'aquests amb tots dos progenitors.

d) El temps que cadascun dels progenitors havia dedicat a l'atenció dels fills i filles abans de la ruptura i les tasques que efectivament exercia per a procurar-los el benestar.

e) L'opinió expressada pels fills i filles.

f) Els acords en previsió de la ruptura o adoptats fora de conveni abans d'iniciar-se el procediment.

g) La situació dels domicilis dels progenitors, i els horaris i les activitats dels fills i filles i dels progenitors.

2. En l'atribució de la guarda, no es poden separar els germans i les germanes, llevat que les circumstàncies ho justifiquin.

3. En interès dels fills i filles, no es pot atribuir la guarda al progenitor, ni es pot establir cap règim d'estades, comunicació o relació, o si existeixen s'han de suspendre, quan hi hagi indicis fonamentats que ha comès actes de violència familiar o masclista. Tampoc no es pot atribuir la guarda al progenitor, ni es pot establir cap règim d'estades, comunicació o relació, o si existeixen s'han de suspendre, mentre es trobi incurs en un procés penal iniciat per atemptar contra la vida, la integritat física, la llibertat, la integritat moral o la llibertat i la indemnitat sexual de l'altre progenitor o els seus fills o filles, o estigui en situació de presó per aquests delictes i mentre no s'extingeixi la responsabilitat penal.

4. Excepcionalment, l'autoritat judicial pot establir, de forma motivada, un règim d'estades, relació o comunicacions en interès de la persona menor, un cop escoltada, si té capacitat natural suficient.

Article 233-12. *Relacions personals amb els avis i els germans*

1. Si els cònjuges proposen un règim de relacions personals de llurs fills amb els avis i amb els germans majors d'edat que no convisquin en la mateixa llar, l'autoritat judicial el pot aprovar, amb l'audiència prèvia dels interessats i sempre que aquests donin el consentiment.

2. Les persones a qui s'hagi concedit el règim de relacions personals estan legitimades per a reclamar-ne l'execució.

Article 233-13. *Supervisió de les relacions personals en situacions de risc*

1. L'autoritat judicial pot adoptar, per raons fonamentades, mesures perquè les relacions personals del menor amb el progenitor que no exerceix la guarda o amb els avis, els germans o altres persones pròximes es desenvolupin en condicions que en garanteixin la seguretat i l'estabilitat emocional.

2. Si hi ha una situació de risc social o perill, es pot confiar la supervisió de la relació a la xarxa de serveis socials o a un punt de trobada familiar.

SECCIÓ TERCERA. *Prestació compensatòria*

Article 233-14. *Prestació compensatòria*

1. El cònjuge la situació econòmica del qual, com a conseqüència de la ruptura de la convivència, resulti més perjudicada té dret a una prestació compensatòria que no excedeixi el nivell de vida de què gaudia durant el matrimoni ni el que pugui mantenir el cònjuge obligat al

pagament, tenint en compte el dret d'aliments dels fills, que és prioritari. En cas de nul·litat del matrimoni, hi té dret el cònjuge de bona fe, en les mateixes circumstàncies.

2.   Es perd el dret a reclamar la prestació compensatòria si no se sol·licita en el primer procés matrimonial o s'estableix en el primer conveni regulador.

3.   Si un dels cònjuges mor abans que passi un any des de la separació de fet, l'altre, en els tres mesos següents a la mort, pot reclamar als hereus el seu dret a la prestació compensatòria. La mateixa regla s'ha d'aplicar si el procediment matrimonial s'extingeix per la mort del cònjuge que l'hauria de pagar.

Article 233-15.   *Determinació de la prestació compensatòria*

Per a fixar l'import i la durada de la prestació compensatòria, s'ha de valorar especialment:

a)   La posició econòmica dels cònjuges, tenint en compte, si escau, la compensació econòmica per raó de treball o les previsibles atribucions derivades de la liquidació del règim econòmic matrimonial.

b)   La realització de tasques familiars o altres decisions preses en interès de la família durant la convivència, si això ha minvat la capacitat d'un dels cònjuges d'obtenir ingressos.

c)   Les perspectives econòmiques previsibles dels cònjuges, tenint en compte llur edat i estat de salut i la manera com s'atribueix la guarda dels fills comuns.

d)   La durada de la convivència.

e)   Les noves despeses familiars del deutor, si escau.

Article 233-16.   *Pactes sobre la prestació compensatòria*

1.   En previsió de ruptura matrimonial, hom pot pactar sobre la modalitat, la quantia, la durada i l'extinció de la prestació compensatòria, d'acord amb l'article 231-20

2.   Els pactes de renúncia no incorporats a un conveni regulador no són eficaços en allò que comprometin la possibilitat d'atendre les necessitats bàsiques del cònjuge creditor.

Article 233-17.   *Pagament de la prestació compensatòria*

1.   La prestació compensatòria es pot atribuir en forma de capital, sia en béns o en diners, o en forma de pensió. En cas de desacord, l'autoritat judicial ha d'emetre una resolució sobre la modalitat de pagament atenent les circumstàncies del cas i, especialment, la composició del patrimoni i els recursos econòmics del cònjuge deutor.

2. En cas d'atribució en forma de capital, l'autoritat judicial, a petició del cònjuge deutor, pot ajornar el pagament o ordenar que es faci a terminis, amb un venciment màxim de tres anys i amb meritació de l'interès legal a comptar del reconeixement.

3. En cas d'atribució en forma de pensió, aquesta s'ha de pagar en diners i per mensualitats avançades. A petició de part, es poden establir garanties i fixar criteris objectius i automàtics d'actualització de la quantia.

4. La prestació compensatòria en forma de pensió s'atorga per un període limitat, llevat que hi concorrin circumstàncies excepcionals que justifiquin de fixar-la amb caràcter indefinit.

Article 233-18. *Modificació de la prestació compensatòria*

1. La prestació compensatòria fixada en forma de pensió només es pot modificar per a disminuir-ne l'import si millora la situació econòmica de qui la percep o empitjora la de qui la paga.

2. Per a determinar la capacitat econòmica del deutor, s'han de tenir en compte llurs noves despeses familiars i s'ha de donar prioritat al dret d'aliments de tots els seus fills.

Article 233-19. *Extinció del dret a prestació compensatòria*

1. El dret a la prestació compensatòria fixada en forma de pensió s'extingeix per les causes següents:

a) Per millora de la situació econòmica del creditor, si aquesta millora deixa de justificar la prestació, o per empitjorament de la situació econòmica de l'obligat al pagament, si aquest empitjorament justifica l'extinció del dret.

b) Per matrimoni del creditor o per convivència marital amb una altra persona.

c) Per la mort del creditor.

d) Pel venciment del termini pel qual es va establir.

2. El dret a la prestació compensatòria fixada en forma de pensió no s'extingeix per la mort de l'obligat al pagament, encara que el creditor o els hereus del deutor en poden demanar la substitució pel pagament d'un capital, tenint en compte l'import i, si escau, la durada de la pensió, i també l'actiu hereditari líquid en el moment de la mort del deutor.

SECCIÓ QUARTA. *Atribució o distribució de l'ús de l'habitatge familiar*

Article 233-20. *Atribució o distribució de l'ús de l'habitatge familiar*

1. Els cònjuges poden acordar l'atribució de l'ús de l'habitatge familiar amb el seu parament a un d'ells, a fi de satisfer, en la part que

escaigui, els aliments dels fills comuns que convisquin amb el beneficia-ri de l'ús o la prestació compensatòria d'aquest. També poden acordar la distribució de l'ús de l'habitatge per períodes determinats.

2. Si no hi ha acord o si aquest no és aprovat, l'autoritat judicial ha d'atribuir l'ús de l'habitatge familiar, preferentment, al progenitor a qui correspongui la guarda dels fills comuns mentre duri aquesta.

3. No obstant el que estableix l'apartat 2, l'autoritat judicial ha d'atribuir l'ús de l'habitatge familiar al cònjuge més necessitat en els casos següents:

a) Si la guarda dels fills queda compartida o distribuïda entre els pro-genitors.

b) Si els cònjuges no tenen fills o aquests són majors d'edat.

c) Si malgrat correspondre-li l'ús de l'habitatge per raó de la guarda dels fills és previsible que la necessitat del cònjuge es perllongui després d'arribar els fills a la majoria d'edat.

4. Excepcionalment, encara que hi hagi fills menors, l'autoritat ju-dicial pot atribuir l'ús de l'habitatge familiar al cònjuge que no en té la guarda si és el més necessitat i el cònjuge a qui correspon la guarda té mitjans suficients per a cobrir la seva necessitat d'habitatge i la dels fills.

5. L'atribució de l'ús de l'habitatge a un dels cònjuges, en els casos dels apartats 3 i 4, s'ha de fer amb caràcter temporal i és susceptible de pròrroga, també temporal, si es mantenen les circumstàncies que la van motivar. La pròrroga s'ha de demanar, al més tard, sis mesos abans del venciment del termini fixat i s'ha de tramitar pel procediment establert per a la modificació de mesures definitives.

6. L'autoritat judicial pot substituir l'atribució de l'ús de l'habitatge familiar per la d'altres residències si són idònies per a satisfer la neces-sitat d'habitatge del cònjuge i els fills.

7. L'atribució de l'ús de l'habitatge, si aquest pertany en tot o en part al cònjuge que no n'és beneficiari, s'ha de ponderar com a contribució en espècie per a la fixació dels aliments dels fills i de la prestació com-pensatòria que eventualment meriti l'altre cònjuge.

Article 233-21. *Exclusió i límits de l'atribució de l'ús de l'habitatge*

1. L'autoritat judicial, a instància d'un dels cònjuges, pot excloure l'atribució de l'ús de l'habitatge familiar en qualsevol dels casos se-güents:

a) Si el cònjuge que seria beneficiari de l'ús per raó de la guarda dels fills té mitjans suficients per a cobrir la seva necessitat d'habitatge i la dels fills.

b) Si el cònjuge que hauria de cedir l'ús pot assumir i garantir sufi-cientment el pagament de les pensions d'aliments dels fills i, si escau, de la prestació compensatòria de l'altre cònjuge en una quantia que cobreixi a bastament les necessitats d'habitatge d'aquests.

2.   Si els cònjuges posseeixen l'habitatge en virtut d'un títol diferent del de propietat, els efectes de l'atribució judicial del seu ús queden limitats pel que disposi el títol, d'acord amb la llei. Si els cònjuges detenen l'habitatge familiar per tolerància d'un tercer, els efectes de l'atribució judicial del seu ús acaben quan aquest en reclama la restitució. Per a aquest cas, d'acord amb el que estableix l'article 233-7.2, la sentència pot ordenar l'adequació de les prestacions alimentàries o compensatòries pertinents.

3.   En previsió de ruptura matrimonial, hom pot pactar sobre l'atribució o distribució de l'ús de l'habitatge i sobre les modalitats d'aquest ús. No són eficaços els pactes que perjudiquin l'interès dels fills, ni tampoc, si no s'han incorporat a un conveni regulador, els que comprometin les possibilitats d'atendre les necessitats bàsiques del cònjuge beneficiari de l'ús.

Article 233-22.   *Publicitat del dret d'ús de l'habitatge*

El dret d'ús de l'habitatge familiar atribuït al cònjuge es pot inscriure o, si s'ha atribuït com a mesura provisional, anotar preventivament en el Registre de la Propietat.

Article 233-23.   *Obligacions per raó de l'habitatge*

1.   En cas d'atribució o distribució de l'ús de l'habitatge, les obligacions contretes per raó de la seva adquisició o millora, incloses les assegurances vinculades a aquesta finalitat, s'han de satisfer d'acord amb el que disposi el títol de constitució.

2.   Les despeses ordinàries de conservació, manteniment i reparació de l'habitatge, incloses les de comunitat i subministraments, i els tributs i les taxes de meritació anual són a càrrec del cònjuge beneficiari del dret d'ús.

Article 233-24.   *Extinció del dret d'ús*

1.   El dret d'ús s'extingeix per les causes pactades entre els cònjuges i, si es va atribuir per raó de la guarda dels fills, per l'acabament de la guarda.

2.   El dret d'ús, si es va atribuir amb caràcter temporal per raó de la necessitat del cònjuge, s'extingeix per les causes següents:

a)   Per millora de la situació econòmica del cònjuge beneficiari de l'ús o per empitjorament de la situació econòmica de l'altre cònjuge, si això ho justifica.

b)   Per matrimoni o per convivència marital del cònjuge beneficiari de l'ús amb una altra persona.

c)   Per la mort del cònjuge beneficiari de l'ús.

d) Pel venciment del termini pel qual es va establir o, si s'escau, de la seva pròrroga.

e) De comú acord entre els cònjuges o per renúncia del cònjuge beneficiari.

3. Una vegada extingit el dret d'ús, el cònjuge que és titular de l'habitatge en pot recuperar la possessió en execució de la sentència que hagi acordat el dret d'ús o de la resolució ferma sobre la durada o l'extinció d'aquest dret, i pot sol·licitar, si escau, la cancel·lació registral del dret d'ús.

Article 233-25. *Actes dispositius sobre l'habitatge subjecte a dret d'ús*

El propietari o titular de drets reals sobre l'habitatge familiar en pot disposar sense el consentiment del cònjuge que en tingui l'ús i sense autorització judicial, sens perjudici del dret d'ús.

CAPÍTOL IV. *Convivència estable en parella*

SECCIÓ PRIMERA. *Disposicions generals*

Article 234-1. *Parella estable*

Dues persones que conviuen en una comunitat de vida anàloga a la matrimonial es consideren parella estable en qualsevol dels casos següents:

a) Si la convivència dura més de dos anys ininterromputs.

b) Si durant la convivència, tenen un fill comú.

c) Si formalitzen la relació en escriptura pública.

Article 234-2. *Requisits personals*

No poden constituir una parella estable les persones següents:

a) Els menors d'edat no emancipats.

b) Les persones relacionades per parentiu en línia recta, o en línia col·lateral dins del segon grau.

c) Les persones casades i no separades de fet.

d) Les persones que convisquin en parella amb una tercera persona.

Article 234-3. *Règim durant la convivència*

1. Les relacions de la parella estable es regulen exclusivament pels pactes dels convivents, mentre dura la convivència.

2. En matèria de disposició de l'habitatge familiar, s'aplica el que estableix l'article 231-9.

3. Els convivents en parella estable poden adquirir conjuntament béns amb pacte de supervivència. En aquest cas, s'apliquen els articles 231-15 a 231-18, en matèria d'adquisicions oneroses amb pacte de supervivència.

SECCIÓ SEGONA.   *Extinció de la parella estable*

Article 234-4.   *Causes d'extinció*

1. La parella estable s'extingeix per les causes següents:

a) Cessament de la convivència amb trencament de la comunitat de vida.

b) Mort o declaració de mort d'un dels convivents.

c) Matrimoni de qualsevol dels convivents.

d) Comú acord dels convivents formalitzat en una escriptura pública.

e) Voluntat d'un dels convivents notificada fefaentment a l'altre.

2. L'extinció de la parella estable implica la revocació dels consentiments i poders que qualsevol dels convivents hagi atorgat a favor de l'altre.

Article 234-5.   *Pactes en previsió del cessament de la convivència*

En previsió del cessament de la convivència, els convivents poden pactar en escriptura pública els efectes de l'extinció de la parella estable. A aquests pactes se'ls aplica l'article 231-20.

Article 234-6.   *Acords assolits després del cessament de la convivència*

1. Després del cessament de la convivència, els convivents poden acordar els efectes de l'extinció de la parella estable.

2. En el cas d'acords assolits després del cessament de la convivència, els convivents de comú acord o un dels convivents amb el consentiment de l'altre poden sotmetre a l'aprovació de l'autoritat judicial una proposta de conveni que inclogui tots els efectes que l'extinció hagi de produir respecte als fills comuns i entre els convivents. Als acords inclosos en una proposta de conveni s'hi aplica l'article 233-3.

3. Si no hi ha fills comuns que depenen dels convivents, aquests poden regular els efectes de l'extinció de la parella estable per mitjà d'un conveni formulat davant del lletrat de l'Administració de justícia o en una escriptura pública davant de notari.

4. Els acords assolits fora de conveni es regeixen per l'article 233-5.

5. Si no hi ha acord entre els convivents, s'aplica el que estableix l'article 233-4.

SECCIÓ TERCERA.　*Efectes de l'extinció de la parella estable*

Article 234-7.　*Exercici de la guarda dels fills i relacions personals*

En matèria d'exercici de la guarda dels fills i relacions personals, s'apliquen a la parella estable els articles 233-8 a 233-13.

Article 234-8.　*Atribució o distribució de l'ús de l'habitatge familiar*

1.　Els convivents en parella estable poden acordar l'atribució a un d'ells de l'ús de l'habitatge familiar, amb el seu parament, per a satisfer en la part que sigui pertinent els aliments dels fills comuns que convisquin amb el beneficiari de l'ús o l'eventual prestació alimentària d'aquest.

2.　Si no hi ha acord o si aquest no és aprovat, en el cas que els convivents tinguin fills comuns, l'autoritat judicial pot atribuir l'ús de l'habitatge familiar, tenint en compte les circumstàncies del cas i seguint les regles següents:

a)　Preferentment, al membre de la parella a qui correspongui la guarda dels fills mentre duri aquesta.

b)　Si la guarda dels fills és compartida o distribuïda entre ambdós membres de la parella, al que en tingui més necessitat.

3.　L'atribució o distribució de l'ús de l'habitatge, si aquest pertany en tot o en part al membre de la parella que no n'és beneficiari, ha d'ésser tinguda en compte per a la fixació dels aliments als fills i la prestació alimentària que eventualment meriti l'altre membre de la parella.

4.　S'aplica a l'atribució o distribució de l'ús de l'habitatge el que estableixen l'article 233-20.6 i 7 i els articles 233-21 a 233-25.

Article 234-9.　*Compensació econòmica per raó de treball*

1.　Si un convivent ha treballat per a la casa substancialment més que l'altre o ha treballat per a l'altre sense retribució o amb una retribució insuficient, té dret a una compensació econòmica per aquesta dedicació sempre que en el moment del cessament de la convivència l'altre hagi obtingut un increment patrimonial superior, d'acord amb les regles de l'article 232-6.

2.　S'aplica a la compensació econòmica per raó de treball el que estableixen els articles 232-5 a 232-10.

Article 234-10.　*Prestació alimentària*

1.　Si la parella estable s'extingeix en vida dels convivents, qualsevol dels convivents pot reclamar a l'altre una prestació alimentària, si la necessita per a atendre adequadament la seva sustentació, en un dels casos següents:

a)　Si la convivència ha minvat la capacitat del sol·licitant d'obtenir ingressos.

b) Si té la guarda de fills comuns, en circumstàncies en què la seva capacitat d'obtenir ingressos resti minvada.

2. Els pactes de renúncia a la prestació alimentària no són eficaços en allò que comprometin la possibilitat d'atendre les necessitats bàsiques del convivent que té dret a demanar, llevat que hagin estat incorporats a una proposta de conveni presentada d'acord amb l'article 234-6.

3. Si un dels convivents mor abans que passi un any des de l'extinció de la parella estable, l'altre, en els tres mesos següents a la mort, pot reclamar als hereus el seu dret a la prestació alimentària. La mateixa regla s'ha d'aplicar si el procediment adreçat a reclamar la prestació alimentària s'extingeix per la mort del convivent que l'hauria de pagar.

Article 234-11. *Pagament de la prestació alimentària*

1. La prestació alimentària es pot atribuir en forma de capital o en forma de pensió.

2. Si no hi ha acord, l'autoritat judicial resol sobre la modalitat de pagament d'acord amb les regles de l'article 233-17.

3. La prestació alimentària en forma de pensió té caràcter temporal, amb un màxim de tres anualitats, llevat que la prestació es fonamenti en la minva de la capacitat del creditor d'obtenir ingressos derivada de la guarda de fills comuns. En aquest cas, es pot atribuir mentre duri la guarda.

4. La prestació alimentària en forma de pensió es pot modificar en els termes de l'article 233-18.

Article 234-12. *Extinció de la prestació alimentària fixada en forma de pensió*

La prestació alimentària en forma de pensió s'extingeix d'acord amb les regles de l'article 233-19.

Article 234-13. *Exercici dels drets*

Els drets a la compensació econòmica per raó de treball i a la prestació alimentària prescriuen en el termini d'un any a comptar de l'extinció de la parella estable i s'han de reclamar, si escau, en el mateix procediment en què es determinen els altres efectes de l'extinció de la parella estable.

Article 234-14. *Efectes de l'extinció per mort*

En cas d'extinció de la parella estable per mort d'un dels convivents, el supervivent té, a més de la compensació per raó de treball que eventualment li correspongui d'acord amb l'article 232-5.5, els drets viduals familiars que reconeixen els articles 231-30 i 231-31.

CAPÍTOL V.　*La filiació*

SECCIÓ PRIMERA.　*Disposicions generals*

Article 235-1.　*Classes de filiació*

La filiació pot tenir lloc per naturalesa o per adopció.

Article 235-2.　*Efectes de la filiació*

1.　Tota filiació produeix els mateixos efectes civils, sens perjudici dels efectes específics de la filiació adoptiva.

2.　La filiació determina la potestat parental, els cognoms, els aliments i els drets successoris i comporta l'assumpció de responsabilitats parentals envers els fills menors i els altres efectes establerts per les lleis.

3.　El pare i la mare poden establir de comú acord l'ordre dels cognoms en la inscripció del naixement o de l'adopció del primer fill. Els fills, en arribar a la majoria d'edat o en emancipar-se, poden alterar l'ordre dels cognoms.

SECCIÓ SEGONA.　*La filiació per naturalesa*

SUBSECCIÓ PRIMERA.　*Disposicions generals de la determinació de la filiació*

Article 235-3.　*Determinació*

La filiació per naturalesa, amb relació a la mare, resulta del naixement; amb relació al pare i la mare es pot establir pel reconeixement, pel consentiment a la fecundació assistida de la dona, per l'expedient registral o per sentència, i, únicament amb relació al pare, pel matrimoni amb la mare.

Article 235-4.　*Període legal de concepció*

El període legal de concepció comprèn els primers cent vint dies del període de gestació, que es presumeix d'un màxim de tres-cents dies, llevat que proves concloents demostrin que el període de gestació ha durat més de tres-cents dies.

SUBSECCIÓ SEGONA.　*La determinació de la filiació matrimonial*

Article 235-5.　*Paternitat matrimonial*

1.　Es tenen per fills del marit els nascuts després de la celebració del matrimoni i dins els tres-cents dies següents a la separació, legal o de fet, dels cònjuges o a la declaració de nul·litat o a la dissolució del matrimoni.

2. Els fills nascuts després dels tres-cents dies següents a la separació legal o de fet dels cònjuges són matrimonials si es prova que han nascut a conseqüència de les relacions sexuals entre els cònjuges. La mateixa regla s'aplica en el cas de nul·litat o de dissolució del matrimoni si es prova que les relacions han tingut lloc abans de produir-se aquests efectes.

3. Si dins dels tres-cents dies següents a la dissolució o a la nul·litat hi ha hagut un nou matrimoni de la mare, es presumeix que els nascuts després de la celebració d'aquest matrimoni són fills del segon marit.

Article 235-6. *Concepció abans del matrimoni*

1. Si el fill neix dins els cent vuitanta dies següents a la celebració del matrimoni, el marit pot deixar sense efecte la determinació de la filiació que resulta de l'article 235-5 declarant que en desconeix la paternitat. Aquesta declaració, que ha d'ésser autèntica, ha d'entrar en el Registre Civil en el termini dels sis mesos següents al naixement.

2. El desconeixement de la paternitat no és eficaç en els casos següents:

a) Si el marit ha conegut l'embaràs abans de contreure matrimoni, llevat que la declaració a què fa referència l'apartat 1 s'hagi fet amb el consentiment de la muller.

b) Si el marit ha admès la paternitat de qualsevol forma.

c) Si la mare demostra l'existència de relacions sexuals amb el marit durant el període legal de la concepció.

Article 235-7. *Naixement abans del matrimoni*

1. Els fills comuns nascuts abans del matrimoni del pare i de la mare tenen, des de la data de la celebració d'aquest, la condició de matrimonials si la filiació queda determinada legalment.

2. La impugnació de la filiació a què fa referència l'apartat 1 es regeix per les regles de la filiació no matrimonial.

Article 235-8. *La fecundació assistida de la dona casada*

1. Els fills nascuts a conseqüència de la fecundació assistida de la muller, practicada amb el consentiment exprés del cònjuge formalitzat en un document estès davant d'un centre autoritzat o en un document públic, són fills matrimonials del cònjuge que ha donat el consentiment.

2. En la fecundació assistida practicada després de la mort del marit amb gàmetes d'aquest, el nascut es té per fill seu si es compleixen les condicions següents:

a) Que consti fefaentment la voluntat expressa del marit per a la fecundació assistida després de la mort.

b) Que es limiti a un sol cas, comprès el part múltiple.

c) Que el procés de fecundació s'iniciï en el termini de 270 dies a partir de la mort del marit. L'autoritat judicial pot prorrogar aquest termini per una causa justa i per un temps màxim de 90 dies.

SUBSECCIÓ TERCERA. *La determinació de la filiació no matrimonial*

Article 235-9. *Establiment*

1. La filiació no matrimonial es pot establir per:

a) Reconeixement fet en testament o codicil, en escriptura pública o davant la persona encarregada del Registre Civil.

b) Resolució dictada en un expedient tramitat d'acord amb la legislació del Registre Civil.

c) Sentència ferma en un procediment civil o penal.

d) Pel que fa a la mare, en la forma que la legislació del Registre Civil estableix per a la inscripció.

2. En el reconeixement fet en testament o escriptura pública o davant la persona encarregada del Registre Civil no es pot manifestar la identitat de l'altre progenitor si no ha estat ja determinada legalment. Aquesta regla no s'aplica al cas del reconeixement del concebut i no nascut fet en testament o escriptura pública.

Article 235-10. *Presumpcions de paternitat*

1. Es presumeix que és pare del fill no matrimonial:

a) L'home amb el qual la mare ha conviscut en el període legal de la concepció.

b) L'home amb el qual la mare ha mantingut relacions sexuals en el període de la concepció.

c) L'home que ha reconegut la paternitat tàcitament o d'una manera diferent de la que estableix l'article 235-9.

2. Les presumpcions a què fa referència l'apartat 1 es poden destruir amb tota classe de proves en el judici corresponent.

Article 235-11. *Capacitat per al reconeixement de la paternitat o la maternitat*

1. Els majors de catorze anys tenen capacitat per al reconeixement de la paternitat. La mare té capacitat per al reconeixement de la mater-

nitat des que s'acrediti el fet del part, tingui l'edat que tingui. En ambdós casos, cal que tinguin capacitat natural.

2. Per a la validesa del reconeixement fet per menors no emancipats o incapacitats, cal l'aprovació judicial, amb audiència del ministeri fiscal.

Article 235-12. *Requisits del reconeixement de la paternitat o la maternitat*

1. Per a l'eficàcia del reconeixement d'un fill no matrimonial major d'edat o menor emancipat, cal el seu consentiment exprés o tàcit.

2. El pare i la mare poden reclamar que es declari judicialment la paternitat o la maternitat no matrimonials encara que el fill hagi denegat el consentiment a què fa referència l'apartat 1. La sentència que l'admeti ha de determinar la filiació sense cap altre efecte, llevat que es provi la raó que justifica el retard en el reconeixement.

3. Per a l'eficàcia del reconeixement d'una persona menor o incapacitada que no es faci en el termini fixat per a la inscripció del naixement, cal l'aprovació judicial, amb audiència del ministeri fiscal, del representant legal del menor i, si és conegut, de l'altre progenitor. La denegació de l'aprovació judicial no impedeix la reclamació de la filiació d'acord amb el que estableix l'apartat 2 i amb el mateix abast.

4. El reconeixement d'un fill ja mort només és eficaç si deixa descendents i els de grau més pròxim el consenten. Si els descendents són menors o incapacitats, cal l'aprovació judicial, amb audiència del ministeri fiscal. La denegació de consentiment o d'aprovació judicial no impedeix la reclamació de la filiació d'acord amb el que estableix l'apartat 2 i amb el mateix abast.

Article 235-13. *La fecundació assistida de la dona*

1. Els fills nascuts de la fecundació assistida de la mare són fills de l'home o de la dona que l'ha consentida expressament en un document estès davant d'un centre autoritzat o en un document públic.

2. En la fecundació assistida després de la mort de l'home que convivia amb la mare, el nascut es considera fill d'aquest si es compleixen les condicions que estableix l'article 235-8.2, en allò que hi sigui aplicable.

Article 235-14. *Eficàcia limitada*

1. Els efectes de la declaració de filiació es limiten a la mera determinació d'aquest estat, a petició dels fills majors d'edat o emancipats o del representant legal dels menors d'edat o incapacitats, en els casos següents:

a) Si el progenitor ha estat condemnat per sentència ferma en un procediment penal per causa de les relacions que han donat lloc a la filiació.

b) Si la filiació reclamada ha estat declarada judicialment amb l'oposició del progenitor demandat.

c) Si el reconeixement s'ha fet amb mala fe o amb abús de dret.

2. La determinació de la filiació en els casos a què fa referència l'apartat 1 no produeix cap efecte civil a favor del progenitor, el qual està sempre obligat a vetllar pel fill i a prestar-li aliments.

SUBSECCIÓ QUARTA. *Regles comunes a les accions de filiació*

Article 235-15. *Mitjans de prova*

1. En l'exercici de les accions de filiació no cal la presentació de cap principi de prova.

2. En els processos de filiació s'admet tota classe de proves, sens perjudici del que estableix l'article 235-28.2.

Article 235-16. *Persones que intervenen en el procés*

1. En tot procés de filiació han d'ésser demandades les persones la paternitat, la maternitat o la filiació de les quals sigui reclamada o estigui legalment determinada.

2. En el cas que una persona que hauria d'ésser demandada hagi mort, l'acció s'ha de dirigir contra els seus hereus.

3. En les accions de filiació, el lletrat de l'Administració de Justícia pot nomenar un defensor judicial si el fill ha d'intervenir per mitjà d'un representant legal i ho justifica el seu interès.

Article 235-17. *Mesures cautelars en el judici de filiació*

Mentre dura el procediment de reclamació o d'impugnació de la filiació, l'autoritat judicial pot adoptar les mesures de protecció convenients sobre la persona i els béns del fill menor o incapacitat i, fins i tot, en cas de reclamació, pot acordar aliments provisionals a favor del fill.

Article 235-18. *Relacions sexuals de la mare amb altres homes*

1. La prova de les relacions sexuals de la mare amb un home diferent del demandat durant el període legal de concepció no és suficient per a destruir les presumpcions de paternitat.

2. Si en el procés s'invoca l'excepció de relacions sexuals de la mare amb homes diferents del demandat, se'ls pot cridar, a petició de part legitimada per a reclamar la paternitat, perquè intervinguin en el procés en qualitat de demandats.

3. Si, en aplicació del que estableix l'apartat 2, són demandats diversos homes, s'ha de declarar pare aquell la paternitat del qual resulti més versemblant.

Article 235-19.   *Filiació contradictòria*

1.   La determinació de la filiació no té cap mena d'efecte mentre n'hi hagi una altra de contradictòria.

2.   No es pot reclamar una filiació que en contradigui una altra que s'hagi establert per sentència ferma.

SUBSECCIÓ CINQUENA.   *La reclamació de la filiació*

Article 235-20.   *Filiació matrimonial*

1.   El pare, la mare i els fills, per si mateixos o mitjançant llurs representants legals, si escau, poden exercir l'acció de reclamació de la filiació matrimonial durant tota la vida. L'acció interposada pels fills pot ésser continuada per llurs descendents o hereus.

2.   Els descendents o els hereus dels fills poden exercir l'acció de reclamació de la filiació matrimonial, dins el temps que resti per a completar el termini de dos anys comptadors des del descobriment de les proves en les quals es fonamenta la reclamació.

3.   Si quan el fill mor no han transcorregut quatre anys des de l'assoliment de la majoria d'edat o des de la recuperació de la plena capacitat, els descendents o els hereus del fill poden exercir o continuar l'acció de reclamació de la filiació matrimonial, dins el temps que resti per a completar aquest termini, si és superior al de dos anys que fixa l'apartat 2.

Article 235-21.   *Filiació no matrimonial*

1.   Els fills per ells mateixos o per mitjà de llurs representants legals, si escau, poden exercir l'acció de reclamació de la filiació no matrimonial durant tota la vida. En els supòsits de l'article 235-20.2 i 3, els descendents o els hereus dels fills poden exercir o continuar l'acció, dins el temps que resti per a completar els terminis corresponents.

2.   El pare i la mare poden exercir, durant tota la vida, l'acció de reclamació de paternitat o maternitat no matrimonial, en nom i interès propis, si no poden reconèixer els fills o si el reconeixement no ha estat eficaç per manca de consentiment dels fills o d'aprovació judicial.

Article 235-22.   *Acumulació de pretensions*

L'exercici de l'acció de reclamació de filiació permet l'acumulació de l'acció d'impugnació de la filiació contradictòria. En aquest cas, l'acció d'impugnació és accessòria de la de reclamació i només pot ésser estimada si s'estima també aquesta, llevat que la part demandant estigui legitimada per a exercir l'acció d'impugnació i aquesta no hagi caducat.

SUBSECCIÓ SISENA. *La impugnació de la filiació*

Article 235-23. *Impugnació pel marit de la paternitat matrimonial*

1. El marit pot exercir l'acció d'impugnació de la paternitat matrimonial en el termini de dos anys a partir de la data en què conegui el naixement del fill o del descobriment de les proves en què fonamenta la impugnació.

2. L'acció d'impugnació es transmet als fills o descendents i als hereus del marit si aquest mor després d'haver interposat l'acció o abans que fineixin els terminis que fixa l'apartat 1. En aquests casos, qualsevol d'ells pot exercir l'acció, dins el temps que resti per a completar els dits terminis.

3. Si el marit mor sense conèixer el naixement o les proves en què ha de fonamentar l'acció, el termini de dos anys es compta des de la data en què els conegui la persona legitimada per a impugnar.

Article 235-24. *Impugnació per la mare de la paternitat matrimonial*

La mare, en nom propi o en interès i representació del fill, si és menor o incapaç, pot impugnar la paternitat matrimonial durant el termini de dos anys a partir de la data del naixement del fill o del descobriment de les proves en què es fonamenta la impugnació.

Article 235-25. *Impugnació pel fill de la paternitat matrimonial*

El fill pot exercir l'acció d'impugnació de la paternitat matrimonial dins dels dos anys següents a l'assoliment de la majoria d'edat, a la recuperació de la plena capacitat o al descobriment de les proves en què fonamenta la impugnació.

Article 235-26. *Impugnació de la paternitat no matrimonial*

1. El pare, la mare i els fills per ells mateixos o per mitjà de llur representant legal poden exercir l'acció d'impugnació de la paternitat no matrimonial en el termini de dos anys a partir de l'establiment d'aquesta paternitat o, si escau, des del moment en què es conegui aquest establiment o des de l'aparició de noves proves contràries a la paternitat.

2. En el cas del fill, l'acció caduca al cap de dos anys de l'assoliment de la majoria d'edat, de la recuperació de la plena capacitat o de l'aparició de les noves proves contràries a la paternitat. Durant la minoria d'edat o la incapacitat del fill, pot exercir l'acció la mare, d'acord amb el que estableix l'article 235-24.

Article 235-27. *Impugnació del reconeixement de la paternitat*

1. L'acció d'impugnació del reconeixement de la paternitat fet sense capacitat o per error, violència, intimidació o dol, correspon a qui l'ha atorgat i als seus representants legals.

2.　L'acció de nul·litat per manca de capacitat caduca al cap de dos anys de l'arribada a la majoria d'edat o de la recuperació de la capacitat. En cas de vici de la voluntat, l'acció caduca al cap de dos anys, que es compten, en cas d'error, des de l'atorgament del reconeixement de la paternitat, i en els altres casos, des que cessa el vici. Els fills, els descendents i els hereus de l'atorgant poden continuar l'acció de nul·litat, o exercir-la, si l'atorgant mor abans que hagin transcorregut els dos anys, durant el temps que resti per a completar aquest termini.

3.　El que estableixen els apartats 1 i 2 s'aplica també al consentiment donat a la fecundació assistida de la dona.

4.　El reconeixement de la paternitat fet en frau de llei és nul. L'acció de nul·litat és imprescriptible i pot ésser exercida pel ministeri fiscal o per qualsevol altra persona amb un interès directe i legítim.

Article 235-28.　*La prova en la impugnació de la paternitat*

1.　Perquè prosperi qualsevol acció d'impugnació de la paternitat matrimonial i no matrimonial, s'ha de provar d'una manera concloent que el presumpte pare no és progenitor de la persona la filiació de la qual s'impugna.

2.　Si la filiació deriva de la fecundació assistida de la mare, l'acció d'impugnació no pot prosperar si la persona la paternitat o maternitat de la qual s'impugna va consentir la fecundació d'acord amb els articles 235-8 o 235-13, i tampoc, en cap cas, si és progenitor biològic del fill.

Article 235-29.　*Impugnació de la maternitat*

1.　Els fills, per ells mateixos o per mitjà de llurs representants legals, poden exercir l'acció d'impugnació de la maternitat durant tota la vida si proven la suposició de part o que no és certa la identitat del fill. També la pot exercir la mare en el termini de dos anys des del coneixement de les proves que fonamenten la impugnació.

2.　L'acció d'impugnació es transmet als fills o descendents i als hereus de la mare si aquesta mor després d'haver interposat l'acció o abans que fineixin els terminis que fixa l'apartat 1. En aquests casos, qualsevol d'ells pot exercir l'acció, dins el temps que resti per a completar els dits terminis.

3.　Si la mare mor sense conèixer les proves en què ha de fonamentar l'acció, els dos anys es compten des de la data en què la persona legitimada per a impugnar la maternitat les coneix.

SECCIÓ TERCERA.   *La filiació adoptiva*

SUBSECCIÓ PRIMERA.   *Condicions requerides per a l'adopció*

Article 235-30.   *Requisits personals per a adoptar*

1.   Per a poder adoptar hom ha de complir els requisits següents:

a)   Tenir plena capacitat d'obrar.

b)   Ésser major de vint-i-cinc anys, llevat que es tracti de l'adopció del fill del cònjuge o de la parella estable o de parents orfes, i tenir com a mínim catorze anys més que la persona adoptada.

2.   L'adopció per més d'una persona només s'admet en el cas dels cònjuges o dels membres d'una parella estable. En aquests casos, n'hi ha prou que un dels adoptants hagi complert vint-i-cinc anys.

Article 235-31.   *Prohibicions per a adoptar*

1.   No poden adoptar les persones que hagin estat suspeses o privades de la potestat o les que hagin estat remogudes d'un càrrec tutelar mentre estiguin en aquesta situació.

2.   No es poden adoptar les persones següents:

a)   Els descendents.

b)   Els germans.

c)   Els parents en segon grau de la línia col·lateral per afinitat, mentre dura el matrimoni que origina aquest parentiu.

Article 235-32.   *Adopció de menors d'edat*

1.   Es poden adoptar els menors d'edat desemparats que estan en situació d'acolliment preadoptiu. També es poden adoptar els menors següents:

a)   Els fills del cònjuge o de la persona amb qui l'adoptant conviu en parella estable. En aquests casos, l'adopció requereix que la filiació no estigui determinada legalment respecte a l'altre progenitor, o que aquest hagi mort, estigui privat de la potestat, estigui sotmès a una causa de privació de la potestat o hi hagi donat l'assentiment.

b)   Els orfes que són parents de l'adoptant fins al quart grau de consanguinitat o afinitat.

c)   Les persones tutelades per qui vol adoptar, un cop aprovat el compte final de la tutela.

2.   Es poden adoptar els menors desemparats que estiguin en acolliment simple dels que volen adoptar, si les circumstàncies han canviat i ja no és possible el retorn dels menors a llur família, perquè es produeix alguna de les circumstàncies de l'acolliment preadoptiu o d'altres que en fan impossible el retorn.

3. Es pot constituir l'adopció, encara que l'adoptant o un dels adoptants hagi mort, si ha donat el consentiment a l'adopció davant l'autoritat judicial o bé en testament, codicil o escriptura pública.

4. En cas de mort de l'adoptant individual o, si és adopció conjunta, d'ambdós adoptants, és possible un nou procediment d'adopció de la persona que estava en procés d'ésser adoptada.

Article 235-33. *Adopció de persones majors d'edat*

Només es pot adoptar una persona major d'edat o una persona emancipada si ha conviscut ininterrompudament amb l'adoptant des d'abans d'haver complert catorze anys o si ha estat en situació d'acolliment preadoptiu, almenys durant els sis mesos immediatament anteriors a l'assoliment de la majoria d'edat o a l'emancipació, i hi ha continuat convivint sense interrupció.

SUBSECCIÓ SEGONA. *L'acolliment preadoptiu*

Article 235-34. *La mesura d'acolliment preadoptiu*

1. L'entitat pública competent ha d'acordar la mesura d'acolliment preadoptiu, com a pas previ a l'adopció, en els casos següents:

a) Si no és possible el retorn del menor a la seva família d'origen i el més favorable al seu interès és la plena integració en una altra família mitjançant l'adopció.

b) Si els progenitors o els tutors ho sol·liciten a l'entitat pública competent i abandonen els drets i els deures inherents a llur condició.

2. Als efectes del que estableix l'apartat 1, s'entén que no és factible el retorn del menor a la seva família biològica si aquest retorn requereix el transcurs d'un període durant el qual es pot produir un major deteriorament psicosocial en el desenvolupament evolutiu del menor.

3. Una vegada acordada la mesura d'acolliment preadoptiu, s'han de suspendre les visites i les relacions del menor amb la família biològica, per a aconseguir que s'integri millor en la família acollidora, si convé a l'interès del menor.

4. Les persones acollidores tenen els deures de vetllar pel menor, tenir-lo en llur companyia, alimentar-lo, educar-lo i procurar-li una formació integral. A aquest efecte, assumeixen plenament les responsabilitats parentals i les facultats que en deriven. Aquestes funcions s'han d'exercir sota la supervisió de l'entitat competent, que ha de facilitar l'assessorament necessari.

Article 235-35. *Resolució d'acolliment*

L'acolliment preadoptiu s'ha d'acordar per mitjà d'una resolució de l'entitat pública competent en el termini i amb els requisits i el procediment que estableix la legislació sobre la infància i l'adolescència.

Article 235-36. *Cessament de l'acolliment preadoptiu*

1. L'acolliment preadoptiu cessa per les causes següents:

a) Adopció de la persona acollida.

b) Mort, incapacitat o voluntat de la persona o les persones acollidores.

c) Sol·licitud de la persona acollida, si ha complert dotze anys.

d) Decisió de l'entitat pública competent fonamentada en un informe de seguiment desfavorable.

2. El cessament de l'acolliment per les causes a què fa referència l'apartat 1.b, c i d determina l'adopció de la mesura de protecció que més escaigui en benefici del menor.

Article 235-37. *Confidencialitat de les dades*

Les persones que intervenen en la constitució de l'acolliment preadoptiu o de l'adopció, tant si presten serveis en l'entitat pública competent o en les institucions col·laboradores com si no n'hi presten, estan obligades a guardar secret de la informació que n'obtinguin i de les dades de filiació dels acollits o adoptats, i han d'evitar, especialment, que la família d'origen conegui l'acollidora o l'adoptiva.

Article 235-38. *Proposta d'adopció*

1. Per a iniciar el procediment d'adopció, cal la proposta prèvia de l'entitat pública competent, excepte en els casos a què fan referència l'article 235-32.1.a, b i c i l'article 235-33.

2. En la proposta d'adopció s'han de fer constar, degudament acreditades, les dades següents:

a) La idoneïtat raonada de la persona o les persones que volen adoptar ateses llurs condicions personals, socials, familiars i econòmiques i llur aptitud educadora.

b) El darrer domicili, si és conegut, dels progenitors, dels tutors o dels guardadors de l'adoptat.

SUBSECCIÓ TERCERA. *Constitució de l'adopció*

Article 235-39. *Constitució per resolució judicial*

L'adopció s'ha de constituir per mitjà d'una resolució judicial motivada, d'acord amb el que estableix aquesta secció i tenint en compte l'interès de l'adoptat.

Article 235-40. *Consentiment a l'adopció*

Els adoptants i l'adoptat, si ha complert dotze anys, han de donar el consentiment a l'adopció davant l'autoritat judicial.

Article 235-41.   *Assentiment a l'adopció*

1.   Han de donar l'assentiment a l'adopció, si no estan impossibilitades per a fer-ho, les persones següents:

a)   El cònjuge de l'adoptant, excepte en el cas de separació legal o de fet, o la persona amb qui l'adoptant conviu en parella estable.

b)   Els progenitors de l'adoptat, llevat que estiguin privats legalment de la potestat o incorrin en una causa de privació d'aquesta, o, en el cas d'acolliment preadoptiu, que la resolució que el va acordar hagi esdevingut ferma.

2.   L'assentiment s'ha de donar davant l'autoritat judicial. La mare no el pot donar fins que hagin passat sis setmanes del part.

3.   L'assentiment dels progenitors no es pot referir a una persona determinada, llevat del cas excepcional que una causa raonable ho justifiqui.

Article 235-42.   *Concurrència de causa de privació de la potestat*

1.   La concurrència d'una causa de privació de la potestat, en un dels progenitors o en ambdós, a què fa referència l'article 235-41.1.b, s'ha d'apreciar en el mateix procediment d'adopció, mitjançant una resolució motivada.

2.   L'autoritat judicial, suspenent la tramitació de l'expedient, ha d'assabentar les persones que incorrin en una causa de privació de la potestat dels efectes de la resolució i ha d'assenyalar el termini que consideri necessari, no inferior a vint dies, perquè puguin comparèixer i al·legar allò que estimin més convenient en defensa de llur dret, seguint els tràmits del judici verbal.

Article 235-43.   *Persones que han d'ésser escoltades*

L'autoritat judicial ha d'escoltar en la tramitació de l'expedient d'adopció les persones següents:

a)   Els progenitors dels majors d'edat o dels menors emancipats i les persones de les quals no cal l'assentiment, llevat dels que estan privats de la potestat parental.

b)   Els tutors, els curadors o els guardadors de fet de l'adoptat.

c)   L'adoptat menor de dotze anys, si té prou coneixement.

d)   Els fills dels adoptants, si els dits fills i adoptants conviuen, i, si escau, els fills de l'adoptat, si tenen prou coneixement i és possible.

SUBSECCIÓ QUARTA.   *Adopció i acolliment internacionals*

Article 235-44.   *Adopció internacional de menors*

1.   L'adopció i l'acolliment internacionals han de respectar els principis dels convenis de drets fonamentals relatius als infants, les normes convencionals i les normes de dret internacional privat que siguin aplicables.

2. En l'adopció i l'acolliment internacionals s'ha de garantir:

a) Que hi intervé una autoritat competent.

b) Que es respecta el principi de subsidiarietat de l'adopció internacional.

c) Que l'adopció o l'acolliment responen a l'interès del menor.

d) Que el menor pot ésser adoptat.

e) Que els consentiments requerits es donen lliurement, sense rebre cap mena de contraprestació, coneixent les conseqüències i els efectes que en deriven, especialment pel que fa al trencament definitiu, en el cas de l'adopció, de tot vincle jurídic amb la família d'origen.

f) Que l'adopció o l'acolliment no comporten un benefici material indegut per a les persones responsables del menor o per a qualsevol altra persona.

g) Que el menor, si té prou coneixement, és escoltat.

3. No es poden iniciar tràmits per a adoptar menors en països en situació de conflicte bèl·lic o desastre natural.

4. L'autoritat judicial pot disposar, de manera excepcional, respecte a menors als països d'origen dels quals no existeixi l'adopció ni cap altra institució equivalent, la constitució de l'adopció en aquelles situacions anàlogues a l'acolliment o a la tutela, constituïdes a l'estranger amb finalitat protectora permanent. Són requisits imprescindibles que la constitució de l'adopció sigui necessària per a l'interès del menor, que ho permetin les normes de dret internacional privat aplicables i que l'entitat pública competent de la residència de la família emeti el certificat d'idoneïtat respecte a la persona o les persones que el tenen confiat i sol·liciten l'adopció.

Article 235-45. *Tramitació de l'adopció per l'entitat pública*

1. L'entitat pública competent només ha de tramitar les adopcions de menors originaris dels països en els quals quedi suficientment garantit el respecte als principis i a les normes de l'adopció internacional i la intervenció deguda de llurs organismes administratius i judicials.

2. Per a garantir el ple respecte als drets dels menors, en el cas d'adopcions internacionals, l'entitat pública competent exerceix les funcions següents:

a) Adoptar mesures per a evitar lucres indeguts i impedir pràctiques contràries a l'interès del menor.

b) Reunir i conservar la informació relativa als adoptats i a llurs orígens i garantir-ne l'accés si la llei ho permet.

c) Facilitar i seguir els procediments d'adopció.

d)   Assessorar sobre l'adopció i, si cal i en la mesura permesa per la llei, fer el seguiment de les adopcions, si ho exigeix el país d'origen de la persona que es vol adoptar.

e)   Seleccionar les persones i les famílies sol·licitants tot valorant-ne la idoneïtat d'acord amb els criteris i els processos que més afavoreixin l'èxit del procés adoptiu.

f)   Determinar el perfil del menor en concordança amb el de la persona o la família adoptant, per a facilitar l'encaix del menor i l'èxit de l'adopció.

Article 235-46.   *Funcions d'intermediació*

Només pot intervenir amb funcions d'intermediació per a l'adopció internacional l'entitat pública competent de la Generalitat. No obstant això, la Generalitat pot acreditar entitats col·laboradores per a l'exercici d'aquestes funcions en els termes i amb el compliment dels requisits que s'estableixin per reglament. En tot cas, aquestes entitats no han de tenir ànim de lucre, han d'estar legalment constituïdes, han de tenir com a finalitat la protecció dels menors i han de defensar l'interès primordial del menor per damunt de cap altre, d'acord amb les normes de dret internacional aplicables. A més, s'han de sotmetre a les directrius, la inspecció i el control de l'entitat pública competent.

SUBSECCIÓ CINQUENA.   *Efectes específics de la filiació adoptiva*

Article 235-47.   *Efectes específics de l'adopció*

1.   L'adopció origina relacions de parentiu entre l'adoptant i la seva família i l'adoptat i els seus descendents, i produeix els mateixos efectes que la filiació per naturalesa.

2.   L'adopció extingeix el parentiu entre l'adoptat i la seva família d'origen, llevat dels casos a què fa referència l'article 235-32.1.a i b, en què es manté el parentiu respecte a la branca familiar del progenitor o els progenitors substituïts.

3.   Els vincles de l'adoptat amb la seva família d'origen es mantenen només en els casos que estableix la llei i, especialment, als efectes dels impediments per a contreure matrimoni i en els casos en què es mantenen els drets successoris.

4.   L'autoritat judicial, excepcionalment, a proposta de l'entitat pública competent o del ministeri fiscal, pot disposar que es mantinguin les relacions personals de l'adoptat amb la família d'origen en els supòsits a què fa referència l'article 235-44.4 o si hi ha vincles afectius el trencament dels quals sigui greument perjudicial per a l'interès del menor.

Article 235-48. *Cognoms de l'adoptat*

1. La persona que és adoptada per dues persones conjuntament porta els cognoms dels adoptants en l'ordre establert per a llur primer fill comú o, si no en tenen, en l'ordre que acordin o en el que disposa la llei. Si els adoptants són del mateix sexe i no tenen cap fill comú ni acorden l'ordre dels cognoms, l'autoritat judicial l'ha de decidir dins el procediment d'adopció.

2. La persona que és adoptada per una sola persona porta els cognoms de l'adoptant, excepte en el supòsit a què fa referència l'article 235-32.1.a, en què conserva el cognom del progenitor d'origen i s'apliquen les normes de l'apartat 1. Tanmateix, aquest progenitor i l'adoptant poden sol·licitar de comú acord que l'adoptat conservi els dos cognoms d'origen com un sol cognom, unint-los amb un guionet i col·locant en primer lloc el del progenitor supervivent. En aquest cas, l'adoptat ha de portar aquest cognom juntament amb el de l'adoptant. Per a dur a terme aquesta unió, cal que el progenitor d'origen substituït per l'adopció hagi mort i que l'adoptat, si ha complert els dotze anys, ho consenti.

3. L'ordre dels cognoms de la persona adoptada per una sola persona es pot invertir a petició d'aquesta en el moment de l'adopció. L'ordre establert per al primer fill regeix per als següents.

4. L'adoptat major d'edat o emancipat pot conservar els cognoms d'origen si ho sol·licita en el moment de l'adopció.

5. En els supòsits d'elecció, petició d'inversió o conservació dels cognoms a què fa referència aquest article, la part dispositiva de la resolució judicial per la qual es constitueix l'adopció ha d'establir expressament els cognoms de l'adoptat.

Article 235-49. *Dret a la informació sobre el propi origen*

1. L'adoptat té dret a ésser informat sobre el seu origen.

2. L'adoptat, a partir de l'assoliment de la majoria d'edat o de l'emancipació, pot exercir les accions que condueixin a esbrinar la identitat dels seus progenitors biològics, la qual cosa no afecta la filiació adoptiva.

3. Les administracions públiques han de facilitar a l'adoptat, si les demana, les dades que tinguin sobre la seva filiació biològica. Amb aquesta finalitat, s'ha d'iniciar un procediment confidencial de mediació, previ a la revelació, en el marc del qual tant l'adoptat com el seu pare i la seva mare biològics han d'ésser informats de les respectives circumstàncies familiars i socials i de l'actitud manifestada per l'altra part amb relació a la possible trobada.

4. L'adoptat pot sol·licitar, en interès de la seva salut, les dades biogenètiques dels seus progenitors. També ho poden fer els adoptants mentre l'adoptat és menor d'edat.

5. Els drets que reconeixen els apartats 2 i 3 s'han d'exercir sense detriment del deure de reserva de les actuacions.

Article 235-50.   *Obligació d'informar el fill adoptat sobre l'adopció*

Els adoptants han de fer saber al fill que el van adoptar, tan aviat com aquest tingui prou maduresa o, al més tard, quan compleixi dotze anys, llevat que aquesta informació sigui contrària a l'interès superior del menor.

SUBSECCIÓ SISENA.   *Extinció*

Article 235-51.   *Irrevocabilitat i impugnació*

1. L'adopció és irrevocable.

2. L'autoritat judicial pot establir l'extinció de l'adopció en interès de l'adoptat en els casos següents:

a)   Si els progenitors no han intervingut, d'acord amb la llei, en l'expedient d'adopció per una causa que no els és imputable i impugnen l'adopció en el termini de dos anys a partir del moment en què es constitueix.

b)   Si es produeixen les causes que la llei estableix per a la revisió de les sentències fermes.

Article 235-52.   *Efectes de l'extinció*

1. L'extinció de l'adopció comporta el restabliment de la filiació per naturalesa. L'autoritat judicial pot acordar restablir la filiació només del progenitor que ha exercit l'acció.

2. Els efectes patrimonials de l'adopció produïts amb anterioritat es mantenen.

CAPÍTOL VI.   *Potestat parental*

SECCIÓ PRIMERA.   *Disposicions generals*

Article 236-1.   *Titulars de la potestat parental*

Els progenitors, per a complir les responsabilitats parentals, tenen la potestat respecte als fills menors no emancipats. La potestat parental es pot estendre als fills majors d'edat incapacitats prorrogant-la o rehabilitant-la.

Article 236-2.   *Exercici de la potestat parental*

La potestat parental és una funció inexcusable que, en el marc de l'interès general de la família, s'exerceix personalment en interès dels fills, d'acord amb llur personalitat i per a facilitar-ne el ple desenvolupament.

Article 236-3. *Intervenció judicial*

1. L'autoritat judicial, en qualsevol procediment, pot adoptar les mesures que estimi necessàries per a evitar qualsevol perjudici personal o patrimonial als fills en potestat. A aquest efecte, pot limitar les facultats dels progenitors, exigir-los la prestació de garanties i, fins i tot, nomenar un administrador judicial.

2. L'autoritat judicial pot adoptar les mesures a què fa referència l'apartat 1 d'ofici o a instància dels mateixos fills, dels progenitors, encara que no tinguin l'exercici de la potestat, dels altres parents dels fills fins al quart grau per consanguinitat o segon per afinitat i del ministeri fiscal.

Article 236-4. *Relacions personals*

1. Els fills i els progenitors, encara que aquests no tinguin l'exercici de la potestat, tenen dret a relacionar-se personalment, llevat que els primers hagin estat adoptats o que la llei o una resolució judicial o administrativa, en el cas dels menors desemparats, disposin una altra cosa.

2. Els fills tenen dret a relacionar-se amb els avis, els germans i altres persones pròximes, i tots aquests tenen també el dret de relacionar-se amb els fills. Els progenitors han de facilitar aquestes relacions i només les poden impedir si hi ha una causa justa.

3. La pretensió per a fer efectius els drets a què fa referència aquest article s'ha de substanciar, sempre que no escaigui fer-ho en un procediment matrimonial, pels tràmits del procediment especial sobre guarda de menors. L'autoritat judicial pot adoptar, en tot cas, les mesures necessàries per a garantir l'efectivitat d'aquestes relacions personals.

Article 236-5. *Denegació, suspensió i modificació de les relacions personals*

1. L'autoritat judicial pot denegar o suspendre el dret dels progenitors o de les altres persones a què fa referència l'article 236-4.2 a tenir relacions personals amb els fills o filles, i també en pot variar les modalitats d'exercici, si incompleixen llurs deures o si la relació pot perjudicar l'interès dels fills o filles.

2. L'entitat pública competent pot determinar com s'han de fer efectives les relacions personals amb les persones menors desemparades i, fins i tot, suspendre-les si convé a l'interès d'aquestes.

3. El progenitor i les altres persones a què fa referència l'article 236-4.2, quan hi hagi indicis fonamentats que han comès actes de violència familiar o masclista, no tenen dret a relacionar-se personalment amb els fills o filles. Tampoc hi poden establir relacions personals mentre es trobin incursos en un procés penal iniciat per atemptar contra la vida, la integritat física, la llibertat, la integritat moral o la llibertat i la indemni-

tat sexual de l'altre progenitor o dels seus fills o filles, o en situació de presó per aquests delictes i mentre no s'extingeixi la responsabilitat penal.

4.   Excepcionalment, l'autoritat judicial pot establir, de forma motivada, un règim d'estades, relació o comunicacions en interès de la persona menor, un cop escoltada, si té capacitat natural suficient.

Article 236-6.   *Privació de la potestat parental*

1.   Els progenitors poden ésser privats de la titularitat de la potestat parental per incompliment greu o reiterat de llurs deures. Hi ha incompliment greu si el fill menor o incapacitat pateix abusos sexuals o maltractaments físics o psíquics, o si és víctima directa o indirecta de violència familiar o masclista.

2.   Hi ha causa de privació de la potestat parental sobre el menor desemparat si els progenitors, sense un motiu suficient que ho justifiqui, no manifesten interès pel menor o incompleixen el règim de relacions personals durant sis mesos.

3.   La privació de la potestat parental s'ha de decretar en un procés civil o penal i és efectiva des que la sentència esdevé ferma, sens perjudici que es pugui acordar cautelarment de suspendre'n l'exercici.

4.   Estan legitimades per a demanar la privació de la potestat parental les persones a què fa referència l'article 236-3.2 i, en el cas dels menors desemparats, l'entitat pública competent.

5.   Si s'ha sol·licitat en la demanda, es pot constituir la tutela ordinària en el mateix procediment de privació de potestat parental, amb l'audiència prèvia de les persones legalment obligades a promoure'n la constitució.

6.   La privació de la potestat no eximeix els progenitors de complir l'obligació de fer tot el que calgui per a assistir els fills ni la de prestar-los aliments en el sentit més ampli.

Article 236-7.   *Recuperació de la potestat parental*

L'autoritat judicial ha de disposar, si l'interès dels fills ho aconsella, la recuperació de la titularitat i, si escau, de l'exercici de la potestat parental, si ha cessat la causa que n'havia motivat la privació.

SECCIÓ SEGONA.   *L'exercici de la potestat parental*

Article 236-8.   *Exercici conjunt de la potestat parental*

1.   Els progenitors exerceixen la potestat parental respecte als fills conjuntament, llevat que acordin una altra modalitat d'exercici o que les lleis o l'autoritat judicial disposin una altra cosa.

2. En l'exercici conjunt de la potestat parental s'apliquen les regles següents:

a) En els actes d'administració ordinària i respecte a tercers de bona fe, es presumeix que cada progenitor actua amb el consentiment de l'altre.

b) En els actes d'administració extraordinària, els progenitors han d'actuar conjuntament o bé, si ho fan individualment, amb el consentiment exprés de l'altre. Són actes d'administració extraordinària els que requereixen l'autorització judicial.

c) En els actes de necessitat urgent i en els que, d'acord amb l'ús social o les circumstàncies familiars, normalment fa una persona sola, qualsevol dels progenitors pot actuar indistintament.

d) Per a l'atenció i l'assistència psicològiques dels fills i filles menors d'edat, no cal el consentiment del progenitor contra el qual se segueix un procediment penal per haver atemptat contra la vida, la integritat física, la llibertat, la integritat moral o la llibertat i indemnitat sexuals de l'altre progenitor o dels fills i filles comuns menors d'edat, o contra el qual s'ha dictat una sentència condemnatòria, mentre no s'extingeixi la responsabilitat penal. Encara que no s'hagi formulat denúncia prèvia, el consentiment tampoc és necessari quan la mare rep assistència, acreditada documentalment, dels serveis d'atenció i recuperació integral per a dones que pateixen violència masclista establerts legalment. L'assistència psicològica als fills i filles majors de setze anys requereix llur consentiment.

Article 236-9. *Exercici de la potestat parental amb distribució de funcions o individual amb consentiment de l'altre progenitor*

1. Els progenitors poden acordar que un d'ells exerceixi la potestat parental amb el consentiment de l'altre o que l'exerceixin ambdós amb distribució de funcions.

2. A l'efecte del que estableix l'apartat 1, els progenitors es poden atorgar poders de caràcter general o especial, revocables en tot moment. Els poders de caràcter general s'han d'atorgar en escriptura pública i s'han de revocar mitjançant una notificació notarial.

Article 236-10. *Exercici exclusiu de la potestat parental*

La potestat parental és exercida exclusivament per un dels progenitors en els casos d'impossibilitat, absència o incapacitat de l'altre, llevat que la sentència d'incapacitació estableixi una altra cosa, i en el cas que l'autoritat judicial ho disposi en interès dels fills.

Article 236-11. *Exercici de la potestat parental en cas de vida separada dels progenitors*

1. Si els progenitors viuen separats, poden acordar mantenir l'exercici conjunt de la potestat parental, delegar-ne l'exercici a un d'ells o distribuir-se'n les funcions d'acord amb el que estableix l'article 236-9.1.

2. Els progenitors poden sotmetre els acords a què fa referència l'apartat 1, i també el pla de parentalitat que hagin convingut, a aprovació judicial. Els acords han d'ésser aprovats sempre que no siguin perjudicials per als fills, atesos, en la mesura que escaiguin, els criteris per a l'atribució de la guarda que fixa l'article 233-11. Els acords són executius des del moment en què s'aproven.

3. Els acords de delegació o distribució, si no han estat incorporats a un conveni regulador aprovat judicialment, s'han de formalitzar en escriptura pública i es poden revocar en qualsevol moment mitjançant una notificació notarial.

4. En cas de desacord sobre l'exercici de la potestat parental, qualsevol dels progenitors pot recórrer a l'autoritat judicial, que ha de decidir havent escoltat l'altre progenitor i els fills que hagin complert dotze anys o que, tenint-ne menys, tinguin prou coneixement.

5. Les obligacions de guarda corresponen al progenitor que en cada moment tingui els fills amb ell, sia perquè de fet o de dret hi resideixin habitualment, sia perquè estiguin en companyia seva a conseqüència del règim de relacions personals que s'hagi establert.

6. El progenitor que exerceix la potestat parental, llevat que l'autoritat judicial disposi una altra cosa, necessita el consentiment exprés o tàcit de l'altre per a decidir el tipus d'ensenyament dels fills, per a variar-ne el domicili si això els aparta de llur entorn habitual i per a fer actes d'administració extraordinària de llurs béns. S'entén que el consentiment s'ha conferit tàcitament si ha vençut el termini de trenta dies des de la notificació, degudament acreditada, que s'hagi fet per a obtenir-lo i el progenitor que no exerceix la potestat no ha plantejat el desacord segons el que estableix l'article 236-13.

Article 236-12. *Deure d'informació*

1. Si l'exercici de la potestat parental ha estat atribuït a un dels progenitors o distribuït entre ambdós, el progenitor que l'estigui exercint ha d'informar l'altre immediatament dels fets rellevants que s'esdevinguin en la cura del fill i en l'administració del seu patrimoni i, amb caràcter ordinari, almenys cada tres mesos.

2. El progenitor amb qui està el fill té el mateix deure d'informació a què fa referència l'apartat 1 amb relació als fets esdevinguts mentre es fa efectiu el règim establert de relacions personals.

Article 236-13. *Desacords*

1. En cas de desacord ocasional en l'exercici de la potestat parental, l'autoritat judicial, a instància de qualsevol dels progenitors, ha d'atribuir la facultat de decidir a un d'ells.

2. Si els desacords són reiterats o es produeix qualsevol causa que dificulti greument l'exercici conjunt de la potestat parental, l'autoritat judicial pot atribuir totalment o parcialment l'exercici de la potestat als progenitors separadament o distribuir-ne entre ells les funcions de manera temporal, per un termini màxim de dos anys.

3. En els procediments que se substancien per raó de desacords en l'exercici de la potestat parental, els progenitors poden sotmetre les discrepàncies a mediació. Així mateix, l'autoritat judicial els pot derivar a una sessió prèvia de caràcter obligatori per tal que coneguin el valor, els avantatges, els principis i les característiques de la mediació. Si així ho acorden les parts, a les quals cal escoltar, aquesta sessió pot continuar, en el mateix moment o en un de posterior, amb una exploració del conflicte que les afecta. Les parts poden participar en la sessió prèvia i en la de mediació assistides per llurs advocats. Aquesta assistència és necessària si ho requereixen les parts o si així ho disposa l'autoritat judicial i s'ha de desenvolupar sempre amb ple respecte pels principis de la mediació i per la igualtat entre les parts.

Article 236-14. *Facultats del cònjuge o convivent en parella estable del progenitor*

1. El cònjuge o convivent en parella estable del progenitor que en cada moment té la guarda del fill té dret a participar en la presa de decisions sobre els assumptes relatius a la seva vida diària.

2. En cas de desacord entre el progenitor i el seu cònjuge o convivent en parella estable preval el criteri del progenitor.

3. En cas de risc imminent per al menor, el cònjuge o el convivent en parella estable del progenitor que té la guarda del fill pot adoptar les mesures necessàries per al benestar del fill, de la qual cosa ha d'informar sense demora el seu cònjuge o convivent. Aquest n'ha d'informar l'altre progenitor.

Article 236-15. *Atribució de la guarda del fill en cas de mort del cònjuge o convivent en parella estable*

1. Si mor el progenitor que tenia atribuïda la guarda de manera exclusiva, l'altre progenitor la recupera.

2. L'autoritat judicial, amb l'informe del ministeri fiscal, pot atribuir excepcionalment la guarda i les altres responsabilitats parentals al cònjuge o convivent en parella estable del progenitor difunt si l'interès del fill ho requereix i es compleixen els requisits següents:

a) Que el cònjuge o convivent del progenitor difunt hagi conviscut amb el menor.

b) Que s'escolti l'altre progenitor i el menor d'acord amb el que estableix l'article 211-6.2.

3. El cònjuge o convivent del progenitor difunt a qui no correspongui la guarda d'acord amb l'apartat 2, si l'interès del fill ho justifica, pot demanar a l'autoritat judicial que li atribueixi un règim de relació, sempre que hagi conviscut amb el menor durant els dos darrers anys.

Article 236-16. *Progenitors menors*

1. El pare o la mare menors necessiten, per a exercir la potestat, l'assistència dels progenitors respectius o d'aquell dels dos que tingui l'exercici de la potestat parental o, si manquen aquests, de llur tutor o llur curador.

2. No cal l'assistència a què fa referència l'apartat 1 en els casos següents:

a) Si el pare o la mare menor és casat amb una persona major d'edat, respecte als fills comuns.

b) Si el pare o la mare menor està emancipat i té almenys setze anys.

3. En els casos de desacord entre les persones que han de donar l'assistència o entre aquestes i el menor titular de la potestat parental, i també en el cas d'impossibilitat de prestació de l'assistència, es requereix l'autorització judicial.

SECCIÓ TERCERA. *El contingut de la potestat parental*

Article 236-17. *Relacions entre pares i fills*

1. Els progenitors, en virtut de llurs responsabilitats parentals, han de tenir cura dels fills, prestar-los aliments en el sentit més ampli, conviure-hi, educar-los i proporcionar-los una formació integral. Els progenitors també tenen el deure d'administrar el patrimoni dels fills i de representar-los.

2. Els progenitors determinen el lloc o els llocs on viuen els fills i, d'una manera suficientment motivada, poden decidir que resideixin en un lloc diferent del domicili familiar.

3. Els progenitors i els fills s'han de respectar mútuament. Els fills, mentre estan en potestat parental, han d'obeir els progenitors, llevat que els intentin imposar conductes indignes o delictives.

4. Els progenitors poden corregir els fills en potestat d'una manera proporcionada, raonable i moderada, amb ple respecte a llur dignitat.

5. Els progenitors han de vetllar perquè la presència del fill en potestat en entorns digitals sigui apropiada a la seva edat i personalitat, a

fi de protegir-lo dels riscos que en puguin derivar. Els progenitors també poden promoure les mesures adequades i oportunes davant dels prestadors de serveis digitals i, entre d'altres, instarlos a suspendre provisionalment l'accés dels fills a llurs comptes actius, sempre que hi hagi un risc clar, immediat i greu per a llur salut física o mental, havent-los escoltat prèviament. L'escrit adreçat als prestadors de serveis digitals ha d'anar acompanyat de l'informe del facultatiu en què es constati l'existència d'aquest risc. La suspensió de l'accés resta sense efectes en el termini de tres mesos a comptar del moment en què s'hagi adoptat, llevat que sigui ratificada per l'autoritat judicial.

6. Els progenitors poden sol·licitar excepcionalment l'assistència i la intervenció dels poders públics als efectes del que estableixen els apartats 3, 4 i 5.

Article 236-18. *Representació legal*

1. L'exercici de la potestat sobre els fills comporta la representació legal d'aquests.

2. S'exclouen de la representació legal dels fills els actes següents:

a) Els relatius als drets de la personalitat, llevat que les lleis que els regulin estableixin una altra cosa.

b) Els relatius a béns o serveis propis de l'edat dels fills, d'acord amb els usos socials, i, en cas de potestat prorrogada o rehabilitada, els que pugui fer el fill d'acord amb la seva capacitat natural.

c) Els actes en què hi hagi un conflicte d'interessos entre ambdós progenitors o entre el progenitor que exerceix la potestat i els fills.

d) Els relatius als béns exclosos de l'administració dels progenitors.

Article 236-19. *Prestació personal*

Per a qualsevol acte que impliqui alguna prestació personal dels fills, es requereix llur consentiment si han complert dotze anys, o si, tenint-ne menys de dotze, tenen prou coneixement.

Article 236-20. *Conflicte d'interessos*

Si en algun assumpte hi ha conflicte d'interessos entre els fills i els progenitors, i ambdós progenitors exerceixen la potestat, el fill és representat pel progenitor amb el qual no té conflicte d'interessos. Si la contraposició és amb tots dos alhora o amb el que exerceix la potestat, s'ha de nomenar el defensor judicial que estableix l'article 224-1.

Article 236-21. *Administració dels béns*

1. Els progenitors que exerceixen la potestat han d'administrar els béns dels fills amb la diligència exigible a un bon administrador, segons la naturalesa i les característiques dels béns.

2. Pertanyen als fills els fruits i els rendiments de llurs béns i drets, i també els pertanyen els guanys de llur pròpia activitat i els béns o els drets que en puguin derivar.

Article 236-22. *Contribució dels fills a les despeses familiars*

1. Els fills tenen el deure de contribuir proporcionalment a les despeses familiars, mentre convisquin amb la família, amb els ingressos que obtinguin de llur activitat, amb el rendiment de llurs béns i drets i amb llur treball en interès de la família, sempre que aquest deure no sigui contrari a l'equitat.

2. Els progenitors poden destinar els fruits dels béns i els drets que administren a mantenir les despeses familiars en la part que correspongui.

3. Si hi ha béns i drets dels fills no administrats pels progenitors, la persona que els administra ha de lliurar als progenitors, o al progenitor que tingui l'exercici de la potestat parental, en la part que correspongui, els fruits i els rendiments dels béns i els drets afectats. Se n'exceptuen els fruits procedents de béns i drets atribuïts especialment a l'educació o la formació del fill, que només s'han de lliurar en la part sobrera o, si els progenitors no tenen altres mitjans, en la part que, segons l'equitat, l'autoritat judicial determini.

Article 236-23. *Exercici de l'administració*

1. En l'exercici de l'administració dels béns i els drets dels fills, els progenitors estan dispensats de fer inventari i són responsables dels danys i els perjudicis produïts en els interessos administrats per dol o culpa.

2. Els progenitors no tenen dret a remuneració per raó de l'administració, però sí a ésser rescabalats amb càrrec al patrimoni administrat, si el rescabalament no es pot obtenir d'una altra manera, per les despeses suportades i els danys i perjudicis que l'administració els hagi causat, si no són imputables a dol o culpa.

Article 236-24. *Rendició de comptes*

1. Al final de l'administració, els progenitors han de restituir el patrimoni administrat. Les despeses de restitució són a càrrec del patrimoni administrat.

2. Els progenitors estan obligats a retre comptes al final de llur administració si el fill i, si escau, el seu representant legal ho reclamen. En aquest cas, la rendició de comptes s'ha de fer en el termini de sis mesos, a partir de la data de la reclamació, termini que l'autoritat judicial pot prorrogar, amb una causa justa, per un altre període de tres mesos com a màxim.

3. L'acció per a exigir el compliment de l'obligació a què fa referència l'apartat 2 prescriu al cap de tres anys.

Article 236-25. *Béns exclosos de l'administració*

A més del cas d'administració judicial determinat per l'article 236-3.1, s'exclouen de l'administració dels progenitors els béns i els drets següents:

a) Els adquirits pel fill per donació o títol successori quan el donant o el causant ho hagi ordenat així de manera expressa, cas en què s'ha de complir estrictament la voluntat expressada sobre l'administració d'aquests béns i sobre la destinació de llurs fruits.

b) Els adquirits per títol successori, si un dels progenitors o ambdós han estat desheretats justament o n'han estat exclosos per causa d'indignitat.

c) Els adquirits pel fill, si té més de setze anys, amb una activitat que generi benefici.

Article 236-26. *Administració especial*

1. Els béns i els drets a què fa referència l'article 236-25 han d'ésser objecte d'una administració especial a càrrec de la persona designada pel donant o causant. Si no hi ha designació, els ha d'administrar el progenitor que no hagi estat exclòs, si escau, o, en darrer terme, una persona designada per l'autoritat judicial a aquest efecte.

2. Els fills que, amb llur activitat, adquireixin béns tenen, a partir dels setze anys, la facultat d'administrar-los amb l'assistència dels progenitors en els supòsits a què fa referència l'article 236-27.

Article 236-27. *Actes que requereixen autorització judicial*

1. Els progenitors o, si escau, l'administrador especial, amb relació als béns o els drets dels fills, necessiten autorització judicial per als actes següents:

a) Alienar béns immobles, establiments mercantils, drets de propietat intel·lectual i industrial, o altres béns de valor extraordinari, i també gravar-los o subrogar-se en un gravamen preexistent, llevat que el gravamen o la subrogació es faci per a finançar l'adquisició del bé.

b) Alienar drets reals sobre els béns a què fa referència la lletra a o renunciar-hi, amb l'excepció de les redempcions de censos.

c) Alienar o gravar valors, accions o participacions socials. No cal l'autorització, però, per a alienar, almenys pel preu de cotització, les accions cotitzades en borsa ni per a alienar els drets de subscripció preferent.

d) Renunciar a crèdits.

e) Renunciar a donacions, herències o llegats; acceptar llegats i donacions modals o oneroses.

f) Donar i prendre diners en préstec o a crèdit, llevat que aquest es constitueixi per a finançar l'adquisició d'un bé.

g) Atorgar arrendaments sobre béns immobles per un termini superior a quinze anys.

h) Avalar, prestar fiança o constituir drets de garantia d'obligacions alienes.

i) Adquirir la condició de soci en societats que no limitin la responsabilitat de les persones que en formin part, i també constituir, dissoldre, fusionar o escindir aquestes societats.

j) Renunciar, assentir a la demanda, desistir o transigir en qüestions relacionades amb els béns o els drets a què fa referència aquest apartat.

k) Demanar als prestadors de serveis digitals la cancel·lació de comptes digitals, sens perjudici de la facultat d'instar-ne la suspensió provisional en els termes de l'article 236-17.

2. No cal l'autorització judicial amb relació als béns adquirits per donació o a títol successori si el donant o el causant l'han exclosa expressament.

Article 236-28.   *Autorització judicial*

1. L'autorització judicial es concedeix en interès dels fills en cas d'utilitat o necessitat justificades degudament, amb l'audiència prèvia del ministeri fiscal.

2. L'autorització no es pot concedir de manera general. Això no obstant, es pot atorgar amb aquest caràcter per a diversos actes de la mateixa naturalesa o referits a la mateixa activitat econòmica, encara que siguin futurs. En tots els supòsits s'han d'especificar les circumstàncies i les característiques fonamentals dels dits actes.

Article 236-29.   *Denegació de la renúncia d'adquisicions gratuïtes*

La denegació de l'autorització judicial per a les renúncies de l'article 236-27.1.e comporta l'acceptació de la transmissió.

Article 236-30.   *Autoritzacions alternatives*

Hom pot substituir l'autorització judicial pel consentiment de l'acte, manifestat en escriptura pública:

a) Del fill, si té almenys setze anys.

b) Dels dos parents més pròxims del fill, de la manera que estableix l'article 424-6.1.a.

Article 236-31.   *Manca d'autorització*

1. Els actes que determina l'article 236-27 són anul·lables si s'han fet sense l'autorització judicial o sense els requisits que estableix l'article 236-30.

2. L'acció per a impugnar els actes que determina l'article 236-27 caduca al cap de quatre anys del moment en què els fills hagin assolit la majoria d'edat o l'emancipació, o del reintegrament judicial de la capacitat.

SECCIÓ QUARTA. *L'extinció de la potestat*

Article 236-32. *Causes d'extinció*

Sens perjudici del que estableix l'article 236-6, la potestat parental s'extingeix per les causes següents:

a) La mort o la declaració de mort d'ambdós progenitors o dels fills.

b) L'adopció dels fills, llevat que ho siguin del cònjuge o de la persona amb qui l'adoptant conviu en parella estable.

c) L'emancipació o la majoria d'edat dels fills.

d) La declaració d'absència dels progenitors o dels fills.

SECCIÓ CINQUENA. *La pròrroga i la rehabilitació de la potestat**

Article 236-33. *Pròrroga*

La declaració judicial d'incapacitat dels fills menors no emancipats comporta la pròrroga de la potestat parental quan arriben a la majoria d'edat, en els termes que estableixi la mateixa declaració.

Article 236-34. *Rehabilitació*

1. La declaració judicial d'incapacitat dels fills majors d'edat o emancipats comporta la rehabilitació de la potestat parental, en els termes que estableixi la mateixa declaració.

2. No obstant el que estableix l'apartat 1, la potestat no es rehabilita si l'incapaç ha designat un tutor o un curador per ell mateix, d'acord amb el que estableix aquest codi, o si s'ha de constituir la tutela o la curatela a favor del cònjuge, de la persona amb qui conviu en parella estable o dels descendents majors d'edat de l'incapaç.

Article 236-35. *Constitució de la tutela o de la curatela*

L'autoritat judicial, no obstant el que estableixen els articles 236-33 i 236-34, tenint en compte l'edat i la situació personal i social dels pro-

---

* V. nota al peu de la pàg. 122.

genitors, el grau de deficiència del fill incapaç i les seves relacions personals, pot no acordar la pròrroga o la rehabilitació de la potestat i ordenar la constitució de la tutela o de la curatela.

Article 236-36. *Extinció*

1. La potestat parental prorrogada o rehabilitada s'extingeix per les causes següents:

a) Les que estableix l'article 236-32, sens perjudici del que estableix l'article 236-6.

b) La declaració judicial de cessació de la incapacitat del fill.

c) La constitució posterior de la tutela a favor del cònjuge, de la persona amb qui conviu en parella estable o dels descendents.

d) El matrimoni de l'incapaç amb una persona major d'edat capaç.

e) La sol·licitud dels qui exerceixen la potestat prorrogada, aprovada judicialment, si la situació personal i social d'aquests i el grau de deficiència del fill incapaç impedeixen el compliment adequat de la seva funció.

2. Si en cessar la potestat prorrogada o rehabilitada subsisteix la incapacitació, s'ha de constituir la tutela o la curatela.

CAPÍTOL VII. *Aliments d'origen familiar*

Article 237-1. *Contingut*

S'entén per aliments tot el que és indispensable per al manteniment, l'habitatge, el vestit i l'assistència mèdica de la persona alimentada, i també les despeses per a la formació si aquesta és menor i per a la continuació de la formació, un cop assolida la majoria d'edat, si no l'ha acabada abans per una causa que no li és imputable, sempre que mantingui un rendiment regular. Així mateix, els aliments inclouen les despeses funeràries, si no estan cobertes d'una altra manera.

Article 237-2. *Persones obligades*

1. Els cònjuges, els descendents, els ascendents i els germans estan obligats a prestar-se aliments.

2. Els deures d'assistència entre cònjuges i entre els progenitors i llurs fills es regulen per llurs disposicions específiques i, subsidiàriament, pel que estableix aquest capítol.

3. Els germans majors d'edat i no discapacitats només tenen dret als aliments necessaris per a la vida.

Article 237-3.   *Exempció de l'obligació*

Estan exemptes de prestar aliments entre parents les persones que tenen reconeguda la condició de discapacitades, excepte en el cas que previsiblement llurs possibilitats excedeixin llurs necessitats futures, tenint en compte llur grau de discapacitació.

Article 237-4.   *Dret a reclamar aliments*

Té dret a reclamar aliments només la persona que els necessita o, si escau, el seu representant legal i l'entitat pública o privada que l'aculli, sempre que la necessitat no derivi d'una causa que li sigui imputable, mentre la causa subsisteixi.

Article 237-5.   *Naixement del dret*

1.   Hom té dret als aliments des que es necessiten, però no es poden demanar els anteriors a la data de la reclamació judicial o extrajudicial.

2.   En el cas dels aliments als fills menors, es poden demanar els anteriors a la reclamació judicial o extrajudicial, fins a un període màxim d'un any, si la reclamació no es va fer per una causa imputable a la persona obligada a prestar-los.

Article 237-6.   *Ordre de reclamació*

1.   La reclamació dels aliments, si escau i si hi ha diverses persones obligades, s'ha de fer seguint l'ordre següent:

Primer.   Al cònjuge.

Segon.   Als descendents, segons l'ordre de proximitat en el grau.

Tercer.   Als ascendents, segons l'ordre de proximitat en el grau.

Quart.   Als germans.

2.   Si els recursos i les possibilitats de les persones primerament obligades no resulten suficients per a la prestació d'aliments, en la mesura que correspongui, en la mateixa reclamació es poden demanar aliments a les persones obligades en grau posterior.

Article 237-7.   *Pluralitat de persones obligades*

1.   Si les persones obligades a prestar aliments són més d'una, l'obligació s'ha de distribuir entre elles en proporció a llurs recursos econòmics i llurs possibilitats. Tanmateix, excepcionalment i tenint en compte les circumstàncies del cas, l'autoritat judicial pot imposar la prestació completa a una persona de les obligades durant el temps que calgui. Aquesta persona pot reclamar a cadascuna de les altres persones obligades la part que els correspongui amb els interessos legals.

2.   Si l'obligació s'extingeix o la quantia de la prestació es redueix respecte a una de les persones obligades, la de les restants s'incrementa en la proporció que resulti d'aplicar els criteris que estableix l'apartat 1.

Article 237-8. *Pluralitat de reclamacions*

Si hi ha dues o més persones que reclamen aliments a una mateixa persona obligada a prestar-los i aquesta no disposa de mitjans suficients per a atendre-les totes, s'ha de seguir l'ordre de preferència que estableix l'article 237-6, llevat que hi concorrin el cònjuge i un fill en potestat de la persona obligada. En aquest cas, els fills han d'ésser preferits.

Article 237-9. *Quantia*

1. La quantia dels aliments es determina en proporció a les necessitats de l'alimentat i als mitjans econòmics i a les possibilitats de la persona o les persones obligades a prestar-los. Les parts, de mutu acord, o l'autoritat judicial poden establir les bases de l'actualització anual de la quantia dels aliments d'acord amb les variacions de l'índex de preus de consum o d'un índex similar, sens perjudici que s'estableixin altres bases complementàries d'actualització.

2. L'alimentat ha de comunicar a l'alimentant les modificacions de circumstàncies que determinin la reducció o la supressió dels aliments tan aviat com es produeixin.

Article 237-10. *Compliment de l'obligació*

1. L'obligació d'aliments s'ha de complir en diners i per mensualitats avançades. Si el creditor d'aliments mor, els seus hereus no han de tornar la pensió corresponent al mes en què s'hagi produït la defunció.

2. El deutor d'aliments pot optar per satisfer els aliments acollint i mantenint a casa seva la persona que té dret a rebre'ls, llevat que aquesta s'hi oposi per una causa raonable o que la convivència sigui inviable. Si hi ha diverses persones obligades i n'hi ha més d'una que vol acollir a casa seva el creditor, el jutge ha de decidir quina l'acull després d'escoltar l'alimentat i els diferents obligats. Si el creditor d'aliments té plena capacitat d'obrar i més d'una persona el vol acollir a casa seva, s'ha de tenir en compte preferentment la voluntat del creditor.

3. L'autoritat judicial, tenint en compte les circumstàncies, pot adoptar les mesures necessàries per a assegurar el compliment de l'obligació de prestar aliments, si la persona obligada ha deixat de fer efectiu puntualment més d'un pagament.

Article 237-11. *Prestació d'aliments per tercers*

1. L'entitat pública o privada o qualsevol altra persona que presti aliments, si la persona obligada no ho fa, pot repetir contra aquesta darrera o els seus hereus les pensions corresponents a l'any en curs i a l'any anterior, amb els interessos legals, i subrogar-se de ple dret, fins a l'import assenyalat, en els drets que l'alimentat té contra la persona obligada a prestar-los, llevat que consti que es van donar desinteressadament i sense ànim de reclamar-los.

2. A petició de l'entitat pública o privada o de les persones que presten els aliments quan la persona obligada no ho fa o del ministeri fiscal, l'autoritat judicial pot adoptar les mesures que estimi pertinents per a assegurar el reintegrament de les bestretes. També pot adoptar les mesures que estimi pertinents per a assegurar el pagament dels aliments futurs, després d'escoltar l'alimentat i les persones obligades.

Article 237-12. *Característiques del dret als aliments*

1. El dret als aliments és irrenunciable, intransmissible i inembargable, i no es pot compensar amb el crèdit que, si escau, l'obligat a prestar-lo tingui respecte a l'alimentat.

2. L'alimentat pot compensar, renunciar i transigir les pensions endarrerides posteriors a la data de la seva reclamació judicial o extrajudicial, i també transmetre, per qualsevol títol, el dret a reclamar-les, tot sens perjudici del dret de repetició que reconeix l'article 237-11.1.

Article 237-13. *Extinció*

1. L'obligació de prestar aliments s'extingeix per les causes següents:

a) La mort de l'alimentat o de la persona o les persones obligades a prestar-los.

b) El divorci i la declaració de nul·litat del matrimoni.

c) La reducció de les rendes i del patrimoni de les persones obligades, de manera que faci impossible el compliment de l'obligació sense desatendre les necessitats pròpies i les de les persones amb dret preferent d'aliments.

d) La millora de les condicions de vida de l'alimentat, de manera que faci innecessària la prestació.

e) El fet que l'alimentat, encara que no tingui la condició de legitimari, incorri en alguna de les causes de desheretament que estableix l'article 451-17.

f) La privació de la potestat sobre la persona obligada, si l'alimentat és un dels progenitors.

2. Les causes a què fa referència l'apartat 1.e no tenen efecte si consta el perdó de la persona obligada o la reconciliació de les parts.

Article 237-14. *Subsidiarietat*

Les disposicions d'aquest capítol s'apliquen subsidiàriament als aliments ordenats en un testament o un codicil, als convinguts per pacte i als aliments legals que tenen regulació específica, en allò que no estableixen els testaments, els codicils i els pactes o la regulació corresponent.

TÍTOL IV. *Les relacions convivencials d'ajuda mútua*

Article 240-1. *Règim jurídic*

Dues o més persones que conviuen en un mateix habitatge habitual i que comparteixen, sense contraprestació i amb voluntat de permanència i d'ajuda mútua, les despeses comunes o el treball domèstic, o ambdues coses, constitueixen una relació de convivència d'ajuda mútua, que es regeix pels acords que hagin estipulat o, si no n'hi ha, pel que estableix aquest títol.

Article 240-2. *Requisits personals*

1. Poden constituir una relació convivencial d'ajuda mútua les persones majors d'edat unides per vincles de parentiu en línia col·lateral sense límit de grau i les que tenen relacions de simple amistat o companyonia, sempre que no estiguin unides per un vincle matrimonial o formin una parella estable amb una altra persona amb la qual convisquin.

2. El nombre màxim de convivents, si no són parents, és de quatre.

Article 240-3. *Constitució*

Les relacions convivencials d'ajuda mútua es poden constituir en escriptura pública, a partir de la qual tenen plena efectivitat, o pel transcurs d'un període de dos anys de convivència.

Article 240-4. *Acords*

1. Els convivents poden regular vàlidament, amb llibertat de forma, les relacions personals i patrimonials, i els drets i deures respectius durant la convivència, sempre que aquests acords no perjudiquin terceres persones. En particular, hom pot acordar la contribució igual o desigual a les despeses comunes i, fins i tot, que el treball domèstic i la càrrega econòmica sigui assumida íntegrament per algun dels convivents.

2. En previsió d'una ruptura, els convivents poden pactar sobre els efectes de l'extinció de la relació convivencial d'ajuda mútua.

Article 240-5. *Extinció de les relacions de convivència*

1. Les relacions de convivència s'extingeixen per les causes següents:

a) L'acord de tots els convivents.

b) La voluntat unilateral d'un dels membres.

c) La mort d'un dels convivents.

d) Les pactades pels convivents.

2. Si la relació de convivència s'ha establert entre més de dues persones, la voluntat unilateral, el matrimoni, la constitució d'una pa-

rella estable o la mort de qualsevol dels convivents no extingeix la relació si els altres continuen convivint, sens perjudici de les modificacions que es consideri convenient de fer en els pactes reguladors de la convivència.

3. L'extinció de la relació de convivència deixa sense efecte els poders que un dels convivents hagi atorgat a favor de qualsevol dels altres. Igualment, resten sense efecte els poders que un dels membres hagi atorgat a favor de qualsevol dels altres o tingui atorgats a favor seu des que s'aparti de la convivència.

Article 240-6. *Efectes de l'extinció de les relacions de convivència respecte a l'habitatge*

1. Si l'extinció de les relacions de convivència es produeix en vida de tots els convivents, els que no siguin titulars de l'habitatge l'han d'abandonar en el termini de tres mesos.

2. Si l'extinció de les relacions de convivència es produeix per defunció del propietari de l'habitatge, els convivents el poden continuar ocupant durant sis mesos, llevat que hagin pactat una altra cosa.

3. Si la persona morta era arrendatària de l'habitatge, els convivents tenen dret a subrogar-se en la titularitat de l'arrendament pel termini d'un any, o pel temps que manqui per a l'expiració del contracte, si és inferior. Amb aquesta finalitat, els convivents ho han de notificar a l'arrendador, en el termini de tres mesos des de la mort de l'arrendatari.

Article 240-7. *Pensió periòdica en cas de defunció*

1. En cas d'extinció de la convivència per defunció d'un dels convivents, el convivent o els convivents que sobrevisquin, que eren mantinguts totalment o parcialment pel premort durant l'any previ a la defunció i que no tinguin mitjans econòmics suficients per a mantenir-se, tenen dret a una pensió alimentària, a càrrec dels hereus d'aquell, per un període màxim de tres anys.

2. Per a establir la quantia i la durada de la pensió periòdica en cas de defunció d'un dels convivents, s'han de tenir en compte:

a) El cost del manteniment.

b) El temps en què el convivent o els convivents supervivents van ésser mantinguts.

c) El cabal relicte.

3. La capitalització de la pensió periòdica en cas de defunció a l'interès legal del diner no pot excedir la meitat del valor del cabal relicte si els hereus són descendents, ascendents o col·laterals fins al segon grau de consanguinitat del causant. Si els hereus són menors d'edat o discapacitats, el límit ha d'ésser la cinquena part del valor de l'herència.

4. No correspon dret a pensió periòdica en cas de defunció si s'ha pactat així en la constitució del règim de convivència, i es perd si durant el temps fixat el beneficiari es casa o passa a viure maritalment amb una altra persona o ha obtingut aliments de les persones obligades a prestar-li'n.

5. El dret a pensió periòdica en cas de defunció s'ha de reclamar en el termini d'un any a comptar de l'extinció de la relació de convivència.

Llibre tercer. *Persones jurídiques*

TÍTOL I. *Disposicions generals*

CAPÍTOL I. *La personalitat jurídica i els seus atributs*

Article 311-1. *Àmbit d'aplicació*

1. Les disposicions d'aquest llibre s'apliquen a:

a) Les associacions que exerceixen llurs funcions majoritàriament a Catalunya, llevat que estiguin sotmeses a una regulació pròpia que els exigeixi, per a constituir-se, la inscripció en un registre especial.

b) Les fundacions que exerceixen llurs funcions majoritàriament a Catalunya.

c) Les delegacions a Catalunya d'associacions i fundacions regulades per altres lleis, incloses les que, d'acord amb la legislació estatal, tenen la consideració d'estrangeres, en els casos i amb els efectes que aquest llibre disposa.

d) Les altres persones jurídiques regulades pel dret català, en allò que llur normativa especial no reguli, tenint en compte, segons que correspongui, llur organització associativa o fundacional.

2. L'àmbit d'aplicació que defineix l'apartat 1 no exclou l'aplicació de les disposicions d'aquest llibre com a dret comú a l'empara de l'article 111-4.

Article 311-2. *Personalitat jurídica*

Les entitats subjectes a les disposicions d'aquest codi adquireixen personalitat jurídica per mitjà de la voluntat manifestada en l'acte de constitució i del compliment, si escau, dels requisits que la llei estableix a aquest efecte.

Article 311-3. *Capacitat*

1. Les persones jurídiques poden ésser titulars de drets, sempre que aquests siguin compatibles amb llur naturalesa, adquirir i posseir béns mobles i immobles, contreure obligacions, administrar i alienar béns per qualsevol títol vàlid en dret, d'acord amb el que estableix l'ordenament jurídic.

2. Les persones jurídiques poden ésser part processal, intervenir en judicis en defensa de llurs interessos i defensar-hi interessos col·lectius relacionats amb llur objecte o llur finalitat, d'acord amb el que estableix l'ordenament jurídic.

Article 311-4. *Denominació*

1. Les persones jurídiques han de tenir una denominació distintiva, en la qual ha de constar el tipus jurídic, que es pot expressar per mitjà d'una abreviació. Aquesta denominació no ha d'induir a error sobre la naturalesa, les finalitats i les activitats de la persona jurídica.

2. La denominació de les persones jurídiques no pot consistir exclusivament en el nom d'un territori i no pot incloure expressions dotades de valor oficial o institucional ni contràries a la llei, a l'ordre públic o als bons costums.

3. La denominació d'una persona jurídica no pot coincidir amb la d'una altra persona jurídica preexistent, tant si és del mateix tipus jurídic com si no ho és, ni assemblar-s'hi tant que indueixi a confusió sobre llur identitat respectiva, ni tampoc coincidir o induir a confusió amb marques o noms comercials notoris o de renom. Se n'exceptua el cas en què l'ús d'elements identificatius aliens es faci amb el consentiment exprés de llur titular o de la persona afectada.

4. La denominació d'una persona jurídica no pot coincidir amb la traducció de la denominació d'una altra persona jurídica a una altra llengua oficial de Catalunya.

5. No es pot incloure en la denominació d'una persona jurídica el nom o el pseudònim d'una persona física sense el seu consentiment exprés o sense l'autorització de les persones legitimades, després de la seva mort, per a exercir accions de protecció del seu honor, intimitat o imatge.

Article 311-5. *Reserva temporal de denominació*

1. Els registres de persones jurídiques dependents de la Generalitat poden certificar, a sol·licitud de la persona interessada, que una denominació no figura en el registre corresponent al tipus de persona jurídica que es pretén constituir i poden atribuir reserves temporals de denominació amb una durada màxima de quinze mesos, amb els requisits i els efectes que s'estableixin per reglament.

2. La reserva de denominació s'atribueix sens perjudici dels drets que, respecte a llurs denominacions, corresponguin a entitats d'altres tipus jurídics o sotmeses a altres ordenaments.

Article 311-6. *Ús de denominacions no permeses*

L'òrgan competent ha de suspendre el termini per a la inscripció de la constitució d'una persona jurídica durant tres mesos si en el procediment d'inscripció adverteix, d'acord amb les dades que consten en el registre corresponent, que la denominació escollida no respecta algun dels requisits que estableix l'article 311-4. Aquesta suspensió té per finalitat permetre que s'esmeni el defecte advertit. L'òrgan competent també pot suspendre el dit termini si coneix el defecte perquè és un fet notori. Si un cop transcorregut el termini no s'ha esmenat el defecte, s'ha de denegar la inscripció.

Article 311-7. *Ús indegut de la denominació del tipus de persona jurídica*

Les persones jurídiques no poden emprar de cap manera expressions que identifiquen un tipus de persona jurídica diferent del tipus al qual pertanyen ni altres expressions semblants o que puguin induir a confusió.

Article 311-8. *Domicili*

El domicili de les persones jurídiques subjectes a aquest codi ha d'estar situat a Catalunya i s'ha d'establir al lloc on l'òrgan de govern tingui la seu o al lloc on l'entitat dugui a terme principalment les activitats.

Article 311-9. *Fundacions i associacions regulades per altres lleis*

1. Les fundacions regulades per altres lleis de fundacions, incloses les que d'acord amb la legislació estatal tenen la consideració d'estrangeres, que amb caràcter regular exerceixen activitats a Catalunya hi han d'establir una delegació i l'han d'inscriure en el Registre de Fundacions.

2. Les associacions regulades per altres lleis d'associacions, incloses les que d'acord amb la legislació estatal tenen la consideració d'estrangeres, que amb caràcter regular exerceixen activitats a Catalunya han d'inscriure llurs delegacions al Registre d'Associacions, llevat que ja estiguin inscrites en un registre de l'Estat.

3. En els supòsits altres que els que regulen els apartats 1 i 2, la inscripció de delegacions és facultativa.

4. Les delegacions de les fundacions regulades per altres lleis de fundacions han de presentar en el Registre de Fundacions:

a) La documentació que acrediti que la fundació ha estat vàlidament constituïda, d'acord amb la llei personal que li és aplicable.

b) Les finalitats de la fundació.

c) La declaració que les activitats que duen a terme són sense ànim de lucre.

d) El certificat de l'acord de l'òrgan de govern de la fundació pel qual s'aprova establir una delegació a Catalunya.

e) La denominació.

f) El domicili i l'àmbit territorial d'actuació.

g)   La identificació de les persones que exerceixen la representació de la delegació i dels òrgans que la integren.

h)   El primer pla d'actuació i la previsió patrimonial o dotacional per a dur-lo a terme.

5.   Les delegacions de les associacions regulades per altres lleis d'associacions han de presentar en el Registre d'Associacions:

a)   La documentació que acrediti que l'associació ha estat vàlidament constituïda, d'acord amb la llei personal que li és aplicable i els estatuts pels quals es regeix.

b)   La documentació que acrediti la composició i la vigència dels òrgans de govern de l'associació i el seu domicili social.

c)   Un certificat, signat per les persones que exerceixin la representació de l'associació que, d'acord amb la legislació estatal, tingui la consideració d'estrangera, en què consti l'acord adoptat per l'òrgan competent d'establir una delegació a Catalunya, amb la identificació dels representants de la delegació i del domicili d'aquesta.

CAPÍTOL II.   *Actuació i representació de les persones jurídiques*

Article 312-1.   *Actuació orgànica*

1.   Les persones jurídiques formen llur voluntat per mitjà de decisions o acords adoptats pels òrgans legitimats a aquest efecte.

2.   Els òrgans de les persones jurídiques poden delegar les funcions en alguns dels seus membres o en altres òrgans, amb els límits que estableixin la llei o els estatuts, sense que aquesta delegació els eximeixi de responsabilitat. Si la delegació es fa en més d'una persona, llur actuació ha d'ésser mancomunada, llevat que s'hagi establert que sigui solidària.

Article 312-2.   *Autonomia organitzativa*

1.   Els òrgans de les persones jurídiques, en allò que no està regulat per la llei, es regeixen per llurs estatuts, per les regles de règim intern, si en tenen, o per les que els mateixos òrgans hagin establert per regular llur funcionament. Els estatuts han de determinar la composició i les funcions dels òrgans necessaris de les persones jurídiques.

2.   Les disposicions d'aquest codi o d'altres lleis són aplicables subsidiàriament als òrgans de les persones jurídiques.

Article 312-3.   *Composició dels òrgans col·legiats*

1.   Els òrgans col·legiats estan compostos, com a mínim, per tres membres, designats en l'acte constitutiu o d'acord amb els estatuts, i han de tenir almenys una persona amb el càrrec de president i una altra amb el de secretari. Aquest darrer càrrec pot correspondre a una persona que

no tingui la condició de membre de l'òrgan col·legiat. El secretari, en aquest cas, intervé en les reunions amb veu però sense vot, i té el deure d'advertir de la legalitat dels acords que pretengui adoptar l'òrgan.

2. L'òrgan col·legiat pot designar els càrrecs si els estatuts o l'acord de creació del mateix òrgan no en regulen el procediment de designació.

3. Si els estatuts no estableixen qui ha de substituir temporalment la persona que ocupa el càrrec de president en cas de vacant, absència, impossibilitat o qualsevol altra causa, la presidència correspon als vice-presidents d'acord amb llur ordenació, al membre de l'òrgan amb més antiguitat en el càrrec o, en darrer terme, al de més edat. En els mateixos casos, el vocal de menys edat substitueix la persona que ocupa el càrrec de secretari.

Article 312-4. *Convocatòria*

1. La convocatòria dels òrgans col·legiats ha d'expressar amb claredat els assumptes que s'han de tractar i el lloc, el dia i l'hora de la reunió en primera convocatòria i, si ho estableixen els estatuts, les mateixes dades per a la reunió en segona convocatòria. Llevat que els estatuts estableixin una altra cosa, el lloc de reunió ha d'ésser el domicili de la persona jurídica.

2. Si no es convoca l'òrgan de govern o un altre òrgan necessari d'una persona jurídica en els casos en què hi ha l'obligació de fer-ho, el pot convocar el protectorat, en el cas de les fundacions, i, en tot cas, el jutge de primera instància del domicili de la persona jurídica, a petició de qualsevol membre de l'òrgan, donant audiència prèvia a la persona o persones a qui corresponia convocar-lo.

Article 312-5. *Reunió*

1. Els òrgans col·legiats deliberen i adopten els acords en reunions degudament convocades, sempre que estiguin vàlidament constituïts. Tanmateix, es poden celebrar reunions sense convocatòria prèvia o convocades irregularment si hi són presents o representats tots els integrants de l'òrgan i accepten per unanimitat la celebració i l'ordre del dia.

2. Els estatuts de les persones jurídiques poden establir que els òrgans es puguin reunir per mitjà de videoconferència o d'altres mitjans de comunicació, sempre que resti garantida la identificació dels assistents, la continuïtat de la comunicació, la possibilitat d'intervenir en les deliberacions i l'emissió del vot. En aquest cas, s'entén que la reunió se celebra al lloc on és la persona que la presideix.

Article 312-6. *Adopció dels acords*

Els acords s'adopten pel procediment de deliberació i votació que estableixen la llei, els estatuts o les regles de funcionament intern. Si no hi ha una disposició expressa, s'adopten per majoria simple dels assistents a la reunió. En cas d'empat, el vot de qui presideix és diriment. S'entén que hi ha majoria simple quan els vots a favor superen els vots en contra, sense comptar-hi les abstencions, els vots en blanc i els nuls.

Article 312-7. *Acords adoptats sense reunió*

Els estatuts, com a excepció al que disposa l'article 312-5, poden establir, amb l'extensió que considerin adequada, la possibilitat d'adoptar acords mitjançant l'emissió del vot per correspondència postal, comunicació telemàtica o qualsevol altre mitjà, sempre que quedin garantits els drets d'informació i de vot, que quedi constància de la recepció del vot i que se'n garanteixi l'autenticitat. S'entén que l'acord s'adopta al lloc del domicili de la persona jurídica i en la data de recepció del darrer dels vots vàlidament emesos.

Article 312-8. *Documentació dels acords*

1. S'ha d'estendre una acta de cada reunió dels òrgans. L'acta ha d'incloure la data i el lloc de la reunió, l'ordre del dia, els assistents, un resum dels assumptes tractats, les intervencions de les quals s'hagi demanat constància i els acords adoptats, amb la indicació del resultat de les votacions i de les majories amb què s'han adoptat.

2. S'ha d'estendre una acta dels acords adoptats sense reunió. En l'acta s'ha de fer constar, a més del contingut de l'acord i el resultat de la votació, el sistema seguit per a adoptar-lo.

3. Les actes han d'ésser redactades i signades pel secretari de l'òrgan o de la sessió, amb el vistiplau de qui hagi ocupat la presidència, i s'han d'aprovar, si escau, en la mateixa reunió o en la següent, llevat que els estatuts estableixin una altra cosa. La custòdia del llibre d'actes és a càrrec del secretari.

4. Els acords són executius des del moment en què s'adopten, llevat que s'hagin adoptat en uns termes que indiquin el contrari o que els estatuts estableixin que no ho són fins que no s'aprovi l'acta, sens perjudici que es puguin suspendre cautelarment si així s'acorda en un procediment d'impugnació judicial o arbitral. Si són d'inscripció obligatòria, són executius des del moment en què s'inscriuen.

5. Els membres d'una persona jurídica i les persones que integren els seus òrgans poden demanar un certificat del contingut dels acords adoptats per aquests. En els certificats d'acords que encara no són executius, s'hi ha de fer constar aquest fet d'una manera expressa.

Article 312-9. *Conflicte d'interessos*

1. Hom no pot intervenir en la presa de decisions o l'adopció d'acords en els assumptes en què tingui un conflicte d'interessos amb la persona jurídica.

2. Els membres dels òrgans de govern de les persones jurídiques han de comunicar a l'òrgan qualsevol situació de conflicte, directe o indirecte, que tinguin amb la persona jurídica. Abans que l'òrgan adopti un acord en el qual hi pugui haver un conflicte entre un interès personal i l'interès de la persona jurídica, la persona afectada ha de proporcionar a l'òrgan la informació rellevant i s'ha d'abstenir d'intervenir en la deliberació i la votació.

3. S'equipara a l'interès personal, a l'efecte d'apreciar l'existència d'un conflicte d'interessos, l'interès de les persones següents:

a) En cas que es tracti d'una persona física, el del cònjuge, el d'altres persones amb qui hom estigui especialment vinculat per lligams d'afectivitat, el dels seus parents en línia recta i, en línia col·lateral, fins al tercer grau de consanguinitat o afinitat; i el de les persones jurídiques en les quals hom exerceixi funcions d'administració o amb les quals hom constitueixi, directament o per mitjà d'una persona interposada, una unitat de decisió, d'acord amb la legislació mercantil.

b) En cas que es tracti d'una persona jurídica, el dels seus administradors o apoderats, el dels socis de control i el de les entitats que hi formin una unitat de decisió, d'acord amb la legislació mercantil.

Article 312-10. *Ineficàcia d'acords, decisions i actes*

1. Els acords dels òrgans col·legiats, les decisions dels òrgans unipersonals i els actes executius que infringeixin la llei o els estatuts o que lesionin l'interès de la persona jurídica es poden impugnar, seguint el procediment que estableix la legislació processal i amb els efectes que aquesta estableix.

2. La ineficàcia dels acords, les decisions o els actes no afecta els drets que terceres persones puguin haver adquirit de bona fe.

Article 312-11. *Legitimació per a la impugnació*

1. Estan legitimades per a impugnar els acords, les decisions i els actes contraris a la llei les persones següents:

a) Els membres de l'òrgan que els ha adoptat.

b) Els membres de l'òrgan de govern de la persona jurídica.

c) Les que hi tinguin un interès legítim.

2. Estan legitimades per a impugnar els acords, les decisions i els actes contraris als estatuts o lesius de l'interès de la persona jurídica les persones següents:

a) Els membres de l'òrgan que els ha adoptat que hagin fet constar en acta llur oposició, estiguessin absents o hagin estat privats il·legítimament del dret de vot.

b)   Els membres de l'òrgan de govern, respecte als acords adoptats per qualsevol altre òrgan deliberant o executiu de la persona jurídica.

c)   En les persones jurídiques que tinguin un òrgan deliberant, els membres d'aquest òrgan, respecte als acords adoptats pels òrgans executius. En aquest cas, els estatuts poden establir que la impugnació hagi d'ésser promoguda per un nombre mínim de persones, no superior al 10% del nombre total d'integrants de l'òrgan, o que abans de la impugnació judicial s'hi hagi de pronunciar el mateix òrgan deliberant.

Article 312-12. *Terminis d'impugnació*

1.   L'acció d'impugnació dels acords, les decisions i els actes contraris a la llei caduca quan han transcorregut sis mesos, i la dels contraris als estatuts o lesius de l'interès de la persona jurídica, quan han transcorregut quaranta dies.

2.   El termini de caducitat es compta des de la data de l'adopció de l'acord o la decisió o de l'execució de l'acte. Si les persones que impugnen eren absents de la reunió en què es va adoptar l'acord o no formen part de l'òrgan que l'ha adoptat, el termini es compta des que en reben la comunicació o des que raonablement l'han pogut conèixer. Si l'acord o l'acte és d'inscripció obligatòria, el termini es compta a partir de la data de la inscripció.

Article 312-13. *Representació*

1.   La representació de les persones jurídiques correspon a l'òrgan de govern i es fa efectiva per mitjà del president, de la persona que el substitueixi o dels membres que estableixin els estatuts. L'òrgan de govern pot nomenar apoderats generals o especials, amb funcions mancomunades o solidàries, que no cal que en formin part.

2.   La representació de les persones jurídiques s'estén a tots els actes compresos en llurs finalitats estatutàries, amb les limitacions que estableixin la llei o els mateixos estatuts.

3.   Les limitacions estatutàries de les facultats representatives de l'òrgan de govern, fins i tot si han estat objecte d'inscripció, no es poden oposar a terceres persones que hagin actuat de bona fe.

Article 312-14. *Imputació de responsabilitat*

Les persones jurídiques responen pels danys que l'òrgan de govern, els membres d'aquest o altres representants causin a terceres persones, per acció o omissió, en el compliment de les funcions que tenen encomanades, sens perjudici de la responsabilitat directa i solidària, per fet propi, de la persona o les persones causants del dany.

Article 312-15.   *Actuació i responsabilitat abans de la inscripció*

Els fundadors, els promotors, els membres de l'òrgan de govern o les altres persones encarregades de promoure la inscripció d'una persona jurídica responen personalment de les conseqüències derivades de la manca d'aquesta inscripció en cas de negligència o culpa.

CAPÍTOL III.   *Règim comptable i documental*

Article 313-1.   *Deures comptables*

1.   Les persones jurídiques han de portar una comptabilitat ordenada, diligent, que s'adeqüi a llur activitat, que la reflecteixi fidelment i que els permeti fer el seguiment cronològic de les operacions i elaborar els comptes anuals.

2.   Les anotacions s'han de fer d'acord amb els principis de comptabilitat generalment admesos i amb les disposicions que en cada cas siguin aplicables.

Article 313-2.   *Llibres de comptabilitat*

1.   Les persones jurídiques han de portar un llibre diari i un llibre d'inventaris i comptes anuals, llevat de les entitats que no estan obligades a presentar la declaració de l'impost de societats, les quals tampoc no estan obligades a portar el llibre diari ni el d'inventaris i comptes anuals, però han de portar almenys un llibre de caixa en què es detallin els ingressos i les despeses.

2.   En el llibre diari s'han de consignar dia a dia les operacions relatives a l'activitat de l'entitat. Tanmateix, s'hi poden fer anotacions conjuntes dels totals de les operacions per períodes no superiors a un mes si aquestes es detallen en altres llibres o registres concordants.

3.   El llibre d'inventaris i comptes anuals s'ha d'obrir amb l'inventari inicial, i s'hi han de transcriure anualment l'inventari de tancament de l'exercici i els comptes anuals.

Article 313-3.   *Llibres d'actes i altres llibres o registres*

1.   Les persones jurídiques han de portar llibres d'actes, que han de contenir les actes de les reunions dels òrgans col·legiats, autenticades de la manera que estableixin els estatuts o, si no l'estableixen, amb la signatura del secretari i el vistiplau del president de l'òrgan. Es poden obrir llibres d'actes separats per als diversos òrgans d'una persona jurídica, però s'han d'agrupar en un de sol al final de l'exercici corresponent.

2.   Les persones jurídiques de caràcter associatiu han de portar un llibre o registre d'associats, que en contingui una relació actualitzada i en el qual constin, almenys, les dates d'alta i de baixa en l'entitat i el domicili, amb l'únic efecte de poder convocar-los a les reunions.

3. Les persones jurídiques en les quals col·laborin persones en règim de voluntariat han de portar un llibre o un registre amb una relació actualitzada dels voluntaris. Aquest llibre ha de contenir una descripció mínima de la tasca que fan i de llur capacitació específica, si en tenen.

CAPÍTOL IV. *Modificacions estructurals i liquidació*

SECCIÓ PRIMERA. *Fusió, escissió i transformació*

Article 314-1. *Fusió*

1. Dues o més persones jurídiques es poden fusionar per mitjà de l'extinció de les entitats fusionades i la constitució d'una nova persona jurídica, o bé per mitjà de l'absorció d'una o diverses persones jurídiques per una altra. Els patrimonis de les entitats fusionades o absorbides es transmeten en bloc a l'entitat resultant de la fusió o a l'absorbent, que els adquireixen per successió universal.

2. Els òrgans de govern de les persones jurídiques que es pretenen fusionar han de redactar un projecte de fusió, que ha de contenir almenys:

a) La denominació i el domicili de les entitats participants en l'operació i, si escau, de la persona jurídica que s'hagi de constituir.

b) El text íntegre dels estatuts de la persona jurídica resultant de la fusió o les modificacions que s'hagin d'introduir en els estatuts de l'entitat absorbent.

c) La data a partir de la qual s'ha de considerar que les operacions de les persones jurídiques que s'extingeixen per raó de la fusió són fetes, a efectes comptables, per la persona jurídica a la qual transmeten el patrimoni.

3. El projecte de fusió ha d'anar acompanyat del balanç de fusió, d'un informe elaborat per l'òrgan de govern de l'entitat que ha d'acordar-la, en el qual es justifiquin els aspectes jurídics i econòmics de la fusió, i dels altres documents que, per a cada cas, estableixi la llei. Es pot considerar balanç de fusió el darrer balanç anual aprovat si s'ha tancat dins dels sis mesos anteriors a la data en què s'ha previst adoptar l'acord de fusió. Altrament, s'ha d'elaborar un balanç específic de fusió, tancat dins dels tres mesos anteriors al dia d'aprovació del projecte de fusió. En ambdós casos, si s'han produït modificacions importants del valor real del patrimoni després de la data de tancament del balanç de fusió, l'òrgan de govern n'ha d'informar l'òrgan que ha d'adoptar o aprovar l'acord de fusió.

4. L'acord de fusió ha d'ésser adoptat per l'òrgan sobirà de cadascuna de les entitats que es preteguin fusionar i s'ha d'ajustar al projecte de fusió. Els documents a què fa referència l'apartat 3 han d'estar a disposició dels integrants dels òrgans que han d'acordar la fusió i, si n'hi

ha, dels representants dels treballadors, perquè els puguin examinar en el domicili de la respectiva persona jurídica almenys amb un mes d'antelació respecte a la reunió en què s'hagi d'acordar la fusió.

5. L'acord de fusió s'ha de publicar en el Diari Oficial de la Generalitat de Catalunya i en dos diaris de màxima difusió a la província o la comarca on les persones jurídiques que es fusionen tinguin llur domicili, i ha d'expressar el dret dels creditors d'aquestes persones jurídiques a obtenir el text íntegre de l'acord i a oposar-s'hi.

6. La fusió no es pot executar abans d'un mes a comptar de la publicació a què fa referència l'apartat 5. Durant aquest termini, els titulars de crèdits contra les entitats que es pretenen fusionar, si els crèdits han nascut abans de la publicació i no estan suficientment garantits, s'hi poden oposar per escrit. En cas d'oposició, la fusió no pot tenir efecte si no se satisfan totalment els crèdits o no s'aporten garanties suficients.

7. El que estableixen els apartats 2 a 6 no és aplicable a les operacions de fusió o absorció de les associacions i les fundacions que, en la data de tancament de l'exercici econòmic, puguin portar un règim simplificat de comptabilitat. En el cas de les associacions, l'acord de fusió o absorció ha d'ésser adoptat per l'assemblea general de cadascuna de les entitats implicades. En el cas de les fundacions, l'acord de fusió o absorció ha d'ésser motivat i ha d'ésser adoptat pels patronats de totes les fundacions interessades, s'ha de formalitzar en una escriptura pública, llevat del cas de resolució judicial, i ha d'ésser autoritzat pel protectorat.

Article 314-2. *Escissió*

1. Una persona jurídica es pot escindir per mitjà de la divisió del seu patrimoni en dues o més parts, amb les modalitats següents:

a) Com a escissió total, amb el traspàs en bloc de cadascuna d'aquestes parts a altres persones jurídiques beneficiàries, siguin preexistents o de nova constitució, i amb l'extinció de la persona jurídica escindida.

b) Com a escissió parcial, amb el traspàs en bloc d'alguna o diverses d'aquestes parts a una o més persones jurídiques beneficiàries i amb el manteniment de la persona jurídica escindida, que conserva la part del patrimoni que no ha traspassat a la persona o les persones jurídiques beneficiàries.

2. L'òrgan de govern de la persona jurídica que pretén dur a terme l'escissió ha de redactar un projecte d'escissió, que ha de contenir almenys:

a) La denominació i el domicili de les entitats participants en l'operació i, si escau, de la persona o les persones jurídiques que s'hagin de constituir.

b) El text íntegre dels estatuts de la persona o les persones jurídiques que s'hagin de constituir arran de l'escissió o de les modificacions que s'hagin d'introduir en els estatuts de les entitats que participen en l'operació.

c) La designació dels elements de l'actiu i el passiu que s'han de transmetre a la persona o les persones jurídiques beneficiàries de l'escissió.

3. El projecte d'escissió ha d'anar acompanyat del balanç d'escissió, d'un informe elaborat per l'òrgan de govern de l'entitat que ha d'acordar-la, en el qual es justifiquin els aspectes jurídics i econòmics de l'escissió, i dels altres documents que, per a cada cas, estableixi la llei. S'aplica a aquest balanç el que l'article 314-1.3 estableix per al balanç de fusió.

4. L'acord d'escissió ha d'ésser adoptat per l'òrgan sobirà de l'entitat que la duu a terme i, si escau, de l'entitat absorbent, i s'ha d'ajustar al projecte d'escissió. S'aplica a la documentació del procediment d'escissió el que l'article 314-1.4 estableix sobre el dret d'examinar-la.

5. L'acord d'escissió s'ha de publicar i els creditors de les entitats que participen en l'operació s'hi poden oposar, d'acord amb el que estableix l'article 314-1.5 i 6.

6. El que estableixen els apartats 2 a 5 no és aplicable a les operacions d'escissió total o parcial del patrimoni de les associacions i les fundacions que, en la data de tancament de l'exercici econòmic, puguin portar un règim simplificat de comptabilitat. En el cas de les associacions, l'acord d'escissió total o parcial ha d'ésser adoptat per l'assemblea general de l'associació que s'escindeix. En el cas de les fundacions, l'acord d'escissió ha d'ésser motivat i ha d'ésser adoptat pel patronat, ha d'ésser aprovat pel protectorat, s'ha de formalitzar en una escriptura pública i s'ha d'inscriure en el Registre de Fundacions.

Article 314-3. *Transformació*

1. Les persones jurídiques es poden transformar, conservant la personalitat, si llurs normes reguladores ho permeten i les del tipus de persona jurídica que pretenen assumir no ho prohibeixen.

2. L'acord de transformació ha d'ésser adoptat per l'òrgan sobirà de l'entitat. L'acord ha de determinar el nou tipus que la persona jurídica assumirà i ha de contenir les mencions exigides per a la constitució d'una entitat d'aquest tipus, incloent-hi les modificacions estatutàries pertinents.

3. La persona jurídica que es transforma ha de complir els requisits formals del tipus de persona jurídica adoptat i s'ha d'inscriure en el registre corresponent.

SECCIÓ SEGONA. *Liquidació*

Article 314-4. *Modalitats i període de liquidació*

1. La dissolució de la persona jurídica obre el període de liquidació, fins a la fi del qual l'entitat conserva la personalitat jurídica. Durant aquest període, la persona jurídica s'ha d'identificar en les seves relacions de tràfic com a entitat «en liquidació».

2. La persona jurídica es pot liquidar per mitjà de la realització dels béns de l'entitat o de la cessió global d'actius i passius.

3. La persona jurídica s'ha de liquidar en el termini fixat per la llei o per l'acord o la decisió que en disposi la dissolució. Aquest termini pot tenir una durada màxima de tres anys, llevat de causa justificada de força major. Un cop transcorregut aquest termini, qualsevol membre de la persona jurídica o del seu òrgan de govern pot sol·licitar a l'autoritat judicial que separi del càrrec els liquidadors i pot presentar una proposta de nomenaments.

Article 314-5. *Òrgan de liquidació*

1. Les funcions de liquidació són assumides pel mateix òrgan de govern, que manté la composició que tenia en el moment de la dissolució, llevat dels casos següents:

a) Si els estatuts estableixen un òrgan de liquidació diferent.

b) En les entitats de caràcter associatiu, si l'òrgan deliberant acorda designar altres persones com a liquidadors.

c) Si la dissolució es produeix per una resolució judicial que designa els liquidadors.

d) Si la dissolució es produeix en un procediment concursal, cas en el qual s'han de complir les disposicions de la legislació corresponent.

2. S'apliquen a l'òrgan de govern amb funcions de liquidació o a les persones liquidadores les regles ordinàries aplicables a aquest òrgan i als seus membres, en tant que siguin conformes a l'objecte de la liquidació, llevat que els estatuts, l'acord de dissolució o la resolució judicial disposin una altra cosa.

Article 314-6. *Operacions de liquidació*

1. L'òrgan liquidador o les persones liquidadores, abans d'iniciar les operacions de liquidació, han de subscriure, juntament amb l'òrgan de govern si la liquidació no correspon a aquest, un inventari i un balanç referits al dia de començament de la liquidació.

2. Correspon a l'òrgan liquidador o a les persones liquidadores executar l'acord de liquidació i, en particular, realitzar les tasques següents:

a) Vetllar per la integritat del patrimoni de la persona jurídica, administrar-lo durant el període de liquidació i portar i custodiar els llibres de l'entitat.

b) Concloure les operacions pendents i fer les que calguin per a la liquidació, incloent-hi les de realització de béns.

c) Reclamar i percebre els crèdits pendents de l'entitat i pagar-ne els deutes.

d) Formular els comptes anuals, si la liquidació es perllonga més d'un any, i els comptes finals de liquidació, i presentar-los a l'òrgan deliberant de l'entitat, si n'hi ha, o al que correspongui d'acord amb la llei perquè, si escau, els aprovi.

e) Adjudicar o destinar el patrimoni romanent a les persones o les finalitats que estableixen els estatuts o la llei.

f) Sol·licitar la cancel·lació dels assentaments en el registre corresponent i conservar els llibres i la documentació de l'entitat durant el termini legalment establert.

Article 314-7. *Cessió global de l'actiu i el passiu*

1. L'acord de cessió, en cas de cessió global de l'actiu i el passiu, s'ha de publicar en els termes que s'estableixin per reglament, indicant la persona cessionària i el dret dels creditors a obtenir el text íntegre de l'acord de cessió i a oposar-s'hi.

2. La cessió no es pot fer abans d'un mes a comptar de la publicació de l'acord. Durant aquest termini, els titulars de crèdits contra l'entitat cedent o cessionària, si els crèdits han nascut abans de la publicació i no estan suficientment garantits, es poden oposar per escrit a la cessió. En cas d'oposició, la cessió no pot tenir efecte si no se satisfan totalment els crèdits o no s'aporten garanties suficients.

Article 314-8. *Informes de liquidació*

1. L'òrgan amb funcions de liquidació o les persones liquidadores han d'informar periòdicament sobre l'estat de les operacions de liquidació, sens perjudici del compliment dels deures de presentació o rendició de comptes.

2. L'informe de liquidació s'ha de formular semestralment, si la llei o l'acord o la decisió de dissolució de la persona jurídica no estableixen un període més breu, i s'ha de presentar a l'òrgan deliberant, en el cas de les entitats de caràcter associatiu, i al protectorat, en el cas de les fundacions.

CAPÍTOL V. *Publicitat registral*

Article 315-1. *Registres de persones jurídiques*

1. Els registres de persones jurídiques dependents de la Generalitat són públics i assumeixen funcions de qualificació, inscripció i certificació. També assumeixen, si escau, funcions de dipòsit de comptes i altres documents.

2. S'han d'inscriure en els registres de persones jurídiques dependents de la Generalitat:

a) Les entitats subjectes al dret català.

b)   Les delegacions d'associacions i fundacions estrangeres establertes a Catalunya si hi exerceixen majoritàriament llurs activitats.

3.   L'estructura i el funcionament dels registres de persones jurídiques, en allò que aquest codi o les altres lleis no estableixen, s'han de determinar per reglament.

Article 315-2.   *Constància registral de les persones jurídiques*

1.   En el full registral obert per a cada persona jurídica s'han d'inscriure o anotar, segons que correspongui, els actes següents:

a)   La constitució, que ha de contenir els elements següents:

Primer. La identitat de la persona o les persones fundadores i de les que compareguin a atorgar l'acte constitutiu. En el cas de constitució successiva, és suficient que hi figuri, en lloc de la identitat dels fundadors, la dels promotors.

Segon. Els estatuts de la persona jurídica.

Tercer. La identitat de les persones que formen part de l'òrgan de govern i els càrrecs que hi ocupen.

Quart. Les dades que la llei obligui a fer constar en l'acte constitutiu de la persona jurídica.

b)   La modificació dels estatuts, incloent-hi, si escau, la pròrroga del període de durada de la persona jurídica.

c)   El nomenament, la suspensió i el cessament dels membres de l'òrgan de govern.

d)   L'acceptació del càrrec pel qual han estat designats els membres del patronat, en el cas de les fundacions.

e)   Les delegacions de funcions i llur modificació, revocació o substitució. Aquests actes no són inscriptibles en el cas de les associacions.

f)   Els acords de fusió, escissió i transformació.

g)   La declaració de concurs i les circumstàncies que estableix la legislació concursal.

h)   La dissolució i, si escau, el nomenament, la suspensió i el cessament de les persones liquidadores.

i)   La cessió o la destinació del romanent en cas de dissolució o, si no n'hi ha, l'acord formal d'extinció.

j)   Les mesures administratives o judicials d'intervenció de la persona jurídica.

k)   La impugnació d'acords, actes o decisions susceptibles de constància registral, si així ho resol cautelarment l'autoritat judicial.

l)   Les resolucions judicials que afectin actes susceptibles de constància registral.

m) Els actes la constància registral dels quals sigui establerta per aquest codi o per altres lleis.

n) L'adreça de la pàgina web i l'adreça electrònica a efecte de notificacions.

2. En el termini d'un mes s'ha de sol·licitar al Protectorat l'anotació dels actes d'inscripció obligatòria.

Article 315-3. *Qualificació*

1. Els òrgans encarregats dels registres qualifiquen el contingut dels actes inscriptibles, d'acord amb el que resulta dels documents en virtut dels quals se sol·licita la inscripció i dels assentaments registrals.

2. No es pot denegar la inscripció de cap acte inscriptible que compleixi els requisits que estableix la llei.

3. L'òrgan competent per a inscriure, si considera que l'acte del qual es pretén la inscripció inclou alguna estipulació contrària a la llei, ha de practicar una inscripció parcial, sempre que l'estipulació afectada tingui caràcter merament potestatiu o que les disposicions legals corresponents en supleixin l'omissió.

4. L'òrgan competent per a inscriure la constitució o una modificació estatutària d'una persona jurídica, si considera que hi ha indicis racionals d'il·licitud penal en les finalitats o les activitats que la dita persona jurídica pretén dur a terme, ha de trametre tota la documentació al ministeri fiscal o a l'òrgan jurisdiccional competent i comunicar-ho a l'entitat afectada. En aquest cas, el procediment d'inscripció resta suspès fins que es dicti una resolució ferma.

5. Contra les resolucions de suspensió o denegació de la pràctica d'assentaments registrals, es poden interposar els recursos que la llei estableix en cada cas.

Article 315-4. *Presentació de documents*

1. Els documents públics inscriptibles en els registres de persones jurídiques s'hi poden presentar per via telemàtica, amb la signatura electrònica reconeguda de l'autoritat o del funcionari que els hagi expedit, autoritzat o intervingut o que sigui responsable del protocol. Amb relació als documents notarials, cal que la persona interessada no s'hi hagi oposat.

2. L'òrgan encarregat del registre, en els casos a què fa referència l'apartat 1, ha de comunicar, a l'autoritat o al funcionari, que s'ha practicat, s'ha suspès o s'ha denegat l'assentament, segons que correspongui.

Article 315-5. *Requisits d'accés als registres*

1. La constància registral dels actes inscriptibles en el registre requereix que la persona jurídica a la qual afecten hi estigui prèviament inscrita i, si escau, que resulti del registre la legitimació per a atorgar-los.

2. La constància registral d'actes modificatius o extintius d'altres actes atorgats abans requereix que aquests s'hagin inscrit en el registre prèviament.

3. Un cop practicat un assentament en el registre, no se'n pot fer cap altre d'oposat o incompatible a partir d'un document de la mateixa data o d'una data anterior a la del que va servir de base a l'assentament preferent.

Article 315-6. *Legitimació*

1. Es presumeix que el contingut dels assentaments dels registres de persones jurídiques és exacte i vàlid.

2. Els assentaments estan sota la protecció dels òrgans jurisdiccionals i produeixen efectes mentre la resolució judicial que els declari nuls o inexactes, si s'escau, no s'inscrigui. Se n'exceptua la rectificació d'errors materials, aritmètics o de fet, que pot fer d'ofici l'òrgan competent per a practicar l'assentament.

3. La inscripció no valida els actes que són nuls d'acord amb la llei.

Article 315-7. *Publicitat material*

1. No es pot invocar el desconeixement del contingut d'actes degudament inscrits en els registres de persones jurídiques, a partir de la data de la inscripció, llevat que la llei estableixi una altra cosa.

2. Els actes inscriptibles només es poden oposar a terceres persones de bona fe des de la data de la inscripció. La bona fe de les terceres persones es presumeix.

3. La declaració de nul·litat o inexactitud dels assentaments registrals no perjudica els drets de terceres persones de bona fe adquirits d'acord amb la llei.

4. La manca d'inscripció no pot ésser invocada per persones que estiguessin obligades a demanar-la.

Article 315-8. *Publicitat formal*

1. La publicitat dels registres de persones jurídiques es fa efectiva, en suport electrònic o en paper, per mitjà d'un certificat del contingut dels assentaments, d'una nota simple informativa o d'una còpia o un extracte dels assentaments.

2. Només el certificat, que es pot emetre per mitjà d'una còpia autèntica electrònica, dóna fe del contingut dels assentaments.

3. Els registres de persones jurídiques han de facilitar que les persones interessades en puguin consultar telemàticament el contingut. En el cas d'autoritats, empleats o funcionaris públics que actuïn per raó de llur ofici o càrrec, l'interès a consultar el contingut dels registres es presumeix.

4. La publicitat formal s'ha de fer complint les normes sobre protecció de dades personals i les que s'estableixin per reglament per a les sol·licituds en massa.

5. Només les persones a què fan referència les dades personals inscrites i llurs representants legals poden accedir a la publicitat dels assentaments que continguin dades d'aquesta naturalesa o autoritzar terceres persones a accedir-hi.

6. La comunicació entre administracions públiques de dades personals contingudes en els registres es regeix pel que disposen els articles 11 i 15 de la Llei orgànica 15/1999, del 13 de desembre, de protecció de dades de caràcter personal, llevat de les que calguin per al compliment de les funcions de control i verificació de les administracions públiques o per a la gestió d'ajuts, avals, préstecs o subvencions de caràcter públic.

TÍTOL II. *De les associacions**

CAPÍTOL I. *Naturalesa i constitució*

Article 321-1. *Concepte i principis*

1. Les associacions són entitats sense ànim de lucre, constituïdes voluntàriament per tres o més persones per a complir una finalitat d'interès general o particular, per mitjà de la posada en comú de recursos personals o patrimonials amb caràcter temporal o indefinit.

2. Les associacions poden dur a terme activitats econòmiques accessòries o subordinades a llur finalitat si els rendiments que en deriven es destinen exclusivament al compliment d'aquesta.

3. El patrimoni de les associacions no es pot repartir en cap cas entre els associats ni es pot cedir gratuïtament a persones físiques determinades o a entitats amb ànim de lucre. Se n'exceptuen les aportacions subjectes a reemborsament d'acord amb l'article 323-2.

---

* V. Decret 206/1999, de 27 de juliol, pel qual s'aprova el reglament d'organització i funcionament del registre d'associacions (DOGC núm. 2944, de 3 d'agost). Aquest Decret desenvolupava la Llei 7/1997, derogada íntegrament per les lleis 4/2008, del 24 d'abril, del llibre tercer del Codi civil de Catalunya, relatiu a les persones jurídiques, i 10/2011, del 29 de desembre, de simplificació i millorament de la regulació normativa. Entenem que les disposicions del Decret mantenen la seva vigència en tot allò que no s'oposi a la citada Llei 4/2008, a la Llei 21/2014, del 29 de desembre, del protectorat de les fundacions i de verificació de l'activitat de les associacions declarades d'utilitat pública, o a altres disposicions posteriors d'igual o superior rang.

Article 321-2. *Capacitat per a la constitució*

1. Poden constituir associacions les persones físiques i les persones jurídiques, privades i públiques.

2. Les persones físiques que constitueixen una associació han de tenir capacitat d'obrar o tenir almenys catorze anys i actuar amb l'assistència dels representants legals si no estan emancipades. En les associacions infantils, juvenils i d'alumnes i les altres integrades per menors d'edat és suficient la capacitat natural. Tanmateix, per a fer-hi aportacions o assumir obligacions patrimonials, cal la capacitat necessària per a aquests actes. En tot cas, cal que formi part de l'associació una persona major d'edat, com a mínim, a l'efecte de formalitzar els actes que ho requereixin.

3. En el cas de les persones jurídiques, es requereix que les normes per les quals es regeixin no els prohibeixin constituir associacions i que l'acord sigui adoptat per un òrgan competent.

Article 321-3. *Constitució*

En l'acord de constitució d'una associació, que s'ha de formalitzar per escrit, s'han de fer constar, com a mínim:

a) El lloc i la data en què s'estén l'acta fundacional.

b) La denominació, el domicili, la nacionalitat i, si els fundadors són menors, llur edat. Aquestes dades s'han d'acreditar documentalment.

c) La voluntat de constituir l'associació, que s'acredita amb la signatura de l'acta, acompanyada, en el cas de les persones jurídiques, de la constància documental de l'acord o la decisió corresponent.

d) Els estatuts de l'associació.

e) Les aportacions fetes o compromeses al patrimoni inicial de l'associació, si n'hi ha, indicant la naturalesa dels béns, el títol i les condicions d'aportació, i llur valoració, si no són en diners.

f) La designació de les persones que han d'integrar l'òrgan de govern inicial.

Article 321-4. *Estatuts*

1. Els estatuts de les associacions han d'incloure, almenys, les dades següents:

a) La denominació.

b) El domicili.

c) La durada, si no es constitueix per temps indefinit, i la data d'inici de les activitats, si no coincideix amb la d'atorgament de l'acta fundacional.

d) Les finalitats i les activitats que es proposa dur a terme, indicant-ne l'àmbit territorial.

e)   Els tipus d'associats, si escau, i els requisits que s'han de complir per a adquirir la condició d'associat en cada cas, les causes de pèrdua d'aquesta condició i els procediments d'admissió i de baixa, incloent-hi, si s'ha previst, la baixa disciplinària.

f)   Els drets i els deures dels associats i el règim disciplinari.

g)   En les associacions en què col·laboren persones en règim de voluntariat, els mecanismes de participació d'aquestes.

h)   Les regles sobre la convocatòria i la constitució de l'assemblea general ordinària i de l'extraordinària.

i)   Les regles sobre l'organització i el funcionament de l'òrgan de govern que estableixin el règim de convocatòria i constitució, la composició, la manera de designar-ne, destituir-ne i renovar-ne els membres, i la durada del mandat d'aquests.

j)   El règim de deliberació i adopció d'acords dels òrgans col·legiats i el procediment d'aprovació de les actes.

k)   El procediment de modificació dels estatuts.

l)   El règim econòmic.

m)   La previsió de la destinació dels béns sobrants, en cas de dissolució, d'acord amb el que estableix l'article 324-6.

2.   Els estatuts poden establir que les controvèrsies que sorgeixin per raó del funcionament de l'associació se sotmetin a arbitratge o mediació.

Article 321-5.   *Inscripció*

Les associacions s'han d'inscriure, només a efectes de publicitat, en el Registre d'Associacions.

Article 321-6.   *Federacions i confederacions*

Per a assolir millor les finalitats que els són pròpies i facilitar llur coordinació, les associacions poden constituir federacions, i aquestes, confederacions, que resten subjectes al règim general de les associacions.

CAPÍTOL II.   *Organització i funcionament*

SECCIÓ PRIMERA.   *Òrgans de l'associació*

Article 322-1.   *Òrgans necessaris i voluntaris*

1.   Les associacions han de tenir els òrgans següents:

a)   L'assemblea general, constituïda per tots els associats, que, com a òrgan sobirà, pot deliberar sobre qualsevol assumpte d'interès per a l'associació, adoptar acords en l'àmbit de la seva competència i controlar l'activitat de l'òrgan de govern.

b) L'òrgan de govern, que es pot identificar amb la denominació de junta de govern o junta directiva o amb una altra de similar, que administra i representa l'associació, d'acord amb la llei, els estatuts i els acords adoptats per l'assemblea general.

2. Les associacions infantils, juvenils i d'alumnes i les altres associacions integrades per menors han de tenir, si no hi ha cap persona amb capacitat d'obrar en l'òrgan de govern, un òrgan adjunt amb la composició i les funcions que estableix l'article 322-11.

3. L'assemblea general i l'òrgan de govern, d'acord amb llurs atribucions legals o estatutàries, poden acordar la creació d'altres òrgans, temporals o permanents, amb funcions delegades de caràcter deliberant o executiu.

SECCIÓ SEGONA. *Assemblea general*

Article 322-2. *Funcions*

Corresponen a l'assemblea general les funcions següents:

a) Aprovar, si escau, la gestió de l'òrgan de govern, el pressupost i els comptes anuals.

b) Elegir i separar els membres de l'òrgan de govern.

c) Modificar els estatuts.

d) Acordar la forma i l'import de les contribucions al finançament de l'associació o al pagament de les seves despeses, incloent-hi les aportacions al patrimoni de l'associació a les quals fa referència l'article 323-2.

e) Acordar la transformació, la fusió, l'escissió o la dissolució de l'associació.

f) Acordar l'ingrés i la baixa en federacions o confederacions.

g) Sol·licitar la declaració d'utilitat pública.

h) Aprovar el reglament de règim intern i les seves modificacions.

i) Acordar o ratificar la baixa disciplinària dels associats, si els estatuts estableixen aquesta sanció i no atribueixen aquesta funció a un altre òrgan.

j) Resoldre sobre les qüestions que no estiguin expressament atribuïdes a cap altre òrgan de l'associació.

Article 322-3. *Reunions*

1. L'assemblea general s'ha de reunir amb caràcter ordinari com a mínim un cop l'any, per a aprovar, si escau, la gestió de l'òrgan de govern, el pressupost i els comptes anuals.

2. L'assemblea general s'ha de reunir amb caràcter extraordinari en els casos següents:

a) Si l'òrgan de govern ho considera convenient.

b) Si ho sol·licita un 10% dels associats o, si així ho estableixen els estatuts, un percentatge inferior d'aquests.

3. L'assemblea general, en cas de reunió a instàncies dels associats, s'ha de fer en el termini de trenta dies a comptar de la sol·licitud, si els estatuts no en fixen un de més breu.

Article 322-4. *Convocatòria*

L'òrgan de govern ha de convocar l'assemblea general, almenys quinze dies abans de la data prevista per a la reunió, per mitjà d'un escrit adreçat al domicili de cada associat, llevat que els estatuts permetin fer-ho en un termini més breu o per altres mitjans, inclosos els telemàtics.

Article 322-5. *Ordre del dia*

1. Un nombre d'associats que representi almenys el 10% dels vots socials de l'associació, o un percentatge inferior si així ho estableixen els estatuts, pot sol·licitar a l'òrgan de govern la inclusió d'un o més assumptes en l'ordre del dia de l'assemblea general. Si aquesta ja ha estat convocada, la sol·licitud s'ha de formular en el primer terç del període comprès entre la recepció de la convocatòria i la data prevista per a la reunió, a fi que es pugui informar tots els associats de l'ampliació de l'ordre del dia.

2. L'assemblea general no pot adoptar acords sobre assumptes que no constin a l'ordre del dia, llevat que s'hagi constituït amb caràcter universal o que els acords es refereixin a la convocatòria d'una nova assemblea general.

3. Si en l'assemblea general es pretén tractar l'exercici de l'acció de responsabilitat contra membres de l'òrgan de govern o la separació d'aquests de llurs càrrecs, s'ha de convocar en el mateix acte una sessió extraordinària de l'assemblea general amb aquest punt com a únic punt de l'ordre del dia.

Article 322-6. *Constitució de l'assemblea general*

1. L'assemblea general, llevat que els estatuts estableixin una altra cosa, es constitueix vàlidament sigui quin sigui el nombre d'associats presents o representats.

2. La presidència i la secretaria de l'assemblea general, si els estatuts no estableixen una altra cosa, corresponen a les persones que ocupen aquests càrrecs en l'òrgan de govern, llevat que els associats assistents en designin d'altres a l'inici de la reunió.

Article 322-7. *Dret de vot*

1. Cada associat té, com a mínim, un vot en l'assemblea general. Els estatuts poden establir la suspensió de l'exercici d'aquest dret per l'incompliment d'obligacions econòmiques.

2. Els estatuts de les associacions d'interès particular i d'aquelles en què hi hagi persones jurídiques que tinguin la condició d'associades poden establir sistemes de vot ponderat. La ponderació ha d'estar basada en la representativitat dels associats o en altres criteris objectius. El vot ponderat no opera en l'adopció d'acords de caràcter disciplinari.

3. El dret de vot es pot exercir per delegació, per correu o per mitjans telemàtics si els estatuts ho estableixen i determinen el procediment d'exercici d'aquest dret.

4. L'assemblea general, si es qüestiona el dret de vot d'algun associat per raó d'un possible conflicte d'interessos amb l'associació, ha de decidir sobre aquesta qüestió en votació separada i, si escau, secreta.

Article 322-8. *Adopció d'acords*

1. Els acords s'adopten per majoria simple dels associats assistents o vàlidament representats en la reunió, si bé els estatuts poden exigir, per a qüestions determinades, un vot favorable més qualificat.

2. Els associats que, per raó d'un conflicte d'interessos amb l'associació, no puguin votar un determinat punt de l'ordre del dia no es computen als efectes d'establir la majoria necessària per a adoptar l'acord, llevat que aquest tingui per objecte la resolució d'un procediment sancionador, la destitució de la persona afectada com a membre d'un òrgan o l'exercici de l'acció de responsabilitat contra ella.

3. La votació per a l'adopció d'acords ha d'ésser secreta si ho sol·liciten, almenys, el 10% dels associats presents o representats en la reunió.

SECCIÓ TERCERA. *Òrgan de govern*

Article 322-9. *Atribucions i delegació de funcions*

1. L'òrgan de govern està facultat amb caràcter general per a fer els actes necessaris per a complir les finalitats de l'associació, llevat dels que, d'acord amb la llei o els estatuts, hagin d'ésser acordats per l'assemblea general o requereixin l'autorització prèvia d'aquesta.

2. L'òrgan de govern pot delegar les seves funcions, d'acord amb l'article 312-1.2, si els estatuts no ho prohibeixen. No són delegables la formulació dels comptes ni els actes que hagin d'ésser autoritzats o aprovats per l'assemblea general.

Article 322-10. *Composició de l'òrgan de govern i requisits per a ésser-ne membre*

1. L'òrgan de govern té caràcter col·legiat. Els estatuts en determinen la composició.

2. Els membres de l'òrgan de govern han d'ésser associats i han de tenir capacitat per a exercir llurs drets socials.

3. Les persones inhabilitades d'acord amb la legislació concursal no poden ésser membres de l'òrgan de govern de les associacions que duen a terme una activitat econòmica mentre no hagi finit el període d'inhabilitació.

Article 322-11. *Òrgan adjunt*

1. Les funcions de representació de la persona jurídica, en les associacions infantils, juvenils i d'alumnes i les altres integrades per menors, han d'ésser exercides per algun dels membres de l'òrgan de govern amb capacitat d'obrar.

2. L'associació, si en l'òrgan de govern no hi ha cap persona amb capacitat d'obrar, ha de tenir un òrgan adjunt, constituït, com a mínim, per dues persones majors d'edat, que no cal que siguin associats, a fi que puguin suplir la manca de capacitat d'obrar de l'òrgan de govern.

3. Els integrants de l'òrgan adjunt són escollits i actuen d'acord amb el que estableixin els estatuts. Si els estatuts no ho estableixen, són escollits per l'assemblea general i poden actuar solidàriament.

4. La constitució inicial i les renovacions de l'òrgan adjunt s'han d'inscriure en el Registre d'Associacions.

Article 322-12. *Elecció i nomenament*

1. Els membres de l'òrgan de govern han d'ésser escollits, en reunió de l'assemblea general o per mitjà del procediment electoral que estableixin els estatuts, per votació de tots els associats que estiguin en situació d'exercir llurs drets socials.

2. Les candidatures que es presentin a elecció tenen dret a comunicar llur programa d'actuació als associats abans de la data de l'elecció, i també, si aquesta es fa en assemblea general, durant la mateixa reunió. A aquests efectes, tenen dret a disposar de la llista dels associats amb antelació suficient. L'òrgan de govern, a proposta dels candidats, ha de fer arribar als associats, una vegada com a mínim, els programes i les altres comunicacions que siguin raonables. En els casos en què els associats ho autoritzin expressament, l'òrgan de govern pot facilitar als candidats que ho demanin el domicili, els telèfons i les adreces de correu electrònic dels associats.

3. Els integrants de la candidatura més votada són escollits membres de l'òrgan de govern, llevat que els estatuts requereixin una majoria qualificada o estableixin algun altre sistema de provisió dels càrrecs.

4. L'òrgan de govern, si s'hi produeixen vacants durant el termini per al qual han estat designats els seus membres, pot nomenar substituts, els quals ocupen el càrrec fins a la següent reunió de l'assemblea general o fins a l'elecció de nous càrrecs d'acord amb els estatuts, llevat que aquests estableixin una altra cosa.

Article 322-13. *Acceptació i durada del càrrec*

1. Els membres de l'òrgan de govern entren en funcions un cop han acceptat el càrrec per al qual han estat escollits o nomenats.

2. L'acceptació del càrrec per al qual han estat escollits o nomenats els membres de l'òrgan de govern s'ha d'inscriure en el Registre d'Associacions.

3. La durada del càrrec de membre de l'òrgan de govern no pot excedir els cinc anys, sens perjudici del dret a la reelecció si no l'exclouen els estatuts.

Article 322-14. *Exercici de les funcions de govern*

1. Els membres de l'òrgan de govern han d'exercir llurs funcions amb la diligència d'un bon administrador, d'acord amb la llei i els estatuts, i servir el càrrec amb lleialtat a l'associació, actuant sempre en benefici d'aquesta.

2. Els membres de l'òrgan de govern, per a exercir llurs funcions, tenen el dret i el deure d'assistir a les reunions, d'informar-se sobre la marxa de l'associació i de participar en les deliberacions i en l'adopció d'acords. Han de complir també els deures comptables que regula l'article 313-1, custodiar els llibres, tenir-los actualitzats i guardar secret de les informacions confidencials relatives a l'associació, fins i tot després d'haver cessat en el càrrec.

Article 322-15. *Deures d'elaboració dels comptes i de transparència*

1. L'òrgan de govern ha d'elaborar el pressupost i els comptes anuals, que s'han de presentar a l'assemblea general perquè els aprovi en el termini que estableixin els estatuts i, com a màxim, en els sis mesos següents a la data de tancament de l'exercici. No cal elaborar comptes anuals si l'associació pot portar una comptabilitat simplificada en aplicació de l'article 313-2.1.

2. Les associacions declarades d'utilitat pública han de presentar al departament de la Generalitat competent per a inscriure-les, en els sis mesos següents a la data de tancament de l'exercici, els comptes anuals aprovats, una memòria d'activitats i, si escau, d'acord amb llur normativa, l'informe d'auditoria.

3. Les associacions declarades d'utilitat pública, les que rebin periòdicament subvencions o altres ajuts econòmics de les administracions públiques i les que recorrin a la captació pública de fons com a mitjà de finançament de llurs activitats han d'elaborar en tots els casos els comptes anuals i fer-los accessibles al públic.

Article 322-16. *Gratuïtat dels càrrecs*

1. Els membres de l'òrgan de govern exerceixen llurs càrrecs gratuïtament, si bé tenen dret a la bestreta i al reemborsament de les despeses

degudament justificades i a la indemnització pels danys produïts per raó d'aquest exercici.

2. Si algun membre de l'òrgan de govern exerceix funcions de direcció o gerència o altres que no siguin les ordinàries de govern de l'associació, pot ésser retribuït, sempre que s'estableixi una relació contractual, incloent-hi la de caràcter laboral. El nombre de membres de l'òrgan de govern que percebin qualsevol tipus de retribució de l'associació no pot superar la meitat dels que integren aquest òrgan.

Article 322-17. *Responsabilitat*

1. Els membres de l'òrgan de govern responen dels danys que causin a l'associació per incompliment de la llei o dels estatuts o per actes o omissions negligents en l'exercici de llurs funcions.

2. L'exercici de l'acció de responsabilitat ha d'ésser acordat, per majoria simple, per l'assemblea general, que pot atorgar amb aquesta finalitat un mandat especial.

3. Un nombre d'associats que, conjuntament, representin almenys el 10% dels vots socials o el percentatge superior o inferior que, si escau, estableixin els estatuts pot exercir l'acció de responsabilitat, en interès de l'associació, en els casos següents:

a) Si no es convoca l'assemblea general sol·licitada per a acordar l'exercici de l'acció de responsabilitat.

b) Si l'acord adoptat és contrari a l'exigència de responsabilitat.

c) Si la pretensió no es formula judicialment en el termini d'un mes a comptar de l'adopció de l'acord.

4. L'acció de responsabilitat en interès de l'associació prescriu al cap de tres anys de la data en què els responsables cessen en el càrrec.

5. L'acció de responsabilitat per danys a l'associació és independent de la que correspongui als associats o a tercers per actes o omissions dels membres dels òrgans de govern que hagin lesionat llurs drets o interessos. Aquesta acció prescriu al cap de tres anys, comptats d'acord amb el que estableix l'article 121-23.

6. Si la responsabilitat a què fan referència els apartats 1 a 5 no es pot imputar a una o més persones determinades, responen tots els membres de l'òrgan excepte els següents:

a) Els que s'han oposat a l'acord i no han intervingut en la seva execució.

b) Els que no han intervingut en l'adopció ni en l'execució de l'acord, sempre que hagin fet tot el que era possible per evitar el dany o almenys s'hi hagin oposat formalment en saber-ho.

7. La responsabilitat, si és imputable a diverses persones, té caràcter solidari.

Article 322-18. *Cessament en el càrrec*

1. Els membres de l'òrgan de govern cessen en el càrrec per les causes següents:

a) Mort o declaració d'absència, en el cas de les persones físiques, o extinció, en el cas de les jurídiques.

b) Incapacitat o inhabilitació.

c) Venciment del càrrec, llevat de renovació.

d) Renúncia notificada a l'òrgan de govern.

e) Separació acordada per l'assemblea general.

f) Qualsevol altra que estableixin la llei o els estatuts.

2. L'assemblea general pot acordar en qualsevol moment separar de llurs funcions algun o tots els membres de l'òrgan de govern, amb subjecció, si escau, al que estableix l'article 322-5.3. L'acord de l'assemblea general d'exercir l'acció de responsabilitat determina la separació dels membres de l'òrgan de govern afectats.

CAPÍTOL III. *Drets i deures dels associats*

Article 323-1. *Adquisició de la condició d'associat*

1. Poden adquirir la condició d'associats les persones amb capacitat d'obrar i els menors no emancipats de més de catorze anys, amb l'assistència de llurs representants legals. Se n'exceptuen les associacions infantils, juvenils i d'alumnes i les altres associacions integrades per menors, en les quals es requereix capacitat natural.

2. Els menors de catorze anys poden adquirir la condició d'associats, per mitjà de llurs representants legals, si els estatuts no ho exclouen. Els menors amb capacitat natural suficient poden oposar-se sempre a l'ingrés en una associació i donar-se'n de baixa en qualsevol moment.

3. Les persones jurídiques, privades i públiques, poden adquirir la condició d'associades si no ho exclouen la llei ni llurs estatuts. La sol·licitud d'ingrés ha d'ésser acordada per l'òrgan competent.

Article 323-2. *Aportacions al patrimoni de l'associació*

1. Els associats poden fer aportacions de béns o diners al patrimoni de l'associació, a títol de domini o d'ús, i subjectar-les a les condicions i els terminis que considerin pertinents.

2. Els estatuts de l'associació poden establir que els associats hagin de fer aportacions quan hi ingressin o, si hi ha necessitats de finançament que ho justifiquin, en un moment posterior. Si així s'estableix, aquestes aportacions es poden retornar quan, per qualsevol causa, es produeixi la baixa de l'associat que les ha fetes o quan es dissolgui l'associació.

3.   Les aportacions restituïbles, tant si es fan amb caràcter voluntari com en compliment d'un deure estatutari, poden meritar interessos que no superin l'interès legal del diner si així es pacta expressament. També es poden establir clàusules d'estabilització del valor del diner.

4.   El reemborsament, si les aportacions són restituïbles, només es produeix en la mesura que no comporti que l'associació resti en una situació de patrimoni net negatiu. El dret a la restitució no es pot fer efectiu fins que no s'hagin aprovat els comptes de l'exercici en el qual s'ha produït la baixa o, en cas de dissolució, els comptes finals.

Article 323-3.   *Drets de participació*

Els associats tenen el dret de participar en l'activitat de l'associació i, en particular, de:

a)   Assistir a les assemblees generals, intervenir-hi i exercir-hi el dret de vot.

b)   Elegir els membres de l'òrgan de govern i ésser elegibles, d'acord amb els estatuts, per a formar-ne part.

c)   Impugnar els acords de l'assemblea general i de l'òrgan de govern i proposar l'exercici de l'acció de responsabilitat contra els membres de l'òrgan de govern.

Article 323-4.   *Dret d'informació*

Els associats tenen el dret d'ésser informats de la marxa de l'associació i, en particular, el dret de:

a)   Ésser informats de la identitat dels altres associats, del nombre d'altes i baixes i de l'estat de comptes, per a la qual cosa poden consultar els llibres de l'associació.

b)   Ésser informats per l'òrgan de govern, un cop convocada l'assemblea i amb l'antelació suficient, dels assumptes que s'hagi previst de tractar-hi, i rebre'n informació verbal durant la reunió.

c)   Obtenir un exemplar dels estatuts vigents i dels reglaments de règim intern, si n'hi ha.

Article 323-5.   *Dret a rebre serveis*

Els associats tenen dret a rebre els serveis que l'associació ofereixi en compliment de les seves finalitats o amb caràcter accessori, d'acord amb el que estableixin els estatuts i hagin acordat els òrgans competents.

Article 323-6.   *Deures dels associats*

Els associats tenen els deures següents:

a)   Comprometre's en les finalitats de l'associació i participar en llur assoliment.

b) Contribuir a pagar les despeses de l'associació amb el pagament de quotes i derrames i amb les altres aportacions econòmiques que estableixin els estatuts i que s'aprovin d'acord amb aquests.

c) Respectar i complir els acords vàlidament adoptats pels òrgans de l'associació.

d) Complir les altres obligacions que estableixin els estatuts.

Article 323-7. *Règim disciplinari*

1. L'associació pot adoptar mesures disciplinàries contra els associats per l'incompliment de llurs deures socials.

2. Els estatuts o el reglament de règim intern han de tipificar les infraccions i les sancions, que han de respectar el principi de proporcionalitat.

3. Les sancions han d'ésser imposades per l'òrgan competent i d'acord amb el procediment que estableixen els estatuts. Abans d'imposar la sanció, s'ha d'informar la persona afectada de les causes que la justifiquen. La persona afectada té el dret d'oposar-s'hi i de practicar proves en descàrrec seu.

4. La imposició de sancions ha d'ésser sempre motivada.

Article 323-8. *Transmissió de la condició d'associat*

La condició d'associat només es pot transmetre si els estatuts ho estableixen.

Article 323-9. *Baixa voluntària*

Els associats tenen dret a donar-se de baixa lliurement de l'associació i a recuperar, si escau, les aportacions restituïbles que hagin fet.

CAPÍTOL IV. *Modificacions estructurals i dissolució*

Article 324-1. *Adopció dels acords de modificació estructural i dissolució*

Per a adoptar els acords de modificació estatutària, transformació, fusió, escissió i dissolució d'una associació, si els estatuts no ho estableixen d'una altra manera, els associats presents o representats a l'assemblea general han de representar almenys la meitat dels vots socials. En aquest cas, l'aprovació per majoria simple és suficient. Si no s'assoleix aquest quòrum d'assistència en primera convocatòria, es requereix una majoria de dos terços dels vots socials presents o representats en segona convocatòria.

Article 324-2. *Modificació d'estatuts*

1. Per a acordar una modificació d'estatuts, la convocatòria de l'assemblea general ha d'expressar amb claredat els articles que es pretenen modificar, afegir o suprimir.

2. L'acord de modificació dels estatuts s'ha d'inscriure en el Registre d'Associacions. La sol·licitud d'inscripció s'ha d'acompanyar amb el certificat dels nous articles aprovats i de la versió actualitzada dels estatuts.

Article 324-3. *Fusió, escissió i transformació*

1. La fusió, l'escissió i la transformació d'associacions se subjecten als requisits i als procediments que regulen els articles 314-1 a 314-3.

2. Les associacions es poden transformar només en una altra persona jurídica no lucrativa.

Article 324-4. *Causes de dissolució*

Les associacions es dissolen per les causes següents:

a)　Acord de l'assemblea general.

b)　Finiment del termini que estableixen els estatuts, llevat que l'assemblea general n'acordi la pròrroga.

c)　Compliment de la finalitat per a la qual es va constituir l'associació o impossibilitat d'assolir-la, llevat que l'assemblea general n'acordi la modificació.

d)　Baixa dels associats, si es redueixen a menys de tres.

e)　Il·licitud civil o penal de les activitats o les finalitats de l'associació, declarada per sentència ferma.

f)　Obertura de la fase de liquidació en el concurs.

g)　Les altres que estableixin la llei o els estatuts.

Article 324-5. *Procediment de dissolució*

1. La dissolució requereix l'acord de l'assemblea general si es produeix alguna de les causes que estableix l'article 324-4.b i c o alguna altra que estableixin els estatuts. L'assemblea general que es reuneixi amb aquesta finalitat pot, en lloc d'acordar la dissolució, adoptar els acords que calguin per a remoure'n la causa.

2. L'òrgan de govern de l'associació té el deure de convocar l'assemblea general quan conegui que s'ha produït una causa de dissolució. Qualsevol associat li pot sol·licitar que ho faci si estima fonamentadament que s'ha produït una d'aquestes causes.

3. Si l'assemblea no és convocada, no es reuneix o no adopta cap acord que remogui la causa de dissolució, qualsevol persona interessada pot sol·licitar a l'autoritat judicial que dissolgui l'associació. El mateix

procediment se segueix en el supòsit a què fa referència l'article 324.4.d si els associats restants no n'acorden la dissolució.

Article 324-6. *Destinació dels béns sobrants*

1. Els béns sobrants s'han d'adjudicar a les entitats o destinar a les finalitats que estableixin els estatuts. En cap cas no es poden adjudicar als associats o a altres persones físiques determinades, ni a entitats amb ànim de lucre.

2. Els béns sobrants, si les disposicions estatutàries sobre llur destinació no es poden complir, s'han d'adjudicar a altres entitats sense ànim de lucre que tinguin finalitats anàlogues a les de l'associació dissolta, amb preferència per les que tinguin el domicili en el mateix municipi o, si no n'hi ha, per les que el tinguin a la mateixa comarca.

Article 324-7. *Suspensió de la publicitat registral*

1. La publicitat del Registre d'Associacions no és procedent en el cas de les associacions que no tinguin actualitzades les dades registrals amb relació als òrgans de govern i a l'adaptació, si escau, dels estatuts a la llei.

2. Si, en un termini de quatre anys des que es produeix el venciment dels nomenaments de l'òrgan de govern, la renovació no s'inscriu al Registre d'Associacions, s'ha d'iniciar d'ofici el procediment per a declarar-la inactiva, sens perjudici que s'esmeni la dita circumstància o que es liquidi l'associació de la manera que sigui legalment procedent.

TÍTOL III.   *De les fundacions*

CAPÍTOL I.   *Naturalesa i constitució*

Article 331-1. *Conceptes i principis*

1. Les fundacions són entitats sense ànim de lucre, constituïdes per un o diversos fundadors, mitjançant l'afectació d'uns béns o d'uns drets de contingut econòmic i la destinació de llurs rendiments o dels recursos obtinguts per altres mitjans al compliment de finalitats d'interès general.

2. S'entén per fundadors les persones físiques o jurídiques que han aportat, en concepte de dotació, béns o drets avaluables econòmicament que consten en la carta fundacional.

3. La fundació ha d'actuar amb criteris d'imparcialitat i no-discriminació en la determinació dels beneficiaris. En cap cas no es poden constituir fundacions amb la finalitat principal de destinar les prestacions als fundadors o als patrons, a llurs cònjuges o a les persones lligades per una relació d'afectivitat anàloga, o a llurs parents fins al quart grau, ni a persones jurídiques singularitzades que no persegueixin fins d'interès general.

4.   Les fundacions adquireixen personalitat jurídica definitiva amb la inscripció de la carta fundacional en el Registre de Fundacions.

5.   Les fundacions poden ésser de durada indefinida o temporals. En el segon cas, la durada ha d'ésser suficient per a complir la finalitat fundacional.

Article 331-2.   *Capacitat per a la constitució*

1.   Poden constituir fundacions les persones físiques i les persones jurídiques, privades i públiques. Les persones jurídiques públiques només ho poden fer conjuntament amb persones privades, d'acord amb llur normativa.

2.   Les persones físiques, per a constituir una fundació, han de tenir capacitat d'obrar plena, si ho fan entre vius, o capacitat per a testar, si ho fan per causa de mort.

3.   Perquè les persones jurídiques puguin constituir una fundació, cal que les normes que les regulen no els ho prohibeixin i que l'acord, en el qual ha de constar la finalitat d'interès general que es pretén assolir, sigui adoptat per un òrgan competent a aquest efecte o amb facultats suficients.

4.   Els fundadors han de tenir la lliure disposició dels béns que aporten a la fundació.

Article 331-3.   *Modalitats de constitució*

1.   Les fundacions es poden constituir per actes entre vius o per causa de mort.

2.   La constitució per acte entre vius requereix l'atorgament d'una carta fundacional amb el contingut que estableix l'article 331-4.

3.   La constitució per causa de mort requereix la manifestació de la voluntat fundacional en testament o en codicil i la designació de les persones físiques o jurídiques que han d'executar-la. Aquestes han d'atorgar la carta fundacional, si cal completar la voluntat fundacional, o, altrament, sol·licitar la inscripció de la fundació. Si no hi ha persones designades pel causant o si aquestes han estat remogudes o llur càrrec ha quedat vacant, el compliment d'aquests actes correspon al protectorat.

Article 331-4.   *Carta fundacional*

1.   En la carta fundacional, que s'ha de formalitzar en una escriptura pública, han de constar, com a mínim:

a)   La denominació, el domicili i la nacionalitat dels fundadors i, si es tracta de fundacions ordenades per causa de mort, a més, aquestes mateixes dades referides a les persones que executen la voluntat del causant.

b)   La voluntat de constituir una fundació.

c) Els estatuts de la fundació.

d) La dotació inicial, amb la indicació, si no és en diners, de la naturalesa dels béns, la pertinença, el títol d'aportació i la valoració.

e) La designació de les persones que han de constituir el patronat inicial, i també llur acceptació si es fa en el moment d'atorgar la carta. A més, si es tracta de persones físiques, els membres del patronat han de declarar de manera expressa que no estan inhabilitats per a exercir càrrecs públics o per a administrar béns i que no han estat condemnats per delictes de falsedat, contra el patrimoni o contra l'ordre socioeconòmic.

2. L'atorgament de la carta fundacional és un acte irrevocable.

Article 331-5. *Dotació inicial i increments de dotació*

1. La dotació inicial de la fundació ha de consistir en diners o altres béns fructífers i no pot tenir un valor inferior a 30.000 euros. En tot cas, els béns de la dotació inicial han d'ésser adequats per a iniciar o dur a terme les activitats fundacionals i han d'estar lliures de càrregues que n'impedeixin o en limitin d'una manera significativa la utilitat per a la fundació.

2. La dotació inicial de la fundació es pot incrementar posteriorment amb aportacions fetes pels fundadors o per altres persones. Els augments de dotació, que han de respectar les normes sobre aplicació obligatòria de rendes i altres ingressos, s'han de fer constar en els comptes anuals que es presentin al protectorat.

3. En els increments de dotació, l'aportació, si no és una aportació dinerària procedent del fundador o de tercers, s'ha de fer constar en una escriptura pública, en la qual s'han de descriure els elements següents:

a) Els béns i drets aportats.

b) Les dades registrals i el títol o concepte de l'aportació.

c) L'informe de valoració corresponent, si escau.

d) La manifestació de la voluntat de l'aportant en el sentit que l'aportació formi part de la dotació.

Article 331-6. *Aportació de la dotació*

1. La dotació inicial, excepte en els supòsits de dotació successiva que regula l'apartat 5, s'ha d'haver aportat i desembossat íntegrament abans de sol·licitar la inscripció de la fundació en el Registre de Fundacions.

2. Si l'aportació és en diners, s'han d'ingressar en una entitat de crèdit a favor de la fundació en constitució. Si l'ingrés s'ha efectuat abans de l'atorgament de la carta fundacional, cal fer-ho constar en aquesta i protocol·litzar el resguard o el certificat del dipòsit.

3. Si l'aportació és en béns o drets, s'ha d'incorporar com a annex a la carta fundacional un informe, emès per un perit, que ha de contenir la descripció dels béns o drets, llurs dades registrals i la informació de les càrregues sobre els béns aportats, si n'hi ha, i també llur valoració i llur rendibilitat potencial i la indicació dels criteris que s'han seguit per a fer aquestes estimacions. Si es tracta d'una explotació econòmica, s'han de presentar també els comptes anuals degudament auditats.

4. Si la dotació no s'ha desemborsat en el moment d'atorgar la carta fundacional, s'ha d'acreditar que s'ha fet l'ingrés o que s'han transmès els béns a la fundació en constitució abans de sol·licitar-ne la inscripció, excepte en el supòsit de dotació successiva que regula l'apartat 5.

5. Si la dotació s'aporta en diners, se n'admet el desemborsament successiu. En aquest cas, el desemborsament inicial ha d'ésser almenys del 25 % i la resta s'ha de fer efectiva en el termini de cinc anys. Si la fundació és constituïda per persones físiques o jurídiques privades, el compromís de desemborsament successiu ha de constar en escriptura pública amb valor de títol executiu, d'acord amb el que estableix la legislació processal civil. Si és constituïda per persones jurídiques públiques, el compromís de les aportacions successives ha de constar de manera expressa en l'acord fundacional aprovat per l'òrgan de govern competent, d'acord amb el que estableix la legislació de finances públiques.

Article 331-7. *Finançament de les activitats*

1. Els mitjans de finançament de les activitats fundacionals han d'ésser suficients, tant si es tracta del rendiment dels béns com del resultat d'activitats econòmiques o de donacions o subvencions.

2. A fi de verificar la suficiència del finançament de les activitats fundacionals, s'ha de presentar al protectorat, com a requisit per a la inscripció en el Registre de Fundacions, un projecte de la viabilitat econòmica dels dos primers anys de funcionament de la fundació i de les activitats previstes.

Article 331-8. *Fundacions temporals*

1. La constitució de fundacions temporals s'ha d'ajustar al que estableixen els articles 331-5 a 331-7 en matèria de dotació i finançament de les activitats.

2. No obstant el que estableix l'apartat 1, es poden constituir fundacions amb una dotació de quantia no inferior a 15.000 euros per un termini màxim de cinc anys, d'acord amb les regles següents:

a) La carta fundacional ha de contenir un programa d'actuació que comprengui tot el període de funcionament de la fundació, en el qual s'han d'indicar els recursos financers que els fundadors es comprometen a aportar cada exercici per al compliment de la finalitat fundacional. Les aportacions compromeses han de quedar suficientment garantides.

b)   Els estatuts han d'establir el període de durada de la fundació, que comença a comptar a partir de la data d'inscripció en el Registre de Fundacions.

c)   La fundació no pot dur a terme directament explotacions econòmiques com a activitat de caràcter principal.

3.   Les fundacions poden modificar els estatuts per a prorrogar llur durada fins a un període màxim equivalent a la meitat del termini inicial previst en el moment de constituir-se, o per a fer-la indefinida. En el cas de les fundacions a què fa referència l'apartat 2, per a passar a tenir durada indefinida han d'incrementar la dotació fins a arribar a la quantitat que estableix l'article 331-5.1 i han de presentar el projecte de viabilitat econòmica a què fa referència l'article 331-7.2.

4.   La fundació temporal s'ha de liquidar en un termini de sis mesos a comptar del moment en què es dissol. Un cop finit el termini, s'han de cancel·lar d'ofici els assentaments del Registre de Fundacions corresponents a la fundació dissolta. El protectorat pot fer les operacions pendents, si n'hi ha.

Article 331-9.   *Estatuts*

Els estatuts de les fundacions han d'incloure, almenys, les dades següents:

a)   La denominació, que ha de contenir el mot *fundació*.

b)   La durada, si no es constitueix per temps indefinit, i la data d'inici de les activitats, si no coincideix amb la d'atorgament de la carta fundacional.

c)   El domicili.

d)   Les finalitats fundacionals i les activitats que es proposa dur a terme, indicant-ne l'àmbit territorial principal.

e)   Les regles bàsiques per a l'aplicació dels recursos a les finalitats fundacionals i per a la determinació dels beneficiaris.

f)   Les regles sobre organització i funcionament del patronat, que n'han d'indicar la composició, la manera de designar-ne i renovar-ne els membres, la durada del mandat dels patrons, el règim de convocatòria de les reunions, la manera de deliberar i d'adoptar acords i el procediment d'aprovació de les actes.

g)   La regulació, si escau, dels òrgans altres que el patronat que es poden constituir, inclosos els de control i supervisió interna. La regulació d'aquests òrgans ha d'incloure la composició i les funcions que han d'assumir.

h)   Les disposicions que es considerin pertinents per a evitar conflictes entre l'interès de la fundació i els interessos personals o professionals dels patrons, les persones amb funcions de direcció o els empleats de la fundació.

i)   La destinació dels béns sobrants, en cas de dissolució, d'acord amb el que estableix l'article 335-6.

Article 331-10. *Inscripció*

1. Els patrons han de sol·licitar la inscripció de la fundació en el Registre de Fundacions i, mentrestant, fer tot el que calgui per a conservar els béns del patrimoni inicial i facilitar l'activitat futura de la fundació. També la poden sol·licitar els fundadors o les persones encarregades d'executar la darrera voluntat del causant.

2. La inscripció de la fundació només es pot practicar si s'acredita al protectorat que ha acceptat el càrrec un nombre de patrons suficient, d'acord amb els estatuts, per a constituir vàlidament el patronat, actuar i adoptar acords. Mentrestant, si alguna persona legitimada ha sol·licitat la inscripció, s'ha de suspendre el termini per a practicar-la.

Article 331-11. *Funcions de suplència*

1. El protectorat pot inscriure la fundació d'ofici si no se sol·licita la inscripció en els tres mesos següents a l'atorgament de la carta fundacional i li consta que es compleix el requisit que estableix l'article 331-10.2. Altrament, ha de requerir als patrons designats en la carta fundacional o en l'acte d'última voluntat que encara no hagin acceptat el càrrec que ho facin. Si no l'accepten en el termini d'un mes a comptar del requeriment, llur designació caduca i el protectorat ha de requerir als fundadors que designin nous patrons o que modifiquin els estatuts en el termini que fixi el protectorat d'acord amb les circumstàncies concurrents. Un cop vençut aquest termini, el protectorat pot nomenar substituts, fent d'ofici les modificacions prèvies necessàries dels estatuts i respectant en la mesura que sigui possible la voluntat del fundador, llevat que, d'acord amb l'acte d'última voluntat, la carta fundacional o els estatuts de la fundació, s'hagi de procedir d'una altra manera.

2. En les fundacions per causa de mort, si les persones designades pel causant per a atorgar la carta fundacional incompleixen el deure d'atorgar-la en el termini que estableix el testament o el codicil o, subsidiàriament, en el d'un any a comptar de la mort del causant, el protectorat els pot requerir que ho facin i, si el requeriment no és atès en el termini d'un mes, pot instar l'autoritat judicial que el faculti per a atorgar la carta fundacional.

3. Els notaris, a fi de facilitar l'exercici de les funcions de suplència, han d'informar el protectorat de l'atorgament de cartes fundacionals que siguin conseqüència de disposicions testamentàries de constitució de fundacions per causa de mort, mitjançant la tramesa d'una còpia simple de l'escriptura pública.

Article 331-12. *Destinació dels béns per impossibilitat de constitució*

1. Si no es pot constituir la fundació, els béns aportats reverteixen als fundadors, llevat que aquests hagin disposat que tinguin una altra destinació.

2. En la constitució per causa de mort, si el testament o el codicil no estableix una altra cosa, correspon al protectorat donar als béns una destinació d'interès general que es correspongui tant com sigui possible amb la voluntat fundacional pel que fa a la finalitat i l'àmbit territorial.

CAPÍTOL II. *Organització i funcionament*

Article 332-1. *Atribucions del patronat i delegació de funcions*

1. El patronat és l'òrgan de govern de la fundació, a la qual administra i representa d'acord amb la llei i els estatuts.

2. El patronat pot delegar les seves funcions, d'acord amb l'article 312-1.2, si els estatuts no ho prohibeixen.

3. El patronat no pot delegar els actes següents:

a) La modificació dels estatuts.

b) La fusió, l'escissió o la dissolució de la fundació.

c) L'elaboració i l'aprovació del pressupost i dels documents que integren els comptes anuals.

d) Els actes de disposició sobre béns que, en conjunt o individualment, tinguin un valor superior a una vintena part de l'actiu de la fundació, llevat que es tracti de la venda de títols valor amb cotització oficial per un preu que sigui almenys el de cotització. Tanmateix, es poden fer apoderaments per a l'atorgament de l'acte corresponent en les condicions aprovades pel patronat.

e) La constitució o la dotació d'una altra persona jurídica.

f) La fusió, l'escissió i la cessió de tots o d'una part dels actius i els passius.

g) La dissolució de societats o d'altres persones jurídiques.

h) Els que requereixen l'autorització o aprovació del protectorat o l'adopció i formalització d'una declaració responsable.

i) L'adopció i formalització de les declaracions responsables.

Article 332-2. *Direcció de la gestió ordinària*

1. El patronat, d'acord amb el que eventualment disposin els estatuts, pot designar una o més persones per a exercir funcions de direcció de la gestió ordinària de la fundació. Si aquestes funcions són encomanades a algun patró, cal fer-ho d'acord amb l'article 332-10.

2. S'apliquen a les persones amb funcions de direcció els articles 332-3.2 i 332-9 pel que fa a llur capacitat, a les causes d'inhabilitació i a l'actuació en cas de conflicte d'interessos.

Article 332-3. *Composició del patronat i requisits per a ésser-ne membre*

1. El patronat té caràcter col·legiat i pot ésser integrat per persones físiques o jurídiques.

2. Els membres del patronat, si són persones físiques, han de complir els requisits següents:

a) Tenir capacitat d'obrar plena.

b) No estar inhabilitats per a exercir càrrecs públics o per a administrar béns.

c) No haver estat condemnats per delictes contra el patrimoni o contra l'ordre socioeconòmic o per delictes de falsedat.

3. Si els membres del patronat són persones jurídiques, hom s'ha d'atenir al que estableixen els estatuts respectius amb relació a la representació en els òrgans de representació, direcció i gestió d'altres persones jurídiques.

Article 332-4. *Designació i exercici del càrrec de patró*

1. Els patrons o membres del patronat són designats d'acord amb els estatuts. Poden ésser patrons nominalment, per raó de l'ocupació d'un càrrec o d'una altra circumstància, o per elecció.

2. El càrrec de patró s'ha d'exercir personalment. Tanmateix, si els estatuts no ho prohibeixen, els patrons poden delegar per escrit el vot, respecte d'actes concrets, en un altre patró. Si la condició de patró és atribuïda per raó d'un càrrec, pot actuar en nom del titular d'aquest càrrec la persona que el pugui substituir d'acord amb les regles d'organització de la institució de què es tracti.

3. Les persones jurídiques han d'ésser representades en el patronat, d'una manera estable, per la persona a qui correspongui aquesta funció, d'acord amb les normes que la regulin, o per la persona que designi a aquest efecte l'òrgan competent.

4. Els fundadors es poden reservar en la carta fundacional, d'una manera temporal o fins a llur mort o extinció, el dret a designar, separar i renovar els patrons i els càrrecs del patronat. Aquesta reserva s'ha d'incloure també en els estatuts, en els quals també s'ha de regular la forma de designació, separació i renovació dels patrons i dels càrrecs per al moment en què es produeixi la mort o l'extinció dels fundadors.

Article 332-5. *Acceptació i durada del càrrec*

1. Els patrons entren en funcions després d'haver acceptat el càrrec per al qual han estat designats. L'acceptació es pot fer constar de les maneres següents:

a) En la carta fundacional o en una altra escriptura pública.

b) En un document privat, amb la signatura de la persona física que accepta el càrrec legitimada notarialment.

c) Amb un certificat del secretari, amb la signatura legitimada notarialment, si l'acceptació s'ha produït en una reunió del patronat.

d) Per compareixença davant el protectorat del secretari o de la persona que accepta el càrrec.

2. Les persones jurídiques accepten formar part del patronat per acord de l'òrgan competent a aquest efecte o, si aquesta competència no està atribuïda, de l'òrgan de govern.

3. La durada del càrrec de patró i la dels càrrecs que els patrons poden tenir en el patronat ha d'ésser establerta pels estatuts. Aquesta durada pot ésser indefinida si les persones fundadores així ho han establert en la carta fundacional.

Article 332-6. *Manca de membres del patronat*

El patronat té el deure de cobrir les vacants que s'hi produeixin d'acord amb el procediment que estableixin els estatuts. Quan els membres en actiu siguin menys del nombre de patrons que els estatuts fixen per a constituir vàlidament el patronat, actuar i adoptar acords, el protectorat els pot requerir que restableixin el nombre mínim de patrons. Si no ho fan en trenta dies, el protectorat pot completar el patronat fent els nomenaments necessaris o, si escau, pot instar la dissolució de la fundació.

Article 332-7. *Convocatòria*

1. El patronat s'ha de convocar de la manera que estableixin els estatuts de la fundació, les seves regles de funcionament intern o aquest codi.

2. El patronat s'ha de convocar sempre que ho sol·licitin una quarta part dels seus membres. La sol·licitud s'ha d'adreçar al president o a la persona legitimada per a fer la convocatòria i ha d'incloure els assumptes que s'hagin de tractar. La reunió, en aquest cas, s'ha de fer en el termini de trenta dies a comptar de la sol·licitud, si els estatuts no en fixen un de més breu.

3. Si el patronat no es convoca en els casos en què és obligatori de fer-ho, el protectorat el pot convocar a petició de qualsevol membre d'aquest, donant audiència prèvia a les persones a qui corresponia de fer-ho.

Article 332-8. *Exercici de les funcions de govern*

1. Els patrons han d'exercir llurs funcions amb la diligència d'un bon administrador, d'acord amb la llei i els estatuts, i servir el càrrec amb lleialtat a la fundació, actuant sempre en interès d'aquesta.

2. Els patrons han de fer que es compleixin les finalitats fundacionals i tenen el deure de conservar els béns de la fundació i mantenir-ne la productivitat, seguint criteris financers de prudència adequats a les circumstàncies econòmiques i a les activitats que dugui a terme la fundació.

3. Els patrons, per a complir llurs funcions, tenen el dret i el deure d'assistir a les reunions, d'informar-se sobre la marxa de la fundació i de participar en les deliberacions i en l'adopció d'acords. Han de complir també els deures comptables que regula l'article 313-1, custodiar els llibres, tenir-los actualitzats i guardar secret de les informacions confidencials relatives a la fundació, fins i tot després d'haver cessat en el càrrec.

4. Si una tercera part dels patrons considera, per raons justificades, que hi ha alguna circumstància excepcional en la gestió de la fundació que aconsella la realització d'una auditoria de comptes, encara que no es produeixi cap de les circumstàncies a què fa referència l'article 333-11, poden demanar la convocatòria del patronat per a sol·licitar de manera raonada la realització de la dita auditoria. Si el patronat no és convocat o, un cop convocat amb aquesta finalitat, no acorda la realització de l'auditoria sol·licitada, el protectorat, a petició dels patrons interessats, donant audiència prèvia al patronat, pot requerir a la fundació que faci l'auditoria, a càrrec de la mateixa fundació, sempre que s'acrediti l'existència d'alguna circumstància excepcional que l'aconselli en interès de la fundació.

Article 332-9. *Conflicte d'interessos i autocontractació*

1. Els patrons i les persones que s'hi equiparen, d'acord amb l'article 312-9.3, només poden realitzar operacions amb la fundació si queda suficientment acreditada la necessitat i la prevalença dels interessos de la fundació sobre els particulars del patró o persona equiparada. Abans de dur a terme l'operació, el patronat ha d'adoptar una declaració responsable i l'ha de presentar al protectorat juntament amb la documentació justificativa pertinent, d'acord amb el que disposa l'article 332-13.

2. La declaració responsable a què fa referència l'apartat 1 ha de respectar el que disposen els articles 312-9 i 332-13.

Article 332-10. *Gratuïtat dels càrrecs*

1. Els patrons exerceixen llurs càrrecs gratuïtament, si bé tenen dret a la bestreta i al reemborsament de les despeses degudament justificades i a la indemnització pels danys produïts per raó d'aquest exercici.

2. Els patrons poden establir una relació laboral o professional retribuïda amb la fundació sempre que s'articuli mitjançant un contracte que determini clarament les tasques laborals o professionals que es retribueixen. En tot cas, aquestes tasques laborals o professionals retribuïdes han d'ésser diferents de les tasques i funcions que són pròpies del càrrec de patró.

3. El patronat, abans de la formalització del contracte del patró amb la fundació, ha de presentar al protectorat la declaració responsable d'acord amb el que estableix l'article 332-9. Si l'import dels contractes

formalitzats amb un patró és superior a 100.000 euros anuals o al 10% dels ingressos meritats en el darrer exercici econòmic tancat i aprovat pel patronat, s'ha d'acompanyar la declaració responsable amb un informe validat per tècnics independents que justifiqui que la contractació és beneficiosa per a la fundació i respon a criteris del mercat laboral o professional. També es requereix el dit informe si el cost anual dels contractes formalitzats amb patrons, més el cost del nou contracte que es vol formalitzar, és superior al dit 10%.

4. El nombre de patrons amb relació laboral o professional amb la fundació ha d'ésser inferior al nombre de patrons previst perquè el patronat es consideri vàlidament constituït.

Article 332-11. *Responsabilitat*

1. Els patrons responen dels danys que causin a la fundació per incompliment de la llei o dels estatuts o per actes o omissions negligents en l'exercici de llurs funcions.

2. L'acció de responsabilitat contra els patrons pot ésser exercida per:

a) La fundació, per mitjà d'un acord del patronat en l'adopció del qual no ha de participar la persona afectada.

b) El protectorat.

c) Qualsevol dels patrons dissidents o que no han intervingut en l'adopció o l'execució de l'acord o l'acte determinant de responsabilitat, d'acord amb el que estableixen els apartats 5 i 6.

d) Els fundadors.

e) Els administradors concursals, d'acord amb la llei.

3. La verificació pel protectorat de l'adequació formal dels comptes a la normativa no impedeix l'exercici de l'acció de responsabilitat, si escau d'acord amb la llei.

4. L'acció de responsabilitat en interès de la fundació prescriu al cap de tres anys de la data en què els responsables cessen en el càrrec.

5. L'acció de responsabilitat per danys a la fundació és independent de la que correspongui a qualsevol persona per actes o omissions dels patrons que hagin lesionat els seus drets i interessos. Aquesta acció prescriu al cap de tres anys, comptats d'acord amb el que estableix l'article 121-23.

6. Si la responsabilitat a què fan referència els apartats 1 a 5 no es pot imputar a una o més persones determinades, responen tots els membres de l'òrgan, excepte els següents:

a) Els que s'han oposat a l'acord i no han intervingut en la seva execució.

b) Els que no han intervingut en l'adopció ni en l'execució de l'acord, sempre que hagin fet tot el que era possible per evitar el dany o almenys s'hi hagin oposat formalment en saber-ho.

7. La responsabilitat, si és imputable a diverses persones, té caràcter solidari.

8. En l'exercici de l'acció de responsabilitat, hom pot sol·licitar a l'autoritat judicial que acordi la suspensió cautelar dels patrons demandats, d'acord amb la legislació processal.

Article 332-12. *Cessament en el càrrec*

1. Els patrons cessen en el càrrec per les causes següents:

a) Mort o declaració d'absència, en el cas de les persones físiques, o extinció, en el cas de les persones jurídiques.

b) Incapacitat o inhabilitació.

c) Cessament de la persona en el càrrec per raó del qual formava part del patronat.

d) Finiment del termini del mandat, llevat que es renovi.

e) Renúncia notificada al patronat.

f) Sentència judicial ferma que estimi l'acció de responsabilitat per danys a la fundació o que decreti la remoció del càrrec.

g) Les altres que estableixen la llei o els estatuts.

2. La renúncia al càrrec de patró ha de constar de qualsevol de les maneres establertes per a l'acceptació del càrrec, però només produeix efectes davant tercers quan s'inscriu en el Registre de Fundacions.

3. L'estimació de l'acció de responsabilitat contra una persona jurídica inhabilita per a l'exercici de les funcions de patró les persones que la representaven en el patronat quan es van produir els fets constitutius de responsabilitat, però no determina que cessin en l'òrgan de govern, llevat que l'autoritat judicial disposi una altra cosa, ateses les circumstàncies del cas. L'estimació de l'acció de responsabilitat contra el membre del patronat designat per raó d'un càrrec no impedeix la designació de les persones que l'ocupin posteriorment.

Article 332-13. *Declaració responsable*

1. L'adopció de declaracions responsables pel patronat ha d'ésser acordada amb el vot favorable de dos terços del nombre total de patrons, sense computar els que no puguin votar per raó de conflicte d'interessos amb la fundació. En l'acta de la reunió i en els certificats que deixin constància d'aquests acords s'ha de fer constar el sentit del vot dels patrons. Les declaracions responsables s'han de formular d'acord amb un model normalitzat i acreditar mitjançant un certificat signat pel secretari amb el vistiplau del president.

2. Prèviament a l'adopció de l'acord sobre la declaració responsable, els patrons han de disposar dels informes exigits per la llei i de la resta d'informació rellevant. Els models normalitzats de les declaracions res-

ponsables del patronat, signats per tots els patrons que les han adoptades, s'han de presentar al protectorat, juntament amb una còpia dels informes que escaiguin, abans d'executar l'acte o atorgar el contracte que és objecte de la declaració responsable. També s'han d'adjuntar a la declaració responsable les objeccions a la contractació que hagi formulat qualsevol dels membres del patronat competent en la mateixa acta o en un escrit separat. La presentació de la declaració responsable davant del protectorat ha de tenir lloc en el termini d'un mes a comptar de la data en què el patronat l'hagi acordada.

3.   La realització de l'acte o contracte objecte de la declaració responsable s'ha d'acreditar davant del Protectorat, amb la presentació del document que el formalitza, en el termini de tres mesos a comptar de la data en què s'ha presentat la declaració responsable al Protectorat. Si l'acte o contracte es formalitza amb una escriptura pública, s'ha de protocol·litzar la declaració responsable.

4.   La informació sobre les declaracions responsables i sobre la perfecció dels actes o contractes que en són objecte ha de fer part del contingut mínim de la memòria dels comptes anuals, juntament amb la resta d'informació a què fa referència l'article 333-8.e.

5.   El protectorat ha de posar a disposició de les fundacions els models normalitzats de declaració responsable.

6.   La inexactitud, falsedat o omissió, de caràcter essencial, en qualsevol manifestació, dada o document que consti en una declaració responsable o que l'acompanyi comporten, amb l'audiència prèvia del patronat, la denegació de la facultat d'atorgar l'acte o contracte i, si aquest ja ha estat atorgat, s'aplica el que l'article 312-10 estableix sobre la ineficàcia d'acords, decisions i actes i es poden iniciar les actuacions que corresponguin per a exigir les responsabilitats que estableix la legislació. Els patrons que facin constar en acta llur vot contrari resten exempts de la responsabilitat que en pugui derivar.

CAPÍTOL III.   *Règim econòmic*

SECCIÓ PRIMERA.   *Patrimoni i activitats econòmiques de la fundació*

Article 333-1.   *Actes de disposició*

1.   Els béns que integren la dotació i els destinats directament al compliment de les finalitats fundacionals només poden ésser alienats o gravats a títol onerós i respectant les condicions posades pels fundadors o els aportants. El producte obtingut amb llur alienació o gravamen s'ha de reinvertir en l'adquisició o el millorament d'altres béns tot aplicant el principi de subrogació real.

2.   Si es donen circumstàncies excepcionals que impedeixen complir totalment o parcialment el deure de reinversió, el patronat, abans de dur

a terme l'acte de disposició, ha de presentar una declaració responsable al protectorat en què faci constar que es donen aquestes circumstàncies i ha d'aportar un informe subscrit per tècnics independents que acrediti la necessitat de l'acte de disposició i les raons que justifiquen la no-reinversió. També ha de justificar la destinació que es doni al producte que no es reinverteixi, que ha d'estar sempre dins de les finalitats de la fundació.

3.   En tots els casos, els actes d'alienació o gravamen de béns immobles, establiments mercantils o béns mobles, amb un valor de mercat superior a 15.000 euros, s'han de comunicar al protectorat abans d'executar-los. Si el valor de mercat supera els 100.000 euros o el 20% de l'actiu de la fundació que resulti del darrer balanç aprovat, el patronat, abans de la perfecció del contracte, ha de presentar una declaració responsable al protectorat en què faci constar que l'operació és beneficiosa per a la fundació i ha d'aportar un informe subscrit per tècnics independents que acrediti que l'operació respon a criteris economicofinancers i de mercat. Se n'exceptuen els actes d'alienació de béns negociats en mercats oficials si l'alienació es fa almenys pel preu de cotització.

4.   Les persones que hagin intervingut en representació de la fundació en un acte d'alienació o gravamen que pugui ésser objecte de publicitat registral n'han de sol·licitar sense demora la inscripció en el Registre de la Propietat o en el registre que escaigui per raó de l'objecte.

5.   Les alteracions patrimonials derivades dels actes d'alienació o gravamen han de quedar reflectides en l'inventari de la fundació. La realització d'aquests actes també s'ha de fer constar en la memòria dels comptes anuals.

6.   L'autorització prèvia del protectorat per a fer actes de disposició, gravamen o administració extraordinària és necessària en els casos següents:

a)   Si el donant ho ha exigit expressament.

b)   Si ho estableix una disposició estatutària.

c)   Si els béns o drets objecte de disposició s'han rebut d'institucions públiques o s'han adquirit amb fons públics.

7.   Si, en el termini de dos mesos a partir de la presentació de la sol·licitud d'autorització, el protectorat no ha dictat una resolució expressa, opera el silenci administratiu positiu i l'objecte de la sol·licitud es té per autoritzat, llevat que el protectorat hagi requerit al sol·licitant determinada documentació relativa a la sol·licitud d'autorització.

Article 333-2.   *Aplicació obligatòria*

1.   Les fundacions han d'aplicar almenys el 70% de les rendes i dels altres ingressos nets anuals que obtenen al compliment de les finalitats fundacionals. La resta s'ha d'aplicar al compliment diferit d'aquestes

finalitats o a l'increment dels fons propis de la fundació. El patronat ha d'aprovar les formes d'aplicació d'aquest romanent.

2. El producte obtingut amb l'alienació dels béns de la fundació que el patronat ha acordat de reinvertir i els donatius i els altres recursos obtinguts que es destinen a incrementar la dotació no entren en el percentatge que estableix l'apartat 1.

3. L'aplicació d'almenys el 70% dels ingressos al compliment de les finalitats fundacionals s'ha de fer efectiva en el termini de quatre exercicis a comptar de l'inici del següent al de l'acreditació comptable.

Article 333-3. *Despeses de funcionament*

Les despeses derivades del funcionament del patronat i dels seus òrgans delegats, sense comptar a aquest efecte el cost de les funcions de direcció o gerència, no poden ésser superiors al 15% dels ingressos nets obtinguts durant l'exercici.

Article 333-4. *Participació en societats*

1. Les fundacions poden constituir societats i participar-hi. Si això comporta l'assumpció de responsabilitat personal pels deutes socials, cal l'autorització prèvia del protectorat.

2. La fundació ha de comunicar al protectorat en el termini de trenta dies l'adquisició o la tinença d'accions o de participacions socials que li confereixin, directament o indirectament, el control de societats que limitin la responsabilitat dels associats.

3. L'exercici per una fundació de funcions d'administració de societats ha d'ésser compatible amb el compliment de les finalitats fundacionals.

Article 333-5. *Gestió directa d'explotacions econòmiques*

Les fundacions poden gestionar directament explotacions econòmiques en els casos següents:

a) Si l'exercici de l'activitat constitueix per ell mateix el compliment de la finalitat fundacional o d'una part d'aquesta finalitat.

b) Si es tracta d'una activitat accessòria o subordinada respecte a la finalitat fundacional o respecte a una part d'aquesta finalitat.

Article 333-6. *Remuneració d'activitats*

Les fundacions poden percebre, per raó del servei que presten, una remuneració per llurs activitats que no desvirtuï l'interès general de llurs finalitats.

SECCIÓ SEGONA. *Comptes anuals*

Article 333-7. *Inventari i comptes anuals*

1. El patronat ha de fer l'inventari i ha de formular els comptes anuals de manera simultània i amb data del dia de tancament de l'exercici econòmic. L'exercici s'ha de tancar en la data que estableixin els estatuts o, si no l'estableixen, el 31 de desembre.

2. L'inventari i els comptes anuals han d'expressar d'una manera precisa el patrimoni, la situació financera i els resultats de la fundació, d'acord amb el que estableix la llei.

3. Si la fundació és l'entitat dominant d'un grup, ha de formular els comptes anuals consolidats d'acord amb el que estableix la legislació mercantil.

Article 333-8. *Contingut dels comptes*

Els comptes anuals formen una unitat i es componen de:

a) El balanç de situació.

b) El compte de resultats.

c) L'estat de canvis en el patrimoni net.

d) L'estat de fluxos d'efectiu.

e) La memòria, en la qual s'ha de completar, ampliar i comentar la informació continguda en el balanç i en el compte de resultats i s'han de detallar les actuacions que s'han fet en compliment de les finalitats fundacionals, concretant el nombre de beneficiaris i els serveis que aquests han rebut, i també els recursos procedents d'altres exercicis pendents de destinar, si n'hi ha, i les societats participades majoritàriament, amb la indicació del percentatge de participació.

Article 333-9. *Aprovació i presentació dels comptes*

1. El patronat ha d'aprovar els comptes anuals en els sis mesos següents a la data del tancament de l'exercici. Els comptes s'han de presentar al protectorat en el termini de trenta dies a comptar del dia en què s'aproven, per mitjà de documents en suport electrònic garantits amb els sistemes de signatura electrònica admesos per les administracions públiques.

2. Els documents informàtics a què fa referència l'apartat 1 s'han de lliurar al protectorat en suport digital o per via telemàtica, d'acord amb les condicions i els formularis que es determinin per reglament. En supòsits excepcionals, el protectorat pot habilitar mecanismes alternatius per a la presentació dels comptes.

Article 333-10. *Presentació d'un informe anual sobre el compliment del codi de conducta*

Si la fundació fa inversions financeres temporals en el mercat de valors, ha de presentar un informe anual sobre el grau de compliment del codi de conducta que han de seguir les entitats sense ànim de lucre d'acord amb la normativa vigent o amb el que disposi l'autoritat reguladora.

Article 333-11. *Auditoria de comptes*

1. Els comptes anuals de la fundació s'han de sotmetre a una auditoria externa si, durant dos anys consecutius, en la data del tancament de l'exercici, concorren almenys dues de les circumstàncies següents:

a) Que el total de l'actiu sigui superior a 6 milions d'euros.

b) Que l'import del volum anual d'ingressos ordinaris sigui superior a 3 milions d'euros.

c) Que el nombre mitjà de treballadors durant l'exercici sigui superior a cinquanta.

d) Que almenys el 40% dels ingressos provinguin de les administracions públiques per mitjà de subvencions, convenis o qualsevol tipus de contracte de prestació de serveis.

e) Que hagi rebut ingressos de qualsevol tipus provinents de qualsevol administració pública per un valor superior a 60.000 euros en el conjunt de l'exercici.

2. Els comptes anuals de la fundació s'han de sotmetre a una auditoria externa sempre que, per mitjà d'una resolució motivada, el protectorat apreciï la necessitat d'obtenir una imatge més fidel i completa dels comptes.

3. L'informe d'auditoria, que ha de contenir les dades que estableix la legislació sobre auditories, s'ha de presentar al Protectorat en el termini de seixanta dies a comptar del dia en què s'emet, i en cap cas més tard del dia en què es presenten els comptes.

Article 333-12. *Publicitat de la documentació econòmica*

La documentació a què fan referència els articles 333-8, 333-10 i 333-11 és pública.

CAPÍTOL IV. *Fons especials*

Article 334-1. *Naturalesa*

1. En les fundacions es poden constituir fons especials amb béns aportats per persones físiques o jurídiques que els vulguin destinar a finalitats d'interès general, sense dotar-los de personalitat autònoma.

2. Les finalitats dels fons especials han d'ésser compatibles amb les de la fundació que adquireix els béns que els han d'integrar.

Article 334-2. *Constitució del fons*

1. Els fons especials es poden constituir per actes entre vius o per causa de mort, complint les formalitats establertes per a la constitució d'una fundació.

2. La voluntat de constitució d'un fons especial manifestada per causa de mort s'ha d'executar i, si escau, completar d'acord amb el que estableix l'article 331-3.3.

3. La constitució d'un fons especial requereix que la fundació l'accepti.

Article 334-3. *Contingut de l'acta de constitució*

En l'acta de constitució d'un fons especial s'hi han de fer constar:

a) Les circumstàncies dels aportants o dels promotors del fons i, si es tracta d'un fons ordenat per causa de mort, a més, les de les persones que executen la voluntat del causant.

b) L'expressió de la voluntat de constituir un fons especial.

c) La seva denominació, si escau.

d) Les finalitats per a les quals es constitueix.

e) La determinació de la dotació inicial i la manera com es fa l'aportació.

f) La durada, si no és indefinida.

g) Les regles per a l'administració dels béns, per a l'aplicació dels rendiments a les finalitats del fons i, si escau, per a la rendició de comptes als aportants.

h) La previsió de la destinació dels béns sobrants en cas d'extinció, d'acord amb el que estableix l'article 334-7.

Article 334-4. *Deures de la fundació titular de fons*

1. La fundació titular de fons especials té el deure de conservar els béns que els integren, mantenir-ne la productivitat i aplicar-los, directament o per mitjà de llurs rendiments, al compliment de la finalitat estipulada.

2. Els béns i els drets dels fons especials, si escau a llur naturalesa, s'han d'administrar d'una manera separada respecte a la resta del patrimoni fundacional i, en tot cas, s'han d'identificar en la memòria dels comptes anuals de la fundació titular.

3. Són aplicables als fons especials les disposicions d'aquest títol relatives a l'autorització d'actes de disposició, a la formulació de decla-

racions responsables, al deure de reinversió i a l'aplicació d'ingressos al compliment de les finalitats fundacionals.

Article 334-5. *Modificació*

1. Els fons especials es poden modificar per les mateixes causes que els estatuts d'una fundació i seguint el mateix procediment.

2. Els fons especials constituïts entre vius es poden modificar per acord de les persones que hi han fet l'aportació inicial i de la fundació que n'és titular. Aquesta modificació requereix l'aprovació del protectorat, que només la pot denegar si és contrària a la llei.

Article 334-6. *Causes d'extinció*

1. Els fons especials s'extingeixen per les causes següents:

a) Finiment del termini pel qual s'han constituït, llevat que sigui procedent la pròrroga i que s'acordi.

b) Compliment de la finalitat per a la qual s'han constituït o impossibilitat d'assolir-la, llevat que sigui procedent de modificar-la i que s'acordi.

c) Les altres que s'estableixin en l'acte de constitució.

2. Els fons especials constituïts entre vius es poden extingir a voluntat de les persones que hi han fet l'aportació inicial, llevat que s'hagi exclòs aquesta facultat en l'acte constitutiu o s'hagi convingut un termini de durada.

3. L'extinció per compliment de la finalitat o per impossibilitat d'assolir-la requereix un acord de la fundació titular del fons. Aquest acord ha d'ésser aprovat pel protectorat.

Article 334-7. *Destinació del patrimoni romanent*

1. L'extinció d'un fons especial pot determinar, d'acord amb el que s'estableixi en l'acte constitutiu, que el patrimoni romanent s'integri en el patrimoni general de la fundació que n'era titular o que se cedeixi a una altra entitat, d'acord amb el que estableix l'article 335-6.2, 3 i 4.

2. Els aportants, en l'extinció d'un fons especial entre vius, poden determinar la destinació del patrimoni romanent, d'acord amb el que estableix l'article 335-6.2, 3 i 4.

3. Si no es pot complir el que s'estableixi en l'acte constitutiu, la fundació titular del fons ha d'acordar la destinació del patrimoni romanent.

Article 334-8. *Publicitat*

La constitució, la modificació i l'extinció dels fons especials s'han d'inscriure en el Registre de Fundacions.

CAPÍTOL V. *Modificacions estructurals i dissolució*

Article 335-1. *Modificació d'estatuts*

1. Els estatuts de la fundació es poden modificar per acord del patronat si convé a l'interès de la fundació i es té en compte la voluntat dels fundadors.

2. La modificació dels estatuts de la fundació, un cop formalitzada en una escriptura pública, requereix l'aprovació del protectorat, que només la pot denegar, mitjançant una resolució motivada, en els casos següents:

a) Si és contrària a la llei.

b) Si contravé a una prohibició expressada pels fundadors.

c) Si s'aparta de la voluntat dels fundadors en allò que afecta la denominació, les finalitats, l'aplicació dels recursos, la destinació dels béns sobrants o la composició del patronat.

3. Si sobrevenen circumstàncies que impedeixen complir raonablement les finalitats fundacionals que estableixen els estatuts o si aquestes han esdevingut il·lícites o han quedat obsoletes, el patronat ha de modificar els dits estatuts. Si no ho fa, el protectorat, a instàncies de qui hi tingui un interès legítim o d'ofici, pot acordar la modificació o adoptar altres mesures pertinents.

4. Les sol·licituds de modificació dels estatuts de les fundacions s'han d'acompanyar amb un certificat de l'acord del patronat en què s'identifiquin els articles que es modifiquen i llur contingut íntegre, i també amb el text refós actualitzat dels estatuts.

Article 335-2. *Fusió*

1. Dues o més fundacions es poden fusionar per qualsevol dels mitjans que estableix l'article 314-1.1 si convé per a complir millor les finalitats fundacionals i no ha estat prohibit pels fundadors.

2. L'acord de fusió, que s'ha de formalitzar en una escriptura pública, ha d'ésser motivat i requereix l'aprovació del protectorat. Un cop aprovat, s'ha de publicar. Els creditors s'hi poden oposar d'acord amb el que estableix l'article 314-1.5 i 6.

3. Si una o diverses fundacions no poden complir llurs finalitats o es troben amb greus dificultats per a complir-les i aquesta situació no es pot redreçar per mitjà d'una modificació estatutària, el protectorat, a instància de qui hi tingui un interès legítim o d'ofici, els pot requerir que es fusionin amb una altra fundació que compleixi finalitats anàlogues i hagi manifestat al protectorat la seva conformitat a la fusió. Fins i tot, si escau, els pot requerir que s'hi integrin com a fons especial.

4. En cas de fusió de fundacions sotmeses a diferent regulació, s'ha d'aplicar la normativa de Catalunya si el domicili de la fundació resultant s'estableix a Catalunya.

Article 335-3. *Escissió*

1.   Les fundacions es poden escindir per qualsevol dels mitjans que estableix l'article 314-2.1 si convé per a complir millor les finalitats fundacionals i no ha estat prohibit pels fundadors. Si l'escissió comporta la constitució d'una nova fundació, aquesta ha de complir els requisits que estableixen els articles 331-5, 331-6 i 331-7 en matèria de dotació i suficiència de mitjans de finançament.

2.   L'acord d'escissió, que s'ha de formalitzar en una escriptura pública, ha d'ésser motivat i requereix l'aprovació del protectorat. Un cop aprovat, s'ha de publicar. Els creditors de la fundació s'hi poden oposar d'acord amb el que estableix l'article 314-1.5 i 6.

Article 335-4. *Causes de dissolució*

Les fundacions es dissolen per les causes següents:

a)   Finiment del termini que estableixen els estatuts, llevat que, abans del finiment, se n'hagi acordat una pròrroga.

b)   Compliment íntegre de la finalitat per a la qual s'han constituït o impossibilitat d'assolir-la, llevat que sigui procedent de modificar-la i que el patronat l'acordi.

c)   Il·licitud civil o penal de llurs activitats o de llurs finalitats, declarada per una sentència ferma.

d)   Obertura de la fase de liquidació en el concurs.

e)   Les altres que estableixen la llei o els estatuts.

Article 335-5. *Procediment de dissolució*

1.   La dissolució d'una fundació per venciment del termini es produeix de ple dret un cop se n'ha complert el dia.

2.   La dissolució per la causa a què fa referència l'article 335-4.b o per les altres causes que estableixen els estatuts requereix l'acord motivat del patronat de la fundació, que ha d'ésser aprovat pel protectorat.

3.   Si es produeix una causa de dissolució i la fundació afectada no acorda la dissolució, el protectorat, a instància de qui hi tingui un interès legítim o d'ofici, pot requerir al patronat que adopti l'acord corresponent. Si el requeriment no és atès, el protectorat pot instar la dissolució davant l'autoritat judicial.

Article 335-6. *Destinació del patrimoni romanent*

1.   La dissolució d'una fundació comporta la seva liquidació, que han de dur a terme el patronat, els liquidadors, si n'hi ha, o, subsidiàriament, el protectorat.

2.   El patrimoni romanent s'ha d'adjudicar a les entitats que estableixen els estatuts o s'ha de destinar a les finalitats d'interès general que

estableixen els estatuts. Les entitats adjudicatàries han d'ésser fundacions, altres entitats sense ànim de lucre amb finalitats anàlogues a les de la fundació dissolta o bé entitats públiques.

3. Si les disposicions estatutàries sobre la destinació del patrimoni romanent no es poden complir, aquest s'ha d'adjudicar a altres entitats sense ànim de lucre amb finalitats anàlogues a les de la fundació dissolta.

4. L'adjudicació o la destinació del patrimoni romanent ha d'ésser autoritzada pel protectorat abans que no s'executi.

5. Si la fundació dissolta era titular de fons especials, la destinació del patrimoni d'aquests s'ha de determinar d'acord amb el que estableix l'article 334-7.

CAPÍTOL VI. *El protectorat**

Article 336-1. *Organització i àmbit d'actuació*

1. El protectorat exerceix les seves funcions per mitjà del departament de la Generalitat que les tingui adscrites.

2. Estan sotmeses al protectorat:

a) Les fundacions que es regeixen per aquest codi.

b) Les delegacions de fundacions estrangeres establertes a Catalunya, si hi exerceixen majoritàriament llurs activitats.

3. S'apliquen a les delegacions de fundacions estrangeres que estan sotmeses al protectorat, als efectes de l'exercici de les funcions d'aquest, l'article 331-7, pel que fa a la suficiència de recursos per al finançament de les activitats, i els articles 333-7 a 333-12, pel que fa als comptes anuals.

Article 336-2. *Funcions*

1. El protectorat ha de vetllar perquè es compleixin les finalitats fundacionals, les disposicions legals i els estatuts de les fundacions i perquè es respecti la voluntat fundacional.

2. Corresponen al protectorat les funcions següents:

a) Resoldre les sol·licituds d'inscripció de les fundacions, de les delegacions de fundacions estrangeres que s'hagin d'establir a Catalunya i dels fons especials.

---

* La regulació de les potestats del Protectorat i el seu règim es contenen en la Llei 21/2014, del 29 de desembre, del protectorat de les fundacions i de verificació de l'activitat de les associacions declarades d'utilitat pública (DOGC núm. 6780, de 31 de desembre).

b)   Portar el Registre de Fundacions.

c)   Assessorar les fundacions per al compliment de les finalitats fundacionals i els òrgans de govern per al compliment de llurs obligacions.

d)   Vetllar pel compliment de les disposicions legals i dels estatuts de les fundacions, mitjançant la verificació dels comptes anuals i de l'exercici de la potestat d'inspecció d'acord amb la llei.

e)   Aprovar la modificació d'estatuts, la fusió, l'escissió i, si escau, la dissolució de les fundacions i de llurs fons especials.

f)   Autoritzar la realització dels actes de les fundacions per als quals la llei estableix aquesta modalitat de supervisió.

g)   Exercir l'acció de responsabilitat contra els patrons i l'acció d'impugnació d'acords, decisions o actes contraris a la llei o als estatuts o que lesionin l'interès de la fundació.

h)   Suplir la manca d'actuació dels fundadors o dels executors de la voluntat fundacional i la manca d'actuació dels patrons o dels encarregats de liquidar la fundació, en els casos en què la llei estableix aquesta modalitat d'intervenció.

i)   Les altres que estableix la llei.

Article 336-3. *Incompliment del deure de presentació dels comptes*

1.   Si una fundació incompleix el deure de presentar els comptes anuals en el termini fixat, el protectorat pot adoptar les mesures que estableix la llei, incloent-hi la de demanar a l'autoritat judicial que ordeni la intervenció temporal de la fundació. En qualsevol cas, no es poden obtenir subvencions ni ajuts de l'Administració de la Generalitat mentre no es compleixi el deure de presentació dels comptes.

2.   Mentre una fundació no compleixi el deure de presentar els comptes anuals, només es poden inscriure els documents relatius als assumptes següents:

a)   El cessament de patrons.

b)   La revocació de delegacions de facultats.

c)   La revocació o la renúncia de poders.

d)   L'extinció de la fundació.

e)   Els nomenaments de liquidadors.

f)   Els assentaments ordenats per l'autoritat judicial.

Article 336-4. *Intervenció judicial*

1.   El protectorat, d'ofici o a instància de qualsevol membre del patronat o de qualsevol persona amb un interès legítim, pot sol·licitar a l'autoritat judicial que ordeni la intervenció temporal de la fundació si hi adverteix:

a) Una gestió greument irregular.

b) Una gestió que posi en perill la continuïtat de la fundació.

c) Una divergència greu entre les activitats que duu a terme i les finalitats fundacionals.

2. El protectorat, abans de sol·licitar la intervenció judicial, ha de requerir al patronat que adopti les mesures pertinents perquè es respecti la voluntat fundacional i es compleixi la normativa corresponent.

3. Si l'autoritat judicial ordena la intervenció temporal d'una fundació, el protectorat assumeix les funcions legals i estatutàries del patronat i en pot delegar l'exercici en terceres persones idònies, que han d'ésser retribuïdes a càrrec de la fundació intervinguda.

4. El protectorat, d'ofici o a instància de qualsevol membre del patronat o de qualsevol persona amb interès legítim, pot sol·licitar a l'autoritat judicial la dissolució de la fundació per qualsevol de les causes que estableix aquest codi.

Llibre quart. *Successions*

TÍTOL I. *Disposicions generals*

CAPÍTOL I. *La successió hereditària*

Article 411-1. *Universalitat de la successió*

L'hereu succeeix en tot el dret del seu causant. Conseqüentment, adquireix els béns i els drets de l'herència, se subroga en les obligacions del causant que no s'extingeixen per la mort, resta vinculat als actes propis d'aquest i, a més, ha de complir les càrregues hereditàries.

Article 411-2. *Obertura de la successió*

1. La successió s'obre en el moment de la mort del causant, al lloc on ha tingut el darrer domicili.

2. El jutge competent en matèria successòria és el del darrer domicili del causant i, a manca del darrer domicili conegut, el del lloc on es troba la major part dels béns.

Article 411-3. *Fonaments de la vocació*

1. Els fonaments de la vocació successòria són l'heretament, el testament i el que estableix la llei.

2. La successió intestada només pot tenir lloc en defecte d'hereu institüit, i és incompatible amb l'heretament i amb la successió testada universal.

3. La successió testada universal només pot tenir lloc en defecte d'heretament.

Article 411-4. *Moment de la delació*

1. La successió es defereix en el moment de la mort del causant.

2. No obstant el que estableix l'apartat 1, en la institució sotmesa a condició suspensiva, l'herència es defereix en el moment en què es compleix la condició.

3. Els heretaments i els fideïcomisos es regeixen per llurs pròpies regles.

Article 411-5. *Adquisició de l'herència*

L'hereu adquireix l'herència deferida amb l'acceptació, però els efectes d'aquesta es retrotrauen al moment de la mort del causant.

Article 411-6. *Possessió*

L'hereu que accepta l'herència solament en té la possessió si la pren, i s'entén que continua la del causant sense interrupció.

Article 411-7. *Pactes successoris*

Són nuls els contractes o pactes sobre successió no oberta, llevat dels que admet aquest codi.

Article 411-8. *Inexistència de reserves i reversions legals*

Els béns adquirits per títol successori o per donació d'acord amb aquest codi no estan subjectes a cap reserva hereditària ni reversió legal.

Article 411-9. *Herència jacent*

1. Quan l'herència està jacent, els hereus cridats només poden fer actes de conservació, defensa i administració ordinària de l'herència, incloent-hi la presa de possessió dels béns i l'exercici d'accions possessòries. Si els cridats a l'herència són diversos, estan legitimats individualment per a fer actes necessaris de conservació i defensa dels béns, però per als actes d'administració ordinària s'aplica el que l'article 552-7 estableix respecte a aquest tipus d'actes.

2. Els actes a què fa referència l'apartat 1 no impliquen per ells mateixos acceptació, llevat que amb aquests actes es prengui el títol o la qualitat d'hereu.

3. Si no hi ha cap marmessor o persona nomenada amb facultats per a administrar, l'autoritat judicial, a instància de qualsevol hereu cridat, pot nomenar un administrador perquè representi i administri l'herència d'acord amb el que estableix la legislació processal.

4. Sempre que els cridats a l'herència siguin diversos, l'acceptació d'un d'ells extingeix la situació d'herència jacent. Mentre la totalitat dels cridats no accepta o no es produeix la frustració de les crides, l'administració ordinària de l'herència correspon a l'hereu o hereus que han ac-

ceptat, amb aplicació, si n'hi ha més d'un, de les normes de la comunitat hereditària. L'acceptant o acceptants poden, sota llur responsabilitat, pagar els deutes de l'herència i les càrregues hereditàries, satisfer les llegítimes i complir els llegats.

Article 411-10.   *Voluntats digitals en cas de mort*

1.   S'entén per *voluntats digitals en cas de mort* les disposicions que estableix una persona perquè, després de la seva mort, l'hereu o el marmessor universal, si n'hi ha, o la persona designada per a executar-les actuï davant dels prestadors de serveis digitals amb els qui el causant tingui comptes actius.

2.   El causant, en les voluntats digitals en cas de mort, pot disposar el contingut i l'abast concret de l'encàrrec que s'ha d'executar, incloent-hi que la persona designada dugui a terme alguna o algunes de les actuacions següents:

a)   Comunicar als prestadors de serveis digitals la seva defunció.

b)   Sol·licitar als prestadors de serveis digitals que es cancel·lin els seus comptes actius.

c)   Sol·licitar als prestadors de serveis digitals que executin les clàusules contractuals o que s'activin les polítiques establertes per als casos de defunció dels titulars de comptes actius i, si escau, que li lliurin una còpia dels arxius digitals que estiguin en llurs servidors.

3.   Les voluntats digitals es poden ordenar per mitjà dels instruments següents:

a)   Testament, codicil o memòries testamentàries.

b)   [Lletra declarada inconstitucional per STC 7/2019, de 17 de gener]

4.   El document de voluntats digitals es pot modificar i revocar en qualsevol moment i no produeix efectes si hi ha disposicions d'última voluntat.

5.   Si el causant no ha expressat les seves voluntats digitals, l'hereu o el marmessor universal, si n'hi ha, pot executar les actuacions de les lletres *a, b* i *c* de l'apartat 2 d'acord amb els contractes que el causant hagi subscrit amb els prestadors de serveis digitals o d'acord amb les polítiques que aquests prestadors tinguin en vigor.

6.   Si el causant no ho ha establert altrament en les seves voluntats digitals, la persona a qui correspon d'executar-les no pot tenir accés als continguts dels seus comptes i arxius digitals, llevat que obtingui l'autorització judicial corresponent.

7.   Si el causant no ho ha establert altrament, les despeses originades per l'execució de les voluntats digitals van a càrrec de l'actiu hereditari.

CAPÍTOL II.   *La capacitat successòria*

Article 412-1.   *Persones físiques*

1.   Tenen capacitat per a succeir totes les persones que en el moment de l'obertura de la successió ja hagin nascut o hagin estat concebudes i que sobrevisquin al causant.

2.   Els fills que neixin en virtut d'una fecundació assistida practicada d'acord amb la llei després de la mort d'un dels progenitors tenen capacitat per a succeir al progenitor premort.

Article 412-2.   *Persones jurídiques*

1.   Tenen capacitat per a succeir les persones jurídiques que estiguin constituïdes legalment en el moment de l'obertura de la successió.

2.   Tenen capacitat per a succeir les persones jurídiques que el causant ordeni crear en la seva disposició per causa de mort, si s'arriben a constituir. En aquest cas, els efectes de la successió es retrotreuen al moment de l'obertura d'aquesta.

Article 412-3.   *Indignitat successòria*

Són indignes de succeir:

a)   El qui ha estat condemnat per sentència ferma dictada en judici penal per haver matat o haver intentat matar dolosament el causant, el seu cònjuge, la persona amb qui convivia en parella estable o algun descendent o ascendent del causant.

b)   El qui ha estat condemnat per sentència ferma dictada en judici penal per haver comès dolosament delictes de lesions greus, contra la llibertat, de tortures, contra la integritat moral o contra la llibertat i la indemnitat sexuals, si la persona agreujada és el causant, el seu cònjuge, la persona amb qui convivia en parella estable o algun descendent o ascendent del causant.

c)   El qui ha estat condemnat per sentència ferma dictada en judici penal per haver calumniat el causant, si l'ha acusat d'un delicte per al qual la llei estableix una pena de presó no inferior a tres anys.

d)   El qui ha estat condemnat per sentència ferma en judici penal per haver prestat fals testimoni contra el causant, si li ha imputat un delicte per al qual la llei estableix una pena de presó no inferior a tres anys.

e)   El qui ha estat condemnat per sentència ferma en judici penal per haver comès un delicte contra els drets i deures familiars, en la successió de la persona agreujada o d'un representant legal d'aquesta.

f)   Els pares que han estat suspesos o privats de la potestat respecte al fill causant de la successió, per una causa que els sigui imputable.

g)   El qui ha induït el causant de manera maliciosa a atorgar, revocar o modificar un testament, un pacte successori o qualsevol altra disposició per causa de mort del causant o li ha impedit de fer-ho, i també el qui, coneixent aquests fets, se n'ha aprofitat.

h)   El qui ha destruït, amagat o alterat el testament o una altra disposició per causa de mort del causant.

Article 412-4.   *Reconciliació i perdó*

1.   Les causes d'indignitat successòria no produeixen efectes:

a)   Si el causant atorga la disposició a favor de l'indigne coneixent la causa d'indignitat.

b)   Si el causant, coneixent la causa d'indignitat, es reconcilia amb l'indigne per actes indubtables o el perdona en escriptura pública.

c)   En les disposicions fetes en pacte successori, si la facultat de revocació atribuïda al causant caduca.

2.   La reconciliació i el perdó són irrevocables.

Article 412-5.   *Inhabilitat successòria*

1.   Són inhàbils per a succeir:

a)   El notari que autoritza l'instrument successori, el seu cònjuge, la persona amb qui conviu en parella estable i els parents del notari dins del quart grau de consanguinitat i el segon d'afinitat.

b)   Els testimonis, els facultatius, els experts i els intèrprets que intervinguin en l'atorgament de l'instrument successori, i també la persona que escriu el testament tancat a prec del testador.

c)   El religiós que ha assistit el testador durant la seva darrera malaltia, i també l'orde, la comunitat, la institució o la confessió religiosa a què aquell pertany.

d)   El tutor, abans de l'aprovació dels comptes definitius de la tutela, llevat que sigui ascendent, descendent, cònjuge o germà del causant.

2.   Les persones físiques o jurídiques i els cuidadors que en depenen que hagin prestat serveis assistencials, residencials o de naturalesa anàloga al causant, en virtut d'una relació contractual, només poden ésser afavorits en la successió d'aquest si és ordenada en testament notarial obert o en pacte successori.

3.   La inhabilitat successòria no impedeix ésser nomenat àrbitre, marmessor particular o comptador partidor.

Article 412-6.   *Ineficàcia*

1.   Les atribucions successòries que corresponguin per qualsevol títol a una persona indigna de succeir són ineficaces. També ho són les disposicions fetes a favor d'una persona inhàbil.

2.   La causa d'ineficàcia ha d'ésser invocada per la persona o les persones que resultarien immediatament afavorides per la successió en cas que es declarés la indignitat o la inhabilitat.

3.   La causa d'ineficàcia, si la persona afectada no la reconeix, ha d'ésser declarada judicialment.

Article 412-7.   *Caducitat de l'acció*

1.   L'acció declarativa de la indignitat o la inhabilitat successòries caduca una vegada transcorreguts quatre anys des que la persona legitimada per a exercir-la coneix o pot conèixer raonablement la causa d'ineficàcia i, en tot cas, una vegada transcorreguts quatre anys des que la persona indigna o inhàbil pren possessió dels béns en qualitat d'hereva o legatària. L'acció és transmissible als hereus.

2.   Si la causa d'indignitat exigeix una condemna en sentència, el còmput del termini de caducitat no s'inicia fins que la sentència és ferma.

Article 412-8.   *Efectes de la indignitat i la inhabilitat*

1.   Una vegada reconeguda o declarada la indignitat o la inhabilitat, si la persona afectada havia pres possessió dels béns, s'ha de liquidar la situació possessòria d'acord amb els articles 522-3 a 522-5 considerant la persona indigna o inhàbil posseïdora de mala fe.

2.   Els efectes de la indignitat o la inhabilitat es retrotrauen al moment de la delació.

3.   La indignitat és personalíssima i no afecta els fills o descendents de l'indigne que siguin cridats a la successió. La indignitat del transmissari respecte al causant determina la ineficàcia del dret de transmissió.

TÍTOL II.   *La successió testada*

CAPÍTOL I.   *Els testaments, els codicils i les memòries testamentàries*

SECCIÓ PRIMERA.   *Disposicions generals*

Article 421-1.   *Llibertat de testar*

La successió testada es regeix per la voluntat del causant manifestada en testament atorgat d'acord amb la llei.

Article 421-2.   *Contingut del testament*

1.   En testament, el causant ordena la seva successió mitjançant la institució d'un o més hereus i pot establir llegats i altres disposicions per a després de la seva mort.

2. El testament, a més del que estableix l'apartat 1, pot contenir les voluntats digitals del causant i la designació d'una persona encarregada d'executar-les. A manca de designació, l'hereu, el marmessor o l'administrador de l'herència poden executar les voluntats digitals o encarregar-ne l'execució a una altra persona.

Article 421-3. *Presumpció de capacitat*

Poden testar totes les persones que, d'acord amb la llei, no siguin incapaces per a fer-ho.

Article 421-4. *Incapacitat per a testar*

Són incapaços per a testar els menors de catorze anys i els qui no tenen capacitat natural en el moment de l'atorgament.

Article 421-5. *Tipus de testaments*

1. El testament s'atorga en un sol acte davant de notari hàbil per a actuar al lloc de l'atorgament.

2. A més de la forma que estableix l'apartat 1, el testament es pot atorgar en forma hològrafa.

3. No són vàlids els testaments atorgats exclusivament davant de testimonis.

Article 421-6. *Interpretació de les disposicions testamentàries*

1. En la interpretació del testament, hom s'ha d'atenir plenament a la veritable voluntat del testador, sense haver-se de subjectar necessàriament al significat literal de les paraules emprades.

2. Les clàusules ambigües o fosques s'interpreten en sentit favorable a llur eficàcia, comparant les unes amb les altres, i si hi ha una contradicció irreductible, no és vàlida cap de les que pugnen substancialment entre elles. Les disposicions inintel·ligibles es consideren no formulades.

3. En els casos de dubte, les disposicions que imposen qualsevol càrrega s'interpreten restrictivament.

SECCIÓ SEGONA. *Els testaments notarials*

Article 421-7. *Identificació i judici de capacitat del testador*

El notari ha d'identificar el testador i n'ha d'apreciar la capacitat legal en la forma i pels mitjans que estableix la legislació notarial.

Article 421-8. *Testament atorgat per una persona amb discapacitat sensorial*

1. Si el testador té una discapacitat sensorial en el moment d'atorgar testament, el notari ha d'aplicar el que estableix aquest codi. En qualsevol cas, el notari ha d'oferir al testador el suport i els mitjans necessaris per a testar, sense que això li pugui comportar cap càrrega econòmica addicional. El col·legi professional ha de proporcionar al notari els mitjans esmentats.

2. El que estableix l'apartat 1 s'aplica també en el cas que una persona amb discapacitat sensorial actuï com a testimoni en l'atorgament d'un testament notarial.

Article 421-9. *Intervenció de facultatius*

1. Si el testador no està incapacitat judicialment, el notari n'ha d'apreciar la capacitat per a testar d'acord amb l'article 421-7 i, si ho considera pertinent, pot demanar la intervenció de dos facultatius, els quals, si escau, han de certificar que el testador té en el moment de testar prou capacitat i lucidesa per a fer-ho.

2. Si el testador està incapacitat judicialment, pot atorgar testament notarial obert en un interval lúcid si dos facultatius acceptats pel notari certifiquen que el testador té en el moment de testar prou capacitat i lucidesa per a fer-ho.

3. En els casos a què fan referència els apartats 1 i 2, els facultatius han de fer constar llur dictamen en el mateix testament i l'han de signar amb el notari i, si escau, amb els testimonis.

Article 421-10. *Testimonis*

1. En l'atorgament del testament notarial, no cal la intervenció de testimonis, llevat que concorrin circumstàncies especials en el testador o que aquest o el notari ho demanin.

2. Concorren circumstàncies especials en el testador si per qualsevol causa no sap o no pot signar. No es considera que hi concorrin circumstàncies especials pel fet que tingui una discapacitat sensorial.

Article 421-11. *Idoneïtat dels testimonis*

1. Els testimonis, si n'han d'intervenir, són dos, han d'entendre el testador i el notari i han de poder signar. No cal que siguin pregats, ni que coneguin el testador, ni que tinguin la seva mateixa residència.

2. No poden ésser testimonis:

a) Els menors d'edat i els incapaços per a testar.

b) Els condemnats per delictes de falsificació de documents, per calúmnies o per fals testimoni.

c) Els afavorits pel testament.

d) El cònjuge, el convivent en parella estable i els parents dins del quart grau de consanguinitat i el segon d'afinitat dels hereus instituïts o els legataris designats i del notari autoritzant.

3. Les causes d'inidoneïtat s'apliquen, a més de les persones a què fa referència l'apartat 2, als facultatius, els intèrprets i els experts que intervenen en el testament.

Article 421-12. *Idioma del testament*

1. El testament s'ha de redactar en la llengua oficial a Catalunya que esculli l'atorgant.

2. Es pot testar en una llengua no oficial a Catalunya si el notari autoritzant la coneix o, si no la coneix, en presència i amb la intervenció d'un intèrpret, no necessàriament oficial, designat de comú acord pel testador i el notari. L'acord en la designació de l'intèrpret es presumeix pel sol fet de l'atorgament del testament.

3. En el cas de l'apartat 2, el testament s'ha de redactar en la llengua oficial a Catalunya que esculli l'atorgant i, si aquest ho sol·licita, a més, en la llengua no oficial de què es tracti. L'intèrpret que hi ha intervingut l'ha de signar.

SUBSECCIÓ PRIMERA. *El testament obert*

Article 421-13. *Redacció i autorització del testament obert*

1. En el testament obert, el testador expressa la seva voluntat al notari de paraula o per escrit, i el mateix notari redacta el testament d'acord amb la voluntat del testador expressant-hi el lloc, la data i l'hora de l'atorgament.

2. Un cop redactat, el testament és llegit al testador o pel testador i, tot seguit, és signat per ell, o per dos testimonis si declara que no sap o no pot signar, i autoritzat d'acord amb la legislació notarial.

SUBSECCIÓ SEGONA. *El testament tancat*

Article 421-14. *Redacció del testament tancat*

1. El testament tancat és escrit pel testador, en forma autògrafa, en braille o per altres mitjans tècnics, o per una altra persona per encàrrec seu, amb l'expressió del lloc i la data. Si l'escriu una altra persona a prec del testador, s'ha de fer constar aquesta circumstància i s'ha d'identificar la dita persona, que ha de signar amb el testador al final del testament.

2. El testador ha de signar en tots els fulls i al final del testament, després d'haver salvat les paraules esmenades, ratllades, afegides o entre línies. Si el testament s'ha redactat en suport electrònic, s'ha de signar amb una signatura electrònica reconeguda.

3. Si el testador no sap o no pot signar, ho pot fer per encàrrec seu una altra persona, que ha de signar al final del testament i en tots els fulls, després d'haver fet constar la seva identitat i la causa de la impossibilitat que signi el testador.

4. El document que conté el testament s'ha d'introduir en una coberta tancada de manera que no en pugui ésser extret sense malmetre-la.

5. No poden atorgar testament tancat els qui no saben o no poden llegir.

Article 421-15. *Autorització del testament tancat*

1. Per a l'autorització del testament tancat, el testador ha de presentar el sobre clos que el conté a un notari hàbil per a actuar al lloc de l'atorgament i li ha de manifestar que el sobre que li lliura conté el testament.

2. El notari ha d'estendre sobre la mateixa coberta del testament una diligència breu, en la qual ha de fer constar el nom del testador, que el plec conté el testament i que aquest ha estat escrit i signat pel testador, en forma autògrafa o per altres mitjans tècnics, o, per encàrrec seu, per una tercera persona, la identitat de la qual no cal fer constar.

3. El notari, després d'estendre la diligència a què fa referència l'apartat 2, sense interrupció, ha de protocol·litzar el sobre clos, que s'ha d'incorporar a l'acta, d'acord amb el que estableix la legislació notarial i amb la indicació de l'hora de l'atorgament.

4. Si el testador declara que no sap o no pot signar, han de signar l'acta i la coberta dos testimonis.

Article 421-16. *Obertura del testament tancat*

Un cop acreditada la mort del testador, el notari que té el testament tancat, a instància de part interessada, ha d'obrir el sobre que el conté davant de dos testimonis idonis, l'ha de protocol·litzar i ha d'autoritzar amb aquesta finalitat una nova acta.

SECCIÓ TERCERA.   *El testament hològraf*

Article 421-17. *Requisits de validesa*

1. Només poden atorgar testament hològraf les persones majors d'edat i els menors emancipats.

2. Perquè el testament hològraf sigui vàlid cal:

a) Que estigui escrit i signat de manera autògrafa pel testador amb la indicació del lloc i la data de l'atorgament. Si conté paraules ratllades, esmenades, afegides o entre línies, l'atorgant les ha de salvar amb la seva signatura.

b) Que es presenti davant el notari competent a fi que sigui advertit i protocol·litzat.

Article 421-18. *Adveració*

1. El notari competent per a adverar el testament hològraf n'ha de comprovar l'autenticitat d'acord amb la llei.

2. El notari, si resulta que el testament hològraf és autèntic, l'ha de protocol·litzar. Altrament, l'ha de denegar.

3. Tant si s'autoritza la protocol·lització del testament hològraf com si no s'autoritza, els interessats poden fer valer llurs drets en el judici corresponent.

Article 421-19. *Caducitat del testament*

1. Els testaments hològrafs caduquen si no es presenten davant del notari competent en el termini de quatre anys comptats des de la mort del testador perquè siguin adverats i protocol·litzats.

2. Si durant els terminis que fixa l'apartat 1 es presenta una demanda per raó de l'estimació o desestimació de l'adveració, el testament s'ha de protocol·litzar en el termini de sis mesos comptats des del moment en què la resolució judicial esdevé ferma.

SECCIÓ QUARTA. *Els codicils i les memòries testamentàries*

Article 421-20. *Codicil*

1. En codicil, l'atorgant disposa dels béns que s'ha reservat per a testar en heretament, addiciona alguna cosa al testament, el reforma parcialment o, si manca aquest, dicta disposicions successòries a càrrec dels seus hereus abintestat.

2. En codicil, no es pot instituir o excloure cap hereu, ni revocar la institució atorgada anteriorment. Tampoc no es pot nomenar marmessor universal, ni ordenar substitucions o condicions, llevat que s'imposin als legataris.

3. Els codicils s'han d'atorgar amb les mateixes solemnitats externes que els testaments.

Article 421-21. *Memòries testamentàries*

1. Les memòries testamentàries signades pel testador en tots els fulls o, si escau, per mitjà d'una signatura electrònica reconeguda i que al·ludeixen a un testament anterior valen com a codicil, sigui quina sigui llur forma, si es demostra o es reconeix en qualsevol temps llur autenticitat i compleixen, si escau, els requisits formals que el testador exigeix en el seu testament.

2. En les memòries testamentàries, només es poden ordenar disposicions que no excedeixin el 10% del cabal relicte i que es refereixin a diners, objectes personals, joies, roba i parament de casa o a obligacions d'importància moderada a càrrec dels hereus o els legataris.

3. En les memòries testamentàries, es poden adoptar previsions sobre la donació dels propis òrgans o del cos i sobre la incineració o la forma d'enterrament.

Article 421-22. *Aplicació supletòria de les regles dels testaments*

S'apliquen als codicils i a les memòries testamentàries, en la mesura que ho permeti llur naturalesa, les disposicions dels testaments, incloses les relatives a llur nul·litat i ineficàcia.

Article 421-23. *Designació de beneficiaris d'assegurances de vida*

La designació i la modificació de beneficiaris d'assegurances de vida, de plans de pensions i d'instruments d'estalvi i previsió anàlegs es poden fer en testament o en codicil, a més de pels mitjans que estableixen el contracte corresponent o la legislació específica. La designació es pot modificar o revocar amb un altre testament o codicil o per qualsevol altre mitjà admès pel contracte o la llei.

Article 421-24. *Designació de la persona encarregada d'executar les voluntats digitals del causant*

1. La designació de la persona física o jurídica encarregada d'executar les voluntats digitals es pot fer en testament, en codicil o en memòria testamentària. […]*

2. L'atorgant dels documents a què fa referència l'apartat 1 pot fer constar la persona o persones físiques o jurídiques a les quals vol que es comuniqui l'existència de les voluntats digitals.

CAPÍTOL II. *Nul·litat i ineficàcia dels testaments i de les disposicions testamentàries*

Article 422-1. *Nul·litat del testament*

1. És nul el testament que no correspon a cap dels tipus que estableix l'article 421-5, i també l'atorgat sense complir els requisits legals de capacitat i de forma i l'atorgat amb engany, violència o intimidació greu.

2. La manca d'indicació o la indicació errònia del lloc o la data d'atorgament del testament que en puguin afectar la validesa es salven si es poden acreditar d'alguna altra manera. La manca d'indicació de l'hora no anul·la el testament si el testador no n'ha atorgat cap altre el mateix dia.

---

* La STC 7/2019, de 17 de gener (Ple) (BOE núm. 39, de 14 de febrer), ha declarat inconstitucional l'incís final «*i, a manca d'aquests instruments, en un document de voluntats digitals, el qual necessàriament ha d'especificar l'abast concret de la seva actuació. Aquest document s'ha d'inscriure en el Registre electrònic de voluntats digitals*».

3. Són nuls els testaments que no contenen institució d'hereu, llevat que continguin nomenament de marmessor universal o siguin atorgats per una persona subjecta al dret de Tortosa.

Article 422-2. *Nul·litat de disposicions testamentàries*

1. Són nul·les les disposicions testamentàries que s'han atorgat amb error en la persona o en l'objecte, engany, violència o intimidació greu. També són nul·les si s'han atorgat per error en els motius, si resulta del mateix testament que el testador no l'hauria atorgat si s'hagués adonat de l'error.

2. Si el testador ha atorgat un testament perquè creia erròniament, segons es dedueix del seu contingut, que l'hereu instituït en testament anterior havia mort, és hereu l'instituït anteriorment, però subsisteixen els llegats i les altres disposicions a títol particular ordenades en el darrer testament.

Article 422-3. *Acció de nul·litat*

1. L'acció de nul·litat pot ésser exercida, un cop oberta la successió, per les persones a qui pot beneficiar la declaració de nul·litat.

2. L'acció de nul·litat caduca al cap de quatre anys, a comptar des que la persona legitimada per a exercir-la coneix o pot conèixer raonablement la causa de nul·litat.

3. No poden exercir l'acció de nul·litat les persones legitimades que, coneixent la possible causa de nul·litat, admeten la validesa del testament o de la disposició testamentària després de la mort del testador, l'executen voluntàriament o renuncien a l'acció.

4. L'acció de nul·litat és transmissible als hereus, però no la poden exercir els creditors de l'herència.

Article 422-4. *Conseqüències de la nul·litat i la caducitat*

1. La nul·litat del testament determina que la successió es regeixi pel testament anterior vàlid o, si no n'hi ha, que s'obri la successió intestada.

2. La nul·litat del testament implica la de tots els codicils i les memòries testamentàries atorgats pel testador, llevat que siguin compatibles amb un testament anterior que hagi de subsistir per la nul·litat del posterior.

3. La caducitat del testament produeix les mateixes conseqüències que la seva nul·litat.

Article 422-5. *Nul·litat parcial*

La nul·litat de qualsevol disposició testamentària no determina la nul·litat total del testament en què s'ha ordenat, llevat que del seu context resulti que el testador no hauria ordenat les disposicions vàlides sense la disposició nul·la.

Article 422-6. *Conversió del testament nul o ineficaç*

1. El testament que és nul o esdevé ineficaç per manca d'institució d'hereu val com a codicil si en compleix els requisits.

2. El testament tancat que és nul per defecte de forma val com a testament hològraf si en compleix els requisits.

Article 422-7. *Ineficàcia per preterició errònia*

1. El testament pot esdevenir ineficaç per causa de preterició errònia, a instància del legitimari preterit, en els casos que estableix l'article 451-16.2.

2. És aplicable a l'acció de preterició el que estableix l'article 422-3.3.

Article 422-8. *Revocabilitat de les disposicions testamentàries*

1. Les disposicions testamentàries són essencialment revocables.

2. En tot cas de revocació subsisteix el reconeixement de fills no matrimonials.

Article 422-9. *Abast de la revocació dels testaments*

1. La revocació és expressa si el testador l'ordena en testament.

2. L'atorgament d'un testament vàlid i eficaç revoca de ple dret el testament anterior. Conseqüentment, no produeixen efectes revocatoris els testaments a què fan referència els articles 422-1 i 422-7, sens perjudici del que estableix l'article 422-3.2 i 3, ni els testaments caducats. Tampoc no tenen eficàcia revocatòria els testaments destruïts sense possibilitat de reconstrucció.

3. Si el testador ordena de forma expressa en el testament que l'anterior subsisteixi totalment o parcialment, aquest manté l'eficàcia en tot el que l'atorgat posteriorment no revoqui, o en les parts a què no s'oposi o que no contradigui.

4. El que estableix l'apartat 3 s'aplica també si el testador ordena expressament en el testament que un d'anterior revocat recuperi l'eficàcia, encara que el posterior no contingui institució d'hereu, sempre que es confirmi la institució, almenys, d'un dels hereus instituïts en el testament anterior.

5. El testament merament revocatori determina que la successió es defereixi d'acord amb les normes de la successió intestada.

Article 422-10. *Revocació material del testament hològraf*

1. El testament i el codicil hològrafs i les memòries testamentàries es presumeixen revocats si apareixen esquinçats o inutilitzats, o si les signatures que els autoritzen apareixen esborrades, raspades o esmenades sense salvar, llevat que es provi que aquests fets han ocorregut sense el

coneixement o la voluntat del testador o han estat duts a terme pel testador en estat de malaltia mental.

2. Si en el text dels testaments i codicils hològrafs o de les memòries testamentàries apareix només alguna esmena o algun canvi, es presumeix que el testador ha volgut modificar o revocar el testament en aquesta part, d'acord amb els requisits que estableix l'article 421-17, llevat de la prova a què fa referència l'apartat 1.

Article 422-11. *Revocació de disposicions testamentàries per codicil*

Els codicils impliquen la revocació de la part del testament anterior que aparegui modificada o hi resulti incompatible.

Article 422-12. *Revocació de codicils i memòries testamentàries*

1. L'atorgament del testament revoca els codicils i les memòries testamentàries anteriors, llevat que el testador disposi una altra cosa.

2. El codicil posterior revoca l'anterior solament en allò en què el modifiqui o amb què resulti incompatible. Si han de coexistir diversos codicils, s'aplica la mateixa regla.

3. La revocació expressa d'un codicil es pot fer en un altre codicil.

4. La revocació expressa d'una memòria testamentària es pot fer en una memòria testamentària o un codicil posteriors.

Article 422-13. *Ineficàcia sobrevinguda per crisi matrimonial o de convivència*

1. La institució d'hereu, els llegats i les altres disposicions que s'hagin ordenat a favor del cònjuge del causant esdevenen ineficaços si, després d'haver estat atorgats, els cònjuges se separen de fet o legalment, o es divorcien, o el matrimoni és declarat nul, i també si en el moment de la mort hi ha pendent una demanda de separació, divorci o nul·litat matrimonial, llevat de reconciliació.

2. Les disposicions a favor del convivent en parella estable esdevenen ineficaces si, després d'haver estat atorgades, els convivents se separen de fet, llevat que reprenguin la convivència, o s'extingeix la parella estable per una causa que no sigui la defunció d'un dels membres de la parella o el matrimoni entre ambdós.

3. Les disposicions a favor del cònjuge o del convivent en parella estable mantenen l'eficàcia si del context del testament, el codicil o la memòria testamentària resulta que el testador les hauria ordenades fins i tot en els casos que regulen els apartats 1 i 2.

4. Aquest article també s'aplica als parents que només ho siguin del cònjuge o convivent, en línia directa o en línia col·lateral dins del quart grau, tant per consanguinitat com per afinitat.

CAPÍTOL III. *La institució d'hereu*

SECCIÓ PRIMERA. *Disposicions generals*

Article 423-1. *Necessitat d'institució d'hereu*

1. El testament ha de contenir necessàriament institució d'hereu.

2. En el testament atorgat per una persona subjecta al dret de Tortosa es pot distribuir tota l'herència en llegats.

3. El nomenament de marmessor universal substitueix la manca d'institució d'hereu en el testament.

Article 423-2. *Forma d'ordenació de la institució d'hereu*

Tant la simple utilització pel testador del nom o la qualitat d'hereu com la disposició a títol universal, encara que no s'empri aquella paraula, impliquen institució d'hereu, si és clara la voluntat del testador d'atribuir a l'afavorit la qualitat de successor en tot el seu dret o en una quota del seu patrimoni.

Article 423-3. *Institució d'hereu en cosa certa*

1. L'hereu o els hereus instituïts solament en cosa certa, si concorren amb hereus instituïts sense aquesta assignació, en són simples legataris.

2. Si l'hereu únic o tots els hereus instituïts ho són en cosa certa, en són estimats prelegataris i, excloent la cosa o les coses certes, tenen el caràcter d'hereus universals per parts iguals, si són més d'un.

Article 423-4. *Institució vitalícia*

1. L'hereu instituït vitalíciament, si per a després de la seva mort hi ha instituït un altre hereu, té el caràcter d'hereu fiduciari, i l'hereu posterior, el de substitut fideïcomissari condicional.

2. Si no hi ha instituït hereu posterior o l'instituït no arriba a ésser-ho, l'hereu instituït vitalíciament esdevé hereu universal, pur i lliure.

Article 423-5. *Institució en usdefruit*

1. L'hereu instituït en usdefruit s'equipara a l'hereu instituït en cosa certa. En conseqüència, si concorre amb hereu universal, és legatari.

2. Si l'hereu instituït en usdefruit no concorre amb hereu universal, però per a després de la seva mort hi ha instituït un altre hereu, té el caràcter d'hereu fiduciari, i l'hereu posterior, el de substitut fideïcomissari condicional.

3. Si no hi ha instituït hereu posterior ni hereu universal, o si l'instituït no arriba a ésser-ho, s'entén que s'ha ordenat una substitució fideïcomissària a favor dels qui serien els hereus intestats del testador en el moment d'extingir-se l'usdefruit.

Article 423-6. *Institució conjunta*

1. Els hereus instituïts sense assignació de parts s'entén que són cridats per parts iguals.

2. Si els hereus instituïts són cridats els uns individualment i els altres col·lectivament, s'entén que s'atribueix conjuntament a aquests darrers una part igual a la de cadascun dels designats individualment, llevat que la voluntat del testador sigui una altra.

3. Si s'assignen als hereus quotes hereditàries que sumen més o menys de la totalitat de l'herència, l'excés o el defecte s'han de rebaixar o completar a proporció entre els instituïts.

4. Si s'assignen quotes als uns i no als altres, correspon a aquests darrers la porció sobrant de l'herència per parts iguals. Si no en sobra cap porció, s'han de reduir proporcionalment les fixades i se n'ha d'atribuir als instituïts sense quota una d'igual a la que correspongui als menys afavorits.

5. Si es nomena marmessor universal sense institució d'hereu o si una persona subjecta al dret de Tortosa distribueix l'herència en llegats, els béns no disposats corresponen als legataris per parts iguals.

Article 423-7. *Institució d'hereu a favor d'una persona i els seus fills*

1. Si han estat instituïts hereus una persona determinada i els seus fills, s'entén que aquests són cridats com a substituts vulgars, llevat que la voluntat del testador sigui una altra.

2. Si el testador inst1ueix hereus genèricament els fills o descendents d'una altra persona, no són eficaces les crides d'aquells que, en el moment en què es defereixi l'herència, no hagin nascut ni hagin estat concebuts.

3. No obstant el que estableix l'apartat 2, si el testador llega l'usdefruit universal a favor d'algun ascendent dels fills o descendents d'una altra persona, s'entén que són cridats els que ja hagin nascut o hagin estat concebuts en extingir-se l'usdefruit o el darrer dels usdefruits successius per una causa altra que la renúncia.

4. En el supòsit a què fa referència l'apartat 3, els no-concebuts han d'ésser representats per un curador designat pel testador, amb les facultats que aquest li atribueixi, o, a manca de curador, pel mateix legatari d'usdefruit universal, amb facultats d'administració i disposició, que ha d'actuar d'acord amb els fills o descendents nascuts o llurs representants legals.

Article 423-8. *Abast de la institució hereditària a favor dels fills*

1. Llevat que s'infereixi que la voluntat del testador és una altra, si aquest crida els seus hereus i legataris o llurs substituts sense designació de noms, mitjançant l'expressió fills, s'entén que hi són inclosos tots els seus descendents, amb aplicació de l'ordre legal de crides de la successió intestada.

2. El que estableix l'apartat 1 s'aplica també si es designen nominativament tots els fills per parts iguals.

Article 423-9.   *Institució a favor dels parents*

Si el testador crida els seus hereus o legataris sense designació de noms, mitjançant les expressions hereus meus, hereus legítims, hereus intestats, parents més pròxims, parents, successors, aquells a qui per dret correspongui o els meus, o emprant expressions semblants, s'entén que són cridats com a hereus testamentaris o legataris els parents que, en el moment de deferir-se l'herència o el llegat, haurien succeït abintestat al testador, d'acord amb l'ordre legal de crides, inclòs el cònjuge o el convivent en parella estable, i amb el límit del quart grau, llevat que s'infereixi que la seva voluntat és una altra.

Article 423-10.   *Exclusió testamentària d'hereus intestats*

1. Si el causant exclou en testament determinades persones cridades a la successió intestada, l'herència es defereix als cridats a succeir d'acord amb les normes de la successió intestada que no hagin estat exclosos pel testador.

2. L'exclusió d'un successor que té la condició de legitimari deixa subsistent el seu dret a reclamar la llegítima.

Article 423-11.   *Motius il·lícits o erronis en la institució d'hereu*

La institució d'hereu no és nul·la pel fet de fonamentar-se en motius il·lícits o en motius o circumstàncies erronis, excepte en el supòsit a què fa referència l'article 422-2.1.

SECCIÓ SEGONA.   *La institució d'hereu sota condició*

Article 423-12.   *Perdurabilitat de la institució d'hereu*

1. El qui és hereu ho és sempre i, en conseqüència, es tenen per no formulats en la institució d'hereu la condició resolutòria i els terminis suspensiu i resolutori.

2. L'instituït hereu sota condició suspensiva que, un cop complerta aquesta, accepta l'herència l'adquireix amb efecte retroactiu des del moment de la mort del testador.

Article 423-13.   *Eficàcia de la institució sota condició suspensiva i termini incert*

1. La institució d'hereu sota condició suspensiva no es defereix si no es compleix la condició o si l'hereu mor abans de complir-se. En aquest cas, els seus hereus no adquireixen cap dret a l'herència.

2. En el testament, el termini incert implica condició, llevat que es pugui col·legir que la voluntat del testador és una altra. Per tant, s'entén que la institució d'hereu ordenada per a després de la mort d'una altra persona és feta sota la condició que sobrevisqui l'instituït.

Article 423-14. *Facultats de l'hereu condicional*

1. L'hereu instituït sota condició suspensiva, mentre aquesta estigui pendent de compliment, pot prendre possessió provisional de l'herència i administrar-la amb les facultats i limitacions que hagi establert el causant o, si no n'ha establert, amb les facultats d'un marmessor universal de lliurament de romanent. Si concorre a la successió amb altres hereus que ja hagin acceptat, aquests poden fer la partició de l'herència, i l'hereu sota condició està facultat per a intervenir-hi. Un cop feta la partició, s'ha de mantenir el dit règim d'administració sobre els béns assignats a la seva quota.

2. Si el testador imposa a l'hereu una condició potestativa negativa, però no fixa un termini per a complir-la, l'afavorit ha de fiançar la restitució del que hagi percebut i dels seus fruits i rendes en cas que incompleixi la condició.

Article 423-15. *Compliment de la condició*

1. Únicament es considera complerta la condició si el compliment es produeix una vegada mort el testador, llevat que es tracti de la condició de contreure matrimoni o d'una condició que no es pugui tornar a complir o el compliment de la qual no es pugui reiterar, encara que en el moment de testar el causant n'ignorés el compliment.

2. Es considera incomplerta la condició si no es compleix dins del termini fixat pel testador o el que resulti de la naturalesa o les circumstàncies de la mateixa condició. El termini de compliment no pot excedir de trenta anys des de l'obertura de la successió.

3. S'entén que s'ha complert la condició si la persona interessada en l'incompliment impedeix per actes propis que es pugui complir.

4. Si s'imposen diverses condicions conjuntament, s'han de complir totes, encara que no sigui simultàniament. Si no s'han ordenat conjuntament, n'hi ha prou amb el compliment de la primera.

Article 423-16. *Condicions impossibles, irrisòries i perplexes*

Les condicions impossibles, les irrisòries i les perplexes es tenen per no formulades.

Article 423-17. *Condicions il·lícites*

Les condicions il·lícites es tenen per no formulades, però, si resulta clarament que el compliment de la condició il·lícita és motiu determinant de la institució d'hereu, aquesta és nul·la.

Article 423-18. *Condició de no impugnar el testament*

Si el testador imposa la condició de no impugnar el testament o de no recórrer als tribunals de justícia amb relació a la seva successió, aquesta condició es té per no formulada i no afecta en cap cas l'eficàcia del testament ni de la institució sotmesa a la condició.

Article 423-19. *Condicions captatòries*

Les condicions captatòries determinen la nul·litat de la institució d'hereu.

CAPÍTOL IV. *Disposicions fiduciàries*

SECCIÓ PRIMERA. *La designació d'hereu per fiduciari*

SUBSECCIÓ PRIMERA. *La designació d'hereu pel cònjuge o pel convivent*

Article 424-1. *Designació d'hereu pel cònjuge o pel convivent*

1. El testador pot instituir hereu el descendent que el seu cònjuge o convivent en parella estable supervivent elegeixi entre els fills comuns i llurs descendents, encara que visqui el seu ascendent, o els pot instituir en les parts iguals o desiguals que el cònjuge o convivent supervivent estimi convenients.

2. En la designació d'hereu pel cònjuge o pel convivent, a manca de previsió pel testador o de regulació pel costum, regeixen les normes següents:

a) L'elecció o la distribució s'ha de fer entre els fills a què fa referència l'apartat 1 i els descendents d'aquests, i comporta la facultat, en cas de distribució, de limitar a un o més fills o descendents la institució d'hereu i reduir els altres a la condició de legataris o legitimaris.

b) El cònjuge o convivent pot imposar sempre les condicions, les limitacions de disposar i les substitucions que estimi oportunes, si els afavorits amb aquestes són fills o descendents del testador i les restriccions no contradiuen les imposades per aquest.

c) L'herència no es defereix fins que no es fa l'elecció o la distribució, però abans el cònjuge o convivent supervivent pot fixar i pagar les llegítimes i els llegats.

Article 424-2. *Forma de l'elecció o la distribució*

1. L'elecció o la distribució s'ha de fer expressant que es fa ús d'aquesta facultat, llevat que això resulti clarament de la mateixa elecció o distribució.

2. L'elecció o la distribució només es pot fer en testament, heretament o escriptura pública. En els dos darrers casos és irrevocable.

Article 424-3. *Manca d'elecció o distribució*

Si el cònjuge o convivent supervivent mor sense haver fet l'elecció o la distribució, o renuncia en escriptura pública a la facultat de fer-les, s'aplica, si escau, el que estableix l'article 424-5 o, si no escau, es defereix l'herència als fills per parts iguals, i en el lloc del premort entren els seus descendents per estirps. Si no hi ha descendents, els hereus del premort solament poden reclamar la llegítima que li hauria correspost.

Article 424-4. *Administració de l'herència*

1. Mentre no es defereix l'herència, aquesta resta sota l'administració de la persona o les persones que el testador ha designat a aquest efecte, amb les facultats i limitacions que aquest ha establert o, si no n'ha establert, amb les pròpies d'un marmessor universal de lliurament de romanent. La persona o les persones designades tenen dret a percebre el que els hi correspongui per llurs treballs i al reembossament de les despeses causades per l'exercici del càrrec.

2. Si el testador no ha designat cap persona o la designació és ineficaç, l'herència ha d'ésser administrada pel cònjuge o convivent supervivent. El cònjuge o convivent té, en aquest cas, la lliure administració de l'herència i facultats dispositives plenes sobre els béns hereditaris per a fer actes d'inversió, satisfer necessitats de l'herència, atendre la seva subsistència personal, la dels fills i la dels descendents, i pagar deutes, càrregues i llegítimes, amb les limitacions establertes pel testador. Els béns adquirits per la realització d'actes d'inversió i els fruits i les vendes no consumits en les dites atencions s'incorporen a l'herència.

SUBSECCIÓ SEGONA. *La designació d'hereu pels parents*

Article 424-5. *Designació d'hereu pels parents*

El testador pot instituir hereu un o més descendents que siguin elegits per dos parents pròxims designats directament per ell o d'acord amb el que estableix l'article 424-6.1.a, encara que no hagi fet ús de la facultat de confiar l'elecció al cònjuge o al convivent en parella estable.

Article 424-6. *Requisits de l'elecció o la distribució*

1. En la designació d'hereu pels parents, a manca de previsió pel testador o de regulació pel costum, regeixen les normes següents:

a) La facultat d'elecció o de distribució correspon als dos parents consanguinis, un de cada línia de progenitors, amb el vincle de parentiu més pròxim amb els fills o els descendents. Dins de cada línia té preferència el de més edat.

b) Per a exercir la facultat d'elecció o de distribució, cal tenir capacitat plena per a disposar, poder succeir al testador i no haver renunciat a la dita facultat.

c) El compliment de l'encàrrec és gratuït, però dóna dret al reemborsament de les despeses causades.

d) L'elecció o la distribució s'ha de fer entre els fills i els descendents d'aquests, i comporta, en cas de distribució, la facultat d'instituir-los en les parts iguals o desiguals que ambdós parents estimin convenient, i de limitar a un o més fills o descendents la institució d'hereu i reduir els altres a la condició de legataris o legitimaris, d'acord amb les instruccions del testador i l'aplicació de les prelacions que resultin de la voluntat del testador.

e) Els parents no poden imposar gravàmens ni limitacions de cap mena, llevat que el testador ho hagi autoritzat.

f) L'herència no es defereix fins que no es fa l'elecció o la distribució.

2. La facultat d'elecció o de distribució només es pot exercir si, ateses les circumstàncies de la família, no hi ha més de dues línies de parents.

Article 424-7. *Forma de l'elecció o la distribució*

1. Ambdós parents fan l'elecció o la distribució personalment i en escriptura pública, sense que calgui fer-la en un mateix acte, però no en testament.

2. L'elecció o la distribució són irrevocables, però es poden tornar a fer si els elegits no volen o no poden ésser hereus, fins i tot en el cas que la designació anterior hagués estat feta pel cònjuge o convivent supervivent.

Article 424-8. *Manca d'elecció o distribució o divergència entre els parents*

En cas de manca d'elecció o distribució o de divergència entre els parents electors o distribuïdors, l'herència es defereix als fills per parts iguals, i en el lloc del premort entren els seus descendents per estirps. Si no hi ha descendents, els hereus del premort solament poden reclamar la llegítima que li hauria correspost.

Article 424-9. *Termini per a fer l'elecció o la distribució*

1. L'elecció o la distribució s'ha de fer en el termini fixat pel testador.

2. Si no s'ha fixat un termini i l'elecció o la distribució no s'ha fet en els quatre anys següents a la mort del causant, qualsevol persona interessada en la successió pot requerir els parents electors o distribuïdors que la facin en els sis mesos següents al requeriment.

3. Els parents electors o distribuïdors poden sol·licitar a l'autoritat judicial una pròrroga per a fer l'elecció o la distribució si hi ha una causa justificada.

Article 424-10. *Administració de l'herència*

1.   Mentre no es faci l'elecció o la distribució i si no hi ha usufructuari universal, l'administració de l'herència correspon a les persones que el testador ha designat a aquest efecte. Si manquen aquestes persones, correspon al cònjuge o convivent en parella estable que sigui usufructuari universal o, si no n'hi ha, als parents als quals correspondria en cada moment fer l'elecció o la distribució.

2.   S'aplica a l'administració de l'herència el que estableix l'article 424-4.1.

SECCIÓ SEGONA.   *Els hereus i legataris de confiança*

Article 424-11. *Institució d'hereu o legatari de confiança*

1.   El testador pot instituir hereus o legataris de confiança persones físiques determinades perquè donin als béns la destinació que els hagi encomanat confidencialment, de paraula o per escrit.

2.   El testador pot facultar els hereus o legataris de confiança perquè, si alguns d'ells moren abans de la revelació total o del compliment de la confiança, n'elegeixin d'altres que els substitueixin, sense que això impliqui una nova institució, sinó una mera subrogació en el càrrec.

3.   Llevat de disposició testamentària en contra, els hereus o legataris de confiança actuen per majoria, però, si en queda un de sol, aquest pot actuar per ell mateix.

Article 424-12. *Drets i obligacions*

1.   Els hereus de confiança han de prendre inventari de l'herència en el termini de sis mesos a comptar del moment en què coneixen o poden conèixer raonablement la delació, sota sanció de pèrdua de la remuneració.

2.   Tant els hereus com els legataris de confiança tenen dret al reembosament de les despeses causades per l'exercici de llur comesa i a percebre la remuneració que els hagi assignat el testador o, si no els n'ha assignat cap, a percebre entre tots la corresponent al 5% del valor de l'actiu hereditari líquid o del llegat objecte de la confiança i dels fruits o les rendes líquids, mentre duri llur administració. S'aplica també als hereus i legataris de confiança el que estableix l'article 429-5.2.

Article 424-13. *Revelació de la confiança*

1.   El testador que ordena l'herència o el llegat de confiança pot prohibir que es reveli. Si no hi ha prohibició, els hereus o legataris poden mantenir reservada la confiança o bé revelar-la en escriptura pública o protocol·litzar les instruccions escrites i signades pel testador de la seva mà o per mitjans mecànics. Les instruccions del testador sempre prevalen. Si no n'hi ha, hom s'ha d'atenir al que adveri la majoria.

2. La confiança revelada forma part del testament i no es pot revocar ni alterar, però sí que es pot aclarir.

Article 424-14. *Facultats dispositives*

1. Els hereus i els legataris de confiança, mentre no la revelin o compleixin, tenen la consideració d'hereus o legataris amb facultats per a fer actes dispositius entre vius, amb les limitacions que els imposi el testament, però no poden fer definitivament propis els béns de l'herència o el llegat ni llurs subrogats, que resten completament separats de llurs béns propis.

2. Una vegada revelada la confiança, si el testador no disposa una altra cosa, els hereus i els legataris de confiança tenen, respectivament, la condició de marmessors universals i marmessors particulars.

Article 424-15. *Ineficàcia de les disposicions de confiança*

1. Les institucions d'hereu i els llegats de confiança caduquen si els hereus o els legataris nomenats o, si escau, llurs substituts moren sense haver-la revelada o complerta, si la revelen o compleixen a llur favor i, en general, si la confiança no es pot complir pel fet que resulta desconeguda, il·legal, contradictòria o indesxifrable. Caduquen igualment en la part en què la confiança resulti afectada per alguna d'aquestes circumstàncies.

2. Llevat que la voluntat del testador sigui una altra, l'herència de confiança o la part que n'hagi caducat acreix la part dels cohereus instituïts sense encàrrec confidencial o, si no n'hi ha, es defereix a favor dels qui en el moment de la mort del testador haurien estat els seus hereus abintestat, amb dret de transmissió a favor de llurs successors. En el cas de caducitat parcial, aquestes persones tenen la condició de legataris de part alíquota en la porció caducada.

3. Si el llegat de confiança caduca totalment o parcialment, l'herència l'absorbeix.

CAPÍTOL V. *Les substitucions hereditàries*

SECCIÓ PRIMERA. *La substitució vulgar*

Article 425-1. *Supòsits de substitució vulgar*

1. El testador pot instituir un hereu posterior o segon per al cas en què l'anterior o primer instituït no arribi a ésser-ho perquè no vulgui o perquè no pugui.

2. Llevat que la voluntat del testador sigui una altra, la substitució vulgar ordenada per a un dels casos a què fa referència l'apartat 1 val per a l'altre. En particular, l'ordenada per al cas de premoriència de l'hereu instituït s'estén a tots els altres casos, incloent-hi el de commo-

riència, el d'institució sota condició suspensiva si l'instituït mor abans de complir-se la condició o si la condició resta incomplerta, i els casos en què no arriba a néixer l'instituït que ja havia estat concebut i en què l'instituït ha estat declarat absent.

Article 425-2. *Pluralitat de substituts*

1.   Un hereu pot ésser substituït per dos o més substituts, i dos o més hereus poden ésser substituïts per un sol substitut.

2.   Els substituts poden ésser cridats tots junts o l'un a falta de l'altre. En aquest darrer cas, s'entén que el substitut del substitut també ho és del substituït.

3.   Diversos hereus poden ésser nomenats substituts vulgars entre ells, recíprocament. Si han estat instituïts en quotes desiguals, la del cridat que no arriba a ésser hereu es defereix als altres instituïts en proporció a llurs quotes respectives. Si és cridada a la substitució, juntament amb els cohereus, una altra persona, li correspon una porció de la quota vacant que resulta de la divisió d'aquesta pel nombre total dels concurrents a la substitució. La resta de la quota correspon als cohereus en proporció a llurs quotes respectives. En tot cas, preval el que ha ordenat el testador.

Article 425-3. *Substitució vulgar expressa i tàcita*

1.   La substitució vulgar pot ésser expressa o tàcita.

2.   Les substitucions pupil·lar, exemplar, fideïcomissària i preventiva de residu enclouen sempre la vulgar tàcita, però les dues primeres l'enclouen solament respecte als béns procedents de l'herència del substituent.

Article 425-4. *Efectes de la substitució vulgar*

1.   La delació de l'herència al substitut vulgar s'entén produïda al mateix temps que al substituït i, per tant, encara que mori abans que es frustri la crida al substituït, el dit substitut vulgar transmet el seu dret als seus successors.

2.   El substitut succeeix al causant amb els mateixos modes, condicions, llegats, substitucions i altres càrregues que s'havien imposat a l'instituït que no ha arribat a ésser hereu, llevat que siguin personalíssims o que el testador hagi disposat una altra cosa.

SECCIÓ SEGONA.   *La substitució pupil·lar*

Article 425-5. *Designació de substitut*

Els progenitors, mentre exerceixen la potestat parental sobre llur fill impúber, el poden substituir pupil·larment en el testament que atorguin per a l'herència pròpia, en previsió que mori abans d'arribar a l'edat de testar. Es considera fill impúber el menor de catorze anys. Els progenitors també poden substituir el fill concebut que en el moment de néixer hagi de quedar sota llur potestat parental.

Article 425-6. *Naturalesa de la substitució*

1. En la substitució pupil·lar, el substitut té aquest caràcter respecte als béns que, subsistint en morir l'impúber, aquest ha adquirit per herència o llegat del progenitor que hagi disposat la substitució, i el d'hereu directe de l'impúber en l'herència relicta per aquest, sense que els progenitors hi puguin imposar en llur testament limitacions ni càrregues.

2. Si ambdós progenitors ordenen substitució pupil·lar, subsisteixen ambdues respecte a llurs propis béns, però respecte als del fill substituït val solament l'ordenada pel darrer que mori.

Article 425-7. *Principi de troncalitat*

1. Un progenitor solament pot designar com a substitut pupil·lar en els béns de l'impúber procedents de la successió de l'altre progenitor, si aquest no ho ha fet, algun o alguns dels germans de l'impúber que siguin fills comuns o, si no n'hi ha, parents de l'altra branca dins del quart grau. Si manquen uns i altres i també pel que fa als altres béns, la designació del substitut pupil·lar pot recaure en qualsevol persona capaç de succeir.

2. Si els progenitors no compleixen el que estableix l'apartat 1, són cridats com a substituts pupil·lars els dits germans o parents, per l'ordre de la successió intestada.

Article 425-8. *Substitució pupil·lar tàcita*

Tret que el testador ordeni una altra cosa, la substitució vulgar expressa, si l'institut és impúber, comprèn la pupil·lar tàcita respecte als béns de l'herència relicta pel substituent, llevat que siguin substituïts recíprocament dos germans, l'un púber i l'altre impúber.

Article 425-9. *Dret a llegítima*

Els legitimaris de l'impúber únicament tenen dret a la llegítima en l'herència pròpia d'aquest. Forma part d'aquesta herència la llegítima que correspon a l'impúber en la successió en la qual s'ha disposat la substitució.

SECCIÓ TERCERA. *La substitució exemplar*

Article 425-10. *Requisits*

1. La substitució exemplar solament pot ésser ordenada per ascendents d'una persona incapacitada que en sigui legitimària, i comprèn, ultra els béns del testador, els de l'incapaç que no ha atorgat testament ni pacte successori.

2. Perquè la substitució exemplar sigui vàlida, l'ascendent ha de deixar al substituït la llegítima que li correspongui i la incapacitat ha d'ésser declarada judicialment en vida del descendent substituït, encara que ho sigui després d'haver estat ordenada la substitució.

Article 425-11. *Concurrència de substitucions*

1. Si diversos ascendents substitueixen exemplarment el mateix descendent, preval la substitució disposada per l'ascendent mort de grau més pròxim. Si aquests són del mateix grau, succeeixen en la mateixa herència de l'incapaç tots els substituts exemplars designats, en les quotes que resultin d'aplicar als ascendents respectius les normes de l'ordre successori intestat.

2. Els béns procedents de cadascuna de les herències dels ascendents que hagin ordenat la substitució corresponen, en tot cas, al substitut exemplar respectivament designat.

Article 425-12. *Designació de substitut*

1. La substitució exemplar ha d'ésser ordenada a favor de descendents, del cònjuge o del convivent en parella estable de l'incapaç. A manca d'aquests, es pot ordenar a favor de parents de l'incapaç dins del quart grau de consanguinitat en línia col·lateral. Si manquen els uns i els altres, es pot ordenar a favor de qualsevol persona.

2. La substitució exemplar es pot ordenar, sense haver de respectar l'ordre que estableix l'apartat 1, a favor de les persones físiques o jurídiques que hagin exercit la tutela de l'incapaç o que hagin assumit deures de cura i prestació d'aliments a aquest i els hagin complert fins a la seva mort.

Article 425-13. *Ineficàcia de la substitució*

1. La substitució exemplar resta sense efecte en cessar realment l'estat d'incapacitat del substituït, encara que després no atorgui testament, i també si el substitut premor al testador o a l'incapaç, o aquest a l'ascendent.

2. Si hi ha diversos ascendents, el que estableix l'apartat 1 s'aplica amb relació a la substitució exemplar respectiva.

Article 425-14. *Aplicació de les normes de la substitució pupil·lar*

Les normes de la substitució pupil·lar s'apliquen a la substitució exemplar en la mesura que ho permeti la seva naturalesa.

CAPÍTOL VI. *Els fideïcomisos*

SECCIÓ PRIMERA. *Els fideïcomisos en general*

Article 426-1. *Concepte*

1. En el fideïcomís, el fideïcomitent disposa que el fiduciari adqui-reixi l'herència o el llegat amb el gravamen que, un cop vençut el termi-ni o complerta la condició, facin trànsit al fideïcomissari.

2. Els fideïcomissaris succeeixen sempre al fideïcomitent, encara que un sigui fideïcomissari després d'un altre.

Article 426-2. *Ordenació*

Els fideïcomisos es poden ordenar en pacte successori, en testament, en codicil i en donació per causa de mort.

Article 426-3. *Objecte*

1. El fideïcomís d'herència o universal té per objecte la mateixa he-rència o quota d'aquesta deferida a l'hereu fiduciari, o bé una massa de béns genèricament diferenciada que el fideïcomitent hagi adquirit com a hereu d'una altra persona.

2. El fideïcomís particular té per objecte el mateix llegat deferit al legatari o una part alíquota d'aquest.

3. El fideïcomís imposat a l'hereu que té per objecte béns singulars, una universalitat de coses, una empresa, un dret d'usdefruit, encara que sigui universal, o una part alíquota de l'herència té la consideració de llegat, i l'imposat al legatari que té per objecte béns singulars o parts d'aquests compresos en el llegat, la de subllegat.

Article 426-4. *Modalitats*

1. Els fideïcomisos es poden ordenar sota termini o sota condició, segons que l'herència o el llegat fideïcomesos, o una quota d'aquests, es defereixin al fideïcomissari en vèncer el termini fixat o en complir-se la condició ordenada pel fideïcomitent.

2. Els fideïcomisos ordenats per a després de la mort del fiduciari tenen el caràcter de condicionals, llevat que la voluntat del fideïcomitent sigui una altra.

Article 426-5. *Capacitat per a ésser fideïcomissari*

1. Perquè els fideïcomisos siguin efectius, cal que el fideïcomissari hagi nascut o estigui concebut en ésser deferit el fideïcomís a favor seu.

2. En el fideïcomís a termini, el fideïcomissari que viu o ha estat concebut quan l'herència o el llegat són deferits al fiduciari adquireix el seu dret al fideïcomís i aquest forma part de l'herència relicta per ell,

encara que mori abans de deferir-se l'herència o el llegat fideïcomesos a favor seu. El testador pot excloure aquesta transmissibilitat.

3.   En els fideïcomisos condicionals, si el fideïcomissari mor abans de complir-se la condició, encara que sobrevisqui al fideïcomitent, no adquireix cap dret al fideïcomís. El fideïcomitent pot disposar el contrari, cas en el qual s'entén que ha ordenat una substitució vulgar a favor dels hereus del fideïcomissari.

Article 426-6.   *Delació del fideïcomís*

1.   El fideïcomís es defereix en el moment en què venç el termini o es compleix la condició a favor del fideïcomissari immediatament cridat que no hagi renunciat abans al seu dret.

2.   En el fideïcomís a termini, la mort del fiduciari abans del venciment del termini anticipa la delació al moment de la mort, llevat que la voluntat del fideïcomitent sigui una altra.

3.   En el fideïcomís a termini, el fiduciari pot anticipar la delació del fideïcomís renunciant al seu dret a favor del fideïcomissari immediatament cridat i cedir a un tercer el simple aprofitament dels béns fideïcomesos fins que venci el termini. En cas de cessió, no resta exonerat de les seves obligacions i respon dels perjudicis que el cessionari causi al fideïcomís.

4.   En el fideïcomís condicional, el fiduciari no pot anticipar la delació del fideïcomís. Si hi renuncia a favor del fideïcomissari, s'entén que només n'ha cedit l'aprofitament. No obstant això, el pot cedir a favor del fideïcomissari o de tercers, subjectant-se al que estableix l'article 426-36.3 si el fideïcomís arriba a ésser efectiu a favor d'una persona diferent del cessionari.

Article 426-7.   *Substitució vulgar en fideïcomís*

El testador pot disposar una substitució vulgar en fideïcomís per al cas que el fideïcomissari cridat no arribi a ésser-ho efectivament perquè no pugui o no vulgui.

Article 426-8.   *Substitució vulgar implícita*

1.   Sempre que el fiduciari cridat no arriba a ésser hereu o legatari per qualsevol causa, opera en primer lloc la substitució vulgar.

2.   A manca de substitució vulgar, el fideïcomissari passa a ésser fiduciari si hi ha fideïcomissari posterior. Si no n'hi ha, passa a ésser hereu o legatari lliure.

3.   En els supòsits dels apartats 1 i 2, no hi ha dret de transmissió.

Article 426-9.   *Pluralitat de crides successives*

1.   En els fideïcomisos amb pluralitat de crides de fideïcomissaris successius, l'herència o el llegat fideïcomesos o la quota d'aquests es

defereixen novament, en el temps o el cas previst pel testador, a favor del segon fideïcomissari que correspongui segons l'ordre de crides fixat per aquell, i així successivament a favor d'un per a després de l'altre, fins al darrer fideïcomissari, el qual resta lliure.

2.   Si el fideïcomissari no arriba a fer seus, per qualsevol causa, l'herència o el llegat fideïcomesos, la delació fideïcomissària es reitera a favor del fideïcomissari que segueix en ordre, sens perjudici de les substitucions vulgars en fideïcomís que hagi disposat el testador.

Article 426-10.   *Límits dels fideïcomisos*

1.   El fideïcomitent pot cridar successivament al fideïcomís el nombre de fideïcomissaris que vulgui, sempre que es tracti de persones vives en el moment de la seva mort. L'eficàcia d'aquestes crides exclou la de crides ulteriors a fideïcomissaris no nascuts ni concebuts en el moment de la mort del fideïcomitent.

2.   El fideïcomitent pot cridar fideïcomissaris que encara no hagin nascut en el moment de la seva mort. En aquest cas, només pot arribar a ésser efectiva una sola crida.

3.   En els fideïcomisos familiars, és a dir, els fideïcomisos en què els fideïcomissaris són descendents, germans o nebots del fideïcomitent, aquest, a més de fer ús de la facultat que li reconeix l'apartat 1 i, alternativament, de la que li reconeix l'apartat 2, pot cridar successivament al fideïcomís persones que no passin de la segona generació, sense limitació en el nombre de crides. S'entén per primera generació la dels fills o nebots del fideïcomitent.

4.   Si el fiduciari és una persona jurídica, el fideïcomís té una durada màxima de trenta anys.

5.   Les crides de fideïcomissaris que ultrapassin els límits que estableix aquest article es consideren no fetes.

Article 426-11.   *Fideïcomís d'elecció i de distribució*

Si el causant atribueix al fiduciari la facultat d'elegir el fideïcomissari entre persones que designa per llurs noms o circumstàncies, o que formen un grup determinat, o la de distribuir l'herència entre els fideïcomissaris, s'han d'observar les seves disposicions i, supletòriament, les regles següents:

a)   L'elecció pot recaure en una, diverses o totes les persones designades, però, si es tracta de fills, el fiduciari només pot escollir néts que siguin fills d'un fill premort.

b)   Si elegeix diversos fideïcomissaris, els pot fixar quotes iguals o desiguals; si no ho fa, ho són per parts iguals.

c)   No es poden imposar a l'elegit condicions, prohibicions de disposar o altres modes, fideïcomisos ni cap altra càrrega o limitació, però li poden ésser ordenades substitucions vulgars a favor d'altres designats.

d) L'elecció s'ha de fer personalment en testament, codicil o pacte successori, en què hom ha d'expressar que es fa ús de la facultat d'elegir, sense que sigui admissible delegar-la ni encomanar-la a un apoderat. L'elecció es pot fer també per acte entre vius, en una escriptura pública, que és irrevocable, sens perjudici de la facultat de nomenar un altre fideïcomissari si el nomenat mor o renuncia abans de deferir-se el fideïcomís.

e) Si en l'herència pròpia el fiduciari ha nomenat hereu algun o alguns dels fideïcomissaris, a manca d'elecció o distribució expressa, s'entén que l'elecció o la distribució es fa a favor d'aquests.

f) Si no s'ha fet ni elecció ni distribució, els elegibles són fideïcomissaris per parts iguals.

Article 426-12. *Extinció del fideïcomís*

Els fideïcomisos s'extingeixen en els casos següents:

a) Si no resta cap fideïcomissari amb dret al fideïcomís, ni per via de substitució vulgar.

b) Si s'arriba a les crides de fideïcomissaris que ultrapassen els límits legals permesos.

c) Si tots els possibles fideïcomissaris renuncien a llur dret.

d) En els fideïcomisos condicionals, si s'incompleix la condició.

SECCIÓ SEGONA. *Interpretació dels fideïcomisos*

Article 426-13. *Forma expressa i tàcita*

1. El fideïcomís es pot establir expressament o tàcitament.

2. Perquè s'entengui que el fideïcomís s'imposa tàcitament cal que la voluntat d'ordenar-lo s'infereixi clarament del contingut de la disposició.

Article 426-14. *Interpretació restrictiva*

1. Si es dubta sobre si el testador ha ordenat un fideïcomís o ha formulat una recomanació o un simple prec, s'entén això darrer.

2. Si es dubta sobre si una substitució és vulgar o fideïcomissària, s'entén que és vulgar.

3. En cas de dubte, s'entén que el fideïcomís és ordenat per a després de la mort del fiduciari i amb caràcter de condicional per al cas que mori sense deixar fills.

Article 426-15. *Presumpció de condició*

1. Si s'imposa expressament o tàcitament a un fill o descendent del fideïcomitent un fideïcomís a favor d'una persona que no és fill o des-

cendent, es presumeix que s'ha ordenat sota la condició que el fiduciari mori sense deixar fills o descendents.

2.   El que estableix l'apartat 1 només s'aplica si el fiduciari no tenia descendència en el moment de l'ordenació del fideïcomís o si, en cas de tenir-ne, el fideïcomitent n'ignorava l'existència.

Article 426-16.   *Condició de no tenir fills*

La condició posada al fiduciari de no tenir fills es considera complerta si en té però no li sobreviuen, llevat que la voluntat expressa del fideïcomitent sigui una altra.

Article 426-17.   *Fills posats com a condició*

En els fideïcomisos ordenats per al cas que el fiduciari mori sense deixar fills, aquests no es consideren fideïcomissaris si no són cridats expressament com a tals o com a substituts vulgars en fideïcomís, llevat que la voluntat del fideïcomitent sigui una altra.

Article 426-18.   *Condició de no atorgar testament*

La substitució fideïcomissària que depèn de la condició que el fiduciari no atorgui testament resta sense efecte quan l'hereu o el legatari atorguen testament notarial, llevat que la voluntat del fideïcomitent sigui una altra.

Article 426-19.   *Abast del fideïcomís*

1.   El fideïcomís imposat a un cohereu o un col·legatari no s'estén a la quota d'herència o llegat que li pervinguin per substitució vulgar, però sí a les que rebi per dret d'acréixer.

2.   El fideïcomís imposat a l'hereu no s'estén al prellegat ordenat a favor seu, ni aquest a aquell.

SECCIÓ TERCERA.   *Els efectes del fideïcomís mentre està pendent*

Article 426-20.   *Presa d'inventari*

1.   El fiduciari ha de prendre inventari dels béns de l'herència o del llegat fideïcomesos, a càrrec de la mateixa herència o del mateix llegat. L'inventari s'ha de tancar en el termini de sis mesos a comptar del moment en què el fiduciari coneix o pot conèixer raonablement que li ha estat deferit el fideïcomís.

2.   L'inventari s'ha de formalitzar notarialment o judicialment i s'hi han de ressenyar els béns relictes i llur valor en obrir-se la successió i els deutes i les càrregues hereditaris, amb la indicació de llur import.

3.   L'inventari no es considera pres en forma si, sabent-ho el fiduciari, no hi figuren tots els béns i tots els deutes, o si s'ha elaborat en frau dels fideïcomissaris.

4.   Per a formar l'inventari no cal citar cap persona, però hi poden intervenir els fideïcomissaris que ho sol·licitin.

Article 426-21.   *Prestació de garantia*

1.   El fiduciari ha de prestar garantia suficient i a càrrec seu en seguretat dels béns mobles fideïcomesos, exclosos els no susceptibles de desaparició o alienació i els que siguin objecte de dipòsit o inversió. Si els fideïcomissaris immediats són fills o germans del fiduciari, aquest no està obligat a prestar-la, llevat que el testador l'hagi imposada.

2.   La garantia ha d'ésser preferentment real, amb aplicació, si és hipotecària, del que estableix l'article 569-41.   Si no presta garantia real ni personal, el fiduciari ha de dipositar els béns mobles que havia de garantir, exceptuant-ne els que necessiti per a ús propi o de la seva família, per a explotar els béns del fideïcomís o per a exercir la seva professió o el seu ofici.

3.   La manca de prestació de garantia no pot comportar que el fideïcomís es posi en administració, excepte en el cas que estableix l'article 426-23.2.

4.   El fideïcomitent pot dispensar el fiduciari de les obligacions que estableixen els apartats 1 i 2.

Article 426-22.   *Obligacions respecte als béns fideïcomesos*

1.   El fiduciari està obligat, respecte als béns fideïcomesos, a:

a)   Inscriure el títol successori corresponent en el Registre de la Propietat i inserir-hi literalment la clàusula fideïcomissària.

b)   Invertir els diners relictes sobrants, o els que s'obtinguin després, en dipòsits bancaris o en béns prudencialment segurs.

c)   Dipositar sense demora en un establiment legalment autoritzat els valors mobiliaris i els altres actius financers, fent constar en el resguard la condició de fideïcomesos, i, en el cas de valors anotats en compte, acreditar davant de l'entitat gestora que són objecte d'un fideïcomís, perquè es practiqui la inscripció corresponent en el registre comptable.

2.   Llevat que el fideïcomitent disposi una altra cosa, es pot substituir el compliment de les obligacions que imposa l'apartat 1.b i c, a elecció del fiduciari, per una fiança suficient, que no resta dispensada encara que els fideïcomissaris immediats siguin fills o germans seus. Si el fiduciari opta per prestar aquesta fiança, pot donar als diners o als valors subjectes a fideïcomís la destinació que estimi convenient.

3.   Les despeses ocasionades pel compliment de les obligacions que imposa l'apartat 1.b i c són a càrrec de l'herència o del llegat fideïcomesos, i les de prestació de la fiança opcional que regula l'apartat 2, a càrrec del fiduciari.

Article 426-23. *Protecció del dret dels fideïcomissaris*

1. El compliment de les obligacions que aquesta secció imposa al fiduciari pot ésser exigit en tot moment per qualsevol fideïcomissari o per les persones a què fa referència l'article 426-24.

2. Si el fiduciari posa en perill, dissipa o danya greument els béns fideïcomesos, el fideïcomissari li pot exigir garantia suficient en seguretat del pagament de la indemnització dels danys i perjudicis causats pel seu capteniment. Si es tracta d'un fideïcomís a termini, el fideïcomissari pot optar entre exigir la prestació de garantia o el trànsit immediat dels béns fideïcomesos. En cas que aquest trànsit no sigui possible o es tracti d'un fideïcomís sotmès a condició, si el fiduciari no presta garantia, el fideïcomissari pot demanar a l'autoritat judicial que nomeni un administrador.

3. Durant el període de pendència del fideïcomís, els fideïcomissaris poden pretendre la declaració judicial de llur dret o del caràcter fideïcomès dels béns.

4. Els fideïcomissaris poden impugnar judicialment els actes de disposició atorgats pel fiduciari, però, mentre no es defereixi el fideïcomís, les sentències que estimin la pretensió d'impugnació únicament es poden executar en la mesura necessària per a salvaguardar immediatament els interessos dels fideïcomissaris.

5. Els fideïcomissaris poden exigir al fiduciari informació sobre l'estat dels béns subjectes al fideïcomís si hi ha motius per a suposar que s'estan posant en perill.

Article 426-24. *Fideïcomissaris no nascuts ni concebuts*

1. Si hi ha possibles fideïcomissaris no nascuts ni concebuts, la protecció de llurs interessos correspon a les persones que serien llurs ascendents més pròxims que visquin i, a manca d'aquests, i també si hi ha conflicte d'interessos amb tots ells o si la personalitat dels possibles fideïcomissaris només és determinable per algun esdeveniment futur, a un curador.

2. El fideïcomitent, en ordenar el fideïcomís, o en testament o codicil posteriors, pot nomenar un o diversos curadors i llurs suplents. Si no ho fa o si manquen els designats, llur nomenament correspon a l'autoritat judicial, d'acord amb el procediment de jurisdicció voluntària.

3. El càrrec de curador es regeix per les normes dels marmessors particulars i subsisteix en cada successió mentre persisteix la situació que l'ha originat.

4. El curador, per a exercir les seves facultats, ha d'actuar amb autorització judicial prèvia. Les despeses que ocasioni la seva actuació i, si s'escau, el seu nomenament judicial són a càrrec del fideïcomís.

Article 426-25. *Responsabilitat del fiduciari*

El fiduciari universal que ha pres inventari en temps i forma respon dels deutes del causant d'acord amb el règim de l'acceptació de l'herència a benefici d'inventari.

Article 426-26. *Facultats del fiduciari*

1. El fiduciari té l'ús i el gaudi dels béns fideïcomesos i de llurs subrogats i accessions, fa seus els fruits i les rendes, i gaudeix de tots els altres drets que la llei atribueix al propietari, però allò que adquireix que no siguin fruits o rendes s'incorpora al fideïcomís.

2. Amb relació als boscos, no es consideren fruits les tales que excedeixen els límits d'una explotació racional.

3. Amb relació a les accions i les participacions socials, s'apliquen les regles següents:

a) El fiduciari fa seus els dividends acordats per la societat mentre dura el fideïcomís i exerceix tots els drets que la llei i els estatuts socials reconeixen als socis.

b) En cas d'augment de capital, s'incorporen al fideïcomís les noves accions i participacions alliberades o subscrites en exercici de drets de subscripció preferent i els imports obtinguts per l'alienació d'aquests drets.

c) El fiduciari ha de subministrar als fideïcomissaris que ho sol·licitin tota la informació que tingui com a soci relativa als acords socials.

Article 426-27. *Partició de l'herència i divisió de cosa comuna*

1. Els hereus fiduciaris de quota d'herència poden demanar la partició i la poden practicar eficaçment amb els altres cohereus sense necessitat que hi intervinguin els fideïcomissaris, sempre que es tracti d'un pur acte particional. Altrament, hom s'ha d'atenir al que estableix l'article 426-40. Els fideïcomissaris poden concórrer a la partició i la poden impugnar si es fa en frau de llurs drets.

2. El que estableix l'apartat 1 s'aplica també a la divisió de béns comuns si alguna participació indivisa està gravada amb un fideïcomís. Si el bé és indivisible o desmereix notablement en dividir-se, s'ha de procedir d'acord amb el que estableix l'article 552-11.5. En aquest cas, si s'adjudica el bé al fiduciari, es manté el gravamen sobre la quota fideïcomesa. Si s'adjudica a un altre cotitular o es ven, la part de la contraprestació corresponent al fiduciari s'incorpora al fideïcomís. El fiduciari només pot consentir que el bé s'adjudiqui a un altre cotitular amb autorització judicial prèvia.

3. La partició hereditària feta pel causant o per un comptador partidor designat per aquest i la feta judicialment produeixen efecte enfront dels fideïcomissaris, sens perjudici de les accions d'impugnació que siguin procedents.

4. L'hereu o el legatari gravats amb un fideïcomís solament en una part indivisa de l'herència o del llegat deferits a llur favor, o en una quota d'aquests, poden dividir per si mateixos l'herència o el llegat en dos lots o porcions, un de lliure i un de fideïcomès, segons les regles de la partició i després d'haver fet les notificacions corresponents als fideïcomissaris.

Article 426-28. *Conservació i administració*

1. La conservació i l'administració dels béns fideïcomesos són funcions obligades del fiduciari, el qual en respon personalment amb la diligència que cal esmerçar en els béns propis.

2. En compliment de les seves funcions, el fiduciari ha de cobrar i pagar crèdits i els deutes a favor o a càrrec de l'herència fideïcomesa, cancel·lar les garanties i pagar a càrrec seu les despeses ordinàries de conservació dels béns.

3. El fiduciari ha de satisfer, a càrrec del fideïcomís, les despeses extraordinàries de conservació o de refacció i les altres càrregues anàlogues.

Article 426-29. *Millores i incorporacions*

1. Totes les millores i tots els béns que el fiduciari incorpora materialment al fideïcomís resten afectes al fideïcomís. Tanmateix, en deferir-se aquest, el fiduciari o els seus hereus poden optar per retirar les millores o incorporacions, si es pot fer sense detriment dels béns fideïcomesos, o per exigir-ne l'import, llevat, en ambdós casos, que el fiduciari les hagi finançat de la manera que permet l'article 426-38.

2. El fiduciari pot alterar la substància de les coses si no en disminueix el valor, amb les limitacions que estableix aquest capítol.

Article 426-30. *Exercici d'accions i eficàcia de sentències, laudes i transaccions*

1. El fiduciari ha d'exercir les accions que derivin del seu deure de conservar i administrar diligentment l'herència o el llegat fideïcomesos.

2. Les sentències i les altres resolucions dictades en procediments o expedients en els quals hagi intervingut el fiduciari, els laudes recaiguts en arbitratges als quals s'hagi sotmès i les transaccions que hagi convingut no afecten els fideïcomissaris que no hagin estat citats o no hi hagin intervingut, llevat que aquests hi assenteixin, que els dits laudes, sentències, resolucions i transaccions siguin favorables al fideïcomís, que facin referència als actes que el fiduciari pot fer per ell sol, o que s'hagin complert les normes relatives a la disposició dels béns fideïcomesos.

Article 426-31. *Dret a la quarta trebel·liànica o quota lliure*

1. Llevat que el causant ho hagi prohibit, l'hereu fiduciari que ha acceptat l'herència té dret a detreure i a fer seva, lliure del fideïcomís,

una quarta part del patrimoni fideïcomès, anomenada quarta trebel·liànica o quota lliure.

2. Si el causant ha fet crides successives al fideïcomís, només té dret a la quarta trebel·liànica o quota lliure l'hereu fiduciari que adquireix en primer lloc l'herència fideïcomesa, llevat que no la detregui i manifesti la voluntat de cedir el dret al fideïcomissari següent.

3. Per a detreure la quarta trebel·liànica o quota lliure, cal que l'hereu hagi pres inventari en el temps i la forma que estableix l'article 426-20.

4. Si hi ha diversos hereus fiduciaris, cadascun pot detreure una part de la quarta trebel·liànica o quota lliure proporcional a la seva quota hereditària fideïcomesa.

5. El fideïcomitent pot reduir o ampliar la quarta trebel·liànica o quota lliure i establir les regles a què s'ha de subjectar la detracció.

Article 426-32. *Càlcul de la quarta trebel·liànica o quota lliure*

La quarta trebel·liànica o quota lliure consisteix en la quarta part de l'herència fideïcomesa, un cop deduïts els deutes i càrregues de l'herència, les despeses de darrera malaltia i d'enterrament o incineració del causant, els llegats i les llegítimes, inclosa la del fiduciari que sigui legitimari.

Article 426-33. *Detracció de la quarta trebel·liànica o quota lliure*

1. El fiduciari pot detreure la quarta trebel·liànica o quota lliure tan bon punt ha pres inventari, sempre que hagi prestat, si escau, les garanties a què fa referència l'article 426-21, i hagi pagat o fiançat els deutes i càrregues de l'herència i les llegítimes. El fiduciari pot detreure la quarta trebel·liànica o quota lliure en qualsevol moment, d'un cop o en diverses vegades.

2. Per a detreure la quarta trebel·liànica o quota lliure, el fiduciari ha d'atorgar escriptura pública, notificant-ho prèviament als fideïcomissaris o curadors d'acord amb el que estableix l'article 426-42. La detracció es pot fer en béns de l'herència que no siguin ni de la millor ni de la pitjor condició, o en diners, encara que no n'hi hagi a l'herència. Si opta per alliberar béns del fideïcomís, ho ha de fer per llur valor en el moment de la detracció, però atenent llur estat material en el moment de la delació del fideïcomís. Si opta per fer la detracció en diners i no n'hi ha suficients a l'herència, pot vendre béns d'acord amb el que estableix l'article 426-38.

Article 426-34. *Extinció de la quarta trebel·liànica o quota lliure*

El dret a la quarta trebel·liànica o quota lliure s'extingeix per renúncia expressa o tàcita. S'entén que es renuncia tàcitament si, coneixent aquest dret, el fiduciari o els seus hereus lliuren al fideïcomissari la possessió de l'herència fideïcomesa sense formular cap reserva.

Article 426-35.   *Facultats del fideïcomissari sobre el seu dret*

1.   Mentre el fideïcomís no sigui deferit al fideïcomissari, aquest pot alienar, gravar, renunciar i assenyalar per a l'embargament el seu dret d'adquirir l'herència o el llegat fideïcomesos.

2.   L'alienació, el gravamen o l'embargament s'han de limitar als béns que corresponguin al fideïcomissari en deferir-se el fideïcomís.

3.   Si en la substitució condicional no s'arriba a deferir el fideïcomís, els actes a què fan referència els apartats 1 i 2 resten sense efecte.

SECCIÓ QUARTA.   *Disposició dels béns fideïcomesos*

Article 426-36.   *Principi general*

1.   El fiduciari pot alienar i gravar els béns fideïcomesos, lliures del fideïcomís, en els casos en què ho permeti la llei o ho autoritzin el fideïcomitent o els fideïcomissaris, d'acord amb el que estableix aquesta secció.

2.   La contraprestació eventualment adquirida per raó dels actes de disposició a què fa referència l'apartat 1 se subjecta al fideïcomís en virtut del principi de subrogació real, llevat dels casos en què la llei estableix una altra cosa o en què el fideïcomitent o els fideïcomissaris autoritzen que els béns o diners obtinguts s'excloguin del fideïcomís.

3.   En els fideïcomisos condicionals, el fiduciari pot fer vàlidament actes de disposició dels béns fideïcomesos fora dels supòsits a què fa referència l'apartat 1, però llur eficàcia se supedita a l'efectivitat del fideïcomís, encara que en ser atorgats aquells actes hom hagi silenciat el gravamen. El fiduciari no té aquesta facultat si el fideïcomitent ha imposat una prohibició de disposar específica a aquest efecte, ni tampoc si el fideïcomís és a termini.

Article 426-37.   *Disposició de béns amb autorització del fideïcomitent o de terceres persones*

1.   El fideïcomitent pot facultar el fiduciari per a alienar i gravar tots o alguns dels béns fideïcomesos, lliures del fideïcomís, per actes entre vius.

2. El fideïcomitent pot facultar el fiduciari per a alienar i gravar tots o alguns dels béns fideïcomesos amb l'autorització d'una o més persones designades amb aquesta finalitat, a les quals són aplicables els preceptes relatius als marmessors particulars, en tant que ho permetin la naturalesa i la durada indefinida de llur encàrrec. Si aquestes persones moren, renuncien o són incapacitades, el fiduciari pot disposar sense autorització, llevat que la voluntat del fideïcomitent sigui una altra.

Article 426-38. *Disposició de béns amb notificació als fideïcomissaris*

1. El fiduciari està facultat per disposició de la llei per a alienar o gravar béns de l'herència o el llegat fideïcomesos, lliures del fideïcomís, en els casos següents:

a) Per a pagar els deutes, les càrregues hereditàries, les llegítimes i els llegats, incloent-hi la percepció de la seva pròpia llegítima, sens perjudici del que estableix l'article 451-9.

b) Per a detreure la quarta trebel·liànica o quota lliure.

c) Per a finançar les despeses extraordinàries de conservació i refacció dels béns del fideïcomís i de millores necessàries i útils, si bé aquestes s'incorporen al fideïcomís d'acord amb l'article 426-29.

2. Per a fer els actes a què fa referència l'apartat 1, no cal la intervenció dels fideïcomissaris, però s'han de notificar prèviament d'acord amb el que estableix l'article 426-42.

Article 426-39. *Disposició de béns sota pròpia responsabilitat*

1. El fiduciari està facultat, respecte als béns fideïcomesos, per a fer per si mateix, sota la seva responsabilitat, els actes següents:

a) Vendre els béns mobles que no es puguin conservar i substituir els que es deteriorin per l'ús.

b) Complir obligacions del fideïcomitent que tinguin per objecte l'alienació de béns del fideïcomís o que comportin l'extinció de drets personals o reals sobre béns aliens o llur cancel·lació registral.

c) Intervenir en operacions de parcel·lació o reparcel·lació urbanística o de concentració parcel·lària que afectin els béns fideïcomesos, en qualsevol de les modalitats que estableix la legislació sectorial.

d) Concertar convenis en matèria d'expropiació forçosa i acceptar indemnitzacions per danys als béns fideïcomesos.

2. Els béns fideïcomesos alienats en virtut dels actes a què fa referència l'apartat 1 resten lliures del fideïcomís i, en llur lloc, s'hi subroguen els béns obtinguts pel fiduciari. Si com a conseqüència de l'acte dut a terme, el fiduciari ha d'assumir obligacions, cessions urbanístiques o altres càrregues, llur compliment és a càrrec del fideïcomís.

3. El fiduciari pot notificar als fideïcomissaris els actes a què fa referència l'apartat 1 d'acord amb el procediment que estableix l'article 426-42.

Article 426-40. *Disposició de béns lliures de fideïcomís amb autorització judicial*

1. El fiduciari pot alienar béns de l'herència o el llegat fideïcomesos, lliures del fideïcomís, per a reemplaçar-los per altres que hi restin subjectes per subrogació real, a fi d'obtenir-ne més rendiment o utilitat.

2. La facultat dispositiva a què fa referència l'apartat 1 s'ha d'exercir en els termes que hagi establert el fideïcomitent, i no és procedent si aquest l'ha prohibida expressament o ha ordenat una prohibició de disposar especial incompatible amb la subrogació. Si el fideïcomitent no ha ordenat res sobre aquesta facultat, només es pot exercir amb l'autorització prèvia del jutge competent.

3. L'autorització judicial té lloc pel procediment de jurisdicció voluntària, amb notificació prèvia als fideïcomissaris i al curador, si n'hi ha, sense que calgui la subhasta. L'autoritat judicial ha de practicar les proves que estimi pertinents, especialment pel que fa a la justa valoració dels béns. Si autoritza la subrogació, ha d'adoptar les mesures procedents perquè sigui efectiva, perquè els béns reemplaçats s'alliberin del gravamen fideïcomissari i perquè s'hi subjectin els béns adquirits. Les despeses d'aquest procediment són a càrrec del fideïcomís.

4. No cal l'autorització judicial si ja no hi pot haver més fideïcomissaris cridats que els vivents i llurs descendents, i els fideïcomissaris que serien els immediatament cridats en aquell moment presten consentiment a l'acte de disposició. Aquest consentiment no implica renúncia al fideïcomís. A més, s'ha de notificar la voluntat d'alienar, amb el preu i les condicions, als fideïcomissaris posteriors, però no als substituts vulgars en fideïcomís.

5. Per a l'alienació a què fa referència l'apartat 4, cal que una persona o una entitat dedicades exclusivament a l'activitat professional de taxació avaluïn els béns i que la taxació s'incorpori a la documentació de l'acte d'alienació. El preu d'alienació o el valor de la contraprestació, si s'escau, no pot ésser inferior al valor de taxació. A més, es poden adoptar les mesures de garantia que es creguin pertinents.

Article 426-41. *Disposició de béns lliures de fideïcomís amb consentiment dels fideïcomissaris*

1. El fiduciari pot alienar i gravar béns de l'herència o el llegat fideïcomesos, lliures del fideïcomís, mitjançant el consentiment de futur, de present o de pretèrit de tots els fideïcomissaris que efectivament arribin a ésser-ho en deferir-se el fideïcomís.

2. L'autorització de futur solament allibera els béns que el fiduciari aliena o grava efectivament, però no implica renúncia total al fideïcomís.

3. El consentiment prestat pel fideïcomissari el vincula, però en la successió fideïcomissària condicional aquesta vinculació únicament té efecte si el fideïcomissari arriba efectivament a ésser-ho i no si ho és un altre fideïcomissari cridat que no ha prestat el consentiment, encara que sigui com a substitut vulgar en fideïcomís.

Article 426-42. *Procediment de notificació i oposició judicial*

1. Sempre que sigui preceptiu notificar als fideïcomissaris els actes que el fiduciari pretén fer sobre els béns del fideïcomís o si creu con-

venient de notificar-los-els, el fiduciari ho ha de fer per mitjà de l'autoritat judicial competent, pel procediment de jurisdicció voluntària, o per acta notarial.

2.   Les notificacions han d'expressar les circumstàncies de l'acte projectat i s'han de fer a tots els fideïcomissaris existents i que estiguin determinats i, si escau, als ascendents més pròxims o al curador en els supòsits a què fa referència l'article 426-24. La notificació als fideïcomissaris de parador ignorat es fa per mitjà d'edictes. Si el testador no ha designat nominativament els fideïcomissaris, es poden determinar per mitjà d'una acta de notorietat.

3.   Les persones notificades poden formular oposició per via judicial en el termini d'un mes. L'oposició, un cop formalitzada, s'ha de fer constar, si escau, en l'acta notarial.

4.   L'oposició s'ha de substanciar pel procediment del judici verbal, i solament es pot fonamentar en il·legalitat o frau del fiduciari, o en el fet que aquest no s'hagi ajustat als termes de la notificació.

5.   Tan bon punt hagi transcorregut el termini de la darrera notificació sense oposició, o un cop desestimada l'oposició formulada, el fiduciari pot fer l'acte projectat.

Article 426-43.   *Execució forçosa de béns fideïcomesos*

1.   Els béns fideïcomesos que s'alienin per execució forçosa per deutes del fideïcomitent o d'aquells de què respongui el fideïcomís són adquirits pel rematant o adjudicatari lliures del fideïcomís, sempre que els fideïcomissaris o, si escau, llurs ascendents més pròxims o el curador hagin estat citats.

2.   L'execució forçosa per deutes propis del fiduciari solament és procedent contra el seu dret de llegítima i de quarta trebel·liànica o quota lliure i contra els fruits i les rendes del fideïcomís que li corresponen, llevat, si es tracta d'un fideïcomís condicional, que el creditor prefereixi que s'alienin els béns d'acord amb el que estableix l'article 426-36.3.

SECCIÓ CINQUENA.   *Els efectes del fideïcomís en el moment de la delació*

Article 426-44.   *Efectes de la delació*

1.   La delació a favor del fideïcomissari li atribueix la condició d'hereu o de legatari. Amb aquest caràcter, el fideïcomissari fa seva l'herència o el llegat o una quota d'aquests, segons el contingut de béns i drets en el moment en què s'obre la successió del fideïcomitent, amb aplicació del principi de subrogació real.

2.   D'acord amb el principi de subrogació real, s'han de lliurar al fideïcomissari els béns que el fiduciari hagi adquirit a títol onerós a

càrrec de l'herència o el llegat fideïcomesos, llevat dels supòsits exceptuats legalment o d'aquells en què el fideïcomitent o els fideïcomissaris han autoritzat que la contraprestació adquirida s'exclogui del fideïcomís.

3. Si el fiduciari es va acollir a l'opció que estableix l'article 426-22.2 i va disposar discrecionalment de diners subjectes al fideïcomís, ha de restituir al fideïcomissari la quantitat disposada, actualitzant-ne el valor al moment de la delació del fideïcomís.

Article 426-45. *Lliurament de la possessió*

1. Un cop deferit el fideïcomís, el fiduciari o els seus hereus han de lliurar la possessió de l'herència o el llegat fideïcomesos al fideïcomissari en el termini d'un mes a comptar de l'endemà del dia en què hi siguin requerits per via notarial o judicial.

2. Si el fiduciari o els seus hereus no lliuren la possessió dins del termini que fixa l'apartat 1, tenen la consideració de mers detentors i deixen de fer seus els fruits. El fideïcomissari pot reclamar judicialment la possessió dels béns pels mitjans que estableix la legislació processal.

Article 426-46. *Responsabilitat del fideïcomissari*

L'hereu fideïcomissari respon, des que adquireix el fideïcomís i únicament amb els béns que rebi, dels deutes i les càrregues hereditaris que no han estat pagats amb béns de l'herència, dels deutes legalment contrets pel fiduciari a càrrec del fideïcomís i dels que determina l'article 426-47.

Article 426-47. *Deures de liquidació*

1. Tan bon punt deferit el fideïcomís, el fiduciari o els seus hereus tenen dret a exigir al fideïcomissari:

a) El lliurament de les millores o les incorporacions efectuades pel fiduciari a càrrec seu, o l'abonament de llur import.

b) El reemborsament de les despeses pagades pel fiduciari que siguin a càrrec del fideïcomís.

c) El reemborsament de les quantitats que el fiduciari hagi satisfet a càrrec seu per raó de deutes i càrregues hereditaris, llegítimes, llegats a càrrec de l'herència, ampliacions de capital social i altres conceptes anàlegs.

d) El cobrament dels crèdits exigibles que el fiduciari tingués contra el fideïcomitent.

2. L'import de les millores i les incorporacions s'estima en l'augment de valor que els béns han experimentat, sense que pugui excedir el preu de cost actualitzat. Els reemborsaments que estableixen les lletres b i c de l'apartat 1 s'han de fer també pel valor actualitzat de les quantitats esmerçades. Tanmateix, aquests deutes no meriten interès mentre el fiduciari no en reclami judicialment el pagament.

Article 426-48.   *Dret de retenció del fiduciari*

1.   El fiduciari o els seus hereus poden retenir la possessió de l'herència o el llegat fideïcomesos si dins del termini que fixa l'article 426-45 comuniquen notarialment al fideïcomissari la decisió de fer-ho, d'acord amb la llei, per a algun dels crèdits a què fa referència l'article 426-47, i n'assenyalen l'import.

2.   El dret de retenció subsisteix mentre la quantitat total fixada no ha estat consignada, fiançada o satisfeta, sens perjudici de la seva posterior comprovació definitiva.

Article 426-49.   *Reclamació de la quarta trebel·liànica o quota lliure*

1.   Si abans de deferir-se el fideïcomís el fiduciari no ha detret la quarta trebel·liànica o quota lliure, ell o els seus causahavents en poden exigir el pagament al fideïcomissari amb els interessos vençuts d'ençà de la reclamació judicial.

2.   Els fideïcomissaris poden optar per fer el pagament en béns o en diners. Si opten pel pagament en béns, n'han de formar un lot que contingui, en la mesura que sigui possible, béns hereditaris de la mateixa espècie i de la mateixa qualitat, estimats per llur valor en el moment de fer el pagament.

Article 426-50.   *Impugnació d'actes en frau del fideïcomís*

1.   Un cop adquirit el fideïcomís, el fideïcomissari pot impugnar per ineficaços tots els actes d'alienació i de gravamen que el fiduciari hagi fet en frau o perjudici de l'herència o el llegat fideïcomesos, i reivindicar els béns alienats o gravats indegudament o afectes al fideïcomís condicional, sens perjudici del que estableix l'article 426-42 i de la protecció de tercers adquirents d'acord amb la legislació hipotecària, però no pot reclamar els fruits anteriors.

2.   Els actes d'alienació i de gravamen a què fa referència l'apartat 1 són eficaços en la mesura que siguin imputables als conceptes a què el fiduciari o els seus hereus tinguin dret o que acreditin contra el fideïcomís, en deferir-se aquest, d'acord amb l'article 426-47, i en la mesura que ho permeti la quantitat total a què el fiduciari tingui dret pels dits conceptes, després de deduir-ne l'import de les indemnitzacions que derivin de les seves responsabilitats en el fideïcomís.

3.   Si la quantitat a què fa referència l'apartat 2 no cobreix el valor dels béns alienats i els gravàmens imposats, referits sempre a l'estimació que tenien en ésser atorgats, únicament se sostenen com a eficaços els actes dispositius que càpiguen en aquella quantitat, per ordre d'antiguitat. Gaudeixen de la mateixa preferència els actes atorgats amb la simple invocació de fer valer aquesta imputació, encara que no s'hagin complert els requisits que estableix l'article 426-38.

4.   Els tercers adquirents poden oposar la imputació a què fa referència l'apartat 3 a les accions que, d'acord amb aquest article, pugui exercir el fideïcomissari. Si aquest nega simplement l'existència dels crèdits o drets del fiduciari, la prova incumbeix als tercers adquirents que fan valer la imputació.

SECCIÓ SISENA.   *El fideïcomís de residu i la substitució preventiva de residu*

Article 426-51.   *Fideïcomís de residu*

En el fideïcomís de residu, el fideïcomitent faculta el fiduciari per a disposar, en tot o en part, dels béns fideïcomesos. També hi ha fideïcomís de residu quan el fideïcomitent estableix que els béns dels quals no hagi disposat el fiduciari han de fer trànsit al fideïcomissari, o quan se subordina el fideïcomís al fet que, en morir el fiduciari, restin en l'herència o el llegat fideïcomesos béns dels quals aquest no hagi disposat.

Article 426-52.   *Facultats del fiduciari*

En el fideïcomís de residu, el fiduciari, a més de tenir les facultats reconegudes a tot fiduciari, pot fer els actes següents:

a)   Alienar, gravar o disposar d'una altra manera dels béns fideïcomesos i de llurs subrogats, lliures del fideïcomís, per actes entre vius a títol onerós.

b)   Transformar, esmerçar o consumir els béns fideïcomesos i llurs subrogats a fi de satisfer les seves necessitats i les de la seva família, sense haver de reposar-los.

Article 426-53.   *Interpretació*

1.   Si el fideïcomís faculta només per a vendre, s'entén que faculta també per a fer altres actes de disposició a títol onerós.

2.   La facultat de disposar a títol gratuït, que s'ha d'establir de manera expressa, s'entén que s'atribueix per a fer-ho només per actes entre vius i comprèn també la de disposar a títol onerós.

Article 426-54.   *Disposició en cas de necessitat o amb consentiment d'altri*

El fideïcomitent pot ordenar que el fiduciari només pugui exercir la facultat de disposar si concorren determinades circumstàncies, entre les quals hi pot haver la situació de necessitat o l'autorització de tercers. Si es preveu l'autorització de tercers, s'ha d'aplicar el que estableix l'article 426-37.2.

Article 426-55.   *Bona fe del fiduciari*

1.   En l'exercici de les seves facultats dispositives, el fiduciari ha d'actuar de bona fe, sense ànim de defraudar el fideïcomís.

2. Els fideïcomissaris o les persones a què fa referència l'article 426-24 tenen acció personal contra el fiduciari o els seus hereus per raó dels actes fets en frau o contravenció del fideïcomís.

Article 426-56. *Subrogació real*

1. El fideïcomís subsisteix, en virtut de subrogació real, sobre els béns o els diners que reemplacin els béns fideïcomesos a conseqüència de l'exercici de les facultats dispositives del fiduciari o per qualsevol altra causa, amb les excepcions que estableix l'article 426-36.2. El fideïcomís també subsisteix sobre el romanent no consumit en cas d'alienació o gravamen de béns per a satisfer les necessitats personals o familiars del fiduciari.

2. En el fideïcomís de residu que faculti el fiduciari per a disposar a títol gratuït, s'alliberen del fideïcomís els béns mobles que, en el moment en què es defereixi el fideïcomís, el fiduciari hagi incorporat o destinat materialment al seu patrimoni o que siguin posseïts com a propis per altres persones de manera pública i pacífica amb coneixement del fiduciari.

Article 426-57. *Imputació*

El valor dels béns fideïcomesos dels quals ha disposat el fiduciari s'imputa a allò que per llegítima, per quarta trebel·liànica o quota lliure, o per altres crèdits o drets pot pretendre contra el fideïcomís.

Article 426-58. *Règim jurídic*

1. Són aplicables al fideïcomís de residu les disposicions d'aquest capítol, llevat de les de la secció quarta, que només s'apliquen en la mesura que ho permeti la naturalesa i classe del fideïcomís establert.

2. Les disposicions relatives a la prestació de garantia i d'altres obligacions respecte als béns fideïcomesos només són exigibles en el supòsit en què, per voluntat del fideïcomitent, una part dels béns s'hagi reservat per a fer trànsit al fideïcomissari.

Article 426-59. *Substitució preventiva de residu*

1. En la substitució preventiva de residu, el testador, en previsió que algun hereu o legatari mori sense deixar successor voluntari, crida una o més persones perquè, quan morin aquells, facin seus els béns que l'hereu o el legatari hagin adquirit en la successió del testador i dels quals no hagin disposat per actes entre vius, per qualsevol títol, o per causa de mort.

2. A més del que estableix l'apartat 1, hi ha substitució preventiva de residu quan un fideïcomitent autoritza expressament el fiduciari per a disposar lliurement dels béns de l'herència o el llegat fideïcomesos per actes entre vius i per causa de mort, i designa un o més substituts per a després de morir el fiduciari.

3. La delació a favor dels substituts preventius de residu només es produeix si l'hereu o el legatari moren sense haver atorgat testament o heretament vàlid i eficaç o si els hereus que els substituïts han instituït no arriben a succeir-los per qualsevol causa.

4. Els béns dels quals l'hereu o el legatari substituïts no hagin disposat són adquirits pels substituts preventius com a successors del testador que va ordenar la substitució. S'aplica a aquesta substitució el que estableix l'article 426-56.2.

5. La substitució preventiva de residu resta sense efecte per renúncia o indignitat successòria de tots els substituïts, o pel fet de premorir tots aquests a l'hereu o al legatari substituïts.

CAPÍTOL VII.   *Els llegats*

SECCIÓ PRIMERA.   *Els llegats i llurs efectes*

Article 427-1.   *Atorgament*

El causant pot ordenar llegats en testament, en codicil o en memòria testamentària.

Article 427-2.   *Capacitat per a ésser legatari*

És eficaç el llegat a favor de persona encara no nascuda ni concebuda en el moment de morir el causant, en cas que arribi a néixer, i també el disposat a favor del legatari determinable per un esdeveniment futur i raonablement possible expressat pel causant. En ambdós casos s'entén que això enclou una condició suspensiva del llegat.

Article 427-3.   *Designació del beneficiari del llegat*

1. El causant pot ordenar llegats a favor de persones que la gravada amb el llegat o un tercer elegeixin entre les designades per llurs noms o circumstàncies pel causant o entre les compreses en un grup que aquest determini.

2. L'elecció s'ha de regir pel que estableix l'article 426-11, i únicament es pot fer en escriptura pública i en el termini d'un any a comptar de l'acceptació de la persona gravada o de l'encàrrec al tercer.

Article 427-4.   *Llegat a favor de diversos legataris*

1. Llevat que la voluntat del causant sigui una altra, el llegat ordenat conjuntament a favor de diverses persones els correspon per parts iguals, encara que, si també han estat instituïts hereus, llurs quotes hereditàries siguin desiguals.

2. El causant pot deixar a l'arbitri de la persona gravada amb el llegat o d'un tercer la determinació de les parts dels col·legataris. La

determinació s'ha de fer en escriptura pública, d'acord amb el que estableix l'article 426-11.c, d i e, i dins del termini que fixa l'article 427-3, un cop transcorregut el qual sense que s'hagi fet la determinació hom s'ha d'atenir al que estableix l'apartat 1 del present article.

3.   En cas de dubte, s'entén que el llegat a favor de diverses persones és conjunt, i no alternatiu.

Article 427-5.   *Prellegat*

El cohereu o l'hereu únic afavorit amb algun llegat l'adquireix íntegrament a títol de legatari, i no d'hereu, encara que el causant l'hagi imposat determinadament a càrrec d'ell mateix, sens perjudici de la facultat que l'article 464-6.1 reconeix als cohereus.

Article 427-6.   *Substitució vulgar*

1.   El causant pot substituir el legatari per mitjà de substitució vulgar.

2.   La delació a favor del substitut vulgar s'entén que es produeix al mateix temps que la delació a favor del substituït i, per tant, encara que el substitut mori abans que es frustri la delació al substituït, el substitut vulgar transmet el seu dret als seus successors.

Article 427-7.   *Persones gravades*

1.   Poden ésser gravats amb llegats els hereus, els legataris, els fideïcomissaris, els donataris per donació per causa de mort i, en general, qualsevol persona que per causa de mort i per voluntat del causant obtingui algun benefici patrimonial.

2.   A més de les persones a què fa referència l'apartat 1, també pot ésser gravat el tercer beneficiari d'una estipulació que el causant, en previsió de la seva mort, hagi acordat amb una altra persona, en la qual s'hagi reservat la lliure designació i el canvi de beneficiari. Aquest llegat no es pot reduir per raó de llegítima.

3.   És suficient que la persona gravada amb el llegat estigui determinada en el moment d'ésser exigible el llegat.

Article 427-8.   *Pluralitat de persones gravades*

1.   Els llegats graven l'únic hereu o tots els hereus, llevat que el causant els imposi determinadament a càrrec de qualsevol d'ells o d'una altra persona afavorida.

2.   Cadascuna de les persones gravades amb un mateix llegat ho és en proporció a la respectiva quota hereditària o en proporció a l'import del que obtingui d'acord amb l'article 427-7, llevat que la voluntat del causant sigui una altra. No obstant això, i llevat també del cas en què la voluntat del causant sigui una altra, si un llegat és ordenat a càrrec de dues o més persones alternativament, aquestes responen solidàriament

del compliment, i qui l'hagi complert pot exigir als altres el reintegrament de la seva part.

3. Si la persona gravada amb un llegat no arriba a ésser efectivament hereu o legatari, el llegat subsisteix a càrrec de l'hereu o de la persona que resulti immediatament beneficiada per aquest fet, llevat que, per disposició del causant o per la naturalesa del llegat, solament l'hagi de complir o el pugui complir la persona gravada primerament.

Article 427-9. *Objecte del llegat*

1. Pot ésser objecte de llegat tot allò que pugui atribuir al legatari un benefici patrimonial i no sigui contrari a la llei.

2. L'objecte del llegat ha d'ésser determinat o, almenys, s'ha de poder determinar en el moment en què s'ha de complir el llegat per mitjà de fets o circumstàncies que resultin de la mateixa disposició.

3. Si l'objecte del llegat són coses futures que puguin arribar a existir, s'entén que són llegades per al cas que existeixin en el moment en què s'ha de complir el llegat o en el temps en el qual raonablement s'esperaven.

4. El causant pot encomanar a l'arbitri d'equitat d'un tercer la determinació del llegat i de la seva subsistència, sempre que el causant expressi la finalitat del llegat. Per a complir aquest encàrrec, el tercer gaudeix del termini que estableix l'article 429-13. El legatari pot demanar a l'autoritat judicial que decideixi, en cas que el tercer no compleixi l'encàrrec o actuï de manera evident contra l'equitat.

Article 427-10. *Eficàcia del llegat*

1. Es poden ordenar llegats amb eficàcia real o amb eficàcia obligacional.

2. El llegat té eficàcia real si per la sola virtualitat del llegat el legatari adquireix béns o drets reals o de crèdit, determinats i propis del causant, que no s'extingeixin per la seva mort, i també si el legatari adquireix un dret real que per raó del mateix llegat es constitueix sobre una cosa pròpia del causant.

3. El llegat té eficàcia obligacional si el causant imposa a la persona gravada una prestació determinada de lliurar, fer o no fer a favor del legatari. Si la prestació consisteix a lliurar els béns o drets que el legatari ha d'adquirir en compliment del llegat, aquests es consideren adquirits directament del causant.

Article 427-11. *Llegat sota condició o sota termini*

1. Els llegats es poden ordenar sota condició o sota termini, tant suspensius com resolutoris.

2. S'apliquen a les condicions imposades en els llegats el que estableixen l'article 423-14.2 i els articles 423-15 a 423-19, i al termini incert, el que estableix l'article 423-13.2.

Article 427-12.   *Condició i termini suspensius*

1.   El llegat ordenat sota condició suspensiva no és eficaç si la condició no s'arriba a complir i tampoc si el legatari mor mentre està pendent de compliment, sense que en aquest cas els seus successors adquireixin cap dret al llegat, i sens perjudici de la substitució vulgar si s'ha ordenat. Això mateix s'aplica també al llegat ordenat per al cas que el legatari el vulgui o l'accepti, si el legatari mor abans de l'acceptació.

2.   El termini suspensiu retarda simplement els efectes del llegat. Si el legatari mor abans del venciment del termini, el dret llegat es transmet als seus successors.

3.   La persona gravada pot anticipar el lliurament o el compliment del llegat, llevat que el termini s'estableixi en benefici del legatari.

4.   Fins que no venci el termini o es compleixi la condició, la persona gravada fa seus els fruits i les rendes produïts pel bé llegat.

Article 427-13.   *Condició i termini resolutoris*

1.   En els llegats ordenats sota condició o termini resolutoris, el legatari adquireix els béns objecte del llegat amb el gravamen resolutori, que afecta els béns com a càrrega real, si el causant no ha ordenat que produeixi efectes obligacionals.

2.   El legatari és propietari dels béns i fa seus els fruits fins que no venci el termini o es compleixi la condició, ha de prestar garantia i té sobre els béns objecte de llegat la mateixa posició que el fiduciari en les substitucions fideïcomissàries de llegat.

3.   Si el legatari mor abans que no venci el termini o es compleixi la condició, els seus successors adquireixen els béns objecte del llegat amb subjecció al dit gravamen.

Article 427-14.   *Delació*

1.   Els llegats es defereixen al legatari en el moment de la mort del causant.

2.   Si el llegat s'ha ordenat sota condició suspensiva, la delació es produeix quan la condició es compleix.

3.   En el llegat ordenat a favor d'una persona encara no concebuda en el moment de la mort del causant o quan la personalitat del legatari s'ha de determinar per un fet futur, la delació es produeix quan s'esdevé el naixement o el fet que determina la personalitat del legatari. No obstant això, si aquest llegat està subjecte a termini o condició suspensius, únicament es defereix el llegat a favor dels qui han nascut o han estat concebuts o dels qui estan determinats en vèncer el termini o complir-se la condició.

4.   Si la condició suspensiva és potestativa del legatari, el seu compliment parcial no implica delació parcial del llegat, però si hi ha una

pluralitat de legataris es defereix als legataris que vagin complint parcialment la condició la part que els correspon. Si aquesta és indivisible, n'hi ha prou que la compleixi qualsevol legatari.

5. El llegat de cosa futura es defereix quan la cosa arriba efectivament a existir si això s'esdevé en el temps que raonablement es preveia o en el fixat pel causant. El legatari transmet als seus successors el seu dret al llegat, encara que mori amb anterioritat, sempre que hagi sobreviscut al testador.

Article 427-15.   *Efectes de la delació*

1. Per la delació, el legatari adquireix de ple dret la propietat de la cosa objecte del llegat si aquest és d'eficàcia real, i es converteix en creditor de la persona gravada si és d'eficàcia obligacional, sens perjudici de poder renunciar-hi.

2. La delació dels llegats és eficaç, amb independència que la persona gravada amb aquests accepti o repudiï el benefici patrimonial que li atribueix el causant.

3. En el llegat d'eficàcia real subjecte a condició suspensiva, els efectes de la delació es retrotrauen al moment de la mort del causant, però sense que el legatari pugui exigir els fruits o les rendes anteriors.

Article 427-16.   *Acceptació i repudiació*

1. El legatari que accepta expressament o tàcitament el llegat consolida la seva adquisició, però si el repudia s'entén que no li ha estat deferit, i l'objecte del llegat queda absorbit en l'herència o el patrimoni de la persona gravada, llevat que actuï la substitució vulgar o el dret d'acréixer.

2. El legatari no pot acceptar ni repudiar el llegat mentre no coneix que s'ha produït la delació a favor seu. L'acceptació parcial del llegat comporta la seva acceptació total.

3. L'acceptació i la repudiació dels llegats són irrevocables, però, si el mateix objecte del llegat ha estat atribuït a qui l'ha repudiat per qualsevol altra disposició d'última voluntat subsistent que ignorava, aquest el pot acceptar posteriorment.

4. El legatari afavorit amb dos llegats pot acceptar-ne un i repudiar l'altre, encara que estiguin ordenats en la mateixa clàusula, llevat que el llegat repudiat sigui onerós o que el causant hagi disposat una altra cosa.

5. Cada col·legatari pot acceptar o repudiar la seva part en el llegat, amb independència dels altres.

6. L'hereu afavorit amb un llegat pot acceptar l'herència i repudiar el llegat, i inversament.

7. Els interessats en la repudiació d'un llegat poden exercir respecte al legatari el dret que els atribueix l'article 461-12.2.

8. Les qüestions que aquest capítol no regula es regeixen per les disposicions sobre acceptació i repudiació de l'herència, si ho permet la naturalesa del llegat.

Article 427-17. *Transmissió del dret al llegat*

1. El llegat deferit i no acceptat ni repudiat per mort del legatari es transmet als seus hereus amb la mateixa facultat d'acceptar-lo o repudiar-lo, llevat que la voluntat del causant sigui una altra o llevat que es tracti de llegats d'usdefruit, de renda, de pensió vitalícia o altres de caràcter personalíssim.

2. Si hi ha diversos hereus transmissaris, cadascun pot repudiar o acceptar la part que li correspon.

Article 427-18. *Compliment*

1. Un cop deferit el llegat i vençut el termini o acabada, si escau, la raó legal de demora, la persona gravada ha de lliurar la cosa o el dret real objecte del llegat si aquest té eficàcia real, o ha de complir les obligacions que el llegat li imposa si té eficàcia obligacional.

2. El legatari gravat amb un subllegat solament l'ha de complir quan percebi el seu.

3. Les despeses causades pel compliment del llegat són a càrrec de la persona gravada. Les de formalització si s'escauen, són a càrrec del legatari.

Article 427-19. *Riscos*

1. La cosa llegada s'ha de lliurar al legatari en l'estat en què es trobi en el moment de la mort del causant.

2. En els llegats amb eficàcia real, la pèrdua o el deteriorament de la cosa produïts abans del lliurament els pateix el legatari, llevat que la persona gravada hagi incorregut en culpa o mora.

3. En els llegats genèrics o alternatius, el risc es transmet al legatari des del moment en què se li notifica l'especificació i la posada a disposició. En els altres llegats obligacionals, el risc es transmet al legatari des del moment en què la persona gravada li comunica la seva predisposició al compliment.

Article 427-20. *Fruits de la cosa llegada*

1. Si el llegat té eficàcia real i el seu objecte és una cosa fructífera pròpia del causant en el moment de la seva mort, el legatari fa seus els fruits i els interessos pendents a partir d'aquest moment.

2. Si la cosa objecte del llegat és propietat de la persona gravada o d'un tercer, o si el llegat és de quantitat, el legatari solament pot exigir els fruits i els interessos des del moment en què els reclama judicialment o extrajudicialment o des del dia en què s'ha promès fer efectiu el llegat.

3. Si l'objecte del llegat és una cosa designada genèricament, el legatari pot exigir els fruits des del moment en què s'especifica.

Article 427-21. *Extensió del llegat*

1. El llegat s'estén a les pertinences de la cosa objecte del llegat en el moment de la mort del causant i a les indemnitzacions per disminució del seu valor que aquest podria exigir per fets esdevinguts després de l'ordenació del llegat, llevat que es pugui inferir clarament que la voluntat del causant és una altra.

2. El llegat d'una finca s'estén a totes les seves construccions, encara que hagin estat fetes després d'haver-se ordenat. També s'estén als terrenys confrontants adquirits posteriorment si el causant els ha unit a la finca i formen una sola unitat funcional o econòmica per signes externs, encara que aquesta unió de finques no hagi estat reflectida en document públic.

3. El llegat d'un habitatge comprèn la roba, el mobiliari, inclòs el de procedència familiar, i els estris que constitueixen el seu parament en el moment de la mort del causant, però no comprèn títols valors, joies, objectes artístics o històrics ni altres béns que tinguin un valor extraordinari amb relació al patrimoni relicte.

Article 427-22. *Accions del legatari i presa de possessió del llegat*

1. El legatari té acció contra la persona gravada per a reclamar el lliurament o el compliment del llegat exigible i, si escau, contra la persona facultada per a complir els llegats.

2. En el llegat d'eficàcia real, quan la propietat de la cosa o del dret real susceptible de possessió ha fet trànsit al legatari, aquest té acció per a exigir-ne el lliurament de la possessió i, fins i tot, per a reivindicar la cosa o el dret contra qualsevol posseïdor.

3. Sense consentiment de la persona gravada o, si escau, de la facultada per al lliurament, el legatari no pot prendre possessió, per la seva pròpia autoritat, de la cosa o el dret llegats.

4. No obstant el que estableix l'apartat 3, el legatari pot prendre per si mateix la possessió del llegat si el causant ho ha autoritzat, si es tracta d'un prellegat o si el llegat és d'usdefruit universal, i també a Tortosa si tota l'herència està distribuïda en llegats.

5. Si el llegat té eficàcia obligacional, el legatari no en pot exigir el compliment a l'hereu gravat fins que aquest no accepti l'herència, però pot exercir el dret que estableix l'article 461-12.2.

Article 427-23. *Garanties del llegat*

1. El legatari pot exigir que la persona gravada presti caució en garantia dels llegats litigiosos que no es puguin anotar preventivament en el Registre de la Propietat.

2. En els llegats que no siguin de llegítima, el causant pot excloure el deure a què fa referència l'apartat 1.

SECCIÓ SEGONA. *Les classes de llegats*

Article 427-24. *Llegat de cosa aliena*

1. El llegat de cosa determinada pròpia de la persona gravada o d'un tercer és eficaç només quan el causant vulgui atribuir la cosa a l'afavorit, fins i tot en el cas que no formi part de la seva herència. En aquest cas, la persona gravada ha d'adquirir la cosa del tercer i l'ha de transmetre al legatari.

2. Si la persona gravada no pot adquirir la cosa objecte del llegat, o si hom li n'exigeix un preu o una contraprestació desproporcionats, se'n pot alliberar pagant el just valor de la cosa llegada.

3. Si la cosa objecte del llegat no pertanyia al causant quan aquest el va atorgar, però n'és propietari en el moment de la seva mort, el llegat és vàlid.

4. Si el causant o la persona gravada només tenen una part en la cosa objecte del llegat o un dret sobre aquesta mateixa cosa, el llegat és eficaç únicament respecte a aquesta part o aquest dret, llevat que resulti clara la voluntat de llegar la cosa enterament.

Article 427-25. *Llegat alternatiu*

1. En el llegat alternatiu, el causant pot atribuir la facultat d'elecció a un tercer, el qual ha de fer l'elecció mitjançant una declaració de voluntat dirigida a la persona gravada amb el llegat.

2. Si el causant no estableix res respecte a la facultat d'elecció, aquesta correspon a la persona gravada. La facultat d'elecció és transmissible als hereus.

3. L'elecció, una vegada feta, és irrevocable.

Article 427-26. *Llegat de cosa genèrica*

1. El causant pot ordenar un llegat de cosa genèrica, encara que a l'herència no hi hagi coses del gènere de què es tracti.

2. La determinació de la cosa llegada pot correspondre a un tercer o al legatari, si ho estableix el causant.

3. Si el causant no ha establert a qui correspon la facultat de determinació, aquesta correspon a la persona gravada amb el llegat, que ha de lliurar una cosa de qualitat mitjana.

4. Si la cosa lliurada al legatari és defectuosa, l'afavorit pot exigir que li sigui lliurada una altra cosa, no defectuosa, en lloc d'aquella.

5. Si la persona gravada amb el llegat ha amagat el defecte, el legatari pot optar pel lliurament d'una cosa no defectuosa o per la indemnització de danys i perjudicis.

Article 427-27. *Llegats de diners i altres actius financers*

1. Si el llegat té per objecte tots els diners que el causant deixi en morir, s'entén que inclou tant l'efectiu com els diners dipositats a la vista o a termini en entitats financeres. Si el llegat se circumscriu als diners que el causant tingui en una determinada entitat, s'entén igualment que inclou ambdues modalitats de dipòsit.

2. Si el llegat no es refereix específicament als diners sinó als actius dipositats en una determinada entitat, s'entén que inclou, a més dels dipòsits de diners, tots els actius financers immediatament liquidables que pertanyin al causant en el moment d'obrir-se la successió, llevat de les accions que cotitzin en mercats secundaris oficials de valors.

3. Si el causant disposa dels diners o els actius inclosos en el llegat, després d'haver-lo ordenat, per substituir-los per altres modalitats d'estalvi o inversió, s'entén que llega els actius adquirits en substitució o els subrogats ulteriorment, llevat que en ordenar el llegat hagi expressat la voluntat contrària o aquesta es pugui deduir del testament.

Article 427-28. *Llegat de cosa gravada*

1. Si la cosa objecte del llegat està gravada amb un dret real limitat, s'entén que el legatari no pot demanar a la persona gravada l'extinció del dret que grava el llegat.

2. Si el causant llega una cosa empenyorada o hipotecada, el pagament del deute garantit per la penyora o hipoteca i la cancel·lació d'aquests drets són a càrrec de l'hereu.

3. Si el legatari paga el deute garantit amb la cosa llegada perquè no ho ha fet l'hereu, aquell subroga el lloc i els drets del creditor per a reclamar contra l'hereu.

4. La garantia constituïda per a satisfer o finançar el preu d'adquisició o millora de la cosa, i qualsevol altra càrrega, perpètua o temporal, que l'afecti han d'ésser suportades pel legatari, a qui correspon el pagament de l'obligació assegurada, si bé les quantitats que s'acreditin fins a la mort del causant són a càrrec de l'herència.

Article 427-29. *Llegat d'universalitat*

1. El llegat d'universalitat de coses, empreses o altres conjunts unitaris de béns o agregats de coses té la consideració de llegat de cosa única, i s'estén a tots els elements que en el moment de morir el causant constitueixen el bé llegat o hi han estat integrats o adscrits.

2. En el llegat d'una empresa, les relacions de crèdit i de deute que ja han estat fetes efectives per la persona gravada amb el llegat donen dret als reintegraments corresponents a favor i en contra del legatari.

Article 427-30. *Llegats d'aliments i de pensions periòdiques*

1. El llegat d'aliments ordenat a favor de qualsevol persona comprèn tot el que sigui necessari per al manteniment, l'habitatge, el vestit, l'assistència mèdica i l'educació de l'afavorit.

2. Si en el llegat de pensions periòdiques no se n'expressa la quantia, s'entén que es llega la mateixa quantitat que el causant ha pagat durant la seva vida al legatari. Si no és així, es considera com un llegat d'aliments.

3. El llegat d'una quantitat de diners o d'una quantitat de coses fungibles que s'hagin de prestar periòdicament faculta l'afavorit per a exigir el primer període des de la mort del causant. El legatari té dret a la totalitat de la prestació en curs encara que mori abans de finir el període començat.

Article 427-31. *Llegats de crèdit i de deute*

1. El llegat d'un crèdit o d'alliberament d'un deute solament és eficaç en la part del crèdit o del deute subsistent en el moment de la mort del causant.

2. En cas de dubte, s'entén que el llegat genèric de remissió de deutes només comprèn els deutes contrets abans de la data d'atorgament del testament.

3. L'hereu ha de lliurar al legatari els documents i els títols dels crèdits que es trobin en el patrimoni del causant i, en el llegat d'alliberament, ha de donar carta de pagament.

4. Si el causant, sense fer esment del deute, ordena un llegat a favor del seu creditor, es presumeix que el llegat no s'ha fet per a pagar el crèdit del legatari.

5. En el llegat ordenat a favor del creditor del seu propi crèdit contra el causant, la repudiació del llegat no implica, per ella mateixa, la renúncia al crèdit. Si el crèdit no ha existit mai, s'entén que ha estat disposat un llegat ordinari de crèdit pel mateix import. El llegat és ineficaç si el causant creia erròniament que era deutor del dit crèdit i si va manifestar que dubtava si el devia o no.

Article 427-32. *Llegat de constitució d'un dret real*

En el llegat d'eficàcia obligacional que té per objecte la constitució d'un dret real, la persona gravada ha de fer els actes necessaris per a constituir-lo, especialment si la cosa gravada pertany a una tercera persona.

Article 427-33.   *Llegat d'accions i participacions socials*

En el llegat d'accions i participacions socials, correspon al legatari l'exercici del dret de vot a partir de la delació, si n'és propietari d'acord amb els articles 427-10 i 427-15, encara que la possessió no li hagi estat lliurada per l'hereu.

Article 427-34.   *Llegat d'usdefruit universal*

1.   El llegat d'usdefruit universal té la condició de llegat d'eficàcia real, llevat que hagi estat ordenat amb eficàcia obligacional.

2.   El llegat d'usdefruit universal, llevat que la voluntat del causant sigui una altra, s'estén a tots els béns relictes, llevat dels que hagin estat objecte de donació per causa de mort, sens perjudici del que aquest llibre estableix sobre les llegítimes.

3.   El causant pot rellevar l'usufructuari de l'obligació de prendre inventari i de prestar caució i li pot concedir facultats dispositives sobre els béns usufructuats, a les quals s'han d'aplicar les normes que regulen el fideïcomís de residu.

4.   Si l'usdefruit es llega a diverses persones, el corresponent a cada legatari que vagi faltant per mort o per una altra causa incrementa els dels altres, fins i tot el de qui hi ha renunciat o l'ha cedit anteriorment, llevat del cas en què el causant hagi assenyalat parts.

Article 427-35.   *Llegat d'usdefruit successiu*

S'entén que el nu propietari que ordena un llegat d'usdefruit el constitueix amb caràcter successiu per si l'usdefruit preexistent s'extingeix en vida del legatari.

Article 427-36.   *Llegat de part alíquota*

1.   El llegat de part alíquota té el caràcter de llegat d'eficàcia obligacional i atribueix al legatari el dret que li siguin adjudicats béns de l'actiu hereditari líquid pel valor corresponent a la part alíquota fixada pel causant, llevat que l'hereu opti per pagar-lo en

diners, encara que no n'hi hagi a l'herència.

2.   El legatari de part alíquota no respon com a deutor de les obligacions i les càrregues hereditàries.

3.   No obstant el que estableix l'apartat 2, si després de percebre el llegat apareguessin deutes ignorats, el legatari ha de reintegrar a l'hereu la diferència entre el valor fixat originàriament a la part alíquota i el seu valor real, atès l'import de l'actiu hereditari. En canvi, si es descobreixen béns o drets nous o s'arriben a cobrar crèdits hereditaris considerats dubtosos o eventuals, l'hereu ha d'abonar al legatari la part corresponent al valor d'aquests béns, drets o crèdits.

SECCIÓ TERCERA. *La ineficàcia dels llegats*

Article 427-37. *Revocació dels llegats*

1. La revocació que el causant fa en termes generals de tots els llegats que ha disposat, llevat que la faci en testament, no afecta els llegats d'aliments, que requereixen una revocació especial.

2. S'entén que el llegat s'ha revocat quan el causant aliena a títol onerós o gratuït el bé que n'és objecte, encara que l'alienació sigui ineficaç, o encara que el causant el torni a adquirir, llevat que el legatari provi que la readquisició es va fer amb la finalitat de rehabilitar el llegat.

3. S'entén que el llegat no s'ha revocat en els casos següents:

a) Si el bé és alienat a carta de gràcia i el causant el readquireix per dret de redimir. Si mor sense haver-ho fet, es considera llegat aquest dret.

b) Si el bé és alienat per expropiació, execució forçosa, permuta, aportació a societat o qualsevol altra operació de reestructuració societària, llevat que la persona gravada provi que el causant pretenia revocar el llegat. En aquests casos, es considera llegat el bé que s'ha rebut a canvi, si escau.

c) Si té per objecte una finca que és substituïda, per raó d'una actuació urbanística o de concentració parcel·lària feta després de l'ordenació del llegat, per altres finques de resultat. En aquest cas, es consideren llegades les finques de resultat, però el legatari ha d'assumir els costos d'urbanització pendents de satisfer en el moment de morir el causant.

Article 427-38. *Extinció dels llegats*

1. El llegat s'extingeix si el bé queda fora del comerç o es perd, o si la prestació esdevé impossible, sempre que aquests fets succeeixin abans de la delació i sense culpa de la persona gravada.

2. El canvi d'espècie o la transformació substancial del bé moble llegat que li faci perdre la forma o la denominació s'equipara a la pèrdua i extingeix el llegat, llevat que es pugui deduir que el causant volia llegar el bé rebut en substitució o la indemnització procedent en els casos d'accessió.

3. El llegat de cosa certa s'extingeix si, després d'ésser ordenat, el mateix legatari adquireix el bé. Tanmateix, si el legatari l'adquireix a títol onerós de persona que no sigui el causant, es considera llegat el preu que se n'ha pagat com a contraprestació.

Article 427-39. *Reducció o supressió de llegats excessius*

1. Si el valor dels llegats excedeix el que la persona gravada obté per causa de mort, aquesta els pot reduir o suprimir, llevat que els compleixi íntegrament sabent que són excessius.

2. La reducció dels llegats excessius no afecta els llegats imputables a la llegítima en la part que cobreixen la del legatari que sigui legitimari, ni els que no siguin reduïbles per raó de quarta falcídia o quota hereditària mínima.

3. L'hereu pot fer valer la reducció dels llegats excessius encara que no hagi acceptat l'herència a benefici d'inventari o no tingui dret a quarta falcídia o quota hereditària mínima.

Article 427-40. *Dret a quarta falcídia o quota hereditària mínima*

1. Llevat que el causant ho hagi prohibit, l'hereu pot reduir els llegats si llur ordenació no li deixa lliure la quarta part de l'actiu hereditari líquid. La reducció es fa en la mesura necessària perquè l'hereu pugui retenir en propietat aquesta quarta part, anomenada quarta falcídia o quota hereditària mínima.

2. Si el causant ha fet crides successives a l'herència, només poden detreure la quarta falcídia o quota hereditària mínima l'hereu o els hereus que adquireixen l'herència en primer lloc.

3. Si hi ha diversos hereus, cadascun pot retenir la quarta part de la quota respectiva en l'actiu hereditari, encara que tots els llegats sumats no excedeixin les tres quartes parts.

4. Per a retenir la quarta falcídia o quota hereditària mínima, l'hereu ha d'haver pres inventari, dins del termini i en la forma que estableix l'article 426-20.

Article 427-41. *Càlcul de la quarta falcídia o quota hereditària mínima*

1. A l'efecte de determinar l'import de la quarta falcídia o quota hereditària mínima, integren l'actiu hereditari líquid tots els béns del cabal relicte, incloent-hi els disposats en qualsevol mena de llegat, els crèdits del causant contra l'hereu i els crèdits extingits per llegats de perdó de deute, però no els béns objecte d'atribució particular en pacte successori i de donació per causa de mort. Del valor dels béns se n'han de deduir els deutes de l'herència, les despeses de darrera malaltia i d'enterrament o incineració del causant, i l'import de les llegítimes, inclosa la de l'hereu que sigui legitimari.

2. La valoració dels béns i dels deutes s'ha de referir al moment de la mort del causant i s'han de descomptar del valor dels béns els gravàmens que els afectin, llevat dels drets de garantia.

Article 427-42. *Llegats reduïbles*

Són reduïbles per quarta falcídia o quota hereditària mínima els llegats a càrrec de l'hereu que pretén retenir-la, incloent-hi els prellegats ordenats al seu favor. Tanmateix, s'exclouen de reducció els llegats de deute propi del testador, els ordenats a favor dels legitimaris en concepte de llegítima o imputables a aquesta en la part que la cobreixin, els d'aliments i els que el testador ha ordenat que es compleixin íntegrament. Tampoc no es redueixen les donacions per causa de mort i les atribucions particulars en pacte successori.

Article 427-43. *Imputació i compatibilitat amb altres drets*

1.   S'imputa a la quarta falcídia o quota hereditària mínima tot el que s'atribueix a l'hereu en la successió, estimat en el moment de la mort del causant, incloent-hi el que obté per via de substitució vulgar, per dret d'acréixer o per absorció de llegats ineficaços, però no els prellegats atorgats pel testador al mateix hereu, sens perjudici que es puguin reduir, si escau. Tampoc no s'hi imputen les donacions per causa de mort ni les atribucions particulars en pacte successori.

2.   Si l'hereu és legitimari, té dret a quarta falcídia o quota hereditària mínima, a més de dret a la llegítima.

3.   Si l'hereu és fiduciari, té dret a quarta trebel·liànica o quota lliure respecte a la part d'herència fideïcomesa i a quarta falcídia o quota hereditària mínima respecte a la part lliure de fideïcomís però gravada amb llegats, sense que el que rebi per la primera s'imputi a la segona.

Article 427-44.   *Extinció de la quarta falcídia o quota hereditària mínima*

1.   El dret a detreure la quarta falcídia o quota hereditària mínima s'extingeix per renúncia expressa o tàcita, que s'entén produïda si l'hereu gravat, sabent que la pot detreure, lliura o compleix íntegrament els llegats excessius sense reducció.

2.   Si els legataris, perquè hi estaven facultats, han pres ells mateixos possessió dels llegats, el dret de l'hereu a demanar la reducció caduca al cap de quatre anys de la mort del causant, sempre que hagi pres inventari d'acord amb el que estableix l'article 426-20.

Article 427-45.   *Ordre i pràctica de la reducció*

1.   La reducció dels llegats, tant pel fet d'ésser excessius com per raó de quarta falcídia o quota hereditària mínima, es fa respectant l'ordre que ha establert el causant o, si no l'ha establert, en proporció a llur valor.

2.   Els legataris poden evitar la reducció abonant-ne l'import, en diners, a l'hereu.

3.   La reducció de llegats no comporta per ella mateixa cap assentament en el Registre de la Propietat, sens perjudici, si escau, de l'anotació preventiva de demanda.

CAPÍTOL VIII. *Les disposicions modals*

Article 428-1. *Mode successori*

1. El mode permet al causant imposar a l'hereu i al legatari, o a llurs substituts, una càrrega, una destinació o una limitació, que, per la finalitat a què respon, no atribueix altres drets que el de demanar-ne el compliment, sense que redundi en profit directe de qui el pot demanar. El mode també pot consistir a imposar l'execució de les voluntats digitals del causant.

2. Si el causant atribueix, a favor d'una persona o persones determinades, qualsevol dret diferent del de demanar el compliment del mode, s'entén que ha disposat un llegat o una altra disposició per causa de mort, i no pas un mode, encara que el causant empri aquesta expressió.

3. En cas de dubte sobre si el testador ha imposat una condició o un mode, o una simple recomanació, es dóna preferència, respectivament, al mode o a la recomanació.

4. Les normes dels llegats s'apliquen també als modes si llur naturalesa ho permet.

Article 428-2. *Compliment del mode*

Poden exigir el compliment dels modes:

a) El marmessor.

b) L'hereu, respecte al mode imposat a altres partícips en l'herència.

c) El legatari gravat amb un llegat subjecte a mode.

d) El cohereu o col·legatari, respecte als modes imposats a tots o a determinats cohereus i col·legataris.

e) Els òrgans administratius corresponents, les entitats assistencials i les fundacions i associacions interessades, respecte als modes amb finalitats d'interès general.

f) Les persones que el testador hagi nomenat amb aquesta finalitat.

Article 428-3. *Disposicions per sufragis i obres pies*

1. Si el causant destina una part dels seus béns a sufragis i obres pies, indeterminadament i sense especificar-ne l'aplicació, la persona gravada els ha de vendre i ha de lliurar la meitat de l'import a la confessió religiosa a la qual pertanyia el causant, per als dits sufragis i per a atendre les seves necessitats, i l'altra meitat, a la Generalitat de Catalunya, perquè els apliqui a entitats o finalitats assistencials del municipi o la comarca del darrer domicili del testador a Catalunya.

2. Si el causant destina els béns a favor dels pobres en general, els béns o llur import s'han de lliurar a la Generalitat de Catalunya, perquè els apliqui a entitats o a finalitats assistencials del municipi o la comarca del darrer domicili del testador a Catalunya.

Article 428-4. *Garanties de compliment del mode*

1. El testador pot assegurar el compliment dels modes facultant els marmessors per a complir-los, o mitjançant caucions de compliment, sancions a l'obligat o altres mesures adequades.

2. S'entén que no s'ha ordenat pròpiament un mode si el testador en vol garantir el compliment mitjançant una condició suspensiva de la institució d'hereu o del llegat.

3. El testador pot imposar un fideïcomís a l'hereu instituït o al legatari gravat amb un mode per al cas que aquest sigui incomplert per causes imputables a la persona gravada amb la disposició modal.

4. L'incompliment d'un mode imposat a un legatari per culpa seva faculta la persona gravada amb el llegat per a demanar la restitució del seu objecte, si es demostra que el compliment del mode va ésser un motiu determinant del llegat. La restitució obliga qui rep el bé a complir el mode, llevat que sigui personalíssim.

5. A la persona gravada amb un mode encara no complert per culpa seva que exerceixi qualsevol acció fonamentada en el seu caràcter d'hereu o legatari, se li pot oposar, amb la finalitat de suspendre l'exercici de l'acció, l'excepció de mode no complert.

Article 428-5. *Mode impossible o il·lícit*

1. El mode de compliment impossible o il·lícit es té per no ordenat, però sense que això impliqui la ineficàcia de la institució d'hereu o del llegat gravats amb el mode, llevat que el seu compliment fos el motiu determinant de la institució.

2. No es considera que el mode sigui de compliment impossible si es pot assolir la mateixa finalitat que perseguia el testador encara que en un grau inferior o en termes diferents dels que havia ordenat. En aquest cas, a instància de la persona gravada amb el mode o de qualsevol de les persones legitimades per a demanar-ne el compliment, l'autoritat judicial competent pot decretar, en procediment de jurisdicció voluntària, la commutació o la conversió del mode.

3. En els modes ordenats per al compliment de finalitats d'interès general, la commutació o la conversió ha d'ésser acordada pels òrgans administratius competents.

4. Es pot demanar la commutació o la conversió si el compliment del mode en els termes establerts pel testador comporta greus dificultats o si, modificant-ne el compliment, es pot assolir una utilitat més gran.

Article 428-6. *Prohibicions de disposar en el testament*

1. Les prohibicions o limitacions de disposar impliquen una minva de la facultat dispositiva dels béns i únicament són eficaces si són temporals.

2. Les prohibicions de disposar no poden excedir la durada de la vida d'una persona física determinada o, altrament, els trenta anys.

3.   Si no s'ha fixat un termini per a la prohibició de disposar, s'entén que dura tota la vida de la persona gravada i que afecta tant els actes onerosos com els actes gratuïts fets entre vius.

4.   Si la prohibició de disposar està condicionada a l'autorització d'una o diverses persones, perd eficàcia quan aquella o totes moren, renuncien o esdevenen incapaces, llevat que la voluntat del causant sigui una altra.

5.   En qualsevol cas, l'afectat per la prohibició de disposar pot sol·licitar autorització judicial per a disposar si hi concorre una causa justa sobrevinguda.

6.   Les simples recomanacions de no disposar no tenen eficàcia jurídica.

CAPÍTOL IX.   *Els marmessors*

Article 429-1.   *Nomenament*

1.   El causant pot nomenar un o més marmessors universals o particulars perquè, en nom propi i en interès d'altri i investits de les facultats corresponents, executin respecte a la seva successió els encàrrecs que els hagi conferit.

2.   El causant pot nomenar marmessors substituts i facultar els nomenats per a designar-los. Aquesta designació s'ha de fer en escriptura pública.

3.   Els marmessors no poden delegar llurs funcions si no hi han estat facultats.

Article 429-2.   *Pluralitat de marmessor*

1.   Si han estat nomenats una pluralitat de marmessors, llevat que el causant disposi una altra cosa, s'entén que han estat nomenats mancomunadament i han d'actuar per majoria. En els casos d'urgència evident, en pot actuar un de sol, sota la seva responsabilitat, però n'ha de donar compte immediatament als altres.

2.   Si es produeixen vacants, els marmessors que resten assumeixen les funcions i les facultats dels que manquen.

Article 429-3.   *Capacitat i legitimació*

1.   Pot ésser marmessor qualsevol persona amb capacitat per a obligar-se.

2.   Poden ésser marmessors l'hereu, el legatari, les altres persones afavorides per la successió i els qui en cada moment exerceixin un determinat càrrec.

Article 429-4.   *Acceptació, excusa i renuncia*

1.   El càrrec de marmessor és voluntari, però, una vegada acceptat, encara que sigui tàcitament, l'acceptant no es pot excusar de continuar

en l'exercici del càrrec sense una causa justa apreciada pel lletrat de l'Administració de justícia o pel notari.

2. Si el designat com a marmessor, un cop requerit notarialment per algun hereu o per una persona interessada en l'herència, no accepta el càrrec davant notari dins del mes següent a la notificació, s'entén que hi renuncia.

3. La renúncia del marmessor al càrrec o l'excusa justificada per a no continuar exercint-lo no impliquen la pèrdua del que el causant hagi disposat a favor seu a títol d'herència o de llegat, llevat que el causant ho imposi expressament.

Article 429-5. *Retribució*

1. Si el causant no ordena una retribució determinada o que l'exercici del càrrec sigui gratuït, els marmessors universals tenen dret a percebre el 5% del valor de l'actiu hereditari líquid i els particulars que siguin comptadors partidors el 2% d'aquest valor o dels béns objecte de partició. Si la marmessoria és exercida professionalment, els honoraris que es meritin per la prestació de serveis s'imputen a aquest percentatge.

2. Els llegats o les altres disposicions a favor dels marmessors no s'imputen a llur retribució, llevat que el causant disposi una altra cosa.

3. Si hi ha diversos marmessors universals o comptadors partidors, la retribució correspon per parts iguals als que hagin exercit el càrrec. Si l'exerceixen successivament, han d'ésser retribuïts en proporció a llur activitat.

4. Al marmessor que accedeix al càrrec per revelació de la confiança i que ja ha percebut una retribució en concepte d'hereu de confiança, no li'n correspon per la condició de marmessor.

Article 429-6. *Despeses de la marmessoria*

1. Totes les despeses judicials o extrajudicials originades per l'actuació dels marmessors són a càrrec de l'herència.

2. Els marmessors tenen dret al reemborsament de les despeses causades per l'exercici de llur funció.

Article 429-7. *Marmessor universal*

1. Són marmessors universals les persones que reben del causant l'encàrrec de lliurar l'herència en la seva universalitat a persones designades per ell, o de destinar-la a les finalitats expressades en el testament o en la confiança revelada.

2. El nomenament de marmessor universal substitueix la manca d'institució d'hereu en el testament, sigui quina sigui la destinació de l'herència.

3. La marmessoria universal pot ésser de realització dinerària de tota l'herència o d'una part d'aquesta, o de lliurament directe del romanent de béns hereditaris, d'acord amb el que ordeni el causant o s'infereixi del testament.

4. En cas de dubte, s'entén que la marmessoria universal és de lliurament directe del romanent.

Article 429-8. *Facultats del marmessor universal*

1. El marmessor universal està facultat per a possessionar-se de l'herència i administrar-la igual que tot hereu, disposar dels seus béns amb l'abast que estableixen els articles 429-9 i 429-10 i fer els actes necessaris per a complir la seva comesa i les disposicions del testament.

2. El marmessor universal està legitimat processalment per a actuar en tots els litigis o les qüestions que se suscitin sobre els béns hereditaris, els fins de la marmessoria i la validesa del testament, el codicil, la memòria testamentària o el pacte successori, i per a interpretar-los.

3. Els marmessors universals han de prendre inventari de l'herència en el termini d'un any a comptar de l'acceptació del càrrec.

4. El causant pot reduir i limitar les facultats dels marmessors universals que estableixen aquest article i els articles 429-9 i 429-10, i també les pot ampliar amb altres que no siguin contràries a la llei.

Article 429-9. *Marmessoria universal de realització d'herència*

1. La marmessoria universal de realització d'herència faculta el marmessor per a:

a) Alienar a títol onerós els béns de l'herència.

b) Cobrar crèdits i cancel·lar-ne les garanties.

c) Retirar dipòsits de tota classe.

d) Pagar deutes i càrregues hereditaris i els impostos causats per la successió.

e) Complir els llegats i altres disposicions testamentàries.

f) Demanar el compliment dels modes.

g) Pagar les llegítimes.

h) En general, fer tots els actes que calguin per a la realització dinerària dels béns de l'herència.

2. El marmessor ha de donar als diners obtinguts la inversió o la destinació ordenades pel causant.

Article 429-10. *Marmessoria universal de lliurament directe de romanent de béns*

La marmessoria universal de lliurament directe de romanent de béns hereditaris faculta el marmessor per a:

a)   Pagar deutes i càrregues hereditaris i els impostos causats per la successió.

b)   Complir els llegats i altres disposicions testamentàries.

c)   Demanar el compliment dels modes.

d)   Pagar les llegítimes.

e)   Efectuar els actes de realització dinerària que estableix l'article 429-9 en la mesura necessària per a fer els pagaments a què fan referència les lletres a a d i els de les despeses corresponents. La impugnació d'aquests actes dispositius no n'afecta la validesa enfront de tercers adquirents de bona fe.

f)   Si no hi ha comptador partidor, practicar la partició de l'herència.

Article 429-11.   *Destinació de l'herència a sufragis o als pobres*

1.   Si el causant deixa l'herència per a sufragis o als pobres, han de complir l'encàrrec les persones designades pel testador o, a manca d'aquestes, la confessió religiosa legalment reconeguda de què es tracti o la Generalitat de Catalunya, respectivament.

2.   Si el causant que deixa l'herència per a sufragis o als pobres no especifica com s'han d'aplicar els béns o llur import, s'han d'observar les regles de l'article 428-3.

3.   Si el causant no ordena res sobre els encàrrecs relatius a l'herència deixada per a sufragis o als pobres, aquests encàrrecs s'han d'executar d'acord amb les normes de la marmessoria universal de realització d'herència, que en aquest cas és gratuïta.

Article 429-12.   *Marmessor particular*

1.   Són marmessors particulars els que, havent-hi hereu, han de complir un encàrrec o més relatius a l'herència o executar disposicions testamentàries o de l'heretament.

2.   El marmessor designat amb el simple encàrrec de prendre possessió de l'herència i de lliurar-la íntegrament a l'hereu instituït té la consideració de marmessor particular, encara que el causant el qualifiqui d'universal.

3.   Els marmessors particulars exerceixen totes les funcions que els ha conferit el causant que no siguin contràries a la llei, amb les facultats que aquest els atribueixi i que siguin necessàries per a complir-les.

4.   Si el causant no els ha conferit cap encàrrec, els marmessors particulars han de tenir cura de l'enterrament o la incineració, dels funerals i sufragis piadosos, de la destinació dels òrgans o del cos i de demanar el compliment dels modes que hagi ordenat el causant.

Article 429-13. *Compliment de l'encàrrec*

1. Els marmessors han de complir llur encàrrec dins els terminis i les pròrrogues que fixin el testament, el codicil o l'heretament. Els hereus, de comú acord, poden ampliar els dits terminis i pròrrogues.

2. Si no s'ha fixat un termini per a complir l'encàrrec i els marmessors no l'han complert dins d'un any a comptar de l'acceptació del càrrec, qualsevol dels interessats pot sol·licitar al notari o al lletrat de l'Administració de justícia que requereixi als marmessors que el compleixin en el termini que es fixi amb sanció de caducitat del càrrec i sens perjudici de les responsabilitats que resultin de la demora.

3. Els marmessors particulars que siguin comptadors partidors han de fer la partició en el termini d'un any a comptar del moment en què hi siguin requerits, si han acabat els litigis promoguts sobre la validesa o la nul·litat del testament o el codicil, si s'escauen.

4. El termini que el causant fixa al marmessor perquè compleixi l'encàrrec no pot excedir els trenta anys o, si el fixa amb relació a la vida de determinades persones, no pot excedir els límits dels fideïcomisos.

5. Els marmessors universals i els particulars han de retre comptes als hereus, als afavorits o, si han de destinar els béns o diners a finalitats d'interès públic o general, a l'autoritat judicial, encara que el causant els n'hagi dispensat.

Article 429-14. *Cessament*

Els marmessors cessen en llur càrrec per mort, per impossibilitat d'exercir-lo, per excusa, per incapacitat sobrevinguda o per remoció fonamentada en una conducta dolosa o greument negligent. També cessen en haver complert l'encàrrec i per haver transcorregut el termini que tenien per a complir-lo.

Article 429-15. *Finalització de l'encàrrec*

1. Si no resta cap marmessor ni cap substitut en l'exercici del càrrec i no s'ha complert encara totalment la missió o l'encàrrec dels marmessors universals, o els encàrrecs atribuïts als particulars, qualsevol dels interessats en la successió pot sol·licitar al lletrat de l'Administració de justícia o al notari que, si ho creu procedent, designi un o més marmessors datius amb les mateixes funcions i facultats que els marmessors testamentaris.

2. Sens perjudici del que estableix l'apartat 1, si la marmessoria acaba abans que s'hagi complert l'encàrrec o la missió, el compliment incumbeix a l'hereu.

TÍTOL III. *La successió contractual i les donacions per causa de mort*

CAPÍTOL I. *Els pactes successoris*

SECCIÓ PRIMERA. *Disposicions generals*

Article 431-1. *Concepte de pacte successori*

1. En pacte successori, dues o més persones poden convenir la successió per causa de mort de qualsevol d'elles, mitjançant la institució d'un o més hereus i la realització d'atribucions a títol particular.

2. Els pactes successoris poden contenir disposicions a favor dels atorgants, fins i tot de manera recíproca, o a favor de tercers.

Article 431-2. *Atorgants*

Hom pot atorgar pactes successoris només amb les persones següents:

a) El cònjuge o futur cònjuge.

b) La persona amb qui conviu en parella estable.

c) Els parents en línia directa sense limitació de grau, o en línia col·lateral dins del quart grau, en ambdós casos tant per consanguinitat com per afinitat.

d) Els parents per consanguinitat en línia directa o en línia col·lateral, dins del segon grau, de l'altre cònjuge o convivent.

Article 431-3. *Terceres persones no atorgants*

1. Les persones no atorgants d'un pacte successori a favor de les quals s'ha fet un heretament o una atribució particular no adquireixen cap dret a la successió fins al moment de la mort del causant.

2. Les disposicions a favor de tercers esdevenen ineficaces si l'afavorit premor al causant, llevat que el pacte successori disposi una altra cosa.

Article 431-4. *Capacitat*

Els atorgants d'un pacte successori han d'ésser majors d'edat i gaudir de capacitat d'obrar plena. Tanmateix, si un atorgant d'un pacte successori té només la condició d'afavorit i no li és imposada cap càrrega, pot consentir en la mesura de la seva capacitat natural o per mitjà dels seus representants legals o amb l'assistència del seu curador.

Article 431-5. *Objecte del pacte successori*

1. En pacte successori, es pot ordenar la successió amb la mateixa amplitud que en testament. Els atorgants hi poden fer heretaments i atribucions particulars, fins i tot d'usdefruit universal, i subjectar les disposicions, tant si es fan a favor d'ells com de tercers, a condicions, substi-

tucions, fideïcomisos i reversions. També s'hi poden designar marmessors, administradors i comptadors partidors.

2. La renúncia a drets successoris només s'admet en els casos expressament previstos per aquest codi.

Article 431-6. *Càrregues i finalitat del pacte successori*

1. En pacte successori, es poden imposar càrregues als afavorits, que hi han de figurar expressament. Si escau, també s'hi ha de fer constar, si té caràcter determinant, la finalitat que es pretén assolir amb l'atorgament del pacte i les obligacions que les parts assumeixen a aquest efecte.

2. Les càrregues poden consistir, entre d'altres, en la cura i atenció d'algun dels atorgants o de tercers, i la finalitat, també entre d'altres, en el manteniment i la continuïtat d'una empresa familiar o en la transmissió indivisa d'un establiment professional.

Article 431-7. *Forma del pacte successori*

1. Els pactes successoris, perquè siguin vàlids, s'han d'atorgar en escriptura pública, que no cal que sigui de capítols matrimonials. L'escriptura de pacte successori pot contenir també estipulacions pròpies d'un protocol familiar i altres estipulacions no successòries, però no disposicions d'última voluntat.

2. En els pactes successoris atorgats amb caràcter preventiu o que contenen reserva per a disposar o donar, s'ha de fer constar l'hora de l'atorgament.

3. Els atorgants d'un pacte successori que no siguin causants de la successió futura poden delegar en poder especial la compareixença a l'acte de formalització del pacte, sempre que l'escriptura pública d'apoderament reculli el contingut complet de llur voluntat.

Article 431-8. *Publicitat dels pactes successoris*

1. Els pactes successoris s'han de fer constar en el Registre d'Actes de Darrera Voluntat en la forma, en el termini i amb l'abast que estableix la normativa que el regula. Amb aquesta finalitat, el notari que autoritza l'escriptura que els conté ha de fer la comunicació procedent.

2. Els heretaments i les atribucions particulars ordenats en pacte successori es poden fer constar en el Registre de la Propietat, en vida del causant, per mitjà de nota al marge de la inscripció dels béns immobles inclosos en l'heretament i que no hagin estat transmesos de present o dels béns immobles que siguin objecte d'una atribució particular.

3. Si els heretaments o atribucions particulars inclouen o tenen per objecte accions nominatives o participacions socials, es poden fer constar, en vida del causant, en els respectius assentaments del llibre registre d'accions nominatives o del llibre registre de socis.

4. Si la finalitat d'un pacte successori és el manteniment i la continuïtat d'una empresa familiar, se'n pot fer constar l'existència en el Registre Mercantil amb l'abast i de la manera que la llei estableix per a la publicitat dels protocols familiars, sens perjudici que hi constin, a més, les clàusules estatutàries que hi facin referència.

Article 431-9. *Nul·litat dels pactes successoris i llurs disposicions*

1. Són nuls els pactes successoris que no corresponen a cap dels tipus que estableix aquest codi, els atorgats per persones no legitimades, o bé sense observar els requisits legals de capacitat i de forma, i els atorgats amb engany, violència o intimidació greu.

2. Són nul·les les disposicions en pacte successori que s'han atorgat amb violència, intimidació greu, engany o error en la persona o en l'objecte. També ho són les que s'han atorgat amb error en la finalitat o els motius, si l'error és excusable i resulta del mateix pacte que l'atorgant que ha comès l'error no hauria atorgat la disposició si se n'hagués adonat.

3. Els pactes successoris i llurs disposicions no es poden impugnar en cap cas per causa de preterició ni revocar per supervivència o supervenció de fills, sens perjudici del dret dels legitimaris a reclamar llur llegítima.

Article 431-10. *Acció de nul·litat*

1. Abans de l'obertura d'una successió convinguda en pacte successori, només estan legitimats per a exercir l'acció de nul·litat els atorgants del pacte. Si la causa de nul·litat és la manca de capacitat o l'existència d'un vici del consentiment en l'atorgament del pacte o d'alguna disposició d'aquest, només està legitimada la part que ha incorregut en la manca de capacitat o ha patit el vici, que pot actuar, si escau, per mitjà dels seus representants legals.

2. L'acció de nul·litat per manca de capacitat o per vici del consentiment caduca al cap de quatre anys a comptar del moment en què la persona legitimada recupera la capacitat o en què el vici desapareix. En cas d'error, el termini compta des de l'atorgament del pacte.

3. Un cop oberta la successió, si no ha transcorregut el termini de caducitat que fixa l'apartat 2 o si hi concorre una altra causa de nul·litat, estan legitimats per a exercir l'acció les persones a qui pot beneficiar la declaració de nul·litat. En aquest cas, l'acció caduca al cap de quatre anys de la mort del causant.

Article 431-11. *Conseqüències de la nul·litat*

La nul·litat d'una disposició convinguda en pacte successori no determina la nul·litat de les altres disposicions fetes pel mateix atorgant o pels altres atorgants, llevat que es tracti de disposicions corespectives o que del context del pacte resulti que la disposició no hauria estat feta sense la disposició declarada nul·la.

Article 431-12. *Modificació i resolució de mutu acord*

1. El pacte successori i les disposicions que conté es poden modificar i deixar sense efecte mitjançant acord dels atorgants formalitzat en escriptura pública. La facultat de modificar i resoldre els pactes successoris de mutu acord s'extingeix després de la mort de qualsevol dels atorgants.

2. Si a l'atorgament del pacte successori han concorregut més de dues persones, per a modificar-lo o resoldre'l, només cal el consentiment d'aquelles a les quals afecta la modificació o la resolució.

3. Per a consentir els actes de modificació o resolució d'un pacte successori, s'ha de tenir capacitat d'obrar plena, llevat que es tracti d'una modificació que afavoreixi un atorgant menor o incapaç, cas en el qual s'aplica el que estableix l'article 431-4.2.

4. Si el pacte successori s'ha atorgat en capítols matrimonials, per a modificar-lo o resoldre'l, s'apliquen les regles sobre modificació o resolució d'aquests.

Article 431-13. *Revocació per indignitat*

1. L'atorgant d'un pacte successori que sigui futur causant de la successió pot, per la seva sola voluntat, revocar les disposicions fetes a favor d'una persona que hagi incorregut en alguna causa d'indignitat successòria.

2. La facultat de revocar caduca al cap d'un any comptat des del moment en què el causant coneix o pot conèixer raonablement la causa d'indignitat.

3. Si el causant mor sense haver pogut exercir l'acció o abans que caduqui el termini per a exercir-la, les persones legitimades per a fer valer les causes d'indignitat d'acord amb l'article 412-6 poden impugnar les disposicions a favor de l'indigne en el termini que fixa l'article 412-7.

4. La revocació per indignitat deixa sense efecte les disposicions corespectives fetes per l'indigne o les càrregues o obligacions assumides per aquest, si tenia la condició d'atorgant del pacte successori.

Article 431-14. *Revocació per voluntat unilateral*

1. Els atorgants d'un pacte successori poden revocar unilateralment el pacte o, si escau, les disposicions que conté:

a) Per les causes pactades expressament.

b) Per incompliment de les càrregues imposades a l'afavorit.

c) Per impossibilitat de compliment de la finalitat que va ésser determinant del pacte o d'alguna de les seves disposicions.

d) Per l'esdeveniment d'un canvi substancial, sobrevingut i imprevisible de les circumstàncies que en van constituir el fonament.

2. La facultat de revocació caduca al cap de quatre anys comptats des del moment en què es va produir el fet determinant d'aquesta.

Article 431-15. *Exercici de la facultat de revocació*

1. La voluntat unilateral de revocar el pacte successori o les seves disposicions s'ha de manifestar en escriptura pública i s'ha de notificar als altres atorgants del pacte.

2. La persona afectada per la revocació s'hi pot oposar en forma autèntica en el termini d'un mes a comptar de la recepció de la notificació. Si no s'hi oposa, el pacte o la disposició resten sense efecte.

3. Si la persona afectada per la revocació s'hi oposa o si se'n desconeix el parador, o si no ha estat possible la notificació, l'acció de revocació s'ha d'exercir davant l'autoritat judicial competent del seu domicili en el termini d'un any a comptar de l'oposició o de l'atorgament de l'escriptura de revocació.

Article 431-16. *Efectes de la revocació*

1. Si el pacte successori va comportar la transmissió de present d'un o més béns a la persona instituïda o afavorida, la seva revocació produeix, a manca de disposicions adoptades per mitjà d'un pacte reversional, els efectes propis de la revocació de donacions.

2. En cas de revocació del pacte o d'una disposició per impossibilitat de compliment de la finalitat o per canvi de circumstàncies, la part que ha complert càrregues o obligacions que han produït un enriquiment en l'altra part ha d'ésser degudament compensada.

Article 431-17. *Incidència de crisi matrimonials o de convivència*

1. La nul·litat del matrimoni, la separació matrimonial i el divorci, o bé l'extinció d'una parella estable, de qualsevol dels atorgants no altera l'eficàcia dels pactes successoris, llevat que s'hagi pactat una altra cosa.

2. Com a excepció al que estableix l'apartat 1, els heretaments o les atribucions particulars fetes a favor del cònjuge o del convivent en parella estable, o dels parents d'aquests, esdevenen ineficaços en els supòsits que regula l'article 422-13.1, 2 i 4, llevat que s'hagi convingut el contrari o que això resulti del context del pacte.

SECCIÓ SEGONA. *Els heretaments*

Article 431-18. *Concepte d'heretament*

1. L'heretament o pacte successori d'institució d'hereu confereix a la persona o persones instituïdes la qualitat de successores universals de l'heretant amb caràcter irrevocable, sens perjudici dels supòsits que regulen els articles 431-13, 431-14 i 431-21.

2. La qualitat d'hereu conferida en heretament és inalienable i inembargable.

Article 431-19.   *Heretament simple i cumulatiu*

1. L'heretament és simple si només atribueix a la persona instituïda la qualitat d'hereva de l'heretant i no perd aquest caràcter encara que l'heretant també faci donació de present de béns concrets a la persona instituïda.

2. L'heretament és cumulatiu si, a més de conferir la qualitat d'hereu de l'heretant, atribueix a la persona instituïda tots els béns presents de l'heretant i no perd aquest caràcter encara que l'heretant exclogui béns concrets de l'atribució de present.

3. L'heretament cumulatiu no es presumeix mai i s'ha de pactar de manera expressa.

Article 431-20.   *Heretament mutual*

1. L'heretament és mutual si conté una institució recíproca d'hereu entre els atorgants a favor del que sobrevisqui.

2. En els pactes successoris que contenen heretaments mutuals, es pot pactar que, quan el supervivent mori, els béns heretats facin trànsit a altres persones. L'elecció de l'hereu o hereus successius es pot encomanar al supervivent d'acord amb el que estableixen els articles 424-1 a 424-4.

Article 431-21.   *Heretament preventiu*

1. L'heretament es pot pactar amb caràcter preventiu, cas en el qual és revocable unilateralment per mitjà d'un testament posterior, que ha d'ésser necessàriament notarial i obert, o un nou pacte successori.

2. La revocació unilateral de l'heretament preventiu, perquè sigui eficaç, s'ha de notificar notarialment als altres atorgants del pacte successori, llevat que els atorgants hagin dispensat el compliment d'aquest requisit.

3. El caràcter preventiu de l'heretament no es presumeix mai i s'ha de pactar de manera expressa, deixant-ne clara la revocabilitat.

Article 431-22.   *Reserva per a disposar i assignacions a les llegítimes*

1. L'heretant es pot reservar, per a disposar-ne lliurement en donació, codicil, memòria testamentària o un altre pacte successori, els béns, les quantitats de diners o la part alíquota del seu patrimoni que estableixi en l'heretament.

2. L'heretant pot assignar al pagament de llegítimes béns o diners, que s'exclouen de l'heretament. L'assignació no atribueix als legitimaris cap dret durant la vida de l'heretant, però, si aquest mor sense haver-los

atribuït els béns o quantitats assignats, els legitimaris els adquireixen íntegrament encara que excedeixin l'import del que per llegítima els correspon.

Article 431-23. *Eficàcia revocatòria*

1. L'heretament vàlid revoca el testament, el codicil, la memòria testamentària i la donació per causa de mort anteriors al seu atorgament, encara que hi siguin compatibles.

2. Les disposicions per causa de mort posteriors a l'heretament només són eficaces si l'heretament era preventiu o en la mesura que ho permeti la reserva per a disposar.

Article 431-24. *Transmissibilitat de la qualitat d'hereu*

1. Si l'hereu instituït en heretament premor al causant, l'heretament esdevé ineficaç, excepte que s'hagi convingut altrament i en els supòsits que regula aquest article.

2. A manca d'una disposició expressa en contra, si l'hereu instituït en heretament és descendent del causant i premor a aquest deixant descendents cridats a la seva herència, transmet a aquests la seva qualitat d'hereu contractual, de la mateixa manera en què siguin els seus hereus. Si hi ha diversos fills o descendents hereus de l'hereu premort abintestat, l'heretant en pot escollir un, en escriptura pública irrevocable o en testament, com a substitut en l'heretament.

3. En l'heretament cumulatiu, els béns rebuts de present per l'hereu premort són transmesos als seus successors, llevat que s'hagi estipulat un pacte reversional. Respecte als béns no transmesos en vida per l'heretant, s'aplica a aquest heretament el que estableixen els apartats 1 i 2.

Article 431-25. *Efectes de l'heretament en vida de l'heretant*

1. L'heretament simple, i també el cumulatiu respecte als béns exceptuats de l'adquisició de present i als adquirits posteriorment per l'heretant, no limiten la facultat d'aquest per a disposar dels seus béns a títol onerós entre vius.

2. Si la finalitat de l'heretament és el manteniment o la continuïtat d'una empresa familiar o d'un establiment professional, es pot convenir que llur transmissió onerosa, o la de les accions o participacions socials que la representin, i també la renúncia al dret de subscripció preferent, s'hagi de fer amb el consentiment exprés de la persona instituïda, si és atorgant del pacte successori, o de tercers. També es poden establir normes sobre l'administració de l'empresa o l'establiment per l'heretant o l'hereu, que es poden incloure en els estatuts socials de l'empresa familiar i publicar en el Registre Mercantil.

3. L'heretant només pot disposar dels seus béns a títol gratuït amb el consentiment exprés de l'hereu, excepte si ho fa amb la finalitat de

satisfer llegítimes o en la quantia superior que s'hagi fixat en l'heretament, i per a fer liberalitats d'ús. S'aplica la mateixa limitació per a la constitució de censos, censals o rendes vitalícies.

4. L'hereu instituït pot impugnar els actes dispositius en la mesura que es puguin considerar atorgats en dany o en frau de l'heretament, fins i tot en vida de l'heretant.

Article 431-26. *Responsabilitat de l'hereu pels deutes de l'heretant*

1. L'hereu instituït en heretament només respon dels deutes de l'heretant anteriors a l'heretament amb els béns transmesos de present i tan bon punt feta l'excussió dels béns i dels drets que l'heretant s'hagi reservat. Els creditors per aquests deutes són preferents als creditors de l'hereu.

2. Respecte als deutes posteriors a l'heretament, l'hereu no respon, en vida de l'heretant, amb els béns adquirits de present en virtut del mateix heretament, ni amb els seus béns propis. Un cop mort l'heretant, l'hereu pot excloure de responsabilitat els dits béns si s'acull al benefici d'inventari dins del termini i en la forma que estableix l'article 461-15.

Article 431-27. *Pacte reversional*

1. El pacte reversional produeix efectes en complir-se l'eventualitat prevista, de manera que retornen a l'heretant els béns transmesos o llurs subrogats, però sense obligació de restituir els fruits percebuts.

2. Si no s'ha previst l'abast de la reversió, s'entén que ha estat establerta per al cas que l'hereu premori a l'heretant sense deixar fills.

3. El pacte reversional no impedeix a l'hereu de reclamar la llegítima que li pugui correspondre.

4. La reversió pactada a favor de l'heretant no s'estén als seus hereus si no s'ha pactat expressament. La reversió pactada a favor de qualsevol altra persona resta sotmesa a les regles sobre l'herència fideïcomesa i no en pot ultrapassar els límits.

5. L'heretant pot deixar sense efecte, en qualsevol moment i unilateralment, el pacte reversional. S'entén que l'ha deixat sense efecte si, en escriptura pública, confirma com a lliure l'heretament o renuncia a la reversió.

Article 431-28. *Efectes de l'heretament a l'obertura de la successió*

1. Un cop mort l'heretant, l'hereu instituït en heretament no pot repudiar l'herència, llevat que es tracti d'una persona no atorgant del pacte, però pot gaudir del benefici d'inventari si manifesta aquesta voluntat dins del termini i la forma que estableix l'article 461-15. El temps s'ha de comptar des de la mort de l'heretant.

2. Els béns o la part dels béns que l'heretant es va reservar per a disposar i que no hagi transmès entre vius o per causa de mort s'incorporen a l'heretament.

3. Si l'heretament és cumulatiu, l'hereu, quan mor l'heretant, adquireix els béns exceptuats de l'adquisició de present i els adquirits per l'heretant després de l'atorgament de l'heretament.

SECCIÓ TERCERA. *Pactes successoris d'atribució particular*

Article 431-29. *Modalitats*

1. En pacte successori, es poden convenir atribucions particulars, a favor d'un dels atorgants o de tercers. Els atorgants poden convenir també atribucions particulars recíproques a favor del que sobrevisqui.

2. Les atribucions particulars en pacte successori es poden fer amb caràcter preventiu, aplicant el que estableix l'article 431-21.

3. Si en el pacte successori d'atribució particular hi ha transmissió de present de béns, l'acte es considera donació.

Article 431-30. *Efectes de les atribucions particulars*

1. El causant que atorga en pacte successori una atribució particular només pot disposar dels béns que en són objecte amb el consentiment exprés de l'afavorit o, si aquest no és part del pacte, amb el dels altres atorgants.

2. Si el bé atribuït es perd o es deteriora per causa imputable al causant o aquest l'aliena o el grava contravenint al que estableix l'apartat 1, l'afavorit en pot exigir a l'hereu el valor, llevat, en cas de deteriorament o de gravamen, que l'hereu estigui en condicions de complir en els termes convinguts.

3. En cas de premoriència de l'afavorit al causant, s'aplica el que estableix l'article 431-24.1.

4. En morir el causant, l'afavorit amb una atribució particular fa seus els béns independentment que l'hereu accepti l'herència i en pot prendre possessió per ell mateix.

5. A manca del que s'hagi convingut sobre les atribucions particulars, s'hi apliquen les normes dels llegats, en allò en què siguin compatibles amb llur naturalesa irrevocable.

CAPÍTOL II. *Les donacions per causa de mort*

Article 432-1. *Donacions per causa de mort*

1. Són donacions per causa de mort les disposicions de béns que el donant, en consideració a la seva mort, atorga en forma de donació acceptada pel donatari en vida seva, sense que el donant resti vinculat personalment per la donació.

2.   Les donacions atorgades amb la condició suspensiva que el donatari sobrevisqui al donant tenen el caràcter de donacions per causa de mort i estan subjectes al règim jurídic d'aquestes, sens perjudici de les disposicions en matèria de pactes successoris.

3.   La transmissió de la propietat de la cosa donada se supedita al fet que la donació sigui definitivament ferma, llevat que la voluntat de les parts sigui de transmissió immediata, amb reserva d'usdefruit pel donant o sense, sota la condició resolutòria de revocació o premoriència del donatari.

Article 432-2.   *Dret aplicable*

1.   Les donacions per causa de mort no poden ésser universals i es regeixen per les normes dels llegats relatives a:

a)   La inhabilitat i la indignitat successòries del donatari.

b)   El dret d'acréixer entre els donataris.

c)   La possibilitat de substitució vulgar del donatari.

d)   Les condicions, els modes, les substitucions, els fideïcomisos i les altres càrregues imposats al donatari.

e)   La pèrdua posterior dels béns donats.

f)   El dret preferent dels creditors hereditaris per al cobrament de llurs crèdits.

2.   En les qüestions a què no fa referència l'apartat 1, les donacions per causa de mort es regeixen per les normes de les donacions entre vius, en la mesura que ho permeti llur naturalesa especial.

Article 432-3.   *Capacitat per a atorgar donacions per causa de mort*

1.   Pot atorgar donacions per causa de mort qui té capacitat per a testar. Si no s'atorguen en escriptura pública, només són vàlides si el donant és major d'edat.

2.   Pot acceptar donacions per causa de mort el donatari amb capacitat per a contractar o els seus representants legals.

Article 432-4.   *Adquisició pel donatari*

1.   En morir el donant, el donatari fa seus els béns donats, independentment que l'hereu accepti l'herència i de la validesa o subsistència del testament del donant o de les seves disposicions.

2.   El donatari pot prendre possessió per ell mateix dels béns donats, sense necessitat que l'hereu o el marmessor els hi lliurin.

Article 432-5.   *Ineficàcia de les donacions per causa de mort*

Les donacions per causa de mort resten sense efecte en els casos següents:

a) Si el donant les revoca expressament en escriptura pública, testament o codicil.

b) Si el donant aliena o llega els béns donats.

c) Si el donant atorga amb posterioritat heretament, des del moment en què aquest produeix efecte.

d) Si el donatari premor al donant.

e) Si el donant no mor en ocasió del perill especial determinant de la donació.

TÍTOL IV. La successió intestada

CAPÍTOL I. Disposicions generals

Article 441-1. *Obertura de la successió intestada*

La successió intestada s'obre quan una persona mor sense deixar hereu testamentari o en heretament, o quan el nomenat o els nomenats no arriben a ésser-ho.

Article 441-2. *Crides legals*

1. En la successió intestada, la llei crida com a hereus del causant els parents per consanguinitat i per adopció i el cònjuge vidu o el convivent en parella estable supervivent en els termes, amb els límits i en els ordres que estableix aquest codi, sens perjudici, si escau, de les llegítimes.

2. A manca de les persones a què fa referència l'apartat 1, succeeix la Generalitat de Catalunya.

3. El cònjuge vidu o el convivent en parella estable, si no li correspon d'ésser hereu, adquireix els drets que estableix l'article 442-3.1.

Article 441-3. *Parentiu*

1. La proximitat del parentiu es determina pel nombre de generacions. Cada generació forma un grau, i cada sèrie de graus, una línia. La línia pot ésser directa o col·lateral.

2. La línia és directa si les persones descendeixen l'una de l'altra, i pot ésser descendent i ascendent. La descendent uneix el progenitor amb els qui en descendeixen. L'ascendent uneix una persona amb aquelles de les quals descendeix.

3. La línia és col·lateral si les persones no descendeixen l'una de l'altra però vénen d'un tronc comú.

Article 441-4. *Còmput del parentiu*

1. En la línia directa es computen els graus pel nombre de generacions, descomptant la del progenitor.

2. En la línia col·lateral es computen els graus sumant les generacions de cada branca que surt del tronc comú.

Article 441-5. *Principi de proximitat de grau*

En la successió intestada, el cridat de grau més pròxim exclou els altres, llevat dels casos en què és procedent el dret de representació.

Article 441-6. *Successió per graus i ordres*

1. Si cap dels parents més pròxims cridats per la llei no arriba a ésser hereu per qualsevol causa o és apartat de l'herència per indignitat successòria, l'herència es defereix al grau següent, i així successivament, de grau en grau i d'ordre en ordre, fins a arribar a la Generalitat de Catalunya.

2. Si solament un o alguns dels cridats no arriben a ésser hereus, la quota hereditària que els hauria correspost acreix la dels altres parents del mateix grau, llevat del dret de representació, si és aplicable.

3. El que estableix aquest article s'entén sens perjudici del dret de transmissió de l'herència deferida i no acceptada i dels altres casos en què aquest codi estableix un ordre de successió especial.

Article 441-7. *Dret de representació*

1. Per dret de representació, els descendents d'una persona premorta, declarada absent o indigna són cridats a ocupar el seu lloc en la successió intestada.

2. El dret de representació només s'aplica als descendents del causant, sense limitació de grau, i als nebots, però no s'estén als descendents d'aquests.

3. El representant que, per repudiació o per una altra causa, no arriba a ésser hereu del representat no perd el dret de representació.

Article 441-8. *Divisió de l'herència*

1. En la successió intestada, l'herència es divideix a parts iguals entre els cridats que l'han acceptada, llevat dels casos en què aquest codi estableix una altra cosa.

2. Si és aplicable el dret de representació entre descendents, l'herència es divideix per branques o estirps, i els representants de cada branca es reparteixen a parts iguals la porció que hauria correspost a llur representant.

3. Si és aplicable el dret de representació en la línia col·lateral, l'herència es divideix d'acord amb el que estableix l'article 442-10.2.

CAPÍTOL II. *L'ordre de succeir*

SECCIÓ PRIMERA. *La successió en línia directa descendent*

Article 442-1. *Delació als fills*

1. En la successió intestada, l'herència es defereix primerament als fills del causant, per dret propi, i a llurs descendents per dret de representació, sens perjudici, si escau, dels drets del cònjuge vidu o del convivent en parella estable supervivent.

2. En cas de repudiació d'un dels cridats, la seva part acreix la dels altres del mateix grau.

Article 442-2. *Delació als descendents de grau ulterior*

1. Si tots els descendents cridats d'un mateix grau repudien l'herència, aquesta es defereix als descendents del grau següent, per dret propi, però dividint-la per estirps i a parts iguals entre els descendents de cada estirp.

2. L'herència no es defereix als néts o descendents de grau ulterior si tots els fills del causant la repudien, en vida del cònjuge o del convivent en parella estable, i aquest n'és el progenitor comú.

SECCIÓ SEGONA. *La successió del cònjuge vidu i del convivent en parella estable supervivent*

Article 442-3. *Successió del cònjuge vidu i del convivent en unió estable de parella supervivent*

1. El cònjuge vidu o el convivent en parella estable supervivent, si concorre a la successió amb fills del causant o descendents d'aquests, té dret a l'usdefruit universal de l'herència, lliure de fiança, si bé pot exercir l'opció de commutació que li reconeix l'article 442-5.

2. Si el causant mor sense fills ni altres descendents, l'herència es defereix al cònjuge vidu o al convivent en parella estable supervivent. En aquest cas, els pares del causant conserven el dret a llegítima.

Article 442-4. *Usdefruit universal*

1. L'usdefruit universal del cònjuge o del convivent en parella estable s'estén a les llegítimes, però no als llegats ordenats en codicil, a les atribucions particulars ordenades en pacte successori a favor d'altres persones ni a les donacions per causa de mort.

2. Si el cònjuge vidu o el convivent en parella estable supervivent concorre a la successió amb hereus menors d'edat dels quals és representant legal, pot exercir llur representació per a l'acceptació de l'herència, sense que calgui la intervenció d'un defensor judicial, i adjudicar-se l'usdefruit universal.

3. L'usdefruit universal s'extingeix per les causes generals d'extinció del dret d'usdefruit i no es perd encara que es contregui nou matrimoni o es passi a conviure amb una altra persona.

Article 442-5. *Commutació de l'usdefruit*

1. El cònjuge vidu o el convivent en parella estable supervivent pot optar per commutar l'usdefruit universal per l'atribució d'una quarta part alíquota de l'herència i, a més, l'usdefruit de l'habitatge conjugal o familiar.

2. L'opció de commutació de l'usdefruit universal es pot exercir en el termini d'un any a comptar de la mort del causant i s'extingeix si el cònjuge vidu o el convivent en parella estable supervivent accepta de manera expressa l'adjudicació de l'usdefruit universal.

3. El cònjuge vidu o el convivent en parella estable supervivent només pot demanar l'atribució de l'usdefruit de l'habitatge conjugal o familiar si aquest bé forma part de l'actiu hereditari i el causant no n'ha disposat en codicil o en pacte successori. Si el vidu o el convivent supervivent n'era copropietari juntament amb el causant, l'usdefruit s'estén a la quota que pertanyia a aquest. S'aplica a aquest usdefruit el que estableix l'article 442-4.3.

4. Per a calcular la quarta part alíquota de l'herència, es parteix del valor dels béns de l'actiu hereditari líquid en el moment de la mort del causant i se'n descompten els béns disposats en codicil o pacte successori i, si escau, el valor de l'usdefruit de l'habitatge que també s'atribueix al cònjuge vidu o al convivent en parella estable supervivent, però no les llegítimes.

5. La quarta part alíquota de l'herència es pot pagar adjudicant béns de l'herència o amb diners, a elecció dels hereus, aplicant les regles del llegat de part alíquota.

Article 442-6. *Manca de dret a succeir*

1. El cònjuge vidu no té dret a succeir abintestat al causant si en el moment de l'obertura de la successió n'estava separat legalment o de fet o si hi havia pendent una demanda de nul·litat del matrimoni, de divorci o de separació, llevat que els cònjuges s'haguessin reconciliat.

2. El convivent en parella estable supervivent no té dret a succeir abintestat al causant si estava separat de fet del causant en el moment de la mort d'aquest.

Article 442-7. *Atribució expressa en la declaració d'hereus*

Els drets del cònjuge vidu o del convivent en parella estable supervivent en la successió intestada s'han d'atribuir expressament en les declaracions d'hereu abintestat, que es poden fer, en ambdós casos, per acta notarial de notorietat.

SECCIÓ TERCERA. *La successió en línia directa ascendent*

Article 442-8. *Delació als progenitors i ascendents*

1. Si el causant mor sense fills ni descendents i sense cònjuge o convivent, l'herència es defereix als progenitors, a parts iguals. Si només en sobreviu un dels dos, la delació a aquest s'estén a tota l'herència.

2. Si el causant mor sense fills ni descendents, sense cònjuge o convivent i sense progenitors, l'herència es defereix als ascendents de grau més proper. Si hi ha dues línies de parents del mateix grau, l'herència es divideix per línies i, dins de cada línia, per caps.

SECCIÓ QUARTA. *La successió dels col·laterals*

Article 442-9. *Delació als col·laterals*

Si el causant mor sense fills ni descendents, sense cònjuge o convivent i sense ascendents, l'herència es defereix als parents col·laterals.

Article 442-10. *Germans i fills de germans*

1. Els germans, per dret propi, i els fills de germans, per dret de representació, succeeixen al causant amb preferència sobre els altres col·laterals, sense distinció entre germans de doble vincle o de vincle senzill.

2. Si concorren a l'herència germans i fills de germans i hi ha una sola estirp de nebots, aquests perceben, per caps, el que correspon a l'estirp. Si n'hi ha dues o més, s'acumulen les parts que corresponen a les estirps cridades i tots els nebots que les integren succeeixen en el conjunt per caps.

3. Si es frustra la delació a algun dels nebots, la part vacant acreix la de tots els altres nebots per parts iguals. Si aquest nebot és únic en l'estirp o si es frustren totes les delacions a nebots d'una mateixa estirp, la part vacant acreix la dels germans vius del causant, si n'hi ha, i la dels altres nebots, amb aplicació de la regla de divisió que estableix l'apartat 2.

4. Si no hi ha germans, els nebots succeeixen al causant per dret propi i per caps.

Article 442-11. *Crida als altres col·laterals*

Si no hi ha germans ni fills de germans, l'herència es defereix als altres parents de grau més pròxim en línia col·lateral dins del quart grau, per caps i sense dret de representació ni distinció de línies.

SECCIÓ CINQUENA. *La successió de la Generalitat de Catalunya*

Article 442-12. *Successió a manca de parents dins del quart grau*

1. Si manquen les persones que assenyala aquest capítol, succeeix la Generalitat de Catalunya.

2. En el cas a què fa referència l'apartat 1, l'herència és acceptada a benefici d'inventari mitjançant una resolució administrativa.

Article 442-13. *Destinació dels béns*

1. La Generalitat de Catalunya ha de destinar els béns heretats o llur producte o valor a establiments d'assistència social o a institucions de cultura, preferentment del municipi de la darrera residència habitual del causant a Catalunya. Si no n'hi ha en el dit municipi, s'han de destinar als establiments o a les institucions de la comarca o, si tampoc no n'hi ha a la comarca, als de caràcter general a càrrec de la Generalitat. En el cas d'Aran, els béns s'han de destinar als establiments o a les institucions d'Aran o, si tampoc no n'hi ha a Aran, als de caràcter general a càrrec de la Generalitat.

2. Si en el cabal relicte hi ha finques urbanes, la Generalitat de Catalunya les ha de destinar preferentment al compliment de polítiques d'habitatge social, sia directament sia reinvertint el producte obtingut en alienar-les, segons llurs característiques.

3. El Consell General d'Aran és receptor dels béns heretats en el lloc de la Generalitat de Catalunya si el causant de la successió intestada té residència a Aran.

CAPÍTOL III. *La successió en cas d'adopció*

Article 443-1. *Principi d'equiparació*

1. El parentiu per adopció produeix els mateixos efectes successoris que el parentiu per consanguinitat. Per tant, la persona adoptada i els seus descendents adquireixen drets successoris abintestat respecte a la persona adoptant i la seva família, i aquests respecte a aquells.

2. L'adopció extingeix els drets successoris abintestat entre l'adoptat i els seus parents d'origen, excepte en els casos que regulen els articles 443-2 a 443-4.

Article 443-2. *Adopció de fills del cònjuge o de la persona amb qui l'adoptant conviu*

En cas d'adopció de fills del cònjuge o de la persona amb qui l'adoptant conviu en relació de parella amb caràcter estable, els fills adoptius i els ascendents del progenitor d'origen substituït per l'adopció conserven el dret a succeir-se abintestat.

Article 443-3. *Adopció en la mateixa família*

En cas d'adopció d'un orfe per un parent dins del quart grau, es mantenen els drets successoris abintestat entre l'adoptat i els seus ascendents de la branca familiar en què no s'ha produït l'adopció, amb les particularitats següents:

a)   En la successió de l'adoptat i en la dels seus descendents, els dits ascendents d'origen només succeeixen si no hi ha ascendents dels pares adoptius.

b)   En la successió dels dits ascendents d'origen, els fills adoptats per un parent de l'altra branca familiar només succeeixen si no hi ha fills o descendents del causant que no hagin estat adoptats per una altra persona.

Article 443-4.   *Successió dels germans per naturalesa*

En els casos d'adopció que regulen els articles 443-2 i 443-3, els germans per naturalesa conserven el dret de succeir-se abintestat entre si.

Article 443-5.   *Supeditació a tracte familiar*

Els drets successoris que regulen els articles 443-2 a 443-4 resten exclosos si s'acredita que el causant i el successor no han mantingut el tracte familiar.

CAPÍTOL IV.   *La successió de l'impúber*

Article 444-1.   *Caràcter troncal dels béns*

La successió intestada del causant impúber, si no hi ha substitució pupil·lar, es regeix per les normes següents:

a)   En els béns procedents d'un progenitor, o dels altres parents d'aquest dins del quart grau, adquirits a títol gratuït, són cridats a la successió els parents més pròxims de l'impúber, per llur ordre, dins del quart grau en la línia de la qual els béns procedeixen.

b)   Si sobreviu el progenitor de l'altra línia, conserva el seu dret a la llegítima sobre els dits béns.

c)   En els altres béns de l'impúber, i també en els fruits dels béns troncals, la successió intestada es regeix per les regles generals, sense distinció de línies.

TÍTOL V.   *Altres atribucions successòries determinades per la llei*

CAPÍTOL I.   *La llegítima*

SECCIÓ PRIMERA.   *Disposicions generals*

Article 451-1.   *Dret a la llegítima*

La llegítima confereix a determinades persones el dret a obtenir en la successió del causant un valor patrimonial que aquest els pot atribuir a títol d'institució hereditària, llegat, atribució particular o donació, o de qualsevol altra manera.

Article 451-2. *Naixement del dret a llegítima i acceptació*

1.   El dret a llegítima neix en el moment de la mort del causant. Abans d'aquest moment no es pot embargar per deutes dels presumptes legitimaris.

2.   Es presumeix que la llegítima és acceptada mentre no s'hi renuncia d'una manera expressa, pura i simple.

3.   El dret a percebre la llegítima es transmet als hereus del legitimari, excepte en el cas que regula l'article 451-25.2.

SECCIÓ SEGONA.   *Els legitimaris i la determinació de la llegítima*

Article 451-3.   *Llegítima dels descendents i dret de representació*

1.   Són legitimaris tots els fills del causant per parts iguals.

2.   Els fills premorts, els desheretats justament, els declarats indignes i els absents són representats per llurs respectius descendents per estirps.

3.   El dret de representació només té per objecte el dret a la llegítima i no s'estén a les atribucions patrimonials que el causant hagi ordenat a favor del representat, llevat que el representant hi hagi estat cridat per via de substitució.

4.   En cas d'adopció de fills del cònjuge o de la persona amb qui l'adoptant conviu en relació de parella amb caràcter estable, l'adoptat no és legitimari del progenitor d'origen substituït per l'adopció i, si aquest ha mort, tampoc no ho és, per dret de representació, en la successió dels ascendents d'aquest. La mateixa regla s'aplica en l'adopció d'orfes per parents dins del quart grau respecte a la successió dels ascendents de la branca familiar en què no s'ha produït l'adopció.

Article 451-4.   *Llegítima dels progenitors*

1.   Si el causant no té descendents que l'hagin sobreviscut, són legitimaris els progenitors per meitat. Aquests no tenen dret a llegítima si el causant té descendents però han estat desheretats justament o declarats indignes.

2.   Si només sobreviu un progenitor o la filiació només està determinada respecte a un progenitor, li correspon el dret de llegítima íntegrament. Si sobreviuen tots dos però un d'ells ha estat desheretat justament o ha estat declarat indigne, la llegítima correspon només a l'altre. En aquest cas, s'ha d'aplicar el que estableix l'article 451-6.

Article 451-5.   *Quantia i còmput de la llegítima*

La quantia de la llegítima és la quarta part de la quantitat base que resulta d'aplicar les regles següents:

a)   Es parteix del valor que els béns de l'herència tenen en el moment de la mort del causant, amb deducció dels deutes i les despeses de la darrera malaltia i de l'enterrament o la incineració.

b)   Al valor líquid que resulta d'aplicar la regla de la lletra a, s'hi ha d'afegir el dels béns donats o alienats per un altre títol gratuït pel causant en els deu anys precedents a la seva mort, excloses les liberalitats d'ús. El valor dels béns que han estat objecte de donacions imputables a la llegítima s'ha de computar, en tot cas, amb independència de la data de la donació.

c)   El valor dels béns objecte de les donacions o d'altres actes dispositius computables és el que tenien en el moment de morir el causant, amb la deducció de les despeses útils sobre els béns donats costejades pel donatari i de l'import de les despeses extraordinàries de conservació o reparació, no causades per culpa seva, que ell hagi sufragat. En canvi, s'ha d'afegir al valor d'aquests béns l'estimació dels deterioraments originats per culpa del donatari que en puguin haver minvat el valor.

d)   Si el donatari ha alienat els béns donats o si els béns s'han perdut per culpa del donatari, s'afegeix, al valor líquid que resulta d'aplicar la regla de la lletra a, el valor que tenien els béns en el moment de l'alienació o destrucció.

Article 451-6.   *Llegítima individual*

Per a determinar l'import de les llegítimes individuals, fan nombre el legitimari que sigui hereu, el que hi ha renunciat, el desheretat justament i el declarat indigne de succeir. No fan nombre el premort i l'absent, llevat que siguin representats per llurs descendents.

SECCIÓ TERCERA.   *L'atribució, la imputació, la percepció i el pagament de la llegítima*

Article 451-7.   *Atribució a títol d'herència o de llegat*

1.   La institució d'hereu i el llegat a favor de qui resulti ésser legitimari impliquen atribució de llegítima, encara que no s'expressi així, i s'hi imputen pel valor dels béns en el moment de la mort si el causant no disposa una altra cosa, encara que el legitimari repudiï l'herència o renunciï al llegat. En aquests dos casos, s'entén que el legitimari renuncia també a la llegítima.

2.   El llegat disposat en concepte de llegítima o imputable a aquesta que no sigui llegat simple de llegítima ha d'ésser de diners, encara que no n'hi hagi en l'herència, o de béns integrants del cabal relicte. Aquests béns han d'ésser de propietat exclusiva, plena i lliure, llevat que:

a)   No hi hagi béns d'aquesta condició en l'herència, sense comptar a aquest sol efecte els béns mobles d'ús domèstic.

b) El legitimari sigui cotitular del bé llegat, en comunitat ordinària indivisa amb el causant.

c) El legitimari sigui titular d'un dret susceptible de produir la consolidació del domini conjuntament amb el que el causant li llega.

3. Si el llegat no compleix els requisits que estableix l'apartat 2, el legitimari pot optar entre acceptar-lo simplement o renunciar-hi i exigir allò que li correspongui per llegítima.

4. La llegítima es pot llegar en forma simple, emprant la fórmula. allò que per llegítima correspongui. o altres d'anàlogues o similars. En aquest cas, si el legitimari ha estat alhora instituït hereu o afavorit amb altres llegats, aquestes atribucions impliquen igualment la de la llegítima, sense que el llegat en forma simple li atorgui cap dret addicional.

Article 451-8.   *Imputació de donacions i atribucions particulars*

1. Són imputables a la llegítima les donacions entre vius atorgades pel causant amb pacte exprés d'imputació o fetes en pagament o a compte de la llegítima. El caràcter imputable de la donació s'ha de fer constar expressament en el moment en què s'atorga i no es pot imposar amb posterioritat per actes entre vius ni per causa de mort.

2. Són imputables a la llegítima, llevat que el causant disposi una altra cosa:

a) Les donacions fetes pel causant a favor dels fills perquè puguin adquirir el primer habitatge o emprendre una activitat professional, industrial o mercantil que els proporcioni independència personal o econòmica.

b) Les atribucions particulars en pacte successori, les donacions per causa de mort i les assignacions de béns al pagament de llegítimes, fetes també en pacte successori, quan es facin efectives.

3. En l'herència dels avis, són imputables a la llegítima dels néts els béns rebuts pels progenitors representats que haurien estat imputables a llur llegítima en cas d'haver estat legitimaris.

4. Les donacions i les altres atribucions imputables a la llegítima es valoren d'acord amb el que estableix l'article 451-5, però llur imputació no està sotmesa al límit de deu anys que fixa la lletra b del dit article.

5. El causant pot deixar sense efecte la imputació a la llegítima en testament o codicil i també en pacte successori o per mitjà d'una declaració feta en un altre acte entre vius en escriptura pública. La dispensa d'imputació feta en escriptura pública és irrevocable i la feta en pacte successori només és revocable per les causes legals o acordades entre les parts.

Article 451-9.   *Intangibilitat de la llegítima*

1. El causant no pot imposar sobre les atribucions fetes en concepte de llegítima o imputables a aquesta condicions, terminis o modes. Tam-

poc no pot gravar-les amb usdefruits o altres càrregues, ni subjectar-les a fideïcomís. Si ho fa, aquestes limitacions es consideren no formulades.

2. Com a excepció al que estableix l'apartat 1, si la disposició sotmesa a alguna de les limitacions a què fa referència el dit apartat té un valor superior al que correspon al legitimari per raó de llegítima, aquest ha d'optar entre acceptar-la en els termes en què li és atribuïda o reclamar només el que per llegítima li correspongui.

3. Si el legitimari accepta l'herència o el llegat sotmesos a alguna limitació, s'entén que renuncia a l'exercici de l'opció que estableix l'apartat 2.

Article 451-10. *Suplement de llegítima*

1. La institució d'hereu, el llegat, l'atribució particular en pacte successori i les donacions imputables a la llegítima no priven els afavorits de llur qualitat de legitimaris. Si el valor d'aquestes atribucions excedeix l'import de la llegítima, els legitimaris fan seu l'excés com a mera liberalitat.

2. Si el que han rebut els legitimaris pels conceptes a què fa referència l'apartat 1 és inferior a la llegítima que els correspon, poden exigir el que manqui com a suplement de llegítima, llevat que, després de la mort del causant, s'hagin donat per totalment pagats de la llegítima respectiva o hagin renunciat expressament al suplement.

3. Si després del pagament de la llegítima apareixen nous béns del causant, el legitimari té dret al suplement que li correspongui encara que s'hagi donat per totalment pagat de la llegítima o hagi renunciat al suplement.

Article 451-11. *Pagament de la llegítima*

1. L'hereu o les persones facultades per a fer la partició, distribuir l'herència o pagar llegítimes poden optar pel pagament, tant de la llegítima com del suplement, en diners, encara que no n'hi hagi a l'herència, o pel pagament en béns del cabal relicte, sempre que, per disposició del causant, no correspongui als legitimaris de percebre'ls per mitjà d'institució d'hereu, llegat o assignació d'un bé específic, atribució particular o donació.

2. En cas d'optar pel pagament de la llegítima o, si escau, el suplement en béns, l'hereu o la persona facultada per a pagar ha de complir els requisits que estableix l'article 451-7.2. Un cop feta l'opció i començat el pagament d'una manera determinada, el legitimari pot exigir que la resta li sigui pagada de la mateixa manera.

Article 451-12. *Qualitat dels béns*

1. Si les persones a què fa referència l'article 451-11 opten pel pagament en béns i el legitimari no es conforma amb els que hom li pretengui adjudicar, aquest pot recórrer a l'autoritat judicial competent, que ha de decidir amb equitat i pel procediment de jurisdicció voluntària.

2. L'autoritat judicial pot ordenar, en qualsevol cas, que es practiqui una prova pericial per a conèixer la qualitat i el valor dels béns que componen l'herència i del lot que hom pretengui adjudicar al legitimari.

Article 451-13. *Valoració dels béns*

Els béns de l'herència que serveixin com a pagament de la llegítima s'estimen per llur valor en el moment en què la persona legitimada per a pagar els elegeix o els adjudica i ho notifica al legitimari.

Article 451-14. *Interessos*

1. El causant pot disposar que la llegítima no meriti interès o en pot establir l'import.

2. A manca de disposicions del causant, la llegítima merita l'interès legal des de la mort del causant, encara que es pagui en béns de l'herència, llevat que el legitimari convisqui amb l'hereu o l'usufructuari universal de l'herència i a càrrec d'aquest.

3. El suplement de llegítima merita interès només des que és reclamat judicialment.

4. Si la llegítima es fa efectiva per mitjà d'un llegat de bé específic o una donació per causa de mort, el legitimari afavorit fa seus, en lloc d'interessos, els fruits que el bé produeix a partir de la mort del causant. La mateixa regla s'aplica a l'assignació de béns específics feta en pacte successori si els béns no han estat lliurats als legitimaris abans de la mort del causant.

Article 451-15. *Responsabilitat*

1. L'hereu respon personalment del pagament de la llegítima i, si escau, del suplement d'aquesta.

2. El legitimari pot demanar l'anotació preventiva de la demanda de reclamació de la llegítima i, si escau, del suplement en el Registre de la Propietat.

3. Si la llegítima s'atribueix per mitjà d'un llegat de béns immobles o d'una quantitat determinada de diners, el legitimari també pot demanar, si escau, l'anotació preventiva del llegat. El llegat simple de llegítima no té a aquest efecte la consideració de llegat de quantitat i no dóna lloc, per ell mateix, a cap assentament en el Registre de la Propietat.

SECCIÓ QUARTA. *La preterició i el desheretament*

Article 451-16. *Preterició de legitimaris*

1. És preterit el legitimari a qui el causant no ha fet cap atribució en concepte de llegítima o imputable a aquesta i que tampoc no ha estat

desheretat. El legitimari preterit pot exigir allò que per llegítima li correspon.

2. Si el legitimari preterit és un descendent del causant que ha nascut o ha esdevingut legitimari després d'haver-se atorgat el testament o un descendent l'existència del qual el causant ignorava en el moment de testar, té acció perquè es declarin ineficaços el testament i, si escau, els codicils atorgats pel causant, per causa de preterició errònia. Se n'exceptuen els casos següents:

a) Si el causant ha instituït hereu únic, en tota l'herència, el cònjuge o el convivent en parella estable.

b) Si el causant ha instituït hereu únic, en tota l'herència, un fill o un altre descendent i en el moment d'atorgar testament tenia més d'un fill o almenys un fill i una estirp de fill premort.

c) Si la relació de filiació en virtut de la qual hom esdevé legitimari ha quedat legalment determinada després de la mort del causant.

3. El legitimari per dret de representació només pot exercir l'acció de preterició errònia si el representat, en cas d'haver sobreviscut al causant, ho hauria pogut fer.

4. El simple reconeixement genèric del dret de llegítima a qui correspongui o l'atribució d'un llegat simple de llegítima a favor de tots els fills no exclou el dret dels legitimaris a exercir l'acció de preterició errònia si escau d'acord amb els apartats 1 a 3.

5. L'acció per a impugnar el testament o els codicils per causa de preterició errònia caduca al cap de quatre anys de la mort del testador.

Article 451-17. *Causes de desheretament*

1. El causant pot privar els legitimaris de llur dret de llegítima si en la successió concorre alguna causa de desheretament.

2. Són causes de desheretament:

a) Les causes d'indignitat que estableix l'article 412-3.

b) La denegació d'aliments al testador o al seu cònjuge o convivent en parella estable, o als ascendents o descendents del testador, en els casos en què hi ha l'obligació legal de prestar-los-en.

c) El maltractament greu al testador, al seu cònjuge o convivent en parella estable, o als ascendents o descendents del testador.

d) La suspensió o la privació de la potestat que corresponia al progenitor legitimari sobre el fill causant o de la que corresponia al fill legitimari sobre un nét del causant, en ambdós casos per causa imputable a la persona suspesa o privada de la potestat.

e) L'absència manifesta i continuada de relació familiar entre el causant i el legitimari, si és per una causa exclusivament imputable al legitimari.

Article 451-18. *Requisits del desheretament*

1. El desheretament s'ha de fer en testament, codicil o pacte successori i requereix l'expressió d'una de les causes que tipifica l'article 451-17 i la designació nominal del legitimari desheretat.

2. El desheretament no pot ésser ni parcial ni condicional.

Article 451-19. *Reconciliació i perdó*

1. La reconciliació del causant amb el legitimari que ha incorregut en causa de desheretament, sempre que sigui per actes indubtables, i el perdó concedit en escriptura pública deixen sense efecte el desheretament, tant si la reconciliació o el perdó són anteriors al desheretament com si són posteriors.

2. La reconciliació i el perdó són irrevocables.

Article 451-20. *Impugnació del desheretament*

1. Si el legitimari desheretat impugna el desheretament al·legant la inexistència de la causa, la prova que aquesta existia correspon a l'hereu.

2. Si el legitimari desheretat al·lega reconciliació o perdó, la prova de la reconciliació o del perdó correspon al desheretat.

3. L'acció d'impugnació del desheretament caduca al cap de quatre anys de la mort del testador.

Article 451-21. *Desheretament injust*

1. El desheretament és injust en els casos següents:

a) Si no es compleixen els requisits que estableix l'article 451-18.

b) Si no s'arriba a provar la certesa de la causa, en cas que el legitimari la contradigui.

c) Si el causant s'havia reconciliat amb el legitimari o l'havia perdonat.

2. El legitimari desheretat injustament pot exigir allò que per llegítima li correspon.

SECCIÓ CINQUENA.   *La inoficiositat*

Article 451-22. *Inoficiositat legitimària*

1. Si amb el valor de l'actiu hereditari líquid no resten a l'hereu béns relictes suficients per a pagar les llegítimes, els llegats en concepte de tals o imputables a les llegítimes, i els suplements, i per a retenir la llegítima pròpia sense detriment, es poden reduir per inoficiosos els llegats a favor d'estranys o dels mateixos legitimaris, en la part que excedeixi llur llegítima, o es poden simplement suprimir per a deixar-la franca.

2.   Als efectes de la reducció o la supressió, les donacions per causa de mort i les assignacions de llegítima que no s'han fet efectives en vida del causant tenen el mateix tractament que els llegats.

3.   Si després de fer la reducció o la supressió a què fan referència els apartats 1 i 2, el passiu supera l'actiu hereditari o si aquest és encara insuficient, també es poden reduir o suprimir les donacions computables per al càlcul de la llegítima atorgades pel causant i les atribucions particulars fetes en pacte successori a favor d'estranys o, fins i tot, de legitimaris, en la part no imputable a la llegítima.

4.   El legatari, el donatari i l'adquirent d'una atribució particular en pacte successori afectats per la inoficiositat poden evitar la pèrdua de la totalitat o d'una part del bé llegat, donat o atribuït en pacte successori pagant als legitimaris en diners l'import que hagin de percebre.

Article 451-23.   *Ordre de reducció*

1.   La reducció de llegats i d'altres atribucions per causa de mort es fa en proporció a llur valor, respectant les preferències de pagament que ha disposat el causant.

2.   La reducció o la supressió de donacions i atribucions particulars en pacte successori comença per la més recent i segueix per la següent més recent, i així successivament, per ordre invers de data. Si la data coincideix o és indeterminada, les donacions i atribucions particulars es redueixen a prorrata.

3.   El causant no pot alterar l'ordre de prelació en la reducció de donacions i atribucions particulars ni disposar que siguin reduïdes abans que els llegats.

Article 451-24.   *Acció d'inoficiositat*

1.   L'acció de reducció o supressió per inoficiositat de llegats, donacions i altres atribucions per causa de mort correspon solament als legitimaris i a llurs hereus, i als hereus del causant.

2.   L'acció d'inoficiositat caduca al cap de quatre anys de la mort del causant.

3.   Els creditors del causant no es poden beneficiar de la reducció o la supressió de donacions per inoficiositat, sens perjudici que puguin procedir contra l'hereu que no ha gaudit del benefici legal d'inventari i que resulti afavorit per la reducció o la supressió.

SECCIÓ SISENA.   *L'extinció de la llegítima*

Article 451-25.   *Causes d'extinció de la llegítima*

1.   La renúncia a la llegítima, el desheretament just i la declaració d'indignitat per a succeir extingeixen la respectiva llegítima individual.

2.   La llegítima dels progenitors s'extingeix si el creditor mor sense haver-la reclamada judicialment o per requeriment notarial després de la mort del fill causant.

3.   La llegítima individual extingida s'integra en l'herència sense que acreixi mai la dels altres legitimaris, sens perjudici del dret de representació.

Article 451-26.   *Renúncia a la llegítima futura*

1.   Són nuls els actes unilaterals, les estipulacions en pacte successori i els contractes de transacció o de qualsevol altra índole atorgats abans de la mort del causant que impliquin renúncia al dret de llegítima o que en perjudiquin el contingut.

2.   No obstant el que estableix l'apartat 1, són vàlids, si s'atorguen en escriptura pública:

a)   El pacte entre cònjuges o convivents en parella estable en virtut del qual renuncien a la llegítima que els podria correspondre en la successió dels fills comuns i, especialment, el pacte de supervivència en què el supervivent renuncia a la que li podria correspondre en la successió intestada del fill mort impúber.

b)   El pacte entre fills i progenitors pel qual aquests darrers renuncien a la llegítima que els podria correspondre en l'herència del fill premort.

c)   El pacte entre ascendents i descendents estipulat en pacte successori o en donació pel qual el descendent que rep del seu ascendent béns o diners en pagament de llegítima futura renuncia al possible suplement.

3.   La renúncia feta en pacte successori o donació d'acord amb l'apartat 2.c es pot rescindir per lesió en més de la meitat del just valor de la llegítima, atenent l'import que tindria la llegítima del renunciant en la data en què s'ha fet. L'acció es pot exercir en el termini de quatre anys a comptar de l'atorgament del pacte.

Article 451-27.   *Prescripció*

1.   La pretensió per a exigir la llegítima i el suplement prescriu al cap de deu anys de la mort del causant.

2.   La prescripció de les accions de reclamació de llegítima o de suplement contra un progenitor del legitimari resta suspesa durant la vida del primer, sens perjudici del termini de preclusió que estableix l'article 121-24. També resta suspesa, en cas de designació d'hereu pels parents d'acord amb l'article 424-5, fins que no es produeixi l'elecció.

CAPÍTOL II.   *La quarta vidual*

Article 452-1.   *Dret a la quarta vidual*

1.   El cònjuge vidu o el convivent en parella estable que, amb els béns propis, els que li puguin correspondre per raó de liquidació del règim econòmic matrimonial i els que el causant li atribueixi per causa de mort o en consideració a aquesta, no tingui recursos econòmics suficients per a satisfer les seves necessitats té dret a obtenir en la successió del cònjuge o convivent premort la quantitat que calgui per a atendre-les, fins a un màxim de la quarta part de l'actiu hereditari líquid, calculat d'acord amb el que estableix l'article 452-3.

2.   Per a determinar les necessitats del cònjuge o del convivent creditor, s'ha de tenir en compte el nivell de vida de què gaudia durant la convivència i el patrimoni relicte, i també la seva edat, l'estat de salut, els salaris o rendes que estigui percebent, les perspectives econòmiques previsibles i qualsevol altra circumstància rellevant.

Article 452-2.   *Exclusió del dret a la quarta vidual*

El cònjuge vidu o el convivent en parella estable supervivent no té dret a reclamar la quarta vidual si, en el moment de l'obertura de la successió, està en alguna de les situacions que regula l'article 442-6.

Article 452-3.   *Còmput de la quarta vidual*

Per a calcular la quarta vidual, es parteix del valor dels béns de l'actiu hereditari líquid en el moment de la mort del causant i se'n descompta només el valor dels béns de l'herència atribuïts al cònjuge vidu o al convivent en parella estable supervivent. A la quantitat resultant s'ha d'afegir el valor dels béns donats o alienats pel causant per un altre títol gratuït, aplicant-hi les regles de l'article 451-5.b, c i d, però sense incloure-hi les donacions fetes al cònjuge vidu o al convivent supervivent.

Article 452-4.   *Reclamació i pagament de la quarta vidual*

1.   La quarta vidual confereix acció personal contra els hereus del causant al cònjuge vidu o al convivent en parella estable supervivent en el qual concorrin els requisits que estableix l'article 452-1.

2.   L'hereu o les persones facultades per a fer el pagament poden optar per fer-lo en diners o en béns de l'herència, d'acord amb les normes sobre el pagament de la llegítima.

3.   La quarta vidual merita interès des que és reclamada judicialment.

4.   El cònjuge vidu o el convivent en parella estable supervivent pot sol·licitar que la demanda de reclamació de la quarta vidual s'anoti preventivament en el Registre de la Propietat.

Article 452-5. *Reducció o supressió de llegats i donacions*

1. Si el valor de l'actiu hereditari líquid no permet a l'hereu fer el pagament de la quarta vidual amb béns de l'herència o, si escau, per a retenir-la sense detriment, el cònjuge vidu o el convivent en parella estable supervivent i els hereus del causant poden exercir una acció per a reduir o suprimir llegats, donacions i altres atribucions per causa de mort.

2. No es poden reduir ni suprimir els llegats, les donacions i les altres atribucions fetes en concepte de llegítima o que hi siguin imputables, en la part corresponent a la quantia de la llegítima.

3. S'apliquen a l'acció de reducció o supressió de llegats, donacions o altres atribucions patrimonials les normes reguladores de l'acció d'inoficiositat legitimària.

Article 452-6. *Extinció de la quarta vidual*

1. El dret a reclamar la quarta vidual s'extingeix:

a) Per renúncia feta després de la mort del causant.

b) Per matrimoni o convivència marital amb una altra persona, després de la mort del causant i abans d'haver-lo exercit.

c) Per la mort del cònjuge vidu o el convivent en parella estable supervivent sense haver-lo exercit.

d) Per suspensió o privació de la potestat del cònjuge vidu o convivent en parella estable supervivent, per causa que li sigui imputable, sobre els fills comuns amb el causant.

2. La pretensió per a reclamar la quarta vidual prescriu al cap de tres anys de la mort del causant.

TÍTOL VI. *L'adquisició de l'herència*

CAPÍTOL I. *L'acceptació i la repudiació de l'herència*

SECCIÓ PRIMERA. *Disposicions generals*

Article 461-1. *Exercici de la delació*

1. El cridat a l'herència la pot acceptar o repudiar lliurement tan bon punt tingui coneixement que s'ha produït la delació a favor seu.

2. Si hi ha diversos cridats a l'herència, cadascun d'ells la pot acceptar o repudiar amb independència dels altres.

3. L'acceptació i la repudiació de l'herència són irrevocables.

Article 461-2. *Requisits per a l'acceptació i la repudiació de l'herència*

1. L'acceptació i la repudiació de l'herència no es poden fer parcialment, ni sotmeses a termini o condició. Les condicions i les restriccions a l'acceptació i la repudiació de l'herència es consideren no formulades.

2. Llevat que la voluntat del testador sigui una altra, s'entén que el cridat en quotes diferents que n'accepta qualsevol accepta també les restants, encara que li siguin deferides amb posterioritat per mitjà de substitució vulgar o per compliment de condicions suspensives.

Article 461-3. *Formes d'acceptació de l'herència*

L'acceptació de l'herència pot ésser expressa o tàcita.

Article 461-4. *Acceptació expressa de l'herència*

L'acceptació expressa s'ha de fer en document públic o privat, en el qual el cridat a l'herència ha de manifestar la voluntat d'acceptar-la o ha d'assumir el títol d'hereu.

Article 461-5. *Acceptació tàcita de l'herència*

S'entén que l'herència s'accepta tàcitament en els casos següents:

a) Si el cridat fa qualsevol acte que no pot fer si no és a títol d'hereu.

b) Si el cridat ven, dóna o cedeix el dret a l'herència a tots els co-hereus, a algun d'ells o a un tercer, llevat que es tracti d'una donació o cessió gratuïta a favor de tots els altres en la proporció en què són hereus.

c) Si el cridat renuncia al dret a succeir a canvi d'una contraprestació o hi renuncia a favor de només algun o alguns dels cohereus.

Article 461-6. *Repudiació de l'herència*

1. La repudiació de l'herència s'ha de fer de manera expressa en un document públic.

2. S'entén que l'herència ha estat repudiada si el cridat hi renuncia gratuïtament a favor de les persones a les quals s'hauria de deferir la quota del renunciant, sempre que compleixi els requisits de forma que estableix l'apartat 1.

Article 461-7. *Repudiació de l'herència en perjudici dels creditors*

1. La repudiació de l'herència en perjudici dels creditors de l'hereu cridat no es pot oposar a aquests, que poden cobrar els crèdits de data anterior a la repudiació sobre els béns de l'herència o sobre la quota d'herència repudiada si manquen altres recursos per a cobrar-los.

2. El dret dels creditors caduca al cap d'un any de la repudiació.

Article 461-8. *Acceptació forçosa de l'herència*

El cridat que hagi sostret o ocultat béns de l'herència perd la facul-tat de repudiar-la i esdevé hereu pur i simple, encara que manifesti la voluntat de repudiar l'herència d'acord amb els requisits que estableix aquest llibre.

Article 461-9.   *Capacitat per a acceptar i repudiar l'herència*

1.   Poden acceptar i repudiar l'herència les persones amb capacitat d'obrar. Per a repudiar-la, els menors emancipats i les persones posades en curatela han d'ésser assistits per les persones que complementen llur capacitat.

2.   Els pares o tutors necessiten l'autorització judicial per a repudiar les herències deferides als fills menors d'edat o a les persones posades en tutela.

3.   Les persones jurídiques poden acceptar o repudiar les herències que els són deferides d'acord amb llurs normes reguladores. Per a acceptar una herència en forma pura i per a repudiar-la, si no hi ha una regla expressa, les persones jurídiques han d'observar les mateixes normes que per a fer un acte de disposició de béns.

Article 461-10.   *Nul·litat per manca de capacitat o vicis del consentiment*

1.   Són nul·les l'acceptació i la repudiació fetes sense complir els requisits legals de capacitat o amb la voluntat viciada per error, violència, intimidació o dol. L'error només determina la nul·litat de l'acceptació o la repudiació si era excusable i va ésser determinant de la prestació del consentiment. S'entén que hi ha error si, amb posterioritat, apareixen altres disposicions d'última voluntat que eren desconegudes i que alteren substancialment el contingut del títol successori acceptat o repudiat.

2.   L'acció de nul·litat per manca de capacitat caduca al cap de quatre anys de l'arribada a la majoria d'edat o de la recuperació de la capacitat. En cas de vici de la voluntat, l'acció caduca també al cap de quatre anys, que es compten, en cas d'error, des de la realització de l'acte; en cas de violència o intimidació, des que va cessar el vici, i en cas de dol, des del coneixement de l'engany.

Article 461-11.   *Pluralitat de crides*

1.   El cridat que repudia l'herència testamentària pot acceptar la intestada, però subjectant-se als llegats, els fideïcomisos, les condicions i les altres càrregues que el testador hagi imposat.

2.   La repudiació d'una herència en la creença que era intestada no perjudica el repudiant si ha estat cridat a la successió en testament o pacte successori.

Article 461-12.   *Delació i interpel·lació al cridat*

1.   El dret del cridat a acceptar o repudiar l'herència no està sotmès a termini.

2.   Les persones interessades en la successió, incloent-hi els creditors de l'herència o del cridat, poden sol·licitar al notari, una vegada hagi transcorregut un mes a comptar de la delació, que requereixi personal-

ment al cridat a fi que, en el termini de dos mesos, li manifesti si accepta o repudia l'herència, amb advertència expressa que, si no l'accepta, s'entén que la repudia.

3.   El requeriment personal al cridat s'ha de fer, com a mínim, dues vegades en dies diferents. Si aquest requeriment esdevé infructuós, el notari ha de fer el requeriment per correu certificat i, en cas que no es pugui notificar, s'ha de fer per mitjà d'edictes publicats en els dos diaris de més tiratge.

4.   Una vegada transcorregut el termini de dos mesos sense que el cridat hagi acceptat l'herència en escriptura pública, s'entén que la repudia, llevat que sigui un menor d'edat o una persona amb la capacitat modificada judicialment, cas en el qual s'entén que l'accepta a benefici d'inventari.

Article 461-13.   *Dret de transmissió*

1.   Si el cridat mor sense haver acceptat ni repudiat l'herència deferida, el dret a succeir mitjançant l'acceptació de l'herència i el de repudiar es transmeten sempre als seus hereus.

2.   Els hereus del cridat que hagi mort sense haver acceptat ni repudiat l'herència la poden acceptar o repudiar, però només si prèviament o en el mateix acte accepten l'herència del seu causant. Si els hereus que accepten aquesta segona herència són diversos, cadascun d'ells pot acceptar o repudiar la primera, independentment dels altres, i amb dret preferent d'acréixer entre ells.

SECCIÓ SEGONA.   *L'acceptació de l'herència pura i simple i a benefici d'inventari*

Article 461-14.   *Acceptació de l'herència a benefici d'inventari*

1.   L'hereu pot adquirir l'herència a benefici d'inventari, sempre que en prengui inventari, abans o després d'acceptar-la, d'acord amb el que estableix l'article 461-15. L'hereu pot gaudir d'aquest benefici encara que el causant ho hagi prohibit i encara que accepti l'herència sense manifestar la voluntat d'acollir-s'hi.

Article 461-15.   *Presa d'inventari*

1.   L'inventari s'ha de prendre en el termini de sis mesos a comptar del moment en què l'hereu coneix o pot conèixer raonablement la delació.

2.   L'inventari de l'herència s'ha de formalitzar davant notari. Es pot aprofitar l'inventari pres per a detreure les quartes del fideïcomís o de l'herència gravada amb llegats. Tanmateix, l'inventari formalitzat per l'hereu en document privat que es presenti a l'administració pública competent per a la liquidació dels impostos relatius a la successió també produeix els efectes legals del benefici d'inventari.

3. En l'inventari s'han de ressenyar els béns relictes, sense que calgui valorar-los, i els deutes i les càrregues hereditaris, amb indicació de llur import.

4. L'inventari no es considera pres en forma si, a sabuda de l'hereu, no hi figuren tots els béns i deutes, ni si ha estat confeccionat en frau dels creditors.

5. Per a prendre l'inventari, no cal citar cap persona, però hi poden intervenir els creditors del causant i altres interessats en l'herència.

6. Si l'hereu manifesta la voluntat d'acceptar l'herència a benefici d'inventari abans de prendre'l, els legataris i els fideïcomissaris no poden iniciar cap acció contra l'herència fins que s'hagi formalitzat l'inventari o hagi transcorregut el termini legal per a fer-ho.

Article 461-16. *Benefici legal d'inventari*

Gaudeixen de ple dret del benefici d'inventari, encara que no l'hagin pres, els hereus menors d'edat, tant si estan emancipats com si no ho estan, les persones posades en tutela o curatela, els hereus de confiança, les persones jurídiques de dret públic, i les fundacions i associacions declarades d'utilitat pública o d'interès social. També en gaudeixen les herències destinades a finalitats d'interès general.

Article 461-17. *Acceptació pura i simple de l'herència*

1. Si l'hereu no pren l'inventari dins del termini i en la forma establerts, s'entén que accepta l'herència de manera pura i simple.

2. La mera manifestació feta per l'hereu d'acceptar l'herència de manera pura i simple no el priva d'aprofitar els efectes del benefici d'inventari, si l'ha pres dins del termini i en la forma establerts i compleix les regles d'administració de l'herència inherents a aquest benefici.

SECCIÓ TERCERA. *Els efectes de l'acceptació de l'herència*

Article 461-18. *Efectes de l'acceptació pura i simple*

Per l'acceptació de l'herència pura i simple, l'hereu respon de les obligacions del causant i de les càrregues hereditàries, no solament amb els béns relictes, sinó també amb els béns propis, indistintament.

Article 461-19. *Càrregues hereditàries*

Són càrregues hereditàries les despeses:

a) De darrera malaltia, d'enterrament o incineració i dels altres serveis funeraris.

b) De presa d'inventari i de partició de l'herència, i les altres causades per actuacions judicials, notarials o registrals fetes en interès comú.

c) De defensa dels béns de l'herència, mentre aquesta estigui jacent.

d) De lliurament de llegats, de pagament de llegítimes i de marmessoria, i les altres de naturalesa anàloga.

Article 461-20. *Efectes de l'acceptació de l'herència a benefici d'inventari*

L'acceptació de l'herència a benefici d'inventari produeix els efectes següents:

a) L'hereu no respon de les obligacions del causant ni de les càrregues hereditàries amb els béns propis, sinó únicament amb els béns de l'herència.

b) Subsisteixen, sense extingir-se per confusió, els drets i els crèdits de l'hereu contra l'herència, dels quals es pot fer pagament, i les obligacions de l'hereu a favor de l'herència.

c) Mentre no quedin completament pagats els deutes del causant i les càrregues hereditàries, no es poden confondre en perjudici dels creditors hereditaris ni de l'hereu els béns de l'herència amb els propis de l'hereu.

Article 461-21. *Administració de l'herència beneficiària*

1. El benefici d'inventari no impedeix a l'hereu d'adquirir l'herència, prendre'n possessió i administrar-la.

2. Abans de lliurar o complir els llegats, l'hereu ha de pagar els creditors coneguts del causant a mesura que es presentin, sota la seva responsabilitat, i ha de cobrar-se els seus crèdits amb els diners que trobi a l'herència o que obtingui de la venda dels béns de la mateixa herència, sens perjudici dels que pugui adjudicar en pagament.

3. Si, un cop pagats alguns o tots els legataris, apareixen creditors hereditaris desconeguts i el romanent hereditari no és suficient per a pagar-los, aquests creditors poden repetir contra els dits legataris.

4. Els creditors particulars de l'hereu no poden perseguir els béns de l'herència fins que tots els creditors coneguts del causant hagin estat pagats.

5. L'hereu que actua fraudulentament en els pagaments i realitzacions de béns i, en general, en l'administració de l'herència beneficiària perd el benefici d'inventari.

Article 461-22. *Concurs de l'herència*

Les disposicions sobre responsabilitat de l'hereu pels deutes del causant, derivada de l'acceptació de l'herència, s'apliquen sens perjudici del que estableix la legislació concursal.

SECCIÓ QUARTA. *El benefici de separació de patrimonis*

Article 461-23. *Benefici de separació de patrimonis*

1. Els creditors per deutes del causant i els legataris poden sol·licitar al jutge competent, en procediment de jurisdicció voluntària, que el patrimoni hereditari sigui considerat separat del privatiu de l'hereu, per a salvaguardar llur dret davant els creditors particulars de l'hereu. També ho poden sol·licitar els creditors de l'hereu, per a salvaguardar llur dret davant els creditors per deutes del causant.

2. Un cop pres l'inventari de l'herència, el jutge, amb la motivació adequada, concedeix el benefici de separació de patrimonis i adopta, si escau, les mesures necessàries per a fer-lo efectiu.

3. Els creditors del causant i els legataris que obtinguin el benefici de separació de patrimonis tenen dret preferent per a cobrar els crèdits i percebre els llegats respecte als creditors particulars de l'hereu, però, mentre no s'hagin pagat aquests creditors particulars, els dits creditors del causant i els legataris no poden perseguir els béns privatius de l'hereu. Aquest darrer efecte també es produeix si el benefici es concedeix a instància d'algun creditor de l'hereu.

SECCIÓ CINQUENA.   *Els béns adquirits per menors d'edat o incapacitats*

Article 461-24. *Administració de béns adquirits per menors d'edat o incapacitats*

1. Els béns adquirits per títol successori per menors d'edat o incapacitats han d'ésser administrats per la persona que el causant hagi designat en pacte successori, testament o codicil. Si no hi ha designació o la persona designada no pot o no vol assumir l'encàrrec, els han d'administrar els progenitors que exerceixin la potestat parental o el tutor.

2. Si un progenitor ha estat declarat indigne o ha estat desheretat, resta exclòs de l'administració dels béns que corresponguin als seus fills menors d'edat o incapacitats. L'administració d'aquests béns correspon a l'administrador especialment designat pel causant o, si no n'hi ha, a l'altre progenitor si exerceix la potestat, al tutor o a l'administrador patrimonial en cas de tutela, o a la persona que designi l'autoritat judicial.

3. Per a la disposició o el gravamen de béns de menors d'edat i incapacitats adquirits per títol successori, s'apliquen les regles que hagi establert el causant, fins i tot en el cas que afectin la llegítima, i, si no n'hi ha, regeixen les normes generals per a fer aquests actes.

4. Si el causant és ascendent del menor d'edat o incapacitat, pot facultar l'administrador, un cop l'herència hagi estat acceptada, per a prendre possessió dels béns per ell mateix, amb l'obligació d'inventariar-los.

CAPÍTOL II. *El dret d'acréixer*

Article 462-1. *Dret d'acréixer entre cohereus*

1. Si hi ha instituïts dos o més hereus en una mateixa herència i per qualsevol causa algun d'ells no arriba a ésser-ho efectivament, la seva quota o part acreix la dels cohereus, encara que el testador ho hagi prohibit, llevat que siguin procedents el dret de transmissió, la substitució vulgar o el dret de representació. El mateix efecte es produeix respecte a la quota hereditària de la qual el testador no ha disposat.

2. Si hi ha instituïts conjuntament dos o més hereus en una mateixa quota o porció d'herència i un del mateix grup no arriba a ésser hereu, l'acreixement es produeix preferentment entre els altres del mateix grup. Solament a manca d'aquests la seva quota acreix la dels altres hereus.

Article 462-2. *Efectes del dret d'acréixer*

1. El cohereu que accepta la quota d'herència que li correspon directament adquireix també la que acreix a favor seu.

2. L'acreixement sempre és proporcional a les respectives quotes o parts hereditàries. Subsisteixen les condicions, els modes, els llegats, les substitucions i les altres càrregues que el causant hagi imposat al cridat a la quota vacant, encara que hagin estat imposades determinadament a càrrec d'ell, sempre que no siguin personalíssimes.

3. Els efectes del dret d'acréixer es retrotreuen al moment de la delació a favor dels hereus.

4. Els hereus per dret de transmissió, per substitució vulgar o per fideïcomís i els adquirents de l'herència es beneficien, respectivament, del dret eventual d'acréixer de llur causant, hereu anterior o transmitent, sigui quin sigui el moment en què es produeixi l'acreixement, llevat que el causant hagi disposat un efecte diferent en ordenar la substitució o en el títol de la transmissió s'hagi establert una altra cosa.

Article 462-3. *Dret d'acréixer en els llegats*

1. Entre els legataris cridats conjuntament a un mateix llegat és procedent el dret d'acréixer, si el testador no l'ha prohibit o no ha ordenat una substitució vulgar.

2. L'acreixement es produeix preferentment entre els legataris que, a més d'ésser cridats conjuntament a un mateix llegat, ho són en una mateixa clàusula.

3. En cas d'acreixement, subsisteixen les condicions, els modes, els subllegats, les substitucions i les altres càrregues no personalíssimes que el causant hagi imposat al legatari que no ho hagi arribat a ésser efectivament.

4. Si no pot tenir lloc el dret d'acréixer o el legatari hi ha renunciat, la part vacant del llegat resta en benefici de l'hereu, del legatari o de la persona gravada amb el dit llegat.

Article 462-4. *Dret d'acréixer en els fideïcomisos*

Llevat que la voluntat del causant sigui una altra, en els fideïcomisos ordenats a favor de diversos fideïcomissaris conjuntament, la quota de l'herència o del llegat fideïcomesos que hauria correspost a qui per qualsevol causa no ho arriba a ésser acreix la dels altres que ho arriben a ésser efectivament, sens perjudici, però, del dret de transmissió en els fideïcomisos a termini i de la substitució vulgar en fideïcomís, expressa o tàcita.

CAPÍTOL III. *La comunitat hereditària*

Article 463-1. *Concurrència d'una pluralitat d'hereus*

Si concorren a la successió, simultàniament, una pluralitat d'hereus, aquests adquireixen el patrimoni hereditari en proporció a les quotes respectives. No obstant això, les obligacions i les càrregues hereditàries es divideixen entre els cohereus en proporció a les quotes respectives, sense solidaritat entre ells.

Article 463-2. *Durada de la comunitat*

1. El causant pot ordenar, i els hereus acordar unànimement, que, tant respecte a l'herència com a béns concrets d'aquesta, no es faci la partició durant un termini que no pot excedir els deu anys a comptar de l'obertura de la successió.

2. El termini d'indivisió pot arribar als quinze anys respecte a l'immoble que sigui residència habitual d'un dels cohereus si aquest és cònjuge, convivent en parella estable o fill del causant.

3. Si el causant o els cohereus fixen un termini d'indivisió superior al que estableix, segons que correspongui, l'apartat 1 o l'apartat 2, se n'ha de reduir l'excés.

4. Encara que hi hagi una prohibició o un pacte d'indivisió, el jutge, a instància de qualsevol cohereu, pot autoritzar la partició o una bestreta parcial en béns de l'herència o en diners encara que no n'hi hagi, si sobrevé una causa justa.

Article 463-3. *Facultats d'ús i gaudi*

1. Els cohereus poden usar els béns de la comunitat i apropiar-se'n els fruits i els rendiments d'acord amb el que estableix l'article 552-6.

2. L'ús i el gaudi exclusiu de determinats béns de la comunitat hereditària per part d'un o alguns dels cohereus no deixa aquests béns fora de la partició hereditària, llevat que hagin estat usucapits per llurs posseïdors en concepte de titulars exclusius.

Article 463-4. *Administració de l'herència*

1. Si no hi ha cap persona especialment legitimada per a administrar l'herència, el jutge pot, a instància de qualsevol interessat, adoptar les

mesures que cregui oportunes per a conservar el cabal hereditari, fins i tot nomenar un administrador.

2. Si no hi ha una persona especialment legitimada pel causant o nomenada per l'autoritat judicial per a administrar l'herència, l'administració del cabal hereditari correspon als hereus, que l'exerceixen d'acord amb el que estableixen els articles 552-7 i 552-8.

3. Els cohereus estan legitimats individualment per a fer els actes necessaris de conservació i defensa dels béns.

Article 463-5. *Disposició de béns hereditaris*

1. Els actes de disposició de béns de la comunitat hereditària s'acorden per unanimitat.

2. Les contraprestacions i les indemnitzacions percebudes per raó d'actes de disposició o de la pèrdua o el menyscabament de béns de la comunitat hereditària, i també els béns adquirits a càrrec d'aquestes contraprestacions i indemnitzacions, s'integren en la comunitat per subrogació real.

Article 463-6. *Disposició de la quota hereditària*

1. Cada cohereu pot disposar de la seva quota hereditària.

2. En cas de compravenda o dació en pagament a favor de persona que no sigui cohereva, els altres cohereus poden exercir, en proporció a les quotes respectives, els drets de tanteig i retracte.

3. Els drets de tanteig i retracte s'exerceixen dins del termini i en la forma que estableix l'article 552-4.2.

CAPÍTOL IV. *La partició i la col·lació*

SECCIÓ PRIMERA. *La partició*

Article 464-1. *Dret a la partició*

Tot cohereu pot demanar, en qualsevol moment, la partició de l'herència, excepte en els supòsits d'indivisió ordenada pel causant o convinguda pels hereus d'acord amb la llei.

Article 464-2. *Suspensió de la partició*

La partició de l'herència se suspèn en els casos següents:

a) Si és cridat a l'herència un concebut, fins que s'esdevingui el part o l'avortament.

b) Si s'ha entaulat una demanda sobre filiació, fins que es dicti sentència ferma.

c) Si s'ha iniciat un expedient d'adopció, fins que aquest acabi amb resolució ferma.

d) Si el causant ha expressat la voluntat de permetre la fecundació assistida després de la mort, fins que s'esdevingui el part o venci el termini legal per a practicar-la.

e) Si és cridada a l'herència una persona jurídica que el causant ordena constituir en el testament, fins que es constitueixi vàlidament o es declari, d'acord amb la llei, la impossibilitat de constituir-la.

Article 464-3. *Oposició dels creditors*

Els creditors del causant es poden oposar que es faci la partició de l'herència fins que se'ls pagui o fianci l'import de llurs crèdits.

Article 464-4. *Partició pel causant*

1. La partició la pot fer el causant mateix, per mitjà d'un acte entre vius o d'última voluntat i pot comprendre tota l'herència, o només una part del cabal, o béns concrets i determinats. El causant també pot establir regles vinculants per a la partició.

2. Si el causant fa la partició en el mateix acte en què disposa de l'herència i hi ha contradicció entre les clàusules de partició i les de disposició, prevalen les primeres. Si la partició es fa en acte separat, prevalen les clàusules dispositives, llevat que siguin revocables i puguin ésser revocades efectivament per l'acte que conté les clàusules particionals.

Article 464-5. *Partició per marmessor o comptador partidor*

El causant pot també encomanar la partició a un marmessor o un comptador partidor, que ha d'actuar d'acord amb les regles que el causant hagi establert i, en allò no previst, d'acord amb la llei.

Article 464-6. *Partició pels cohereus*

1. Els hereus poden fer la partició de comú acord, de la manera que creguin convenient, fins i tot deixant de banda les disposicions particionals establertes pel causant. A aquest efecte, si el causant no ho ha prohibit, poden acordar per unanimitat considerar l'atribució de prellegats com a operació particional del causant i prescindir-ne.

2. En cas que el causant hagi designat comptadors partidors, els hereus poden acordar unànimement fer la partició prescindint-ne, llevat que el causant hagi disposat expressament el contrari.

3. Els cohereus poden fer la partició provisional de l'herència, a tots els efectes legals, adjudicant béns concrets i deixant pendent l'adjudicació d'altres béns o la compensació en metàl·lic dels excessos. Mentre aquesta adjudicació o compensació no es produeixi, la partició definitiva queda ajornada.

Article 464-7.   *Partició arbitral o judicial*

1.   El causant, en previsió que els hereus no arribin a un acord per a fer la partició, pot instituir un arbitratge testamentari a aquest efecte. Els hereus també poden, de comú acord, sotmetre a arbitratge la realització de la partició o les controvèrsies que se'n derivin, fins i tot les relatives a les llegítimes.

2.   Si els hereus no arriben a un acord per a fer la partició ni escau fer-la d'una altra manera, qualsevol d'ells pot instar la partició judicial.

Article 464-8.   *Regles d'adjudicació*

1.   En la partició s'ha de guardar igualtat en la mesura que sigui possible, tant si es fan lots com si s'adjudiquen béns concrets.

2.   Les coses indivisibles o que desmereixen notablement en dividir-se i les col·leccions d'interès artístic, històric, científic o documental s'han d'adjudicar d'acord amb les regles de l'article 552-11, llevat de voluntat contrària del causant o de l'acord unànime dels cohereus.

3.   La partició de l'herència ha de respectar els límits a la propietat en interès públic i privat, especialment la legislació urbanística, forestal i agrària, inclòs el règim de les unitats mínimes de conreu.

Article 464-9.   *Liquidació possessòria i despeses*

1.   Els cohereus s'han de reintegrar recíprocament, en proporció a llur haver, els fruits i els rendiments percebuts dels béns que componen l'herència. També s'han de reemborsar l'import de les despeses necessàries i útils que hagin fet en els béns i indemnitzar pels danys que hi hagin causat per causa que els sigui imputable.

2.   Les despeses que la partició generi en interès comú dels hereus s'han de deduir de l'herència.

Article 464-10.   *Efecte de la partició*

Per la partició, cada cohereu adquireix la titularitat exclusiva dels béns i drets adjudicats.

Article 464-11.   *Garantia de conformitat*

1.   Un cop feta la partició, els cohereus estan obligats, recíprocament i en proporció a llur haver, a la garantia de la conformitat dels béns adjudicats, llevat que:

a)   La partició hagi estat feta pel causant i el testament no disposi el contrari o permeti presumir-ho de manera clara.

b)   Els cohereus l'excloguin expressament o hi renunciïn.

c)   La privació del bé procedeixi d'una causa posterior a la partició o la pateixi el cohereu adjudicatari per culpa pròpia.

2. En cas de manca de conformitat per defectes materials, l'adjudicatari té dret a ésser compensat en diners per la diferència entre el valor d'adjudicació del bé i el valor que efectivament tenia a causa del vici.

3. La responsabilitat derivada de la manca de conformitat dels béns adjudicats es regeix pels terminis que fixen els articles 621-29 i 621-44.

Article 464-12. *Adjudicació de crèdits i rendes*

1. Si s'adjudica a un cohereu un crèdit contra un tercer, els altres només responen de la insolvència d'aquest en el moment de fer-se la partició, llevat de pacte en contrari.

2. Si s'adjudica una renda periòdica, la garantia de la solvència del deutor dura tres anys des de la partició, llevat de pacte en contrari.

Article 464-13. *Rescissió per lesió de la partició*

1. La partició es pot rescindir per causa de lesió en més de la meitat del valor del conjunt dels béns adjudicats al cohereu, amb relació al de la seva quota hereditària, atès el valor dels béns en el moment que s'adjudiquen.

2. La partició feta pel causant no es pot rescindir per lesió, llevat que hagi manifestat o sigui presumible de manera clara la voluntat contrària.

3. L'acció de rescissió caduca al cap de quatre anys de la data de la partició i s'ha de dirigir contra tots els cohereus.

Article 464-14. *Rectificació de la partició*

1. Els cohereus demandats en exercici d'una acció de rescissió la poden evitar si rectifiquen la partició abonant al perjudicat, en diners, el valor lesiu, més els interessos comptats des de la data de la partició.

2. A més del que estableix l'apartat 1, la partició es pot rectificar si s'ha fet amb l'omissió involuntària d'algun cohereu. En aquest cas, els cohereus que han intervingut en la partició han d'abonar al cohereu omès la part que proporcionalment li pertoqui.

Article 464-15. *Addició de la partició*

1. La partició, si s'ha fet amb l'omissió d'algun bé, s'ha de completar amb l'addició d'aquest bé.

2. Si ha concorregut a la partició un hereu aparent, la part que se li ha adjudicat s'ha d'addicionar a la dels altres cohereus, si escau, en proporció a llurs quotes. Tanmateix, la majoria dels cohereus, segons el valor de llur quota, poden acordar deixar la partició sense efecte perquè es torni a fer.

Article 464-16. *Responsabilitat dels cohereus*

1. La partició de l'herència no modifica el règim de responsabilitat dels cohereus que estableix l'article 463-1.

2. El cohereu que abans de la partició ha pagat més del que li corresponia, segons la seva quota, pot reclamar als altres l'import que els pertoqui. L'acció de repetició prescriu al cap de tres anys de la partició.

3. El cohereu creditor del difunt pot reclamar als altres el pagament del seu crèdit, en la part que correspongui a cadascun d'ells, un cop deduïda la part que li correspon com a cohereu.

SECCIÓ SEGONA. *La col·lació*

Article 464-17. *Béns col·lacionables*

1. Els descendents que concorren com a cohereus en la successió d'un ascendent comú han de col·lacionar, als efectes de la partició de l'herència, el valor de les atribucions que el causant els ha fet per actes entre vius a títol gratuït, sempre que l'atribució s'hagi fet en concepte de llegítima o hi sigui imputable, o que el causant hagi establert expressament, en el moment d'atorgar l'acte, que l'atribució sigui col·lacionable.

2. El causant no pot ordenar, després d'haver atorgat un acte a títol gratuït, que l'atribució sigui col·lacionable, però pot dispensar la col·lació en testament, codicil o pacte successori i pot també excloure-la en la seva successió.

3. Un cop oberta la successió, els cohereus que serien beneficiaris de la col·lació poden renunciar a aprofitar-se'n.

Article 464-18. *Col·lació en lloc d'ascendents*

El nét hereu en la successió del seu avi ha de col·lacionar les atribucions a títol gratuït rebudes pel seu pare que aquest hauria hagut de col·lacionar en la mateixa successió si fos viu, sempre que el nét sigui també hereu d'aquest i amb relació a tots els béns o a la part d'aquests béns que hagi arribat al seu poder.

Article 464-19. *Persones beneficiàries*

La col·lació només beneficia els cohereus que són descendents del causant i no pot beneficiar els legataris ni els creditors de l'herència.

Article 464-20. *Valoració de les atribucions col·lacionables*

1. Les atribucions col·lacionables es computen pel valor que els béns tenen en el moment de morir el causant, aplicant-hi les regles de l'article 451-5.c i d.

2. El valor que resulti de la computació a què fa referència l'apartat 1 s'imputa a la quota hereditària del cohereu que ha de col·lacionar, però, si el valor excedeix la quota, l'hereu no ha de restituir l'excés, sens perjudici de la reducció o supressió de les donacions inoficioses.

CAPÍTOL V.   *La protecció del dret hereditari*

Article 465-1.   *L'acció de petició d'herència*

1.   L'hereu té l'acció de petició d'herència contra qui la posseeix, en tot o en part, a títol d'hereu o sense al·legar cap títol, per a obtenir el reconeixement de la qualitat d'hereu i la restitució dels béns com a universalitat, sense haver de provar el dret del seu causant sobre els béns singulars que la constitueixen.

2.   L'acció de petició d'herència és procedent també contra els successors de l'hereu aparent o del posseïdor i contra els adquirents de la totalitat de l'herència o d'una quota d'aquesta.

3.   L'acció de petició d'herència és imprescriptible, salvats els efectes de la usucapió respecte als béns singulars.

Article 465-2.   *Règim jurídic de l'hereu aparent*

1.   L'hereu aparent o el posseïdor vençut per l'exercici de l'acció de petició d'herència ha de restituir a l'hereu real els béns de l'herència, aplicant les normes de liquidació de la situació possessòria i distingint si la possessió ha estat de bona fe o de mala fe.

2.   S'exclouen de la restitució els béns adquirits a títol onerós per tercers de bona fe, d'acord amb el que estableixen la legislació hipotecària i les normes sobre la irreivindicabilitat dels béns mobles.

3.   En els supòsits a què fa referència l'apartat 2, l'hereu aparent o el posseïdor vençut ha de lliurar a l'hereu real el preu o la cosa que ha obtingut com a contraprestació o els béns que ha adquirit amb aquests. Si la contraprestació encara no ha estat pagada, l'hereu real se subroga en les accions del transmitent per a reclamar-la.

Llibre cinquè.   *Drets reals*

TÍTOL I.   *Dels béns*

Article 511-1.   *Béns*

1.   Es consideren béns les coses i els drets patrimonials.

2.   Es consideren coses els objectes corporals susceptibles d'apropiació, i també les energies, en la mesura que ho permeti llur naturalesa.

3.   Els animals, que no es consideren coses, estan sota la protecció especial de les lleis. Només se'ls apliquen les regles dels béns en allò que permet llur naturalesa.

Article 511-2.   *Béns immobles i mobles*

1.   Els béns, per llur naturalesa o per llur destinació, poden ésser immobles o mobles.

2. Es consideren béns immobles:

a) El sòl, les construccions i les obres permanents.

b) L'aigua, els vegetals i els minerals, mentre no siguin separats o extrets del sòl.

c) Els béns mobles incorporats de manera fixa a un bé immoble del qual no poden ésser separats sense que es deteriorin.

d) Els drets reals i les concessions administratives que recauen sobre béns immobles, ports i refugis nàutics, i també els drets d'aprofitament urbanístic.

3. Es consideren béns mobles les coses que es poden transportar i els altres béns que les lleis no qualifiquen expressament com a immobles.

Article 511-3. *Fruits*

1. Els fruits d'una cosa són els seus productes i els altres rendiments que se n'obtenen d'acord amb la seva destinació.

2. Els fruits d'un dret són els rendiments que se n'obtenen d'acord amb llur destinació i els que produeix en virtut d'una relació jurídica.

TÍTOL II. *De la possessió*

CAPÍTOL I. *Adquisició i extinció*

Article 521-1. *Concepte*

1. La possessió és el poder de fet sobre una cosa o un dret, exercit per una persona, com a titular, o per mitjà d'una altra persona.

2. L'exercici d'un poder de fet sobre una cosa o un dret sense la voluntat aparent externa d'actuar com a titular del dret o la tinença amb la tolerància dels titulars són supòsits de detenció, la qual només produeix els efectes que per a cada cas concret estableixen les lleis.

Article 521-2. *Adquisició de la possessió*

1. La possessió s'adquireix:

a) Quan els posseïdors subjecten la cosa o el dret a l'àmbit del seu poder.

b) Quan la cosa o el dret ha estat posat a disposició dels nous posseïdors, segons es dedueix de la relació jurídica existent entre els antics posseïdors i els nous.

2. La possessió no pot ésser clandestina. Tampoc no es pot adquirir mai amb violència mentre els posseïdors anteriors s'hi oposin.

Article 521-3. *Capacitat*

1. Totes les persones amb capacitat natural poden adquirir la possessió.

2. Les persones menors i les incapacitades poden exercir les facultats pròpies de la possessió amb l'assistència de llurs representants legals.

Article 521-4. *Pluralitat de possessions*

1. Diferents persones poden posseir un mateix bé si els conceptes possessoris són compatibles.

2. Si dues o més persones pretenen la possessió i els conceptes possessoris no són compatibles, hom prefereix la persona que té la possessió en el moment de la pretensió; si hi ha dos o més posseïdors, el més antic; si les dates de les possessions coincideixen, qui presenti un títol, i si totes aquestes condicions són iguals, l'objecte de la possessió es diposita judicialment mentre se'n decideix la possessió o la propietat d'acord amb el que estableixen les lleis.

Article 521-5. *Copossessió*

En cas de divisió d'un bé en situació de comunitat, es considera que cada cotitular ha posseït de manera exclusiva, durant el temps que ha durat la indivisió, la part que li ha correspost en l'adjudicació.

Article 521-6. *Continuïtat en la possessió*

1. Es presumeix que els posseïdors han posseït un bé de manera continuada des que en van adquirir la possessió i poden unir llur possessió a la dels seus causants.

2. Es presumeix que els posseïdors mantenen el mateix concepte possessori que tenien quan van adquirir la possessió.

3. S'entén que la possessió és continuada encara que el seu exercici sigui impedit o interromput temporalment, sens perjudici del que estableix l'article 521-8.*e*.

Article 521-7. *Possessió de bona i mala fe*

1. La bona fe en la possessió és la creença justificable de la titularitat del dret. En cas contrari, la possessió és de mala fe.

2. La bona fe es presumeix sempre.

3. Els efectes de la bona fe cessen a partir del moment en què els posseïdors saben, o poden saber raonablement, que no tenen dret a posseir.

Article 521-8. *Acabament de la possessió*

La possessió es perd per les causes següents:

a) La cessió voluntària dels béns que en són objecte a una altra persona, en un concepte incompatible amb la possessió de la persona que fa la cessió.

b) L'abandonament.

c)   La pèrdua o la destrucció total.

d)   El fet de restar fora del tràfic jurídic.

e)   La possessió per una altra persona, fins i tot adquirida contra la voluntat dels anteriors posseïdors, si la nova possessió dura més d'un any.

CAPÍTOL II.   *Efectes*

Article 522-1.   *Presumpció de titularitat*

1.   Es presumeix que els posseïdors són titulars del dret en concepte del qual posseeixen el bé.

2.   La presumpció de titularitat decau quan la cosa o el dret posseïts estan inscrits en el Registre de la Propietat o, si escau, en el Registre de Béns Mobles a favor d'una altra persona, llevat que els posseïdors dels quals es presumeix la titularitat oposin un altre títol que en justifiqui la possessió.

Article 522-2.   *Liquidació de la situació possessòria*

Si els posseïdors perden la possessió a favor d'una altra persona que té un millor dret a posseir, per qualsevol causa, la liquidació de la situació possessòria s'ajusta al que estableixen els articles del 522-3 al 522-5, llevat de pacte o disposició en contra.

Article 522-3.   *Fruits*

1.   Els posseïdors de bona fe fan seus els fruits i han d'assumir les despeses originades per a produir-los. Qui té un millor dret a posseir pot fer seus els fruits pendents, però ha de pagar les despeses originades per a produir-los.

2.   Els posseïdors de mala fe han de restituir els fruits que s'han produït a partir del dia en què es va iniciar la possessió de mala fe o bé llur valor, però tenen dret al rescabalament de les despeses necessàries que han fet per a obtenir-los, sens perjudici de la indemnització per danys que, si escau, correspon a qui té un millor dret a posseir.

Article 522-4.   *Despeses útils*

1.   Qui té un millor dret a posseir ha de pagar les despeses extraordinàries de conservació fetes en el bé tant pels posseïdors de bona fe com pels de mala fe.

2.   Qui té un millor dret a posseir ha de pagar les despeses útils fetes en el bé pels posseïdors de bona fe si les millores o l'augment de valor que han originat subsisteixen en el moment de la liquidació.

3.   Els posseïdors, tant de bona com de mala fe, poden optar per retirar les millores fetes sempre que no es deteriori l'objecte sobre el qual

recauen. No obstant això, en el cas dels posseïdors de mala fe, qui té un millor dret a posseir pot fer seves les millores pagant-ne el valor.

Article 522-5. *Deteriorament o pèrdua*

1. Els posseïdors de bona fe no responen del deteriorament o la pèrdua de la cosa o el dret posseïts, llevat que hagin actuat amb negligència o dol des del moment en què se'ls ha notificat la reclamació basada en la possible existència d'un millor dret a posseir.

2. Els posseïdors de mala fe responen sempre del deteriorament o la pèrdua de la cosa o el dret posseïts a partir del moment en què es notifica la reclamació a què fa referència l'apartat 1, fins i tot en el cas que el dit deteriorament o la dita pèrdua s'esdevinguin de manera fortuïta si ha endarrerit maliciosament el lliurament de la cosa als posseïdors legítims.

Article 522-6. *Possessió i usucapió*

La possessió d'acord amb els requisits que estableix l'article 531-24 permet la usucapió del dret de la propietat o dels altres drets reals possessoris.

Article 522-7. *Protecció*

1. Els posseïdors i els detentors tenen pretensió per a retenir i recuperar llur possessió contra qualssevol pertorbacions o usurpacions, d'acord amb el que estableix la legislació processal.

2. Els posseïdors poden recuperar, per mitjà de l'acció publiciana, la possessió de la cosa o el dret davant dels posseïdors sense dret o de pitjor dret. Qui usucapeix ha de provar que té millor dret a posseir, ha de dirigir l'acció contra els posseïdors que tenen la possessió efectiva i ha d'identificar la cosa o el dret objecte de la possessió.

Article 522-8. *Adquisició de bona fe de béns mobles*

1. L'adquisició de la possessió d'un bé moble de bona fe i a títol onerós comporta l'adquisició del dret en què es basa el concepte possessori, encara que els posseïdors anteriors no tinguessin poder de disposició suficient sobre el bé o el dret.

2. Els adquirents han de facilitar als propietaris inicials, si els ho requereixen fefaentment, les dades que tinguin per a identificar les persones que els van transmetre el bé. Altrament, responen de la indemnització pels danys i perjudicis que els hagin ocasionat.

3. Els propietaris d'un bé moble perdut, furtat, robat o apropiat indegudament el poden reivindicar dels posseïdors que en tenen la possessió efectiva, tret que aquests l'hagin adquirit de bona fe i a títol onerós en subhasta pública o en un establiment dedicat a la venda d'objectes semblants al dit bé i establert legalment.

TÍTOL III.   *De l'adquisició, la transmissió i l'extinció del dret real*

CAPÍTOL I.   *Adquisició*

SECCIÓ PRIMERA.   *Disposició general*

Article 531-1.   *Sistema d'adquisició*

Per a transmetre i adquirir béns, cal, a més del títol d'adquisició, la realització, si escau, de la tradició o dels actes o de les formalitats que estableixen les lleis.

SECCIÓ SEGONA.   *Tradició*

Article 531-2.   *Concepte*

La tradició consisteix en el lliurament de la possessió d'un bé pels antics posseïdors als nous.

Article 531-3.   *Fonament de la tradició*

La tradició, feta com a conseqüència de determinats contractes, comporta la transmissió i l'adquisició de la propietat i dels altres drets reals possessoris.

Article 531-4.   *Classes de tradició*

1.   La tradició d'un bé es produeix quan és lliurat als adquirents i aquests en prenen possessió amb l'acord dels transmitents.

2.   El poder i la possessió d'un bé es lliuren, a més del que estableix l'apartat 1, per:

a)   L'atorgament de l'escriptura pública corresponent, si del mateix document no en resulta altrament.

b)   El pacte en què els transmitents declaren que lleven del seu poder i possessió el bé i el transfereixen als adquirents, facultant-los perquè el prenguin i es constitueixin ínterim en els posseïdors en nom seu.

c)   El lliurament de les claus del lloc on estan emmagatzemats o desats els béns mobles als adquirents.

d)   L'acord entre els transmitents i els adquirents quan el bé moble objecte de disposició no es pot traslladar al poder i a la possessió dels adquirents.

e)   L'expressió en el contracte del fet que els adquirents ja tenien el bé en llur poder per un altre títol.

Article 531-5.   *Tradició dels béns incorporals*

La tradició dels béns incorporals es produeix pel lliurament dels títols, per la tradició instrumental o per l'ús que en fan els adquirents amb consentiment dels transmitents.

Article 531-6. *Despeses*

Les despeses de lliurament del bé transmès són a càrrec dels transmitents. Les despeses de l'atorgament de l'escriptura i de l'expedició de primera còpia i les altres despeses posteriors a la transmissió són a càrrec dels adquirents, llevat que una disposició especial o un pacte estableixin el contrari.

SECCIÓ TERCERA. *Donació*

Article 531-7. *Concepte*

La donació és l'acte pel qual els donants disposen a títol gratuït d'un bé a favor dels donataris, els quals l'adquireixen si l'accepten en vida d'aquells.

Article 531-8. *Irrevocabilitat*

1. La donació és irrevocable des del moment en què els donants coneixen l'acceptació dels donataris o, en el cas de donació verbal de béns mobles, des del lliurament del bé si es fa en el moment de l'expressió verbal de la donació, sens perjudici de les causes a què fa referència l'article 531-15.1

2. Els donants no poden revocar les donacions motivades per captacions públiques o benèfiques a partir del moment en què manifesten públicament la voluntat de donar.

Article 531-9. *Modalitats*

1. Les donacions poden ésser entre vius o per causa de mort.

2. Són donacions entre vius les que els donants fan sense considerar el fet de llur mort.

3. Són donacions per causa de mort les que els donants fan considerant llur pròpia mort. L'ajornament del lliurament del bé donat fins al moment de la mort dels donants o la reserva a llur favor de l'usdefruit vitalici no confereix a la donació el caràcter de donació per causa de mort.

4. Les donacions per raó de matrimoni i entre cònjuges i les donacions per causa de mort es regeixen, respectivament, per les disposicions del llibre segon i del llibre quart.

Article 531-10. *Capacitat dels donants*

Pot donar qui té capacitat d'obrar suficient per a disposar de l'objecte donat i poder de disposició sobre aquest.

Article 531-11. *Objecte*

1. Es poden donar un bé cert i determinat o més d'un.

2. La donació d'una universalitat de coses, empreses i altres conjunts unitaris de béns o agregats de béns es fa extensiva a tots els elements que hi són integrats o adscrits.

Article 531-12. *Forma*

1. Les donacions de béns immobles solament són vàlides si els donants les fan i els donataris les accepten en una escriptura pública. L'acceptació feta en una escriptura posterior o per mitjà d'una diligència d'adhesió s'ha de notificar de manera autèntica als donants.

2. Les donacions de béns mobles s'han de fer per escrit. Les donacions verbals solament són vàlides si simultàniament es lliura el bé donat. S'exceptuen les donacions que es fan amb motiu de captacions públiques de caràcter benèfic, en les quals el lliurament del bé es pot diferir.

Article 531-13. *Garantia de conformitat*

1. Els donants no han de garantir ni els defectes jurídics ni els defectes materials dels béns donats.

2. No obstant el que estableix l'apartat 1, els donants, si lliuren el bé sabent que és aliè o coneixent-ne els defectes ocults, han d'indemnitzar els donataris de bona fe pels perjudicis soferts.

3. No obstant el que estableix l'apartat 1, els donants, si la donació és modal o amb càrrega, han de garantir la conformitat fins al valor del gravamen.

Article 531-14. *Creditors dels donants*

No perjudiquen els creditors dels donants les donacions que aquests atorguin després de la data del fet o de l'acte del qual neixi el crèdit si manquen altres recursos per a cobrar-lo.

Article 531-15. *Revocació*

1. Els donants, una vegada han conegut l'acceptació de la donació pels donataris, solament poden revocar la donació per alguna de les causes següents:

a) La sobrevinença de fills dels donants, fins i tot si aquests tenien fills amb anterioritat.

b) La supervivència dels fills dels donants que aquests creien morts.

c) L'incompliment de les càrregues imposades pels donants als donataris.

d) La ingratitud dels donataris. Són causes d'ingratitud els actes penalment condemnables que el donatari faci contra la persona o els béns del donant, dels fills, del cònjuge o de l'altre membre de la parella estable, i també, en general, els que representen una conducta amb relació a les mateixes persones no acceptada socialment.

e) La pobresa dels donants, sens perjudici del dret d'aliments que correspongui legalment. S'entén per *pobresa* la manca de mitjans econòmics dels donants per a la seva còngrua sustentació.

2. Les donacions oneroses únicament són revocables per incompliment de càrregues.

3. L'acció revocatòria caduca al cap d'un any comptat des del moment en què es produeix el fet que la motiva o, si escau, des del moment en què els donants coneixen el fet ingrat. És nul·la la renúncia anticipada a la revocació. Quan la causa revocatòria constitueix una infracció penal, l'any es comença a comptar des de la fermesa de la sentència que la declara.

4. L'acció revocatòria es pot intentar contra els hereus dels donataris i la poden exercir els hereus dels donants, llevat que, en aquest darrer supòsit, la causa de revocació sigui la pobresa dels donants. En la revocació per causa d'ingratitud, l'acció no es pot intentar contra els hereus dels donataris i solament la poden exercir els hereus dels donants si aquests no ho han pogut fer.

5. Les alienacions a títol onerós i els gravàmens fets pels donataris abans que els donants hagin notificat fefaentment la voluntat de revocació, en els supòsits de sobrevinença i supervivència de fills, d'ingratitud i de pobresa, conserven la validesa, sens perjudici de l'obligació de restituir el valor en el moment de la donació dels béns de què hagin disposat o de què es vegin privats els donants per raó dels gravàmens que hi hagin imposat els donataris. En el supòsit d'incompliment de càrregues, les terceres persones titulars de drets sobre el bé donat es veuen afectades per la revocació d'acord amb les normes generals d'oposabilitat de drets a terceres persones.

Article 531-16.   *Donació condicional i a termini*

1. Pertanyen als donants, en la donació sotmesa a condició suspensiva, els fruits i les rendes del bé donat mentre aquella està pendent de compliment. En aquest cas, els successors dels donataris no adquireixen cap dret sobre el bé si ínterim aquests moren.

2. Els donataris o llurs successors, en la donació sotmesa a termini o condició resolutòria, fins al venciment del termini o fins al compliment de la condició, adquireixen els fruits i les rendes del bé o el dret donats.

3. Les càrregues, les condicions i les reversions imposades pels donants i, en general, les determinacions que, amb caràcter real, configurin o limitin el dret dels donataris, fins i tot quan no hagin estat acceptades pels afavorits, produeixen efectes, d'acord amb les normes generals d'oposabilitat de drets a terceres persones.

Article 531-17.   *Donació remuneratòria*

Les donacions són remuneratòries si es fan en premi o en reconeixement, no exigibles jurídicament, dels mèrits contrets o dels serveis prestats pels donataris. Les donacions amb caràcter benèfic es regeixen per les normes de les donacions remuneratòries.

Article 531-18. *Donació amb càrrega o modal*

1. Els donants poden imposar als donataris gravàmens, càrregues o modes, a favor dels mateixos donants o de terceres persones.

2. Si els gravàmens, les càrregues o els modes consisteixen en la prohibició o la limitació de disposar dels béns donats, s'aplica l'article 428-6.

Article 531-19. *Donació amb clàusula de reversió*

1. El donant pot establir, a termini o condicionalment, que els béns reverteixin al mateix donant, al cònjuge, a l'altre membre de la parella estable o als seus hereus. La reversió que depèn de la simple voluntat dels donants s'entén que és condicional.

2. Es pot ordenar, sota condició o terminis resolutoris, l'adquisició per una tercera persona dels béns donats. Per voluntat expressa dels donants, els mateixos donataris o les persones que assenyalin poden designar la tercera persona. En cas de dubte sobre l'abast de la clàusula de reversió, s'entén feta solament a favor dels donants i establerta per al cas de premoriència dels donataris respecte als donants sense deixar fills.

3. El donant o la donant pot revocar o modificar, en qualsevol moment, la reversió establerta a favor seu, del cònjuge o la cònjuge, de l'altre membre de la unió estable de parella o dels seus hereus, deixant-la sense efecte o designant un nou adquirent dels béns donats. Llevat del cas de determinació expressa, una vegada morts els donants sense haver ordenat la reversió o havent-se complert la condició o el termini establerts, els béns donats resten lliures del gravamen resolutori.

4. Mentre no es compleixi la condició o el termini establerts, els donants poden revocar o modificar la reversió ordenada a favor de terceres persones. Si la reversió s'estableix sota termini o sota la condició del naixement efectiu dels fills beneficiaris que han de néixer, concebuts o no, del primer donatari o donatària, els donants perden aquesta facultat una vegada han conegut l'acceptació feta pels donataris gravats amb la clàusula de reversió.

5. El bé donat, una vegada produïda la reversió, resta lliure de les càrregues o els gravàmens imposats pels donataris o pels titulars successius, els quals responen de l'import perdut per llur negligència i dels danys i perjudicis causats de mala fe.

6. Les reversions establertes a favor del donant, del cònjuge, de l'altre membre de la parella estable o dels seus hereus, en tot allò que no estableix aquest article, es regeixen per l'article 431-27, i les establertes a favor de terceres persones, pels preceptes relatius als fideïcomisos.

Article 531-20. *Donació amb reserva de la facultat de disposar*

1. La donació amb reserva de la facultat de disposar es regeix pel seu títol constitutiu i, si aquest no estableix una altra cosa, la reserva de disposició s'entén solament per a actes a títol onerós.

2. L'exercici de la facultat de disposar resol la titularitat dels donataris i dels tercers adquirents o titulars de drets, llevat de la bona fe d'aquests i del que estableix la legislació hipotecària.

3. L'exercici de la facultat de disposar, si s'ha condicionat a l'estat de necessitat del donant, de la seva família o de l'altre membre de la parella estable, o a l'autorització o el consentiment de persones determinades, s'ha d'atenir al que amb relació a aquests casos s'estableix per a l'usdefruit amb facultat de disposar.

Article 531-21. *Capacitat dels donataris*

1. Poden acceptar donacions les persones que tenen capacitat natural.

2. Les donacions fetes amb gravàmens, càrregues o modes a persones en potestat parental o posades en tutela o un altre règim de protecció han d'ésser acceptades amb la intervenció o l'assistència de les persones que estableix el llibre segon.

3. Les persones que serien els representants legals dels concebuts si ja haguessin nascut poden acceptar les donacions que es facin a favor d'aquests.

4. Les donacions fetes a favor dels no-concebuts s'entenen fetes sota condició suspensiva.

Article 531-22. *Pluralitat de donataris*

1. Les donacions fetes i les reversions previstes conjuntament i simultàniament a favor de diverses persones s'entenen fetes per parts iguals, amb l'acreixement proporcional respecte a la part que correspongui a les persones que no les acceptin, llevat que els donants disposin una altra cosa.

2. La quota que pertany als donataris ingrats, una vegada revocada la donació per ingratitud, acreix la dels altres donataris en la proporció corresponent.

SECCIÓ QUARTA. *Usucapió*

Article 531-23. *Mode d'adquirir*

1. La usucapió és el títol adquisitiu de la propietat o d'un dret real possessori basat en la possessió del bé durant el temps fixat per les lleis, d'acord amb el que estableix aquesta secció.

2. L'efecte adquisitiu es produeix sense necessitat que la persona que usucapeix faci cap actuació.

3. L'efecte adquisitiu no perjudica els drets reals no possessoris o de possessió compatible amb la possessió per a usucapir si els titulars del dret real no han tingut coneixement de la usucapió.

Article 531-24. *Possessió per a usucapir*

1. Per a usucapir, la possessió ha d'ésser en concepte de titular del dret, pública, pacífica i ininterrompuda i no necessita títol ni bona fe.

2. La mera detenció no permet la usucapió.

3. Es presumeix que la persona que usucapeix ha posseït el bé de manera continuada des que va adquirir la possessió.

4. La persona que usucapeix pot unir la seva possessió a la possessió per a usucapir dels seus causants.

Article 531-25. *Interrupció*

1. La possessió per a usucapir s'interromp en els casos següents:

a) Quan cessa la possessió.

b) Quan qui usucapeix reconeix expressament o tàcitament el dret dels titulars del bé.

c) Quan els titulars del bé o una tercera persona interessada s'oposen judicialment a la usucapió en curs i quan els titulars del bé i la persona que usucapeix acorden sotmetre a arbitratge les qüestions relatives a la usucapió.

d) Quan els titulars del bé requereixen notarialment als posseïdors que els reconeguin el títol de la possessió.

2. La interrupció de la possessió per a usucapir fa que hagi de començar a córrer de nou i completament el termini d'aquesta possessió. En els casos de l'apartat 1.c, el nou termini s'inicia a partir de la fermesa de l'acte que posa fi al procediment.

Article 531-26. *Suspensió*

1. La possessió per a usucapir se suspèn en els casos en què la usucapió es produeix:

a) Contra les persones que no poden actuar per si mateixes o per mitjà de llur representant, mentre es manté aquesta situació.

b) Contra el cònjuge o l'altre membre de la parella estable, mentre dura la convivència.

c) Entre les persones vinculades per la potestat dels pares o per una institució tutelar, o entre la persona assistida i l'apoderat, d'acord amb el que estableix l'article 222-2.1, en l'àmbit de les seves funcions.

2. El temps de suspensió de la possessió no es computa en el termini per a usucapir que estableixen les lleis.

Article 531-27. *Terminis*

1. Els terminis de possessió per a usucapir són de tres anys per als béns mobles i de vint anys per als immobles.

2. Els terminis de possessió per a usucapir un bé furtat, robat o objecte d'apropiació indeguda no es comencen a comptar fins que no ha prescrit el delicte, la falta, la seva pena o l'acció que en deriva per a exigir la responsabilitat civil.

3. La renúncia al temps transcorregut d'una usucapió en curs equival a la interrupció de la possessió per a usucapir.

Article 531-28. *Al·legació*

Poden al·legar la usucapió les persones següents:

a) La persona que ha usucapit o els seus hereus.

b) Tota persona interessada en el fet que es declari que la persona que usucapeix ha adquirit el bé.

Article 531-29. *Renúncia*

1. La renúncia requereix la capacitat per a disposar del dret usucapit.

2. La renúncia al dret usucapit no perjudica els creditors de qui ha usucapit, ni els titulars de drets constituïts sobre el bé usucapit.

3. La renúncia no impedeix a qui ha usucapit tornar a iniciar la usucapió del mateix dret.

CAPÍTOL II. *Extinció dels drets reals*

Article 532-1. *Extinció dels drets reals*

Els drets reals s'extingeixen quan ho estableix aquest codi o el títol de constitució i per la pèrdua del bé, la consolidació i la renúncia del seu titular.

Article 532-2. *Pèrdua del bé*

1. Els drets reals s'extingeixen per la pèrdua total i sobrevinguda del bé que en constitueix l'objecte. La pèrdua és total si les condicions del bé impossibiliten als titulars de fer-ne complir la funció o la destinació econòmica.

2. El dret real, si la pèrdua afecta solament una part del bé, continua sobre la part subsistent.

3. El dret real subsisteix en els casos de subrogació real sobre altres béns, sobre determinades indemnitzacions derivades d'assegurances o d'expropiació forçosa o sobre altres indemnitzacions anàlogues.

Article 532-3. *Consolidació*

1. El dret real s'extingeix quan es produeix la reunió de titularitats entre els propietaris i els titulars del dret real. L'extinció també es produeix amb la reunió de titularitats relatives a diferents drets reals quan un grava l'altre.

2. Els casos en què aquest codi estableix o permet la separació de patrimonis o la subsistència autònoma dels drets reals s'exceptuen del que estableix l'apartat 1.

Article 532-4. *Renúncia*

1. El dret real s'extingeix si els titulars, unilateralment i espontàniament, el renuncien.

2. La renúncia feta en frau dels creditors dels renunciants o en perjudici dels drets de tercers és ineficaç.

TÍTOL IV.   *Del dret de propietat*

CAPÍTOL I.   *Disposicions generals*

SECCIÓ PRIMERA.   *La propietat i la seva funció social*

Article 541-1. *Concepte*

1. La propietat adquirida legalment atorga als titulars el dret a usar de forma plena els béns que en constitueixen l'objecte i a gaudir-ne i disposar-ne.

2. Els propietaris conserven les facultats residuals que no s'han atribuït a terceres persones per llei o per títol.

Article 541-2. *Funció social*

Les facultats que atorga el dret de propietat s'exerceixen, d'acord amb la seva funció social, dins dels límits i amb les restriccions que estableixen les lleis.

SECCIÓ SEGONA.   *Els fruits*

Article 541-3. *Titularitat*

1. Els fruits pertanyen als propietaris del bé, llevat que existeixi un dret que n'atribueixi la percepció a una persona diferent.

2. Tota persona que percebi fruits d'un bé ha de pagar les despeses que una tercera persona hagi fet per a produir-los. Els perceptors dels fruits poden pagar-ne el valor o deixar-los a disposició de les terceres persones.

Article 541-4. *Adquisició*

1. Els fruits en espècie s'adquireixen per llur producció quan se separen del bé que els produeix.

2. Els fruits en diners s'adquireixen per llur meritació i s'entenen percebuts dia a dia.

CAPÍTOL II. *Títols d'adquisició exclusius del dret de propietat*

SECCIÓ PRIMERA. *Accessió*

SUBSECCIÓ PRIMERA. *Disposicions generals*

Article 542-1. *Concepte*

1. La propietat d'un bé atribueix el dret a adquirir, per accessió, allò que se li uneix, amb l'obligació de pagar, si escau, la indemnització que correspongui.

2. L'accessió, si és voluntària, és artificial. Altrament, és natural.

Article 542-2. *Regulació*

L'accessió es regeix per les disposicions d'aquest codi, sens perjudici de les classes d'accessió que tinguin una regulació específica, cas en el qual s'aplica la legislació especial i, supletòriament, les disposicions d'aquest codi.

SUBSECCIÓ SEGONA. *Accessió immobiliària*

Article 542-3. *Adquisició*

Les plantacions, els conreus i les edificacions que estiguin inclosos en una finca pertanyen als propietaris de la finca per dret d'accessió immobiliària.

Article 542-4. *Presumpció*

Hom presumeix que les plantacions, els conreus i les edificacions fets sobre una finca han estat fets pels propietaris a llur càrrec.

Article 542-5. *Plantacions en sòl aliè*

El propietari o propietària de la finca en què una altra persona planta de bona fe pot optar per:

a) Fer seva la plantació i pagar les despeses efectuades per qui l'ha feta.

b) Obligar a qui ha plantat a deixar la finca en l'estat en què es trobava abans de fer la plantació.

Article 542-6. *Conreus en sòl aliè*

El propietari o propietària de la finca en què una altra persona conrea de bona fe pot optar per:

a) Fer seva la collita i pagar les despeses efectuades per qui l'ha feta.

b) Obligar a qui ha conreat a pagar-li l'equivalent a la renda de la finca fins que acabi la collita.

Article 542-7. *Construcció en sòl aliè amb valor superior del sòl*

1. El propietari o propietària del sòl en què una altra persona ha construït totalment o parcialment, de bona fe, quan el valor del sòl envaït és superior al de la construcció i el sòl aliè, pot optar per:

a) Fer seva la totalitat de l'edificació i de la part de sòl aliè pagant les despeses efectuades en la construcció i el valor del sòl aliè.

b) Obligar els constructors a adquirir la part del sòl envaïda o bé, si el sòl envaït no es pot dividir o la resta resulta inedificable, a adquirir tot el solar.

2. La facultat d'opció que l'apartat 1 atorga als propietaris del sòl caduca al cap de tres anys d'haver acabat l'obra. Una vegada transcorregut aquest termini sense que els propietaris l'hagin exercida, els constructors solament poden ésser obligats a acceptar l'opció a què fa referència la lletra b.

Article 542-8. *Indemnització pels danys i perjudicis*

El propietari o propietària de la finca, en els casos que regulen els articles 542-5, 542-6 i 542-7, té dret a ésser indemnitzat pels danys i perjudicis.

Article 542-9. *Construcció en sòl aliè amb valor superior de l'edificació*

1. El propietari o propietària del sòl en què una altra persona ha construït totalment o parcialment, de bona fe, quan el valor del sòl envaït és inferior o igual al de la construcció i el sòl aliè, ha de cedir la propietat de la part del sòl envaïda als constructors si aquests l'indemnitzen pel valor del sòl més els danys i perjudicis causats i si l'edificació constitueix una unitat arquitectònica que no és divisible materialment.

2. Els propietaris del sòl envaït poden obligar els constructors a comprar-los tot el solar quan el sòl envaït no es pot dividir o la resta del sòl resulta inedificable.

3. Els propietaris del sòl envaït poden optar per una indemnització en espècie consistent en l'adjudicació de pisos o locals si els constructors han constituït el règim de propietat horitzontal o si aquest règim es pot constituir físicament en l'edifici construït.

Article 542-10. *Presumpció de bona fe*

1. La bona fe de qui planta, conrea o construeix en sòl aliè consisteix en la creença raonable que té títol per a fer-ho.

2. La bona fe es presumeix llevat de prova en contra i cessa per la mera oposició dels titulars del sòl.

Article 542-11. *Actuació de mala fe*

1. Les persones que planten, conreen o edifiquen en sòl aliè de mala fe perden, en benefici dels propietaris del sòl, tot el que han plantat, conreat o edificat i, a més, han d'indemnitzar-los pels danys i perjudicis causats.

2. Els propietaris del sòl envaït, en els casos de construccions extralimitades de mala fe, poden exigir a qui ha edificat l'enderrocament, a càrrec d'aquest, de tot el que ha construït en sòl aliè i la indemnització pels danys i perjudicis, tot plegat sens perjudici de les facultats que li atorguen els articles 542-7 i 542-9. La facultat d'exigir l'enderrocament decau si causa un perjudici desproporcionat als constructors segons les circumstàncies específiques del cas apreciades pel tribunal.

Article 542-12. *Compensació de la mala fe*

Si tant els propietaris del sòl com els constructors actuen de mala fe, el cas es resol com si haguessin actuat de bona fe.

Article 542-13. *Construcció amb materials aliens*

Els constructors d'una obra o un edifici que, de bona fe, empren materials aliens els fan seus, però han de compensar els propietaris d'aquests per haver-los emprats. Si actuen de mala fe, els han d'indemnitzar, a més, pels danys i perjudicis causats.

Article 542-14. *Construcció en finca aliena amb materials aliens*

1. Els propietaris dels materials tenen acció contra les terceres persones que han construït en finca aliena amb materials aliens per llur valor i, si escau, pels perjudicis causats. Subsidiàriament, tenen acció contra els propietaris de la finca per l'enriquiment produït.

2. Els propietaris de la finca, si han hagut de pagar els materials a llurs propietaris i als constructors, tenen acció de rescabalament contra els constructors.

SUBSECCIÓ TERCERA. *Accessió mobiliària*

Article 542-15. *Concepte*

El bé accessori que s'adjunta, naturalment o artificialment, al bé principal formant un sol bé de manera indivisible, inseparable, estable i duradora pertany, per dret d'accessió mobiliària, als propietaris del bé principal.

Article 542-16. *Unió de bona fe*

Els propietaris del bé principal adquireixen la propietat de l'accessori que s'hi adjunta i resten obligats a compensar els titulars pel valor d'aquest.

Article 542-17. *Actuació de mala fe*

1. Els propietaris del bé accessori, si els propietaris del bé principal han actuat de mala fe, poden adquirir el bé principal si en paguen el valor o poden obligar els propietaris del bé principal a adquirir l'accessori, pagant-ne el valor i, en aquest darrer cas, amb la indemnització dels danys i perjudicis que correspongui.

2. Els propietaris del bé accessori, si han actuat de mala fe, no tenen dret al rescabalament.

3. Si ambdós propietaris han actuat de mala fe, el cas es resol com si haguessin actuat de bona fe.

Article 542-18. *Unió voluntària*

1. Si s'uneixen dos o més béns per voluntat de llurs propietaris o d'un de sol amb bona fe, o de forma casual, i en resulta un de nou o una barreja dels anteriors, indivisible i inseparable en ambdós casos, la propietat correspon a llurs propietaris en comunitat ordinària de manera proporcional al valor dels béns units.

2. Si els propietaris del bé resultant no volen seguir en comunitat ordinària, la propietat correspon al que hi tingui una participació més gran. Si no la vol, correspon al següent en ordre de participació, i així de manera successiva. El qui resulta propietari o propietària de tot ha de pagar als altres les diferències. Si cap dels propietaris no vol el bé resultant, s'ha de vendre i se n'ha de repartir el preu.

3. Si la unió es produeix per voluntat d'un sol propietari o propietària amb mala fe, l'altre o els altres poden optar per adquirir la propietat del bé resultant pagant la part proporcional del valor que correspongui o per la indemnització pels danys i perjudicis que resultin de la unió.

Article 542-19. *Utilització de materials aliens*

1. La persona que, de bona fe, empra materials aliens, totalment o parcialment, per fer un bé moble nou els fa seus, però ha de compensar els propietaris d'aquests per haver-los emprats.

2. La persona que empra materials aliens, si actua de mala fe, a més de compensar els propietaris, els ha d'indemnitzar pels danys i perjudicis causats.

SECCIÓ SEGONA. *Ocupació*

Article 542-20. *Adquisició per ocupació*

Es poden adquirir per ocupació:

a)   Els béns corporals abandonats indubtablement per llurs propietaris que són susceptibles d'apropiació per mitjà d'un acte material.

b)   Els animals que es poden caçar i pescar.

Article 542-21. *Descoberta d'objectes de valor extraordinari*

1.   Els objectes de valor extraordinari que han romàs ocults i els propietaris dels quals són desconeguts pertanyen als propietaris de la finca on es troben.

2.   El qui descobreix per atzar l'objecte ocult té dret a percebre en metàl·lic una quantitat equivalent a la meitat del seu valor.

3.   La descoberta d'objectes de valor cultural, històric, arqueològic o artístic i la descoberta d'objectes per raó de prospeccions o excavacions es regeixen per la legislació especial que els sigui aplicable.

Article 542-22. *Troballes*

1.   Els animals domèstics i els objectes mobles corporals que, per llurs característiques, possibilitat d'identificació, estat de conservació, funció o destinació econòmica, són habitualment posseïts per algú es poden adquirir d'acord amb els requisits que estableix aquest article.

2.   Si els propietaris són desconeguts, la troballa s'ha de notificar a l'ajuntament del lloc on s'ha fet, el qual l'ha de fer pública per mitjà d'un edicte, ha de dipositar la cosa durant el termini de sis mesos en l'establiment que determini i ho ha de notificar a les entitats públiques pertinents si les característiques de la troballa ho requereixen.

3.   Si els propietaris es presenten dins del termini que estableix l'apartat 2:

a)   Se'ls lliura l'objecte perdut una vegada han pagat les despeses ocasionades per la custòdia, la conservació i el lliurament.

b)   Han de pagar als trobadors de bona fe el 10% del valor i, si aquest és igual o superior a sis vegades l'import del salari mínim interprofessional, el 4% del que n'excedeix.

4.   El mateix dret que estableix l'apartat 3.*b* correspon als trobadors de bona fe si restitueixen la cosa directament als propietaris, llevat que, si escau, prefereixin la recompensa que els propietaris hagin ofert públicament.

5.   Si ha transcorregut el termini que estableix l'apartat 2 i els propietaris no s'han presentat:

a) L'objecte es lliura a qui l'ha trobat, que prèviament ha de pagar les despeses causades per la custòdia, la conservació i el lliurament.

b) Si el valor en taxació de la cosa és superior a sis vegades el salari mínim interprofessional, es ven en subhasta pública, a càrrec de l'ajuntament, i els trobadors tenen dret a aquesta quantitat i, a més, a una quarta part de l'excés que s'obtingui en la subhasta. La resta queda a la disposició de l'ajuntament. Si en la subhasta no s'obté una quantitat equivalent a sis vegades el salari mínim interprofessional, els trobadors tenen l'opció de fer seva la cosa.

c) Els propietaris no tenen acció contra els trobadors de bona fe o els adjudicataris per a reivindicar la cosa perduda.

CAPÍTOL III. *Abandonament*

Article 543-1. *Abandonament*

La propietat s'extingeix per renúncia dels propietaris si, a més, abandonen la possessió de la cosa que n'és objecte.

Article 543-2. *No-presumpció d'abandonament*

La voluntat d'abandonament ha d'ésser expressa i no es presumeix per la mera despossessió.

CAPÍTOL IV. *Protecció del dret de propietat*

SECCIÓ PRIMERA. *Reivindicació*

Article 544-1. *L'acció reivindicatòria*

L'acció reivindicatòria permet als propietaris no posseïdors d'obtenir la restitució del bé davant dels posseïdors no propietaris, sens perjudici de la protecció possessòria que les lleis reconeixen als posseïdors.

Article 544-2. *Efectes*

1. L'acció reivindicatòria comporta la restitució del bé, llevat dels casos en què les lleis determinen la irreivindicabilitat.

2. La restitució del bé implica la liquidació de la situació possessòria amb relació als fruits, les despeses i el deteriorament o la pèrdua del bé.

Article 544-3. *Extinció*

L'acció reivindicatòria no prescriu, sens perjudici del que aquesta llei estableix en matèria d'usucapió.

SECCIÓ SEGONA. *Exclusió*

SUBSECCIÓ PRIMERA. *Acció negatòria*

Article 544-4. *Legitimació*

1.   L'acció negatòria permet als propietaris d'una finca de fer cessar les pertorbacions i les immissions il·legítimes en el seu dret que no consisteixin en la privació o el reteniment indeguts de la possessió, i també d'exigir que no es produeixin pertorbacions futures i previsibles d'aquest mateix gènere.

2.   La mateixa acció real a què fa referència l'apartat 1 correspon als titulars de drets reals limitats que comporten possessió per a fer cessar les pertorbacions que els afecten.

Article 544-5. *Exclusió de l'acció*

L'acció negatòria no pertoca en els casos següents:

a)   Si les pertorbacions o les immissions que es pretenen fer cessar o les futures que es pretenen evitar no perjudiquen cap interès legítim dels propietaris en la seva propietat.

b)   Si els propietaris han de suportar la pertorbació per disposició d'aquest codi o per negoci jurídic.

Article 544-6. *Contingut*

1.   L'acció negatòria té per objecte la protecció de la llibertat del domini dels immobles i el restabliment de la cosa a l'estat anterior a una pertorbació jurídica o material.

2.   Hom pot reclamar, en l'exercici de l'acció negatòria, a més de la cessació de la pertorbació, la indemnització corresponent pels danys i perjudicis produïts.

3.   En l'exercici de l'acció negatòria no cal que els actors provin la il·legitimitat de la pertorbació.

Article 544-7. *Prescripció*

1.   L'acció negatòria es pot exercir mentre es mantingui la pertorbació, llevat que, tractant-se d'un dret usucapible, s'hagi consumat la usucapió.

2.   La pretensió per a reclamar la indemnització pels danys i perjudicis produïts prescriu al cap de tres anys, comptadors des que els propietaris coneixen la pertorbació.

SUBSECCIÓ SEGONA. *Tancament de finques*

Article 544-8. *Tancament de finques*

Els propietaris poden tancar llurs finques salvant les servituds que hi estiguin constituïdes.

SUBSECCIÓ TERCERA. *Delimitació i fitació*

Article 544-9. *Concepte*

1.   Els propietaris poden delimitar i posar fites o termes a llur finca, de manera total o parcial.

2.   Les accions de delimitació i fitació corresponen, a més dels propietaris, als altres titulars de drets reals possessoris.

Article 544-10. *Requisits*

L'acció de delimitació i fitació exigeix:

a)   La citació dels propietaris de les finques confrontants.

b)   La prova del dret de propietat i de la superfície de la finca.

Article 544-11. *Criteris de delimitació*

1.   Si, de la suma de les superfícies que deriven dels títols del dret de propietat, en resulta una de diferent, la diferència es distribueix proporcionalment.

2.   La delimitació, si no hi ha un títol que serveixi de prova, s'ha de fer d'acord amb les possessions respectives i, en darrer lloc, distribuint la superfície discutida o dubtosa a parts iguals.

Article 544-12. *Despeses*

Les despeses de delimitació i fitació són a càrrec de les persones interessades, llevat que les dites delimitació i fitació derivin d'un judici contenciós, cas en el qual hom s'ha d'atenir al que estableixen les normes de procediment.

CAPÍTOL V. *Restriccions al dret de propietat*

Article 545-1. *Les restriccions*

Les restriccions al dret de propietat són les que estableixen les lleis, en interès públic o privat, o les que estableix l'autonomia de la voluntat en interès privat.

Article 545-2. *Restriccions en interès públic*

1.   Les restriccions en interès públic afecten la disponibilitat o l'exercici del dret, constitueixen els límits ordinaris del dret de propietat en benefici de tota la comunitat i es regeixen per les normes d'aquest codi i de les altres lleis.

2.   Tenen la consideració de límits ordinaris del dret de propietat, entre d'altres, les següents restriccions que estableix la legislació:

a) Del planejament territorial i urbanístic i de les directrius de paisatge, i, en aplicació d'aquests, dels plans d'ordenació urbanística.

b) Sobre l'habitatge.

c) Agrària i forestal.

d) De protecció del patrimoni cultural.

e) De protecció dels espais naturals i del medi ambient.

f) De construcció i protecció de les vies i de les infraestructures de comunicació.

g) De costes i d'aigües continentals.

h) De foment de les telecomunicacions i de transport de l'energia.

i) D'ús i circulació dels vehicles de motor, els vaixells i les aeronaus.

j) De protecció i defensa dels animals.

k) De defensa nacional.

Article 545-3.   *Restriccions en interès privat*

1.   Les restriccions en interès privat afecten la disponibilitat i l'exercici del dret, constitueixen límits ordinaris del dret de propietat en benefici dels veïns i es regeixen pel que estableix aquest codi.

2.   Les restriccions que resulten de les relacions de veïnatge i de l'existència de situacions de comunitat tenen la consideració de restriccions en interès privat.

Article 545-4.   *Limitacions voluntàries*

1.   Els titulars del dret de propietat poden establir de manera voluntària les limitacions que creguin convenients de l'exercici de les facultats que comporta, sense altres límits que els que estableixen les lleis.

2.   Les limitacions voluntàries constitueixen els drets reals limitats i es regeixen per l'autonomia de la voluntat en els termes i amb els efectes que estableix aquest codi.

CAPÍTOL VI.   *Relacions de veïnatge*

SECCIÓ PRIMERA.   *Relacions de contigüitat*

Article 546-1.   *Tanques mitgeres*

1.   Els propietaris de patis, d'horts, de jardins i de solars confrontants tenen dret a construir una paret mitgera perquè serveixi de tanca o separació en el límit i en el sòl d'ambdues finques fins a l'alçària màxima de dos metres o la que estableixi la normativa urbanística.

2.   La mitgeria de tanca, que és forçosa, comporta l'existència d'una relació de comunitat i es regeix per les normes del títol V.

Article 546-2. *Tanques no mitgeres entre finques*

1. Els propietaris de finques les poden tancar amb rengles d'arbres o d'arbustos vius, d'espècies vegetals seques, de canyes, de xarxes o de teles metàl·liques fins a l'alçària màxima de dos metres o la que estableixi la normativa urbanística.

2. Les tanques a què fa referència l'apartat 1 han de respectar la normativa vigent i les servituds existents, s'han de plantar o subjectar dins del terreny propi i, si escau, han de mantenir les distàncies respecte a la finca veïna que estableixen els articles 546-4 i 546-5.

3. Les tanques a què fa referència aquest article només són mitgeres si ho pacten els propietaris de les finques confrontants.

Article 546-3. *Paret d'atans i envà pluvial*

1. Els propietaris d'una finca poden construir una paret de càrrega o de tanca i pilars i altres estructures constructives i acostar-les o adossar-les, al llarg o de través, a la finca o la paret veïna sense menyscabar-la i amb l'obligació de construir-la amb la solidesa adequada a la seva funció i de respectar la normativa urbanística i les servituds existents.

2. Els propietaris d'una finca edificada les parets exteriors de la qual confrontin amb un solar o una edificació més baixa poden construir, amb materials idonis, d'un gruix màxim de trenta centímetres, un envà exterior, que no pot ésser un element de sustentació, de cap a cap de la paret sobre l'espai veí. Aquest envà ha d'ésser enderrocat a costa dels propietaris de la finca més alta i sense compensació quan els veïns alcin l'edificació que el faci innecessari.

Article 546-4. *Distància d'arbres a tanques o balcons veïns*

1. Cap titular no pot mantenir, entre finques separades per una tanca, un arbre o un element de construcció que, per la proximitat a aquella, n'inutilitzi la funció de dificultar l'accés.

2. La prohibició que estableix l'apartat 1 afecta els propietaris de jardins o patis situats en planta baixa amb relació als balcons o les finestres dels habitatges situats en plantes superiors.

3. L'acció per a exigir, d'acord amb els apartats 1 i 2, l'arrencament o la poda d'un arbre o l'enderrocament d'una construcció prescriu al cap de deu anys.

4. Els fruits que cauen de manera natural en la finca tancada procedents de l'arbre plantat en la finca veïna pertanyen als propietaris de la finca tancada.

Article 546-5. *Distància de plantacions*

1. Els propietaris que plantin arbustos o arbres entre finques destinades a plantacions o conreus els han de plantar a una distància mínima

respecte a la partió d'un metre en el cas dels arbustos i de dos metres en el cas dels arbres.

2. L'acció per a exigir l'arrencament dels arbres o dels arbustos plantats contravenint el que estableix l'apartat 1 prescriu al cap de tres anys d'haver estat plantats.

3. Hom s'ha d'atenir, en matèria de plantacions forestals, al que estableix la legislació especial.

Article 546-6. *Branques i arrels provinents de finques veïnes*

Els propietaris d'una finca poden tallar les branques o les arrels d'un arbre o d'un arbust plantat en una finca veïna que s'hagin introduït en la seva finca i retenir-ne la propietat, però ho han de fer de la manera generalment acceptada en l'exercici de la jardineria, la pagesia o l'explotació forestal.

Article 546-7. *Distàncies de piscines, excavacions i pous*

1. Ningú no pot, sens perjudici del que estableix la normativa urbanística, excavar piscines, cisternes, rampes, soterranis o altres sots a menys de seixanta centímetres del límit d'una finca veïna o d'una paret mitgera. Els propietaris que facin l'excavació han de proporcionar al sòl, en tots els casos, una consolidació suficient perquè la finca veïna tingui el suport tècnicament adequat per a les edificacions que hi hagi o que permeti construir la normativa urbanística.

2. Ningú no pot obrir cap pou a menys de seixanta centímetres del límit d'una finca veïna o d'una paret mitgera, sens perjudici, en tots els casos, del que estableix la legislació sobre aigües i de l'obligació de consolidar el sòl de manera suficient.

3. L'acció per a evitar l'excavació o perquè s'adeqüi a la distància que estableix l'apartat 2 prescriu al cap de deu anys d'haver acabat l'obra.

Article 546-8. *Marges entre finques en cotes diferents*

1. Hom presumeix que els marges, les ribes i les parets de sustentació entre finques veïnes els sòls de les quals són a cotes diferents són propietat dels titulars de la finca superior.

2. Els propietaris dels marges o les parets a què fa referència l'apartat 1 els han de mantenir en bon estat i els propietaris de la finca inferior els han de permetre l'accés amb aquesta finalitat.

Article 546-9. *Pas de l'aigua*

1. Els propietaris de la finca inferior estan obligats a rebre l'aigua pluvial que arriba naturalment de la finca superior. Els propietaris d'aquesta no poden posar obstacles al curs de l'aigua ni alterar-ne el règim per a fer-lo més carregós.

2. Els propietaris de la finca inferior, si aquesta rep aigua que procedeix d'una excavació, de sobrants d'altres aprofitaments o d'alteracions artificials dels cursos naturals, es poden oposar a rebre-la i, a més, tenen dret a ésser indemnitzats per danys i perjudicis.

3. Els propietaris de la finca superior, si a la finca inferior hi ha obres de defensa contra l'aigua, han de permetre l'accés als propietaris de la inferior perquè puguin fer les obres de conservació necessàries.

4. L'aigua pluvial procedent de les cobertes dels edificis no pot tenir sortida, en cap cas, sobre la finca veïna.

Article 546-10. *Llums, vistes i finestres*

1. Ningú no pot tenir vistes ni llums sobre la finca veïna ni obrir cap finestra o construir cap voladís en una paret pròpia que confronti amb la d'un veí o veïna sense deixar en el terreny propi una androna de l'amplada que fixen la normativa urbanística, les ordinacions o els costums locals o, si no n'hi ha, d'un metre, com a mínim, en angle recte, comptat des de la paret o des de la línia més sortint si hi ha voladís.

2. Llevat que el títol de constitució estableixi una altra cosa, si una finca té constituïda a favor seu una servitud de llums i de vistes, el propietari o propietària de la finca servent que vulgui edificar ha de deixar davant de l'obertura una androna, però pot obrir finestres que rebin la llum per la dita androna. Si la servitud és només de llums, el propietari o propietària pot edificar dins de l'espai de l'androna fins al caire inferior de l'obertura que dóna llum.

3. Ningú no pot obrir cap finestra en una paret contigua a la d'un veí o veïna si no deixa una distància mínima de quaranta centímetres entre la finestra i el límit de la finca. Si les parets i els balcons formen un angle agut, la distància mínima entre el balcó i la línia d'unió d'ambdues parets ha d'ésser d'un metre.

Article 546-11. *Edificacions en mal estat i arbres perillosos*

1. Si en una paret o en un altre element constructiu d'una edificació es produeixen esfondraments, si amenaça ruïna i produeix un perill racional de perjudicar la finca veïna o les persones que transiten a prop de la dita edificació o si el seu estat pot afectar la salubritat de la finca veïna, els propietaris d'aquesta finca poden exigir als de la finca que provoca el perill o atempta contra la salubritat que adoptin les mesures adequades per a fer cessar la situació de perill o, fins i tot, que enderroquin l'element constructiu que el provoca.

2. La mateixa norma que estableix l'apartat 1 és aplicable si el perill el produeix un arbre mort, torçut o esgallat.

SECCIÓ SEGONA. *Estat de necessitat*

Article 546-12. *Estat de necessitat*

1. Els propietaris dels béns han de tolerar la interferència d'altres persones si és necessària per a evitar un perill present, imminent i greu i si el dany que racionalment es pot produir és desproporcionadament elevat amb relació al perjudici que la interferència pot causar als propietaris.

2. Els propietaris a què fa referència l'apartat 1 tenen dret a ésser indemnitzats pels danys i perjudicis que se'ls ha causat.

SECCIÓ TERCERA. *Immissions*

Article 546-13. *Immissions il·legítimes*

Les immissions de fum, soroll, gasos, vapors, olor, escalfor, tremolor, ones electromagnètiques i llum i altres de semblants produïdes per actes il·legítims dels veïns i que causen danys a la finca o a les persones que hi habiten són prohibides i generen responsabilitat pel dany causat.

Article 546-14. *Immissions legítimes*

1. Els propietaris d'una finca han de tolerar les immissions provinents d'una finca veïna que són innòcues o que causen perjudicis no substancials. En general, es consideren perjudicis substancials els que superen els valors límit o indicatius que estableixen les lleis o els reglaments.

2. Els propietaris d'una finca han de tolerar les immissions que produeixin perjudicis substancials si són conseqüència de l'ús normal de la finca veïna, segons la normativa, i si fer-les cessar comporta una despesa desproporcionada econòmicament.

3. En el cas a què fa referència l'apartat 2, els propietaris afectats tenen dret a rebre una indemnització pels danys produïts en el passat i una compensació econòmica, fixada de comú acord o judicialment, pels que es puguin produir en el futur si aquestes immissions afecten exageradament el producte de la finca o l'ús normal d'aquesta, segons el costum local.

4. Segons la naturalesa de la immissió a què fa referència l'apartat 2, els propietaris afectats poden exigir, a més del que estableix l'apartat 3, que aquesta es faci en el dia i el moment menys perjudicials i poden adoptar les mesures procedents per a atenuar els danys a càrrec dels propietaris veïns.

5. Les immissions substancials que provenen d'instal·lacions autoritzades administrativament faculten els propietaris veïns afectats a sol·li-

citar l'adopció de les mesures tècnicament possibles i econòmicament raonables per a evitar les conseqüències danyoses i a sol·licitar la indemnització pels danys produïts. Si les conseqüències no es poden evitar d'aquesta manera, els propietaris tenen dret a una compensació econòmica, fixada de comú acord o judicialment, pels danys que es puguin produir en el futur.

6. Cap propietari o propietària no està obligat a tolerar immissions dirigides especialment o artificialment vers la seva propietat.

7. La pretensió per a reclamar la indemnització pels danys i perjudicis o la compensació econòmica a què fan referència els apartats 3 i 5 prescriu al cap de tres anys, comptats a partir del moment en què els propietaris tinguin coneixement de les immissions.

CAPÍTOL VII. *Propietat temporal*

Article 547-1. *Concepte*

El dret de propietat temporal confereix al seu titular el domini d'un bé durant un termini cert i determinat, vençut el qual el domini fa trànsit al titular successiu.

Article 547-2. *Objecte*

Poden ésser objecte de propietat temporal els béns immobles. També ho poden ésser els béns mobles duradors no fungibles que puguin constar en un registre públic.

Article 547-3. *Règim jurídic*

1. La propietat temporal, en tot allò que no estableixen el títol d'adquisició ni les disposicions d'aquest capítol, es regeix per les normes d'aquest codi relatives al dret de propietat.

2. Els règims del fideïcomís, de la donació amb clàusula de reversió, del dret de superfície o qualssevol altres situacions temporals de la propietat es regeixen per llurs disposicions específiques.

Article 547-4. *Adquisició i durada*

1. El titular del dret de propietat pot retenir la propietat temporal i transmetre la titularitat successiva a un tercer o a la inversa o transmetre ambdues. En la transmissió de la propietat temporal d'un bé sotmès a propietat horitzontal s'apliquen, amb caràcter general, les regles que estableix el capítol III del títol V.

2. La propietat temporal s'adquireix per negoci jurídic entre vius, a títol onerós o gratuït, o per causa de mort.

3. En el negoci jurídic d'adquisició hi ha de constar el termini cert i determinat de durada de la propietat temporal, que no pot ésser inferior a deu anys per als immobles i a un any per als mobles, ni superior, en cap cas, a noranta-nou anys.

4. La transmissió de la propietat temporal s'ha d'acompanyar amb un inventari dels béns que, si escau, la integren.

Article 547-5. *Règim voluntari*

En el títol d'adquisició de la propietat temporal es pot establir:

a) El pagament a terminis del preu d'adquisició.

b) La facultat del propietari temporal de prorrogar el seu dret per un termini que, sumat a l'inicial, no excedeixi del màxim legal, sens perjudici de tercers.

c) El dret d'adquisició preferent del propietari temporal per al cas de transmissió onerosa del dret del titular successiu, i el dret d'adquisició preferent d'aquest últim per al cas de transmissió onerosa de la propietat temporal.

d) Un dret d'opció de compra de la titularitat successiva a favor del propietari temporal.

e) El dret del propietari temporal que el titular successiu li pagui les despeses per obres o reparacions necessàries i exigibles, atenent, principalment, el temps que resta de la durada de la propietat temporal i l'import de les dites despeses.

Article 547-6. *Facultats del propietari temporal*

1. El propietari temporal té totes les facultats del dret de propietat, sense més limitacions que les derivades de la durada i de l'existència del titular successiu.

2. La propietat temporal es pot alienar, hipotecar i sotmetre a qualsevol altre gravamen amb el límit del termini fixat, sense que calgui la intervenció del titular successiu i sens perjudici que li sigui notificat l'acte una vegada celebrat. La propietat temporal també es pot transmetre per causa de mort.

3. Si el bé objecte de propietat temporal és un immoble en règim de propietat horitzontal, l'exercici dels drets i el compliment de les obligacions derivats d'aquest règim corresponen en exclusiva al propietari temporal.

4. El propietari temporal pot transmetre una altra propietat temporal de menor durada en favor d'una o més persones, alhora o una després de l'altra.

Article 547-7. *Facultats del titular successiu*

1. El titular successiu pot alienar, hipotecar i sotmetre a qualsevol altre gravamen el seu dret, i també en pot disposar per causa de mort.

2. Els actes i els contractes no consentits pel titular successiu que excedeixin de la durada de la propietat temporal no el perjudiquen.

3. El titular successiu pot exigir al propietari temporal que es faci càrrec de les obres de reparació o reconstrucció si el bé es deteriora en un 50% o més del seu valor per culpa o dol del propietari temporal. A aquests efectes, s'ha de prendre com a referència el valor del bé en el moment en què es produeix el fet culpable o dolós.

Article 547-8. *Inscripció*

1. El títol d'adquisició de la propietat temporal s'inscriu en el registre corresponent de conformitat amb el que estableix la llei i amb els efectes corresponents.

2. En la inscripció del títol d'adquisició s'ha de fer constar la durada de la propietat temporal i, si escau, el règim voluntari que s'hagi pactat d'acord amb el que estableix l'article 547-5.

Article 547-9. *Extinció*

1. La propietat temporal s'extingeix per les causes generals d'extinció de la propietat i, a més, per les causes següents:

a) Pel venciment del termini.

b) Per deteriorament del bé en un 50% o més del seu valor per culpa o dol del propietari temporal, si aquest, una vegada requerit pel titular successiu, no s'ha fet càrrec de les obres de reparació o reconstrucció.

2. Els drets reals que graven la propietat temporal, en cas de renúncia del dret i d'abandonament de la possessió del bé o de qualsevol altra causa d'extinció voluntària de la propietat temporal, subsisteixen fins que no venci el termini o no es produeixi el fet o la causa que en comporti l'extinció.

Article 547-10. *Efectes de l'extinció*

1. L'extinció de la propietat temporal comporta que el titular successiu adquireix el domini del bé, en pren possessió per ell mateix i pot exercir les accions de protecció de la propietat i de la possessió que li corresponguin.

2. El propietari temporal respon davant el titular successiu dels danys ocasionats al bé per culpa o dol.

3. Les millores i accessions introduïdes en el bé que subsisteixen i els fruits pendents en el moment de l'extinció, si no hi ha pacte, pertanyen al titular successiu. En tot cas, en el moment de la finalitza-

ció de la propietat temporal s'ha d'elaborar un inventari que s'ha de lliurar amb el bé.

TÍTOL V.   *De les situacions de comunitat*

CAPÍTOL I.   *Disposicions generals*

Article 551-1.   *Situacions de comunitat*

1.   Hi ha comunitat quan dues persones o més comparteixen de manera conjunta i concurrent la titularitat de la propietat o d'un altre dret real sobre un mateix bé o un mateix patrimoni.

2.   Les situacions de comunitat mai no es presumeixen, llevat que ho estableixi una disposició legal expressa.

3.   En les situacions de comunitat es presumeix la comunitat ordinària indivisa si no es prova una altra cosa.

4.   Les despeses comunes es poden reclamar pel procediment monitori, d'acord amb la legislació processal.

Article 551-2.   *Regulació*

1.   La comunitat ordinària indivisa es regeix per les normes de l'autonomia de la voluntat i, supletòriament, per les disposicions del capítol II.

2.   La comunitat en règim de propietat horitzontal es regeix pel títol de constitució, que s'ha d'adequar al que estableix el capítol III. Les situacions de comunitat que compleixen els requisits de la propietat horitzontal i no s'hagin configurat d'acord amb el que estableix el capítol III es regeixen pels pactes establerts entre els copropietaris, per les normes de la comunitat ordinària i, si escau, per les disposicions del capítol III que siguin adequades a les circumstàncies del cas.

3.   La comunitat per torns es regeix pel títol de constitució, que s'ha d'adequar a les disposicions del capítol IV i, supletòriament, per les normes de la propietat horitzontal, d'acord amb la seva naturalesa específica.

4.   La mitgeria es regeix per les disposicions del capítol V.

CAPÍTOL II.   *Comunitat ordinària indivisa*

SECCIÓ PRIMERA.   *Règim jurídic*

Article 552-1.   *Concepte*

1.   La comunitat ordinària indivisa comporta l'existència de tants drets com cotitulars hi ha. El dret de cada cotitular resta limitat pels drets dels altres cotitulars.

2. Cadascun dels drets determina la quota de participació en l'ús, el gaudi, els rendiments, les despeses i les responsabilitats de la comunitat.

3. Els drets en la comunitat i, per tant, les quotes es presumeixen iguals llevat que es provi el contrari.

Article 552-2. *Constitució*

La comunitat es pot constituir mitjançant:

a) Negoci jurídic, sia per adquisició conjunta per més d'una persona de la propietat o del dret real sobre el qual recau, sia per alienació d'una part indivisa amb reserva d'una altra part.

b) Usucapió.

c) Disposicions per causa de mort.

d) Llei.

SECCIÓ SEGONA.   *Drets individuals sobre la comunitat*

Article 552-3. *Disposició*

1. Cada cotitular pot disposar lliurement del seu dret en la comunitat, alienar-lo i gravar-lo.

2. Cada cotitular pot disposar de l'objecte indeterminat que li correspondrà en el moment futur de la divisió. En aquest cas, mentre dura la situació d'indivisió, l'adquirent no s'incorpora a la comunitat i, per tant, no pot exigir la divisió.

Article 552-4. *Drets d'adquisició*

1. L'alienació a títol onerós del dret de cotitulars a favor de terceres persones alienes a la comunitat, llevat que en el títol de constitució s'hagi pactat altrament, atorga als altres el dret de tanteig per a adquirir-lo pel mateix preu o valor i en les condicions convingudes amb aquelles.

2. Els cotitulars que pretenen fer la transmissió han de notificar als altres cotitulars, fefaentment, la decisió d'alienar i les circumstàncies de la transmissió. El tanteig es pot exercir en el termini d'un mes comptat des del moment en què es fa la notificació. Si no hi ha notificació o si la transmissió es fa per un preu o en unes circumstàncies diferents de les que hi consten, el tanteig comporta el retracte, que es pot exercir en el termini de tres mesos comptats des del moment en què els altres cotitulars tenen coneixement de l'alienació i les seves circumstàncies o des de la data en què s'inscriu la transmissió en el registre que correspon.

3. El tanteig o el retracte, si els cotitulars que pretenen exercir-lo són més d'un, els correspon en proporció a llurs drets respectius en la comunitat.

4. Els drets de tanteig i de retracte són renunciables i el títol de constitució de la comunitat els pot excloure. Si la comunitat té per objecte la propietat o un altre dret real sobre béns immobles, l'exclusió o la renúncia anticipada només es pot fer en escriptura pública.

Article 552-5. *Renúncia*

1. Cada cotitular pot renunciar al seu dret en la comunitat.

2. La renúncia comporta l'acreixement dels altres cotitulars en proporció a llurs drets sense necessitat d'acceptació expressa però sens perjudici de poder-los renunciar.

3. La renúncia no eximeix els renunciants del compliment de les obligacions anteriors i pendents per raó de la comunitat.

4. La renúncia ha de constar en una escriptura pública si la comunitat té per objecte la propietat o un dret real sobre un bé immoble o sobre participacions en societats mercantils.

SECCIÓ TERCERA. *Drets i deures sobre l'objecte de la comunitat*

Article 552-6. *Ús i gaudi*

1. Cada cotitular pot fer ús de l'objecte de la comunitat d'acord amb la seva finalitat social i econòmica i de manera que no perjudiqui els interessos de la comunitat ni el dels altres cotitulars, als quals no pot impedir que en facin ús.

2. Els fruits i els rendiments corresponen als cotitulars en proporció a llur quota. Si els ha percebuts només un cotitular o una cotitular, aquest n'ha de retre compte als altres d'acord amb les normes de l'administració de béns aliens.

3. Cap cotitular no pot modificar l'objecte de la comunitat, ni tan sols per a millorar-lo o fer-lo més rendible, sense el consentiment dels altres. Si un cotitular o una cotitular fa obres que milloren el dit objecte sense que els altres hi manifestin oposició expressa dins de l'any següent a llur execució, pot exigir el rescabalament amb els interessos legals meritats des del moment en què els reclama fefaentment.

Article 552-7. *Administració i règim d'adopció d'acords*

1. L'administració de la comunitat correspon a tots els cotitulars.

2. La majoria dels cotitulars, segons el valor de llur quota, acorden els actes d'administració ordinària, que obliguen la minoria dissident.

3. Els actes d'administració extraordinària s'acorden amb la majoria de tres quartes parts de les quotes. Si els imposa la llei, els pot emprendre qualsevol cotitular, fins i tot amb l'oposició dels altres, amb dret a rescabalament i als interessos legals meritats des del moment en què els reclama.

4. Els cotitulars dissidents que es considerin perjudicats per l'acord de la majoria poden acudir a l'autoritat judicial, la qual resol i pot, fins i tot, nomenar un administrador o administradora.

5. La responsabilitat dels cotitulars per les obligacions que resulten de llur administració és mancomunada de manera proporcional a llurs quotes respectives.

6. Els actes de disposició s'acorden per unanimitat.

Article 552-8. *Participació en les despeses*

1. Cada cotitular ha de contribuir, en proporció a la seva quota, a les despeses necessàries per a la conservació, l'ús i el rendiment de l'objecte de la comunitat, i també a les de reforma i millora que hagi acordat la majoria.

2. Els cotitulars que han avançat despeses poden exigir als altres el reemborsament de la part que els correspon més els interessos legals meritats des del moment en què els reclamen fefaentment.

SECCIÓ QUARTA. *Extinció*

Article 552-9. *Dissolució*

La comunitat es dissol per les causes següents:

a)   Divisió de la cosa o patrimoni comú.

b)   Reunió en una sola persona de la totalitat dels drets.

c)   Destrucció de la cosa comuna o pèrdua del dret.

d)   Conversió en una comunitat especial.

e)   Acord unànime o renúncia de tots els cotitulars.

f)   Venciment del termini o compliment de la condició resolutòria pactats.

Article 552-10. *Facultat de demanar la divisió*

1. Qualsevol cotitular pot exigir, en qualsevol moment i sense expressar-ne els motius, la divisió de l'objecte de la comunitat.

2. Els cotitulars poden pactar per unanimitat la indivisió per un termini que no pot superar els deu anys.

3. L'autoritat judicial, si algun dels cotitulars és menor d'edat o incapaç i la divisió el pot perjudicar, pot establir, de manera raonada, la indivisió per un termini no superior a cinc anys.

4. No es pot demanar la divisió quan l'objecte sobre el qual recau la comunitat és una nau o un local que es destina a places d'aparcament o a trasters de manera que cada cotitular té l'ús d'una plaça o de més d'una, llevat que s'acordi prèviament modificar-ne l'ús i això sigui possible.

Article 552-11. *Procediment de la divisió*

1. Qualsevol dels cotitulars, si no es posen d'acord per a dividir la comunitat o per a sotmetre la divisió a un arbitratge, pot instar l'autoritat judicial perquè faci la divisió.

2. Si el bé és susceptible d'adoptar el règim de propietat horitzontal, es pot establir aquest règim adjudicant els elements privatius de manera proporcional als drets en la comunitat i compensant en metàl·lic els excessos, que no tenen en cap cas la consideració d'excessos d'adjudicació, distribuint proporcionalment les obres i les despeses necessàries.

3. Es pot fer la divisió adjudicant a un cotitular o una cotitular o a més d'un el dret real d'usdefruit sobre el bé objecte de la comunitat i adjudicant a un altre cotitular o uns altres cotitulars la nua propietat.

4. El cotitular o la cotitular que ho és de les quatre cinquenes parts de les quotes o més pot exigir l'adjudicació de la totalitat del bé objecte de la comunitat pagant en metàl·lic el valor pericial de la participació dels altres cotitulars.

5. L'objecte de la comunitat, si és indivisible, o desmereix notablement en dividir-se, o és una col·lecció que integra el patrimoni artístic, bibliogràfic o documental, s'adjudica al cotitular o la cotitular que hi tingui interès. Si n'hi ha més d'un, al que hi tingui la participació més gran. En cas d'interès i participació iguals, decideix la sort. L'adjudicatari o adjudicatària ha de pagar als altres el valor pericial de llur participació, que en cap cas no té la consideració de preu ni d'excés d'adjudicació. Si cap cotitular no hi té interès, es ven i es reparteix el preu.

6. Les comunitats ordinàries que hi ha entre els cònjuges, en els procediments de separació, divorci o nul·litat matrimonial, es poden dividir considerant com una sola divisió la totalitat o una part dels béns sotmesos a aquest règim, d'acord amb l'article 232-12. S'aplica el mateix criteri en els casos de separació de fet i de ruptura d'una parella estables.

Article 552-12. *Efectes de la divisió*

1. La divisió atribueix a cada adjudicatari en exclusiva la propietat del bé o del dret adjudicat.

2. La divisió no perjudica les terceres persones, que conserven íntegrament llurs drets sobre l'objecte de la comunitat o els que en resulten després de la divisió.

3. Els titulars de crèdits contra qualsevol dels cotitulars poden concórrer a la divisió i, si es fa en frau de llurs drets, impugnar-la, però no la poden impedir.

4. Els cotitulars estan obligats recíprocament i en proporció a llurs drets a garantir la conformitat per defectes jurídics i materials dels béns adjudicats.

CAPÍTOL III. *Règim jurídic de la propietat horitzontal*

SECCIÓ PRIMERA. *Disposicions generals*

SUBSECCIÓ PRIMERA. *Configuració de la comunitat*

Article 553-1. *Definició*

1. El règim jurídic de la propietat horitzontal implica, per als propietaris, el dret de propietat en exclusiva sobre els elements privatius i en comunitat amb els altres propietaris sobre els elements comuns.

2. El règim jurídic de la propietat horitzontal requereix l'atorgament del títol de constitució i suposa:

a) L'existència, present o futura, d'un o més titulars de la propietat d'almenys un immoble integrat per elements privatius i elements comuns.

b) La determinació de la quota de participació en els elements comuns que correspon a cada element privatiu.

c) La configuració d'una organització per a l'exercici dels drets i el compliment dels deures dels propietaris.

3. Els elements comuns són inseparables dels elements privatius. Els actes d'alienació i gravamen i l'embargament dels elements privatius s'estenen a la participació que els correspon en els elements comuns.

4. El règim de la propietat horitzontal exclou l'acció de divisió sobre els elements comuns i els drets d'adquisició preferent de caràcter legal entre propietaris de diferents elements privatius. Aquesta exclusió no afecta les situacions de comunitat indivisa sobre els elements privatius.

Article 553-2. *Objecte*

1. Poden ésser objecte de propietat horitzontal els edificis i qualssevol altres immobles, fins i tot en construcció, en els quals coexisteixin elements privatius, constituïts per habitatges, locals o espais físics susceptibles d'independència funcional i d'atribució a diferents propietaris, amb elements comuns, necessaris per a l'ús i el gaudi adequat dels privatius.

2. Es pot constituir un règim de propietat horitzontal en els casos de coexistència en sòl, vol o subsòl d'edificacions o usos privats i domini públic, de ports esportius amb relació als punts d'amarratge, de mercats amb relació a les parades, de cementiris amb relació a les sepultures i en altres de semblants. Aquestes situacions es regeixen pels preceptes d'aquest capítol adaptats a la naturalesa específica de cada cas i per la normativa administrativa que els és aplicable.

Article 553-3. *Quota*

1. La quota de participació:

a) Determina i concreta la participació que correspon als elements privatius sobre la propietat dels elements comuns.

b) Serveix de mòdul per a fixar la participació en les càrregues, els beneficis, la gestió i el govern de la comunitat i els drets dels propietaris en cas d'extinció del règim.

c) Estableix la distribució de les despeses i el repartiment dels ingressos, llevat de pacte en contra.

2. Les quotes de participació corresponents als elements privatius s'expressen en percentatge sobre el total de l'immoble i es fixen proporcionalment a la superfície i ponderant l'ús, la destinació i les altres dades físiques i jurídiques dels béns que integren la comunitat.

3. Les quotes de participació es determinen i es modifiquen per acord unànime dels propietaris o, si aquest no és possible, per mitjà de l'autoritat judicial o d'un procediment de resolució extrajudicial de conflictes.

4. Es poden establir, a més de la quota de participació, quotes especials per a despeses determinades.

Article 553-4. *Crèdits i deutes*

1. Tots els propietaris són titulars mancomunats, tant dels crèdits constituïts a favor de la comunitat com dels deutes contrets vàlidament en la seva gestió, d'acord amb les quotes de participació respectives.

2. L'import de la contribució de cada propietari a les despeses comunes, ordinàries i extraordinàries, i al fons de reserva és el que resulta de l'acord de la junta i de la liquidació del deute segons la quota que correspongui.

3. Els crèdits de la comunitat contra els propietaris per les despeses comunes, ordinàries i extraordinàries, i pel fons de reserva corresponents a la part vençuda de l'any en curs i als quatre anys immediatament anteriors, comptats de l'1 de gener al 31 de desembre, tenen preferència de cobrament sobre l'element privatiu amb la prelació que determini la llei.

4. Els crèdits meriten interessos des del moment en què se n'ha de fer el pagament corresponent i aquest no es fa efectiu.

Article 553-5. *Afecció real*

1. Els elements privatius estan afectats amb caràcter real i responen del pagament dels imports que deuen els titulars, i també els anteriors titulars, per raó de les despeses comunes, ordinàries o extraor-

dinàries, i pel fons de reserva, que corresponguin a la part vençuda de l'any en curs i als quatre anys immediatament anteriors, comptats de l'1 de gener al 31 de desembre, sens perjudici, si escau, de la responsabilitat de qui transmet.

2.   Els transmitents d'un element privatiu han de declarar que estan al corrent en els pagaments que els corresponen o, si escau, han d'especificar els que tenen pendents i han d'aportar un certificat relatiu a l'estat de llurs deutes amb la comunitat, expedit per qui n'exerceix la secretaria, en el qual han de constar, a més, les despeses comunes, ordinàries i extraordinàries, i les aportacions al fons de reserva aprovades però pendents de venciment. Sense aquesta manifestació i aquesta aportació no es pot atorgar l'escriptura pública, llevat que les parts hi renunciïn expressament. En qualsevol cas, sens perjudici de l'afecció real que estableix l'apartat 1, el transmitent respon del deute que té amb la comunitat en el moment de la transmissió.

3.   El certificat a què fa referència l'apartat 2 no requereix el vistiplau de la presidència si l'administració de la comunitat la duu un professional que n'exerceix la secretaria.

Article 553-6.   *Fons de reserva*

1.   En el pressupost de la comunitat ha de figurar una quantitat no inferior al 5% de les despeses comunes destinada a la constitució d'un fons de reserva.

2.   La titularitat del fons de reserva és de tots els propietaris i el fons resta afectat a la comunitat sense que cap propietari tingui dret a reclamar-ne el retorn en el moment de l'alienació de l'element privatiu.

3.   El fons de reserva ha de figurar en comptabilitat separada i s'ha de dipositar en un compte bancari especial a nom de la comunitat. Els administradors només en poden disposar, amb l'autorització de la presidència, per a atendre despeses de la comunitat imprevistes de caràcter urgent o, amb l'autorització de la junta de propietaris, per a fer front a les obres extraordinàries de conservació, reparació, rehabilitació, instal·lació de nous serveis comuns i seguretat, i també per a les que siguin exigibles d'acord amb les normatives especials.

4.   Els romanents del fons de reserva de cada any s'acumulen en el fons de l'any següent.

SUBSECCIÓ SEGONA.   *Constitució de la comunitat*

Article 553-7.   *Establiment del règim*

1.   L'immoble se sotmet al règim de propietat horitzontal des de l'atorgament del títol de constitució, encara que la construcció no estigui acabada.

2. El títol de constitució s'inscriu en el Registre de la Propietat de conformitat amb la legislació hipotecària i amb els efectes que aquesta legislació estableix.

Article 553-8. *Legitimació*

1. Estan legitimats per a l'establiment del règim de la propietat horitzontal el propietari o els propietaris de l'immoble que ho siguin en el moment de l'atorgament del títol de constitució.

2. El promotor que hagi transmès una quota indivisa de l'immoble no pot fer ús de la facultat que li concedeix l'article 552-11.4. En aquest cas, qualsevol adquirent pot exigir l'atorgament immediat del títol de constitució d'acord amb el projecte pel qual s'ha obtingut la llicència corresponent.

3. Quan el propietari de l'immoble que ha alienat elements privatius en un document privat atorga l'escriptura pública corresponent, ha de ressenyar el títol de constitució i incorporar-hi els estatuts i les altres normes de la comunitat.

Article 553-9. *Escriptura de constitució i constància en el Registre de la Propietat*

1. El títol de constitució del règim de propietat horitzontal ha de constar en una escriptura pública, que en tot cas ha de contenir:

a) La descripció de l'immoble en conjunt, que ha d'indicar si està acabat o no, i la relació dels elements, les instal·lacions i els serveis comuns que té.

b) La descripció de tots els elements privatius, amb el corresponent número d'ordre intern a l'immoble, la quota general de participació i, si escau, les especials que els corresponen, i també la superfície útil, la situació, els límits, la planta, la destinació i, si escau, els espais físics o els drets que en constitueixin annexos o vinculacions.

c) Un plànol descriptiu de l'immoble.

d) Els estatuts, si n'hi ha.

e) Les reserves de drets o facultats, si n'hi ha, establertes a favor del promotor o dels constituents del règim.

f) La previsió, si escau, de formació de subcomunitats.

2. Els preceptes d'aquest capítol s'apliquen en tot allò que no és establert pel títol de constitució.

3. En la mateixa escriptura de constitució o en una altra de prèvia, cal que es declari l'obra nova d'acord amb el que estableixen la legislació hipotecària i les altres normes que hi siguin aplicables.

4. El règim de la propietat horitzontal s'inscriu en el Registre de la Propietat d'acord amb la legislació hipotecària, per mitjà d'una ins-

cripció general per a l'immoble i de tants de folis com finques privatives hi hagi.

5. Les estipulacions establertes en la constitució del règim, o en qualsevol altre document, que impliquin una reserva de la facultat de modificació unilateral del títol de constitució a favor del constituent, o que li permetin de decidir en el futur assumptes de competència de la junta de propietaris, són nul·les.

Article 553-10. *Modificació del títol de constitució*

1. Per a modificar el títol de constitució cal l'acord de la junta de propietaris i que l'escriptura observi els requisits de l'article 553-9 que siguin aplicables a la modificació de què es tracti.

2. No cal l'acord de la junta de propietaris per a la modificació del títol de constitució si la motiven els fets següents:

a) L'exercici d'un dret de vol, sobreelevació, subedificació i edificació si s'ha previst així en constituir el règim o el dret.

b) Les agrupacions, agregacions, segregacions i divisions dels elements privatius o les desvinculacions d'annexos, si els estatuts ho estableixen així.

c) Les alteracions de la destinació dels elements privatius, llevat que els estatuts les prohibeixin expressament.

d) L'execució d'actuacions ordenades per l'Administració pública de conformitat amb la legislació vigent en matèria urbanística, d'habitabilitat, d'accessibilitat i sobre rehabilitació, regeneració i renovació urbanes.

3. La formalització de les operacions de modificació, fins i tot la de la suma o redistribució de les quotes afectades, correspon als titulars dels drets o propietaris d'elements privatius implicats en allò que resulti o sigui conseqüència de les operacions de modificació fetes a l'empara del que estableix l'apartat 2.

Article 553-11. *Estatuts*

1. Els estatuts regulen els aspectes referents al règim jurídic real de la comunitat i poden contenir regles sobre les qüestions següents:

a) La destinació, l'ús i l'aprofitament dels elements privatius i dels elements comuns.

b) Les limitacions d'ús i altres càrregues dels elements privatius.

c) L'exercici dels drets i el compliment de les obligacions.

d) L'aplicació de despeses i ingressos i la distribució de càrregues i beneficis.

e) Els òrgans de govern complementaris dels que estableix aquest codi i llurs competències.

f)   La forma de gestió i administració.

2.   Són vàlides les clàusules estatutàries següents, entre d'altres:

a)   Les que permeten les operacions d'agrupació, agregació, segregació i divisió d'elements privatius i les de desvinculació d'annexos amb creació de noves entitats sense consentiment de la junta de propietaris. En aquest cas, les quotes de participació de les finques resultants es fixen per la suma o la distribució de les quotes dels elements privatius afectats.

b)   Les que exoneren determinats propietaris d'elements privatius de l'obligació de satisfer les despeses de conservació d'elements comuns concrets, que poden incloure les del portal, l'escala, els ascensors, els jardins, les zones d'esbarjo i altres espais semblants.

c)   Les que estableixen la utilització exclusiva i, si escau, el tancament d'una part del solar, o de les cobertes o de qualsevol altre element comú o part determinada d'aquest en favor d'algun element privatiu.

d)   Les que permeten l'ús o el gaudi d'elements comuns per mitjà de la col·locació de cartells de publicitat.

e)   Les que limiten les activitats que es poden acomplir en els elements privatius.

f)   Les que preveuen la resolució dels conflictes per mitjà de l'arbitratge o la mediació per a qualsevol qüestió del règim de la propietat horitzontal.

3.   Les normes dels estatuts que no siguin inscrites en el Registre de la Propietat no perjudiquen tercers de bona fe.

Article 553-12.   *Reglament de règim interior*

1.   El reglament de règim interior, que no es pot oposar als estatuts, conté les regles internes referents a les relacions de convivència i bon veïnatge entre els propietaris i a la utilització dels elements d'ús comú i de les instal·lacions.

2.   El reglament de règim interior obliga sempre els propietaris i els usuaris dels elements privatius.

Article 553-13.   *Constitució i reserva del dret de vol*

1.   La constitució o la reserva expressa del dret per a sobreelevar, subedificar o edificar en el mateix solar de l'immoble a favor dels constituents o de terceres persones és vàlida si l'estableix el títol de constitució del règim de propietat horitzontal.

2.   Els titulars del dret de vol estan facultats per a edificar a llur càrrec d'acord amb el títol de constitució del dret, per a fer seus els elements privatius que en resulten i per a atorgar, tots sols i a llur càrrec, les corresponents declaracions o ampliacions d'obra nova i, si s'ha previst en constituir el règim o el dret, la modificació de la divisió horitzontal. L'exercici successiu del dret amb la construcció de la nova edificació

comporta la redistribució de les quotes de participació, que duen a terme els titulars dels drets reservats d'acord amb aquest codi i amb el títol de constitució, sense necessitat del consentiment de la junta de propietaris.

3. La constitució o la reserva a què fa referència l'apartat 1 només és vàlida si consta en una clàusula específica i el dret es constitueix d'acord amb l'article 567-2.

Article 553-14. *Extinció del règim*

1. El règim de propietat horitzontal s'extingeix voluntàriament per acord unànime de la junta de propietaris de conversió en un altre tipus de comunitat o per decisió del propietari únic. L'acord o decisió requereix el consentiment dels titulars de drets reals sobre els elements privatius o comuns afectats. En qualsevol cas, es presumeix atorgat el consentiment si el titular del dret real no ha manifestat la seva oposició a l'acord o decisió en el termini d'un mes a comptar de la data en què se li hagi notificat.

2. El règim de propietat horitzontal s'extingeix en els supòsits de destrucció, declaració de ruïna i expropiació forçosa de l'immoble. Nogensmenys, en el títol de constitució es pot estipular que el règim no s'extingeixi malgrat la destrucció o la declaració de ruïna per tal de procedir a la rehabilitació o reconstrucció de l'immoble a càrrec dels propietaris.

SUBSECCIÓ TERCERA. *Òrgans de la comunitat*

Article 553-15. *Organització de la comunitat*

1. Els òrgans de la comunitat són la presidència, la secretaria i la junta de propietaris. Els dos primers són unipersonals. El càrrec de la presidència ha d'ésser exercit per un propietari. La secretaria pot ésser exercida per un propietari o per la persona externa a la comunitat que assumeixi les funcions d'administració.

2. La comunitat pot encarregar l'administració a un professional extern que compleixi les condicions professionals legalment exigibles. En aquest cas, les funcions d'administració inclouen també les de secretaria.

3. Els càrrecs són designats per la junta de propietaris, davant la qual responen de llurs actuacions. També els pot designar el promotor de l'immoble, cas en què exerceixen fins a la primera reunió de la junta de propietaris.

4. Els càrrecs són reelegibles, duren un any i s'entenen prorrogats fins que no es faci la junta ordinària següent al venciment del termini per al qual es van designar.

5. L'exercici dels càrrecs és obligatori, tot i que la junta de propietaris pot considerar l'al·legació de motius d'excusa fonamentats. La de-

signació es fa, si no hi ha candidats, per un torn rotatori o per sorteig entre les persones que no han exercit el càrrec.

6. Els càrrecs no són remunerats, llevat que recaiguin en persones alienes a la comunitat, cas en què poden ésser-ho. En qualsevol cas, hom té el dret de rescabalar-se de les despeses ocasionades per l'exercici del càrrec.

7. Els estatuts poden regular la creació d'altres òrgans, a més dels que estableix l'apartat 1.

8. En la designació dels càrrecs no s'ha de produir cap mena de discriminació per raó de sexe, orientació sexual, origen o creences ni per cap altre motiu.

9. En els casos en què el nombre de propietaris sigui inferior a tres, i mentre es mantingui aquesta situació, el règim de funcionament de l'organització de la comunitat és el que l'article 552-7 estableix per a la comunitat ordinària indivisa.

Article 553-16. *Presidència*

1. Corresponen a la presidència les funcions següents:

a) Convocar i presidir les reunions de la junta de propietaris.

b) Representar la comunitat judicialment i extrajudicialment.

c) Elevar a públics els acords, si escau.

d) Vetllar pel bon funcionament de la comunitat i pel compliment dels deures del secretari i de l'administrador.

e) Qualssevol altres funcions que estableixi la llei.

2. La junta de propietaris pot designar un vicepresident, que exerceix les funcions de la presidència en cas de mort, impossibilitat, absència o incapacitat del seu titular. També pot exercir les funcions que la presidència li hagi delegat expressament.

Article 553-17. *Secretaria*

El secretari estén les actes de les reunions, fa les notificacions, expedeix els certificats i custodia, durant cinc anys com a mínim, les convocatòries, les comunicacions, els poders, la documentació comptable i els altres documents rellevants de les reunions i de la comunitat. La custòdia i la tenidoria dels llibres d'actes són regulades per l'article 553-28.

Article 553-18. *Administració*

1. L'administrador gestiona els assumptes ordinaris de la comunitat i exerceix les funcions següents:

a) Prendre les mesures convenients i fer els actes necessaris per a conservar els béns i el funcionament correcte dels serveis de la comunitat.

b) Vetllar perquè els propietaris compleixin les obligacions i fer-los els advertiments pertinents.

c) Preparar els comptes anuals de l'exercici precedent i el pressupost.

d) Executar els acords de la junta de propietaris i fer els cobraments i els pagaments que corresponguin.

e) Decidir l'execució de les obres de conservació i reparació de caràcter urgent, de la qual cosa ha de donar compte immediatament a la presidència.

f) Pagar, amb autorització de la presidència, les despeses de caràcter urgent que poden ésser a càrrec del fons de reserva.

g) Les altres funcions que expressament li siguin delegades per la junta de propietaris o atribuïdes per la llei.

2. L'administrador és responsable de la seva actuació davant la junta de propietaris.

Article 553-19. *Junta de propietaris*

1. La junta de propietaris, integrada per tots els propietaris d'elements privatius, és l'òrgan suprem de la comunitat.

2. La junta de propietaris té les competències no atribuïdes expressament a altres òrgans i, com a mínim, les següents:

a) El nomenament i la remoció de les persones que han d'ocupar o ocupen els càrrecs de la comunitat.

b) La modificació del títol de constitució.

c) L'aprovació i modificació dels estatuts i del reglament de règim interior.

d) L'aprovació dels pressupostos i dels comptes anuals.

e) L'aprovació de la realització de reparacions de caràcter ordinari no pressupostades i de les de caràcter extraordinari i de millora, de llur import i de la imposició de derrames per a finançar-les.

f) L'establiment o la modificació dels criteris generals per a fixar o modificar quotes.

g) L'extinció voluntària del règim.

Article 553-20. *Reunions*

1. La junta de propietaris s'ha de reunir, de manera ordinària, una vegada l'any per a aprovar els comptes i el pressupost i per a elegir les persones que han d'exercir els càrrecs.

2. La junta de propietaris s'ha de reunir quan ho consideri convenient el president i quan ho demani, com a mínim, una quarta part dels propietaris o els qui representin una quarta part de les quotes de participació.

3. Els estatuts poden establir la convocatòria de reunions especials per a tractar de qüestions que afectin només propietaris determinats o, si escau, les subcomunitats.

4. La junta de propietaris es pot reunir sense convocatòria si hi concorren tots els propietaris i acorden per unanimitat la celebració de la reunió i el seu ordre del dia.

Article 553-21. *Convocatòries*

1. La presidència convoca les reunions de la junta de propietaris. En cas de vacant, inactivitat o negativa de la presidència, pot convocar la reunió la vicepresidència o, en cas de vacant, inactivitat o negativa d'aquesta, els propietaris que promouen la reunió d'acord amb l'article 553-20.2.

2. Les convocatòries, citacions i notificacions, llevat que els estatuts estableixin expressament una altra cosa, s'han de trametre, amb una antelació mínima de vuit dies naturals, a l'adreça comunicada pel propietari a la secretaria. La tramesa es pot fer per correu postal o electrònic, o per altres mitjans de comunicació, sempre que es garanteixi l'autenticitat de la comunicació i del seu contingut. Si el propietari no ha comunicat cap adreça, s'han de trametre a l'element privatiu del qual és titular. A més, l'anunci de la convocatòria s'ha de publicar amb la mateixa antelació al tauler d'anuncis de la comunitat o en un lloc visible habilitat a aquest efecte. El dit anunci produeix l'efecte de notificació efectiva quan la personal no ha reeixit.

3. En el cas de juntes extraordinàries per a tractar d'assumptes urgents, tan sols cal que els propietaris hagin pogut tenir coneixement de les convocatòries, citacions i notificacions abans de la data en què s'hagi de fer la reunió.

4. La convocatòria de la reunió de la junta de propietaris ha d'expressar de manera clara i detallada:

a) L'ordre del dia. Si la reunió es convoca a petició de propietaris promotors, hi han de constar els punts que proposen. L'ordre del dia inclou, entre altres assumptes, els proposats per escrit a la presidència, abans de la convocatòria, per qualsevol dels propietaris.

b) El dia, el lloc i l'hora de la reunió.

c) L'advertiment que, amb relació als acords a què fa referència l'article 553-26, els vots dels propietaris que no assisteixen a la reunió es computen en el sentit de l'acord pres per la majoria, sens perjudici de llur dret d'oposició.

d) La llista dels propietaris amb deutes pendents amb la comunitat per raó de les quotes, els quals, de conformitat amb l'article 553-24, tenen veu però no tenen dret de vot, de la qual cosa cal fer advertiment.

5. La documentació relativa als assumptes a tractar s'ha de trametre als propietaris juntament amb la convocatòria, o bé s'ha d'indicar el lloc on es troba a llur disposició. Si les funcions d'administració de la comu-

nitat les fa un professional extern, aquest ha de tenir la dita documentació a disposició dels propietaris des del moment en què es tramet la convocatòria.

Article 553-22. *Assistència*

1. El dret d'assistència a la junta correspon als propietaris, els quals hi assisteixen personalment o per representació legal, orgànica o voluntària, que s'ha d'acreditar per escrit. Els estatuts poden establir, o la junta de propietaris pot acordar, que s'hi pugui assistir per videoconferència o per altres mitjans telemàtics de comunicació sincrònica similars.

2. El dret d'assistència inclou el dret de veu i el dret de vot a la junta de propietaris, sens perjudici del que estableix l'article 553-24.

3. En cas de comunitat d'un element privatiu, els cotitulars en designen un perquè exerceixi el dret d'assistir a la junta de propietaris.

4. En l'usdefruit s'entén que els nus propietaris, si no consta llur manifestació en contra, són representats pels usufructuaris. La representació ha d'ésser expressa si s'han d'adoptar acords sobre el títol de constitució, els estatuts i les obres extraordinàries o de millorament.

Article 553-23. *Constitució*

1. La junta de propietaris es constitueix vàlidament sigui quin sigui el nombre de propietaris que hi concorrin i les quotes de què siguin titulars o representants.

2. La junta de propietaris, si no hi assisteixen el president ni el vicepresident, designa un propietari d'entre els assistents perquè la presideixi.

3. La junta de propietaris, si no hi assisteix el secretari, en designa un d'entre els assistents.

Article 553-24. *Dret de vot*

1. Tenen dret a votar en la junta els propietaris que no tinguin deutes pendents amb la comunitat quan la junta es reuneix. Els propietaris que tinguin deutes pendents amb la comunitat tenen dret a votar si acrediten que n'han consignat judicialment o notarialment l'import o que els han impugnats judicialment.

2. El dret de vot s'exerceix de les maneres següents:

a) Personalment.

b) Per representació, d'acord amb el que estableix l'article 553-22.1.

c) Per delegació en un altre propietari, feta per mitjà d'un escrit que designi nominativament la persona delegada i en el qual es pot indicar el sentit del vot amb relació als punts de l'ordre del dia. La delegació s'ha de fer per a una reunió concreta de la junta de propietaris i s'ha de rebre abans que comenci.

3. El vot de les persones que s'abstinguin i el vot corresponent als elements privatius de benefici comú es computen en el mateix sentit que el de la majoria assolida.

Article 553-25. *Règim general d'adopció d'acords*

1. Només es poden adoptar acords sobre els assumptes inclosos en l'ordre del dia.

2. S'adopten per majoria simple dels propietaris que han participat en cada votació, que ha de representar, alhora, la majoria simple del total de llurs quotes de participació, els acords que fan referència a:

a) L'execució d'obres o l'establiment de serveis que tenen la finalitat de suprimir barreres arquitectòniques o la instal·lació d'ascensors, encara que l'acord comporti la modificació del títol de constitució i dels estatuts o encara que les obres o els serveis afectin l'estructura o la configuració exterior.

b) Les innovacions exigibles per a l'habitabilitat, l'accessibilitat, la seguretat de l'immoble o l'eficiència energètica o hídrica segons llur naturalesa i característiques, encara que l'acord comporti la modificació del títol de constitució i dels estatuts o afectin l'estructura o la configuració exterior.

c) L'execució de les obres per a instal·lar infraestructures comunes o equips amb la finalitat de millorar la mobilitat dels usuaris, per a connectar serveis de telecomunicacions de banda ampla o per a individualitzar el mesurament dels consums d'aigua, gas o electricitat o per a la instal·lació general de punts de recàrrega per a vehicles elèctrics encara que l'acord comporti la modificació del títol de constitució i dels estatuts.

d) L'execució de les obres per a instal·lar infraestructures comunes o equips amb la finalitat de millorar l'eficiència energètica o hídrica, així com per a instal·lar sistemes d'energies renovables i llurs elements auxiliars d'ús comú en elements comuns, encara que l'acord comporti la modificació del títol de constitució i dels estatuts o afectin l'estructura o la configuració exterior.

e) L'execució de les obres per a instal·lar infraestructures o equips amb la finalitat de millorar l'eficiència energètica o hídrica, així com per a instal·lar sistemes d'energies renovables d'utilitat particular en elements comuns, a sol·licitud dels propietaris interessats, encara que afectin l'estructura o la configuració exterior. L'acord adoptat inclou, si la instal·lació existent ho permet, l'accés d'altres propietaris sempre que abonin l'import que els hagués correspost quan es va fer la instal·lació, degudament actualitzat, així com el cost de l'adaptació necessària per tenir-hi accés. Els propietaris que vulguin tenir accés a les instal·lacions preexistents han de comunicar-ho prèviament a la presidència o a l'administració de la comunitat.

f)   La participació en la generació d'energies renovables compartides amb altres comunitats de propietaris, en l'agregació de la demanda, així com també en comunitats energètiques locals o ciutadanes d'energia, i en l'exercici dels drets derivats d'aquesta participació, encara que l'acord comporti la modificació del títol de constitució i dels estatuts.

g)   Els contractes de finançament per a fer front a les despeses derivades de l'execució de les obres o de les instal·lacions previstes pels apartats anteriors.

h)   Les normes del reglament de règim interior.

i)   L'acord de sotmetre a mediació qualsevol qüestió pròpia del règim de la propietat horitzontal.

j)   Els acords que no tinguin fixada una majoria diferent per a adoptar-los.

3.   Per al càlcul de les majories es computen els vots i les quotes dels propietaris que han participat en la votació de cadascun dels punts de l'ordre del dia, sia de manera presencial, sia per representació o per delegació del vot. En els casos que un element privatiu pertanyi a diversos propietaris, aquests tenen conjuntament un únic vot indivisible per raó de la propietat del dit element privatiu. L'adopció de l'acord per majoria simple requereix que els vots i quotes a favor superin els vots i quotes en contra.

4.   Els acords que modifiquin la quota de participació, els que privin qualsevol propietari de les facultats d'ús i gaudi d'elements comuns i els que determinin l'extinció del règim de la propietat horitzontal simple o complexa requereixen el consentiment exprés dels propietaris afectats.

5.   Els propietaris o titulars d'un dret possessori sobre l'element privatiu, en el cas que ells mateixos o les persones amb qui hi conviuen o treballen pateixin alguna discapacitat o tinguin més de setanta anys, si no aconsegueixen que s'adoptin els acords a què fan referència les lletres a) i b) de l'apartat 2, poden demanar a l'autoritat judicial que obligui la comunitat a suprimir les barreres arquitectòniques o a fer les innovacions exigibles, sempre que siguin raonables i proporcionades, per a assolir l'accessibilitat i la transitabilitat de l'immoble en atenció a la discapacitat que les motiva.

6.   Als efectes únicament de la legitimació per a la impugnació dels acords i l'exoneració del pagament de despeses per a noves instal·lacions o serveis comuns, els propietaris que no han participat en la votació es poden oposar a l'acord per mitjà d'un escrit enviat a la secretaria, per qualsevol mitjà fefaent, en el termini d'un mes d'ençà que els ha estat notificat. Si una vegada passat el mes no han tramès l'escrit d'oposició, es considera que s'adhereixen a l'acord.

Article 553-26. *Adopció d'acords per unanimitat i per majories qualificades*

1. Es requereix el vot favorable de tots els propietaris amb dret a vot per a:

a)   Modificar les quotes de participació.

b)   Desvincular un annex.

c)   Vincular l'ús exclusiu de patis, jardins, terrasses, cobertes de l'immoble o altres elements comuns a un o diversos elements privatius.

d)   Cedir gratuïtament l'ús d'elements comuns que tenen un ús comú.

e)   Constituir un dret de sobreelevació, subedificació i edificació sobre l'immoble.

f)   Extingir el règim de propietat horitzontal, simple o complexa, i convertir-la en un tipus de comunitat diferent.

g)   Acordar la integració en una propietat horitzontal complexa.

h)   Sotmetre a arbitratge qualsevol qüestió relativa al règim de la propietat horitzontal, llevat que hi hagi una disposició estatutària contrària.

2. Cal el vot favorable de les quatre cinquenes parts dels propietaris amb dret a vot, que han de representar alhora les quatre cinquenes parts de les quotes de participació, per a:

a)   Modificar el títol de constitució i els estatuts, llevat que hi hagi una disposició legal en sentit contrari.

b)   Adoptar acords relatius a innovacions físiques en l'immoble, si n'afecten l'estructura o la configuració exterior, llevat dels supòsits regulats a les lletres *b*), *d*) i *e*) de l'article 553-25.2, així com els relatius a la construcció de piscines i instal·lacions recreatives.

c)   Desafectar un element comú.

d)   Constituir, alienar, gravar i dividir un element privatiu de benefici comú.

e)   Acordar quotes especials de despeses, o un increment en la participació en les despeses comunes corresponents a un element privatiu per l'ús desproporcionat d'elements o serveis comuns, d'acord amb el que estableix l'article 553-45.4.

f)   Acordar l'extinció voluntària del règim de propietat horitzontal per parcel·les.

g)   La cessió onerosa de l'ús i l'arrendament d'elements comuns que tenen un ús comú per un termini superior a quinze anys.

h)   Els contractes de finançament que tinguin un termini d'amortització superior a quinze anys.

3. Els acords dels apartats 1 i 2 s'entenen adoptats:

a)   Si es requereix la unanimitat, quan hi han votat favorablement tots els propietaris que han participat en la votació i, en el termini d'un mes des de la notificació de l'acord, no s'hi ha oposat cap altre propietari mitjançant un escrit tramès a la secretaria per qualsevol mitjà fefaent.

b)   Si es requereixen les quatre cinquenes parts, quan hi ha votat favorablement la majoria simple dels propietaris i de les quotes participants a la votació i, en el termini d'un mes des de la notificació de l'acord, s'assoleix la majoria qualificada comptant com a vot favorable la posició dels propietaris absents que, en el dit termini, no s'han oposat a l'acord mitjançant un escrit tramès a la secretaria per qualsevol mitjà fefaent.

Article 553-27.   *Acta*

1.   El secretari ha de redactar l'acta, que s'ha d'autoritzar, amb les signatures del secretari i del president, en el termini de cinc dies a comptar de l'endemà de la reunió.

2.   L'acta de la reunió s'ha de redactar almenys en català, o en aranès a Aran, i hi han de constar les dades següents:

a)   La data i el lloc de celebració, el caràcter ordinari o extraordinari i el nom de la persona que n'ha fet la convocatòria.

b)   L'ordre del dia.

c)   La indicació de la persona que l'ha presidida i de la persona que hi ha actuat com a secretari.

d)   La relació de persones que hi han assistit personalment o per representació i, si escau, de les qui deleguen.

e)   Els acords adoptats, els participants en cada votació i llurs quotes respectives, i també el resultat de les votacions, amb la indicació dels qui han votat a favor, els qui han votat en contra i els qui s'han abstingut.

f)   Els acords susceptibles de formació successiva, d'acord amb l'article 553-26.3.

3.   El president pot requerir a un notari que aixequi acta dels acords de la reunió quan ho consideri pertinent i ho ha de fer, en tot cas, quan hi hagi una sol·licitud escrita presentada, almenys cinc dies abans de la data de la reunió, per una quarta part dels propietaris o per menys si representen la quarta part de les quotes. En aquest cas, s'ha de fer en el llibre d'actes una referència clara a la data de celebració de la reunió i al nom i la residència del notari que hi va assistir.

4.   L'acta s'ha de trametre a tots els propietaris en el termini de deu dies a comptar de l'endemà de la reunió de la junta de propietaris a l'adreça comunicada per cada propietari a la secretaria o, si manca, a l'element privatiu. La tramesa es pot fer per correu postal o electrònic o per altres mitjans de comunicació, amb les mateixes garanties requerides per a la convocatòria.

5. Una vegada transcorregut el termini que fixa l'article 553-26.3, s'ha de trametre a tots els propietaris un annex a l'acta en el qual s'ha d'indicar si els acords susceptibles de formació successiva han esdevingut efectius o no, i s'ha de fer constar, així mateix, el resultat final de la votació.

Article 553-28. *Llibre d'actes*

1. Els acords de la junta de propietaris s'han de transcriure en un llibre d'actes que s'ha de legalitzar, almenys en català, o en aranès a Aran, en el registre de la propietat que correspongui.

2. El secretari ha de custodiar els llibres d'actes de la junta de propietaris, que s'han de conservar durant trenta anys mentre existeixi el règim de propietat horitzontal o durant cinc anys des del moment en què s'hagi extingit.

Article 553-29. *Execució*

Els acords adoptats vàlidament per la junta de propietaris, llevat que els estatuts estableixin una altra cosa, són executius des del moment en què s'adopten.

Article 553-30. *Vinculació dels acords*

1. Els acords adoptats per la junta són obligatoris i vinculen tots els propietaris, fins i tot els dissidents.

2. No obstant el que estableix l'apartat 1, els propietaris dissidents no estan obligats a satisfer les despeses originades per les noves installacions o nous serveis comuns que no siguin exigibles d'acord amb la llei si el valor total de la despesa acordada és superior a la quarta part del pressupost anual vigent de la comunitat un cop descomptades les subvencions o els ajuts públics i els costos derivats de l'obtenció de crèdit necessari amb entitats financeres. Els propietaris només poden gaudir de les noves installacions o els nous serveis si satisfan l'import de les despeses d'execució i de manteniment amb l'actualització que correspongui aplicant-hi l'índex general de preus de consum.

3. Les despeses originades per la supressió de barreres arquitectòniques o la installació d'ascensors i les que calguin per a garantir l'accessibilitat i l'habitabilitat de l'edifici són a càrrec de tots els propietaris si deriven d'un acord de la junta. Si deriven d'una decisió judicial conforme a l'article 553-25-5, l'autoritat judicial és qui en fixa l'import en funció de les despeses ordinàries comunes de la comunitat.

4. Les despeses originades per les obres d'installació d'infraestructures o equips comuns amb la finalitat de millorar l'eficiència energètica o hídrica, així com de la installació de sistemes d'energies renovables d'ús comú en elements comuns, són a càrrec de tots els propietaris si deriven de l'acord de la junta, de conformitat amb el que estableix l'ar-

ticle 553-25.2.*d*). Els propietaris dissidents, en tot cas, estan obligats si el valor total de la despesa acordada no excedeix les tres quartes parts del pressupost anual vigent de la comunitat per raó de les despeses comunes ordinàries, un cop descomptades les subvencions o els ajuts públics que els puguin correspondre per aquest concepte.

5. Els propietaris que, sense causa justificada, s'oposin a les actuacions o obres necessàries i exigides per l'autoritat competent o les demorin responen individualment de les sancions que s'imposin en via administrativa.

Article 553-31. *Impugnació*

1. Els acords de la junta de propietaris es poden impugnar judicialment en els casos següents:

a) Si són contraris a les lleis, al títol de constitució o als estatuts o si, ateses les circumstàncies, impliquen un abús de dret.

b) Si són contraris als interessos de la comunitat o són greument perjudicials per a un dels propietaris.

2. Estan legitimats per a la impugnació d'un acord els propietaris que hi han votat en contra, els absents que s'hi han oposat i els que han estat privats il·legítimament del dret de vot.

3. Per a exercir l'acció d'impugnació cal estar al corrent de pagament dels deutes amb la comunitat que estiguin vençuts en el moment d'adoptar-se l'acord que es vol impugnar o haver-ne consignat l'import.

4. L'acció d'impugnació dels acords caduca en el termini d'un any en els supòsits a què fa referència l'apartat 1.a, i en el termini de tres mesos en els supòsits a què fa referència l'apartat 1.b. Els terminis es compten des de la notificació de l'acta o de l'annex de l'acta, segons que correspongui.

Article 553-32. *Suspensió*

1. La impugnació d'un acord de la junta de propietaris no en suspèn l'executabilitat.

2. L'autoritat judicial pot adoptar les mesures cautelars que consideri convenients, fins i tot la de decretar provisionalment la suspensió de l'acord de la junta de propietaris impugnat.

SECCIÓ SEGONA. *Propietat horitzontal simple*

Article 553-33. *Elements privatius*

Només es poden configurar com a elements privatius d'un immoble els habitatges, els locals i els espais físics que poden ésser objecte de propietat separada i que tenen independència funcional perquè disposen d'accés directe o indirecte a la via pública.

Article 553-34. *Elements privatius de benefici comú*

1. Són elements privatius de benefici comú els que, per disposició de la llei, del títol de constitució o per acord de la junta de propietaris, pertanyen a tots els propietaris en proporció a la quota i de manera inseparable de la propietat de l'element privatiu concret.

2. Els elements comuns desafectats per acord de la junta de propietaris tenen caràcter d'element privatiu de benefici comú, llevat que s'estableixi altrament.

3. L'administració i disposició d'un element privatiu de benefici comú es regeix per les normes de la propietat horitzontal.

Article 553-35. *Annexos*

Els annexos es determinen en el títol de constitució com a espais físics o drets vinculats de manera inseparable a un element privatiu, no tenen quota especial i són de titularitat privativa a tots els efectes.

Article 553-36. *Ús i gaudi dels elements privatius*

1. Els propietaris d'elements privatius hi poden exercir totes les facultats del dret de propietat sense cap altra restricció que les que deriven del règim de propietat horitzontal.

2. Els propietaris d'un element privatiu hi poden fer obres de conservació i de reforma sempre que no perjudiquin els altres propietaris ni la comunitat i que no disminueixin la solidesa ni l'accessibilitat de l'immoble ni alterin la configuració o l'aspecte exterior del conjunt.

3. Els propietaris que es proposin de fer obres en llur element privatiu ho han de comunicar prèviament a la presidència o a l'administració de la comunitat. Si l'obra comporta l'alteració d'elements comuns, cal l'acord de la junta de propietaris. En cas d'instal·lació d'un punt de recàrrega individual de vehicle elèctric, només cal enviar a la presidència o a l'administració el projecte tècnic amb trenta dies d'antelació a l'inici de l'obra i la certificació tècnica corresponent una vegada finalitzada la instal·lació. Dins aquest termini la comunitat pot proposar una alternativa raonable i més adequada als seus interessos generals. Si la instal·lació alternativa no es fa efectiva en el termini de dos mesos, el propietari interessat pot executar la instal·lació que havia projectat inicialment.

4. La comunitat pot exigir la reposició a l'estat originari dels elements comuns alterats sense el seu consentiment. No obstant això, s'entén que la comunitat ha donat el consentiment si l'execució de les obres és notòria, no disminueix la solidesa de l'edifici ni comporta l'ocupació d'elements comuns ni la constitució de noves servituds i la comunitat no

s'ha oposat en el termini de caducitat de quatre anys a comptar de l'acabament de les obres.

Article 553-37. *Disposició dels elements privatius*

1. Els propietaris d'elements privatius els poden modificar, alienar i gravar i hi poden fer tota mena d'actes de disposició. Si hi estableixen servituds en benefici d'altres finques, aquestes servituds s'extingeixen en cas de destrucció o enderroc de l'edifici.

2. Els propietaris, en els casos d'arrendament o de qualsevol altra transmissió del gaudi de l'element privatiu, són responsables davant de la comunitat i de terceres persones de les obligacions derivades del règim de propietat horitzontal.

3. La persona que aliena un element privatiu ha de comunicar el canvi de titularitat a la secretaria de la comunitat. Mentre no el comuniqui respon solidàriament dels deutes envers la comunitat.

Article 553-38. *Obligacions de conservació i manteniment dels elements privatius*

Els propietaris d'elements privatius els han de conservar en bon estat i han de mantenir els serveis i les instal·lacions que s'hi emplacin.

Article 553-39. *Restriccions i servituds forçoses*

1. Els elements privatius estan subjectes, en benefici dels altres i de la comunitat, a les restriccions imprescindibles per a fer les obres de conservació i manteniment dels elements comuns i dels altres elements privatius, si no hi ha cap altra manera de fer-les o l'altra manera és desproporcionadament cara o carregosa.

2. La comunitat pot exigir la constitució de servituds permanents sobre els annexos dels elements d'ús privatiu si són indispensables per a l'execució dels acords de supressió de les barreres arquitectòniques o de millorament adoptats per la junta de propietaris o per a l'accés a elements comuns que no en tinguin d'altre.

3. Els propietaris d'elements privatius poden exigir la constitució de les servituds, permanents o temporals, imprescindibles per a fer-hi les obres de conservació i d'accés a xarxes generals de subministraments de serveis.

4. Els titulars de les servituds han de compensar els danys i el menyscabament que causin en els elements privatius o comuns afectats.

Article 553-40. *Prohibicions i restriccions d'ús dels elements privatius i comuns*

1. Els propietaris i els ocupants no poden fer en els elements privatius, ni en la resta de l'immoble, activitats o actes contraris a la convi-

vència normal en la comunitat o que malmetin o facin perillar l'immoble. Tampoc no poden dur a terme les activitats que els estatuts, la normativa urbanística o la llei exclouen o prohibeixen de manera expressa.

2. La presidència de la comunitat, si es fan les activitats o els actes a què fa referència l'apartat 1, per iniciativa pròpia o a petició d'una quarta part dels propietaris, ha de requerir fefaentment a qui els faci que deixi de fer-los. Si la persona o persones requerides persisteixen en llur activitat, la junta de propietaris pot exercir contra els propietaris i els ocupants de l'element privatiu l'acció per a fer-la cessar, que s'ha de tramitar d'acord amb les normes processals corresponents. Una vegada presentada la demanda, que s'ha d'acompanyar amb el requeriment i el certificat de l'acord de la junta de propietaris, l'autoritat judicial ha d'adoptar les mesures cautelars que consideri convenients, entre les quals, la cessació immediata de l'activitat prohibida. En cas d'ocupació sense títol habilitant, l'acció es pot exercir contra els ocupants encara que no se'n conegui la identitat. Si les activitats o els actes contraris a la convivència o que malmetin o facin perillar l'immoble els fan els ocupants de l'element privatiu il·legítimament i sense la voluntat dels propietaris, la junta de propietaris pot denunciar els fets a l'ajuntament del seu municipi a fi que iniciï, amb l'expedient acreditatiu previ que s'han produït efectivament les activitats o els actes prohibits, el procediment que estableix l'article 44 *bis* de la Llei 18/2007, del 28 de desembre, del dret a l'habitatge.

3. La comunitat té dret a la indemnització pels perjudicis que se li causin i, si les activitats prohibides continuen, a instar judicialment a la privació de l'ús i gaudi de l'element privatiu per un període que no pot excedir els dos anys i, si escau, a l'extinció del contracte d'arrendament o de qualsevol altre que atribueixi als ocupants un dret sobre l'element privatiu.

Article 553-41.   *Elements comuns*

Són elements comuns el solar, els jardins, les piscines, les estructures, les façanes, les cobertes, els vestíbuls, les escales i els ascensors, les antenes i, en general, les instal·lacions i els serveis dels elements privatius que es destinen a l'ús comunitari o a facilitar l'ús i gaudi dels dits elements privatius.

Article 553-42.   *Ús i gaudi dels elements comuns*

1. L'ús i gaudi dels elements comuns corresponen a tots els propietaris d'elements privatius i s'ha d'adaptar a la destinació que estableixen els estatuts o a la que resulti normal i adequada a llur naturalesa, sense perjudicar l'interès de la comunitat.

2. En el cas que la junta acordi instal·lacions per a l'eficiència energètica o hídrica o de sistemes d'energia renovable per a l'ús comunitari en elements comuns on existeixin instal·lacions o sistemes d'utilitat par-

ticular prèviament autoritzades, incompatibles amb el nou acord, la comunitat assumeix la remoció i ha d'indemnitzar els danys que la remoció comporti al propietari.

Article 553-43. *Elements comuns d'ús exclusiu*

1.   En el títol de constitució o per acord unànime de la junta, es pot vincular a un o a diversos elements privatius l'ús exclusiu de patis, jardins, terrasses, cobertes de l'immoble o altres elements comuns. Aquesta vinculació no els fa perdre la naturalesa d'element comú.

2.   Els propietaris dels elements privatius que tenen l'ús i gaudi exclusiu dels elements comuns n'assumeixen totes les despeses de conservació i manteniment i tenen l'obligació de conservar-los adequadament i mantenir-los en bon estat.

3.   Els propietaris dels elements privatius que tenen l'ús exclusiu dels elements comuns poden executar obres de millora per a l'eficiència energètica o hídrica o la instal·lació de sistemes d'energies renovables en els dits elements comuns, fent-se càrrec dels costos que se'n derivin, així com de les despeses de manteniment. En tot cas, han d'enviar el projecte tècnic amb trenta dies d'antelació de l'inici de l'obra a la presidència o a l'administració. Dins aquest termini, la comunitat pot proposar una alternativa més adequada als seus interessos generals sempre que sigui raonable i proporcionada i que no comporti a les persones promotores un increment substancial del cost del projecte tècnic presentat. A falta d'alternativa, els propietaris poden dur a terme les dites obres o instal·lacions.

4.   Les reparacions que es deuen a vicis de construcció o estructurals, originaris o sobrevinguts, o les reparacions que afecten i beneficien tot l'immoble, són a càrrec de la comunitat, llevat que siguin conseqüència d'un mal ús o d'una mala conservació.

Article 553-44. *Conservació i manteniment dels elements comuns*

1.   La comunitat ha de conservar els elements comuns de l'immoble, de manera que compleixi les condicions estructurals, d'habitabilitat, d'accessibilitat, d'estanquitat, de seguretat i d'eficiència energètica o hídrica segons la normativa vigent i ha de mantenir en funcionament correcte els serveis i les instal·lacions. Els propietaris han d'assumir les obres de conservació i reparació necessàries.

2.   Els propietaris que es beneficien de la instal·lació d'infraestructures o equips de millora de l'eficiència energètica o hídrica o de sistemes de energies renovables d'utilitat particular situats en elements comuns o en elements comuns d'ús exclusiu han d'assumir la conservació i el manteniment en la seva totalitat.

Article 553-45. *Contribució al pagament de les despeses comunes*

1.   Els propietaris han de sufragar les despeses comunes en proporció a llur quota de participació o d'acord amb les especialitats que fixen el títol de constitució, els estatuts o els acords de la junta.

2.   La manca d'ús i gaudi d'elements comuns concrets no eximeix de l'obligació de sufragar les despeses que deriven de llur manteniment, llevat que una disposició dels estatuts, que només es pot referir a serveis o elements especificats de manera concreta, estableixi el contrari i sens perjudici del que estableix l'article 553-30.2.

3.   La contribució al pagament de determinades despeses sobre les quals els estatuts estableixen quotes especials diferents de les de participació, entre les quals s'inclouen les d'escales diferents, piscines i zones enjardinades, s'ha de fer d'acord amb la quota específica.

4.   El títol de constitució pot establir un increment de la participació en les despeses comunes que correspon a un element privatiu concret, en el cas d'ús o gaudi especialment intensiu d'elements o serveis comuns com a conseqüència de l'exercici d'activitats empresarials o professionals en el pis o el local. Aquest increment també el pot acordar la junta de propietaris. En cap dels dos casos, l'increment no pot ésser superior al doble del que li correspondria per la quota.

Article 553-46. *Responsabilitat de la comunitat*

1.   Dels deutes contrets per raó de la comunitat en responen els crèdits i fons comuns dels propietaris i els elements privatius de benefici comú. Subsidiàriament, en responen els propietaris dels elements privatius en proporció a la quota de participació.

2.   Per a embargar els fons, els crèdits i els elements privatius de benefici comú, n'hi ha prou de demandar la comunitat. Per a embargar els altres elements privatius, s'ha de requerir el pagament a tots els propietaris i demandar-los personalment.

Article 553-47. *Reclamació en cas d'impagament de les despeses comunes*

1.   La comunitat pot reclamar totes les quantitats que li siguin degudes per l'impagament de les despeses comunes, tant si són ordinàries com extraordinàries, o del fons de reserva, per mitjà del procés monitori especial aplicable a les comunitats de propietaris d'immobles en règim de propietat horitzontal que estableix la legislació processal.

2.   Per a instar la reclamació n'hi ha prou amb un certificat de l'impagament de les despeses comunes, emès per qui faci les funcions de secretari de la comunitat amb el vistiplau del president. En aquest certificat hi han de constar l'existència del deute i el seu import, la manifestació que el deute és exigible i que es correspon de manera exacta amb

els comptes aprovats per la junta de propietaris que consten en el llibre d'actes corresponent, i el requeriment de pagament fet al deutor.

SECCIÓ TERCERA. *Propietat horitzontal complexa*

Article 553-48. *Configuració*

1.   La propietat horitzontal complexa implica la coexistència de subcomunitats integrades en un immoble o en un conjunt immobiliari format per diverses escales o portals o per una pluralitat d'edificis independents i separats que es connecten entre ells i comparteixen zones enjardinades i d'esbarjo, piscines o altres elements comuns semblants.

2.   En el règim de la propietat horitzontal complexa, cada escala, portal o edifici constitueix una subcomunitat que es regeix pels preceptes de les seccions primera i segona.

3.   Es poden configurar com una subcomunitat els elements privatius, situats en un o més immobles, que estan connectats entre si i que tenen independència econòmica i funcional.

Article 553-49. *Quotes*

Cadascun dels elements privatius que integren una subcomunitat té assignada una quota particular de participació, separada de la quota general que li correspon en el conjunt de la propietat horitzontal complexa.

Article 553-50. *Constitució*

1.   La propietat horitzontal complexa es constitueix inicialment com una sola comunitat amb subcomunitats o bé com una agrupació de diverses comunitats. En aquest darrer cas, poden atorgar el títol els propietaris únics dels diversos immobles o els presidents de les respectives comunitats autoritzats per un acord previ de cada junta.

2.   El títol de constitució ha de constar en una escriptura pública que ha de descriure:

a)   El complex immobiliari en conjunt.

b)   Cadascun dels elements privatius que el componen, amb la indicació de la subcomunitat de la qual formen part i de la quota de participació general i particular.

c)   Els vials, les zones enjardinades i d'esbarjo i els altres serveis i elements comuns del complex.

3.   El règim de la propietat horitzontal complexa s'inscriu en el Registre de la Propietat d'acord amb la legislació hipotecària, per mitjà d'una inscripció general en foli propi per a la propietat horitzontal complexa i, a més, en un altre foli propi per a cada subcomunitat i cada element privatiu.

Article 553-51. *Regulació i acords*

1. En la propietat horitzontal complexa, cada subcomunitat té els seus òrgans específics i adopta els seus propis acords amb independència de les altres subcomunitats i de la comunitat general, dins de l'àmbit material que li sigui reconegut en el títol de constitució.

2. Els estatuts poden regular un consell de presidents si la complexitat del conjunt immobiliari i dels elements, els serveis i les instal·lacions comuns, el nombre d'elements privatius o altres circumstàncies ho fan aconsellable. El consell ha d'actuar de manera col·legiada per a l'administració ordinària dels elements comuns de tot el conjunt i s'ha de regir per les normes de la junta de propietaris adaptades a la seva naturalesa específica.

Article 553-52. *Comunitats i subcomunitats per a garatges i trasters*

1. La comunitat de garatge o trasters, llevat que els estatuts estableixin una altra cosa, funciona amb independència de la comunitat general pel que fa als assumptes del seu interès exclusiu en els casos següents:

a) Si es configura en règim de comunitat com a element privatiu d'un règim de propietat horitzontal i l'adquisició d'una quota indivisa atribueix l'ús exclusiu de places d'aparcament o de trasters i la utilització de les rampes d'accés i sortida, les escales i les zones de maniobres. En aquest cas, els titulars de la quota indivisa no poden exercir l'acció de divisió de la comunitat ni gaudeixen de drets d'adquisició preferent.

b) Si les diverses places d'aparcament o els trasters d'un local d'un immoble en règim de propietat horitzontal es constitueixen com a elements privatius. En aquest cas, s'assigna a cada plaça, a més del número d'ordre i de la quota que li correspon en el règim de propietat horitzontal, un número o lletra d'identificació concrets; les rampes, les escales i les zones d'accés, maniobra i sortida dels vehicles es consideren elements comuns del garatge o el traster.

2. No hi ha subcomunitat per al local de garatge o trasters en els casos següents:

a) Si les diverses places d'aparcament o els trasters es configuren com a annexos inseparables dels elements privatius de la comunitat. En aquest cas, se'ls aplica el que estableix l'article 553-35.

b) Si el local destinat a garatge o trasters es configura com a element comú del règim de propietat horitzontal. En aquest cas, l'ús concret de les places d'aparcament o dels trasters no es pot cedir a terceres persones amb independència de l'ús de l'element privatiu respectiu.

3. Es pot constituir una subcomunitat per al local o els locals destinats a garatge o trasters si diversos immobles subjectes a règim de propietat horitzontal en comparteixen l'ús. En aquest cas, la subcomunitat forma part, a més, de cada propietat horitzontal en la projecció vertical

que hi correspon. Si unes normes estatutàries concretes no estableixen el contrari, els titulars de les places tenen dret a utilitzar totes les zones d'accés, distribució, maniobra i sortida de vehicles situades al local o els locals amb independència de l'immoble concret en la vertical o la façana del qual estiguin situades.

SECCIÓ QUARTA. *Propietat horitzontal per parcel·les*

Article 553-53. *Concepte i configuració*

1. El règim de la propietat horitzontal es pot establir, per parcel·les, sobre un conjunt de finques independents que tenen la consideració de solars, edificats o no, formen part d'una actuació urbanística i participen amb caràcter inseparable d'uns elements de titularitat comuna.

2. El règim de propietat horitzontal per parcel·les es regeix, en allò que no estableixi el títol de constitució, per les normes específiques d'aquesta secció i, supletòriament, per les d'aquest capítol, d'acord amb la seva naturalesa específica i amb el que disposa la normativa urbanística aplicable.

Article 553-54. *Finques de titularitat privativa*

1. Les finques privatives i, si escau, llurs annexos inseparables pertanyen en exclusiva a llurs titulars en el règim de propietat que els sigui aplicable.

2. Els actes d'alienació i gravamen i l'embargament de les finques privatives s'estenen de manera inseparable a la quota de participació que els correspon en els elements comuns.

3. L'alienació d'una finca privativa no dóna als propietaris de les altres cap dret d'adquisició preferent de naturalesa legal.

Article 553-55. *Elements comuns*

1. Són elements comuns les finques, els elements immobiliaris i els serveis i les instal·lacions que es destinen a l'ús i gaudi comú que esmenta el títol de constitució, entre els quals s'inclouen les zones enjardinades i d'esbarjo, les instal·lacions esportives, els locals socials, els serveis de vigilància i, si escau, altres elements semblants.

2. Els elements comuns són inseparables de les finques privatives, a les quals estan vinculats per mitjà de la quota de participació que, expressada en centèsimes, correspon a cada finca en el conjunt.

Article 553-56. *Restriccions*

Les restriccions a l'exercici de les facultats dominicals sobre finques privatives que imposen el títol de constitució, els estatuts, el planejament urbanístic o les lleis tenen la consideració d'elements comuns.

Article 553-57.   *Títol de constitució*

1.   El títol de constitució del règim de propietat horitzontal per parcel·les ha de constar en una escriptura pública, la qual ha de contenir:

a)   La descripció del conjunt en general, que ha d'incloure el nom i l'emplaçament, l'extensió, l'aprovació administrativa de l'actuació urbanística en què s'integra, les dades essencials de la llicència o de l'acord de parcel·lació, el nombre de solars que la configuren i la referència i descripció de les finques i instal·lacions comunes.

b)   La relació de les obres d'urbanització i de les instal·lacions del conjunt i el sistema previst per a conservar-les i fer-ne el manteniment, i també la informació sobre la prestació de serveis no urbanístics i les altres circumstàncies que resultin del pla d'ordenació.

c)   La descripció de totes les parcel·les i dels altres elements privatius, que ha d'incloure el número d'ordre; la quota general de participació i, si escau, les especials que els corresponen; la superfície; els límits, i, si escau, els espais físics o drets que en constitueixin annexos o que hi estiguin vinculats.

d)   Les regles generals o específiques sobre la destinació i l'edificabilitat de les finques i la informació sobre si són divisibles.

e)   Els estatuts, si n'hi ha.

f)   La relació de terrenys d'ús i domini públic compresos en l'àmbit de la propietat horitzontal per parcel·les.

g)   Un plànol descriptiu del conjunt, en el qual s'han d'identificar les finques privatives i els elements comuns.

2.   Les determinacions urbanístiques que contingui el títol de constitució tenen efectes merament informatius.

3.   No cal descriure cadascuna de les parcel·les si el règim de propietat horitzontal per parcel·les s'estableix per acord de tots o d'una part dels propietaris de parcel·les, edificades o no, situades en una unitat urbanística consolidada, que ja estan inscrites en el Registre de la Propietat com a finques independents, però s'ha fet constar, com a mínim, el número que els correspon en la urbanització, la identificació registral, la referència cadastral i els noms dels propietaris.

Article 553-58.   *Constància registral*

1.   El règim de propietat horitzontal per parcel·les s'inscriu en el Registre de la Propietat d'acord amb la legislació hipotecària. S'ha de fer una inscripció general per al conjunt i una inscripció per a cada una de les finques privatives i, si escau, de les finques destinades a ús i gaudi o a serveis comuns, per a cada una de les quals s'ha d'obrir un foli especial separat.

2.   Si la propietat horitzontal per parcel·les recau totalment o parcialment sobre diverses finques, se n'ha de fer una agrupació instrumen-

tal. En la nota de referència s'ha de fer constar el caràcter instrumental i s'ha de considerar, a tots els efectes, que mai no hi ha hagut comunitat. Les finques privatives es poden adjudicar directament al titular que correspongui.

3. La inscripció del règim de propietat horitzontal per parcel·les s'ha de practicar a favor dels seus integrants i, a més de les dades exigides per la legislació hipotecària, ha de contenir les que estableix l'article 553-57 que tinguin transcendència real i la referència a l'arxiu del plànol. En tots els casos, s'han de fer les notes marginals de referència a les inscripcions de les finques privatives.

4. Les inscripcions de les finques privatives han de contenir, a més de les dades exigides per la legislació hipotecària, les següents:

a) El número de parcel·la que els correspon.

b) La quota o quotes de participació.

c) El règim especial o les restriccions que les poden afectar d'una manera determinada.

d) La referència a la inscripció general i la subjecció al règim de la propietat horitzontal per parcel·les.

5. Les finques destinades a ús i gaudi o als serveis comuns s'inscriuen a favor dels integrants de la propietat horitzontal per parcel·les, sense mencionar-los de forma explícita ni fer constar les quotes que els correspon.

6. En cas d'establiment de la propietat horitzontal per parcel·les de manera sobrevinguda, s'ha d'obrir un foli separat i independent per a la propietat horitzontal en conjunt, en el qual han de constar les circumstàncies que estableix aquest article i s'ha de fer una referència, en una nota marginal, a cada una de les inscripcions de les finques que passen a ésser privatives, en la qual s'ha de fer constar la quota que els correspon.

Article 553-59. *Extinció voluntària*

1. L'extinció voluntària de la propietat horitzontal per parcel·les es produeix per acord de les quatre cinquenes parts dels propietaris, que han de representar les quatre cinquenes parts de les quotes de participació.

2. S'han de liquidar totalment, una vegada acordada l'extinció, les obligacions envers terceres persones i, si escau, envers els propietaris. En el procés de liquidació, la junta de propietaris ha de mantenir les seves funcions, ha de percebre les quotes endarrerides i els altres crèdits a favor de la propietat horitzontal per parcel·les, ha d'alienar, si escau, els immobles d'ús comú que s'hagi acordat d'alienar i, una vegada complertes totes les operacions, n'ha de retre comptes a tots els propietaris.

CAPÍTOL IV.   *Comunitat especial per torns*

SECCIÓ PRIMERA.   *Règim jurídic*

Article 554-1.   *Definició*

1.   Els titulars, en la comunitat per torns, tenen el dret de gaudir del bé sobre el qual recau, amb caràcter exclusiu, per unitats temporals discontínues i periòdiques.

2.   El règim de la comunitat per torns comporta:

a)   L'existència del torn, que delimita la participació dels titulars en la comunitat.

b)   La configuració d'una organització per a l'exercici dels drets i el compliment dels deures dels titulars dels torns.

c)   L'exclusió de l'acció de divisió i dels drets d'adquisició de caràcter legal entre els titulars.

Article 554-2.   *Objecte*

1.   Poden ésser objecte de comunitat per torns els edificis destinats a habitatges unifamiliars dotats del mobiliari i les instal·lacions suficients que, per llur naturalesa, siguin susceptibles d'un ús reiterat i divisible en torns.

2.   Poden ésser objecte de comunitat per torns els vaixells, les aeronaus no comercials i els béns mobles identificables de manera clara i equipats adequadament que siguin susceptibles d'un ús reiterat i divisible en torns.

3.   No poden ésser objecte de comunitat per torns els edificis dividits en règim de propietat horitzontal ni els elements privatius que en formen part, llevat que es tracti d'edificis amb menys de set elements privatius i es constitueixi una comunitat per torns per a cada unitat o element.

4.   L'aprofitament per torns que s'estableix sobre un edifici o un conjunt immobiliari o sobre un sector diferenciat d'aquests per a l'explotació turística o de vacances per temporada s'ha de regir necessàriament per les normes del contracte d'aprofitament per torns.

Article 554-3.   *El torn*

1.   El torn consisteix en la unitat temporal, discontínua i periòdica, no inferior a una setmana, que serveix de mòdul per a atribuir l'aprofitament exclusiu del bé i la contribució a les despeses generals.

2.   La titularitat d'un torn, sigui quin sigui el seu valor, atribueix un vot en la junta de la comunitat.

SECCIÓ SEGONA. *Constitució*

Article 554-4. *Establiment del règim*

1. Solament hi ha comunitat per torns si, una vegada atorgat el títol de constitució, ha acabat la construcció del bé sobre el qual recau i aquest ha estat moblat i equipat adequadament.

2. El títol de constitució ha de constar en escriptura pública i s'ha d'inscriure en el Registre de la Propietat.

Article 554-5. *Títol de constitució*

1. En el títol de constitució hi han de constar, almenys, les dades següents:

a) La identificació del bé, la construcció del qual ha d'estar començada. Si no està acabat quan s'atorga l'escriptura, el règim de comunitat per torns resta en suspens fins que s'acaba i es mobla.

b) La durada de la comunitat.

c) La fixació del torn, al qual s'assigna una numeració correlativa, amb la durada i la periodicitat.

d) La determinació de la quota de contribució, que és proporcional al valor del torn, el qual es determina per la durada del temps d'ús que atribueix i per l'època de l'any en què es pot usar.

e) El règim de gestió, d'administració i de representació, que s'ha d'ajustar a les normes de la secció primera del capítol III, d'acord amb les característiques pròpies de la comunitat per torns.

f) El mobiliari i els serveis inherents al bé que és objecte de la comunitat per torns.

2. S'han de reservar, en el títol de constitució, com a mínim dues setmanes l'any, que no es poden configurar com a torns, per a reparacions, neteja, manteniment i altres finalitats d'utilitat comuna.

3. El títol de constitució pot contenir uns estatuts, als quals s'apliquen les normes de l'article 553-11, i un reglament de règim interior, al qual s'aplica l'article 553-12, amb les adaptacions adequades a la comunitat per torns.

Article 554-6. *Legitimació*

El títol de constitució de la comunitat per torns l'atorguen els propietaris del bé sobre el qual recau.

Article 554-7. *Constància registral*

1. El règim de comunitat per torns s'ha d'inscriure en el Registre de la Propietat o, si escau, en el de béns mobles que correspongui.

2. El règim de comunitat per torns s'ha d'inscriure per mitjà del sistema de pluralitat de fulls, d'acord amb el que estableix la legislació hipotecària.

Article 554-8. *Extinció del règim*

1. El règim de comunitat per torns s'extingeix voluntàriament per acord unànime dels titulars i, forçosament, pel transcurs del termini que fixa el títol de constitució, que no pot ésser inferior a tres anys ni superior a cinquanta, i també per la pèrdua o la destrucció del bé.

2. L'extinció de la comunitat per torns determina una situació de comunitat ordinària, la participació en la qual de cada un dels titulars es fixa d'acord amb el valor del seu torn.

SECCIÓ TERCERA. *Contingut*

Article 554-9. *Drets*

El torn faculta a qui n'és titular a:

a) Aprofitar el bé que és objecte de la comunitat de manera exclusiva durant el període de temps que representa o cedir l'aprofitament a una altra persona.

b) Participar en la gestió, l'administració i la representació de la comunitat d'acord amb el que estableix el títol de constitució.

c) Disposar del torn, entre vius o per causa de mort, a títol onerós o gratuït.

Article 554-10. *Obligacions*

El torn obliga a qui n'és titular a:

a) Pagar les despeses generals i les inherents al torn que li correspon, que es determinen tenint en compte el seu valor.

b) Utilitzar el bé d'acord amb la seva destinació, respectar els drets dels altres titulars i actuar en interès de la comunitat.

c) Pagar els menyscabaments que ocasioni en el bé la setmana o les setmanes en què en gaudeix, sens perjudici de les accions que li corresponguin contra terceres persones.

Article 554-11. *Despeses generals i contribució dels torns*

1. El torn delimita el pagament de les despeses i les càrregues del bé i dels seus serveis, que s'han de liquidar anualment, sens perjudici que se'n perioditzi el pagament.

2. L'impagament de les despeses comporta la suspensió de l'aprofitament del bé i del dret de vot en la comunitat, llevat que s'acrediti la impugnació judicial de l'import i que aquest s'ha consignat.

3. El no-ús del torn no n'eximeix els titulars de pagar les despeses que els corresponen.

4. Per a determinar les despeses generals, llur distribució entre els titulars, la prelació de crèdits i les altres qüestions que s'hi relacionen, s'apliquen les normes del capítol III, d'acord amb la naturalesa de la comunitat per torns.

Article 554-12. *Règim supletori*

1. S'apliquen als òrgans de govern de la comunitat per torns les normes que regeixen els de la propietat horitzontal.

2. S'apliquen les normes que regeixen la propietat horitzontal en tot allò que no regula aquest capítol, d'acord amb la naturalesa específica de la comunitat per torns.

CAPÍTOL V.   *Comunitat especial per raó de mitgeria*

SECCIÓ PRIMERA.   *Mitgeria*

Article 555-1.   *Concepte i règim jurídic*

1. És paret mitgera la que s'aixeca en el límit i en el sòl de dues o més finques amb la finalitat de servir d'element sustentador de les edificacions que s'hi construeixin o de servir de tanca o separació.

2. És sòl mitger l'estructura horitzontal que té la finalitat de servir d'element sustentador i de divisió de construccions a diferents nivells en alçada o en el subsòl.

3. L'existència d'una paret mitgera o d'un sòl mitger comporta una situació de comunitat entre els propietaris de les dues finques confrontants que es regula per pacte i, supletòriament, per les normes d'aquest capítol.

SECCIÓ SEGONA.   *Mitgeria de càrrega*

Article 555-2.   *Constitució voluntària*

1. Hi ha mitgeria de càrrega si la paret mitgera o el sòl mitger s'aixeca en el límit de dues o més finques amb la finalitat de servir d'element sustentador de les edificacions o de les altres obres de construcció que s'hi facin.

2. La mitgeria de càrrega és de constitució voluntària i mai no es presumeix.

3. Els propietaris de finques confrontants poden acordar d'establir la mitgeria i construir la paret mitgera si tenen l'autorització administrativa corresponent per a construir ambdues finques fins al límit comú.

Article 555-3. *Característiques*

1. La paret mitgera o el sòl mitger ha d'ésser del tipus adequat, ha de tenir els fonaments, la resistència, el gruix i l'alçària pertinents amb relació als projectes o la finalitat de les edificacions pactades i ha de tenir l'aparença de mur exterior o de façana, d'acord amb el que estableix la normativa urbanística.

2. Les característiques de construcció de la paret mitgera o el sòl mitger, a manca de determinacions específiques en el pacte de constitució, han d'ésser les usuals al lloc en què es construeix i adequades a l'obra que s'ha de fer, segons les regles de la construcció acceptades generalment. Els propietaris que construeixen primer la paret mitgera ho han de fer d'acord amb llurs necessitats. Aquesta paret ha de tenir el gruix corresponent, la meitat en el terreny propi i l'altra meitat en el dels veïns interessats.

Article 555-4. *Dret de càrrega*

1. Hom no pot carregar damunt la paret mitgera que el veí o veïna ha edificat sense haver pagat la part del cost que fixa el pacte constitutiu de la mitgeria.

2. Les persones interessades, llevat de pacte en contra, poden sol·licitar a l'autoritat judicial la rectificació de les quantitats que cal pagar tenint en compte la naturalesa, l'antiguitat, l'estat de conservació i les condicions d'obra de la paret mitgera.

3. La tramitació del procediment corresponent a l'exercici de la facultat que estableix l'apartat 2 no impedeix que, mentrestant, els veïns que han pagat la quantitat pactada puguin carregar damunt la paret mitgera.

Article 555-5. *Despeses*

1. Les despeses de construcció i conservació de la paret mitgera, fins que el veí o veïna faci la càrrega, són a càrrec del propietari o propietària que l'ha aixecada. A partir d'aquell moment, cada propietari o propietària hi ha de contribuir en la proporció pactada o, si no s'ha pactat, en proporció a l'ús que en fa.

2. La persona que enderroca una construcció carregada damunt la paret mitgera l'ha de deixar en l'estat adequat per a la utilització futura i amb l'aparença de mur exterior o de façana que correspongui, d'acord amb la seva configuració originària.

3. El que estableixen els apartats 1 i 2 s'entén sens perjudici del que s'hagi pactat.

Article 555-6. *Pagament*

El veí o veïna que construeix sense fer ús de la paret mitgera ha de pagar la part del cost que li correspon segons el que s'ha pactat i d'acord amb el que estableix l'article 555-4. A més, ha de prendre les mesures de construcció adequades per a evitar perjudicis al propietari o propietària que l'ha aixecada. Si es produeixen els dits perjudicis, l'ha d'indemnitzar.

Article 555-7. *Dret d'enderrocament*

1. El propietari o propietària que primerament ha aixecat i ha pagat la paret mitgera la pot enderrocar en qualsevol moment anterior a l'inici de les obres de construcció de l'edifici confrontant que hi ha de carregar al damunt.

2. L'enderrocament de la paret mitgera solament es pot dur a terme si el veí o veïna no ha pagat la part del cost que li correspon i si, una vegada notificada fefaentment al veí o veïna la intenció d'enderrocar-la, aquest, en el termini d'un mes, no s'hi oposa pagant la seva part del cost o consignant-ne el pagament.

SECCIÓ TERCERA. *Mitgeria de tanca*

Article 555-8. *Mitgeria de tanca*

1. La mitgeria en les parets de tanca de patis, d'horts, de jardins i de solars és forçosa fins a l'alçària màxima de dos metres o la que estableixi la normativa urbanística aplicable.

2. El sòl de la paret de tanca divisòria és mitger, però el veí o veïna no té l'obligació de contribuir a la meitat de les despeses de construcció i de manteniment de la paret fins que edifiqui o tanqui la seva finca.

3. La paret de tanca entre dues finques es presumeix sempre mitgera, llevat que hi hagi signes externs que evidenciïn que solament s'ha construït sobre un dels solars.

CAPÍTOL VI. *Propietat compartida*

Article 556-1. *Concepte*

1. La propietat compartida confereix a un dels dos titulars, anomenat propietari material, una quota del domini, la possessió, l'ús i el gaudi exclusiu del bé i el dret d'adquirir, de manera gradual, la quota restant de l'altre titular, anomenat propietari formal.

2. La propietat compartida comporta l'exclusió de l'acció de divisió.

Article 556-2. *Objecte*

1. Poden ésser objecte de propietat compartida els béns immobles. També ho poden ésser els béns mobles duradors i no fungibles que puguin constar en un registre públic.

2. Es pot constituir una propietat compartida sobre un bé en règim de propietat temporal.

Article 556-3. *Règim jurídic*

La propietat compartida, en tot el que no estableixen el títol de constitució i les disposicions d'aquest capítol, es regeix per les normes d'aquest codi relatives a la comunitat ordinària indivisa i als drets d'adquisició, en allò en què hi siguin compatibles.

Article 556-4. *Constitució*

1. La propietat compartida es constitueix per negoci jurídic entre vius, a títol onerós o gratuït, o per causa de mort.

2. El títol de constitució de la propietat compartida ha de contenir les circumstàncies següents:

a) La quota inicialment adquirida.

b) El dret d'adquisició gradual i els requisits i les condicions del seu exercici. Si no hi ha pacte, les quotes successivament adquirides no poden ésser inferiors al 10% del total de la propietat.

c) La contraprestació dinerària, si n'hi ha, per a l'exercici en exclusiva de les facultats dominicals atribuïdes sobre el bé, la seva actualització i els criteris per a determinar-la a mesura que s'exerceixi el dret d'adquisició gradual.

3. La durada de la propietat compartida és de trenta anys, llevat que les parts fixin un termini diferent que, en cap cas, no pot superar els noranta-nou anys.

Article 556-5. *Inscripció*

1. El títol de constitució de la propietat compartida s'inscriu en el registre corresponent de conformitat amb el que estableix la llei i amb els efectes corresponents.

2. En la inscripció del títol de constitució de la propietat compartida s'han de fer constar les circumstàncies que estableix l'article 556-4.2 i, si escau, els drets de tanteig i retracte.

3. La propietat compartida, si recau sobre un bé immoble, s'ha d'inscriure, d'acord amb la legislació hipotecària, en el foli obert per a la finca matriu. La inscripció del dret del propietari material s'ha de practicar en un foli independent, el qual ha de remetre al règim de propietat compartida.

Article 556-6. *Facultats del propietari material*

1. El propietari material té les facultats següents:

a) Posseir i usar el bé i gaudir-ne de forma plena i exclusiva, amb el límit, llevat que s'hagi pactat altrament, de no comprometre'n la subsistència.

b) Alienar, hipotecar i sotmetre a qualsevol altre gravamen la seva quota, supòsits en els quals ho ha de comunicar al propietari formal, i també disposar-ne per causa de mort.

c) Adquirir més quota de manera gradual, d'acord amb el que estableix el títol de constitució.

2. El propietari material pot exercir tots els actes de rigorós domini, però necessita el consentiment del propietari formal per a dividir el bé. L'acord de divisió ha de contenir la distribució entre els béns resultants, tant del preu d'adquisició com de la contraprestació dinerària que estableix l'article 556-4.2.*c*.

3. Si el bé objecte de propietat compartida és un immoble en règim de propietat horitzontal, l'exercici dels drets i el compliment de les obligacions derivats d'aquest règim corresponen en exclusiva al propietari material.

4. Les despeses ordinàries son a càrrec del propietari material. Pel que fa a les despeses extraordinàries i d'execució d'obres d'instal·lacions, s'han de repartir entre ambdós propietaris d'acord amb la quota de propietat respectiva.

Article 556-7. *Obligacions del propietari material*

El propietari material té les obligacions següents:

a) Pagar el preu d'adquisició de les quotes, si escau.

b) Satisfer la contraprestació dinerària que estableix l'article 556-4.2.*c*, l'import de la qual, si no hi ha pacte, disminueix proporcionalment amb l'adquisició de més quota.

c) Satisfer les despeses i els impostos vinculats a la propietat del bé.

Article 556-8. *Facultats del propietari formal*

El propietari formal té, entre d'altres, les facultats següents:

a) Alienar, hipotecar i sotmetre a qualsevol altre gravamen la seva quota, i també disposar-ne per causa de mort, sens perjudici dels drets de tanteig i retracte del propietari material.

b) Exigir al propietari material, llevat que es pacti altrament, que es faci càrrec de les obres de reparació o reconstrucció si el bé es deteriora un 20% o més o se'n compromet la subsistència. El propietari formal té dret a accedir a l'immoble per a comprovar-ne l'estat. Si se li nega l'accés o si, després d'haver-hi accedit, es comprova que la subsistència del bé està afectada, el propietari formal pot sol·licitar judicialment qualsevol mesura cautelar.

Article 556-9. *Contraprestació dinerària*

1. La quota del propietari material està afectada, amb caràcter real, al pagament de la contraprestació corresponent a l'any en curs i als dos anys immediatament anteriors. El crèdit que en deriva té preferència de cobrament sobre la quota, amb la prelació que determini la llei.

2. El propietari material que faci una transmissió onerosa de la seva quota ha d'aportar un document que acrediti que està al corrent de pagament de la contraprestació dinerària fins a la data de la transmissió. Sense aquesta manifestació i aquesta aportació no es pot atorgar l'escriptura, llevat que els adquirents hi renunciïn expressament.

3. El propietari material que aliena la seva quota ha de comunicar el canvi de titularitat al propietari formal. Mentre no ho faci, respon solidàriament del pagament de la contraprestació dinerària.

4. El propietari formal que aliena la seva quota ha de comunicar el canvi de titularitat al propietari material. Mentre no ho faci, són eficaços els pagaments i les notificacions fets a l'antic propietari formal.

Article 556-10. *Drets de tanteig i de retracte*

L'alienació a títol onerós de la quota de qualsevol dels propietaris atorga a l'altre, llevat que en el títol de constitució s'hagi pactat altrament, els drets de tanteig i de retracte, que es regeixen pel que estableix l'article 552-4.

Article 556-11. *Extinció*

1. La propietat compartida s'extingeix per les causes següents:

a) La reunió en una sola titularitat de totes les quotes de propietat.

b) La destrucció o pèrdua del bé.

c) El venciment del termini de durada de la propietat compartida.

d) La manca d'exercici de qualssevol dels drets d'adquisició gradual acordats, si no hi ha pacte en contra.

e) La conversió en un règim de comunitat ordinària o especial.

f) L'acord d'ambdós titulars.

g) La renúncia de qualsevol dels titulars, la qual comporta l'acreixement a favor de l'altre.

2. La renúncia a la propietat compartida no eximeix el renunciant del compliment de les obligacions vençudes i encara pendents, ni perjudica els drets que s'hagin constituït a favor de tercers.

3. Un cop extingida la propietat compartida per les causes a què fan referència les lletres *c* i *d* de l'apartat 1, el bé afectat passa a la situació de comunitat ordinària indivisa. En aquest cas, qui ha estat propietari formal pot exigir l'adjudicació de la totalitat del bé objecte de la comunitat pagant en metàl·lic el 80% del valor pericial, en el moment d'exigir l'adjudicació, de la participació de qui ha estat propietari material.

Article 556-12. *Execució forçosa*

L'execució forçosa de qualssevol de les quotes no extingeix la propietat compartida, per la qual cosa el rematant subroga els drets i les obligacions corresponents.

TÍTOL VI. *Dels drets reals limitats*

CAPÍTOL I. *El dret d'usdefruit*

SECCIÓ PRIMERA. *Constitució i règim de l'usdefruit*

Article 561-1. *Règim aplicable*

1. El dret d'usdefruit es regeix pel títol de constitució i per les modificacions que hi introdueixen els titulars del dret.

2. El dret d'usdefruit, en allò que no resulta del títol de constitució ni de les seves modificacions, es regeix per les disposicions d'aquest codi.

Article 561-2. *Concepte*

1. L'usdefruit és el dret real d'usar i gaudir béns aliens salvant-ne la forma i la substància, fora que les lleis o el títol de constitució estableixin una altra cosa.

2. Els usufructuaris tenen dret a posseir els béns objecte de l'usdefruit i a percebre'n totes les utilitats no excloses per les lleis o pel títol de constitució. Hom presumeix que les utilitats no excloses els corresponen.

3. Els usufructuaris han de respectar la destinació econòmica del bé gravat i, en l'exercici de llur dret, s'han de comportar d'acord amb les regles d'una bona administració.

Article 561-3. *Constitució*

1. L'usdefruit es pot constituir per qualsevol títol a favor d'una o diverses persones, simultàniament o successivament, sobre la totalitat o una part dels béns d'una persona, sobre un o més béns determinats o sobre la totalitat o una part de llurs utilitats.

2. Hom pot establir, en el títol de constitució, que:

a) Els constituents es reservin el dret de reversió a favor seu o de terceres persones en el termini o amb les condicions que s'estableixin.

b) Els usufructuaris tinguin dret als rendiments o les utilitats que generin els béns objecte de l'usdefruit lliures de qualssevol despeses i càrregues, o bé que s'apliqui l'article 561-12.

c) L'usdefruit es constitueixi en garantia o en seguretat d'una obligació dinerària, cas en el qual les utilitats del bé gravat s'imputen al pagament del deute.

3. L'usdefruit constituït en favor d'una persona física és vitalici, llevat que el títol de constitució estableixi una altra cosa.

4. L'usdefruit a favor d'una persona jurídica no es pot constituir per una durada superior a noranta-nou anys. Si el títol de constitució no estableix una altra cosa, es presumeix constituït per trenta anys.

Article 561-4. *Usdefruit de béns deteriorables*

Si l'usdefruit recau sobre béns deteriorables, els usufructuaris se'n poden servir segons llur destinació i els han de restituir, en extingir-se l'usdefruit, en l'estat en què es trobin, indemnitzant els propietaris pel deteriorament que han sofert per dol o culpa.

Article 561-5. *Quasiusdefruit*

1. Si l'usdefruit recau, en tot o en part, sobre béns consumibles, hom ha de restituir béns de la mateixa quantitat i qualitat o, si això no és possible, llur valor en el moment de l'extinció del dret.

2. Si l'usdefruit recau sobre diners, s'aplica, a més del que estableix l'apartat 1, el que estableix l'article 561-33.

Article 561-6. *Fruits i millores*

1. Els usufructuaris tenen dret a percebre els fruits i les utilitats dels béns usufructuats no exclosos pel títol de constitució.

2. En l'usdefruit voluntari, els usufructuaris tenen dret als fruits pendents al començament de l'usdefruit, amb l'obligació de pagar les despeses raonables per a produir-los, i els propietaris, als fruits pendents a l'acabament en proporció al grau de maduració, amb l'obligació de pagar la quota corresponent de les despeses per a produir-los.

3. Els fruits d'un dret s'entenen percebuts dia a dia i pertanyen als usufructuaris en proporció al temps que duri l'usdefruit.

4. Els usufructuaris poden introduir millores als béns objecte de l'usdefruit, dins dels límits del seu dret, amb la facultat de retirar-les a l'acabament de l'usdefruit si això és possible sense deteriorar l'objecte.

Article 561-7. *Inventari, caució, determinació de la condició i estimació dels béns*

1. Els usufructuaris, llevat que el títol de constitució estableixi una altra cosa, abans de prendre possessió dels béns, els han d'inventariar, citant els nus propietaris, i han de prestar caució en garantia del compliment de llurs obligacions.

2. Els usufructuaris poden fer determinar pericialment l'estat i la condició dels béns usufructuats i avaluar-los, i han de pagar les despeses que això ocasioni. El mateix dret correspon als nus propietaris.

Article 561-8. *Danys als béns usufructuats*

1. Els usufructuaris que deterioren els béns usufructuats responen dels danys causats davant els nus propietaris, que poden sol·licitar a l'autoritat judicial que adopti les mesures necessàries per a preservar els béns, inclosa llur administració judicial.

2. Els usufructuaris han de notificar als propietaris tot acte de tercers del qual tinguin notícia que pugui perjudicar els béns usufructuats. Si no ho fan, responen dels danys i perjudicis imputables a aquesta omissió.

Article 561-9. *Disposició*

1. L'usdefruit és disponible per qualsevol títol.

2. Els nus propietaris, si els usufructuaris es proposen transmetre llur dret, tenen dret d'adquisició preferent, llevat que el títol de constitució estableixi una altra cosa.

3. Els contractes que fan els usufructuaris s'extingeixen al final de l'usdefruit.

4. Els nus propietaris poden disposar dels béns usufructuats i introduir-hi modificacions que no n'alterin la forma ni la substància i que no perjudiquin els usufructuaris. Per a fer construccions o edificacions, ho han de notificar als usufructuaris, els quals s'hi poden oposar si entenen que lesionen llurs interessos.

Article 561-10. *Dret d'adquisició preferent*

1. Els usufructuaris que es proposen transmetre llur dret, en el cas que regula l'article 561-9.2, ho han de notificar fefaentment als nus propietaris, indicant el nom dels adquirents, el preu convingut, en el cas de transmissió onerosa, o el valor que es dóna al dret, en el cas de transmissió gratuïta, i les altres circumstàncies rellevants de l'alienació.

2. Els nus propietaris, sens perjudici de llur dret a impugnar judicialment el preu o el valor notificat, tenen dret de tanteig sobre l'usdefruit en el termini d'un mes a comptar de la notificació que estableix l'apartat 1, que poden exercir pagant-ne el preu o, si no n'hi ha, el valor notificat pels usufructuaris.

3. Els nus propietaris, si l'alienació no s'ha notificat fefaentment o si s'ha dut a terme en circumstàncies diferents de les notificades, sens perjudici de llur dret d'impugnació, poden exercir el dret de retracte en el termini de tres mesos a comptar de la data en què hagin tingut coneixement de l'alienació i les circumstàncies d'aquesta o a comptar de la data de la inscripció de l'alienació en el registre corresponent.

Article 561-11. *Usdefruit en situacions de cotitularitat*

1. Els nus propietaris d'una quota d'un bé en condomini en poden fer la divisió, sense necessitat de consentiment dels usufructuaris. Tanmateix, els han de notificar la dita divisió i els usufructuaris tenen el dret d'impugnar-la si entenen que lesiona llurs interessos.

2. L'usufructuari o usufructuària d'una quota d'un bé en comunitat pot exercir els seus drets sense necessitat d'intervenció del nu propietari o nua propietària en matèria d'administració i percepció de fruits i interessos.

3. L'usdefruit, una vegada extingida la comunitat per divisió, es concreta sobre la part adjudicada a l'antic titular de la quota.

Article 561-12. *Despeses de l'usdefruit*

1. Les càrregues privades existents en el moment de constituir l'usdefruit, les despeses de conservació, manteniment, reparació ordinària i subministrament dels béns usufructuats, i els tributs i les taxes de meritació anual són a càrrec dels usufructuaris.

2. Si els usufructuaris no assumeixen les càrregues ni paguen les despeses, els tributs o les taxes a què fa referència l'apartat 1 després que els nus propietaris els ho hagin requerit, aquests les poden satisfer a càrrec dels usufructuaris.

3. Les despeses de reparacions extraordinàries que no derivin de cap incompliment dels usufructuaris són a càrrec dels nus propietaris. Igualment ho són les contribucions especials que impliquen una millora permanent dels béns usufructuats. En tots aquests casos, els nus propietaris poden exigir als usufructuaris l'interès de les quantitats invertides.

Article 561-13. *Usdefruit de finca hipotecada*

1. Els usufructuaris de finques que estaven hipotecades en constituir-se l'usdefruit no han de pagar el deute garantit amb la hipoteca.

2. Els nus propietaris, si la plena propietat d'una finca hipotecada es ven forçosament per a pagar el deute, responen davant els usufructuaris del perjudici causat.

Article 561-14. *Cotitularitat en l'usdefruit*

1. L'usdefruit vitalici constituït conjuntament i simultàniament a favor de cònjuges, de convivents en parella estable o de fills o germans

del constituent no s'extingeix, llevat que el títol de constitució estableixi una altra cosa, fins a la mort de tots els titulars, de manera que la quota o el dret dels qui premorin incrementa el dels supervivents en la proporció corresponent.

2. L'usdefruit, si s'ha constituït en consideració expressa al matrimoni o a la unió estable de parella dels afavorits, en cas de divorci, nul·litat o separació legal o de fet dels cònjuges o extinció de la relació de parella, s'extingeix totalment, llevat que es demostri que és una altra la voluntat del constituent.

Article 561-15. *Usdefruits successius*

S'aplica als usdefruits successius el límit de crides que l'article 426-10 estableix per a les substitucions fideïcomissàries.

SECCIÓ SEGONA. *Extinció, liquidació i accions en defensa de l'usdefruit*

Article 561-16. *Extinció*

1. El dret d'usdefruit s'extingeix per les causes generals d'extinció dels drets reals i, a més, per les causes següents:

a) Mort de l'usufructuari o usufructuària o del darrer d'ells en els casos a què fa referència l'article 561-14.1, en els usdefruits vitalicis.

b) Extinció de la persona jurídica usufructuària, si no la succeeix una altra, que es produeixi abans del venciment del termini de durada de l'usdefruit, sens perjudici de la legislació concursal aplicable.

c) Consolidació, si l'objecte de l'usdefruit és un bé moble, excepte si els usufructuaris tenen interès en la continuïtat de llur dret.

d) Pèrdua total dels béns usufructuats, sens perjudici de la subrogació real si escau.

e) Expropiació forçosa dels béns usufructuats, sens perjudici de la subrogació real si escau.

f) Nul·litat o resolució del dret dels transmitents o dels constituents de l'usdefruit sens perjudici de terceres persones.

g) Extinció de l'obligació dinerària en garantia o assegurament de la qual s'ha constituït l'usdefruit.

2. El termini de durada de l'usdefruit fixat en funció de la data en què una tercera persona arribi a una edat determinada venç el dia assenyalat encara que aquesta persona mori abans.

3. L'extinció voluntària del dret d'usdefruit no comporta l'extinció dels drets reals que l'afecten fins que no venç el termini o no es produeix el fet o la causa que comporten l'extinció.

4. Els béns usufructuats, una vegada extingit l'usdefruit, s'han de restituir als nus propietaris, sens perjudici del dret de retenció dels antics usufructuaris o de llurs hereus per raó de les despeses de reparacions extraordinàries que els deguin.

Article 561-17. *Pèrdua parcial*

El dret, si els béns usufructuats es perden solament en part, continua en la part romanent.

Article 561-18. *Usdefruit de béns assegurats*

1. Els usufructuaris han d'assegurar els béns objecte de llur dret si l'assegurança és exigible per les regles d'una administració econòmica ordenada i usual. Si ja estaven assegurats en el moment de constituir l'usdefruit, els usufructuaris han de pagar les primes.

2. Els nus propietaris i els usufructuaris, en cas de sinistre dels béns, fan seva la indemnització en proporció a la prima de l'assegurança que han pagat, llevat que els usufructuaris optin per invertir-la en la reconstrucció o substitució del bé.

Article 561-19. *Expropiació forçosa dels béns usufructuats*

S'apliquen al preu just, en cas d'expropiació forçosa dels béns objecte de l'usdefruit, les regles de l'usdefruit de diners de l'article 561-33, llevat que les persones interessades pactin una altra cosa.

Article 561-20. *Accions de defensa de l'usdefruit*

Els usufructuaris poden exercir les accions corresponents a la tutela de llur dret i exigir als nus propietaris que els facilitin els elements de prova que tinguin.

SECCIÓ TERCERA.   *Usdefruit amb facultat de disposició*

Article 561-21. *Norma general*

1. Els usufructuaris poden disposar dels béns usufructuats si així ho estableix el títol de constitució.

2. L'atorgament de la simple facultat de disposició inclou les disposicions a títol onerós. La facultat d'alienar a títol de venda comprèn la de fer-ho per qualsevol altre títol onerós.

3. L'atorgament de la facultat de disposició a títol gratuït s'ha d'expressar amb claredat.

Article 561-22. *Disposició amb el consentiment d'altri*

1. Si la facultat de disposició està subjecta al consentiment d'altres persones, és suficient l'acord de la majoria, llevat que el títol de constitució estableixi una altra cosa.

2. Si els qui han de donar el consentiment a la facultat de disposició són nus propietaris, és suficient l'acord dels que representin la majoria de quotes o drets.

3. Els usufructuaris, si la facultat de disposició es té per al cas de necessitat i no n'obtenen el consentiment, poden sol·licitar l'autorització judicial.

Article 561-23. *Disposició en cas de necessitat*

1. Els usufructuaris, si s'ha establert que solament poden disposar dels béns usufructuats en cas de necessitat, poden fer-ho sempre que es tracti de necessitats personals o familiars o, si escau, de l'altre membre de la parella estable, llevat que el títol de constitució estableixi una altra cosa.

2. Els usufructuaris no poden exercir la facultat de disposició si abans no han disposat dels béns propis no necessaris per a aliments o per a l'exercici de llur professió o ofici.

3. Els usufructuaris han de notificar l'acte de disposició als nus propietaris en el termini d'un mes a comptar de l'atorgament.

4. No cal el consentiment dels nus propietaris per a exercir la facultat de disposició, però els usufructuaris responen dels perjudicis causats si no hi havia necessitat o no van actuar d'acord amb el que estableix l'apartat 1.

Article 561-24. *Règim de la contraprestació*

1. La contraprestació, una vegada exercida la facultat de disposició a títol onerós, és de lliure disposició dels usufructuaris.

2. En el supòsit de facultat de disposició per cas de necessitat, la part de la contraprestació que no s'ha hagut d'aplicar a satisfer-la se subroga en l'usdefruit.

SECCIÓ QUARTA. *Usdefruit de boscos i de plantes*

Article 561-25. *Règim jurídic*

S'aplica a l'usdefruit de boscos i plantes, en allò a què no fa referència el títol de constitució, el costum de la comarca.

Article 561-26. *Boscos*

Els usufructuaris de boscos que, per llur naturalesa, es destinen a fusta tenen dret a tallar-ne i podar-ne els arbres fent-ne una explotació racional, d'acord amb un pla tècnic.

Article 561-27. *Conjunts d'arbres que no són boscos*

1. Els usufructuaris de conjunts d'arbres destinats a una funció d'esbarjo o d'ornament d'una finca, a fer ombra, a augmentar l'aglutinament del sòl, a fixar la terra, a defensar les finques del vent, a endegar les aigües, a donar fertilitat al sòl o a altres usos accessoris del terreny, diferents del d'obtenir fusta, n'han de respectar la destinació originària.

2. La limitació que estableix l'apartat 1 també afecta els conjunts d'arbres destinats a obtenir resina, saba, escorça o altres productes diferents de la fusta. En aquest cas, els usufructuaris solament tenen dret als dits productes.

Article 561-28. *Arbres o arbustos que es renoven o rebroten*

1. Els usufructuaris poden tallar i fer seus els arbres i els arbustos que es renoven o rebroten en funció de la capacitat de regeneració de l'espècie de què es tracti i sempre que no estiguin compresos en els casos a què fa referència l'article 561-27.1.

2. El que estableix l'apartat 1 és aplicable als arbres de ribera i als de creixença ràpida, però els usufructuaris han de replantar els que tallin.

3. Els usufructuaris poden disposar dels plançons o dels arbustos de viver amb l'obligació de restituir les tretes efectuades.

Article 561-29. *Arbres o arbustos que no es renoven ni rebroten*

Els usufructuaris d'arbres o arbustos que, una vegada tallats, no es renoven ni rebroten solament poden podar-ne les branques i, si els nus propietaris ho autoritzen, tallar-los.

Article 561-30. *Arbres morts i danyats*

Els usufructuaris fan seus els arbres que morin, encara que es tracti d'arbres fruiters, i els nus propietaris, els arrencats, els capolats o els destruïts pel vent o pel foc si els usufructuaris no els fan servir per a fer llenya per al consum domèstic o per a reparar els edificis compresos en l'usdefruit.

Article 561-31. *Mates*

Els usufructuaris poden disposar de les mates fent tallades periòdiques segons el costum de la comarca.

SECCIÓ CINQUENA. *Usdefruit de diners i de participacions en fons d'inversió i en altres instruments d'inversió col·lectiva*

Article 561-32. *Règim aplicable*

Els usdefruits de diners i de participacions en fons d'inversió i en altres instruments d'inversió col·lectiva es regeixen, en primer terme, pel títol de constitució i pels acords entre els usufructuaris i els nus propietaris i, si no hi ha títol ni acords, per les disposicions d'aquest capítol.

Article 561-33. *L'usdefruit de diners*

1. Els usufructuaris de diners tenen dret als interessos i als altres rendiments que produeix el capital.

2. Els usufructuaris que han prestat garantia suficient poden donar al capital la destinació que estimin convenient. Altrament, han de posar el capital a interès en condicions que en garanteixin la integritat.

Article 561-34. *L'usdefruit de participacions en fons d'inversió*

1. Els usufructuaris, en l'usdefruit de participacions en fons d'inversió, tenen dret a les plusvàlues eventuals des que es constitueix el dret fins que s'extingeix.

2. Les minusvàlues eventuals no generen obligacions dels usufructuaris vers els nus propietaris.

3. Els nus propietaris gaudeixen, a títol exclusiu, de la condició de partícips a l'efecte d'exigir el reemborsament total o parcial de les participacions.

4. El capital obtingut, en cas de reemborsament de participacions abans de l'extinció de l'usdefruit, s'ha de reinvertir d'acord amb el que estableix el títol de constitució o segons l'acord de les persones interessades. Si no hi ha títol ni acord, s'apliquen les regles de l'usdefruit de diners.

5. Els nus propietaris de participacions en fons d'inversió garantits solament en poden demanar el reemborsament una vegada vençut el termini de garantia.

Article 561-35. *Caràcter dels fruits*

S'apliquen, als rendiments i a les eventuals plusvàlues, les regles dels fruits civils.

Article 561-36. *Drets dels usufructuaris*

1. Els usufructuaris de participacions en fons d'inversió de caràcter acumulatiu tenen dret a les eventuals plusvàlues produïdes entre la data de constitució del dret i la data d'extinció o la del reemborsament si aquest es demana abans de l'extinció de l'usdefruit.

2. Els usufructuaris tenen dret a les eventuals plusvàlues en el moment en què s'extingeix l'usdefruit, però solament en poden sol·licitar el pagament quan es produeixi el reemborsament.

3. L'acció per a exigir el compliment de l'obligació de pagament dels rendiments de l'usdefruit prescriu al cap de deu anys, comptats des del dia en què es produeix el reemborsament.

4. Els usufructuaris, si l'entitat gestora del fons no els la facilita directament, poden exigir als nus propietaris tota la informació que l'entitat gestora els faciliti relativa al fons i a les participacions usufructuats.

5. Els usufructuaris que ho són per disposició testamentària, llevat de disposició contrària dels testadors, i els que ho són per successió intestada poden optar per percebre les plusvàlues de l'usdefruit d'acord amb el que estableixen els apartats 1 i 2 o per exigir als nus propietaris que els garanteixin un rendiment equivalent al d'un usdefruit de diners per un capital igual al valor del fons en el moment d'exercir l'opció. Els usufructuaris han de notificar llur opció als nus propietaris en el termini de sis mesos des de l'acceptació de l'herència. Si no ho fan, s'apliquen les regles generals dels apartats 1 i 2.

Article 561-37. *Comissions*

1. Les comissions per l'adquisició o la subscripció de participacions en un fons d'inversió s'imputen als nus propietaris, llevat que l'usdefruit es constitueixi simultàniament, cas en el qual són a càrrec dels nus propietaris i dels usufructuaris en la proporció que els correspongui d'acord amb la valoració de l'usdefruit.

2. Les comissions corresponents a la gestió del fons, mentre duri l'usdefruit, són a càrrec dels usufructuaris.

3. Les comissions pel reemborsament per extinció del fons o pel reemborsament anticipat són a càrrec dels nus propietaris, llevat del cas en què els usufructuaris exerceixin l'opció que regula l'article 561-36.5, cas en el qual s'imputen a aquests.

CAPÍTOL II. *El dret d'ús i el dret d'habitació*

SECCIÓ PRIMERA. *Disposicions comunes*

Article 562-1. *Règim jurídic*

Els drets d'ús i d'habitació es regulen pel que estableixen llur títol de constitució, aquest capítol i, subsidiàriament, la regulació de l'usdefruit.

Article 562-2. *Caràcter presumiblement vitalici*

El dret d'ús o d'habitació constituït a favor d'una persona física es presumeix vitalici.

Article 562-3. *Diversitat de titulars*

1. Els drets d'ús i d'habitació es poden constituir a favor de diverses persones, simultàniament o successivament, però, en aquest darrer cas, solament si es tracta de persones vives en el moment en què es constitueixen.

2. El dret, en els dos casos a què fa referència l'apartat 1, s'extingeix a la mort del darrer titular.

Article 562-4. *Indisponibilitat del dret*

1. Els usuaris i els habitacionistes solament poden gravar o alienar llur dret si hi consenten els propietaris.

2. L'execució d'una hipoteca sobre el bé comporta l'extinció dels drets d'ús i habitació si llurs titulars van consentir a constituir-la, sens perjudici del que estableixen els articles 233-19 a 233-24 i 234-8, en matèria d'habitatge familiar.

Article 562-5. *Extinció*

Els drets d'ús i habitació s'extingeixen per resolució judicial en cas d'exercici greument contrari a la naturalesa del bé, sens perjudici del que estableix l'article 561-8.1.

SECCIÓ SEGONA. *Dret d'ús*

Article 562-6. *Contingut*

Els usuaris poden posseir i utilitzar un bé aliè de la manera que estableix el títol de constitució o, si no n'hi ha, de manera suficient per a atendre llurs necessitats i les dels qui hi convisquin.

Article 562-7. *Ús d'habitatge*

L'ús d'un habitatge s'estén a la totalitat d'aquest i comprèn el de les dependències i els drets annexos.

Article 562-8. *Usos especials*

1. El dret d'ús constituït sobre una finca que produeix fruits dóna dret a percebre'n els que calguin per a atendre les necessitats dels titulars del dret i de les persones que hi conviuen.

2. El dret d'ús constituït sobre bestiar dóna dret a percebre'n, per a atendre les necessitats a què fa referència l'apartat 1, les cries i els altres productes.

3. El dret d'ús constituït sobre un bosc o sobre plantes dóna dret a talar els arbres i a tallar les mates que calgui per a atendre les necessitats a què fa referència l'apartat 1, i fins i tot a vendre el producte, d'acord amb el que estableix la secció tercera del capítol I.

SECCIÓ TERCERA. *Dret d'habitació*

Article 562-9. *Contingut*

El dret d'habitació comporta el dret d'ocupar les dependències i els annexos d'un habitatge que s'assenyalen en el títol de constitució o, si no hi ha aquesta indicació, els que calen per a atendre les necessitats d'habitatge dels titulars i de les persones que hi conviuen, encara que el nombre d'aquestes augmenti després de la constitució.

Article 562-10. *Titular*

El dret d'habitació solament es pot constituir a favor de persones físiques.

Article 562-11. *Despeses*

Són a càrrec de l'habitacionista les despeses de l'habitatge que siguin individualitzables i que derivin de la utilització que en fa, i també les despeses corresponents als serveis que hi hagi instal·lat o contractat.

CAPÍTOL III. *Els drets d'aprofitament parcial*

Article 563-1. *Concepte i règim jurídic*

Els drets d'aprofitament parcial establerts amb caràcter real a favor d'una persona sobre una finca aliena amb independència de tota relació entre finques, que inclouen el de gestionar-ne i obtenir-ne els aprofitaments forestals a canvi de refer i conservar els recursos naturals i paisatgístics o de conservar-ne la fauna i l'ecosistema, el de pasturar bestiar i ramats, el de podar arbres i tallar mates, el d'instal·lar-hi cartells publicitaris, el de llotja, el de balcó i altres de semblants, es regeixen per les normes d'aquest capítol i, en allò que no s'hi oposin, pel seu títol de constitució, pel costum i per les normes que regulen el dret d'usdefruit, en allò que hi sigui compatible.

Article 563-2. *Constitució*

1. Poden constituir un dret d'aprofitament parcial els propietaris de la finca gravada i els titulars de drets reals possessoris constituïts sobre aquesta. En aquest darrer cas, el dret d'aprofitament parcial té l'abast i la durada dels dits drets reals possessoris.

2. La constitució per mitjà d'un negoci jurídic dels drets d'aprofitament parcial ha de constar necessàriament per escrit i només es pot oposar davant de terceres persones si consta en una escriptura pública i s'inscriu en el Registre de la Propietat.

3. S'entén que la durada del dret d'aprofitament parcial és de trenta anys, llevat que les parts fixin un termini diferent.

4. La durada dels drets d'aprofitament parcial no pot superar en cap cas els noranta-nou anys.

Article 563-3. *Redempció*

1. Els drets d'aprofitament parcial es poden redimir per voluntat exclusiva dels propietaris de la finca gravada una vegada passats vint anys des de la constitució del dret.

2. Es pot pactar, no obstant el que estableix l'apartat 1, la no-redimibilitat per un termini màxim de seixanta anys o durant la vida de la persona titular del dret d'aprofitament parcial i una generació més.

3. El preu de la redempció, llevat de pacte en contra, és el que resulta de la capitalització del valor anual de l'aprofitament, determinat per pèrits, prenent com a base l'interès legal del diner en el moment de la redempció.

Article 563-4. *Dret d'adquisició preferent*

Els propietaris i els titulars d'un dret real possessori sobre una finca gravada tenen dret d'adquisició preferent del dret d'aprofitament parcial en els mateixos termes que el tenen els nus propietaris en el cas de transmissió de l'usdefruit.

CAPÍTOL IV. *El dret de superfície*

Article 564-1. *Concepte*

La superfície és el dret real limitat sobre una finca aliena que atribueix temporalment la propietat separada de les construccions o de les plantacions que hi estiguin incloses. En virtut del dret de superfície, es manté una separació entre la propietat d'allò que es construeix o es planta i el terreny o el sòl en què es fa.

Article 564-2. *Classes*

1. El dret de superfície pot recaure sobre construccions o plantacions anteriors a la constitució del dret. Les construccions poden ésser sobre el nivell del sòl o sota aquest nivell.

2. El dret de superfície pot recaure sobre construccions o plantacions posteriors a la constitució del dret, cas en el qual aquest dret atribueix al seu titular la legitimació activa per a fer la construcció o la plantació.

Article 564-3. *Constitució*

1. Poden constituir el dret de superfície els propietaris i els altres titulars de drets reals possessoris que tinguin lliure disposició de la finca afectada.

2.   La constitució del dret de superfície ha de constar necessàriament en una escriptura pública, que ha de contenir, almenys, les circumstàncies següents:

a)   La durada del dret de superfície, que no pot superar en cap cas els noranta-nou anys.

b)   Les característiques essencials de la construcció o la plantació existent o futura i, en aquest darrer cas, el termini per a fer-la.

c)   Si les construccions o les plantacions que són objecte del dret de superfície no comprenen tota la finca gravada, la delimitació concreta i les mesures i la situació del sòl afectat pel dret, que s'han de descriure d'acord amb la legislació hipotecària i sens perjudici de les limitacions urbanístiques aplicables.

d)   El preu o l'entrada i el cànon que, si escau, han de satisfer els superficiaris als propietaris.

3.   La constitució i les modificacions del dret de superfície es poden oposar a terceres persones de bona fe d'ençà que s'inscriuen en el Registre de la Propietat de la manera i amb els efectes que estableix la legislació hipotecària o d'ençà que les terceres persones n'han tingut coneixement.

Article 564-4.   *Règim jurídic voluntari*

1.   Els superficiaris i els propietaris de la finca poden establir, en tot moment, el règim de llurs drets respectius, fins i tot pel que fa a l'ús del sòl i de l'edificació o la plantació.

2.   S'admeten, respecte als drets de superfície, els pactes següents, entre d'altres:

a)   La limitació de la disponibilitat dels superficiaris sobre llur dret, en concret, sotmetent-la al consentiment dels propietaris de la finca.

b)   L'establiment d'una pensió periòdica a favor dels propietaris que no es pot garantir amb el mateix dret de superfície si els superficiaris fan una nova construcció.

c)   El règim de liquidació de la possessió una vegada s'extingeixi el dret.

3.   S'admeten, respecte al dret de superfície sobre una construcció nova o una plantació, els pactes següents, entre d'altres:

a)   La fixació del termini per a fer la construcció o la plantació, atribuint eficàcia extintiva i, si escau, resolutòria a l'incompliment del dit termini. El que s'hagi construït o plantat reverteix en el propietari o propietària de la finca, llevat de pacte en contra.

b)   L'atribució al propietari o propietària de la finca, en cas de nova construcció, d'un dret d'ús, per qualsevol concepte, sobre habitatges o locals integrats en la nova construcció.

c) L'atribució als superficiaris de la facultat d'establir el règim de la propietat horitzontal, en cas de nova construcció d'un edifici al qual es pugui aplicar aquest règim. Aquesta facultat s'entén, llevat de pacte en contra, pel temps de durada del dret i amb els límits que estableix el títol de constitució del dret de superfície.

4. Es pot pactar, respecte al dret de superfície sobre una construcció o una plantació preexistents, l'extinció o, si escau, la resolució en cas d'impagament de la pensió, d'un mal ús o d'una destinació diferent de la pactada que posi en perill l'existència mateixa de la construcció o la plantació.

5. Els propietaris i els superficiaris poden establir, en el títol de constitució o en un altre de posterior, drets d'adquisició preferent, recíprocs o no, als quals s'aplica supletòriament el règim que aquest codi estableix per a la fadiga amb relació a la transmissió del dret de cens o de la finca gravada amb un cens emfitèutic.

Article 564-5. *Règim legal*

El pacte que estableixi el comís per impagament de la pensió convinguda, si es tracta d'un dret establert sobre una construcció o una plantació feta pels superficiaris després d'haver-se constituït el dret, és nul i es té per no fet.

Article 564-6. *Extinció*

1. El dret de superfície s'extingeix per les causes generals d'extinció dels drets reals.

2. L'extinció del dret de superfície comporta, llevat de pacte en contra, la reversió de la construcció o la plantació a les persones que en el moment de l'extinció siguin titulars de la propietat de la finca gravada, sense que aquestes hagin de satisfer cap indemnització als superficiaris.

3. L'extinció del dret de superfície no perjudica els drets que s'hagin constituït sobre aquest, llevat que la causa de l'extinció sigui el venciment del termini de la durada del dret o, en el cas de construccions o plantacions preexistents, llur pèrdua total.

4. El dret no s'extingeix si la construcció o la plantació l'han feta els titulars del dret de superfície i es perd. En aquest cas, els titulars la poden reconstruir o refer.

CAPÍTOL V. *Els drets de cens*

SECCIÓ PRIMERA. *Disposicions generals*

Article 565-1. *El cens*

1. El cens és una prestació periòdica dinerària anual, de caràcter perpetu o temporal, que es vincula amb caràcter real a la propietat d'una finca, la qual en garanteix el pagament directament i immediatament.

2. Rep el nom de *censatari* la persona que està obligada a pagar la pensió del cens, que és el propietari o propietària de la finca, i el de *censalista*, la persona que té dret a rebre-la, que és el titular o la titular del dret de cens.

Article 565-2. *Classes de cens*

1. El cens és emfitèutic si es constitueix amb caràcter perpetu i redimible a voluntat del censatari, d'acord amb els requisits que estableixen els articles 565-11 i 565-12.

2. El cens és vitalici si es constitueix amb caràcter temporal i irredimible a voluntat del censatari, sens perjudici que se'n pugui pactar la redimibilitat de manera expressa.

Article 565-3. *Constitució del cens*

Els títols de constitució del cens poden ésser:

a) El contracte d'establiment. La constitució contractual d'un cens es pot fer:

Primer. Per la transmissió de la titularitat del dret de propietat de la finca al censatari, en canvi de la constitució del dret de percebre la prestació periòdica anual a favor del censalista. En aquest cas, es pot determinar el pagament a favor del censalista, per una sola vegada, al comptat o a terminis, d'una quantitat que s'anomena *entrada*.

Segon. Per revessejat, en virtut de la constitució del cens pel propietari o propietària de la finca i la cessió a una tercera persona del dret a rebre la prestació periòdica anual.

b) La disposició per causa de mort.

c) La usucapió.

Article 565-4. *Forma de constitució del cens*

La constitució o l'establiment d'un cens ha de constar necessàriament en una escriptura pública, en la qual s'han de fer constar la pensió i la quantitat convinguda a l'efecte de la redempció.

Article 565-5. *La transmissibilitat de la finca i del cens*

1. El censatari pot alienar la finca gravada amb el cens. El censalista també ho pot fer respecte al seu dret de cens.

2. El dret de fadiga es reconeix solament al censatari. Per raó del dret de fadiga, el censatari pot exercir el dret de tanteig i, si escau, el dret de retracte per a adquirir el dret de cens alienat a títol onerós, pel mateix preu i en les condicions convingudes entre el censalista i l'adquirent.

3. El dret de fadiga a què fa referència l'apartat 2 s'ha d'exercir d'acord amb el que estableix la subsecció tercera de la secció segona.

Article 565-6. *La divisió del cens*

1.   Els censos són essencialment divisibles. La divisió d'una finca gravada amb un cens, que correspon de fer al censatari, comporta la divisió del gravamen, de manera que hi hagi tants censos com finques gravades.

2.   El censatari, en dividir la finca, ha de distribuir la pensió entre les finques resultants en proporció a la superfície, sense tenir en compte diferències de valor o qualitat. En cas que es constitueixi el règim de la propietat horitzontal sobre la finca gravada, la pensió es distribueix entre els elements privatius que configuren la dita comunitat en proporció a la quota de participació que correspon a cadascun d'aquests elements.

3.   El censatari ha de notificar notarialment la divisió al censalista en el seu domicili en el termini de tres mesos. Si el domicili no és conegut, cal fer constar aquesta circumstància en l'escriptura pública de divisió de la finca, que comporta la divisió del cens, i el registrador o registradora de la propietat, una vegada inscrita, ha de publicar un edicte que anunciï durant tres mesos la dita divisió al tauler d'anuncis de l'ajuntament del terme municipal on radiqui la finca dividida.

4.   El censalista té un termini de caducitat d'un any comptat des de la notificació o, si s'escau, des de la inscripció per a impugnar judicialment la divisió.

Article 565-7. *La inscripció del cens*

1.   Les inscripcions de censos en el Registre de la Propietat han d'assenyalar les circumstàncies següents:

a)   La classe del cens i el títol de constitució.

b)   La pensió que implica.

c)   La quantitat convinguda a l'efecte de la redempció.

d)   El procediment d'execució, el lluïsme i la fadiga, si s'han acordat.

e)   Les altres que estableix la legislació hipotecària.

2.   No es poden inscriure en el Registre de la Propietat les agrupacions de finques subjectes a cens sense la descripció corresponent de totes les finques o parcel·les gravades i dels censos que les afecten mentre no siguin redimits.

Article 565-8. *La pensió*

1.   La pensió o prestació periòdica constitueix el contingut essencial del dret de cens.

2.   La pensió solament pot consistir en diners. El títol de constitució del cens o un acord posterior entre el censalista i el censatari pot incloure una clàusula d'estabilització del valor de la pensió.

3. La pensió ha d'ésser sempre anual, sens perjudici que per estipulació o per clàusula expressa es pugui determinar una forma fraccionada de pagament.

4. El censalista té dret a rebre la pensió per anualitats vençudes o, en el cas del cens vitalici, per anualitats avançades, si no es determina el contrari. El lloc de pagament, si no hi ha una determinació expressa, és el domicili del censatari.

5. El censalista, en el moment de lliurar el rebut de la pensió, té dret a rebre del censatari un resguard on consti que s'ha fet el pagament.

6. La finca garanteix el pagament de les pensions vençudes i no satisfetes i, si escau, el pagament dels lluïsmes. Respecte a una tercera persona, cal atenir-se al que estableix la legislació hipotecària.

7. L'impagament de les pensions no fa caure la finca en comís. El comís no es pot pactar en el títol de constitució del cens ni en cap de posterior que hi faci referència.

Article 565-9. *Procediment judicial sumari*

1. S'aplica, per a la reclamació del pagament de les pensions vençudes i no satisfetes i, si escau, dels lluïsmes, el procediment per a exigir el pagament de deutes de venciments fraccionats garantits amb hipoteca, si així s'ha pactat de manera expressa en l'escriptura de constitució del cens i si, a més, s'ha fixat un domicili del censatari als efectes dels requeriments, s'ha determinat la quantia del lluïsme, si escau, i s'ha taxat la finca als efectes de subhasta.

2. La persona que adquireix la finca en una subhasta l'adquireix gravada amb el cens i assumeix l'obligació de pagar la pensió fins que aquest s'extingeixi.

3. Hom s'ha d'atenir, respecte a una tercera persona, al que estableix la legislació hipotecària. La finca solament garanteix el darrer lluïsme, la pensió de l'any corrent i les dues anteriors. En cas de pacte, pot garantir en perjudici de tercera persona el pagament de les cinc darreres pensions.

Article 565-10. *Inexigibilitat de la pensió*

1. La reclamació de pensions degudes no pot excedir les deu darreres.

2. El pagament de tres pensions consecutives sense reserva del censalista eximeix de pagar les anteriors.

Article 565-11. *L'extinció del cens*

1. El cens s'extingeix per:

a) Les causes generals d'extinció dels drets reals.

b) Redempció.

c) La manca d'exercici de les pretensions del censalista durant un termini de deu anys.

2. La pèrdua o expropiació parcial de la finca no eximeix de pagar la pensió, llevat que la pèrdua afecti la major part de la finca, cas en el qual es redueix proporcionalment la pensió.

3. El cens s'ha de redimir necessàriament en el cas d'expropiació forçosa total.

4. S'aplica, per a cancel·lar en el Registre de la Propietat els censos constituïts per un termini determinat, el que estableix la legislació hipotecària amb relació a la cancel·lació de les hipoteques constituïdes en garantia de rendes o prestacions periòdiques.

5. Als efectes del que disposa l'apartat 1.c, el termini es pot interrompre per notificació notarial al censatari o bé per nota al marge de la inscripció del cens, que s'ha de practicar en virtut d'una instància signada pel censalista amb aquesta finalitat.

Article 565-12. *La redimibilitat del cens*

1. Els censos de caràcter perpetu i els de caràcter temporal constituïts expressament com a redimibles es poden redimir per la voluntat unilateral del censatari.

2. El censatari, en els censos de caràcter perpetu i en els de caràcter temporal constituïts com a redimibles, no pot imposar la redempció fins que han transcorregut vint anys de la constitució del cens si no s'ha pactat altrament.

3. Es pot pactar, en els censos de caràcter perpetu, la no-redimibilitat del cens per un termini màxim de seixanta anys o durant la vida del censalista i una generació més. La generació es considera extingida en morir el darrer dels descendents en primer grau del censalista.

Article 565-13. *La redempció del cens*

1. La redempció no pot ésser parcial, de manera que ha de comprendre necessàriament i íntegrament la pensió i, si escau, els altres drets inherents al cens.

2. El censatari no pot imposar la redempció si no està al corrent en el pagament de tot allò que degui al censalista per raó del cens.

3. La redempció es formalitza en una escriptura pública i s'efectua, si no hi ha un acord en contra, amb el lliurament de la quantitat convinguda en el títol de constitució. En el cas que s'hagi estipulat el lluïsme, el preu de redempció ha d'incloure, a més, l'import d'un lluïsme. En el cas que el cens s'hagi adquirit per usucapió, la quantitat a satisfer als efectes de redempció és, llevat que s'hagi pactat altrament, l'equivalent de capitalitzar la pensió anyal al 3% i sumar-hi, si escau, un lluïsme comptat sobre el valor que tenia la finca en el moment d'iniciar-se la dita usucapió.

4. Del preu de redempció, se'n dedueix l'entrada, si se n'ha estipulat el pagament en el títol de constitució.

5. El preu de redempció, si no es pacta el contrari, s'ha de satisfer en diners i al comptat.

SECCIÓ SEGONA. *Cens emfitèutic*

SUBSECCIÓ PRIMERA. *Disposicions generals*

Article 565-14. *El cens emfitèutic*

1. El cens emfitèutic, a més del dret a la prestació periòdica anyal, pot atorgar al censalista el dret de lluïsme i el dret de fadiga, o un sol d'aquests drets, si s'ha estipulat en el títol de constitució.

2. L'estipulació a què fa referència l'apartat 1 ha d'ésser expressa i el contingut dels drets establerts s'ha d'ajustar necessàriament a les disposicions d'aquesta secció.

SUBSECCIÓ SEGONA. *Lluïsme*

Article 565-15. *La meritació del lluïsme*

1. El censalista, si s'ha pactat, té dret a percebre el lluïsme per cada transmissió de la finca, llevat dels casos que regula l'article 565-16.

2. El dret a percebre el lluïsme, en cas d'usdefruit, correspon als usufructuaris.

Article 565-16. *Les excepcions a la meritació del lluïsme*

El lluïsme no es merita mai en els casos següents:

a) En alienacions fetes per expropiació forçosa, per aportació de la finca a juntes de compensació o per adjudicacions de la finca fetes per les juntes de compensació als seus membres.

b) En alienacions a títol gratuït, entre vius o per causa de mort, a favor de qualsevol persona.

c) En les adjudicacions de la finca per dissolució de comunitats matrimonials de béns, de comunitats ordinàries indivises entre esposos o convivents en parella estable o per cessió substitutiva de pensió, en casos de divorci, separació o nul·litat del matrimoni i d'extinció de la parella estable.

d) En l'agnició de bona fe, entesa com la declaració que, dins de l'any de la signatura del contracte, fan els compradors d'haver fet l'adquisició en interès i amb diners de les persones que designen.

e) En les transmissions de finques situades a la vall de Ribes i a Moià.

Article 565-17.   *La quota del lluïsme*

1.   La quota del lluïsme és la pactada i mai no pot ésser superior al 10% del preu o del valor de la finca transmesa en el moment de la transmissió.

2.   La quota del lluïsme, si no s'ha pactat, és de l'1% a tot Catalunya.

Article 565-18.   *La meritació del lluïsme en casos especials*

1.   En les vendes a carta de gràcia, es merita la meitat del lluïsme en la venda i l'altra meitat en la retrovenda o quan s'extingeix el dret de redimir.

2.   El lluïsme, en les permutes i en les aportacions a societat o les adjudicacions als socis, en el cas de reducció de capital o de dissolució, s'ha de calcular sobre el valor de la finca en el moment de la transmissió.

Article 565-19.   *La restitució del lluïsme*

El lluïsme cobrat, si la transmissió de la finca esdevé ineficaç a conseqüència de demanda judicial presentada dins dels quatre anys següents, s'ha de restituir en el termini de sis mesos comptats des de la data de la sentència.

Article 565-20.   *La prescripció del lluïsme*

El dret a reclamar el lluïsme prescriu al cap de deu anys del dia en què s'ha meritat.

Article 565-21.   *La garantia del lluïsme*

La finca garanteix directament i immediatament el pagament dels lluïsmes meritats i no satisfets, sigui qui en sigui el titular o la titular. Amb relació a una tercera persona, hom s'ha d'atenir al que estableix la legislació hipotecària.

Article 565-22.   *El pagament del lluïsme*

1.   El pagament del lluïsme, llevat de pacte en contra, correspon als adquirents i es fa en el domicili dels deutors.

2.   El lluïsme es presumeix satisfet o renunciat si el censalista cobra al nou censatari tres pensions del cens consecutives sense fer-ne una reserva expressa.

SUBSECCIÓ TERCERA.   *Fadiga*

Article 565-23.   *El dret de fadiga*

1.   El dret de prelació anomenat *fadiga*, el qual es reconeix per llei només al censatari, es pot atorgar al censalista si ho determina expressament el títol de constitució.

2. El censatari i, si escau, el censalista, per raó del dret de fadiga, poden exercir el dret de tanteig o el dret de retracte, per a adquirir, respectivament, el dret de cens o la finca gravada que hagin estat alienats a títol onerós, pel mateix preu i en les condicions convingudes amb l'adquirent.

Article 565-24. *L'exercici del dret de fadiga*

1. El tanteig es pot exercir, per raó del dret de fadiga, en el termini d'un mes comptat des de la notificació fefaent de la decisió d'alienar, de la identitat de l'adquirent, del preu i de les altres circumstàncies de la transmissió que ha de fer el censalista al censatari o viceversa.

2. El tanteig, si no hi ha notificació o la transmissió es fa per un preu o unes circumstàncies diferents de les que hi consten, comporta el retracte, que es pot exercir en el termini de tres mesos comptats des de la data en què el censatari o el censalista té coneixement de l'alienació i de les seves circumstàncies o, si escau, des de la inscripció de la transmissió en el Registre de la Propietat.

Article 565-25. *Intransmissibilitat del dret de fadiga i de la finca*

1. Els drets de fadiga no es poden transmetre mai separadament de la finca o del cens.

2. El censalista que hagi adquirit la propietat de la finca gravada fent ús del dret de fadiga no la pot transmetre a títol onerós abans de sis anys comptats des de l'adquisició, llevat que l'adquirent sigui un organisme públic.

Article 565-26. *Excepcions al dret de fadiga*

El dret de fadiga no es pot exercir en els casos següents:

a)   En les permutes.

b)   En les retrovendes.

c)   En les transaccions.

d)   En les altres alienacions en les quals els titulars del dret no poden fer o donar allò a què s'han obligat els adquirents.

Article 565-27. *Pèrdua del dret de fadiga*

El dret de fadiga, en qualsevol de les seves manifestacions de tanteig o de retracte, es perd en els casos següents:

a)   Si hom ha cobrat el lluïsme corresponent.

b)   Si s'exerceix el dret de redempció, sempre que sigui abans de dictar-se la sentència que dóna lloc a la fadiga.

Article 565-28. *La cotitularitat del dret de cens*

1. El dret de fadiga no es pot exercir si el cens que grava la finca alienada pertany a diverses persones en comunitat ordinària o indivisa i

no l'exerceixen totes conjuntament o bé una o unes quantes per cessió de les altres.

2.   El dret de fadiga, si el dret de cens està gravat amb un usdefruit, correspon sempre als nus propietaris.

3.   El dret de fadiga, si el cens està gravat amb un fideïcomís, correspon als fiduciaris, que poden pagar el preu d'adquisició a càrrec del fideïcomís o a llur càrrec, si bé en aquest darrer cas poden reclamar als fideïcomissaris l'import satisfet i els interessos quan s'extingeixi el fideïcomís.

SECCIÓ TERCERA.   *Cens vitalici*

Article 565-29.   *El cens vitalici*

El cens vitalici atorga al censalista el dret a rebre una prestació periòdica anual durant la vida d'una o dues persones que visquin en el moment de la constitució del cens.

Article 565-30.   *Irredimibilitat*

El cens vitalici és irredimible, llevat d'acord mutu o de disposició en contra.

Article 565-31.   *La titularitat del dret de cens*

1.   El cens es pot constituir a favor de qualsevol persona o persones, encara que no siguin les que transmeten la finca que resta gravada.

2.   El cens constituït resta sense efecte si la persona o les persones sobre la vida de les quals s'ha constituït moren dins dels dos mesos següents a la constitució com a conseqüència d'una malaltia que ja existia en el moment de la dita constitució.

3.   En el cas de cotitularitat del dret de cens, si la designació dels beneficiaris ha estat conjunta i un d'ells no l'accepta o, havent-la acceptada, mor, la seva quota en el dret de cens incrementa la dels altres beneficiaris.

Article 565-32.   *Pagament de la pensió*

1.   El pagament de les pensions, amb independència de la forma de pagament fraccionat convinguda, si es paga per anualitats vençudes, s'ha de fer de manera que la corresponent a l'any en què mor la darrera de les persones a favor de les quals s'ha constituït el cens s'ha de pagar als seus hereus en la part proporcional al nombre de dies que ha viscut aquell any. En canvi, si es paga per anualitats avançades, la que correspon a l'any de la defunció s'ha de pagar íntegra, sense que el censatari tingui dret a devolució.

2.   No es pot exigir el pagament de la pensió sense acreditar que la persona per a la vida de la qual s'ha establert és viva.

Article 565-33.   *La fruïció de la finca gravada*

Es pot pactar vàlidament que la persona que transmet la finca en canvi de la pensió retingui, amb caràcter vitalici o temporal, un dret d'usdefruit o d'habitació sobre la mateixa finca, els quals es consoliden necessàriament amb la propietat quan s'extingeix el cens.

CAPÍTOL VI.   *Les servituds*

SECCIÓ PRIMERA.   *Disposicions generals*

Article 566-1.   *Concepte*

1.   La servitud és el dret real que grava parcialment una finca, que és la servent, en benefici d'una altra, que és la dominant, i pot consistir en l'atorgament a aquesta d'un determinat ús de la finca servent o en una reducció de les facultats del titular o la titular de la finca servent.

2.   Els titulars del dret de servitud es poden beneficiar de la finca servent en la mesura en què ho determinen el títol de constitució o aquest codi.

Article 566-2.   *Constitució*

1.   Les servituds solament es constitueixen per títol, atorgat de manera voluntària o forçosa.

2.   Poden constituir una servitud els propietaris de la finca dominant o la finca servent i els titulars de drets reals possessoris sobre aquestes. En aquest darrer cas, la servitud, si és voluntària, té l'abast i la durada dels seus drets. Les referències que aquesta secció fa als propietaris d'una finca s'han d'entendre fetes també als titulars de drets reals possessoris sobre la finca.

3.   Les servituds el contingut de les quals consisteix en una utilitat futura, entre les quals s'inclouen les referides a la construcció o l'enderrocament d'immobles, es consideren constituïdes sota condició.

4.   Cap servitud no es pot adquirir per usucapió.

Article 566-3.   *Servitud sobre finca pròpia*

1.   El propietari o propietària de més d'una finca pot constituir entre aquestes les servituds que consideri convenients.

2.   La servitud sobre una finca pròpia publicada únicament per l'existència d'un signe aparent, si s'aliena la finca dominant o la servent, solament subsisteix si s'estableix expressament en l'acte d'alienació.

3.   Una servitud no s'extingeix pel sol fet que s'arribi a aplegar en una sola persona la propietat de les finques dominant i servent, però l'únic titular d'ambdues finques la pot extingir i obtenir-ne la cancel·lació en el Registre de la Propietat, sens perjudici de terceres persones.

Article 566-4.   *Contingut general del dret de servitud*

1.   La servitud es constitueix per a utilitat exclusiva de la finca dominant, de la qual és inseparable. Igualment, es poden constituir servituds recíproques entre finques dominants i servents.

2.   La servitud s'exerceix de la manera més adequada per a obtenir la utilitat de la finca dominant i, alhora, de la menys incòmoda i lesiva per a la finca servent.

3.   Els propietaris de la finca servent, si l'exercici de la servitud esdevé excessivament carregós i incòmode, poden exigir, a llur càrrec, les modificacions que creguin convenients en la manera i el lloc de prestar la servitud, sempre que no en disminueixin el valor i la utilitat.

Article 566-5.   *Servituds de llums i vistes*

1.   La servitud de llums permet, d'acord amb el títol de constitució, rebre la llum que entra per la finca servent i passa a la dominant a través de finestres o lluernes.

2.   La servitud de vistes comprèn necessàriament la de llums i permet d'obrir finestres de la forma i de les mides convingudes o habituals segons les bones pràctiques de la construcció.

Article 566-6.   *Contingut accessori de la servitud*

1.   Les obres i les activitats necessàries per a establir i conservar la servitud són a càrrec de qui n'és titular, llevat que el títol de constitució estableixi una altra cosa. Els propietaris de la finca servent, si cal, n'han de tolerar l'ocupació parcial perquè s'executin les dites obres.

2.   Els propietaris de la finca servent, si la servitud reporta una utilitat efectiva a llur finca, han de contribuir proporcionalment a les despeses d'establiment i conservació, llevat de pacte en contra.

3.   Els propietaris de la finca servent no poden fer cap obra que perjudiqui o dificulti l'exercici de la servitud.

SECCIÓ SEGONA.   *Servituds forçoses*

Article 566-7.   *Servitud de pas*

1.   Els propietaris d'una finca sense sortida o amb una sortida insuficient a una via pública poden exigir als veïns que s'estableixi una servitud de pas per a accedir-hi d'una amplada suficient i unes característiques adequades perquè la finca dominant es pugui explotar normalment.

2.   El pas s'ha de donar pel punt menys perjudicial o incòmode per a les finques gravades i, si és compatible, pel punt més beneficiós per a la finca dominant.

Article 566-8. *Servitud d'accés a una xarxa general*

1. Els propietaris d'una finca sense connexió a una xarxa general de sanejament o subministradora d'aigua, energia, comunicacions, serveis de noves tecnologies o altres serveis semblants poden exigir als veïns que s'estableixi una servitud d'accés de característiques adequades per a obtenir el servei i amb les connexions més adequades.

2. La servitud solament es pot exigir si la connexió a la xarxa general no es pot fer per cap altre lloc sense despeses desproporcionades i si els perjudicis ocasionats no són substancials.

3. L'accés a la xarxa general s'ha de donar pel sistema tècnicament més adequat i pel punt menys perjudicial o incòmode per a les finques gravades i, si és compatible, pel més beneficiós per a la finca dominant.

Article 566-9. *Servitud d'aqüeducte*

1. Els propietaris d'una finca que, a més, siguin titulars d'un recurs hídric extern a aquesta poden exigir als veïns que s'estableixi una servitud d'aqüeducte d'una amplada suficient i d'unes característiques adequades perquè la finca dominant es pugui explotar normalment.

2. La servitud d'aqüeducte permet a qui n'és titular fer totes les obres necessàries per a portar l'aigua, entre les quals s'incolen les canonades, les sèquies, les mines, les rescloses i les altres de semblants. El dit titular, a càrrec seu, ha de mantenir aquestes instal·lacions en bon estat de conservació.

3. El pas de l'aigua s'ha de donar pel punt i pel sistema de conducció tècnicament més adequats i alhora, si és compatible, menys perjudicials o incòmodes per a les finques gravades.

Article 566-10. *Indemnitzacions per l'establiment de servituds forçoses*

1. Les servituds forçoses solament es poden establir amb el pagament previ d'una indemnització igual a la disminució del valor de la finca servent afectada pel pas o la canalització.

2. Els propietaris de la finca dominant han d'indemnitzar els de la finca servent pels perjudicis que l'exercici de la servitud causi a llur finca.

3. La indemnització es redueix proporcionalment si els propietaris de la finca servent també utilitzen el pas, la connexió a la xarxa o l'aigua transportada o si, en general, obtenen algun benefici de les obres executades per a l'exercici de la servitud.

4. No s'ha de pagar cap indemnització si una finca resta sense sortida a una via pública, sense connexió a una xarxa general o sense accés a l'aigua com a conseqüència d'un acte de disposició sobre una o més parts de la finca originària o de divisió del bé comú efectuat per qui tindria dret a reclamar-la.

SECCIÓ TERCERA. *Extinció de les servituds*

Article 566-11. *Causes d'extinció de la servitud*

1. La servitud s'extingeix per les causes generals d'extinció dels drets reals i, a més, per les causes següents:

a) La manca d'ús durant deu anys comptats des del moment en què consta el desús o l'acte obstatiu, excepte en el cas de la servitud sobre finca pròpia.

b) La pèrdua total de la finca servent o de la dominant.

c) La impossibilitat d'exercir-la.

d) L'extinció del dret dels concedents o del dret real dels titulars de la servitud.

e) El supòsit al qual fa referència l'article 566-3.2, si no s'ha fet la declaració expressa de l'existència de la servitud.

2. La servitud, si s'extingeix per la impossibilitat d'exercir-la, no es restableix encara que amb posterioritat torni a ésser possible d'exercir-la.

3. Els titulars d'una servitud forçosa que es restableix en els deu anys següents a la seva extinció per alguna de les causes que estableixen les lletres *a* i *c* de l'apartat 1 no han de pagar cap indemnització, llevat del cas en què la dita servitud s'hagués extingit per un acte propi dels titulars de la finca dominant.

Article 566-12. *Modificacions de les finques i extinció de la servitud*

1. Les modificacions formals de la finca dominant, entre les quals s'inclouen la divisió, la segregació, l'agrupació o l'agregació, no extingeixen la servitud ni en poden fer més carregós l'exercici, amb les excepcions que estableix aquest article.

2. Els propietaris de la finca servent, en els casos de divisió i segregació, si la servitud solament és útil per a alguna de les finques resultants, poden exigir l'extinció de la servitud respecte a les altres finques.

3. Els propietaris de la finca servent, en els casos d'agregació i agrupació, si l'estructura de la finca resultant fa que la servitud no li reporti cap utilitat, poden exigir l'extinció de les servituds.

4. Si la finca servent es divideix o si se'n segrega una part, els titulars de les finques resultants que no reporten cap utilitat a la dominant poden exigir l'extinció de la servitud respecte a aquesta.

SECCIÓ QUARTA. *Protecció del dret de servitud*

Article 566-13. *Acció confessòria*

1. Els titulars de la servitud tenen acció real per a mantenir i restituir l'exercici de la servitud contra qualsevol persona que s'hi oposi, que el pertorbi o que amenaci de fer-ho.

2. L'acció confessòria prescriu al cap de deu anys de l'acte obstatiu.

CAPÍTOL VII. *El dret de vol*

Article 567-1. *Concepte*

1. El vol és el dret real sobre un edifici o un solar edificable que atribueix a algú la facultat de construir una o més plantes sobre l'immoble gravat i fer seva la propietat de les noves construccions. Els preceptes d'aquest capítol són aplicables al dret de subedificació.

2. L'exercici del dret de vol comporta la legitimació per a fer construccions, d'acord amb el títol de constitució i el planejament urbanístic.

Article 567-2. *Constitució*

1. El dret de vol ha de constar necessàriament en una escriptura pública, que ha de contenir, almenys, les dades següents:

a) El nombre màxim de plantes, d'edificis, si escau, i d'elements privatius que es poden construir, d'acord amb la normativa urbanística i de la propietat horitzontal vigents en el moment de constituir-se el dret.

b) Els criteris que s'han d'aplicar en la determinació de les quotes de participació que corresponen als elements privatius situats en les plantes o els edificis nous i les que corresponen als situats en les plantes o els edificis preexistents, que han de garantir la proporcionalitat adequada entre totes.

c) El termini per a exercir-lo, que no pot superar en cap cas, sumant-hi les pròrrogues, els trenta anys.

d) El preu o la contraprestació que, si escau, ha de satisfer la persona que adquireix el dret, o bé la manera com es valora aquest si es reserva.

2. El títol de constitució del dret de vol pot incloure els continguts següents:

a) Les normes de comunitat o de propietat horitzontal per les quals s'ha de regir l'edifici una vegada s'ha exercit.

b) La limitació de la disponibilitat del dret de vol.

c) La facultat dels titulars del dret de vol d'establir o modificar el règim de la propietat horitzontal, de modificar la descripció de l'edifici preexistent i de fixar o redistribuir les quotes de participació sense el consentiment dels concedents.

d) Els altres pactes lícits que es considerin convenients.

3. La constitució del dret de vol i les seves modificacions es poden oposar a terceres persones de bona fe d'ençà que se'n fa la inscripció en el Registre de la Propietat de la manera i amb els efectes que estableix la legislació hipotecària o d'ençà que les terceres persones n'han tingut coneixement.

Article 567-3. *Legitimació*

1. El títol de constitució del dret de vol l'atorguen els propietaris de l'immoble o els usufructuaris amb facultat d'alienar.

2. El dret de vol, si es constitueix o es reserva en el títol de constitució d'una propietat horitzontal, ha de constar en clàusula separada i específica.

3. Cal la unanimitat de tots els propietaris per a constituir el dret de vol sobre un edifici sotmès al règim de la propietat horitzontal.

Article 567-4. *Transmissibilitat*

1. El dret de vol i la propietat de l'immoble preexistent són alienables lliurement per actes entre vius i per causa de mort, tant gratuïts com onerosos, si no s'ha pactat altrament.

2. El dret de vol i la propietat de l'immoble preexistent són hipotecables i gravables en la mesura en què són alienables.

Article 567-5. *Exercici*

1. Es faculten els titulars del dret de vol per a edificar a llur càrrec d'acord amb el títol de constitució, amb el projecte i amb les llicències administratives que corresponen. Els titulars del dret de vol han de dotar el conjunt de l'edifici de la seguretat i els elements exigibles per la normativa de l'edificació i, si escau, de l'habitatge.

2. La construcció s'ha de fer de la manera que causi menys molèsties als propietaris o ocupants de les plantes o els edificis preexistents. Els titulars del dret de vol han d'indemnitzar els dits propietaris o ocupants pels perjudicis que els causin durant la construcció.

3. El titular o la titular del dret de vol fa seus, amb ple domini, els elements privatius situats a les plantes o els edificis que en resulten, pot atorgar tot sol i a càrrec seu la declaració o l'ampliació d'obra nova, modificant la descripció de l'edifici preexistent si cal, i, si s'ha pactat, pot establir el règim de la propietat horitzontal.

4. Els titulars de l'immoble preexistent sobre el qual es va constituir el dret de vol mantenen la propietat dels elements privatius situats a les plantes o els edificis que ja existien en constituir-se el dret.

Article 567-6. *Extinció*

1. El dret de vol s'extingeix per les causes generals d'extinció dels drets reals i, a més, per les causes següents:

a) Per manca d'acabament de les obres de nova construcció en el termini fixat, en la part no construïda. Això no obstant, si en vèncer el termini l'edificació ha començat, el dret s'entén prorrogat pel temps que la llicència d'obres preveu per a l'acabament, sempre que l'escriptura de declaració o d'ampliació d'obra nova s'hagi presentat en el Registre de la Propietat dins del termini.

b) Per una modificació de la normativa urbanística que comporti la impossibilitat d'edificar les plantes o els edificis convinguts. Si la normativa només impedeix parcialment la construcció, el dret es manté dins dels límits possibles, i el seu titular pot modificar les construccions previstes sense necessitat de consentiment dels propietaris de l'immoble si s'ajusta al nou planejament urbanístic i ho acredita amb les certificacions tècniques i administratives corresponents.

2. El dret de vol no s'extingeix per destrucció de l'edifici sobre el qual recau.

3. Els titulars del dret de vol, si com a conseqüència del planejament urbanístic l'edifici sobre el qual recau és subrogat per un solar edificable, han de tenir en el nou solar una part del volum edificable proporcional a la que els pertocava en la finca reemplaçada.

CAPÍTOL VIII.   *Els drets d'adquisició*

SECCIÓ PRIMERA.   *Disposicions generals*

Article 568-1.   *Concepte*

1. Són drets d'adquisició voluntària els següents:

a) L'opció, que faculta el seu titular per a adquirir un bé en les condicions establertes pel negoci jurídic que la constitueix.

b) El tanteig, que faculta el seu titular per a adquirir a títol onerós un bé amb les mateixes condicions pactades amb un altre adquirent.

c) El retracte, que faculta el seu titular per a subrogar-se en el lloc de l'adquirent amb les mateixes condicions convingudes en un negoci jurídic onerós una vegada ha tingut lloc la transmissió.

d) El dret de redimir en la venda a carta de gràcia, que faculta el venedor per a readquirir el bé venut.

2. El tanteig i el retracte són drets d'adquisició legals en els casos en què ho estableix aquest codi. Aquests drets es regeixen per la norma sectorial específica corresponent.

Article 568-2.   *Constitució i eficàcia*

1. Els drets reals d'adquisició es constitueixen en una escriptura pública i, si recauen sobre béns immobles, s'han d'inscriure en el Registre de la Propietat.

2. L'exercici dels drets d'adquisició voluntària comporta l'adquisició del bé en la mateixa situació jurídica en què es trobava en el moment de la constitució, i també l'extinció dels drets incompatibles constituïts amb posterioritat sobre el bé si el dret s'havia constituït amb caràcter real, sens perjudici del que estableix la legislació hipotecària.

Article 568-3.   *Objecte*

1. Els drets d'adquisició poden recaure sobre béns immobles i mobles que es puguin identificar.

2.   Els drets d'adquisició sobre béns futurs estan subjectes a la condició de l'existència efectiva de llur objecte.

3.   Els drets d'adquisició inscriptibles constituïts sobre diversos béns han d'assenyalar un preu individual per a cadascun que faci possible d'exercir els drets per separat. S'exceptua el cas en què s'ha assenyalat un preu global que exigeix un exercici conjunt sobre tots els béns.

4.   Els drets d'adquisició sobre un bé immoble es poden constituir sobre parts determinades d'aquest o de la seva edificabilitat. En aquests casos, el preu d'adquisició s'ha de fixar tenint en compte la mesura superficial o altres paràmetres o mòduls determinats.

Article 568-4.   *Cotitularitat*

Els drets d'adquisició constituïts a favor de diversos titulars de manera proindivisa han d'ésser exercits conjuntament per tots els titulars o per un o diversos d'ells per cessió dels altres.

SECCIÓ SEGONA.   *Drets d'adquisició voluntària*

SUBSECCIÓ PRIMERA.   *Disposicions generals*

Article 568-5.   *Constitució*

1.   Els drets d'adquisició voluntària es poden constituir per qualsevol títol.

2.   La prima pactada en la constitució del dret s'imputa solament al preu d'adquisició si així s'ha estipulat expressament.

Article 568-6.   *Contingut del títol de constitució*

El títol de constitució ha de contenir com a mínim les dades següents:

a)   El termini de durada del dret, que, si no es fixa, s'entén que és de quatre anys, i el termini del seu exercici, si escau.

b)   Si es tracta d'un dret d'opció, la contraprestació per a adquirir el bé o els criteris per a fixar-la i, si escau, el pacte d'exercici unilateral de la facultat d'optar. La contraprestació pot ésser no dinerària.

c)   Si el dret es constitueix a títol onerós, la prima pactada per a constituir-lo i la manera com s'ha satisfet.

d)   El domicili dels concedents de l'opció o dels titulars del tanteig o del retracte als efectes de les notificacions preceptives.

e)   La manera d'acreditar el pagament del preu o la contraprestació, si es tracta d'un dret d'opció i se n'ha pactat l'exercici unilateral.

Article 568-7. *Extinció*

1. Els drets d'adquisició s'extingeixen per les causes generals d'extinció dels drets reals i, a més, per llur exercici o pel venciment del termini de llur durada.

2. Els titulars del dret de tanteig hi poden renunciar amb relació a un determinat acord de transmissió. La renúncia al dret de tanteig implica la del retracte.

SUBSECCIÓ SEGONA. *Dret d'opció*

Article 568-8. *Durada*

1. El dret real d'opció es pot constituir per un temps màxim de deu anys.

2. El dret d'opció, per acord de les persones interessades, pot ésser objecte de pròrrogues successives, cadascuna de les quals no pot excedir el termini que estableix l'apartat 1.

3. La durada del dret d'opció constituït com a pacte o estipulació integrats en un altre negoci jurídic no pot superar la d'aquest, amb les pròrrogues corresponents.

Article 568-9. *Transmissibilitat*

1. Els béns subjectes a un dret d'opció són alienables sense consentiment dels optants, i els adquirents se subroguen en les obligacions que, si escau, corresponen als concedents del dret.

2. Els drets d'opció són transmissibles, llevat que s'hagin constituït en consideració a llur titular.

Article 568-10. *Conservació de l'objecte*

1. Els propietaris estan obligats a conservar amb la diligència deguda el bé subjecte al dret d'opció i responen davant dels optants per la deterioració que el dit bé sofreix per culpa o dol.

2. Els titulars del dret d'opció tenen la facultat d'inspeccionar el bé que hi està subjecte per a comprovar-ne l'estat de conservació.

3. Les despeses necessàries són a càrrec dels propietaris del bé, llevat de pacte en contra. Els fruits pendents en el moment d'exercir el dret d'opció i les millores i les accessions introduïdes pels propietaris del bé pertanyen als optants, que no tenen l'obligació de pagar-ne l'import.

Article 568-11. *Pèrdua de l'objecte*

1. Els titulars del dret d'opció, si els béns que hi estan subjectes es perden totalment per cas fortuït, força major o fet d'una tercera persona, no poden exigir la devolució de la prima satisfeta. Si la pèrdua total

s'origina per culpa o dol dels concedents del dret o dels propietaris, aquests han de retornar la prima pagada, sens perjudici de la indemnització pels danys i perjudicis ocasionats.

2. Els titulars del dret d'opció, si els béns que hi estan subjectes es perden en part, poden triar entre no exercir llur dret o exercir-lo sobre la part subsistent. En aquest cas, han de pagar la contraprestació proporcional. Si la pèrdua parcial s'origina per culpa o dol dels propietaris, aquests han d'indemnitzar els dits titulars pels danys i perjudicis i, segons l'elecció dels dits titulars de l'opció, han de retornar la part corresponent de la prima.

Article 568-12. *Exercici*

1. Els optants, sens perjudici del que estableixi el títol de constitució, han de pagar el preu o la contraprestació en exercir el dret d'opció o abans d'exercir-lo i els concedents els han de lliurar la possessió del bé.

2. El preu o la contraprestació, si sobre el bé subjecte al dret d'opció inscrit hi ha drets reals o gravàmens posteriors al de l'optant, s'ha de dipositar o consignar a disposició de llurs titulars, als quals s'ha de notificar l'exercici del dret d'opció i el dipòsit o la consignació constituïts a llur favor.

3. L'optant pot exercir unilateralment el dret d'opció inscrit sempre que es compleixin les condicions següents:

a) Que s'hagi pactat així en constituir el dret.

b) Que tingui la possessió del bé o la pugui adquirir instrumentalment per mitjà de la formalització de l'exercici de l'opció.

c) Que el preu o la contraprestació es dipositi notarialment a disposició dels propietaris i de les terceres persones que acreditin drets inscrits o anotats després del dret d'opció en el Registre de la Propietat si es tracta d'immobles, o bé que es garanteixi el dit preu o contraprestació si se n'havia ajornat el pagament.

4. Els optants, en el termini de durada del dret d'opció, han de notificar fefaentment als concedents o als propietaris l'exercici del dit dret en el domicili que consti en el títol de constitució. Per a cancel·lar les càrregues i els drets inscrits amb posterioritat a la inscripció del dret d'opció, hom s'ha d'atenir al que estableix la legislació hipotecària.

SUBSECCIÓ TERCERA. *Drets voluntaris de tanteig i retracte*

Article 568-13. *Durada*

1. El dret real de tanteig es pot constituir per temps indefinit per a la primera transmissió i per un màxim de deu anys si s'ha pactat d'exercir-lo en segones i ulteriors transmissions.

2. El dret de tanteig pot ésser objecte de pròrrogues successives, cadascuna de les quals no pot excedir el termini que estableix l'apartat 1.

Article 568-14. *Exercici*

1.　Els drets de tanteig, si no hi ha pacte, solament es poden exercir respecte a la primera transmissió onerosa.

2.　Els drets de tanteig es poden exercir encara que la transmissió projectada es faci en subhasta judicial o extrajudicial, cas en el qual el titular o la titular del dret de tanteig ha d'igualar el millor preu ofert en la subhasta. En cas d'impugnació, el termini d'exercici se suspèn fins que es resolgui la impugnació.

3.　Les transmissions gratuïtes, entre vius o per causa de mort, no afecten el dret de tanteig.

4.　S'entén que l'exercici del dret de tanteig, si no se n'ha fixat el termini, caduca en el termini de dos mesos a comptar de l'endemà del dia en què es notifiquen fefaentment l'acord de transmissió entre el propietari o propietària del bé i una tercera persona i les seves condicions. Si la transmissió és sotmesa a termini o a condició suspensiva, el termini d'exercici s'ha de comptar des del venciment del termini suspensiu o des del coneixement del compliment de la condició.

5.　El que estableix aquest article s'aplica al dret de retracte desconnectat d'un dret de tanteig previ.

Article 568-15. *Conversió del tanteig en retracte*

1.　El dret real de tanteig implica el de retracte si manca la notificació fefaent dels elements essencials de l'acord de transmissió o si la transmissió s'ha fet en condicions diferents de les que constaven en la notificació o abans de vèncer el termini per a exercir el tanteig.

2.　El dret de retracte s'ha d'exercir en un termini igual al pactat per a l'exercici del dret de tanteig o, si no se n'ha pactat cap, en un termini de tres mesos, en ambdós casos comptats des de la data en què s'inscriu en el Registre de la Propietat o en què es té coneixement de l'alienació.

SECCIÓ TERCERA.　*Drets de retracte legals*

SUBSECCIÓ PRIMERA.　*Retracte de confrontants*

Article 568-16. *Concepte*

El retracte de confrontants és el dret legal d'adquisició que es produeix en els casos i amb els requisits que estableix aquesta subsecció, en virtut del qual els seus titulars se subroguen en la posició jurídica dels adquirents.

Article 568-17. *Titularitat*

1.　Poden exercir el dret de retracte de confrontants les persones físiques o jurídiques que, segons la legislació especial, tenen la consideració de conreador o conreadora directe i personal.

2. Estan legitimats per a exercir el dret de retracte de confrontants els conreadors directes i personals que són propietaris de finques rústiques que confronten amb les finques rústiques alienades.

3. Hom prefereix, si hi ha diverses persones legitimades, la propietària de la finca confrontant de menys superfície i, si aquesta és idèntica, la de la finca amb més perímetre confrontant.

Article 568-18. *Requisits*

1. El dret de retracte de confrontants es pot exercir en cas de venda o dació en pagament d'una finca rústica de superfície inferior a la de la unitat mínima de conreu a favor d'una persona que no sigui propietària de cap de les finques que hi confronten.

2. El dret de retracte de confrontants no es pot exercir si dins de la finca alienada hi ha construccions ajustades a la legalitat el valor de les quals representa més dels dos terços del de la finca.

Article 568-19. *Exercici*

1. El termini per a exercir el dret de retracte de confrontants és de dos mesos des del moment en què els propietaris conreadors directes de les finques confrontants tenen coneixement de l'alienació i de les seves circumstàncies o des de la data en què la transmissió s'inscriu en el Registre de la Propietat.

2. L'adquisició per mitjà del dret de retracte de confrontants es fa pel mateix preu o valor i en les condicions convingudes per la persona que ha transmès la finca i l'adquirent.

Article 568-20. *Limitacions*

1. Els adquirents d'una finca rústica per mitjà del dret de retracte de confrontants estan obligats a agrupar la finca adquirida amb la finca de la qual són titulars en el termini de sis mesos comptats des de l'adquisició i a conservar-la agrupada un mínim de sis anys comptats des de la inscripció.

2. Els adquirents d'una finca rústica per mitjà del dret de retracte de confrontants no la poden alienar entre vius durant el termini de sis anys a comptar del dia de l'adquisició, llevat que ho facin amb el consentiment de la persona en el lloc de la qual es van subrogar en adquirir-la o que la finca adquirida representi menys del 20% de la superfície de la finca que resulta de l'agrupació.

SUBSECCIÓ SEGONA. *La torneria*

Article 568-21. *Concepte i règim jurídic*

1. La torneria és el dret d'adquisició legal per retracte que té lloc exclusivament en el territori de l'Aran, en els casos i amb els requisits

que estableix aquesta subsecció, en virtut del qual els seus titulars se subroguen en la posició jurídica dels adquirents.

2.   La torneria es regeix per les normes d'aquesta subsecció i, en allò que no hi sigui incompatible, pels usos i els costums de l'Aran, els quals s'han de tenir en compte per a interpretar-les.

Article 568-22. *Titularitat*

1.   Solament poden exercir el dret de torneria les persones físiques amb veïnatge local a l'Aran.

2.   Estan legitimats per a exercir el dret de torneria els parents fins al quart grau en la línia de la qual procedeixen els béns.

3.   Hom prefereix, si hi ha diversos parents legitimats, el més pròxim i, en igualtat de grau, el de més edat. El còmput del grau s'ha d'ajustar a les normes de la successió intestada.

Article 568-23. *Requisits*

1.   El dret de torneria es pot exercir, en cas de venda o dació en pagament d'una finca rústica situada en el territori de l'Aran, a favor d'una persona estranya o amb un parentiu més enllà del quart grau col·lateral, si la finca ha pertangut als parents per consanguinitat durant dues o més generacions immediatament anteriors a la del disposant o la disposant.

2.   El dret de torneria es pot exercir sobre la casa pairal i les seves dependències encara que siguin en sòl urbà, llevat que formin part d'una explotació comercial o turística.

Article 568-24. *Exercici*

1.   El termini per a exercir el dret de torneria és d'un any i un dia a comptar de la data en què s'inscriu la transmissió en el Registre de la Propietat o en què es té coneixement de l'alienació i les seves circumstàncies si la transmissió no s'hi inscriu.

2.   L'adquisició per mitjà del dret de torneria es fa pel mateix preu o valor i en les condicions convingudes pel parent o parenta que ha fet la transmissió i l'adquirent.

3.   El dret de torneria solament és renunciable en escriptura pública.

Article 568-25. *Limitacions*

Els adquirents d'una finca per mitjà del dret de torneria no la poden alienar entre vius, ni tan sols a títol gratuït, en el termini de sis anys a comptar del dia de l'adquisició, llevat que ho facin amb el consentiment de la persona en el lloc de la qual es van subrogar en adquirir-la.

Article 568-26.   *Preferència*

El dret de torneria és preferent a tot altre dret d'adquisició legal, llevat del de copropietaris.

SECCIÓ QUARTA.   *Preferència entre drets d'adquisició legals*

Article 568-27.   *Preferència*

1.   Si, amb motiu d'una mateixa alienació, són procedents diversos drets legals d'adquisició preferent, preval, en tots els casos, el dret de tanteig que correspon als copropietaris o als cohereus en la venda d'una quota i, si no n'hi ha, el dels nus propietaris en l'alienació de l'usdefruit o el dels censataris en l'alienació del dret de cens.

2.   Si no són procedents els drets a què fa referència l'apartat 1, tenen preferència els drets de tanteig que corresponen als arrendataris, si escau.

3.   Si no són procedents els drets a què fan referència els apartats 1 i 2, és procedent el dret de retracte de confrontants.

4.   El que estableix aquest article s'entén sens perjudici del que estableix l'article 568-26 amb relació a la torneria i del que estableixen les lleis especials amb relació als retractes establerts a favor de la Generalitat, l'Estat o les corporacions locals.

SECCIÓ CINQUENA.   *Dret a redimir en la venda a carta de gràcia*

Article 568-28.   *Concepte i règim jurídic*

El dret de redimir, com a dret d'adquisició voluntària que faculta el venedor per a readquirir el bé venut, es regeix pel que estableix aquesta secció i, si no és aplicable, per les normes del dret d'opció, en la mesura que siguin aplicables.

Article 568-29.   *Durada*

La durada del dret de redimir és la pactada, però no pot superar els vint anys si el bé venut és un immoble, o els tres anys si és un bé moble. En el cas d'immobles, el termini del dret de redimir es pot fixar per la vida d'una o de dues persones determinades existents en el moment de subscriure's el contracte. Per excepció, si el venedor o els seus successors ocupen la finca venuda a carta de gràcia o la posseeixen per qualsevol títol, el dret de redimir no s'extingeix pel simple transcurs del termini pactat i cal un requeriment especial, amb la fixació d'un nou termini improrrogable, que no pot ésser inferior a tres mesos.

Article 568-30. *Indivisibilitat*

El dret de redimir és indivisible, llevat que diverses coses siguin venudes a carta de gràcia en una mateixa compravenda i s'hi estableixi una part de preu individualitzada per a cadascuna. En aquest cas, es pot obtenir la redempció de cada cosa a mesura que se satisfà la part de preu corresponent.

Article 568-31. *Exercici*

Per a obtenir la redempció, el rediment ha de pagar al titular de la propietat gravada:

a) El preu fixat per a la redempció en el moment de la venda, que pot ésser diferent del preu d'aquesta. Si no es fixa expressament cap preu per a la redempció, s'entén que aquest és el mateix de la venda, calculat en diners constants des de la data de la venda.

b) Les addicions posteriors al preu el valor de les quals es justifiqui.

c) Les despeses de reparació de la cosa, però no pas les de simple conservació.

d) Les despeses útils, estimades en l'augment de valor que per aquestes hagi experimentat la cosa en el moment de la redempció, les quals no poden excedir el preu de cost ni, en cap cas, el 25% del preu fixat per a la redempció.

e) El cost de les despeses inherents a la constitució de les servituds adquirides en profit de la cosa immoble venuda, calculat en diners constants des de la data de la venda.

f) Les despeses de conreu relatives a la producció dels fruits pendents en el moment de la redempció, llevat que el rediment autoritzi el titular de la propietat gravada a recollir-los al temps de la collita.

g) Les despeses que hagi ocasionat el contracte de venda a carta de gràcia, inclosos els impostos i el lluïsme, si s'ha pactat així.

Article 568-32. *Adquisició pel rediment*

1. Una vegada redimida la cosa venuda a carta de gràcia, resta lliure de les càrregues o els gravàmens que el comprador o els successius titulars de la propietat gravada li hagin imposat des de la data de la venda, però el preu de la redempció resta afecte, fins on abasti, al pagament de tals càrregues o gravàmens. Amb aquesta finalitat, el propietari del bé redimit ha de dipositar o consignar el preu rebut a favor dels titulars de les càrregues o els gravàmens, als quals ha de notificar l'exercici de la redempció i el dipòsit o la consignació constituïts a llur favor. No obstant això, el rediment pot resoldre els arrendaments notòriament onerosos que hagi fet el propietari.

2. En el moment de la restitució, el titular de la propietat gravada ha d'indemnitzar el rediment per la disminució de valor que la cosa hagi sofert per causa imputable a ell mateix i als titulars anteriors.

CAPÍTOL IX. *Els drets reals de garantia*

SECCIÓ PRIMERA. *Disposicions generals*

Article 569-1. *Els drets reals de garantia*

Aquest codi regula els drets reals de garantia següents, que es poden constituir per a assegurar el compliment d'una obligació principal:

a) El dret de retenció.

b) La penyora.

c) L'anticresi.

d) La hipoteca.

Article 569-2. *Eficàcia general*

1. Els efectes dels drets reals de retenció i penyora són els següents:

a) La retenció de la possessió del bé fins al pagament complet del deute garantit.

b) La realització del valor del bé, en els casos i de la manera que estableix aquest codi.

2. Els efectes del dret real d'anticresi són els que estableix l'apartat 1 per als drets reals de retenció i penyora i, a més, la imputació dels fruits del bé al pagament dels interessos del deute garantit i, si escau, al del capital.

3. L'efecte del dret real d'hipoteca és la realització del valor del bé en els casos i de la manera que estableixen aquest codi i la legislació hipotecària.

4. El crèdit, tant en la imputació dels fruits com en l'atribució del preu obtingut en la realització del valor del bé, se sotmet a les regles generals sobre prelació de crèdits.

5. La transmissió del crèdit garantit comprèn també la de la garantia.

SECCIÓ SEGONA. *Garanties possessòries*

SUBSECCIÓ PRIMERA. *Dret de retenció*

Article 569-3. *Concepte de dret de retenció*

Els posseïdors de bona fe d'un bé aliè, sigui moble o immoble, que hagin de lliurar a una altra persona en poden retenir la possessió en garantia del pagament dels deutes a què fa referència l'article 569-4 fins al pagament complet del deute garantit.

Article 569-4.   *Obligacions que poden originar el dret de retenció*

Poden originar el dret de retenció les obligacions següents:

a)   El rescabalament de les despeses necessàries per a conservar i gestionar el bé i de les despeses útils, si hi ha dret a reclamar-ne el reemborsament.

b)   El rescabalament dels danys produïts per raó de la cosa a la persona obligada al lliurament.

c)   La retribució de l'activitat acomplerta per a confeccionar o reparar el bé, si prèviament hi ha hagut, en el cas de mobles, un pressupost escrit i acceptat i, en el cas d'immobles, un acord exprés entre les parts, i si, en tots els casos, l'activitat s'adequa al pressupost o al pacte.

d)   Els interessos de les obligacions que estableix aquest article, des del moment en què el dret de retenció es notifica de la manera que estableix l'article 569-5.

e)   Qualsevol altre deute al qual la llei atorgui expressament aquesta garantia.

Article 569-5.   *Constitució*

1.   Els retenidors han de notificar notarialment als deutors, als propietaris si són unes altres persones i als titulars dels drets reals, si escau, la decisió de retenir, la liquidació practicada i la determinació de l'import de les obligacions que estableix l'article 569-4. Aquests es poden oposar judicialment a la retenció en el termini de dos mesos a comptar de la data de la notificació.

2.   La notificació a què fa referència l'apartat 1, si l'objecte que es reté és una finca que constitueix l'habitatge familiar, també s'ha de fer als cònjuges o als convivents, els quals no es poden oposar a la retenció.

3.   Els retenidors, una vegada notificada notarialment la decisió de retenir, si el dret de retenció recau sobre una finca o un dret inscrit sobre una finca, poden exigir als seus titulars l'atorgament de l'escriptura de reconeixement del dret de retenció, als efectes de la inscripció d'aquest en el Registre de la Propietat.

4.   L'escriptura a què fa referència l'apartat 3 ha de contenir les dades següents:

a)   La liquidació practicada i la determinació de l'import de les obligacions d'acord amb el pressupost, el pacte i l'obra executada.

b)   El valor en què les persones interessades taxen la finca o el dret retinguts, perquè serveixi de tipus en la subhasta.

c)   El domicili dels propietaris de la finca o dels titulars del dret retingut, per a fer requeriments i notificacions.

d)   Si s'ha pactat, l'acord que, en cas d'impagament, permet als retenidors, als propietaris o a terceres persones la venda directa de la finca i els criteris d'alienació de la finca o del dret inscrit.

e)   La designació, si s'escau, d'una persona, que pot ésser la creditora, perquè representi el titular o la titular de la finca o del dret en l'atorgament de l'escriptura d'adjudicació.

f)   Les altres dades que exigeix la legislació hipotecària.

Article 569-6.   *Possessió del bé retingut*

1.   Els retenidors es poden negar, fins i tot davant de terceres persones, a restituir el bé fins que no els hagin pagat totalment els deutes que han originat la retenció.

2.   Els retenidors han de conservar el bé retingut amb la diligència necessària i no en poden fer cap altre ús que el merament conservatiu. Les despeses necessàries per a conservar-lo se sotmeten al règim de retenció.

3.   El dret de retenció s'extingeix si els retenidors tornen voluntàriament el bé retingut als propietaris, encara que després en recuperin la possessió, i, en la retenció immobiliària, si consenten de cancel·lar la inscripció.

Article 569-7.   *Realització del valor del bé moble retingut*

1.   Els retenidors, una vegada transcorreguts dos mesos des de la notificació notarial de la decisió de retenir als deutors i als propietaris sense que s'hagi produït l'oposició judicial, poden realitzar el valor del bé moble retingut per alienació directa o per subhasta pública notarial.

2.   Els retenidors i els propietaris del bé moble retingut poden acordar que l'alieni directament qualsevol d'ells o que l'alieni una tercera persona. Aquest acord s'ha de formalitzar necessàriament en una escriptura pública, ha de contenir els criteris de l'alienació i el termini en què aquesta s'ha d'efectuar, que no pot superar els sis mesos, i s'ha de notificar fefaentment als titulars de drets reals coneguts sobre el bé, a fi que, si els interessa, paguin el deute i se subroguin en la posició dels creditors.

3.   Els retenidors, si no hi ha acord per a la venda directa, poden alienar el bé retingut per subhasta pública notarial, d'acord amb les regles següents:

a)   La subhasta, llevat de pacte en contra, s'ha de fer en qualsevol notaria del municipi on els deutors tenen el domicili, si és a Catalunya, a elecció dels creditors. Si no hi ha cap notaria al dit municipi, s'ha de fer en qualsevol de les que hi ha a la capital del districte notarial corresponent.

b)   A la subhasta han d'ésser citats els deutors i, si són unes altres persones, els propietaris, de la manera que estableix la legislació notarial i, si no es troba alguna d'aquestes persones, per edictes. La subhasta s'ha d'anunciar, amb un mínim de deu i un màxim de quinze dies hàbils d'antelació respecte a la data d'aquesta, en un dels diaris de més circulació en el municipi on hagi de tenir lloc i en el *Diari Oficial de la Generalitat de Catalunya*.

c) El tipus de la subhasta ha d'ésser l'acordat entre els creditors i els propietaris. Si no hi ha acord, el tipus ha d'ésser, com a mínim, igual a l'import de les obligacions que han originat la retenció més les despeses previstes per a l'alienació i el lliurament del bé. No obstant això, es pot establir com a tipus l'import que resulti d'un peritatge tècnic aportat pels retenidors si és més alt que l'anterior.

d) Si en la subhasta no es presenta cap postura, els retenidors poden fer seu el bé si atorguen una carta de pagament de tot el crèdit i assumeixen les despeses del procediment.

4. L'alienació, en el cas de retenció de valors sotmesos a cotització oficial, s'ha de fer segons el procediment específic que correspongui d'acord amb la legislació aplicable en aquesta matèria.

5. S'han d'aplicar, en el cas de retenció de béns mobles inscrits en el Registre de Béns Mobles, les lletres *b* i *c* de l'apartat 3 de l'article 569-8.

Article 569-8. *Realització del valor de la finca o del dret retinguts*

1. Els titulars d'un dret de retenció inscrit en el Registre de la Propietat poden realitzar el valor de la finca o del dret retinguts per alienació directa o subhasta pública notarial, d'acord amb les regles que estableix aquest article.

2. Els retenidors i els titulars de la cosa o del dret retinguts poden acordar que l'alieni directament qualsevol d'ells o que l'alieni una tercera persona. Aquest acord s'ha de formalitzar necessàriament en una escriptura pública, ha de contenir els criteris de l'alienació i el termini en què s'ha d'acomplir, que no pot superar els sis mesos, i s'ha de notificar fefaentment als titulars de drets reals posteriors inscrits, a fi que, si els interessa, paguin el deute i se subroguin en la posició dels creditors.

3. Els retenidors, si no hi ha un acord per a la venda directa, poden fer l'alienació per subhasta pública notarial, d'acord amb les regles següents:

a) La subhasta s'ha de fer a la notaria del lloc on és situada la finca o, si n'hi ha més d'una, a la que li correspongui per torn.

b) Els retenidors han de requerir al notari competent la iniciació del procediment i han d'aportar la inscripció en una escriptura pública de la constitució de la retenció o, si escau, la resolució judicial corresponent.

c) El notari, després d'haver examinat la documentació presentada, ha de sol·licitar al Registre de la Propietat el certificat de domini i càrregues de la finca o el dret inscrits sobre els quals recau el dret objecte de la retenció. L'expedició del certificat s'ha de fer constar en el marge de la inscripció del dret de retenció.

d) Una vegada transcorreguts cinc dies hàbils des de la recepció del certificat del Registre de la Propietat, sense necessitat de requerir el pagament als deutors, el notari ha de notificar l'inici de les actuacions als titulars del dret retingut, als propietaris de la finca si són unes altres persones i, en ambdós casos, si consta que es tracta de llur habitatge familiar, als cònjuges o als convivents.

e) Una vegada s'ha fet la notificació, els deutors i els propietaris poden paralitzar la subhasta dipositant davant del notari, en els vint dies hàbils següents, l'import suficient per a satisfer el deute, amb els interessos corresponents i les despeses originades fins al moment de fer el dit dipòsit. Una vegada transcorregut aquest termini, s'ha d'anunciar la subhasta, amb una antelació d'almenys quinze dies hàbils, en un dels diaris de més circulació en el municipi on s'ha de fer i en el *Diari Oficial de la Generalitat de Catalunya*.

f) El tipus de la subhasta és el que acorden els creditors i els propietaris d'acord amb l'article 569-7.

g) Si no es presenta cap postura a la subhasta, els retenidors poden fer seu el bé si atorguen una carta de pagament de tot el crèdit i assumeixen les despeses del procediment.

h) Una vegada adjudicada la finca o el dret retinguts, els seus titulars o, si s'hi neguen o no n'hi ha, l'autoritat judicial han d'atorgar una escriptura de venda a favor dels adjudicataris, que poden inscriure llur dret en el Registre de la Propietat. Les càrregues anteriors a l'adjudicació subsisteixen i les posteriors s'extingeixen i es cancel·len.

Article 569-9. *Destinació de l'import de l'alienació*

S'aplica el que estableix l'article 569-21 pel que fa a la destinació de l'import obtingut en la subhasta o encant públic.

Article 569-10. *Retenció de béns mobles de poc valor*

1. Es pot exercir el dret de retenció sobre un bé moble de valor inferior a l'import de tres mesos del salari mínim interprofessional originat per la retribució de l'activitat que s'hi ha acomplert per encàrrec dels posseïdors legítims, d'acord amb les regles que estableix aquest article.

2. La comunicació de la decisió de retenir a què fa referència l'article 569-5 es pot substituir, en el cas de béns mobles de poc valor, per una notificació feta per burofax, per correu certificat amb avís de recepció o per qualsevol altre mitjà que n'acrediti suficientment la recepció.

3. Els retenidors, una vegada transcorregut un mes des de la notificació sense que els deutors ni els propietaris del bé hagin pagat el deute o s'hagin oposat fefaentment a la retenció, poden disposar lliurement del bé, amb subsistència de les càrregues preexistents, llevat que constin inscrites en el registre corresponent limitacions de la facultat de disposició o reserves de domini.

4. Els propietaris, si el bé s'ha venut, tenen dret al romanent del preu obtingut una vegada deduïts l'import del crèdit que va originar la retenció i les despeses de conservació i d'alienació, si escau, del bé retingut.

Article 569-11. *Substitució del bé retingut*

1. Els deutors o els propietaris del bé retingut poden imposar als retenidors, mentre disposen del dret de retenció, la substitució de la retenció per una altra garantia real o pel fiançament solidari d'una entitat de crèdit que siguin suficients.

2. S'entén que la garantia real és suficient si el preu de mercat del bé ofert en garantia, encara que sigui inferior al dels béns retinguts, arriba a cobrir l'import del deute que va originar la retenció i un 25% més.

SUBSECCIÓ SEGONA. *Dret de penyora*

Article 569-12. *Concepte de penyora*

El dret de penyora, que es pot constituir sobre béns mobles, valors, drets de crèdit o diners en garantia del compliment de qualsevol obligació, faculta el creditor a posseir-los, per ell mateix o per una tercera persona si s'ha pactat, i, en cas d'incompliment de l'obligació garantida, a sol·licitar-ne la realització del valor.

Article 569-13. *Requisits de constitució*

1. La penyora, constituïda per qualsevol títol, requereix:

a) La transmissió de la possessió dels béns als creditors o a terceres persones, d'acord amb els pignorants, per qualsevol mitjà admès per aquest codi.

b) El poder de lliure disposició del bé moble empenyorat per la persona que l'empenyora.

2. La penyora tan sols té efectes contra terceres persones des del moment en què la data en què s'ha acordat de constituir-la consta en un document públic.

3. La penyora de crèdits s'ha de constituir en un document públic i s'ha de notificar al deutor o deutora del crèdit empenyorat. El deutor o deutora s'allibera de l'obligació si paga al creditor o creditora abans de tenir coneixement de la penyora.

Article 569-14. *Obligacions garantibles amb penyora*

1. La penyora pot garantir qualsevol obligació, present o futura, pròpia o aliena, dels pignorants.

2. La penyora pot garantir obligacions de les quals es desconeix l'import en el moment de constituir-la. En aquest cas, s'ha de determinar la quantitat màxima que garanteix.

Article 569-15.   *Pluralitat de penyores i indivisibilitat*

1.   Un bé empenyorat es pot tornar a empenyorar, llevat que hi hagi pacte en contra. La persona que empenyora té la càrrega de manifestar, en el moment de la constitució de la nova penyora, l'existència i les condicions de les penyores anteriors.

1 bis.   En cas d'execució, la prioritat entre les diverses penyores ve determinada per la data de llur constitució, llevat de pacte en contra.

2.   La garantia és indivisible, encara que es divideixin el crèdit o el deute.

Article 569-16.   *Règim de la penyora amb relació a l'objecte empenyorat*

1.   Els creditors i els deutors o, si escau, els propietaris del bé, si hi ha més d'un objecte empenyorat, poden fixar la part de crèdit que garanteix cadascun. En aquest cas, s'entén que s'han constituït tants drets de penyora com objectes hi ha.

2.   El conjunt de béns el valor dels quals es determina en el tràfic tenint-ne en compte el nombre, el pes o la mida és un únic objecte de penyora.

3.   Els conjunts o paquets de valors, entre els quals s'inc1ouen les accions, les obligacions, els bons, els crèdits i els efectes en general, es poden configurar com a objectes unitaris de penyora, d'acord amb la legislació aplicable en aquesta matèria.

Article 569-17.   *Substitució del bé empenyorat*

1.   El deutor o deutora o, si és una altra persona, el pignorant o la pignorant, si la penyora recau sobre béns fungibles i s'ha pactat expressament, pot substituir la totalitat o una part dels béns empenyorats.

2.   La substitució d'uns valors per uns altres, en el cas de valors cotitzables, es fa d'acord amb el preu de les cotitzacions respectives en el mercat oficial el dia de la substitució. En el cas de valors no cotitzables, per a acreditar la substitució és suficient que els tinguin en llur poder els creditors pignoratius o les terceres persones designades i que consti inscrita en el mateix efecte o document que acredita el dret.

3.   S'entén a tots els efectes, en els dos casos a què fa referència l'apartat 2, que la data de l'empenyorament es manté, com si s'hagués constituït inicialment sobre els béns que substitueixen els inicialment gravats.

4.   S'entén a tots els efectes, en els casos de substitució del bé empenyorat, que la data de l'empenyorament es manté, com si s'hagués constituït inicialment sobre els béns que substitueixen els inicialment gravats.

Article 569-18. *Principi de subrogació real*

La garantia, si l'objecte de la penyora és un dret de crèdit i aquest es paga abans que venci el crèdit garantit per la penyora, recau sobre l'objecte rebut com a conseqüència del pagament.

Article 569-19. *Possessió del bé empenyorat*

1. Els creditors pignoratius es poden negar a restituir el bé empenyorat fins que se'ls pagui totalment el crèdit garantit pel principal, els interessos i les despeses de procediment pactades.

2. Els creditors pignoratius han de conservar el bé empenyorat amb la diligència exigible i no en poden fer cap altre ús que el merament conservatiu. Les despeses necessàries per a conservar-la se sotmeten al règim de retenció.

3. S'entén que s'ha renunciat al dret de penyora si el bé empenyorat es troba en mans del seu propietari o propietària.

Article 569-20. *Realització del valor del bé empenyorat*

1. Els creditors, una vegada vençut el deute garantit amb la penyora, poden realitzar el valor del bé empenyorat, d'acord amb el que estableix aquest article, si han requerit el pagament als deutors i si en el termini d'un mes no hi ha oposició judicial d'aquests acompanyada de la consignació o del fiançament del valor del deute per una entitat de crèdit.

2. El notari o notària, en els casos d'empenyorament de participacions socials o d'accions nominatives, ha de notificar, d'ofici, a la societat l'inici del procés.

3. Els creditors pignoratius i els pignorants poden acordar que qualsevol d'ells o una tercera persona vengui el bé empenyorat. Aquest acord, que s'ha de formalitzar en un document públic, ha de contenir els criteris de l'alienació i el termini en què s'ha d'acomplir, que no pot superar els sis mesos, i s'ha de notificar fefaentment als titulars coneguts de drets reals sobre el bé, a fi que, si els interessa, paguin el deute i se subroguin en la posició dels creditors pignoratius.

4. Els creditors pignoratius, si no hi ha un acord per a la venda directa, poden alienar el bé per mitjà d'una subhasta notarial si aporten al notari o notària que l'autoritza el títol de constitució de la penyora i el requeriment de pagament i li garanteixen la manca d'oposició judicial, d'acord amb les regles següents:

a) La subhasta, llevat de pacte en contra, s'ha de fer en qualsevol notaria del municipi on els deutors tenen el domicili, si és a Catalunya, a elecció dels creditors. Si no hi ha cap notaria al dit municipi, s'ha de fer en qualsevol de les que hi hagi al districte notarial.

b) A la subhasta han d'ésser citats els deutors, els pignorants si són unes altres persones, els creditors pignoratius si hi ha més d'una penyora, i els altres titulars de drets reals sobre el bé. La notificació es fa d'acord amb el que estableix la legislació notarial. La subhasta s'ha d'anunciar, amb un mínim de cinc i un màxim de quinze dies hàbils d'antelació respecte a la data d'aquesta, en un dels diaris de més circulació al municipi on hagi de tenir lloc i en el *Diari Oficial de la Generalitat de Catalunya*.

c)　En la subhasta no s'admeten postures inferiors a l'import del deute garantit per la penyora més un 20% per les despeses del procediment.

d)　Si el bé no s'aliena en la subhasta, els creditors el poden fer seu si atorguen una carta de pagament de tot el crèdit i assumeixen les despeses del procediment.

e)　El romanent, si el bé se subhasta per un import superior al crèdit, s'ha de lliurar als propietaris del bé o, si escau, als creditors que correspongui.

5.　Els creditors pignoratius, si la penyora recau sobre diners o sobre un títol representatiu de diners, sempre que sigui per una quantitat líquida i exigible, els poden fer seus, sense necessitat de subhasta prèvia, però solament fins al límit de l'import del crèdit garantit, amb l'únic requisit de notificar-ho fefaentment als deutors abans de fer-ho.

6.　L'alienació, si la penyora recau sobre valors cotitzables i altres instruments financers que s'hi assimilen d'acord amb les lleis, s'ha de fer segons el procediment específic que estableix la legislació aplicable en matèria de mercat de valors.

7.　Els deutors, si els objectes empenyorats són diversos, poden exigir que en fineixi la realització quan l'alienació d'alguns ja hagi cobert el deute garantit i les despeses de l'execució.

8.　L'execució que estableix aquest article és aplicable supletòriament a les penyores que constitueixen els monts de pietat reconeguts legalment i a les penyores de garantia financera.

Article 569-21.　*Destinació de l'import de l'alienació*

1.　L'import obtingut en la subhasta o l'encant públic s'ha de destinar primerament a pagar les despeses d'alienació i, després, a satisfer el deute.

2.　El romanent, si n'hi ha, sens perjudici del que estableix la legislació concursal, es destina a pagar els titulars de càrregues inscrites o els creditors amb millor dret posteriors al deute que va originar la constitució del dret real de garantia, segons l'ordre de prelació que correspongui. Finalment, el darrer romanent es lliura al propietari o propietària del bé.

3.　El notari o notària, si no hi ha un acord entre el propietari o propietària del bé i els creditors posteriors pel que fa al romanent, l'ha de consignar judicialment.

Article 569-22.　*Penyora de valors cotitzables*

Les disposicions d'aquest capítol són aplicables a la penyora de valors cotitzables i d'altres instruments financers que s'hi assimilen d'acord amb les lleis en tot allò que no estableixi la legislació específica aplicable en matèria de mercat de valors.

SUBSECCIÓ TERCERA. *Dret d'anticresi*

Article 569-23. *Concepte de dret d'anticresi*

El dret d'anticresi, que es pot constituir sobre un immoble fructífer en garantia del pagament de qualsevol obligació, faculta els creditors a posseir-lo, per ells mateixos o per una tercera persona si s'ha pactat, i a percebre'n els fruits per a aplicar-los al pagament dels interessos i a l'amortització del capital de l'obligació garantida i, en el cas d'incompliment de l'obligació garantida, a sol·licitar-ne la realització del valor.

Article 569-24. *Constitució*

1. L'anticresi, constituïda per qualsevol títol, requereix:

a) El poder de lliure disposició de l'immoble sobre el qual recau per la persona que constitueix la garantia.

b) La transmissió de la possessió de la finca als creditors o a una tercera persona, d'acord amb els garants anticrètics, per qualsevol mitjà admès per les lleis.

2. El dret d'anticresi s'ha de constituir necessàriament en una escriptura pública i solament es pot oposar a terceres persones a partir del moment en què s'inscriu en el Registre de la Propietat.

Article 569-25. *Règim*

1. Les normes que estableixen els articles 569-14, 569-15 i 569-19.1 pel que fa a les obligacions garantibles amb penyora, a la pluralitat i la indivisibilitat de garanties anticrètiques i a la facultat dels creditors de negar-se a restituir la finca fins que se'ls pagui totalment el crèdit garantit, són aplicables al dret real d'anticresi en allò que sigui compatible amb la naturalesa d'aquest dret.

2. El crèdit, si hi ha més d'una finca gravada, s'ha de distribuir necessàriament entre aquestes finques per a determinar la part que en garanteix cadascuna.

3. Els creditors i els propietaris, si la finca gravada se segrega o es divideix, poden convenir, en una escriptura pública, la part del crèdit que garanteix cadascuna de les finques resultants. Si no ho fan, les finques resultants continuen garantint el crèdit de manera solidària.

4. Els titulars del dret d'anticresi, durant la retenció, han d'administrar el bé amb la diligència necessària per a obtenir-ne el màxim rendiment possible i conservar-lo en bon estat d'acord amb la seva naturalesa, i tenen dret a fer seus els rendiments nets per a aplicar-los

al pagament de l'obligació garantida i, si escau, dels seus interessos. Els propietaris de la finca gravada poden exigir als creditors o a la tercera persona que la posseeixen la rendició anual de comptes de llur gestió.

Article 569-26. *Realització del valor de la finca anticrètica*

Els creditors anticrètics poden realitzar el valor de la finca anticrètica en els mateixos termes que els titulars del dret de retenció.

SECCIÓ TERCERA. *Dret d'hipoteca*

SUBSECCIÓ PRIMERA. *Disposicions generals*

Article 569-27. *Béns i drets hipotecables*

Es poden hipotecar, a més dels béns i drets hipotecables d'acord amb la legislació hipotecària, els que estableix la subsecció segona, d'acord amb el que disposa la dita subsecció.

Article 569-28. *Obligacions garantides per una hipoteca i cessió del crèdit hipotecari*

1. Es pot constituir una hipoteca en garantia de totes les classes d'obligacions, d'acord amb el que estableix la legislació hipotecària i amb el que, per a cada cas, disposa la subsecció segona.

2. El titular d'un crèdit o préstec hipotecari que transmet el seu dret ho ha de notificar fefaentment al deutor i, si escau, al titular registral del bé hipotecat, com a pressupòsit per a la legitimació del cessionari, i ha d'indicar el preu convingut o el valor que es dona al dret i les condicions essencials de la cessió. La renúncia del deutor a la notificació en qualsevol moment és nul·la.

Article 569-29. *Capacitat i legitimació per a constituir una hipoteca*

1. Per a constituir una hipoteca es requereix la lliure disposició dels béns.

2. Els menors d'edat i els incapacitats solament poden constituir una hipoteca si compleixen els requisits que aquest codi i les altres lleis estableixen per a l'alienació i el gravamen de llurs béns.

3. Si la hipoteca es constitueix per mitjà d'apoderats, el poder ha de contenir expressament la facultat d'hipotecar, tant si és en poder especial com en poder general. La persona representada, si escau, pot ratificar la hipoteca constituïda sense poder o amb un poder insuficient abans que l'altra part l'hagi revocat.

SUBSECCIÓ SEGONA. *Supòsits especials d'hipoteca*

Article 569-30. *Hipoteca constituïda pels cònjuges*

La hipoteca constituïda sobre béns adquirits amb pacte de supervivència o sobre béns comuns en els règims matrimonials de comunitat requereix el consentiment d'ambdós cònjuges, llevat que hi hagi un pacte o una disposició que admeti expressament que un sol cònjuge disposi unilateralment dels béns immobles comuns.

Article 569-31. *Hipoteca sobre l'habitatge familiar o comú*

1. En les hipoteques constituïdes per un cònjuge o un convivent en parella estable sobre drets o participacions de l'habitatge familiar, l'altre cònjuge o convivent no titular hi ha de donar el consentiment. Si manca el consentiment, el cònjuge o convivent titular pot demanar l'autorització judicial d'acord amb el que estableix l'article 231-8.

2. El cònjuge o el convivent en parella estable que hipoteca un habitatge, si aquest no té el caràcter de familiar, ho ha de manifestar expressament en l'escriptura de constitució de la hipoteca. La impugnació per l'altre cònjuge o convivent, en cas de declaració falsa o errònia de la persona que hipoteca, no pot perjudicar els creditors hipotecaris de bona fe.

Article 569-32. *Hipoteca de l'usdefruit universal*

1. L'usdefruit universal a què fa referència l'article 442-4 és hipotecable.

2. La pèrdua de l'usdefruit per les causes que estableix aquest codi determina l'extinció automàtica de la hipoteca, llevat que els nus propietaris n'hagin consentit la constitució, cas en el qual s'estén al ple domini.

Article 569-33. *Hipoteca sobre els drets resultants de la venda a carta de gràcia*

1. El dret de redempció o de recuperació del bé venut a carta de gràcia es pot hipotecar si la durada de la hipoteca no és superior al termini fixat per a exercir-lo.

2. Els creditors hipotecaris, en cas d'incompliment de l'obligació garantida, poden executar directament el dret de redempció, o bé exercir-lo prèviament i realitzar tot seguit la finca hipotecada.

3. Si els deutors exerceixen prèviament el dret de redempció, abans del venciment del termini de la hipoteca, es produeix la subrogació real de l'objecte hipotecat, que recau des d'aquest moment sobre la finca recuperada.

4. Els compradors poden hipotecar la finca gravada amb el dret de redempció. En aquest cas, l'exercici del dret de redempció, que s'ha de comunicar fefaentment als creditors hipotecaris, comporta la recuperació

de la finca venuda lliure de la hipoteca, encara que el preu de la redempció resta subjecte al pagament del crèdit hipotecari i cal acreditar que s'ha consignat notarialment o judicialment a favor dels creditors hipotecaris i, si escau, de terceres persones titulars de drets sobre la finca gravada per a poder inscriure la cancel·lació de la hipoteca.

5. La hipoteca, si els venedors no exerceixen el dret de redempció sobre la finca hipotecada en el termini fixat, continua gravant la finca, lliure del dret de redempció.

Article 569-34. *Hipoteca del dret de superfície*

1. El dret de superfície es pot hipotecar tant si l'han concedit ens públics com si l'han concedit persones privades.

2. L'extinció del dret de superfície pel venciment del termini produeix l'extinció automàtica de la hipoteca constituïda sobre aquest dret, llevat que hi hagi un pacte en contra en el títol de constitució.

3. La hipoteca que recau sobre el dret de propietat del sòl i el dret de superfície, si concorren en la mateixa persona, els continua gravant separadament, si bé la hipoteca que s'ha constituït sobre el dret de superfície s'extingeix quan venç el termini per al qual es va pactar.

Article 569-35. *Hipoteca sobre els drets d'adquisició preferent*

1. Els drets d'adquisició de caràcter real es poden hipotecar.

2. L'exercici del dret d'opció en el termini fixat comporta l'extensió de la hipoteca sobre la finca adquirida pels titulars del dret d'opció.

3. Els creditors, en cas d'incompliment de l'obligació garantida per la hipoteca, poden executar directament el dret d'opció, o bé exercir prèviament el dret en nom dels deutors en el temps en què aquests hi tinguin dret, avançant la quantitat que calgui, i seguidament instar-ne l'execució sobre la finca adquirida.

4. El que estableixen els apartats 2 i 3 s'aplica també a les hipoteques constituïdes sobre el dret de tanteig.

5. La hipoteca, en tots els tipus d'arrendament amb opció de compra, recau sobre el dret d'arrendament amb opció de compra en conjunt.

Article 569-36. *Hipoteca en garantia de pensions compensatòries*

1. Els cònjuges amb dret a percebre una prestació compensatòria en forma de pensió o una pensió alimentària, en cas de nul·litat del matrimoni, divorci o separació legal, poden exigir que se'ls en garanteixi la percepció per mitjà d'una hipoteca sobre els béns dels cònjuges deutors.

2. Les condicions de la hipoteca es poden establir de comú acord entre els cònjuges en el conveni regulador aprovat judicialment o atorgat davant notari o en un conveni posterior. Si no hi ha pacte, a petició del

cònjuge amb dret a pensió, l'autoritat judicial que ha conegut del procediment pot fixar les condicions per mitjà d'una resolució, donant audiència a ambdues parts.

3.   S'ha d'establir, en tots els casos, a més del valor de taxació de la finca i del domicili per a rebre les notificacions als efectes de l'execució, el termini de durada de la hipoteca, l'import de la pensió i la manera i els terminis de pagament. Si se n'ha pactat l'actualització, l'índex de referència ha d'ésser objectiu i s'ha d'establir un percentatge màxim, als efectes de la responsabilitat hipotecària.

4.   La persona que remata els béns hipotecats els adquireix amb subsistència de la hipoteca i amb la responsabilitat real del pagament de les pensions fins que s'extingeixi l'obligació, sens perjudici de l'obligació personal de pagament del cònjuge o la cònjuge. Les pensions vençudes i no satisfetes en el temps de l'execució solament perjudiquen terceres persones en els termes que estableix la legislació hipotecària.

5.   La hipoteca es pot modificar, en funció de les circumstàncies de l'obligació garantida, per acord entre les persones interessades i, si no hi ha acord, per resolució judicial.

6.   La hipoteca es pot cancel·lar sense consentiment dels cònjuges creditors si han transcorregut sis mesos des de la data del venciment de la darrera pensió sense que consti en el Registre de la Propietat l'inici de l'execució de la hipoteca.

7.   Hom s'ha d'atenir, en cas de mort de la persona obligada a pagar la pensió, al que estableix l'article 233-18.2.

8.   El que estableix aquest article és aplicable a la compensació econòmica per raó del treball si se n'ha ajornat el pagament.

Article 569-37.   *Hipoteca en garantia d'aliments*

L'autoritat judicial pot adoptar, entre les mesures necessàries per a assegurar l'obligació de prestar aliments als parents que hi tinguin dret d'acord amb el que estableix aquest codi i a petició d'aquests, la d'exigir a la persona obligada la constitució d'una hipoteca en garantia de l'obligació, la qual resta sotmesa a les normes de l'article 569-36 en tot allò que no s'oposi a la naturalesa específica del dret d'aliments.

Article 569-38.   *Hipoteca en garantia de pensions periòdiques*

1.   L'obligació de pagar la pensió periòdica derivada de la constitució d'un censal o d'una pensió vitalícia es pot garantir amb una hipoteca.

2.   La hipoteca a què fa referència l'apartat 1 es regeix pel que estableix la legislació hipotecària amb relació a la hipoteca en garantia de rendes o prestacions periòdiques.

3. S'ha de fer constar, en la hipoteca en garantia d'un censal, a més de les circumstàncies generals, si s'ha fet o no un pacte de millorament i si el censal s'ha constituït com a irredimible. En la hipoteca en garantia d'una pensió vitalícia, s'han de determinar la persona o les persones sobre la vida de les quals es constitueix, la naturalesa simultània o successiva de la designació dels creditors o beneficiaris i, especialment, l'existència d'un pacte de resolució del contracte per impagament de les pensions.

4. Hom pot pactar, en cas de venda de la finca hipotecada en garantia del censal, que els adquirents se subroguin en l'obligació de pagar les pensions, de manera que els venedors restin alliberats de les obligacions des del moment en què els creditors de la pensió consenten la subrogació de manera expressa o tàcita per mitjà d'una conducta clara i concloent.

Article 569-39. *Hipoteca per raó de tutela o administració patrimonial*

La caució exigible judicialment per raó de l'exercici d'un càrrec tutelar o d'una administració patrimonial es pot constituir en:

a) Una hipoteca de màxim en garantia de les indemnitzacions i les obligacions dels tutors en l'exercici de llur càrrec.

b) Una hipoteca unilateral, que ha d'ésser aprovada, si escau, per l'autoritat judicial.

c) Un expedient de presa de possessió del càrrec de tutor o tutora o administrador o administradora patrimonial.

Article 569-40. *Hipoteca per raó de reserva vidual*

[Sense contingut. Article derogat per la Llei 10/2008, del 10 de juliol]

Article 569-41. *Hipoteca en cas de substitució fideïcomissària*

1. Hom ha de fixar, si la garantia a què fa referència l'article 426-21 és hipotecària, una quantitat màxima de responsabilitat dels fiduciaris en garantia dels béns mobles fideïcomesos, de la indemnització pels danys i perjudicis causats pels fiduciaris als dits béns i de les costes.

2. Els fideïcomissaris, si no hi ha un acord sobre la prestació i l'import de la hipoteca, poden utilitzar el procediment que estableix la legislació hipotecària per a exigir la constitució de les hipoteques legals.

3. Hom ha de complir, per a inscriure les hipoteques constituïdes pels fiduciaris sobre els béns fideïcomesos, els requisits que, en cada cas, estableixen els articles 426-36 a 426-43, a més dels requisits generals que estableix la legislació hipotecària.

4. Els fideïcomissaris poden constituir una hipoteca sobre llur dret a adquirir l'herència o el llegat fideïcomesos, que també pot ésser objecte d'una anotació preventiva, sempre que consti inscrita a llur favor la clàusula de substitució fideïcomissària. La hipoteca s'ha de limitar als béns que li corresponguin en deferir-se el fideïcomís, moment en el qual es converteix en una inscripció d'hipoteca sobre els béns amb intervenció dels creditors hipotecaris. Si el fideïcomís era condicional i no s'arriba a deferir per incompliment de la condició, la hipoteca resta sense efecte.

5. Els fiduciaris o llurs hereus, una vegada deferit el fideïcomís als fideïcomissaris, mentre no s'ha pagat la quarta trebel·liànica, poden fer constar en el Registre de la Propietat llur dret amb una nota marginal, sempre que se n'acreditin els requisits. També es pot constituir una hipoteca en garantia del pagament de la dita quarta trebel·liànica, per acord de les persones interessades.

Article 569-42. *Hipoteca en garantia de l'obligació d'urbanitzar*

1. Es pot constituir una hipoteca immobiliària per a assegurar a l'ajuntament o a l'òrgan actuant l'obligació d'urbanitzar que tenen els promotors dels plans d'iniciativa particular.

2. La hipoteca en garantia de l'obligació d'urbanitzar que han de constituir els promotors de plans urbanístics d'iniciativa particular, d'acord amb la legislació urbanística, es pot constituir unilateralment i resta pendent d'ésser acceptada per l'administració actuant com a hipoteca de màxim.

3. La hipoteca es pot pactar amb la clàusula de posposició automàtica a qualsevol altra que es constitueixi en garantia de préstecs o crèdits destinats a finançar les obres d'urbanització o d'edificació si s'acredita de manera objectivament suficient aquesta circumstància, o bé es pot pactar en la mateixa escriptura de constitució de la hipoteca que s'anteposa i notificar fefaentment aquesta escriptura a l'administració actuant.

4. La hipoteca es cancel·la per mitjà d'un certificat expedit per l'administració actuant que acrediti el compliment dels requisits que estableix la legislació urbanística. Si una entitat urbanística col·laboradora se subroga en les obligacions dels promotors, la hipoteca solament es pot cancel·lar si aquesta entitat constitueix una altra garantia a satisfacció de l'ajuntament o de l'òrgan actuant.

5. Si el projecte de reparcel·lació o distribució equitativa té per objecte l'execució d'una unitat compresa en l'àmbit territorial d'un pla d'ordenació d'iniciativa particular, l'aprovació definitiva del projecte en el qual es fa constar que les finques resultants s'afecten al pagament del saldo de la liquidació de les despeses d'urbanització i de les altres despeses del projecte o que s'ha constituït una garantia suficient de l'obligació d'urbanitzar davant de l'òrgan actuant implica la cancel·lació de la hipoteca constituïda pels promotors del pla d'iniciativa particular en garantia de les obres d'urbanització.

6. No cal afectar les finques del projecte al pagament del saldo de la liquidació definitiva si una hipoteca acceptada per l'ajuntament o l'òrgan actuant en l'expedient de compensació o reparcel·lació garanteix el pagament de les despeses d'urbanització i les altres despeses del projecte.

Llibre sisè. *Obligacions i contractes*

TÍTOL II. *Tipus contractuals*

CAPÍTOL I. *Contractes amb finalitat transmissora*

SECCIÓ PRIMERA. *Contracte de compravenda*

SUBSECCIÓ PRIMERA. *Disposicions generals*

Article 621-1. *Contracte de compravenda*

La compravenda és el contracte pel qual el venedor s'obliga a lliurar un bé conforme al contracte i a transmetre'n la titularitat, sia del dret de propietat o dels altres drets patrimonials, segons la seva naturalesa, i el comprador s'obliga a pagar un preu en diners i a rebre el bé.

Article 621-2. *Compravenda de consum*

1. La compravenda és de consum si el venedor actua en l'àmbit de la seva activitat empresarial o professional i el comprador, amb un propòsit principalment aliè a aquestes activitats.

2. En la compravenda de consum, les normes del present capítol són imperatives. En conseqüència, és ineficaç qualsevol pacte, clàusula o estipulació que les modifiqui en perjudici del comprador.

Article 621-3. *Objecte*

1. El contracte de compravenda té per objecte els béns materials o immaterials, inclosos els futurs, els que hagin d'ésser produïts, manufacturats o fabricats, i els que incorporen o estiguin interconnectats a continguts o serveis digitals.

2. S'entén per:

a) Contingut digital: les dades produïdes i subministrades en format digital.

b) Servei digital: servei que permet al comprador crear, tractar, emmagatzemar o consultar dades en format digital, o que permet compartir dades en format digital carregades o creades pel mateix comprador o altres usuaris d'aquest servei, o interactuar de qualsevol altra manera amb aquestes dades.

c) Bé amb elements digitals: bé que incorpora continguts o serveis digitals, o està interconnectat amb ells de tal manera que si hi manquen no pot desenvolupar les seves funcions.

3. Quan l'objecte del contracte és un bé amb elements digitals, es presumeix que aquests elements estan compresos en el contracte de compravenda, amb independència que siguin subministrats pel venedor o per un tercer.

Article 621-4. *Prohibicions*

No poden adquirir en virtut de contracte de compravenda, directament o per persona interposada:

a) Els empleats públics, els béns públics que gestionen.

b) Els jutges, els magistrats, el personal de l'Administració de justícia, els advocats, els procuradors i els perits, els béns litigiosos respecte a procediments en els quals exerceixen llurs funcions d'acord amb la normativa aplicable.

c) Els qui, per llei o per acte d'autoritat pública, administren béns d'altri, els béns administrats, llevat que la llei o l'autoritat disposin una altra cosa.

d) Els tutors i altres càrrecs de protecció de la persona, els béns d'aquesta, llevat d'aprovació o autorització judicials.

e) Els apoderats i mandataris, els béns la gestió dels quals tenen encomanada, llevat de consentiment exprés.

f) Els marmessors, els béns que administren, llevat d'autorització expressa.

Article 621-5. *Determinació del preu*

1. Si el contracte conclòs no determina el preu ni estableix els mitjans per a determinar-lo, s'entén que el preu és el generalment cobrat en circumstàncies comparables, en el moment de la conclusió del contracte i amb relació a béns de naturalesa similar.

2. Si el contracte estableix que el preu sigui determinat per una de les parts o per tercers, només és possible oposar-se a la determinació manifestament no raonable o feta fora del termini pactat o adequat ateses les circumstàncies.

3. Si el preu és manifestament no raonable o la seva determinació és intempestiva, s'aplica l'apartat 1.

4. El venedor ha d'obtenir el consentiment exprés del comprador per a qualsevol augment del preu acordat. Altrament, el comprador no l'ha de pagar.

5.   En la compravenda de consum, el preu total no pot ésser superior al preu informat en l'oferta o anunciat públicament, el qual ha d'incorporar els tributs de repercussió legalment obligada. Si, per la naturalesa dels béns, el preu total no es pot calcular abans de la conclusió del contracte, el venedor ha d'informar de la manera com es determina.

Article 621-6.   *Compravenda a prova o assaig*

1.   La compravenda a prova o assaig s'entén conclosa sota la condició suspensiva de l'aprovació del comprador.

2.   El venedor ha de permetre al comprador l'examen del bé venut i facilitar-li els mitjans adequats per a exercir el seu dret.

3.   L'aprovació del comprador ha de tenir lloc en el termini establert pel contracte o, si no n'estableix cap, en el termini raonable que hagi assenyalat el venedor i que sigui suficient per a l'examen del bé. Una vegada transcorregut el termini, el silenci del comprador s'entén com a aprovació.

Article 621-7.   *Deure d'informació*

El venedor, abans de la conclusió del contracte, ha de facilitar al comprador la informació rellevant sobre les característiques del bé, tenint en compte els coneixements de les parts, la naturalesa i el cost de la informació, i també les exigències que resultin de la bona fe i l'honradesa dels tractes.

Article 621-8.   *Arres*

1.   El lliurament pel comprador d'una quantitat de diners al venedor s'entén fet com a arres confirmatòries, és a dir, en senyal de conclusió i a compte del preu de la compravenda.

2.   Les arres penitencials s'han de pactar expressament. Si el comprador desisteix del contracte, les perd, llevat que el desistiment estigui justificat d'acord amb el que disposa l'article 621-49. Si qui desisteix és el venedor, les ha de tornar doblades.

3.   En la compravenda d'immobles, el lliurament d'arres penitencials pactades per un termini màxim de sis mesos i dipositades davant notari es pot fer constar en el Registre de la Propietat i, en aquest cas, l'immoble resta afecte a llur devolució. En cas de desistiment, el notari ha de lliurar les arres dipositades a qui correspongui. L'afecció s'extingeix:

a)   Una vegada transcorreguts seixanta dies després del termini pactat, llevat que hi hagi una anotació anterior de demanda per part del comprador. En aquest cas, l'afecció es cancel·la d'ofici.

b)   Quan el comprador desisteix i el venedor ho acredita fefaentment.

c)   Quan s'inscriu la compravenda.

SUBSECCIÓ SEGONA. *Obligacions del venedor*

Article 621-9. *Obligacions del venedor*

1. El venedor té les obligacions següents:

a) Lliurar, en el temps, en el lloc i de la manera que determina el contracte, el bé, els seus accessoris i els documents relacionats, si n'hi ha.

b) Garantir que el bé és conforme al contracte.

c) Transmetre la titularitat del bé i dels seus accessoris.

2. Si s'ha pactat una reserva de la titularitat, la transmissió té lloc quan el comprador paga el preu o, si escau, compleix les obligacions pactades.

Article 621-10. *Obligació de lliurament*

1. El venedor compleix l'obligació de lliurament quan transmet al comprador la possessió del bé o el posa a la seva disposició. En cas d'un bé amb elements digitals, el lliurament es produeix en el moment en què els elements digitals són accessibles, si aquest moment és posterior a l'acte de lliurament del bé.

2. Si el contracte té com a objecte un bé moble posseïble i no en preveu el transport, per a complir l'obligació de lliurament és suficient posar-lo a disposició del comprador o de la persona acordada en el contracte o autoritzada pel comprador per a prendre'n possessió.

3. Si el contracte preveu el transport a càrrec del venedor, aquest compleix la seva obligació amb el lliurament del bé, d'acord amb el que estableix l'apartat 1.

4. Si el contracte preveu el transport a càrrec del comprador o aquest opta per un portador diferent del proposat pel venedor, el venedor compleix la seva obligació amb el lliurament al primer portador i amb la tramesa al comprador dels documents necessaris per a rebre el bé.

5. Si el contracte estableix que el venedor només ha de lliurar els documents representatius del bé, el venedor compleix la seva obligació quan els lliura al comprador.

Article 621-11. *Posada a disposició*

1. El venedor, per tal que la posada a disposició sigui vàlida, ha de notificar al comprador que es pot fer càrrec del bé dins del termini pactat o del que sigui raonable ateses les circumstàncies.

2. No és exigible al venedor la fixació de cap termini en els casos en què aquest sigui determinable d'acord amb el contracte ni en els casos en què les parts hagin pactat que el bé s'ha de lliurar en un lloc diferent de l'establiment o del domicili del venedor.

Article 621-12. *Assegurança*

El venedor que no estigui obligat a assegurar el bé i el transport ha de proporcionar, a sol·licitud del comprador, tota la informació per a la contractació de l'assegurança.

Article 621-13. *Temps de compliment*

1. El venedor ha de lliurar el bé sense dilació indeguda si no s'ha pactat un termini o si no es pot determinar el moment de lliurament d'una altra manera.

2. En la compravenda de consum, el venedor ha de lliurar el bé sense demora indeguda i en un termini de trenta dies des de la conclusió del contracte, llevat de pacte en contra.

3. Si el venedor no lliura el bé tempestivament, el comprador l'ha de requerir a fer el lliurament en un termini addicional adequat a les circumstàncies, llevat que el venedor s'hagi negat a lliurar el bé o que el termini de lliurament sigui essencial.

Article 621-14. *Lloc de compliment de l'obligació de lliurar*

1. El bé s'ha de lliurar en l'establiment o el domicili del venedor en el moment de la conclusió del contracte, llevat de pacte en contra. Si el venedor en té més d'un, s'ha de lliurar en el més vinculat amb l'obligació de lliurament i, si no en té cap o és impossible determinar-lo, en el domicili del comprador.

2. Si, en el moment de la conclusió del contracte, els contractants coneixien o podien conèixer que el bé es trobava o havia d'ésser fabricat o posat a disposició per al seu lliurament en un lloc diferent de l'establiment o domicili del venedor, el bé s'ha de lliurar en aquell lloc de destinació.

3. Les despeses de lliurament del bé derivades de canvis posteriors del seu establiment o domicili són a càrrec del venedor.

Article 621-15. *Despeses derivades del contracte*

1. Si no hi ha pacte, el venedor ha de pagar les despeses de lliurament del bé i el comprador, les de la recepció i les de transport que no siguin a càrrec del venedor. Les despeses de l'atorgament de l'escriptura, d'expedició de la primera còpia, les altres despeses posteriors a la transmissió i la inscripció en els registres es regeixen pel que disposa l'article 531-6.

2. En la compravenda de consum, el comprador només ha de pagar les despeses de lliurament, de transport o postals si en va ésser informat pel venedor de manera clara i comprensible i abans de la conclusió del contracte. Si l'import de les despeses no es pot determinar anticipadament, el venedor ha d'advertir el comprador d'aquesta circumstància.

Article 621-16.   *Lliurament frustrat*

1.   Si el comprador o la persona designada per a rebre el bé, els seus accessoris i els documents es neguen injustificadament a fer-ho o, de qualsevol altra manera, incompleixen aquesta obligació, el venedor ha d'adoptar mesures raonables per a la custòdia i conservació del bé.

2.   El venedor es pot alliberar de les obligacions de custòdia i conservació si, amb notificació prèvia al comprador o a la persona designada per a rebre el bé:

a)   Consigna el bé, els accessoris i els documents a disposició de l'autoritat judicial o notarial.

b)   Diposita el bé, els accessoris i els documents en un establiment autoritzat, en les condicions usuals ateses les circumstàncies, i a disposició del comprador o de la persona designada per a rebre el bé.

c)   Ven el bé per compte del comprador en condicions raonables, si aquest és perible, deteriorable o perd ràpidament el valor. El preu corresponent s'ha de posar a disposició del comprador si aquest ha satisfet el preu establert en el contracte. Altrament, el venedor en pot retenir l'import per a aplicar-lo fins a on arribi el preu convingut.

3.   Les despeses causades per la frustració del lliurament imputable al comprador són a càrrec seu.

Article 621-17.   *Transmissió de riscos*

1.   Els riscos es transmeten al comprador en el moment del lliurament del bé o dels documents que el representen d'acord amb el que estableix l'article 621-10. També es transmeten els riscos al comprador quan es nega injustificadament a rebre el bé.

2.   Els riscos dels béns encara no identificats no es transmeten abans de llur especificació feta d'acord amb el contracte amb notificació al comprador, o de qualsevol altra manera usual i raonable ateses les circumstàncies.

3.   El fet que el venedor estigui autoritzat a retenir els documents representatius del bé no afecta la transmissió dels riscos.

Article 621-18.   *Transmissió de riscos en cas de bé venut en trànsit*

1.   En els contractes sobre béns en trànsit, els riscos es transmeten al comprador amb el lliurament al primer portador, llevat de pacte en contra o llevat que es pugui deduir de les circumstàncies que la transmissió dels riscos s'ha de produir en el moment de la conclusió del contracte.

2.   Els riscos són a càrrec del venedor si en el moment de la conclusió del contracte coneixia o podia raonablement haver conegut la pèrdua, el deteriorament o el dany del bé i no va revelar aquestes circumstàncies al comprador.

Article 621-19. *Efectes de la transmissió de riscos*

La pèrdua, el deteriorament o el dany del bé posteriors a la transmissió del risc al comprador i no imputables al venedor no extingeixen l'obligació de pagament del preu.

SUBSECCIÓ TERCERA. *Conformitat del bé al contracte*

Article 621-20. *Criteris per a determinar la conformitat*

1. El bé és conforme al contracte si compleix els requisits següents:

a) Ésser lliurat en la quantitat, ser del tipus i presentar la qualitat, les prestacions, la funcionalitat, la compatibilitat, la interoperabilitat i qualsevol altra característica prevista al contracte.

b) Ésser lliurat amb l'empaquetatge o envasament acordats.

c) Ésser subministrat amb els accessoris, les instruccions i altres documents estipulats en el contracte.

d) Ésser subministrat amb les actualitzacions pactades.

2. La conformitat exigeix, a més del compliment dels requisits establerts per l'apartat 1 i llevat que s'hagi pactat altrament o que per les circumstàncies del cas algun d'aquests criteris no sigui aplicable, que el bé:

a) Sigui apte per als fins als quals normalment es destinen béns del mateix tipus, tenint en compte les normes aplicables, específicament, les normes tècniques i els codis de conducta de la indústria del sector.

b) Es lliuri en la quantitat i presenti les qualitats i altres característiques, particularment quant a la durabilitat, funcionalitat, interoperabilitat, compatibilitat i seguretat, que presenten normalment béns del mateix tipus i que el comprador pot raonablement esperar, atesa la naturalesa del bé i les declaracions públiques fetes pel venedor o per tercers d'acord amb el que estableix l'article 621-25.

c) Presenti la qualitat i es correspongui amb la descripció de la mostra o model que el venedor hagi facilitat al comprador abans de la conclusió del contracte.

d) Estigui embalat o envasat de la manera habitual o, si escau, de manera adequada per a conservar i protegir el bé o donar-hi la destinació que correspongui i es lliuri amb els accessoris i documents que el comprador pot raonablement esperar rebre.

3. S'entén per:

a) Compatibilitat: la capacitat dels continguts o serveis digitals de funcionar amb els aparells o programes amb què s'utilitzen normalment els continguts digitals del mateix tipus sense necessitat de convertir els continguts o serveis digitals.

b) Funcionalitat: la capacitat dels continguts o serveis digitals de realitzar les seves funcions tenint en compte la seva finalitat.

c)   Interoperabilitat: la capacitat dels continguts o serveis digitals de funcionar amb aparells o programes diferents d'aquells amb els que s'utilitzen normalment els continguts o serveis digitals del mateix tipus.

4.   En la compravenda de consum no hi ha manca de conformitat, en relació amb els requisits que estableix l'apartat 2, quan el venedor ha informat específicament, abans de la conclusió del contracte, que una determinada característica del bé s'aparta d'aquells requisits i el comprador ha acceptat la divergència, de forma expressa i per separat, en el moment de la conclusió del contracte.

5.   Si el bé no és apte per als fins específics manifestats pel comprador al venedor, hi ha manca de conformitat només si el venedor va acceptar la idoneïtat del bé per a aquells fins, abans o en el moment de la conclusió del contracte.

6.   En el cas de béns amb elements digitals, el venedor ha de vetllar perquè es comuniquin i se subministrin al comprador les actualitzacions, incloses les relatives a la seguretat, que siguin necessàries per a mantenir els béns en conformitat, durant un dels dos períodes següents:

a)   Si el contracte estableix un únic acte de subministrament de l'element digital, el període és el que el comprador pot raonablement esperar tenint en compte el tipus i la finalitat dels béns i els elements digitals i la naturalesa del contracte; o

b)   Si el contracte preveu el subministrament continuat dels elements digitals durant un període, aquest és l'assenyalat per l'article 621-23.1, quan la durada del contracte és inferior a tres anys, o l'assenyalat per l'article 621-23.2 si és superior.

Article 621-21.   *Conformitat en la instal·lació*

1.   Qualsevol manca de conformitat derivada d'una instal·lació incorrecta es considera una manca de conformitat del bé si la instal·lació:

a)   Formava part del contracte de compravenda i va ésser realitzada pel venedor o sota la seva responsabilitat; o

b)   Va ésser realitzada pel comprador seguint les instruccions del venedor o del proveïdor dels elements digitals.

2.   Si el comprador no instal·la en un termini raonable les actualitzacions proporcionades d'acord amb el que estableix l'article 621-20.6, el venedor no és responsable de cap manca de conformitat causada únicament per la manca d'actualització sempre que:

a)   Hagués informat el comprador de la disponibilitat de l'actualització i de les conseqüències en cas de no instal·lar-la;

b)   El fet que la manca d'instal·lació o la instal·lació incorrecta no obeeixi a les deficiències en les instruccions d'instal·lació facilitades al comprador.

Article 621-22. *Manca de lliurament dels accessoris i dels documents relacionats*

La manca de lliurament dels accessoris, les instruccions d'ús, consum i maneig, especialment les relatives a la instal·lació o el funcionament, o qualsevol altre document que raonablement el comprador pot esperar obtenir d'acord amb el contracte comporta manca de conformitat.

Article 621-23. *Exigència i terminis de la conformitat*

1. El venedor respon de la manca de conformitat que existeixi en el moment del lliurament del bé o de la seva completa instal·lació i es manifesti durant els tres anys següents. En el cas de l'article 621-21.1.*b*, aquest termini es computa a partir del moment en què raonablement es podria entendre feta la instal·lació.

2. En el cas de compravenda de béns amb elements digitals de subministrament continuat durant un període superior als tres anys, el venedor respon per la manca de conformitat que es manifesti durant tot el període.

3. El venedor respon de la manca de conformitat del bé reparat o substitut, durant l'any següent a la reparació o a la substitució, sempre que la causa de la manca de conformitat sigui la mateixa causa inicial. Correspon al venedor demostrar que no hi ha identitat de causa.

4. En el cas de compravenda de consum, els pactes de reducció del termini només són vàlids respecte de béns de segona mà i sempre que el termini sigui, com a mínim, d'un any a comptar des del lliurament del bé o de la seva completa instal·lació.

5. La reparació i la substitució del bé no conforme suspenen el transcurs del termini de responsabilitat del venedor des que el comprador posa el bé no conforme a la seva disposició i fins que el venedor li retorna, ja reparat, o li lliura el substitut.

6. El termini de responsabilitat per la manca de conformitat no s'aplica a la manca de conformitat per existència de drets o pretensions de tercers.

Article 621-24. *Presumpcions de manca de conformitat*

1. Es presumeix que la manca de conformitat manifestada en els dos anys posteriors al lliurament o a la instal·lació ja existia en aquell moment, llevat que això sigui incompatible amb la naturalesa del bé o el tipus de manca de conformitat.

2. En la compravenda de béns amb elements digitals de subministrament continuat, la presumpció de manca de conformitat dels elements digitals s'estén a tot el període assenyalat per l'article 621-23.

3. En la compravenda de consum de béns de segona mà el termini de presumpció és sempre d'un any, encara que s'hagi pactat la reducció del termini de responsabilitat del venedor.

4. El termini de dos anys a què fa referència l'apartat 1 es computa, en el cas de l'article 621-21.1.*b*, a partir del moment en què raonablement es podria entendre feta la instal·lació.

Article 621-25. *Manifestacions públiques prèvies a la conclusió del contracte*

1. D'acord amb l'article 621-20.2.*c*, el venedor respon de la manca de conformitat derivada de les manifestacions públiques fetes per ell mateix o per un tercer que estigui legitimat per a actuar per compte seu, llevat dels casos en els quals:

a) El comprador conegui o pugui raonablement conèixer la incorrecció.

b) El venedor hagi rectificat les manifestacions fetes abans de concloure el contracte de manera cognoscible per al comprador o destinatari de la manifestació corregida.

c) Les manifestacions fetes no puguin haver influït sobre la decisió de comprar.

2. En la compravenda de consum, el venedor també respon per la manca de conformitat derivada de les manifestacions públiques fetes per qualsevol tercer que hagi intervingut en la cadena de comercialització, incloent-hi la publicitat o etiquetatge del bé, llevat que en el moment de concloure el contracte no les conegués i no fos raonable esperar que les hagués de conèixer.

3. En la compravenda de consum no regeix el que regula l'apartat 1.*a*).

Article 621-26. *Coneixement de la manca de conformitat pel comprador*

1. El venedor no respon de la manca de conformitat que el comprador conegui o que no podia raonablement ignorar en el moment de concloure el contracte, llevat dels casos d'ocultació dolosa, negligència greu o que hagi assumit la garantia de conformitat.

2. El que estableix l'apartat anterior s'entén sense perjudici del que estableix l'article 621-20.4 per a la compravenda de consum

Article 621-27. *Manca de conformitat imputable al comprador*

El venedor no respon de la manca de conformitat que resulti d'haver seguit les instruccions del comprador o d'haver emprat materials facilitats per aquest, sempre que prèviament l'hagi advertir expressament dels perills i les conseqüències que se'n puguin derivar.

Article 621-28. *Examen del bé venut*

1. El comprador ha d'examinar el bé lliurat o posat a la seva disposició o fer-lo examinar en el termini pactat o en un termini tan breu com sigui possible i adequat a les circumstàncies.

2. Si segons el contracte el bé ha d'ésser transportat, l'examen del bé s'entén ajornat al moment en què aquest hagi arribat a la seva destinació, llevat de pacte en contra.

3. Si durant el transport del bé el comprador canvia la seva destinació o el reexpedeix sense haver tingut una oportunitat raonable d'examinar-lo i en el moment de la conclusió del contracte el venedor coneixia o podia raonablement haver conegut aquesta circumstància, l'examen es pot ajornar al moment d'arribada del bé a la seva destinació.

4. Aquest article no s'aplica a la compravenda de consum.

Article 621-29. *Notificació i coneixement de la manca de conformitat*

1. El comprador ha de notificar i descriure al venedor sense dilació indeguda qualsevol manca de conformitat del bé.

2. El comprador no perd el dret a invocar la manca de conformitat si no la notifica d'acord amb el que estableix l'apartat 1. Tanmateix, respon dels danys i perjudicis derivats del retard en la notificació.

3. El comprador no respon dels danys i perjudicis derivats del retard en la notificació de la manca de conformitat si es refereix a fets que el venedor coneixia o no podia ignorar i que no va revelar al comprador, o si el venedor en va garantir expressament la conformitat.

Article 621-30. *Drets o pretensions de tercers*

1. Els béns han d'estar lliures de drets o pretensions raonablement fonamentades de tercers que no derivin del contracte de compravenda. Les restriccions resultants de l'existència de drets o pretensions de tercers sobre les quals no s'hagi contractat impliquen manca de conformitat i el comprador té dret als remeis corresponents.

2. El venedor no respon si el comprador coneixia o no podia raonablement desconèixer l'existència de drets o pretensions raonablement fonamentades de tercers en el moment de concloure el contracte, llevat dels casos d'ocultació dolosa, negligència greu o que hagi assumit la garantia de conformitat.

3. En la compravenda de consum, el venedor ha d'informar específicament, abans de la conclusió del contracte, de qualsevol restricció que impedeixi la utilització dels béns d'acord amb els requisits de conformitat, com a conseqüència de l'existència de drets o pretensions raonablement fonamentades de tercers, en particular dels drets de propietat intellectual, i el comprador les ha d'acceptar de forma expressa i per separat en el moment de la conclusió del contracte.

4. El venedor respon si els drets o pretensions raonablement fonamentades de tercers són conseqüència dels seus actes propis posteriors a la conclusió del contracte.

SUBSECCIÓ QUARTA. *Obligacions del comprador*

Article 621-31. *Obligacions del comprador*

El comprador té les obligacions següents:

a) Pagar el preu.

b) Rebre el bé, els seus accessoris i els documents relacionats, si n'hi ha.

Article 621-32. *Temps de pagament del preu*

1. El comprador ha de pagar íntegrament el preu en el moment del lliurament del bé, llevat de pacte en contra. Si s'ha pactat l'ajornament d'una part del preu, ha de pagar la part convinguda en el moment del lliurament del bé.

2. El venedor només pot rebutjar el pagament avançat del preu o de la part del preu que es va convenir d'ajornar si té un interès legítim per a fer-ho.

Article 621-33. *Lloc de pagament del preu*

El comprador ha de pagar el preu en el lloc acordat en el contracte o, si no se n'ha acordat cap, en el lloc de lliurament del bé o, si escau, del lliurament dels documents representatius.

Article 621-34. *Recepció del bé*

1. El comprador ha de dur a terme els actes que raonablement siguin exigibles perquè el venedor pugui complir la seva obligació de lliurament del bé.

2. El comprador pot rebutjar el lliurament anticipat del bé sempre que tingui un interès legítim per a fer-ho.

3. En la compravenda de consum, el comprador no ha de pagar cap contraprestació per un bé lliurat no sol·licitat. El comprador ha de permetre al venedor de recuperar-lo i té dret a ésser rescabalat de qualsevol despesa addicional, i també dels danys i perjudicis ocasionats.

Article 621-35. *Especificació de les característiques del bé*

El comprador que, d'acord amb el contracte, ha d'especificar les característiques, el moment o la forma de lliurament del bé ho ha de fer respectant els terminis pactats o els que siguin raonables. Si el comprador no fa aquesta especificació, el venedor la pot fer, respectant les indicacions raonables que hagi rebut del comprador.

Article 621-36. *Conservació del bé*

1. El comprador que ha rebut el bé i pretén rebutjar-lo per manca de conformitat ha de prendre les mesures necessàries per a conservar-lo

ateses les circumstàncies i pot retenir el bé fins que no li hagin reembossat les despeses de conservació.

2. Si, en el cas a què fa referència l'apartat 1, el bé ha estat posat a disposició en el lloc de destinació, el comprador n'ha de prendre possessió per compte del venedor si ho pot fer sense pagar el preu i sense incórrer en despeses excessives, llevat que el venedor o la persona autoritzada es trobi en el lloc esmentat.

SUBSECCIÓ CINQUENA. *Remeis del comprador i del venedor*

Article 621-37. *Remeis*

1. El comprador i el venedor, en cas d'incompliment de les obligacions de l'altra part contractant, poden:

a) Exigir el compliment específic, d'acord amb el contracte, que, en el cas del comprador, inclou la reparació, la substitució del bé no conforme o qualsevol altra mesura de correcció de la manca de conformitat.

b) Suspendre el compliment de les respectives obligacions.

c) Resoldre el contracte.

d) Reduir el preu, en el cas del comprador.

e) Reclamar una indemnització per danys i perjudicis.

2. El comprador i el venedor poden acumular tots els remeis que no siguin incompatibles i, en tot cas, els poden acumular amb la indemnització per danys i perjudicis.

3. Si el venedor no pot lliurar el bé per causes imputables al comprador, s'aplica l'article 621-16.

4. El comprador o el venedor que ha provocat l'incompliment de l'altra part no pot recórrer a cap dels remeis que estableix aquest article, sens perjudici d'allò establert per l'article 621-27 en cas de manca de conformitat.

Article 621-38. *Compliment específic*

1. El compliment específic no faculta el venedor a reclamar cap cost addicional.

2. Si el bé no és conforme al contracte, el comprador pot triar entre la reparació o la substitució del bé, llevat que el remei elegit sigui impossible o si els costos que se'n deriven són desproporcionats en comparació amb els que es deriven del remei alternatiu, ateses totes les circumstàncies i, en particular:

a) El valor que tindria el bé si hagués estat conforme al contracte;

b) La rellevància de la manca de conformitat;

c) Si és possible proporcionar el remei alternatiu sense inconvenients per al comprador.

3. El venedor ha de dur a terme la reparació o la substitució del bé en un termini raonable des que el comprador l'ha informat de la manca de conformitat i ha posat a disposició el bé, sense inconvenients significatius per al comprador, atesa la naturalesa del bé i la finalitat a què el destini.

4. El venedor ha d'assumir totes les despeses necessàries per a la posada en conformitat, incloses les de transport. Si el bé ha estat installat de forma coherent amb la seva naturalesa i finalitat i, posteriorment, resulta no conforme, les despeses que se'n derivin són també a càrrec del venedor quan la reparació o substitució requereixen la seva retirada i la subsegüent instal·lació del bé substitut.

5. Si el venedor no posa els béns en conformitat d'acord amb el que estableix l'apartat 4, ho pot fer el comprador o un tercer a càrrec del venedor.

6. El comprador no està obligat a pagar cap import derivat de l'ús normal dels béns substituïts durant el període previ a la seva substitució.

7. El venedor es pot negar al compliment específic si és impossible, ha esdevingut il·lícit, o si els costos que se'n derivin, inclosos els de transport, són desproporcionats respecte al benefici que n'obtindria el comprador, segons les regles de les lletres *a*) i *b*) de l'apartat 2.

Article 621-39. *Suspensió del compliment de les obligacions*

1. El comprador i el venedor poden suspendre, totalment o parcialment, el compliment de les obligacions respectives en els casos següents:

a) Si han de complir llur obligació al mateix temps o després que l'altra part hagi complert les seves, i aquesta no les compleix.

b) Si han de complir llur obligació abans que l'altra part, tenen motius raonables per a creure que l'altra part no complirà les seves obligacions i li notifiquen la suspensió.

2. El comprador sempre pot suspendre el pagament de tot o part del preu fins que el venedor no compleixi les obligacions derivades de la posada en conformitat del bé.

Article 621-40. *Reducció del preu i resolució del contracte per manca de conformitat*

1. Si el bé no és conforme al contracte, el comprador pot exigir la reducció del preu o la resolució del contracte, d'acord amb el que estableixen els articles següents, en qualsevol d'aquests supòsits:

a) Si el venedor no ha reparat o substituït el bé, s'ha negat a fer-ho o no ho ha fet d'acord amb el que estableix l'article 621-38.3 *a*) i *b*).

b) Si el venedor ha reparat o substituït el bé però persisteix la manca de conformitat.

c) La manca de conformitat és tan greu que justifica directament l'opció d'exigir la reducció del preu o la resolució del contracte.

2. Si la compravenda té per objecte diversos béns i només algun o alguns no són conformes al contracte, el comprador el pot resoldre parcialment. La resolució parcial afecta també els béns adquirits conjuntament amb el bé no conforme, si és raonable entendre que el comprador no els vol conservar sense aquell. El comprador només pot resoldre totalment el contracte si consta clarament que no hauria efectuat la compra sense el bé afectat per la manca de conformitat.

3. El comprador no pot resoldre el contracte si la manca de conformitat és lleu. En la compravenda de consum correspon al venedor demostrar que la manca de conformitat és lleu.

Article 621-41. *Reducció del preu i càlcul*

1. La reducció del preu ha d'ésser proporcional a la diferència entre el valor del bé en el moment del seu lliurament i el que tindria si fos conforme al contracte.

2. Si el contracte té per objecte un bé amb elements digitals que s'han de subministrar de manera contínua i aquests elements no són conformes, la reducció del preu s'aplica al període de durada de la manca de conformitat.

3. En les compravendes de consum, si la reducció del preu requereix realitzar un reembossament, s'ha de fer en el termini i en les condicions que estableix l'article 621-42.6.

Article 621-42. *Resolució del contracte*

1. A més dels supòsits establerts per l'article 621-40.1, les parts poden resoldre el contracte si l'incompliment de l'altra part és essencial. S'entén que l'incompliment és essencial si priva substancialment l'altra part d'allò a què tenia dret segons el contracte.

2. El retard en el compliment que no sigui essencial permet resoldre el contracte si el comprador o el venedor no compleixen en el termini addicional el que li hagi notificat l'altra part, que ha d'ésser adequat a les circumstàncies. El termini addicional es considera raonable si l'altra part no s'hi oposa sense dilació indeguda.

3. El contracte es pot resoldre anticipadament si l'altra part declara o evidencia de qualsevol altra manera l'incompliment essencial de les seves obligacions.

4. La facultat de resolució del contracte s'exerceix per mitjà d'una notificació a l'altra part, llevat que en el moment de notificar el termini

addicional a què fa referència l'apartat 2 s'hagi establert que la resolució és automàtica al seu venciment.

5.   La resolució del contracte comporta la restitució dels béns a càrrec de la part que l'ha incomplert. El venedor ha de reembossar el preu al comprador quan hagi rebut els béns o quan el comprador aporti una prova d'haver-los retornat.

6.   En la compravenda de consum, el venedor ha de reembossar el preu sense demora injustificada i, en qualsevol cas, en un termini de catorze dies a comptar des del moment que estableix l'apartat anterior. El reembossament s'efectuarà a través del mateix mitjà de pagament utilitzat pel comprador per al pagament del preu, llevat de voluntat contrària d'aquest i sempre que no comporti cap despesa. El venedor no pot imposar al comprador cap recàrrec derivat del reembossament.

Article 621-43.   *Remeis del comprador en cas de drets i pretensions de tercers*

El comprador, en el cas regulat per l'article 621-30, pot exercir els remeis que estableix aquesta subsecció.

Article 621-44.   *Terminis d'extinció dels remeis*

1.   Les pretensions i accions derivades dels remeis que aquesta subsecció estableix a favor del comprador i del venedor s'extingeixen en el termini de tres anys, llevat que la llei fixi un altre termini.

2.   El còmput del termini que estableix l'apartat 1 s'inicia en el moment en què es poden exercir les accions o pretensions de la part de què es tracti.

3.   En cas de manca de conformitat, el còmput del termini que estableix l'apartat 1 s'inicia en el moment en què el comprador coneix o pot conèixer la manca de conformitat.

4.   La reparació i la substitució del bé no conforme suspenen el transcurs del termini d'extinció dels remeis des que el comprador posa el bé no conforme a la seva disposició i fins que el venedor li retorna, ja reparat, o li lliura el substitut, o es constata que ambdues opcions esdevenen impossibles.

SUBSECCIÓ SISENA.   *Avantatge injust i lesió en més de la meitat*

Article 621-45.   *Avantatge injust*

1.   El contracte de compravenda i els altres de caràcter onerós es poden rescindir si, en el moment de la conclusió del contracte, una de les parts depenia de l'altra o hi mantenia una relació especial de confiança, estava en una situació de vulnerabilitat econòmica o de necessitat imperiosa, era incapaç de preveure les conseqüències dels

seus actes, palesament ignorant o manifestament mancada d'experièn-
cia, i l'altra part coneixia o havia de conèixer aquesta situació, se'n va
aprofitar i en va obtenir un benefici excessiu o un avantatge manifes-
tament injust.

2.   En la compravenda de consum, el contracte es pot rescindir, a més
de pels motius a què fa referència l'apartat 1, si ocasiona en els drets i
obligacions de les parts un greu desequilibri en perjudici del consumidor,
contrari a les exigències de la bona fe i l'honradesa de tractes.

Article 621-46.   *Lesió en més de la meitat*

1.   El contracte de compravenda i els altres de caràcter onerós es
poden rescindir si la part perjudicada prova que, en el moment de la
conclusió del contracte, el valor de mercat de la prestació que rep és
inferior a la meitat del valor de mercat de la prestació que fa.

2.   En el cas a què fa referència l'apartat 1, l'altra part pot oposar que
el pretès desequilibri es justifica en el risc contractual propi dels contrac-
tes aleatoris o en l'existència d'una causa gratuïta.

3.   En els supòsits d'opció de compra, el desequilibri a què fa refe-
rència l'apartat 1 ha d'existir en el moment en què es pacta l'opció.

Article 621-47.   *Adaptació del contracte i correcció de la lesió*

1.   En el supòsit a què fa referència l'article 621-45, a petició de la
part perjudicada, l'autoritat judicial pot adaptar el contingut del contrac-
te a la pràctica contractual prevalent en el moment de concloure'l i a les
exigències de la bona fe i l'honradesa dels tractes.

2.   En el supòsit a què fa referència l'article 621-46, es pot evitar la
rescissió del contracte per mitjà del pagament en diners del valor total
de la prestació, amb els interessos legals, a comptar de la conclusió del
contracte.

Article 621-48.   *Accions*

Les accions que estableix aquesta subsecció caduquen en el termini
de quatre anys a comptar de la conclusió del contracte i no són renun-
ciables en aquest moment.

SUBSECCIÓ SETENA.   *Especialitats*
de la compravenda d'immobles

Article 621-49.   *Previsió de finançament per tercer*

1.   Si el contracte de compravenda preveu el finançament de tot o part
del preu per una entitat de crèdit, el comprador, llevat de pacte en contra,
pot desistir del contracte si justifica documentalment, en el termini pac-
tat, la negativa de l'entitat designada a concedir el finançament o a ac-

ceptar la subrogació del comprador en la hipoteca que grava l'immoble, llevat que la denegació es derivi de la negligència del comprador.

2. El desistiment del comprador obliga el venedor a la devolució del preu que li hauria estat lliurat i, si escau, de les arres penitencials, i obliga el comprador a deixar el venedor en la mateixa situació en què s'hauria trobat si no s'hagués conclòs el contracte, sens perjudici del que estableix la legislació hipotecària.

Article 621-50. *Indicació de la superfície de l'immoble*

1. En la compravenda d'immobles, llevat de pacte en contra, la referència a la cabuda, mesura o superfície de l'immoble és indicativa, i les diferències, en més o en menys, no donen lloc a la manca de conformitat, llevat que siguin superiors a un 10% o que la cabuda, mesura o superfície indicades siguin un requisit per a l'ús específic, pactat o habitual a què es destinin els immobles de les mateixes característiques.

2. En la compravenda d'immobles en la qual el preu es calcula per raó de la cabuda, mesura o superfície de l'immoble, una diferència de cabuda que no sobrepassi el 10% de la mesura pactada dona lloc a una modificació proporcional del preu.

3. En la compravenda d'immobles en la qual el preu es pacta globalment i no pas per raó de la cabuda de l'immoble, la diferència de superfície, en més o en menys, no dona lloc a la modificació del preu ni a la manca de conformitat, sempre que sigui palesa i inequívoca la intenció de les parts d'haver conclòs el contracte en qualsevol cas.

Article 621-51. *Immobles en construcció o rehabilitació en situació de comunitat.*

1. En la compravenda d'un habitatge, local o altre element d'un edifici en construcció o rehabilitació que s'hagi de sotmetre a un règim de propietat horitzontal, les parts poden establir la situació de comunitat sobre la finca en què s'integra l'immoble venut.

2. En el supòsit a què fa referència l'apartat 1, el contracte ha d'incorporar la descripció del bé i de la finca o el conjunt en què s'integra el bé com a element independent o privatiu, amb una referència expressa a les circumstàncies que regula l'article 553-9.1.

3. Les parts poden fixar el termini final de construcció o rehabilitació, que no pot ésser superior a deu anys comptats des de l'obtenció de la llicència d'obres corresponent. Si no hi ha pacte, el termini final és el que estableix la llicència.

Article 621-52. *Immobles en construcció o rehabilitació prèvia a la llicència d'obres*

1. El contracte de compravenda d'un immoble en construcció o rehabilitació que no sigui habitatge i que es conclogui abans de l'obtenció

de la llicència d'obres ha d'establir les característiques i condicions de l'obra, els terminis inicial i final de la construcció o rehabilitació i la qualitat dels materials emprats.

2.   Les parts poden fixar que el termini final de construcció, que en cap cas no pot ésser superior a deu anys, es computi des de la conclusió del contracte o des de l'obtenció de la llicència. En aquest segon cas, el termini d'obtenció de la llicència d'obres no pot ésser superior a dos anys.

Article 621-53.   *Règim de la comunitat*

1.   La quota del comprador en la comunitat constituïda correspon a la que tingui l'element en construcció o rehabilitació en el règim de propietat horitzontal en què s'integra una vegada construït o rehabilitat.

2.   La comunitat comporta l'exclusió de l'acció de divisió i dels drets legals d'adquisició preferent entre propietaris de diferents habitatges, locals o elements de l'edifici en construcció o rehabilitació.

3.   La quota del comprador, una vegada finalitzada la construcció o rehabilitació, dona lloc a la propietat separada sobre l'element que ha estat objecte del contracte.

4.   El venedor pot atorgar una escriptura d'obra nova i de constitució del règim de la propietat horitzontal si hi fa constar una descripció individualitzada de l'element venut tal com apareix en l'escriptura de compravenda. El dit element s'ha d'inscriure a nom del comprador.

Article 621-54.   *Pacte de condició resolutòria*

1.   El pacte de condició resolutòria establert per al supòsit de manca de pagament de tot o una part del preu ajornat faculta el venedor per a resoldre el contracte i recuperar l'immoble, sempre que hagi requerit prèviament al comprador mitjançant una acta notarial que en un termini de vint dies efectuï el pagament, amb l'advertència que, si no ho fa, es resoldrà la compravenda.

2.   Si el pacte de condició resolutòria s'ha formalitzat en una escriptura pública inscrita en el Registre de la Propietat, s'apliquen a la resolució els preceptes d'aquest article. El pacte ha de preveure que, perquè es produeixi la resolució, la part impagada del preu ajornat, inclosos, si escau, els interessos pactats, ha de superar el 15% del preu íntegre més els interessos. Es pot establir que el venedor retingui les quantitats pagades pel comprador, amb un màxim de la meitat de la quantitat total que hagi hagut de percebre, d'acord amb el contracte, fins a la data de la resolució. Si s'han pactat interessos, l'escriptura ha d'incorporar un quadre d'amortització i el tipus d'interès ha d'ésser fix, s'ha de meritar per mesos vençuts i no pot ésser superior a l'interès legal en el moment de l'atorgament de l'escriptura, incrementat en

el 50%. El venedor no pot reclamar al comprador cap quantitat per les quotes futures i no vençudes.

3. [Apartat declarat inconstitucional per STC 132/2019, de 13 de novembre]

4. La readquisició pel venedor comporta l'afecció de l'immoble, amb caràcter real, en benefici del comprador i dels titulars d'assentaments posteriors, com a garantia de la quantitat que, si escau, s'hagi de pagar al comprador. En la reinscripció a favor del venedor es fa constar aquesta afecció, l'import de la qual és la quantitat total que el venedor ha percebut fins a la data de la resolució, segons el que determina l'acta notarial.

5. L'afecció de l'immoble no té lloc o s'extingeix totalment o parcialment per les causes següents:

a) Consentiment del comprador i, si escau, dels titulars de drets posteriors.

b) Resolució judicial o laude arbitral.

c) Consignació notarial de la quantitat garantida o aval bancari pel seu import.

d) Caducitat, una vegada transcorreguts cent vuitanta dies des de la data de la reinscripció a favor del venedor, llevat que hi hagi una anotació anterior de demanda d'oposició a la resolució o a la liquidació.

6. Els assentaments registrals s'han de practicar d'acord amb el que disposa la Llei hipotecària.

SUBSECCIÓ VUITENA.   *Compravenda a carta de gràcia*

Article 621-55.   *Compravenda a carta de gràcia*

1. En la compravenda a carta de gràcia, el venedor es reserva el dret de redimir el bé venut, amb les condicions que s'hagin pactat.

2. El dret de redimir el bé venut s'ha d'exercir d'acord amb el que estableixen els articles 568-28 a 568-32.

SECCIÓ SEGONA.   *Permuta*

Article 621-56.   *Concepte*

1. La permuta és el contracte pel qual cada part s'obliga a lliurar a l'altra un bé conforme al contracte i a transmetre'n la titularitat, sia del dret de propietat o dels altres drets patrimonials, segons la seva naturalesa.

2. En el cas que una de les prestacions consisteixi en béns i diners, el contracte es qualifica de permuta si el valor dels béns és igual o superior a l'import dels diners.

Article 621-57. *Règim jurídic*

Les normes de la compravenda s'apliquen a la permuta en allò que hi siguin compatibles, i cada part es considera comprador respecte als béns que ha de rebre i venedor respecte als béns que ha de lliurar.

SECCIÓ TERCERA. *Cessió de finca o d'aprofitament urbanístic a canvi de construcció futura*

Article 621-58. *Concepte*

El contracte de cessió de la propietat d'una finca, del dret d'aprofitament urbanístic o de qualsevol dret real que comporti la facultat d'edificar, a canvi de l'adjudicació d'una construcció futura o resultant de la rehabilitació, requereix, en el moment de formalitzar-lo, que s'identifiquin necessàriament els habitatges, els locals o les altres edificacions i que se'n faci la descripció d'acord amb la normativa de la propietat horitzontal, indicant-ne cada un dels adjudicataris.

Article 621-59. *Modalitats*

La cessió es pot fer per mitjà de:

a) La transmissió total de la propietat d'una finca, del dret d'aprofitament urbanístic o de qualsevol dret real sobre aquesta que comporti la facultat d'edificar, a canvi d'una construcció futura. En aquest cas, la construcció futura es pot situar en una finca diferent de la cedida.

b) La transmissió d'una quota de la propietat de la finca, del dret d'aprofitament urbanístic o de qualsevol dret real sobre aquesta que comporti la facultat d'edificar, en la proporció que el cedent i el cessionari determinin, i que constitueixi una situació de comunitat que es regeix pel que estableix el llibre cinquè.

Article 621-60. *Règim general*

1. En els contractes de cessió atorgats abans de l'obtenció de la llicència d'obra corresponent, s'han de fer constar les característiques de l'obra, les condicions, els terminis inicial i final de la construcció i la qualitat dels materials emprats.

2. En els contractes de cessió atorgats una vegada obtinguda la llicència d'obra corresponent, s'hi ha d'incorporar el contingut d'aquesta, i també les determinacions del projecte o, si escau, la certificació emesa pel facultatiu de l'obra, i la memòria de qualitats segons el projecte redactat pel facultatiu corresponent.

3. El cedent i el cessionari poden acordar la constitució d'un aval bancari o qualsevol altra garantia per a assegurar el compliment de l'obligació del cessionari.

4. El cedent, després d'un requeriment fefaent, pot instar la resolució del contracte si la llicència no s'ajusta als pactes acordats, en el cas a què fa referència l'apartat 1, o si les obres no s'han iniciat en el termini pactat fins i tot per una causa que no sigui imputable al cessionari.

5. L'obligació del cessionari només s'entén complerta quan el lliurament de l'obra es fa en les condicions i amb les característiques pactades. Si no s'ha estipulat res en aquest sentit, l'obra ha d'ésser lliurada íntegrament, amb tots els requisits d'habitabilitat o els que calguin per a l'ús a què es destina.

6. L'obra pot ésser feta i lliurada per una persona diferent de la cessionària, llevat que s'hagi pactat el contrari i sens perjudici de l'obligació de notificar fefaentment la cessió del contracte al cedent en el domicili fixat en el contracte a aquests efectes o, si no s'hi ha fixat, en el que figuri inscrit en el Registre de la Propietat.

Article 621-61.   *Adquisició en la transmissió total*

Si la cessió es fa mitjançant la transmissió total de la finca o de l'aprofitament urbanístic a canvi de la construcció futura, l'adquisició dels habitatges, dels locals o de les altres edificacions que corresponguin al cedent té lloc amb llur lliurament, una vegada finalitzada l'obra que se li hagi d'adjudicar.

Article 621-62.   *Adquisició en la transmissió parcial*

Si la cessió es fa mitjançant la transmissió d'una quota de la finca o de l'aprofitament urbanístic o de qualsevol altre dret real que comporti la facultat d'edificar, l'adquisició dels habitatges, dels locals o de les altres edificacions que corresponguin al cedent té lloc una vegada finalitzada l'obra.

Article 621-63.   *Incompliment del contracte*

1. En cas d'incompliment de les condicions, pactades o legals, de les característiques o del termini inicial o final estipulats, el cedent pot exigir el compliment específic del contracte, o la resolució d'aquest, en ambdós casos amb la indemnització per danys i perjudicis corresponent.

2. L'incompliment de les condicions, les característiques i els terminis es pot acreditar per mitjà d'una acta notarial o, si escau, d'una certificació de l'autoritat administrativa.

Article 621-64.   *Resolució del contracte*

1. Les parts contractants poden acordar que el fet de no haver realitzat l'obra en les condicions, amb les característiques i en els terminis d'execució estipulats tingui el caràcter de condició resolutòria.

2. Per tal que operi la resolució automàtica del contracte cal:

a) Que es notifiqui fefaentment la resolució al cessionari i als tercers titulars de drets constituïts sobre la finca.

b) Que el cessionari no s'oposi a la resolució en el termini de quinze dies.

Article 621-65. *Efectes*

1. En cas de resolució del contracte, el cedent recupera la propietat del que havia cedit i fa seva, per accessió, l'obra realitzada, amb l'obligació de rescabalar-ne el cessionari i, si escau, els tercers.

2. No obstant el que estableix l'apartat 1, el cedent pot optar per l'enderrocament a càrrec del cessionari si el cost de l'acabament de les obres o, si escau, de l'adaptació de les realment executades als pactes establerts en el contracte és superior a la meitat del cost de la construcció pactada.

Article 621-66. *Oposició del contracte davant de tercers*

El contracte de cessió de finca o de l'aprofitament urbanístic és oposable davant de tercers des del moment en què es practica la inscripció en el foli registral de la finca cedida i, si escau, en el de la finca especial en què constin els aprofitaments disgregats del sòl.

SECCIÓ QUARTA. *Subministrament de continguts i serveis digitals*

Article 621-67. *Àmbit d'aplicació*

1. Les normes d'aquesta secció s'apliquen als contractes onerosos en virtut dels quals una part s'obliga a subministrar continguts o serveis digitals i l'altra a pagar un preu en diners o a facilitar les seves dades per a finalitats diferents de les necessàries per a possibilitar el compliment de les obligacions del subministrador o perquè aquest compleixi els requisits legals exigibles.

2. En allò no regulat per aquesta secció, s'apliquen les normes de la secció primera d'aquest capítol, en la mesura que siguin compatibles amb la naturalesa del contracte.

3. En els contractes de consum, les normes de la present secció són imperatives. En conseqüència, és ineficaç qualsevol pacte, clàusula o estipulació que les modifiqui en perjudici de l'adquirent.

Article 621-68. *Objecte*

1. S'entén per continguts i serveis digitals el que estableix l'article 621-3.2.

2. Les normes de la present secció també s'apliquen a tot suport material que serveixi exclusivament com a portador de continguts digitals, llevat del que estableixen els articles 621-69 i 621-77.1.

Article 621-69. *Posada a disposició dels continguts o serveis digitals*

1. El subministrador ha de posar a disposició de l'adquirent els continguts o els serveis digitals.

2. L'obligació de posar a disposició es compleix quan:

a) El contingut digital o qualsevol mitjà per accedir-hi o descarregar-lo hagi estat posat a disposició o sigui accessible per a l'adquirent, o sigui accessible per a realitzar la instal·lació física o virtual que aquest hagi escollit.

b) El servei digital sigui accessible per a l'adquirent o sigui accessible per a realitzar la instal·lació física o virtual que aquest hagi escollit.

3. El subministrador ha de posar a disposició de l'adquirent els continguts o els serveis digitals de manera immediata a la conclusió del contracte, llevat de pacte en contra.

Article 621-70. *Modificació dels continguts o serveis digitals*

1. Si el contracte estableix que el subministrament dels continguts o serveis digitals o el seu accés per part de l'adquirent s'ha de garantir durant un període de temps determinat, el subministrador pot modificar-los, malgrat no sigui necessari per mantenir-ne la conformitat, si es compleixen els requisits següents:

a) El contracte ha previst la possibilitat de realitzar aquesta modificació i expressa les causes justificades que la permeten.

b) La modificació es realitza sense costos addicionals per a l'adquirent.

c) L'adquirent ha estat informat de manera clara, comprensible i amb una antelació raonable sobre les característiques i el moment de la modificació, així com de la possibilitat de mantenir els continguts o els serveis digitals sense aquesta modificació i de la facultat de resoldre el contracte en el cas establert per l'apartat 2 d'aquest article.

2. L'adquirent pot resoldre el contracte, sense cap cost, si la modificació no li permet accedir o utilitzar els continguts o els serveis digitals, llevat que l'afectació sigui lleu. El termini per a resoldre el contracte és de trenta dies a partir de la recepció de la informació a què fa referència la lletra c) de l'apartat 1 d'aquest article, o a partir del moment en què el subministrador modifiqui els continguts o els serveis digitals, en cas que sigui posterior.

3. L'adquirent no pot resoldre el contracte si el subministrador li facilita el manteniment, sense costos addicionals, els continguts o els serveis digitals sense la modificació i aquests continuen essent conformes al contracte.

Article 621-71. *Criteris per a determinar la conformitat*

Els continguts i serveis digitals han de ser conformes al contracte d'acord amb els criteris establerts per l'article 621-20 i se subministren en la versió més recent disponible en el moment de la conclusió del contracte. Les parts poden pactar, fins i tot en els contractes de consum, que la versió subministrada no sigui la més recent

Article 621-72. *Integració incorrecta dels continguts o serveis digitals*

1. Qualsevol manca de conformitat derivada de la integració incorrecta dels continguts o serveis digitals en l'entorn digital de l'adquirent s'ha de considerar una manca de conformitat dels continguts o serveis digitals si:

a) Van ser integrats pel subministrador o sota la seva responsabilitat en virtut del mateix contracte de subministrament;

b) Van ser integrats per l'adquirent i la integració incorrecta va ser causada per les instruccions deficients proporcionades pel subministrador.

Article 621-73. *Termini de responsabilitat en el subministrament en acte únic o diversos actes individuals*

1. Quan el subministrament es produeixi en un acte únic o en una sèrie d'actes individuals, el subministrador és responsable de qualsevol manca de conformitat dels continguts o serveis digitals que existeixi en el moment de la seva posada a disposició, llevat que la manca de conformitat sigui conseqüència de no haver facilitat les actualitzacions corresponents, cas en el qual és també responsable de la manca de conformitat que se'n derivi.

2. El subministrador respon de la manca de conformitat que es manifesti durant els dos anys següents a la posada a disposició o, en el cas de l'article 621-72, a la completa integració del bé.

3. En els contractes de consum, es presumeix que la manca de conformitat manifestada en l'any posterior a la posada a disposició ja existia en aquest moment.

Article 621-74. *Termini de responsabilitat en el subministrament continuat durant un període*

1. El subministrador és responsable de qualsevol manca de conformitat dels continguts o serveis digitals que es produeixi o es manifesti durant el període en què aquests s'han de subministrar.

2.　En els contractes de consum es presumeix que el contingut o servei digital no es van prestar conformes al contracte si la manca de conformitat es manifesta durant el període del subministrament.

Article 621-75.　*Incompatibilitat amb l'entorn digital de l'adquirent*

1.　El subministrador no és responsable de la manca de conformitat si prova que l'entorn digital de l'adquirent no és compatible amb els requisits tècnics dels continguts o serveis digitals, si l'ha informat d'aquests requisits, de manera clara i comprensible, abans de la conclusió del contracte.

2.　L'adquirent ha de cooperar amb el subministrador, de manera raonable i posant els mitjans tècnics disponibles menys intrusius per a ell, perquè aquell pugui determinar si la causa de la manca de conformitat dels continguts o serveis digitals és conseqüència de l'entorn digital de l'adquirent. Si aquest es nega a cooperar, la càrrega de la prova sobre l'existència de la manca de conformitat en el moment de la posada a disposició recau en l'adquirent.

Article 621-76.　*Reducció del preu i resolució del contracte per manca de conformitat*

1.　L'adquirent pot exigir una reducció proporcionada del preu quan els continguts o serveis digitals se subministrin a canvi del pagament d'un preu, o la resolució del contracte, d'acord amb el que estableixen els articles següents, en qualsevol dels supòsits que estableix l'article 621-40.

2.　L'adquirent no pot resoldre el contracte si la manca de conformitat és lleu quan els continguts o serveis digitals se subministrin a canvi del pagament d'un preu.

3.　Quan els continguts o serveis digitals se subministrin a canvi del pagament d'un preu i durant un període de temps determinat, i aquests haguessin estat conformes durant un període anterior a la resolució del contracte, el subministrador ha de reembossar a l'adquirent només la part proporcional del preu pagat corresponent al període durant el qual els continguts o els serveis digitals no hagin estat conformes, així com la part del preu que l'adquirent hagi pagat per avançat de qualsevol període restant del contracte si aquest no s'hagués resolt.

4.　Si la reducció del preu requereix realitzar un reembossament s'ha de fer en el termini i en les condicions que estableix l'article 621-77.3.

5.　El subministrador no pot reclamar a l'adquirent el pagament de cap import per la utilització dels continguts o dels serveis digitals en el període previ a la resolució, durant el qual no hagin estat conformes

6.　L'adquirent pot resoldre el contracte per qualsevol manca de conformitat quan els continguts o serveis digitals s'hagin subministrat a canvi de les dades facilitades en els termes establerts per l'article 621-67.

Article 621-77.   *Resolució del contracte*

1.   Si el subministrador no ha posat a disposició de l'adquirent els continguts o els serveis digitals, l'adquirent li ha de demanar que ho faci, llevat que el subministrador s'hi hagi negat o que el termini de compliment sigui essencial. En aquests casos, i també si no els subministra sense demora injustificada o en un període de temps addicional acordat expressament per les parts, l'adquirent pot resoldre el contracte.

2.   En el cas de resolució del contracte per part de l'adquirent, el subministrador li ha de reembossar tots els imports pagats d'acord amb el contracte i ha de complir les obligacions que estableix el Reglament (UE) 2016/679, en relació amb les dades personals de l'adquirent.

3.   El subministrador ha de reembossar el preu sense demora injustificada i, en qualsevol cas, en un termini de catorze dies a comptar des del moment en què hagi estat informat per l'adquirent de la seva decisió de resoldre el contracte. El reembossament s'ha d'efectuar a través del mateix mitjà de pagament utilitzat per l'adquirent per al pagament del preu, llevat de voluntat contrària d'aquest i sempre que no comporti cap despesa. El subministrador no pot imposar al comprador cap recàrrec derivat del reembossament.

4.   El subministrador s'ha d'abstenir d'utilitzar qualsevol contingut diferent de les dades personals que l'adquirent li hagi facilitat o creat en ús dels continguts o serveis digitals subministrats, llevat que aquest contingut:

a)   No tingui cap utilitat fora del context dels continguts o serveis digitals subministrats.

b)   Estigui exclusivament relacionat amb l'activitat de l'adquirent durant l'ús dels continguts o serveis digitals subministrats.

c)   Hagi estat agregat pel subministrador amb altres dades i no es pugui desagregar o només es pugui desagregar realitzant esforços desproporcionats.

d)   O hagi estat generat conjuntament per l'adquirent i altres persones, i aquestes puguin continuar utilitzant-lo.

5.   El subministrador ha de posar a disposició de l'adquirent, amb la petició prèvia d'aquest i llevat dels supòsits de les lletres *a*), *b*) i *c*) de l'apartat 4, els continguts que no siguin dades personals que l'adquirent hagi facilitat o creat en ús dels continguts o serveis digitals subministrats. L'adquirent té dret a recuperar aquests continguts digitals sense haver de pagar cap import, en un termini raonable i en un format utilitzat habitualment i que es pugui llegir electrònicament.

6.   Després de la resolució del contracte, l'adquirent s'ha d'abstenir d'utilitzar els continguts o els serveis digitals i de posar-los a disposició de tercers. El subministrador pot impedir qualsevol ús posterior dels

continguts o serveis digitals per part de l'adquirent, en particular fent-los-hi inaccessibles o inhabilitant el seu compte d'usuari, sense perjudici del que estableix l'apartat 3.

7.   Si els continguts digitals s'han subministrat en un suport material, l'adquirent, a sol·licitud i a càrrec del subministrador, en el termini de catorze dies des de la data en què va ser informat de la decisió de l'adquirent de resoldre el contracte, l'ha de retornar sense demora injustificada.

Article 621-78.   *Revocació del consentiment per part de l'adquirent dels continguts o serveis digitals*

1.   En cas que l'adquirent exerceixi el dret a revocar el consentiment o a oposar-se al tractament de les seves dades personals, en els termes del Reglament (UE) 2016/679, el subministrador que presta continguts o serveis digitals de manera continuada durant un període de temps, o en una sèrie d'actes individuals, pot desistir del contracte si aquest subministrament es troba pendent d'execució en tot o en part.

2.   El subministrador no pot reclamar a l'adquirent cap indemnització pels danys i perjudicis que pugui causar-li l'exercici dels drets esmentats.

CAPÍTOL II.   *Contractes sobre activitat aliena*

SECCIÓ SEGONA.   *El mandat*

SUBSECCIÓ PRIMERA.   *El contracte*

Article 622-21.   *Concepte*

1.   En el contracte de mandat, el mandatari s'obliga a gestionar en nom i per compte del mandant els afers jurídics que aquest li encarrega, d'acord amb les seves instruccions.

2.   Els actes del mandatari, en l'àmbit del mandat, vinculen el mandant com si els hagués fet ell mateix.

Article 622-22.   *Actuació extralimitada*

1.   Els actes fets fora de l'àmbit del mandat o que no s'ajustin a les instruccions no vinculen el mandant, excepte en els casos següents:

a)   Que el mandant els ratifiqui.

b)   Que la gestió es faci d'una manera més avantatjosa per al mandant.

c)   Que sobrevingui una alteració de les circumstàncies ignorada pel mandant que el mandatari no li ha pogut comunicar, sempre que aquest actuï d'acord amb el que raonablement hauria autoritzat el mandant.

2. El tercer pot requerir al mandant que ratifiqui l'actuació en un termini raonable que li ha d'assenyalar, transcorregut el qual sense declaració del mandant s'entén que no hi ha ratificació.

3. El mandatari que s'extralimita respon davant del tercer de bona fe i del mandant. El tercer de bona fe té acció contra el mandant si aquest s'ha aprofitat de l'actuació extralimitada.

4. Els actes ratificats s'entenen fets dins dels límits del mandat, sens perjudici dels drets de tercers de bona fe.

Article 622-23. *Àmbit i extensió*

1. L'àmbit i l'extensió del mandat són fixats per l'acord de les parts i, en allò que no s'hi oposi, per la naturalesa de la gestió encomanada.

2. El mandatari només pot fer els actes d'administració ordinària, llevat que estigui facultat expressament per a fer-ne d'altres.

Article 622-24. *Remuneració*

1. El mandat es presumeix gratuït, llevat que s'hagi pactat una altra cosa o que el mandatari exerceixi professionalment l'activitat encomanada.

2. La remuneració es determina, si no hi ha pacte, per mitjà de les regles professionals aplicables i, subsidiàriament, dels usos del lloc d'acord amb la naturalesa de l'afer.

3. La cessió de l'execució del mandat no altera el caràcter onerós o gratuït. El dret a la remuneració, si escau, correspon al mandatari que hagi contractat amb el mandant.

Article 622-25. *Autocontractació i conflicte d'interessos*

1. El mandatari no pot ésser part contractual respecte al mandant amb relació als afers jurídics objecte de l'encàrrec, excepte en els casos següents:

a) Que consti l'autorització expressa del mandant.

b) Que la determinació del contingut del contracte sigui tan precisa que eviti el risc de lesió dels interessos del mandant.

2. Si el mandatari és part contractual respecte a un únic mandant, no té el dret a la remuneració com a mandatari, llevat de pacte en contra.

3. El mandatari que accepta de gestionar un afer determinat per encàrrec de dos o més mandants amb interessos contraposats ha d'informar les parts d'aquest fet i actuar de manera neutral. Altrament, respon dels danys causats i perd el dret a la remuneració.

4. En qualsevol altre supòsit de conflicte d'interessos amb el mandant, s'aplica el que estableix l'apartat 1.

SUBSECCIÓ SEGONA. *Contingut*

Article 622-26. *Actuació personal*

1. El mandatari ha d'actuar personalment i no pot cedir l'execució a un tercer, sia per substitució o per delegació, llevat d'autorització expressa. Si ho fa, respon dels actes fets pel cessionari.

2. Si el mandant ha autoritzat la cessió de l'execució, el mandatari només respon per la manca d'idoneïtat notòria de la persona escollida o per les instruccions inadequades.

3. El mandant té acció directa contra la persona o persones a les quals s'ha transmès l'execució del mandat.

Article 622-27. *Execució del mandat*

1. En l'execució del mandat, el mandatari ha de:

a) Actuar i complir l'encàrrec d'acord amb el que s'hagi acordat i amb les instruccions del mandant.

b) Informar el mandant de les gestions fetes i de llur resultat.

c) Posar en coneixement del mandant qualsevol modificació de les circumstàncies, sempre que sigui raonablement possible.

2. El mandatari ha d'actuar amb la diligència pròpia d'una persona raonable, d'acord amb la naturalesa de l'afer encarregat. En el cas que el mandatari exerceixi professionalment l'activitat encomanada, llevat de pacte exprés, ha d'actuar amb la diligència professional corresponent.

3. El mandatari respon davant del mandant de la seva pròpia actuació i de la dels seus auxiliars.

Article 622-28. *Obligació de cooperació*

1. El mandant ha de cooperar amb el mandatari per a facilitar l'execució del mandat i, llevat de pacte en contra, li ha d'anticipar els mitjans necessaris.

2. El mandant ha de lliurar al mandatari el document, si n'hi ha, en què consta el poder, el qual s'ha de formalitzar en una escriptura pública en els casos que estableix la llei.

Article 622-29. *Pluralitat de mandataris*

1. En el cas d'una pluralitat de mandataris per a gestionar un mateix afer, cadascun dels mandataris pot actuar pel seu compte, llevat de pacte en contra.

2. En el cas que diversos mandataris hagin actuat conjuntament, responen sempre solidàriament de la gestió.

3. Els mandataris que han fet efectivament la gestió tenen dret a la remuneració, d'acord amb el que estableix l'article 622-24.

Article 622-30. *Pluralitat de mandants*

En el contracte de mandat conclòs per una pluralitat de mandants amb un mateix mandatari per a gestionar un mateix afer o afers d'interès comú, cadascun dels mandants pot exigir pel seu compte el compliment del mandat, llevat de pacte en contra, i tots els mandants responen sempre solidàriament davant del mandatari.

Article 622-31. *Retiment de comptes*

1. El mandatari ha de comunicar sense dilació la finalització de l'encàrrec i n'ha de retre comptes al mandant.

2. La dispensa de l'obligació de retre comptes és ineficaç si el mandatari ha actuat de mala fe.

3. El mandatari ha de restituir el romanent d'allò que va rebre per a l'execució del mandat i lliurar al mandant tot allò obtingut com a conseqüència de l'execució del mandat.

4. El mandatari deu interessos legals de les quantitats rebudes del mandant o cobrades en execució del mandat, des del dia que les havia de lliurar o d'invertir d'acord amb les instruccions del mandant.

Article 622-32. *Reembossament de despeses i indemnització per danys i perjudicis*

1. El mandant ha de reembossar al mandatari les quantitats que ha anticipat per a l'execució del mandat, amb els interessos legals a comptar de la data de la bestreta.

2. El mandant ha d'indemnitzar el mandatari pels danys i perjudicis derivats de l'execució del mandat, llevat que li siguin imputables.

SUBSECCIÓ TERCERA. *Extinció*

Article 622-33. *Causes*

1. El mandat s'extingeix, a més de per les causes establertes pel títol de constitució o per la llei, per:

a) El compliment de l'encàrrec.

b) La revocació per part del mandant o el desistiment del mandatari.

c) La mort, la declaració de mort o d'absència, la modificació judicial de la capacitat o la prodigalitat, la declaració de concurs del mandant o del mandatari.

d) L'extinció de la persona jurídica mandant o mandatària.

2. En cas de modificació judicial de la capacitat del mandant, el contracte no s'extingeix si se n'ha establert la continuïtat o s'ha conclòs per al cas de modificació judicial de la capacitat apreciada d'acord amb el que ha determinat el mandant.

Article 622-34. *Extinció del mandat col·lectiu*

1.   En cas de pluralitat de mandants, el mandat s'extingeix quan la causa els afecta a tots, llevat de pacte en contra o que la causa d'extinció sigui la revocació justificada.

2.   En el mandat convingut amb una pluralitat de mandataris que hagin d'actuar conjuntament, el mandat s'extingeix si la causa els afecta a tots, llevat de pacte en contra.

Article 622-35. *Revocació del mandat*

1.   El mandant pot revocar en qualsevol moment el mandat, excepte en els supòsits d'irrevocabilitat que estableix l'article 622-36. La revocació ha d'ésser expressa i s'ha de notificar al mandatari.

2.   La revocació no es pot oposar a tercers de bona fe que hagin contractat amb el mandatari en els casos següents:

a)   Si el mandatari no la coneixia.

b)   Si, fins i tot coneixent-la, el mandat s'hagués atorgat per a contractar amb persones determinades i aquestes no tenien coneixement de la revocació.

3.   Una vegada revocat el mandat, el mandant pot exigir al mandatari la devolució del document on constava el dit mandat. El mandatari pot substituir la devolució per la constància de la revocació en les còpies del document.

Article 622-36. *Pacte d'irrevocabilitat*

1.   Es pot pactar que el mandat sigui irrevocable si l'atorgament té com a finalitat la salvaguarda d'interessos legítims del mandatari o dels mandants, derivats d'una relació jurídica diferent del mandat.

2.   No obstant el pacte d'irrevocabilitat, el mandat es pot revocar en els casos següents:

a)   Si la relació jurídica que fonamenta la irrevocabilitat s'extingeix. En cas d'irrevocabilitat pactada en interès del mandatari, l'extinció té lloc per incompliment de la relació jurídica.

b)   Si existeix una causa legítima.

3.   La revocació produeix efectes si, una vegada notificada al mandatari, aquest no s'hi oposa en el termini de quinze dies.

4.   La revocació del mandat que contravingui al pacte d'irrevocabilitat és ineficaç.

Article 622-37. *Desistiment del mandatari*

1.   El mandatari pot desistir del mandat comunicant la seva decisió al mandant.

2. Si el mandat s'ha conferit per un temps determinat o per a un afer concret i el mandatari en desisteix sense causa legítima, ha d'indemnitzar el mandant pels danys i perjudicis soferts.

3. Si el mandat s'ha conferit per un temps indeterminat, el mandatari no ha d'indemnitzar el mandant pels danys i perjudicis soferts, llevat que la comunicació de desistir-ne sobrepassi un temps prudencial o que no acrediti l'existència de causa legítima.

Article 622-38. *Pròrroga de la legitimació*

1. Si el contracte s'extingeix per qualsevol causa que afecta el mandant, el mandatari ha de continuar l'execució ja començada de l'encàrrec en els casos següents:

a) Si la interrupció immediata de l'activitat comporta un risc per als interessos del mandatari o d'un tercer.

b) Si el mandat es va establir amb caràcter irrevocable.

2. Si el contracte s'extingeix per qualsevol causa que afecta el mandatari, els seus hereus o representants ho han de notificar al mandant i han de prendre les mesures pertinents d'acord amb les circumstàncies i en interès del mandant.

Article 622-39. *Desconeixement de l'extinció*

1. L'interessat, els seus hereus o els seus representants legals han de comunicar l'extinció del contracte a l'altra part.

2. Els actes que faci el mandatari abans de conèixer l'extinció del contracte són eficaços respecte al mandant i als seus hereus.

3. Si els tercers de bona fe no coneixen l'extinció del contracte, aquest fet no els afecta, amb independència de les accions del mandant contra el mandatari.

SECCIÓ TERCERA. *Gestió d'afers aliens sense mandat*

Article 622-40. *Fonament*

1. La persona que gestiona un afer aliè, amb motiu raonable i sense un encàrrec ni una obligació prèvia, està obligada a continuar la gestió jurídica o material fins a finalitzar-la o a requerir al titular, al representant o a l'administrador que el substitueixi en la gestió començada.

2. El gestor està subjecte a les normes del contracte de mandat des del moment de la ratificació de la gestió.

Article 622-41. *Deures del gestor*

1. El gestor ha d'actuar amb la diligència pròpia d'una persona raonable, d'acord amb la naturalesa de l'afer.

2. El gestor, si actua en exercici del seu ofici o activitat professional, ha d'aplicar la diligència professional corresponent.

3. La responsabilitat per danys derivada de la infracció de diligència establerta s'exonera o atenua en cas de culpa del titular de l'afer o d'intervenció de tercer.

4. El gestor no respon en els supòsits de cas fortuït, llevat que emprengui actuacions arriscades o inusuals per al titular de l'afer o que procuri el seu propi interès en detriment del titular de l'afer. En cap cas no respon en els supòsits de força major.

5. El gestor és responsable dels actes del seu delegat o substitut.

6. El gestor, una vegada finalitzada la gestió o, si és possible, durant l'execució d'aquesta, ha d'informar el titular de l'afer de la gestió efectuada o, si escau, del curs de la que està efectuant, retre-li'n comptes i, si escau, posar a la seva disposició allò obtingut en el curs de la gestió.

Article 622-42. *Rescabalament i indemnització per la gestió*

1. El titular de l'afer, encara que no vulgui aprofitar el resultat de la gestió o encara que no s'hagi obtingut cap resultat, està obligat a:

a) Rescabalar el gestor de les despeses útils i necessàries efectuades en el seu interès. Les quantitats anticipades pel gestor meriten interès legal des del dia del pagament.

b) Indemnitzar el gestor pels danys i perjudicis.

c) Alliberar el gestor de les obligacions contretes en el seu interès.

2. L'existència d'interès del gestor en l'afer comporta la reducció de l'import dels seus drets en proporció al benefici obtingut.

3. La utilitat o la necessitat de les despeses efectuades i la de les obligacions contretes s'han de valorar atenent el moment en què es van efectuar o contraure.

4. El gestor, si la seva pretensió no s'ajusta als requisits de la gestió d'afers aliens, pot recórrer a les regles de l'enriquiment injustificat.

CAPÍTOL III.   *Contractes sobre objecte aliè*

SECCIÓ PRIMERA.   *Els contractes de conreu*

SUBSECCIÓ PRIMERA.   *Disposicions generals*

Article 623-1.   *Concepte*

1.   S'entenen per *contractes de conreu* els contractes d'arrendament rústic, parceria i, en general, tots els contractes, qualsevol que sigui llur denominació, pels quals se cedeix onerosament l'aprofitament agrícola, ramader o forestal d'una finca rústica.

2.   El contracte de conreu pot incloure una explotació agrària, entesa com un conjunt de béns i drets que conformen una unitat econòmica.

3.   Els contractes de conreu inclouen la cessió al conreador del dret a fertilitzar la finca. La cessió del dret a adobar amb dejeccions ramaderes requereix el consentiment per escrit del conreador.

Article 623-2.   *Drets de producció agrària*

Els drets de producció agrària i els drets vinculats a les finques o les explotacions integren el contingut del contracte de conreu, llevat que les parts els excloguin expressament.

Article 623-3.   *Habitatge i aprofitaments complementaris*

1.   El contracte de conreu no s'estén a les edificacions destinades a habitatge que hi hagi a la finca, però sí a les altres construccions, a la maquinària i a les eines, llevat, en ambdós casos, de pacte en contra i del que estableix l'article 623-33.

2.   El contracte de conreu no comprèn la caça ni els altres aprofitaments de la finca no vinculats al conreu, que corresponen al propietari, llevat de pacte en contra.

3.   L'acompliment d'activitats agroturístiques a la finca pel conreador necessita un pacte exprés entre les parts i ha d'ésser compatible amb l'activitat de conreu.

Article 623-4.   *Contractes exclosos*

No són contractes de conreu els relatius a finques rústiques en els casos següents:

a)   Si el conreu per al qual se cedeix la finca és de durada inferior a un any agrícola.

b)   Si la finalitat és la preparació de la terra per a la sembra o plantació o una altra prestació de serveis al propietari.

c) Si se cedeix només el dret a adobar amb dejeccions ramaderes.

d) Si se cedeixen només aprofitaments relatius a la caça.

e) Si se cedeix una explotació ramadera de caràcter intensiu.

f) Si la cessió de l'ús de la finca no té la finalitat de destinar-la a una activitat agrícola, ramadera o forestal.

Article 623-5. *Parts contractuals*

1. Poden establir contractes de conreu les persones amb capacitat per a contractar.

2. Els usufructuaris, els fiduciaris, els compradors a carta de gràcia i els altres titulars de drets limitats sobre la finca poden concloure contractes de conreu, per bé que, una vegada extingit llur dret, el contracte subsisteix fins que fineixi el termini del mateix contracte o de la pròrroga en curs.

3. El règim que estableix l'apartat 2 s'aplica als contractes de conreu conclosos pels representants legals dels menors o incapacitats quan s'extingeix llur representació.

Article 623-6. *Conreador directe i personal*

1. S'entén per *conreador directe i personal* la persona física que, tota sola o amb la col·laboració de persones que hi conviuen o, si no hi ha convivència, de descendents o ascendents, duu a terme efectivament l'activitat agrària i assumeix els riscos de l'explotació si el 50% de la seva renda total s'obté d'activitats agràries o d'altres de complementàries, sempre que la part de la renda procedent directament de l'activitat agrària efectuada a la seva explotació no sigui inferior al 25% de la seva renda total i el temps de treball dedicat a activitats agràries o complementàries sigui superior a la meitat del seu temps de treball total, sens perjudici que pugui contractar personal auxiliar.

2. Tenen la condició de conreador directe i personal les societats agràries de transformació, les comunitats de béns, les cooperatives o seccions de cooperativa de producció agrària i les societats civils, mercantils i laborals, per al conreu de què es tracti, sempre que incloguin en llur objecte social finalitats de caràcter agrari i que la majoria de drets de vot correspongui a les persones físiques a què fa referència l'apartat 1.

3. Les administracions públiques i llurs empreses i entitats vinculades arrendatàries de finques rústiques tenen la condició de conreador directe i personal a tots els efectes d'aquesta llei.

Article 623-7. *Forma*

1. Els contractes de conreu s'han de formalitzar per escrit.

2. Les parts del contracte de conreu es poden exigir en qualsevol moment, amb les despeses a càrrec de la part que formuli la pretensió, que el contracte es formalitzi íntegrament en un document públic i que hi consti una descripció de la finca objecte del contracte i, si escau, un inventari dels elements i dels drets vinculats a l'explotació que se cedeix i qualsevol altra circumstància que calgui per a desenvolupar i executar adequadament el contracte.

Article 623-8. *Règim jurídic*

1. Els contractes de conreu es regeixen pel que estableix imperativament aquest codi, pels pactes convinguts entre les parts contractants o, si no n'hi ha, per l'ús i el costum de la comarca. Supletòriament, hi són aplicables les altres disposicions d'aquest codi.

2. Les disposicions d'aquest codi relatives als drets d'adquisició preferent no són aplicables si el conreador no ho és de manera directa i personal.

3. Les disposicions d'aquest codi sobre el contracte d'arrendament s'apliquen als altres contractes de conreu en la mesura en què ho permeti llur naturalesa.

Article 623-9. *Ús i costum de bon pagès*

És una obligació derivada del contracte de conreu la de conrear segons ús i costum de bon pagès de la comarca, fins i tot, on escaigui, pel que fa als drets d'espigolar i de rostoll, d'acord amb les bones pràctiques agràries i les limitacions específiques a què estiguin sotmeses determinades zones del territori en funció de la normativa en vigor, encara que no hagi estat pactada expressament.

Article 623-10. *Any agrícola*

L'any agrícola comença l'1 de novembre d'un any i acaba el 31 d'octubre de l'any següent, llevat del que pactin les parts d'acord amb els usos concrets de cada comarca i els referits als diferents tipus de conreu.

SUBSECCIÓ SEGONA. *Arrendament rústic*

Article 623-11. *Drets i obligacions de les parts*

1. L'arrendador ha de lliurar la finca a l'arrendatari i li ha de garantir l'ús pacífic per tot el temps de durada del contracte. A canvi, té dret a percebre un preu o renda.

2. L'arrendatari ha de conrear la finca i ho pot fer amb les plantacions o sembres que més li convinguin per a fer-ne seus els fruits. L'arrendatari té l'obligació de pagar una renda a l'arrendador i de tornar-li la finca en l'estat en què l'ha rebuda.

Article 623-12. *Renda*

1. La renda dels contractes és la que les parts lliurement convenen de satisfer en diners, llevat que en convinguin el pagament en una quantitat determinada i no alíquota de fruits.

2. Són nuls de ple dret els pactes pels quals s'obliga l'arrendatari al pagament total o parcial de qualsevol dels tributs que graven la propietat de la finca arrendada.

3. Les parts poden pactar que la contraprestació de l'arrendatari consisteixi, en tot o en part, en l'obligació de millorar la finca arrendada, que pot incloure els treballs de rompre la terra, artigar-la, posar-la en conreu i fer esplanacions, construccions o altres obres anàlogues.

4. Les parts poden pactar l'actualització de la renda cada any agrícola. Si no determinen cap sistema, la renda s'actualitza d'acord amb l'índex de preus percebuts agraris que el Govern publica anualment en el *Diari Oficial de la Generalitat de Catalunya*.

5. La renda convinguda s'ha de pagar d'acord amb el que les parts determinen en el contracte. Si aquest no ho estableix, la renda s'ha de pagar per anualitats vençudes en el domicili de l'arrendador i en el termini d'un mes, o per mitjà de qualsevol altra forma de pagament de la qual quedi constància o, si escau, segons el costum de la comarca.

6. L'arrendador ha de lliurar a l'arrendatari un rebut de la renda pagada.

Article 623-13. *Durada*

1. Els arrendaments han de tenir una durada mínima de set anys. Les parts poden establir una durada superior.

2. El contracte d'arrendament s'entén prorrogat de cinc anys en cinc anys, sempre que una de les parts no avisi l'altra, almenys un any abans del venciment, de la seva voluntat de donar-lo per extingit.

3. L'arrendatari pot renunciar a la durada mínima del contracte o de la pròrroga i abandonar el conreu de la finca al final de cada any agrícola si notifica aquesta voluntat a l'arrendador almenys amb sis mesos d'anticipació.

Article 623-14. *Despeses ordinàries*

1. Les despeses ordinàries de conservació i reparació de la finca o l'explotació agrària derivades de l'activitat de conreu són a càrrec de l'arrendatari, que no té dret a reembossament.

2. Si l'arrendatari, havent estat requerit a assumir les despeses ordinàries, no les assumeix, ho pot fer l'arrendador, amb dret a reembossament.

Article 623-15. *Despeses extraordinàries*

1. Les despeses extraordinàries de conservació i reparació de la finca o l'explotació agrària derivades de l'obligació de mantenir-la en un estat que serveixi per a l'activitat de conreu són a càrrec de l'arrendador, que no té dret a apujar la renda.

2. Si l'arrendador, havent estat requerit a assumir les despeses extraordinàries, no les assumeix, ho pot fer l'arrendatari, amb dret a reembossament.

Article 623-16. *Millores obligatòries*

1. L'arrendador i, si escau, l'arrendatari han de dur a terme les obres o millores que els siguin imposades per llei, per resolució judicial o administrativa ferma o per acord d'una comunitat de regants o d'altres entitats similars en les quals s'integri la finca.

2. Si les obres obligatòries les ha de fer l'arrendador i comporten un increment notable en el rendiment de la finca, com ara la transformació de secà en regadiu, l'arrendador té dret a apujar la renda en proporció a l'increment del rendiment, i l'arrendatari té el dret d'abandó si no li convé.

3. Si l'arrendador, havent estat requerit a fer les obres o millores obligatòries, no les fa, ho pot fer l'arrendatari, amb dret a reembossament.

4. Si les obres obligatòries les ha de fer l'arrendatari i comporten una millora notable en la finca que subsisteix a la fi del contracte, l'arrendatari té dret a ésser compensat per l'arrendador per l'import del cost material de la millora.

Article 623-17. *Millores voluntàries*

1. L'arrendatari pot dur a terme obres ordinàries de millora de la finca, com ara els accessos, el replanament de terres o la supressió de separacions entre peces de terra, amb notificació prèvia a l'arrendador de manera fefaent.

2. L'arrendador es pot oposar a la realització de les obres ordinàries de millora en un termini de quinze dies a comptar del moment en què rep la notificació. Si no s'hi oposa expressament, les obres s'entenen autoritzades.

3. En el cas que les obres ordinàries comportin una millora de la finca, l'arrendador no té dret a incrementar la renda i, en el cas que subsisteixin a la fi del contracte, l'arrendatari té dret a ésser compensat per l'arrendador per l'increment del valor de la finca que les millores han generat.

Article 623-18. *Prescripció*

Les pretensions per despeses i per obres i millores prescriuen al cap d'un any des del moment en què s'extingeix el contracte i l'arrendatari deixa la finca.

Article 623-19. *Extinció del contracte*

El contracte d'arrendament s'extingeix per les causes següents:

a)　El finiment del termini inicial o de les pròrrogues.

b)　La resolució del contracte, en els casos establerts per la llei o convinguts per les parts.

c)　La pèrdua o expropiació total de la finca arrendada.

d)　La denúncia anticipada del contracte per l'arrendatari, d'acord amb el que estableix l'article 623-13.3.

e)　L'acord de les parts d'extingir-lo anticipadament.

f)　El canvi de qualificació urbanística de la finca, com a sòl urbà o urbanitzable, si implica un impediment d'ús per a la producció agrària.

g)　Els altres casos convinguts en el contracte o que resultin d'aquest codi.

Article 623-20. *Resolució del contracte*

1.　L'incompliment per una de les parts d'obligacions contractuals o legals dona dret a l'altra, si ha complert les que li corresponen, a resoldre el contracte.

2.　La part que ha complert les seves obligacions té dret a resoldre el contracte i a la indemnització pels danys i perjudicis soferts, encara que també pot optar per reclamar la indemnització i mantenir el contracte.

3.　Són casos d'incompliment de l'arrendatari:

a)　Deixar de conrear la finca per abandonament o destinar-la a un ús diferent dels que estableix l'article 623-1, sens perjudici del que estableixi la normativa sectorial específica.

b)　Malmetre o esgotar greument la finca o les produccions d'aquesta.

c)　Subarrendar la finca sense consentiment de l'arrendador.

d)　No pagar la renda convinguda en el contracte o no fer les millores acordades.

e)　Fer obres voluntàries de millora amb l'oposició de l'arrendador o sense haver fet la notificació que estableix l'article 623-17.1.

f)　Incomplir les obligacions convingudes o que derivin de la llei, les bones pràctiques agràries i l'ús i el costum de la comarca.

Article 623-21. *Pèrdua o expropiació parcials de la finca*

L'arrendatari, si la finca es perd o és expropiada en part, pot optar per l'extinció total del contracte d'arrendament o per deixar-lo subsistent en la part que resti de la finca, amb la reducció proporcional de la renda.

Article 623-22. *Dret a recollir els fruits*

L'arrendatari, una vegada finit el contracte d'arrendament, té dret a tot allò que calgui per a recollir i aprofitar els fruits pendents i ha de permetre al nou arrendatari l'accés a la finca per a preparar el proper conreu.

Article 623-23. *Successió de l'arrendador*

1. Els drets i les obligacions derivats del contracte d'arrendament subsisteixen durant el termini legal, pactat o prorrogat, malgrat que la propietat de la finca es transmeti per qualsevol títol o s'hi constitueixi un dret real.

2. El desconeixement per l'adquirent de l'existència de l'arrendament de la finca no priva l'arrendatari dels seus drets.

Article 623-24. *Successió de l'arrendatari*

1. El dret de l'arrendatari es transmet per causa de mort a títol universal o particular, amb la conseqüent subrogació de l'adquirent en la posició jurídica de l'arrendatari.

2. L'adquirent del dret a conrear pot optar per continuar o per extingir el contracte. Ho ha de notificar a l'arrendador en el termini de sis mesos a comptar de la mort del causant i, en qualsevol cas, s'ha de fer càrrec del conreu fins a l'acabament de l'any agrícola. Si no es fa l'avís en aquest termini, l'arrendador pot donar per extingit el contracte.

3. Si hi ha diversos adquirents, a manca de designació feta pel causant, els adquirents han de determinar qui continua l'arrendament i notificar-ho a l'arrendador en el termini de sis mesos a comptar de la mort del causant. A manca d'acord entre els adquirents notificat a l'arrendador en aquest termini, l'arrendador pot donar per extingit el contracte i, en qualsevol cas, els adquirents s'han de fer càrrec del conreu fins a l'acabament de l'any agrícola.

Article 623-25. *Dissolució d'una societat*

Si l'arrendatari és una societat i es dissol, el dret a continuar l'arrendament correspon al soci al qual s'hagi adjudicat aquest dret en la liquidació. Aquesta circumstància s'ha de notificar a l'arrendador. Si no es fa la notificació, l'arrendador pot donar per extingit l'arrendament al cap de sis mesos de l'acord de dissolució.

Article 623-26. *Subarrendament*

1. L'arrendatari no pot subarrendar la finca, llevat d'autorització en el contracte o de consentiment exprés de l'arrendador.

2. La cessió d'aprofitaments marginals no és subarrendament, sempre que aquests no representin més d'una desena part del rendiment total que s'obté de la finca.

Article 623-27. *Preferència adquisitiva de l'arrendatari*

1. L'arrendatari té el dret de tanteig i retracte de la finca arrendada en cas d'alienació onerosa, dació en pagament o aportació a societat pel propietari, excepte en els casos següents:

a) Si l'alienació es fa a favor del copropietari de la finca o del seu cònjuge, convivent en parella estable, ascendents, descendents o parents consanguinis o per adopció fins al segon grau.

b) Si la finca no té la qualificació de rústica.

2. El dret de tanteig i retracte de l'arrendatari no es pot renunciar anticipadament i és preferent al retracte legal de confrontants, regulat pels articles 568-16 a 568-21.

3. En el cas de transmissió d'una finca només arrendada en part o a diferents arrendataris, el dret de l'arrendatari es limita a la part de la finca que es té en arrendament, llevat que l'altre arrendatari no exerceixi aquest dret, supòsit en el qual el dret de l'altre arrendatari s'estén a tota la finca. Si la finca arrendada no es pot segregar o dividir per aplicació de la legislació sobre unitats mínimes de conreu, pot exercir aquest dret l'arrendatari que té la porció de terreny de menor extensió i, en igualtat de circumstàncies, decideix la sort.

4. Els arrendataris o propietaris de finques confrontants, si exerceixen el dret de tanteig i retracte, estan obligats a destinar la finca adquirida a activitats agrícoles, ramaderes o forestals durant un període mínim de cinc anys. L'incompliment d'aquesta obligació o l'alienació onerosa, dació en pagament o aportació a societat de la finca abans d'acabar els cinc anys faculta els propietaris anteriors i llurs successors a demanar la reversió a la situació anterior, sempre que ho reclamin en el termini d'un any a comptar de l'acabament dels cinc anys esmentats.

Article 623-28. *Dret de tanteig*

1. El propietari ha de notificar fefaentment a l'arrendatari la voluntat d'alienar, donar en pagament o fer aportació a una societat, el preu o valor i les altres circumstàncies de l'acte jurídic de transmissió.

2. L'arrendatari pot exercir el dret de tanteig en els dos mesos següents a la notificació, per mitjà del pagament o la consignació notarial del preu o valor.

Article 623-29. *Dret de retracte*

1. L'arrendatari gaudeix del dret de retracte sobre la finca arrendada si el propietari no li notifica la voluntat d'alienar, donar en pagament o fer aportació a una societat de la finca arrendada, o la transmet a un tercer abans del termini de dos mesos, o ho fa per un preu o unes condicions substancials diferents de les comunicades.

2. L'arrendatari pot exercir el retracte dins els dos mesos següents al moment en què tingui coneixement de l'alienació, o al moment de la inscripció d'aquesta en el Registre de la Propietat, si s'ha produït abans.

3. En tota alienació d'una finca rústica s'ha de manifestar si està arrendada o no ho està i si s'ha fet la notificació a l'arrendatari d'acord amb el que estableix l'article 623-28.

4. Tant si hi ha dret de tanteig i retracte com si no n'hi ha, per a inscriure en el Registre de la Propietat el títol d'adquisició d'una finca rústica arrendada, s'ha de justificar que s'ha notificat fefaentment a l'arrendatari.

SUBSECCIÓ TERCERA. *Parceria i masoveria*

Article 623-30. *Parceria*

1. En el contracte de parceria el propietari cedeix al parcer l'explotació d'una finca a canvi d'una participació en els productes obtinguts, amb contribució o sense contribució del propietari en les despeses.

2. Les parts corresponents al parcer i al propietari es poden convenir lliurement sense que hagin de correspondre al valor de llur contribució en l'explotació de la finca.

Article 623-31. *Obligacions del parcer*

1. El parcer ha d'informar adequadament el propietari sobre el desenvolupament del conreu i, si escau, sobre les altres activitats de l'explotació, independentment del dret del propietari a fer les comprovacions que consideri convenients.

2. El parcer ha d'avisar anticipadament el propietari perquè, si vol, pugui presenciar la recol·lecció dels productes obtinguts amb el conreu de la finca.

3. El parcer, llevat de pacte en contra, s'ocupa de la comercialització dels productes de l'explotació, amb l'obligació de retre comptes al propietari amb la periodicitat convinguda o, si no hi ha pacte, segons l'ús i el costum de la comarca.

Article 623-32. *Extinció de la parceria*

Són causes específiques de resolució del contracte de parceria:

a) La deficiència manifesta en el conreu de la finca.

b) L'incompliment dels deures d'informació i comunicació a càrrec del parcer.

c) La deslleialtat en perjudici del propietari en el còmput de la part que li pertoca i en el lliurament dels productes de la finca.

Article 623-33. *Masoveria*

1. El conreador té la condició de masover si habita el mas que hi ha a la finca com a obligació derivada del contracte.

2. El masover no ha de pagar cap contraprestació per l'ús del mas, però aquest segueix la sort del contracte.

3. El masover està obligat a explotar i conrear la finca o explotació agrària segons ús i costum del bon pagès i acomplir les altres activitats que li hagi encomanat el propietari, d'acord amb la naturalesa del contracte.

4. La masoveria es regeix per allò que lliurement hagin convingut les parts o, si no hi ha pacte, pels usos i els costums de la comarca o, si no n'hi ha, per les normes de l'arrendament rústic, en allò que sigui compatible.

SECCIÓ SEGONA. *Custòdia del territori*

Article 623-34. *Contracte de custòdia del territori*

1. En el contracte de custòdia del territori, de caràcter temporal i que té per objecte béns immobles, el cedent en permet totalment o parcialment l'ús o la gestió a canvi que el cessionari, que ha d'ésser una entitat que tingui entre les seves finalitats la custòdia del territori, hi acompleixi activitats d'assessorament, de divulgació, de planificació o de gestió i millorament, amb la finalitat de conservar la biodiversitat, el patrimoni natural i cultural i el paisatge o de fer una gestió sostenible dels recursos naturals.

2. El dret constituït a favor del cessionari en el contracte de custòdia del territori pot ésser de naturalesa obligacional o real, si en compleix, en aquest cas, els requisits que estableix la llei.

3. El règim jurídic del contracte de custòdia del territori, pel que fa a la determinació de les obligacions de les parts i llur incompliment, la durada o les garanties, és el que determinen lliurement les parts contractuals.

SECCIÓ TERCERA. *Arrendament per a pastures*

Article 623-35. *Arrendament per a pastures*

1. El contracte d'arrendament pot consistir només en la cessió de l'aprofitament d'una finca per a pastures.

2. En l'arrendament per a pastures, l'arrendatari no està obligat a conrear la terra.

3. El contracte d'arrendament per a pastures té una durada mínima de cinc anys.

4. L'arrendament per a pastures es regeix pel que lliurement hagin convingut les parts o, si no hi ha pacte, per les normes de l'arrendament rústic, en allò que siguin compatibles.

CAPÍTOL IV.   *Contractes aleatoris*

SECCIÓ PRIMERA.   *El violari*

Article 624-1.   *Concepte*

Pel contracte de violari, una persona s'obliga a pagar a una altra una pensió periòdica en diners durant la vida d'una persona o més d'una que visquin en el moment de la constitució.

Article 624-2.   *Constitució*

1.   El violari es pot constituir a títol onerós, en el qual cas té com a causa la percepció d'un capital en béns mobles o immobles, o a títol gratuït, en el qual cas té com a causa la mera liberalitat.

2.   Si el violari es constitueix a títol gratuït, s'hi apliquen les normes sobre les donacions i els llegats. El constituent pot determinar expressament en el moment de la constitució que el beneficiari no pot transmetre la pensió.

3.   Si el violari es constitueix a títol onerós, s'hi apliquen les normes de conformitat en els mateixos termes que a la compravenda.

4.   El violari ha de constar en una escriptura pública.

Article 624-3.   *Durada*

1.   El violari es pot constituir sobre la vida del deutor, del creditor o beneficiari, de qui eventualment lliura el capital o d'una tercera persona o més d'una. No es pot constituir el violari sobre l'existència d'una persona jurídica per un temps superior a trenta anys.

2.   Si la prestació del violari es constitueix sobre la vida de diverses persones, el dret a percebre-la íntegrament subsisteix fins que mori la darrera d'aquestes persones.

3.   En cas de dubte sobre la durada del violari, s'entén que és per la vida del creditor.

Article 624-4.   *Creditors o beneficiaris*

1.   Els creditors o beneficiaris del violari poden ésser qualsevol persona física, i també els concebuts i no nascuts en el moment en què aquest es constitueix.

2.   No cal que el creditor o beneficiari del violari sigui qui, si escau, lliuri el capital.

3.   El creditor o beneficiari pot ésser una persona diferent de la persona o persones sobre la vida de les quals es constitueix la pensió. En aquest cas, si el creditor o beneficiari premor a aquestes persones, transmet el dret a cobrar el violari als seus hereus, fins a l'extinció del dret.

4. Si la pensió es constitueix a favor d'una pluralitat de creditors o beneficiaris, la designació pot ésser simultània o successiva. Si la designació és simultània, la part o quota de cadascuna de les persones que mori incrementa la de les altres. Si la designació és successiva, s'hi apliquen les limitacions establertes per a la substitució fideïcomissària.

5. Si la pensió es constitueix a favor d'una tercera persona distinta de qui lliura el preu o capital, la designació del beneficiari pot ésser revocada abans d'ésser acceptada. En aquest cas, i també en el de renúncia del beneficiari, llevat que hi hagi una persona substituta, la pensió es paga a qui va lliurar el capital.

Article 624-5. *Pagament de la pensió*

1. Les pensions es paguen de la manera convinguda en el títol de constitució o, si no se n'ha convingut cap, per endavant i en el domicili del creditor o beneficiari.

2. La pensió corresponent al període dins el qual s'ha produït la defunció de la persona o de la darrera de les persones sobre la vida de les quals s'havia constituït la pensió s'ha de pagar íntegrament.

3. En cas de dubte sobre la periodicitat de la pensió, hom s'ha d'atenir a la dels pagaments efectuats.

4. La pensió es pot subjectar a una clàusula d'estabilització del valor.

Article 624-6. *Incompliment i garanties*

1. El creditor o beneficiari de la pensió té acció per a reclamar les pensions vençudes i no satisfetes. La reclamació de les pensions exigeix l'acreditació que la persona amb relació a la qual es va constituir la pensió és viva.

2. En cas d'impagament reiterat de les pensions, hom pot sol·licitar a l'autoritat judicial que s'adoptin les mesures de garantia necessàries per a assegurar el pagament de les pensions futures. Si no es constitueixen les garanties en el termini de tres mesos, es pot demanar la resolució del contracte.

3. La pensió es pot assegurar mitjançant una garantia real. Si es constitueix una hipoteca en garantia de les pensions, s'aplica l'article 626-4.2 i 3.

4. El pacte exprés de resolució del contracte de constitució a títol onerós de la pensió per manca de pagament de pensions és vàlid.

5. La resolució del contracte comporta la restitució del capital lliurat prèviament i no comporta la devolució de les pensions percebudes.

Article 624-7. *Extinció*

1. El dret al violari s'extingeix per les causes següents:

a)   La mort de les persones amb relació a la vida de les quals s'havia constituït, excepte si el deutor ha estat condemnat per sentència ferma pel fet d'haver participat a causar-ne la mort. En aquest cas, sens perjudici de la responsabilitat civil exigible, subsisteix íntegre el dret del beneficiari o els seus successors a percebre la pensió, fins que la persona sobre la vida de la qual es va constituir el violari hagués arribat a l'edat de noranta anys.

b)   La redempció, que pot tenir efecte, a voluntat del pagador de la pensió si està al corrent del pagament de les pensions vençudes, amb la restitució íntegra del capital. La restitució es fa al constituent o als seus hereus, llevat que s'hagi pactat a favor del beneficiari o d'una altra persona. La redempció s'ha de formalitzar en una escriptura pública.

2.   És nul el violari constituït sobre la vida d'una persona morta en la data de l'atorgament o que pateixi una malaltia que li causi la mort en els dos mesos següents a la data de la constitució.

SECCIÓ SEGONA.   *Contracte d'aliments*

Article 624-8.   *Concepte*

Pel contracte d'aliments, una de les parts s'obliga a prestar allotjament, manutenció i tot tipus d'assistència i cura a una persona durant la seva vida, llevat que s'hagi pactat un altre contingut, a canvi de la transmissió d'un capital en béns o drets.

Article 624-9.   *Incompliment i garanties*

1.   Qualsevol de les parts pot instar la resolució del contracte per incompliment de l'altra. La part que incompleix, a més de restituir tot allò rebut, ha d'indemnitzar l'altra pels danys i perjudicis.

2.   Les parts poden pactar que l'incompliment del cessionari dels béns o drets tingui el caràcter de condició resolutòria explícita inscriptible. També poden pactar qualsevol altra garantia en compliment de les obligacions del cessionari. En el cas de constitució d'hipoteca, s'apliquen els articles 569-37 i 569-38.

Article 624-10.   *Commutació de la prestació*

L'autoritat judicial, a sol·licitud d'una de les parts del contracte d'aliments, pot declarar la commutació de la prestació per una renda dinerària en els casos següents:

a)   Si en el compliment del contracte sorgeixen diferències continuades i greus entre les parts.

b)   Si l'obligació de prestar aliments s'ha transmès als hereus de la persona obligada a prestar-ne.

Article 624-11. *Transmissió i extinció de l'obligació*

1.   Quan la persona que presta els aliments es mor, l'obligació es transmet als seus hereus.

2.   El dret de la persona que rep els aliments és intransmissible i s'extingeix amb la seva mort o declaració de mort.

CAPÍTOL V. *Contractes de cooperació*

SECCIÓ PRIMERA. *La cooperació en l'explotació ramadera*

SUBSECCIÓ PRIMERA. *Contracte d'integració*

Article 625-1. *Concepte*

1.   La integració és el contracte pel qual s'estableix una relació de col·laboració entre l'integrador i l'integrat en què ambdós participen econòmicament en la producció obtinguda en funció de les aportacions de cadascun.

2.   L'integrador proporciona els animals, els mitjans de producció i els serveis que es pactin.

3.   L'integrat aporta les instal·lacions i els béns i serveis necessaris per a l'explotació, i es compromet a la cura i al manteniment del bestiar.

Article 625-2. *Modalitats i contractes exclosos*

1.   El contracte d'integració ha de determinar l'objecte i l'abast de la col·laboració per a l'obtenció de productes pecuaris, ha d'especificar les obligacions i els drets de cadascuna de les parts i n'ha d'establir la participació econòmica en funció de llurs aportacions i de la producció obtinguda.

2.   Si el contracte d'integració té per objecte l'obtenció de cries o altres productes pecuaris, es pot establir que la retribució de l'integrat consisteixi en l'adquisició, al final del període, de la propietat d'una part de la producció, en una participació en el preu de venda o en una quantitat per unitat de producte.

3.   El contracte d'integració no perd el seu caràcter si l'integrador facilita també espais perquè hi pasturi el bestiar, sempre que les instal·lacions fixes les aporti l'integrat.

4.   No són contractes d'integració aquells en què s'estableix una relació laboral entre la persona que proporciona els animals i els mitjans de producció i la persona que aporta les instal·lacions i els altres béns necessaris per a la cura i el manteniment del bestiar.

Article 625-3. *Règim jurídic*

1. El contracte d'integració es regeix pels pactes convinguts entre les parts, sempre que no siguin contraris a les disposicions d'aquest codi i a la normativa sectorial aplicable a l'activitat objecte del contracte.

2. Són nuls en tots els casos els pactes que fan participar l'integrat en les pèrdues en una proporció superior a la que li correspon en els guanys.

Article 625-4. *Forma i durada*

1. El contracte d'integració s'ha de formalitzar per escrit segons el model homologat per una resolució del conseller del departament competent en matèria de ramaderia.

2. La durada mínima del contracte d'integració ha de coincidir amb la durada del cicle productiu corresponent.

3. El contracte que té les característiques que estableixen els articles 625-1 i 625-2 no perd la qualitat de contracte d'integració si el nom emprat per a designar-lo és un altre.

Article 625-5. *Contingut mínim*

El contracte d'integració ha de contenir, com a mínim, les dades i les estipulacions següents:

a) La identificació de les parts.

b) L'objecte i la durada del contracte, i les condicions de renovació i rescissió.

c) El règim de gestió de l'explotació, amb la indicació del sistema de producció i de les condicions tecnicosanitàries i de benestar animal en què aquesta es porta a terme.

d) La identificació de l'espècie, l'edat i el nombre d'animals que aporta l'integrador i, si escau, el nombre mínim i màxim d'animals que entraran a l'explotació, l'edat o el pes de sortida una vegada finida l'estada o el temps d'estada previst. Si escau, també s'han de fer constar el nombre d'engreixades a l'any o, en cas de reproductores, les condicions concretes de gestió.

e) L'emplaçament i la descripció de les instal·lacions de l'explotació, amb indicació de la capacitat màxima per a cada tipus de bestiar, d'acord amb els requeriments que estableix la normativa específica.

f) L'especificació dels subministraments d'aliments, productes zoosanitaris i serveis d'atenció veterinària que aporta cadascuna de les parts, i qualssevol altres béns o serveis que es vulguin establir en funció de l'objecte del contracte, i també l'atribució de responsabilitats que es derivin de llur utilització incorrecta.

g) Els pactes econòmics, que s'han de fixar en funció de la producció obtinguda o el nombre d'animals que han sortit en el període o la retribució a un tant alçat per plaça i període de temps calculats en funció de la capacitat de producció de la granja i dels costos derivats de la gestió de les dejeccions ramaderes, d'altres obligacions ambientals i dels serveis assumits per les parts.

h)   El sistema de compensació mútua pels danys ocasionats per la mort o el sacrifici del bestiar o per la interrupció del contracte per causes alienes a les parts, en supòsits de cas fortuït o per causa de força major, en funció del valor dels animals afectats i de les despeses o inversions efectuades per les parts sobre aquests.

i)   La indicació de l'existència o no d'una assegurança pública i, si escau, de la pòlissa contractada i del titular del contracte.

j)   El sistema de gestió de les dejeccions, dels subproductes ramaders i dels residus generats per l'explotació, amb la indicació del corresponent sistema d'atribució de responsabilitats entre les parts.

k)   Les obligacions que estableix l'article 625-9.

l)   El sistema legal d'atribució de responsabilitats per danys i infraccions, que és el que estableix l'article 625-10.

m)   La data de retribució a l'integrat, que ha d'ésser inferior a trenta dies a comptar de la data de la primera sortida dels animals de l'explotació.

Article 625-6.   *Règim de tinença del bestiar*

El contracte d'integració no transfereix la propietat a l'integrat, el qual té els caps de bestiar en dipòsit mentre dura el contracte i en cap cas no en pot disposar ni els pot gravar pel seu compte, llevat que s'hagi estipulat altrament en el contracte.

SUBSECCIÓ SEGONA.   *Parts contractants*

Article 625-7.   *Obligacions de l'integrador*

Són obligacions de l'integrador:

a)   Entrar el bestiar i proporcionar els mitjans de producció i, si escau, els serveis en les condicions, el lloc i el moment pactats i en les condicions sanitàries i d'identificació adequades.

b)   Fer-se càrrec de la direcció i la gestió tècnica de l'explotació.

c)   Retirar el bestiar una vegada acabat el període fixat i assolit el pes pactat.

d)   Fer-se càrrec dels costos d'entrada, retirada i transport dels animals a l'escorxador, assumint-ne les baixes i les depreciacions que es produeixin per aquest fet.

e)   Complir les obligacions econòmiques pactades.

f)   Fer-se càrrec de tots els pagaments de dret públic corresponents a la propietat del bestiar.

g)   Comunicar al departament competent en matèria de ramaderia les malalties dels animals objecte del contracte, d'acord amb el que estableix la normativa vigent.

h)   Comunicar per escrit al departament competent en matèria de ramaderia, en un termini de quinze dies a comptar de la signatura del contracte, la relació d'explotacions que té integrades i qualsevol canvi en aquesta situació.

i)   Col·laborar amb l'integrat, en règim de corresponsabilitat per l'incompliment, per tal que la gestió de les dejeccions es faci d'acord amb la normativa vigent.

Article 625-8.   *Obligacions de l'integrat*

Són obligacions de l'integrat:

a)   Efectuar totes les actuacions necessàries per a l'alimentació, l'abeurament, la sanitat, el benestar i la cura del bestiar, i seguir els plans sanitaris i de maneig establerts per l'integrador, si s'ha pactat així, en tot el que no s'oposa a la normativa vigent.

b)   Disposar de la mà d'obra necessària per al maneig i la cura del bestiar.

c)   Fer-se càrrec dels pagaments corresponents als espais i les instal·lacions afectats a la producció i al personal que treballa en l'explotació.

d)   Facilitar l'accés de l'integrador i de les persones que aquest designi a les instal·lacions de l'explotació per a fer les actuacions que els corresponen, i també de les persones i els vehicles que l'integrador designi per al subministrament i la retirada del bestiar.

e)   Comunicar a l'integrador tota sospita de malaltia infecciosa que afecti els animals.

f)   Mantenir l'explotació, els espais i les instal·lacions en les condicions legals i administratives requerides per a l'exercici de l'activitat i en les condicions ambientals d'higiene i sanitat adequades.

Article 625-9.   *Constància expressa de les obligacions*

En el contracte d'integració han de constar expressament les obligacions assumides per cadascuna de les parts respecte a:

a)   El subministrament dels aliments, els productes zoosanitaris, els serveis d'atenció veterinària i els altres béns o serveis que calguin per a la producció, en les condicions de qualitat i sanitat adequades.

b)   La direcció i la gestió sanitària de l'explotació.

c) El compliment de les obligacions de benestar i sanitat animal exigides per la normativa sectorial, dels programes d'actuació agroambientals i de les bones pràctiques ramaderes.

d) La gestió de les dejeccions ramaderes establerta pel pla de gestió corresponent, i també dels altres subproductes ramaders o residus generats per l'explotació i el cost que se'n deriva, d'acord amb la normativa sectorial aplicable.

Article 625-10. *Responsabilitat*

1. L'abast de les obligacions derivades de la responsabilitat i de les infraccions de la normativa específica durant la vigència del contracte es determina en funció de l'abast de les obligacions assumides per cada part.

2. L'integrador ha d'indemnitzar l'integrat:

a) Pels danys i els perjudicis ocasionats per la mort o les malalties del bestiar si són conseqüència de l'estat sanitari dels animals en el moment del lliurament o de la mateixa operació de descàrrega en les instal·lacions convingudes.

b) Pels danys i els perjudicis soferts per raó del retard en el lliurament i la recollida del bestiar.

3. L'integrat ha de compensar l'integrador pels danys i els perjudicis que siguin conseqüència de la seva actuació.

4. Si la decisió correspon a l'integrador i l'execució o aplicació a l'integrat, tots dos són responsables solidàriament, llevat que sigui possible atribuir la responsabilitat a una de les parts.

5. Si en la carn dels animals a l'escorxador es detecten residus d'antibiòtics o d'altres substàncies prohibides, o substàncies que superen els límits de presència autoritzats, n'és responsable el propietari dels animals, llevat que l'actuació objecte d'infracció administrativa sigui imputable a l'integrat.

Article 625-11. *Indemnitzacions de l'Administració*

1. Són objecte d'indemnització, per l'autoritat competent, d'acord amb els barems aprovats oficialment i de la manera i amb les condicions establertes per reglament:

a) El sacrifici obligatori dels animals i, si escau, la destrucció dels mitjans de producció que es considerin contaminats.

b) Els animals que es morin per causa directa després d'haver estat sotmesos a tractaments o manipulacions preventius o amb finalitats de diagnosi, i, en general, els que s'hagin mort en el context de les mesures de prevenció o lluita contra una malaltia com a conseqüència de l'execució d'actuacions imposades per l'autoritat competent.

c) Els avortaments, les incapacitats productives permanents i les vicissituds anàlogues sempre que es demostri i s'estableixi la relació de causa amb el tractament aplicat.

2. El propietari dels animals o dels mitjans de producció, per a tenir dret a la indemnització, ha d'haver complert la normativa de sanitat animal aplicable en cada cas.

3. Si s'estableix una indemnització per al propietari dels animals, aquest ha de compensar l'integrat de manera proporcional als dies d'estada dels animals a l'explotació i, si escau, de manera proporcional als altres perjudicis derivats de la situació que ha donat lloc a la indemnització.

Article 625-12. *Extinció*

El contracte d'integració, a més de les causes generals d'extinció de les obligacions, s'extingeix per les causes següents:

a) Pel venciment del termini establert en el contracte. Si una de les parts vol resoldre anticipadament el contracte, ha d'avisar l'altra part per escrit amb una antelació mínima equivalent a la meitat del cicle productiu.

b) Per defunció o extinció de qualsevol de les parts contractants, una vegada acabat el procés en curs, encara que no hagi finit la durada del contracte, llevat d'un acord entre el contractant supervivent i els successors del premort o del cas que els successors siguin professionals de la ramaderia i col·laboradors principals i directes en la producció afectada a la integració, cas en el qual tenen dret a succeir el premort en condicions idèntiques a les que estableix el contracte i fins al venciment del termini que hi consta.

c) Per mort o extinció de la persona jurídica de qualsevol de les parts contractants, en el moment d'acabament del procés en curs, encara que no hagi vençut el termini del contracte. En aquest cas no s'extingeix si hi ha acord entre el contractant supervivent i els successors del premort. Quan els successors siguin professionals de la ramaderia i col·laboradors principals i directes en la producció afectada a la integració, aquests succeeixen el premort en les mateixes condicions que estableix el contracte i fins al finiment del termini que hi consta.

CAPÍTOL VI. *Contractes de finançament i de garantia*

SECCIÓ PRIMERA. *El censal*

Article 626-1. *Concepte*

Pel contracte de censal una persona transmet a una altra la propietat de béns concrets o d'una quantitat determinada de diners, i aquesta darrera s'obliga a pagar a una persona i als seus successors una prestació periòdica en diners per temps indefinit.

Article 626-2. *Forma i contingut*

1. El censal ha de constar en una escriptura pública.

2. En el contracte de censal ha de constar el capital rebut, l'import de la prestació i la forma de pagament.

3. A més del que estableix l'apartat 2, en el censal també hi poden constar:

a) La quantitat convinguda a l'efecte de la redempció, si el capital és en béns.

b) Les garanties que s'estableixin per a assegurar el pagament de la prestació.

c) La clàusula d'estabilització del valor de la prestació.

d) El pacte de millora.

e) El pacte d'irredimibilitat.

Article 626-3. *Pensió*

1. La pensió del censal només pot consistir en diners i, si no s'ha pactat altrament, es paga per anualitats vençudes.

2. Són aplicables a la pensió les normes d'inexigibilitat de les pensions relatives als censos.

3. La pensió del censal es pot subjectar a una clàusula d'estabilització del valor.

Article 626-4. *Garanties*

1. El pagament de la prestació es pot assegurar amb una garantia personal o real, o per mitjà d'un pacte de millora, per a garantir-lo o per a millorar-ne la garantia que s'hagi establert.

2. En cas de constitució d'una hipoteca, s'apliquen l'article 569-38 i la legislació hipotecària i la hipoteca no prescriu mentre no prescrigui la pensió, tot i que, a diferència d'aquesta, que és per temps indefinit, la hipoteca es pot constituir per un termini predeterminat.

3. En cas de venda de la finca hipotecada, es pot pactar que l'adquirent se subrogui en l'obligació de pagar les pensions i, si escau, en la de millorar la garantia, de manera que el venedor resti alliberat de les obligacions des que el creditor de la pensió consenti la subrogació de manera expressa o amb una conducta clara i concloent, llevat que l'adquirent sigui insolvent en el moment de la subrogació.

Article 626-5. *Pacte de millora*

1. Si s'ha constituït el censal amb pacte de millora, el censalista, que és el perceptor de la pensió, no pot exigir, durant el temps estipulat o, si

no hi ha temps estipulat, fins després de transcorreguts cinc anys, la garantia, personal o real, o el millorament de la que s'hagi establert.

2. Si el pagador de la pensió incompleix el pacte de millora, pot ésser compel·lit a restituir el capital del censal.

Article 626-6. *Resolució*

1. El perceptor de la prestació pot exigir la resolució del contracte i la indemnització pels danys i perjudicis:

a) Per manca de pagament de la prestació, sempre que l'hagi requerida fefaentment.

b) Per manca de constitució de les garanties pactades, en el termini de tres mesos comptats des que les ha exigides fefaentment.

2. La resolució del contracte de censal no comporta, en cap cas, la devolució de les pensions percebudes i no perjudica els tercers emparats per la legislació hipotecària.

Article 626-7. *Redempció*

1. El pagador de la prestació pot extingir el censal per mitjà de la redempció si està al corrent de pagament de les pensions vençudes. Llevat que s'hagi pactat una altra cosa, la restitució es fa al constituent o als seus successors.

2. Es pot pactar que el censal sigui irredimible, però només temporalment, aplicant-hi els límits establerts per als censos.

3. La redempció del censal s'ha de formalitzar en una escriptura pública i s'ha de pagar en diners l'import total del capital rebut.

4. En el supòsit que no consti la valoració del capital, aquest s'ha de determinar, a l'efecte de la redempció del censal, a partir de la capitalització de la pensió inicial a l'interès legal del diner en el moment en què es va constituir.

DISPOSICIONS TRANSITÒRIES

Llibre primer

Única.

Les normes del llibre primer del Codi civil de Catalunya que regulen la prescripció i la caducitat s'apliquen a les pretensions, les accions i els poders de configuració jurídica nascuts i encara no exercits amb anterioritat a l'1 de gener de 2004, amb les excepcions que resulten de les normes següents:

a) L'inici, la interrupció i el reinici del còmput de la prescripció produïts abans de l'1 de gener de 2004 es regulen per les normes vigents fins aquell moment.

b) Si el termini de prescripció establert per aquesta Llei és més llarg, la prescripció es consuma quan ha transcorregut el termini establert per la regulació anterior.

c) Si el termini de prescripció establert per aquesta Llei és més curt que el que establia la regulació anterior, s'aplica el que estableix aquesta Llei, el qual comença a comptar des de l'1 de gener de 2004. Tanmateix, si el termini establert per la regulació anterior, tot i ésser més llarg, s'exhaureix abans que el termini establert per aquesta Llei, la prescripció es consuma quan ha transcorregut el termini establert per la regulació anterior.

Llibre segon

Primera. *Institucions tutelars*

1. Els règims de protecció constituïts abans de l'entrada en vigor d'aquesta llei se subjecten, quant a llurs efectes i a l'exercici dels càrrecs, a les disposicions del Codi civil. Les persones amb càrrecs tutelars els mantenen si no estan subjectes a una causa d'ineptitud d'acord amb el que estableix el Codi civil. Els protutors nomenats en virtut de la Llei 39/1991, del 30 de desembre, de la tutela i institucions tutelars, que continuaven en exercici de llurs càrrecs en aplicació de la disposició transitòria cinquena de la Llei 9/1998, del 15 de juliol, del Codi de família, cessen en el càrrec, sens perjudici que l'autoritat judicial pugui adoptar les mesures necessàries de protecció del tutelat o del seu patrimoni.

2. Els poders en previsió d'una situació d'incapacitat atorgats abans de l'entrada en vigor d'aquesta llei resten subjectes, quant a llur eficàcia i a llur règim d'exercici, al que estableix el Codi civil, llevat del que exigeix l'article 222-44.3.

3. Els processos sobre nomenament de càrrecs tutelars i els adreçats a obtenir l'autorització judicial per a fer determinats actes s'han de substanciar d'acord amb la normativa vigent anteriorment, sempre que s'hagin iniciat abans de l'entrada en vigor d'aquesta llei, si bé, en cas de delació feta per un mateix, l'autoritat judicial pot prescindir de la designació si concorren les circumstàncies a què fa referència l'article 222-9 del Codi civil.

4. Els consells de tutela constituïts abans de l'entrada en vigor d'aquesta llei es continuen regint per la Llei 9/1998.

Segona. *Efectes del matrimoni*

1.   Les disposicions dels capítols I i II del títol III del llibre segon del Codi civil s'apliquen als matrimonis contrets i subsistents en el moment de l'entrada en vigor d'aquesta llei, sens perjudici del que estableix la disposició transitòria tercera quant als processos matrimonials iniciats abans i amb els efectes ja decretats per resolució judicial.

2.   Els règims econòmics matrimonials i altres actes convinguts en capítols matrimonials que s'hagin atorgat d'acord amb la legislació anterior a l'entrada en vigor d'aquesta llei produeixen efectes d'acord amb la dita legislació anterior. Conserven la validesa els pactes en previsió d'una ruptura matrimonial adoptats abans de l'entrada en vigor d'aquesta llei, sempre que compleixin els requisits que establia la legislació vigent en el moment d'adoptar-los. Si aquesta legislació no emparava el contingut d'algun pacte, aquest és igualment eficaç si és vàlid d'acord amb les disposicions del Codi civil.

3.   Els dots, les tenutes, els aixovars i els cabalatges, els esponsalicis o escreixos, els tantumdem, els pactes d'igualtat de béns i guanys i els altres drets similars constituïts abans de l'entrada en vigor d'aquesta llei es continuen regint pel Text refós de la Compilació del dret civil de Catalunya, aprovat pel Decret legislatiu 1/1984, del 19 de juliol.

Tercera. *Efectes de la nul·litat del matrimoni, del divorci i de la separació judicial*

1.   En els processos matrimonials iniciats abans de l'entrada en vigor d'aquesta llei s'aplica la normativa vigent en el moment de començar-los. No obstant això, si ambdues parts hi estan d'acord i ho manifesten en el moment processal oportú, es poden adoptar les mesures provisionals i definitives i, si escau, liquidar els béns comuns d'acord amb el que estableix el Codi civil.

2.   Els efectes de la nul·litat del matrimoni, el divorci o la separació judicial decretats a l'empara de la legislació anterior a l'entrada en vigor d'aquesta llei es mantenen, amb la possibilitat de modificar les mesures per circumstàncies sobrevingudes en aplicació de les normes vigents en el moment d'adoptar-les. Aquests efectes es mantenen sens perjudici de l'aplicació del Codi civil en els processos matrimonials que es puguin entaular entre els mateixos cònjuges després de l'entrada en vigor d'aquesta llei.

3.   No obstant el que estableix l'apartat 2, a petició de part es pot acordar la revisió de les mesures adoptades amb relació a la cura i la guarda dels fills comuns o el règim de relacions personals, la substitució de la pensió compensatòria acordada amb anterioritat pel lliurament d'un capital en béns o en diners, i la substitució de l'atribució judicial de l'ús de l'habitatge familiar per l'abonament d'una prestació dinerària, d'acord amb el que estableixen els articles 233-10, 233-17 i 233-21 del Codi civil. La revisió s'ha de tramitar pel procediment establert per a la modificació de mesures definitives.

Quarta. *Convivència estable en parella*

1. El temps de convivència, entre persones del mateix o de diferent sexe, transcorregut abans de l'entrada en vigor d'aquesta llei, s'ha de tenir en compte als efectes del còmput dels dos anys que fixa l'article 234-1.a del Codi civil.

2. Les disposicions del capítol IV del títol III del llibre segon del Codi civil s'apliquen a les parelles estables que, fins a l'entrada en vigor d'aquest llibre, es regien per la Llei 10/1998, del 15 de juliol, d'unions estables de parella.

3. Els pactes entre convivents adoptats d'acord amb la legislació anterior a l'entrada en vigor d'aquesta llei produeixen efectes d'acord amb la dita legislació. Conserven la validesa els pactes atorgats en previsió d'una ruptura abans de l'entrada en vigor d'aquesta llei, sempre que compleixin els requisits establerts per la legislació vigent en el moment d'adoptar-los. Si aquesta legislació no emparava el contingut d'algun pacte, aquest és tanmateix eficaç si és vàlid d'acord amb les disposicions del Codi civil.

4. En els processos per al reconeixement d'efectes derivats de l'extinció d'una parella estable iniciats abans de l'entrada en vigor d'aquesta llei s'aplica la normativa vigent en el moment de començar-los. No obstant això, si les dues parts hi estan d'acord i ho manifesten en el moment processal oportú, es poden adoptar mesures provisionals i definitives i, si escau, liquidar els béns comuns de què són titulars d'acord amb les disposicions del Codi civil.

5. Els efectes de l'extinció d'una parella estable que hagin estat establerts d'acord amb la normativa anterior a l'entrada en vigor d'aquesta llei es mantenen, incloent-hi la possibilitat de modificar les mesures per circumstàncies sobrevingudes. No obstant això, a petició de part es pot acordar la revisió de les mesures adoptades amb relació a la cura i la guarda dels fills comuns o el règim de relacions personals, la substitució de l'atribució judicial de l'ús de l'habitatge familiar per l'abonament d'una prestació dinerària, i la substitució de la pensió alimentària acordada amb anterioritat per un capital en béns o en diners, d'acord amb el que estableixen els articles 234-7, 234-8 i 234-11 del Codi civil. La revisió s'ha de tramitar pel procediment establert per a la modificació de mesures definitives.

Cinquena. *Filiació*

1. Les disposicions del capítol IV del títol III del llibre segon del Codi civil tenen efectes retroactius, sigui quina sigui la data de determinació de la filiació.

2. Les accions de filiació nascudes a l'empara de la legislació anterior a l'entrada en vigor d'aquesta llei s'han d'ajustar als terminis que fixa la dita legislació, llevat que el termini corresponent fixat pel Codi civil sigui més llarg. Pel que fa al règim jurídic i a la transmissibilitat,

s'han de regir per la legislació que resulti més favorable al fill o a les persones legitimades per a exercir l'acció.

3. Les sentències fermes sobre filiació dictades a l'empara de la legislació anterior a l'entrada en vigor d'aquesta llei no impedeixen que es pugui exercir de nou una acció que es fonamenti en una disposició del Codi civil o en un fet o una prova només admissible a l'empara d'aquest.

Sisena. *Adopció*

1. Les adopcions constituïdes en aplicació de la Llei 37/1991, del 30 de desembre, sobre mesures de protecció dels menors desemparats i de l'adopció, i les adopcions plenes constituïdes abans de la dita llei produeixen els efectes que el llibre segon del Codi civil estableix per a l'adopció.

2. Les adopcions simples o menys plenes subsisteixen amb els efectes que els reconeixia la legislació anterior a la Llei 37/1991. Si es compleixen els requisits exigits pel llibre segon del Codi civil, es pot promoure l'adopció, d'acord amb les seves disposicions, de les persones ja adoptades anteriorment en forma simple, sense que el fet que no hi hagi hagut acolliment preadoptiu hi sigui cap obstacle.

3. Els expedients d'adopció pendents de resolució davant els tribunals en el moment de l'entrada en vigor d'aquesta llei s'han de tramitar d'acord amb la legislació anterior.

Setena. *Potestat parental*

El termini que fixa l'article 236-6.2 del Codi civil, si es pretén fer valer com a causa de privació de la potestat parental, s'ha de computar des de l'entrada en vigor d'aquesta llei, sens perjudici que es pugui acreditar l'existència d'una causa de privació de la potestat per qualsevol altre mitjà.

Vuitena. *Relacions convivencials d'ajuda mútua*

Les relacions convivencials d'ajuda mútua constituïdes d'acord amb la Llei 19/1998, del 28 de desembre, sobre situacions convivencials d'ajuda mútua, produeixen els efectes que estableix el títol IV del llibre segon del Codi civil, sens perjudici de la validesa dels pactes reguladors de la convivència atorgats d'acord amb la dita Llei 19/1998.

Llibre tercer

Primera. *Adaptació d'estatuts i règim de la dotació*

1. Sens perjudici del que estableix la disposició final primera, les associacions i les fundacions ja constituïdes subjectes a les disposicions del llibre tercer del Codi civil hi han d'adaptar els estatuts i han d'ins-

criure aquesta adaptació en el registre corresponent, si escau, abans del 31 de desembre de 2012.

2. Les fundacions que no adaptin els estatuts i no inscriguin aquesta adaptació en el Registre de Fundacions en el termini que fixa l'apartat 1 no poden obtenir ajuts ni subvencions de l'Administració de la Generalitat. La no-adaptació dels estatuts en el dit termini és un incompliment greu de les obligacions pròpies del càrrec de patró. En aquest cas, el protectorat pot exercir les accions legals que corresponguin contra els patrons.

3. Les associacions que no adaptin els estatuts i no inscriguin aquesta adaptació en el Registre d'Associacions en el termini que fixa l'apartat 1 perden els beneficis derivats de la publicitat registral. Només poden rebre subvencions de l'Administració de la Generalitat si acrediten que han fet l'adaptació dels estatuts.

4. El Registre d'Associacions ha de notificar a les associacions inscrites l'objecte d'aquesta disposició i els ha d'oferir la informació i l'assessorament necessaris per a facilitar-los l'adaptació dels estatuts.

5. La dotació de les fundacions a les quals fa referència l'apartat 1 no està subjecta al que estableix l'article 331-5 del Codi civil.

Segona. *Sol·licituds d'inscripció de fundacions*

A les sol·licituds d'inscripció de constitució de fundacions presentades abans de l'entrada en vigor d'aquesta llei s'apliquen les disposicions de la Llei 5/2001, del 2 maig, de fundacions, sens perjudici del que estableix la disposició transitòria primera.

Tercera. *Comptes anuals de les fundacions*

S'han de formular, aprovar i presentar, d'acord amb el llibre tercer del Codi civil, els comptes anuals de les fundacions corresponents al primer exercici econòmic iniciat amb posterioritat a la data d'entrada en vigor del dit llibre.

Quarta. *Funcions del protectorat*

[Sense contingut. Disposició derogada per la Llei 21/2014, del 29 de desembre]

Llibre quart

Primera. *Principi general*

Es regeixen pel llibre quart del Codi civil les successions obertes i els testaments, els codicils, les memòries testamentàries i els pactes successoris atorgats després que hagi entrat en vigor.

Segona. *Testaments, codicils i memòries testamentàries atorgats abans de l'entrada en vigor d'aquesta llei*

1. Els testaments, els codicils i les memòries testamentàries atorgats d'acord amb la legislació anterior a l'entrada en vigor d'aquesta llei són vàlids si compleixen les formes que exigia la dita legislació. Si han de regir una successió oberta després de l'entrada en vigor d'aquesta llei, també són vàlids si compleixen els requisits formals i materials que estableix el llibre quart del Codi civil.

2. En les successions obertes després de l'entrada en vigor d'aquesta llei, però regides per actes atorgats abans, s'apliquen les regles merament interpretatives de la voluntat del causant que establia la legislació derogada. Tanmateix, s'ha d'aplicar a aquests actes el que estableixen els articles 422-13, 427-21 i 427-27 del Codi civil de Catalunya.

Tercera. *Testament davant rector*

1. Els testaments davant rector atorgats abans de l'entrada en vigor d'aquesta llei caduquen si no es protocol·litzen en el termini de sis anys a partir del moment en què la llei entra en vigor, sempre que el causant hagi mort anteriorment. Si el causant ha mort després de l'entrada en vigor d'aquesta llei, el termini de sis anys es compta des de la seva mort.

2. El Govern ha de dictar les disposicions reglamentàries necessàries per a promoure i facilitar la protocol·lització dels testaments atorgats davant rector dipositats als arxius parroquials.

Quarta. *Fideïcomisos*

1. Els fideïcomisos es regeixen pel dret vigent en el moment de la mort del fideïcomitent.

2. Les normes del llibre quart del Codi civil relatives als efectes del fideïcomís mentre està pendent s'apliquen als fideïcomisos ordenats en successions obertes abans de l'entrada en vigor d'aquesta llei. Se n'exceptuen els fideïcomisos de residu i les substitucions preventives de residu, que es regeixen per les normes vigents en el moment de l'obertura de la successió.

3. Els assentaments en el Registre de la Propietat referents a fideïcomisos condicionals es poden cancel·lar, sense necessitat d'expedient d'alliberament de càrregues, en els casos següents:

a) Si s'acredita, mitjançant una acta de notorietat, l'incompliment de la condició, sempre que els fets que el produeixen es puguin acreditar per aquest mitjà.

b) Si s'acredita, mitjançant una acta de notorietat amb les proves documentals i testificals pertinents, que han transcorregut més de trenta anys des de la mort del fiduciari i que els seus hereus o els seus causahavents han posseït de manera pública, pacífica i ininterrompuda els béns gravats amb el fideïcomís, sempre que no consti en el Registre de la Propietat cap inscripció o anotació a favor dels fideïcomissaris tendent a fer efectiu llur dret.

c)   A sol·licitud del propietari de la finca, si han transcorregut més de noranta anys des de la transmissió de la finca pel fiduciari, sempre que no consti en el Registre de la Propietat cap inscripció o anotació tendent a fer efectiu el dret dels fideïcomissaris.

Cinquena.   *Retribució dels marmessors i dels hereus i legataris de confiança*

Per a la retribució dels marmessors i dels hereus i legataris de confiança designats en actes atorgats abans de l'entrada en vigor d'aquesta llei, s'aplica el que estableixen els articles 424-12.2 i 429-5.1 del Codi civil de Catalunya si la successió s'ha obert posteriorment, llevat que el causant hagués disposat expressament una altra remuneració o que el càrrec fos gratuït.

Sisena.   *Heretaments*

1.   Els heretaments atorgats d'acord amb els requisits de capacitat i forma que exigia el dret vigent en el moment de l'atorgament són vàlids encara que l'heretant mori després de l'entrada en vigor d'aquesta llei.

2.   Els pactes convinguts en heretaments atorgats abans de l'entrada en vigor d'aquesta llei són vàlids, fins i tot pel que fa a les persones que els convenen, si la llei anterior no els admetia però la llei vigent en el moment de la mort del causant els admet.

3.   Els drets i les obligacions que resulten dels heretaments atorgats abans de l'entrada en vigor d'aquesta llei es regeixen pel dret vigent en el moment de l'atorgament.

4.   Els efectes de la successió diferents dels efectes als quals fan referència els apartats 1 a 3 estan sotmesos al dret vigent en el moment de la mort del causant.

Setena.   *Reserva*

En les successions obertes abans de l'entrada en vigor d'aquesta llei, si els fets que donaven lloc a reserva legal no s'han produït, cap bé no passa a tenir la qualitat de reservable i el cònjuge supervivent n'és propietari lliure.

Vuitena.   *Prescripció i caducitat*

1.   Els terminis que establia la legislació anterior s'apliquen a les successions obertes abans de l'entrada en vigor d'aquesta llei, llevat que els terminis que estableix el llibre quart del Codi civil siguin més curts. En aquest darrer cas, la prescripció o la caducitat es consuma quan fineix el nou termini, que comença a comptar a partir de l'entrada en vigor d'aquesta llei. Tanmateix, si el termini que establia la legislació anterior, tot i ésser més llarg, fineix abans que el termini que estableix el llibre quart, s'aplica aquell termini.

2. Les mencions legitimàries referents a successions obertes abans del 8 de maig de 1990 que constin en el Registre de la Propietat caduquen de manera immediata el dia de l'entrada en vigor d'aquesta llei.

Novena. *Regla d'integració*

En tot allò que les disposicions transitòries d'aquesta llei no regulen, les successions obertes abans de la seva entrada en vigor es regeixen per la llei aplicable en el moment de l'obertura de la successió, d'acord amb el que estableixen les disposicions transitòries del Decret legislatiu 1/1984, del 19 de juliol, pel qual s'aprova el Text refós de la Compilació del dret civil de Catalunya; de la Llei 9/1987, del 25 de maig, de successió intestada; de la Llei 11/1987, del 25 de maig, de reforma de les reserves legals, i de la Llei 40/1991, del 30 de desembre, del Codi de successions per causa de mort en el dret civil de Catalunya.

Llibre cinquè

Primera. *Revocació de donacions*

La revocació de les donacions fetes abans de l'entrada en vigor d'aquest llibre es regeix per les normes d'aquest, que també s'apliquen a les donacions fetes amb clàusula de reversió i amb reserva de la facultat de disposar.

Segona. *Usucapió*

La usucapió iniciada abans de l'entrada en vigor d'aquest llibre es regeix per les normes d'aquest, llevat dels terminis, que són els que establia l'article 342 de la Compilació del dret civil de Catalunya. No obstant això, si la usucapió s'havia de consumar més enllà del temps per a usucapir que estableix aquest codi, se li apliquen els terminis que fixa aquest, que comencen a comptar a partir de l'entrada en vigor d'aquest llibre.

Tercera. *Règim de l'accessió*

Els efectes de l'accessió que resulten d'actes fets abans de l'entrada en vigor d'aquest llibre es regeixen per les normes d'aquest, llevat que les opcions que estableix la Llei 25/2001, del 31 de desembre, de l'accessió i l'ocupació, s'hagin efectuat fefaentment o que l'acció judicial s'hagi interposat abans de l'entrada en vigor d'aquest llibre, cas en el qual es regeixen per la legislació que la regulava.

Quarta. *Accions reivindicatòria i negatòria*

1. L'acció reivindicatòria nascuda i no exercida abans de l'entrada en vigor d'aquest llibre subsisteix si qui no és propietari del bé en manté la possessió, amb l'abast i en els termes que li reconeixia la legislació

anterior, però subjecta al que estableix aquest codi pel que fa a l'exerci-
ci, la durada i el procediment.

2.   L'acció negatòria nascuda i no exercida abans de l'entrada en
vigor d'aquest llibre subsisteix si es manté la pertorbació, amb l'abast
i en els termes que li reconeixia la Llei 13/1990, del 9 de juliol, de
l'acció negatòria, les immissions, les servituds i les relacions de veïnat-
ge, però subjecta al que estableix aquest codi pel que fa a l'exercici, la
durada i el procediment.

Cinquena.   *Situacions de comunitat*

Les situacions de comunitat constituïdes abans de l'entrada en vigor
d'aquest llibre es regeixen íntegrament per les normes d'aquest, fins i tot
pel que fa a l'administració i al procediment de divisió.

Sisena.   *Règim de la propietat horitzontal*

1.   Els edificis i els conjunts establerts en règim de propietat horit-
zontal abans de l'entrada en vigor d'aquest llibre es regeixen íntegrament
per les normes d'aquest, que, a partir de la seva entrada en vigor, s'apli-
quen amb preferència a les normes de comunitat o els estatuts que les
regien, fins i tot si consten inscrites, sense que sigui necessari cap acte
d'adaptació específica.

2.   La junta de propietaris, sens perjudici del que estableix l'apartat
1, ha d'adaptar els estatuts i, si escau, el títol de constitució a aquest codi
si ho demana una desena part dels propietaris. Per a adoptar l'acord que
correspon, és suficient la majoria de les quotes en primera convocatòria
i la majoria de les quotes dels presents o representats en segona convo-
catòria. Si l'adaptació que es proposa no assoleix la majoria necessària,
qualsevol dels propietaris que l'ha proposada pot demanar a l'autoritat
judicial que obligui la comunitat a fer l'adaptació. L'autoritat judicial ha
de dictar una resolució, en tots els casos, amb imposició de les costes.

Setena.   *Propietats horitzontals per parcel·les preexistents*

1.   Les propietats horitzontals per parcel·les existents abans de l'en-
trada en vigor d'aquest llibre s'han de constituir d'acord amb les nor-
mes del títol cinquè. Una vegada transcorregut el termini de cinc anys,
qualsevol propietari o propietària pot demanar judicialment l'atorga-
ment del títol.

2.   Per a l'atorgament del títol, és suficient el vot favorable dels pro-
pietaris que representin dues terceres parts del total de les parcel·les con-
cernides, però cal aportar la llicència de l'ajuntament del terme municipal
on està situada la urbanització, o bé acreditar que s'ha sol·licitat amb més
de tres mesos d'anticipació respecte a l'atorgament de l'escriptura.

3.   Les parcel·les o els elements privatius es poden descriure simple-
ment fent referència a la descripció que consta en el Registre de la Pro-

pietat, assenyalant el número que els correspon en la urbanització, les dades registrals de cada una i, si escau, la referència cadastral, i també, si escau, els elements privatius destinats a l'aprofitament exclusiu de determinats propietaris.

4.   La descripció dels elements comuns ha d'especificar els vials, els espais, les zones verdes i les obres d'infraestructura comunes que tingui la propietat horitzontal per parcel·les, sense que sigui imprescindible que hi consti la superfície ni la longitud dels carrers, els vials i les zones verdes.

5.   S'ha d'acompanyar el títol de constitució, que s'atorga d'acord amb l'article 553-57, del plànol actualitzat de les finques que integren la propietat horitzontal per parcel·les i de les finques ocupades pels elements comuns. Si els vials han passat al domini públic, el règim de comunitat es pot constituir fins i tot si els propietaris d'un nombre no superior al 20% de les parcel·les concernides no s'hi integren.

6.   Perquè les modificacions que provenen de l'adaptació del títol de constitució o de l'atorgament d'un nou títol, si s'escau, constin en el Registre de la Propietat, s'ha d'obrir un foli separat i independent per a la urbanització en conjunt i s'ha de fer una referència amb una nota marginal a cadascuna de les inscripcions de les finques privatives, en la qual s'ha de fer constar la quota que li correspon, d'acord amb l'article 553-58.

7.   Les associacions de propietaris constituïdes legalment tenen la consideració de propietaris si els béns que gestionen són de llur propietat i llurs béns tenen la qualificació que resulta de la titularitat i la destinació que estableix el títol. Els òrgans de govern d'aquestes associacions estan legitimats per a promoure i gestionar el procés de constitució de la propietat horitzontal per parcel·les.

8.   La propietat dels béns correspon particularment als membres de les associacions de propietaris d'acord amb les normes civils si els dits béns no són patrimoni de l'associació o aquesta no està constituïda legalment.

9.   L'atorgament del títol de constitució no permet ni comporta en cap cas la regularització de situacions urbanísticament irregulars i no comporta necessàriament l'extinció de les associacions de propietaris.

Vuitena.   *Mitgeria de càrrega*

Les parets de càrrega que tenien la consideració de mitgeres abans del 8 d'agost de 1990 es continuen regint per la legislació anterior a aquella data mentre es conservin, encara que no s'hagi fet ús del dret de càrrega, fins que hagin transcorregut deu anys des de l'entrada en vigor d'aquest llibre.

Novena.   *Drets d'usdefruit, d'ús i d'habitació*

1.   Els usdefruits constituïts a títol gratuït abans de l'entrada en vigor d'aquest llibre es regeixen íntegrament per les normes d'aquest a partir del dia en què entra en vigor.

2. Els usdefruits constituïts a títol onerós abans de l'entrada en vigor d'aquest llibre es regeixen per la legislació anterior si els usufructuaris i els nus propietaris no pacten una altra cosa.

Desena. *Drets d'aprofitament parcial*

Els drets d'aprofitament parcial existents en el moment de l'entrada en vigor d'aquest llibre es regeixen per les normes d'aquest. No obstant això, el termini de redempció que estableix l'article 563-3 es compta a partir de la dita entrada en vigor.

Onzena. *Drets de superfície*

Els drets de superfície constituïts sobre finques situades a Catalunya abans de l'entrada en vigor d'aquest codi es regeixen per la legislació anterior que els era aplicable.

Dotzena. *L'acreditació d'existència i el règim jurídic de la rabassa morta*

1. S'entén per *rabassa morta* el contracte en virtut del qual els propietaris del sòl en cedeixen l'ús per a plantar-hi vinya pel temps que visquin els primers ceps plantats, en canvi d'una renda o pensió anual a càrrec dels cessionaris, en fruits o en diners.

2. Els titulars d'una rabassa morta inscrita en el Registre de la Propietat abans del 18 d'abril de 2002 n'han d'acreditar la vigència abans del 18 d'abril de 2007, la qual cosa s'ha de fer constar en una nota marginal.

3. La rabassa morta s'acredita per mitjà d'una sol·licitud signada pel seu titular registral, adreçada al Registre de la Propietat on està inscrita, en la qual s'han d'identificar la rabassa morta i la finca sobre la qual recau i s'ha de sol·licitar la nota marginal.

4. La rabassa morta s'extingeix una vegada transcorregut el termini que estableix l'apartat 1 sense que se n'hagi fet constar la vigència i es pot cancel·lar per caducitat, a petició dels titulars de la propietat, d'acord amb el que estableix la legislació hipotecària i sense que calgui tramitar l'expedient d'alliberament de càrregues.

5. Les rabasses mortes constituïdes abans de l'entrada en vigor de la Llei 22/2001, del 31 de desembre, de regulació dels drets de superfície, de servitud i d'adquisició voluntària o preferent, que continuïn vigents s'han de regir, mentre subsisteixin, per les normes següents:

a) La rabassa morta s'extingeix al cap de cinquanta anys de la concessió, si no es va pactar un termini diferent, o per la mort dels primers ceps, o perquè dues terceres parts dels ceps plantats no donen fruit.

b) Els cessionaris o els rabassaires poden fer tanys i murgons durant el temps que duri el contracte.

c)   El contracte no perd el seu caràcter pel fet que els cessionaris facin altres plantacions en el terreny concedit, sempre que la vinya sigui l'objecte principal de la plantació.

d)   Els cessionaris poden transmetre lliurement llur dret a títol onerós o gratuït, però no es poden dividir l'ús de la finca sense que ho hagin consentit els propietaris.

e)   Els cedents i els cessionaris, en les alienacions a títol onerós, tenen recíprocament els drets de tanteig i retracte, d'acord amb el que aquest codi estableix per al cens emfitèutic, i tenen l'obligació de donar-se l'avís previ que aquest codi estableix per al tanteig.

f)   Els cessionaris poden dimitir i retornar la finca als cedents quan els convingui, cas en el qual han de pagar els deterioraments que hi hagin causat.

g)   En el moment de l'extinció del contracte, els cessionaris no tenen dret a les millores que hagin introduït en la finca si són necessàries o s'han fet en compliment del que es va pactar.

h)   Els cessionaris no tenen dret que els paguin les millores útils i voluntàries si les han fetes sense que el propietari o propietària del terreny els n'hagi donat per escrit el consentiment per mitjà del qual s'obligava a pagar-les. Si s'han fet amb el dit consentiment, les millores s'han de pagar d'acord amb el valor que tinguin en el moment de la devolució de la finca.

i)   El cedent o la cedent pot fer ús de l'acció de desnonament si ha vençut el termini del contracte.

j)   No es poden desnonar els cessionaris, una vegada vençut el termini de cinquanta anys o el pactat per les parts, si continuen tenint l'ús i l'aprofitament de la finca amb el consentiment tàcit dels cedents per més de tres mesos i aquests no els donen l'avís previ amb un any d'antelació.

Tretzena.   *Extinció i cancel·lació dels censos anteriors a 1990*

1.   Els censos constituïts abans del 16 d'abril de 1990, siguin de la classe que siguin, els titulars dels quals no en van acreditar la vigència d'acord amb les disposicions transitòries primera o tercera de la Llei 6/1990, del 16 de març, dels censos, s'extingeixen i es poden cancel·lar a simple petició dels propietaris de la finca gravada, d'acord amb el que estableix la legislació hipotecària i sense que calgui tramitar l'expedient d'alliberament de càrregues.

2.   No es poden fer assentaments registrals relatius als censos constituïts abans del 16 d'abril de 1990 la vigència dels quals estigui acreditada, si afecten diverses finques, fins que s'inscrigui l'escriptura de divisió, atorgada de la manera i amb el termini que estableix la disposició transitòria primera de la Llei 6/1990. Si l'escriptura de divisió no s'inscriu en el termini d'un any comptat des de l'entrada en vigor d'aquest llibre, els censos s'extingeixen i es poden cancel·lar d'acord amb el que estableix l'apartat 1.

Catorzena.   *Redempció dels censos constituïts d'acord amb la legislació anterior a la Llei 6/1990*

[Sense contingut. Disposició derogada per la Llei 3/2023, del 16 de març]

Quinzena.   *Terminis d'usucapió i de prescripció de censos, lluïsmes i pensions*

1.   Les normes del capítol cinquè del títol sisè que regulen els terminis per a la usucapió i la prescripció de censos, pensions i lluïsmes s'apliquen a tots els censos, siguin de la classe que siguin i siguin quines siguin la data de constitució i la normativa aplicable.

2.   El termini per a la prescripció o la usucapió que estableix aquest codi comença a comptar des del moment en què entra en vigor aquest llibre. No obstant això, si el termini que establia la regulació anterior, tot i ésser més llarg, venç abans que el termini que estableix aquest codi, la prescripció es consuma quan venç el termini que establia la regulació anterior.

Setzena.   *Drets de servitud*

Les servituds constituïdes abans de l'entrada en vigor d'aquest llibre es regeixen per les normes d'aquest a partir del dia en què entra en vigor.

Dissetena.   *Drets de vol*

1.   Els drets de vol i les reserves per a edificar constituïts sobre finques situades a Catalunya abans de l'entrada en vigor d'aquest llibre es regeixen per la legislació anterior que els era aplicable, però els són aplicables les causes d'extinció que estableix l'article 567-6.

2.   Els drets de vol constituïts per un termini indefinit o superior a trenta anys s'extingeixen una vegada transcorreguts trenta anys comptats des de l'entrada en vigor d'aquest llibre. No obstant això, si el termini convingut, tot i ser més llarg, s'exhaureix abans que hagin transcorregut els trenta anys comptats des de l'entrada en vigor d'aquest llibre, s'extingeixen quan ha transcorregut el termini pactat, sens perjudici, si escau, del que estableix l'article 567-6.1.*a.*

Divuitena.   *Drets d'adquisició preferent*

Els drets voluntaris d'adquisició preferent constituïts sobre béns situats a Catalunya abans de l'entrada en vigor d'aquest llibre es regeixen per la legislació anterior que els era aplicable. No obstant això, els és aplicable el que estableix l'article 568-12.

Dinovena.   *Retractes legals*

L'acció per a exercir els retractes legals que estableix aquest codi solament és aplicable a les transmissions fetes després que hagi entrat en vigor aquest llibre.

Vintena. *Drets de garantia*

Els drets reals de garantia constituïts sobre béns situats a Catalunya abans de l'entrada en vigor d'aquesta llei es regeixen íntegrament per la legislació anterior que els era aplicable.

Vint-i-unena. *Aplicació de l'article 565-11.5*

L'article 565-11.5 del Codi civil de Catalunya s'aplica a tots els censos, qualsevol que en sigui la data de constitució. El còmput del termini s'inicia en el moment de l'entrada en vigor d'aquesta llei.

Vint-i-dosena. *Redempció dels censos constituïts d'acord amb la legislació anterior a la Llei 6/1990*

1.   Tots els censos, siguin de la classe que siguin, excepte els vitalicis, constituïts d'acord amb la legislació anterior a la Llei 6/1990, dels quals s'hagi acreditat la vigència, poden ésser extingits pel censatari mitjançant la redempció, siguin quines siguin les condicions pactades en el títol de constitució.

2.   Les normes de redempció dels censos són les següents:

a)   La redempció ha de comprendre necessàriament la pensió i els altres drets inherents al cens.

b)   La redempció s'ha de formalitzar en escriptura pública. L'atorgament és dut a terme pel censatari de forma unilateral, d'acord amb el que estableixen les lletres *c*, *d*, *e*, *f*, *g* i *h*, sens perjudici que pugui ésser formalitzada pel censatari i el censalista de mutu acord.

c)   Al censalista li correspon com a preu de la redempció la quantitat que resulta de calcular l'1% del valor cadastral de la finca en el moment en què es fa la redempció, i un 1% addicional, si consta inscrit en el Registre de la Propietat el dret de lluïsme. Si no es coneix el valor cadastral, es pren com a valor de la finca el que consta en la inscripció registral de la darrera transmissió, degudament actualitzat amb l'índex general de preus de consum.

d)   L'import de la redempció se satisfà en diners i al comptat o mitjançant el dipòsit notarial a disposició del censalista. Les despeses de la redempció són a càrrec del censatari.

e)   No tenen eficàcia, als efectes d'impedir la redempció del cens, l'existència de possibles impagaments de les pensions, dels lluïsmes o d'altres drets meritats, inherents al domini.

f)   L'escriptura pública de redempció ha de declarar l'extinció del cens i fer constar, si és el cas, el dipòsit notarial de l'import a disposició de les persones titulars. Així mateix, ha d'incorporar la certificació registral de la finca sobre la qual recau el dret de cens i la certificació cadastral descriptiva i gràfica de la finca amb el seu valor cadastral. La certificació registral ha de contenir les característiques del cens, del lluïsme i d'altres drets inherents, el valor de l'immoble en la darrera transmissió i la data d'aquesta, els domicilis dels censalistes i, si n'hi ha, de les persones titulars dels dominis mitjans, si consten en el Registre de la Propietat, als efectes de la notificació. Si els domicilis no són coneguts cal fer constar aquesta circumstància en l'escriptura pública de redempció.

g) El censatari ha de notificar notarialment la redempció al censalista i, si n'hi ha, als titulars dels dominis mitjans, en llurs domicilis, en el termini de cinc dies a comptar de l'atorgament de l'escriptura pública. Si la notificació és infructuosa o els domicilis no són coneguts, el registrador cancel·la el cens i publica un edicte que anunciï durant tres mesos la redempció al tauler d'anuncis de l'ajuntament del terme municipal on radiqui la finca.

h) L'import de la redempció del cens i de l'extinció del lluïsme i d'altres drets inherents al domini s'ha de distribuir de la manera següent:

Primer. Si el domini directe és únic, el total de l'import correspon al seu titular.

Segon. Si hi ha un domini directe i un domini mitjà, els seus titulars n'han de percebre una quarta part i tres quartes parts, respectivament.

Tercer. Si hi concorren un domini directe i dos de mitjans, el titular del segon mitjà ha de cobrar dues quartes parts i el titular de l'altre mitjà i el del directe, una quarta part cadascun.

Llibre sisè

Primera. *Contractes de compravenda i de permuta*

Les normes del llibre sisè del Codi civil de Catalunya que regulen el contracte de compravenda i de permuta s'apliquen als contractes conclosos a partir de l'entrada en vigor d'aquesta llei.

Segona. *Contractes de cessió de finca o d'aprofitament urbanístic a canvi de construcció futura*

Els contractes de cessió de finca o d'aprofitament urbanístic a canvi de construcció futura constituïts abans de l'entrada en vigor d'aquesta llei es regeixen per les disposicions que els són aplicables de la Llei 23/2001, del 31 de desembre, de cessió de finca o d'edificabilitat a canvi de construcció futura.

Tercera. *Contractes de conreu*

Els contractes de conreu constituïts abans de l'entrada en vigor d'aquesta llei es regeixen per les disposicions que els són aplicables de la Llei 1/2008, del 20 de febrer, de contractes de conreu.

Quarta.   *Contractes aleatoris*

Els violaris constituïts abans de l'entrada en vigor d'aquesta llei es regeixen per les disposicions que els són aplicables de la Llei 6/2000, del 19 de juny, de pensions periòdiques.

Cinquena.   *Contractes de finançament i de garantia*

Els censals constituïts abans de l'entrada en vigor d'aquesta llei es regeixen per les disposicions que els són aplicables de la Llei 6/2000, del 19 de juny, de pensions periòdiques.

Sisena.   *Contractes d'integració*

Els contractes d'integració constituïts abans de l'entrada en vigor d'aquesta llei es regeixen per les disposicions que els són aplicables de la Llei 2/2005, del 4 d'abril, dels contractes d'integració.

Setena.   *Cessions de crèdits o préstecs hipotecaris*

La modificació de l'article 569-28 no és aplicable a les cessions de crèdits o préstecs hipotecaris que hagin tingut lloc abans de l'entrada en vigor d'aquesta llei.

§ 2. LLEI 22/2010, del 20 de juliol, del Codi de consum de Catalunya

(DOGC núm. 5677, de 23 de juliol de 2010)

PREÀMBUL

L'article 123 de l'Estatut d'autonomia de Catalunya atribueix a la Generalitat la competència exclusiva en matèria de consum. A banda d'això, cal tenir en compte que els drets de les persones que gaudeixen de la condició de consumidores i usuàries estan protegits, d'acord amb el que disposen els articles 28, 34 i 49 de l'Estatut d'autonomia. L'article 51 de la Constitució també disposa que els poders públics han de garantir la defensa dels consumidors i dels usuaris i han de protegir-ne amb procediments eficaços la seguretat, la salut i els legítims interessos econòmics.

Catalunya, d'antuvi, sempre ha tingut una sensibilitat notable i remarcable de protecció envers les persones consumidores i usuàries. En aquest sentit, i com a antecedent més immediat, l'article 12.1.e de l'Estatut d'autonomia del 1979 ja establia que l'Administració de la Generalitat gaudia de competències en matèria de protecció de les persones consumidores i usuàries. D'altra banda, convé destacar que l'article 113 de l'Estatut d'autonomia recull expressament la competència de l'Administració de la Generalitat per a desplegar, aplicar i executar la normativa de la Unió Europea que afecti l'àmbit de les seves competències. Això té una transcendència especial, atès que la normativa comunitària en matèria de consum esdevé un dels eixos al voltant dels quals giren les diverses polítiques comunitàries i, en conseqüència, incideix directament en àmbits en els quals l'Administració de la Generalitat disposa de competències exclusives.

La idea de consum es relaciona amb l'activitat de comprar, però el consum és molt més que una simple concreció en el context de la cadena de l'activitat econòmica «producció, distribució, consum». El consum és una manera de relacionar-se entre les persones, és un mitjà de desenvolupament a les societats avançades que s'ha convertit en un aspecte clau de l'economia i, en conseqüència, sempre serà considerat com una clara manifestació de l'autonomia de la voluntat. Per això, en aquesta societat cada vegada més globalitzada, cal adonar-se que el consum respon a creences socials, a motivacions profundes i a l'exteriorització de determinats estils de vida que marquen i afecten els sentiments i l'autoestima de les persones, una certa idea d'autorealització i, en el fons, una determinada forma de vida.

Per això, ha calgut desenvolupar una normativa que tingués en compte dos aspectes de la realitat: d'una banda, la idea de la contractació en massa, que significa que hi ha múltiples possibilitats de comprar, demanar un préstec o prestar un servei, que apareixen mediatitzades i que estan establertes de manera uniforme, i, de l'altra, l'existència d'una nova tecnologia que ha creat una categoria d'experts que ofereixen béns i serveis a un conjunt de persones poc avesades, les quals es troben estimulades a adquirir aquests tipus de productes.

Avui en dia, el paper de l'autonomia privada en la contractació es veu desvirtuat, atès que, tot i que es pressuposava que aquesta autonomia estava presidida pel principi d'igualtat, la realitat demostra que no és pas així. De fet, s'observa que les noves necessitats i els contractes d'adhesió en massa gairebé l'han eradicat.

D'aquesta manera, es confirma que aquest presumpte equilibri entre les parts contractants ha desaparegut, per tal com a una només li queda la facultat de decidir, però no pas les condicions de la decisió, que són establertes i fixades per l'altra. Amb tot això, es destaca amb força que la igualtat s'ha convertit en desequilibri. Per aquest motiu, les persones consumidores necessiten, especialment en els casos o situacions de desigualtat efectiva, que s'estableixin mecanismes d'ajuda i protecció a fi de proporcionar-los una informació i una formació clares per a prendre decisions.

La Generalitat sempre s'ha manifestat partidària de disposar d'una normativa pròpia en matèria de defensa dels consumidors i usuaris. Aquesta voluntat la trobem reflectida en la Llei 1/1990, del 8 de gener, sobre la disciplina del mercat i de defensa dels consumidors i dels usuaris; en la Llei 3/1993, del 5 de març, de l'Estatut del consumidor, i en el text refós sobre el comerç interior, aprovat pel Decret legislatiu 1/1993, del 9 de març.

Ara bé, a banda de la normativa interna, el dret del consum no pot pas entendre's sense la tasca que han dut a terme les institucions comunitàries, que han anat convertint el dret del consum en un dels eixos bàsics al voltant del qual giren les diverses polítiques comunitàries. De fet, la integració del dret del consum a l'ordenament jurídic de la Unió Europea i el seu reconeixement exprés com a política comunitària diferenciada en els tractats s'han de considerar fites d'una rellevància i una transcendència especials per a la formació i el desenvolupament del dret del consum.

La Unió Europea, d'una manera ferma i decidida, ha anat promovent, endegant i impulsant actuacions de protecció de les persones consumidores i, de fet, les ha convertides en un dels seus objectius estratègics amb la finalitat de millorar la qualitat de vida de la ciutadania europea. Tot i que els Tractats constitutius de les Comunitats Europees, signats a Roma, el 25 de març de 1957, no varen preveure expressament aquesta política, en la Cimera de París del 1972 apareix, per primera vegada, una voluntat conjunta que les accions de protecció de les persones consumidores esdevinguin un dels eixos de l'actuació comunitària. Uns anys més tard, a l'abril del 1975, la Comissió Europea presentà el primer programa d'acció relatiu a la protecció dels consumidors, que recollia cinc categories de drets fonamentals que esdevindran el fonament de la normativa comunitària en aquesta matèria: el dret a la protecció de la salut i la seguretat, el dret a la protecció dels interessos econòmics, el dret a la indemnització dels danys, el dret a la informació i a l'educació, i el dret a la representació.

Fou en aquest programa on es recollí i es féu constar l'aspecte transversal de la política de protecció de les persones consumidores i s'assenyalà que els objectius esmentats s'havien d'integrar a les diverses accions específiques de la Comunitat, com ara la política econòmica, la política agrícola comuna i les polítiques de medi ambient, transports i energia, les quals afecten les persones consumidores.

Tanmateix, no fou fins a l'Acta única europea, del 1986, quan es va incorporar el concepte de consumidor i es van posar els fonaments d'un reconeixement jurídic de la política de protecció de les persones consumidores.

Posteriorment, mitjançant el Tractat de la Unió Europea o Tractat de Maastricht, del 1992, s'eleva la protecció dels consumidors al rang d'autèntica política comunitària.

El Tractat d'Amsterdam és l'hereu de tota la política comunitària duta a terme des del 1972 i recull que, per a garantir els interessos dels consumidors i assegurar-los un alt nivell de protecció, la Comunitat ha de promoure la protecció de llur salut, seguretat i interessos econòmics, i també de llur dret a la informació, a l'educació i a organitzar-se per a vetllar per llurs interessos.

Fins i tot, un instrument normatiu tan important com la Carta dels drets fonamentals de la Unió Europea, del 1999, que s'ha integrat al Tractat de Lisboa, del 2007, estableix expressament que les polítiques de la Unió han de garantir un alt nivell de protecció dels consumidors.

Així doncs, el procés d'integració europea ha donat al dret del consum una nova dimensió, l'ha fet esdevenir una part important i destacada de les polítiques comunitàries i li ha donat un impuls que transcendeix a totes les relacions econòmiques. En definitiva, la normativa comunitària ha comportat un gir copernicà en aquest àmbit, cosa que ha incidit, incideix i incidirà en aspectes i matèries d'una rellevància especial per a la col·lectivitat.

I

La creació de l'Agència Catalana del Consum, mitjançant la Llei 9/2004, del 24 de desembre, atorga un nou enfocament a la problemàtica del consum. Aquest enfocament deriva del propi àmbit de competència, de les funcions i dels objectius de l'Agència, del coneixement de les novetats dels darrers anys i del desenvolupament de molts d'aspectes regulats en normes bàsiques, si bé de manera dispersa, cosa que projecta la consideració de la protecció de les persones consumidores i usuàries a una nova dimensió, que fa palesa la necessitat de dur a terme una actualització i un desenvolupament modern de les normes bàsiques de regulació del consum.

És per això que hom s'ha proposat com a objectiu l'establiment d'un nou text legal, dotat d'una estructura i d'un contingut bàsic que puguin esdevenir el marc general de referència en matèria de protecció de les persones consumidores. La codificació del dret català de consum té com a objectiu clar garantir la visibilitat de la legislació aplicable en matèria de protecció i defensa de les persones consumidores i la seva sistematització, una vegada les categories legals que la regulen ja han assolit una consolidació evident. En efecte, hi ha una normativa específica que supera la situació de desequilibri en què es troben les persones consumidores i usuàries i que és, en definitiva, la base de llur protecció jurídica. Això és precisament el que regula aquesta llei.

No hem d'oblidar que l'agrupació i la sistematització de la regulació en matèria de consum mitjançant l'estructura del Codi comporten un avenç substancial que garanteix el compliment del principi de seguretat jurídica. Els operadors jurídics han de conèixer i aplicar el dret de la manera més fàcil i segura possible i, sens dubte, mitjançant aquest codi, s'aconsegueix sistematitzar i articular en una única norma jurídica tot el ventall de normes disperses que dificultaven aquesta tasca d'aplicació.

Els codis són els creadors de la nova cultura europea i un instrument insubstituïble de resolució dels conflictes d'interessos. Aquest codi, sens dubte, està subordinat als valors i principis constitucionals i estatutaris i a les disposicions del dret comunitari. És previsible, a llarg termini, un instrument horitzontal de caràcter comunitari, però un codi d'aquesta envergadura sempre respectarà les parts essencials dels principis constitucionals i estatutaris i del cabal comunitari.

II

La normativa en matèria de defensa dels consumidors i usuaris a Catalunya comprèn un triple vessant: la Llei 1/1990, la Llei 3/1993 i el text refós sobre el comerç interior. Durant el temps de vigència d'aquestes disposicions legals, el mercat ha evolucionat de manera notable, han nascut nous tipus d'activitats i noves pràctiques i formes de prestacions de serveis, i, d'altra banda, la societat catalana s'ha tornat molt més exigent.

Calia, per tant, una actuació radical en matèria legislativa i que aquesta legislació fos presidida per una garantia d'actualitat, perdurabilitat i seguretat que contribuís a protegir d'una manera eficaç la ciutadania. Per això, els objectius essencials d'aquesta llei són: adequar la normativa bàsica i general en matèria de defensa de les persones consumidores a l'activitat del mercat, millorar tècnicament les deficiències observades en la normativa anterior, unificar en un sol text legal les disposicions sobre aquesta matèria i establir un contingut i una estructura global de la norma.

D'aquesta manera s'obté un instrument de protecció de la persona consumidora més eficaç i es garanteix una qualitat adequada en la prestació de serveis, tal com estableixen les directives comunitàries transversals.

L'Agència Catalana del Consum, després d'analitzar tant la legislació catalana com la legislació comparada, va considerar que calia reformular la normativa pròpia amb la finalitat d'adaptar-la a la realitat social. L'opció que s'ha considerat més adequada per a obtenir una regulació sistemàtica i completa dins de l'àmbit de les competències assignades constitucionalment i estatutàriament ha estat l'elaboració d'un text codificat que contingui tota la normativa en un sol cos legal, per a dotar-la d'harmonia interna amb la voluntat que sigui la norma general comuna en matèria de protecció de les persones consumidores.

D'altra banda, cal tenir present que l'Estatut d'autonomia del 2006 amplia la protecció de les persones consumidores. En efecte, la protecció dels consumidors apareix en diversos preceptes del text estatutari: a l'article 28 cal afegir-hi el 34, que recull els drets lingüístics dels consumidors i usuaris, i el 49, que eleva la protecció dels consumidors i usuaris a la categoria de principi rector. No es pot impulsar la protecció de les persones consumidores sense tenir present la coexistència d'altres principis d'igual rellevància, com el de sostenibilitat (articles 4.3 i 45.1) o el de responsabilitat social de l'empresa (article 45.5). És per aquest motiu que el Codi ha intentat integrar en el seu articulat tots aquests principis, que indubtablement han de convergir en un text modern que pretén donar resposta adequada a les necessitats de protecció de les persones consumidores.

A més a més, el distanciament que s'observa entre les disposicions vigents i les directives comunitàries és un dels motius determinants de la necessitat de revisar i actualitzar la normativa per a millorar-ne el nivell d'adequació.

III

El Codi de consum és un text innovador, tant des del punt de vista formal com des del punt de vista material. Des del punt de vista formal, cal justificar-ne, en primer lloc, la numeració. S'ha optat per seguir el sistema de numeració importat a Catalunya pel Codi civil, manllevat del legislador del Codi civil neerlandès i posteriorment incorporat per la normativa d'altres estats, com ara el *Code de la Consommation* francès. Aquest sistema facilita la inclusió de noves regulacions o de modificacions, aspecte especialment important en un sector tan dinàmic des del punt de vista jurídic com és la protecció de les persones consumidores.

Quant a l'estructura, el Codi de consum es divideix en tres llibres: el llibre primer conté les disposicions generals, el llibre segon regula els aspectes relatius a les relacions de consum i el llibre tercer es dedica a la disciplina del mercat i els drets de les persones consumidores. En conjunt, el Codi està integrat per dos-cents quatre articles, dues disposicions addicionals, cinc disposicions transitòries, tres disposicions finals i una disposició derogatòria.

Des del punt de vista material, el Codi de consum incorpora nombroses novetats, fruit de l'experiència obtinguda de l'activitat de la mateixa Administració. Aquesta experiència ha permès incorporar solucions ja adoptades per les legislacions més modernes i avançades i corregir situacions que no estaven ben resoltes per la normativa anterior o que senzillament no s'hi preveien.

El llibre primer s'organitza al voltant de tres títols. El títol I, sota la rúbrica «Disposicions preliminars», se subdivideix en dos capítols. El primer delimita l'objecte i l'àmbit d'aplicació i ofereix les definicions dels conceptes als quals fan referència les disposicions del Codi. Aquestes definicions segueixen el model establert per la normativa comunitària; ajuden, sens dubte, els operadors jurídics i la col·lectivitat en general a comprendre el contingut de la norma, i esdevenen normes interpretatives de la legislació a la qual s'incorporen. La llista de definicions presenta, a més, importants novetats que permeten precisar l'abast de determinats conceptes i fan que el Codi s'adapti a les exigències de les directives de la Unió Europea, entre les quals la Directiva 2005/29/CE, sobre les pràctiques comercials deslleials de les empreses en llur relació amb els consumidors, i la Directiva 2006/123/CE, relativa als serveis en el mercat interior. És el cas, per exemple, del concepte de *persona consumidora mitjana*, que implica un determinat nivell de diligència de la persona consumidora en les seves relacions de consum, o el de *col·lectius especialment protegits*, que, si bé pren com a referència el criteri de l'article 21 de l'Estatut del consumidor, l'adapta a les noves exigències de la realitat social i, al mateix temps, serveix de contrapunt al concepte de persona consumidora mitjana, de manera que es proporciona un alt grau de protecció, però sense caure en la sobreprotecció. També cal destacar la introducció del concepte de *relació de consum*, que comprèn l'itinerari complet de les relacions establertes entre persones consumidores i empresaris, i dóna cobertura a tot l'espectre d'aquestes relacions: des de la publicitat fins a l'atenció postcontractual, passant per la mateixa comercialització dels béns o serveis. Hi ha altres definicions que tenen també un paper rellevant i que responen a la mateixa finalitat d'equilibri entre la protecció de les persones consumidores i els interessos dels empresaris, amb l'objectiu de permetre que el mercat interior funcioni adequadament, com vèiem en els conceptes de *bé i servei segur*, *risc* i *risc no acceptable*. Finalment, s'ha considerat imprescindible incorporar el concepte de consum responsable, en la mesura que representa l'expressió d'una necessitat d'equilibri entre els aspectes socials, econòmics i ambientals presents sempre en l'àmbit del consum. El capítol II recull els cinc principis informadors en què es fonamenta el dret del consum: el seu caràcter de dret bàsic, el principi de bona fe i equilibri de les posicions jurídiques, el del caràcter irrenunciable dels drets per a les persones consumidores, el principi de consum responsable i el principi interpretatiu pro persona consumidora.

El títol II conté els drets bàsics de les persones consumidores. En el capítol I s'enumeren els drets protegits, s'hi recull la particular atenció que es presta als col·lectius especialment protegits i es recorda que la protecció general pren com a referència el concepte de *persona consumidora mitjana*. El capítol II desenvolupa el dret a la protecció de la salut i la seguretat tot fent un recorregut pels béns i serveis, en què l'Administració té un paper decisiu, motiu pel qual s'ha introduït en aquest codi el concepte bàsic del risc com a principi general de la regulació. El capítol III estableix el contingut del dret a la protecció dels interessos econòmics i socials de les persones consumidores, que pretén incloure el respecte per llur integritat patrimonial. El capítol IV destaca per la incorporació del dret a la reparació o indemnització dels danys i perjudicis que pateixin les persones consumidores com a conseqüència de l'adquisició o la utilització de béns i serveis. Aquest dret té una importància cabdal en l'àmbit de les relacions de consum i permet que les persones consumidores arribin a obtenir, si escau, un rescabalament davant d'actuacions que menyscabin llurs drets. D'altra banda, el capítol V recull el dret a la protecció jurídica, administrativa i tècnica, que comprèn la possibilitat que l'Administració pública promogui els processos administratius i judicials que consideri adequats per a fer cessar les activitats lesives dels drets i els interessos econòmics de les persones consumidores, i estableix l'obligació de fomentar els procediments voluntaris de resolució de conflictes. El capítol VI regula el dret a la informació i l'educació. Quant a la informació relativa als béns i serveis, s'hi inclouen tots els conceptes que estaven dispersos en diferents normes. D'entrada, destaca l'obligació d'informar i atendre adequadament les persones consumidores perquè puguin conèixer, utilitzar i fer servir amb seguretat i de manera satisfactòria els béns i serveis. Pel que fa a la informació que les persones consumidores poden obtenir de l'Administració, destaca especialment la regulació de les funcions dels anomenats serveis públics de consum i la creació del registre d'aquests serveis. Finalment, es dota de contingut la tasca educativa que ha d'acomplir l'Administració, atès que el dret a l'educació i formació en consum es configura com un dret transversal, garantit per l'acció del Govern. En aquest sentit, l'educació de les persones consumidores es considera part de la formació integral de la ciutadania, amb la pretensió de formar persones crítiques, actives i responsables en l'àmbit de les relacions de consum. Amb aquesta finalitat, cal destacar, entre les novetats d'aquest codi, que es consolida l'existència d'un centre permanent d'educació en consum que cobreix tot l'àmbit territorial de Catalunya. El capítol VII dóna contingut al dret a la representació, la consulta i la participació, alhora que conté una regulació acurada i innovadora de les organitzacions de persones consumidores, per a les quals estableix els drets i deures a què estan subjectes, i actualitza els criteris que cal tenir en compte per a considerar-les organitzacions més representatives. Com a garantia del nou sistema, es crea el Registre d'organitzacions i s'hi estableixen els requisits mínims d'inscripció. El capítol VIII es refereix al dret a rebre informació i a la utilització de les llengües oficials, incorpora aquest dret als drets bàsics de les persones consumidores i desplega així l'article 34 de l'Estatut.

El títol III presenta importants novetats pel que fa als sistemes de resolució extrajudicial de conflictes. El capítol I conté les disposicions generals aplicables a qualsevol mecanisme de resolució extrajudicial dels conflictes en matèria de consum i parteix de la canalització dels conflictes mitjançant la mediació i l'arbitratge de consum, respectant-ne el caràcter voluntari i la vinculació dels acords. El capítol II regula la mediació prenent en consideració els principis que la fonamenten: voluntarietat, imparcialitat i confidencialitat per part de la persona mediadora, i universalitat relativa a qualsevol tema en qualsevol assumpte que afecti els consumidors catalans. Així mateix, en les disposicions finals es fa una reserva reglamentària per a dotar de regulació el procediment de mediació. El capítol III regula els aspectes organitzatius de l'arbitratge de consum que pertanyen a l'àmbit competencial de la Generalitat. En aquest sentit, destaca com a novetat la incorporació de l'adhesió a l'arbitratge de consum com a condició d'execució dels contractes per a la Generalitat i per als organismes públics i les empreses que en depenen. Finalment, s'impulsa la consideració social de les empreses adherides a l'arbitratge de consum per tal com s'atribueix a llur distintiu la condició de distintiu de qualitat.

IV

El llibre segon regula els requisits de les relacions de consum. El títol I, que se subdivideix en dos capítols, conté les disposicions generals aplicables a qualsevol activitat econòmica que es concreti en una relació de consum. El capítol I estableix els requisits relatius a la informació de caràcter substancial que tots els empresaris estan obligats a subministrar a les persones consumidores. Aquesta informació, decisiva per al comportament econòmic de les persones consumidores, fa referència als preus i a les seves eventuals reduccions, a les característiques dels béns i serveis, a les condicions de les promocions i ofertes, als obsequis, als concursos i sorteigs, i a la possibilitat de gaudir del dret de desistiment. A més, s'estableix l'obligació dels empresaris d'atendre les persones consumidores davant de qualsevol circumstància o incidència que afecti el funcionament normal de les relacions de consum, i també el caràcter gratuït de l'atenció telefònica que l'empresari o empresària ha de posar a disposició de les persones consumidores. El capítol II fa referència als requisits que amb caràcter general han de complir els establiments permanents en matèria d'informació sobre preus, condicions de venda, pressupostos i documentació que cal lliurar a les persones consumidores.

El títol II regula les modalitats especials de les relacions de consum. El text refós sobre el comerç interior, en què convergien la regulació administrativa de la mateixa activitat i preceptes propis de la protecció de les persones consumidores, ja regulava aquestes modalitats especials. El Codi de consum trasllada i actualitza les normes vigents amb relació a la protecció de les persones consumidores. En aquest sentit, el capítol I defineix aquestes modalitats i les identifica amb les que es fan fora d'un establiment permanent, és a dir, les relacions de consum a distància i les fetes fora d'establiment mercantil permanent, les fetes mitjançant màquines automàtiques i les fetes en establiments no sedentaris, i estableix unes normes comunes relatives a la informació que cal subministrar a les persones consumidores. El capítol II regula les relacions de consum a distància. En particular, en formen part les relacions per mitjans telefònics, per correspondència postal i per mitjans audiovisuals i electrònics, la qual cosa representa una important novetat. La regulació es concreta en la determinació de la informació que cal subministrar a les persones consumidores atenent el fet que no es dóna la presència simultània de les parts en el moment d'establir la relació de consum. El capítol III regula les relacions de consum efectuades fora d'establiment mercantil permanent, presidida per una tècnica de comercialització de béns i serveis inacostumada per a les persones consumidores. Per aquest motiu, els requisits d'informació i documentació contractual tenen una importància especial i reflecteixen un contingut més estricte quant a les obligacions que ha de complir l'empresari o empresària que es dediqui a aquest tipus de comercialització de béns i serveis. El capítol IV introdueix novetats importants relatives a l'adquisició de béns i serveis mitjançant màquines automàtiques. Aquestes novetats inclouen el contingut de l'obligació d'informar, que comprèn aspectes diversos, com ara les instruccions per a obtenir el bé o servei, les indicacions relatives al preu i a les modalitats de pagament admeses i la identificació de l'explotador o explotadora. L'incompliment d'aquesta obligació comporta l'extensió de la responsabilitat als titulars de l'establiment permanent on hi ha la màquina. A les relacions de consum en establiments no sedentaris que defineix el capítol V els és aplicable l'obligació de subministrar la informació que estableix l'article 221-2.

El títol III conté un únic capítol i presenta una innovació més en la normativa de protecció de les persones consumidores. En aquest títol s'incorpora al Codi de consum la regulació de la intermediació, la qual s'aplica a tota persona física o jurídica que es dediqui a qualsevol de les activitats a què fa referència l'article 231-1, per compte d'altri i a canvi d'una remuneració pecuniària o no, però sempre en forma d'avantatge econòmic. En aquests casos, s'imposa als intermediaris l'obligació d'informar de diversos aspectes relatius a l'abast i al preu de llur intervenció. Igualment, s'estableixen les obligacions que assumeixen els intermediaris quant a la forma d'actuació, a la recepció de quantitats a compte i al règim de responsabilitat.

El títol IV s'aplica a l'adquisició i l'arrendament de béns. El capítol I fa referència tant a l'adquisició com a l'arrendament d'immobles. El capítol II regula la informació que cal posar a disposició de les persones consumidores adquirents de béns mobles, i també la conformitat i garantia dels béns, d'acord amb la normativa.

Sota la rúbrica «Obligacions en la prestació de serveis», el títol V regula la pluralitat de serveis que els empresaris poden posar a disposició de les persones consumidores. Aquests serveis es classifiquen en funció de l'objecte, la qual cosa permet distingir entre serveis a les persones, serveis sobre els béns, serveis bàsics, serveis de tracte continuat i serveis de marca. El capítol I fa referència a les obligacions comunes, que s'han de complir en qualsevol cas, amb independència del tipus de servei que finalment es presti. Entre les obligacions que s'han d'assumir convé destacar les relatives al contingut de la informació prèvia que cal subministrar a les persones consumidores, el contingut de la factura, els requisits de documentació en els pagaments parcials o avançats, la regulació dels recàrrecs i suplements, i l'establiment d'un període mínim de garantia per al cas que no hi hagi una normativa sectorial que n'estableixi un altre. El capítol II desglossa les obligacions que han d'assumir els empresaris en funció del tipus de servei que prestin. Així, en el cas dels serveis a les persones és especialment important el compliment de les disposicions sobre seguretat, salut, higiene i intimitat personal i de les altres disposicions fixades per la normativa específica de la matèria, sens perjudici de la possibilitat de comprovar els resultats que s'hagin ofert i de la informació dels riscos que la prestació del servei comporti. Quant als serveis sobre els béns, adquireixen rellevància les obligacions relatives a la informació i a la confecció de pressupostos i les obligacions derivades del dipòsit del bé si aquest és necessari per a la prestació del servei. En matèria de serveis bàsics, s'ha considerat d'interès especial per a protegir millor les persones consumidores l'obligació de lliurar informació de la prestació, i també del lloc i els procediments establerts per a atendre les queixes o reclamacions. Si la contractació és de serveis de tracte continuat, les obligacions imposades estan en consonància justament amb la naturalesa del caràcter indefinit de la prestació del servei, de manera que la normativa fa referència a la continuïtat i qualitat en la prestació del servei i a la informació relativa al procediment de baixa que cal subministrar en el moment de la contractació. Als serveis de marca els són imposades obligacions relacionades directament amb l'ús dels distintius de la marca i amb la vinculació dels prestadors amb la publicitat o amb les ofertes difoses amb relació als serveis comercialitzats, llevat que s'especifiqui el contrari. El capítol es clou amb una referència als serveis de naturalesa mixta, per als quals s'estableix una concurrència normativa en la mesura que les normes siguin compatibles.

V

El llibre tercer regula la disciplina del mercat i els drets de les persones consumidores. El títol I conté les disposicions generals organitzades en dos capítols. El capítol I imposa als poders públics de Catalunya, especialment als que tenen encomanada la tutela i defensa dels drets de les persones consumidores, l'obligació de vetllar pel compliment dels drets que reconeix aquest codi. En aquest sentit, es pot impulsar l'adopció de codis de conducta com a instrument d'autoregulació i coregulació de les empreses i la col·laboració de les diferents instàncies administratives, amb la finalitat d'obtenir un grau més elevat de protecció dels interessos de les persones consumidores. Es regula també la cooperació de les persones consumidores en aquesta tasca de protecció. Les persones consumidores tenen el dret i el deure de fer-ho, principalment per mitjà de la denúncia, de la qual es regula detalladament el procediment de tramitació. El capítol II recull els principis de la disciplina de mercat: legalitat, irretroactivitat, tipicitat, responsabilitat, proporcionalitat, precaució, prescripció, concurrència de sancions, competència territorial i competència material, als quals s'afegeix el principi pro persona consumidora, en virtut del qual s'estableixen criteris interpretatius de normes i per a la solució del conflicte sorgit d'una eventual concurrència de normes tipificadores d'una conducta infractora.

El títol II regula la inspecció i el control de mercat. Les disposicions generals, que estableix el capítol I, introdueixen com a principal novetat l'estatut personal dels inspectors de consum. Les activitats d'inspecció són regulades pel capítol II, el qual estableix primer les funcions de la inspecció de consum i després, les facultats de la inspecció de consum. Concretament, destaca l'obligació dels inspeccionats de comparèixer davant de la inspecció quan hagin estat citats pel personal inspector en l'exercici de les seves funcions. Es declara el valor probatori dels informes de la inspecció, que s'equiparen així a les actes d'inspecció. Pel que fa a l'adopció de les mesures cautelars que regula el capítol III es flexibilitza la normativa per a guanyar en eficàcia, sobretot en situacions d'urgència, sempre que es motivi l'adopció d'aquestes mesures en una acta d'inspecció. Entre les mesures a adoptar convé destacar la possibilitat de donar publicitat a la mesura cautelar per a informar els afectats que s'hagin pogut exposar al risc derivat de l'ús d'un bé o de la prestació d'un servei. Aquest capítol clou amb la referència a les competències municipals en matèria d'adopció d'aquest tipus de mesures, sempre amb l'obligació de comunicar-ho a l'Agència Catalana del Consum. El capítol IV regula les activitats de control, entre les quals adquireix rellevància la possibilitat de fer estudis i prospeccions de mercat per a establir estratègies d'actuació administrativa que augmentin l'eficàcia de la protecció de les persones consumidores.

El títol III tipifica les infraccions i estableix les sancions. El capítol I tipifica les infraccions i les classifica en funció de l'objecte, i distingeix entre les que comporten incompliments en matèria de seguretat dels béns i serveis posats a disposició de les persones consumidores i de les disposicions o resolucions administratives relatives a prohibicions de venda, comercialització o distribució de béns i serveis, les que comporten alteració, adulteració, frau o engany, les que incideixen directament en les transaccions comercials i condicions tècniques de venda i en matèria de preus, les referents a la normalització, la documentació i les condicions de venda i al subministrament o la prestació de serveis, les relatives a l'incompliment d'obligacions o prohibicions contractuals de caràcter legal i, finalment, altres infraccions no classificables en cap dels tipus anteriors. Fruit de les novetats que incorpora el Codi de consum, s'han afegit també nous tipus infractors relatius a obligacions que han d'assumir els empresaris, com ara les infraccions relacionades amb la realització de pràctiques o amb la inclusió de clàusules abusives. El capítol II es dedica a la qualificació de les infraccions. En termes generals, cal apuntar que s'ha adequat la qualificació a la realitat, de manera que determinades infraccions són considerades greus en qualsevol cas. Aquesta circumstància comporta també l'adequació de les sancions que estableix el capítol III, que s'ha traduït en un augment de les quanties i en una revisió de les circumstàncies agreujants i atenuants a l'hora de determinar la quantia i l'extensió de les sancions. Així, per exemple, s'estableix la reiteració en la conducta com a circumstància agreujant de la sanció. Entre les sancions que es poden imposar destaca la d'obligar a la rectificació pública de la publicitat efectuada per un empresari o empresària, és a dir, la possibilitat d'exigir a l'infractor o infractora que publiqui un comunicat en què es rectifiqui la publicitat efectuada, la qual cosa s'ha de fer en les mateixes condicions o en condicions semblants a les condicions en què es va fer l'actuació sancionada. També es recull la possibilitat d'adoptar l'acord de donar publicitat a les sancions per infracció lleu. A més, s'inclou la possibilitat d'exigir a l'infractor o infractora que reposi la situació alterada per la infracció al seu estat original i, si escau, que indemnitzi la persona consumidora pels danys i perjudicis provats. El capítol IV fixa les responsabilitats derivades de les infraccions, amb particularitats diferents segons que la infracció s'hagi comès en la comercialització de béns identificats, béns no identificats o en serveis, la qual cosa implica la introducció de nous criteris en aquesta matèria. El capítol V introdueix les normes reguladores de la prescripció de les infraccions, de les sancions i de l'execució de les sancions.

El títol IV tanca el llibre tercer amb la regulació del procediment sancionador. En el capítol I destaca la determinació del termini de caducitat, que es fixa en dotze mesos comptats des de la data d'iniciació del procediment sancionador, amb la possibilitat de suspendre el termini en cas de sol·licitud o pràctica de determinades proves. Finalment, el capítol II regula les multes coercitives i estableix la possibilitat de reiterar-les en cas d'incompliment de les ja ordenades.

El Codi de consum incorpora diverses disposicions addicionals que inclouen mandats al Govern perquè dicti normes per a desplegar aquest codi i fer-lo eficaç. El Codi de consum conté també disposicions transitòries relatives, en primer lloc, als procediments que es troben en fase de tramitació. En segon lloc, es concedeix un termini de sis mesos als empresaris i les entitats perquè s'adaptin al que estableix el llibre segon.

En tercer lloc, es regula el règim transitori de les actuacions d'inspecció i es determina la transitorietat dels òrgans sancionadors. En darrer lloc, s'estableix el règim aplicable a les comarques que, en el moment d'entrada en vigor d'aquesta llei, no tinguin un servei públic de consum. El Codi de consum conté tres disposicions finals. La primera estableix que, en l'àmbit del consum, les referències fetes a la Llei 1/1998, del 7 de gener, de política lingüística, i a la Llei 1/1990, del 8 de gener, sobre la disciplina del mercat i de defensa dels consumidors i dels usuaris, s'entenen fetes a aquest codi. La segona i la tercera determinen, respectivament, la vacatio legis i el desplegament reglamentari d'aquesta llei.

S'ha de destacar que el sistema de drets lingüístics que estableix el Codi de consum no entra en contradicció amb el règim que estableix la Llei 1/1998, que, en conseqüència, continua vigent.

La part final estableix també la derogació expressa de la Llei 3/1993 i de les disposicions de rang igual o inferior que s'oposin al que estableix aquesta llei.

Llibre primer. *Disposicions generals*

TÍTOL I. *Disposicions preliminars*

CAPÍTOL I. *Objecte, àmbit d'aplicació i definicions*

Article 111-1. *Objecte i àmbit*

1. Aquesta llei té per objecte garantir la defensa i la protecció dels drets de les persones consumidores i establir, en l'àmbit territorial de Catalunya, els principis i les normes que les han de regir per tal de millorar la qualitat de vida de les persones consumidores.

2. Els drets i les obligacions que estableix aquest codi són aplicables, en la mesura que hi siguin compatibles, a:

a) Les relacions de prestació de serveis entre les persones físiques empresàries que estiguin dins del règim especial de treballadors autònoms i les empreses prestadores de serveis bàsics i serveis de tracte continuat.

b) Les relacions entre empreses prestadores de serveis bàsics i serveis de tracte continuat i els ens que tinguin la consideració de microempreses d'acord amb la Recomanació 2003/361/CE, del 6 de maig.

Article 111-2. *Definicions*

Als efectes d'aquesta llei, s'entén per:

a) *Persones consumidores i usuàries*: les persones físiques o jurídiques que actuen en el marc de les relacions de consum en un àmbit aliè a una activitat empresarial o professional. També tenen aquesta consideració els socis cooperativistes en les relacions de consum amb la cooperativa. Qualsevol referència que es faci en aquesta llei al concepte de persona consumidora s'entén que és feta a la persona consumidora o usuària en tant que gaudeix de béns i serveis fruit de l'activitat empresarial en el mercat.

b) *Persona consumidora mitjana*: persona consumidora que, d'acord amb un criteri de diligència ordinària, hauria d'estar normalment informada i ésser raonablement curosa en les relacions de consum, en funció dels factors socials, culturals i lingüístics.

c) *Col·lectius especialment protegits*: col·lectius que, per la concurrència de determinades característiques, són especialment vulnerables pel que fa a les relacions de consum. En qualsevol cas, la protecció especial s'ha de donar tenint en compte la persona consumidora mitjana del col·lectiu en què s'integra la persona consumidora. En particular, són col·lectius especialment protegits: els infants i els adolescents, les persones grans, les persones malaltes, les persones amb discapacitats i qualsevol altre col·lectiu en situació d'inferioritat o indefensió especials.

d) *Empresari o empresària*: qualsevol persona física o jurídica, pública o privada, que, en l'acompliment d'un negoci, un ofici o una professió, comercialitza béns o serveis o, de qualsevol altra manera, actua en el marc de la seva activitat empresarial o professional.

e) *Establiment permanent*: infraestructura estable on un empresari o empresària duu a terme l'exercici efectiu d'una activitat econòmica, consistent essencialment en l'oferta i la venda de béns o la prestació de serveis a les persones consumidores.

f) *Entitat col·laboradora*: òrgan o entitat de caràcter públic o privat habilitat per les administracions de consum, de manera general o específica, per a exercir algunes de les activitats que són competència de l'Administració o per a donar-hi suport.

g) *Béns i serveis*: béns mobles o immobles, productes, activitats o funcions utilitzats o adquirits per les persones consumidores, o destinats a aquestes, o que en condicions raonablement previsibles puguin ésser utilitzats per aquestes, amb independència del caràcter individual o social, públic o privat, de qui els produeix, subministra o presta.

h) *Bé o servei identificat*: bé o servei que porta o utilitza qualsevol tipus de marca, símbol, logotip o signes externs que fan creure a les persones consumidores que el bé o servei ha estat elaborat, distribuït o comercialitzat per una empresa determinada.

i) *Bé o servei segur*: bé o servei que en condicions d'utilització normal o raonablement previsibles, incloses les condicions de durada i, si escau, de posada en servei, d'instal·lació i de manteniment, no presenta cap risc o només riscos mínims compatibles amb el bé o servei considerats acceptables dins del respecte a un nivell elevat de protecció de la salut, la seguretat i els interessos econòmics de les persones.

j) *Risc*: probabilitat que la salut, la seguretat o els interessos econòmics de les persones consumidores pateixin un dany derivat de la utilització, el consum o la presència d'un bé o servei.

k) *Risc no acceptable*: risc que comporta que un bé o servei determinat no compleixi les exigències de la lletra *i*.

l) *Consum responsable*: consum moderat, informat, reflexiu i conscient de béns i serveis, tot tenint en compte els criteris de sostenibilitat cultural, ambiental, socioeconòmica i lingüística.

m) *Relació de consum*: qualsevol relació establerta entre, d'una banda, empresaris, intermediaris o l'Administració com a prestadora de béns i serveis i, d'altra banda, les persones consumidores. Aquesta relació comprèn la informació, l'oferta, la promoció, la publicitat, la comercialització, la utilització, la venda, i el subministrament de béns i serveis, i també les obligacions que en derivin.

n) *Dret de desistiment*: dret que té la persona consumidora de decidir la devolució del bé o la cancel·lació del servei durant el temps establert com a període de reflexió legalment o contractualment.

o) *Resolució extrajudicial de conflictes*: qualsevol procediment alternatiu al jurisdiccional que permeti posar fi a les controvèrsies sorgides en el marc d'una relació de consum.

p) *Codi de conducta*: acord o conjunt de normes fonamentats en criteris ètics i de bona pràctica comercial, no imposats per disposicions legals, reglamentàries o administratives, en què es defineix el comportament dels empresaris que es comprometen a complir-los en llurs relacions de consum.

q) *Distintiu de qualitat o d'origen*: signe extern o visible que poden atorgar les administracions públiques o els organismes legalment acreditats als empresaris que s'adhereixin a determinats codis de conducta o als béns o serveis que tinguin marques de garantia.

r) *Invitació a comprar*: qualsevol comunicació comercial que indica les característiques del bé o servei i el seu preu, i que permet a la persona consumidora d'adquirir-lo.

s) *Comunicació comercial*: qualsevol forma de comunicació dirigida a la promoció, directa o indirecta, de la imatge o dels béns o serveis d'una empresa, un establiment, una organització o una persona que acompleixi una activitat econòmica amb la finalitat d'establir relacions de consum.

t) *Comunicació comercial electrònica*: comunicació comercial transmesa per mitjà d'equipaments electrònics de tractament i emmagatzematge de dades connectats a una xarxa de telecomunicacions.

u) *Informació accessible*: informació tramesa pels mitjans més adequats per a assegurar-ne la percepció i la comprensió correctes per part de les persones amb discapacitats sensorials.

v) *Pobresa energètica*: incapacitat d'una llar per a satisfer el mínim de serveis energètics i, d'aquesta manera, garantir les necessitats bàsiques tot tenint en compte els factors personals, geogràfics i materials que hi concorren. Aquests paràmetres s'han de definir per reglament.

w) *Persones en situació de vulnerabilitat econòmica*: persones consumidores que presenten una mancança de recursos econòmics, d'acord amb els criteris següents:

1r. Que el total d'ingressos dels membres de la unitat familiar o convivencial no sigui en cap cas superior, per tots els conceptes, a 1,5 vegades l'indicador de renda de suficiència, incrementat pels conceptes següents:

1r.a. Un 30% per cada membre de la unitat a partir del tercer.

1r.b. Un 10% per cada membre de la unitat en situació de dependència moderada.

1r.c. Un 20% per cada membre de la unitat en situació de dependència severa.

1r.d. Un 30% per cada membre de la unitat en situació de gran dependència.

1r.e. Un 10% per cada membre de la unitat de seixanta-cinc anys o més.

Per a determinar si se supera aquest límit, s'han d'afegir els ingressos que els membres de la unitat familiar rebin en concepte de percepcions o ajuts socials.

2n. Que es declari que no es pot reduir la despesa relativa al consum de béns o serveis perquè s'han exhaurit totes les mesures amb aquesta finalitat.

3r. Que s'acrediti que les tarifes que tenen contractades per al servei de subministrament d'aigua, electricitat o gas responen a la modalitat de tarifa social que estableix la normativa aplicable.

x) Persones susceptibles de patir trastorn de la conducta alimentària (TCA): persones consumidores que poden adoptar hàbits relacionats amb els trastorns alimentaris com l'anorèxia i la bulímia, entre altres.

CAPÍTOL II. *Principis informadors del dret de consum*

Article 112-1. *Dret bàsic*

Els drets de les persones consumidores tenen el caràcter de dret bàsic i són objecte d'una protecció especial.

Article 112-2. *Bona fe i equilibri de les posicions jurídiques*

Les relacions de consum s'han de fonamentar en la bona fe i el just equilibri de les posicions jurídiques, cosa que exclou les pràctiques comercials deslleials o abusives i la inserció de clàusules abusives als contractes.

Article 112-3. *Irrenunciabilitat dels drets*

Els drets que aquesta llei atorga a les persones consumidores són irrenunciables i és nul qualsevol pacte que els exclogui.

Article 112-4. *Principi de consum responsable*

Les relacions de consum s'han d'ajustar als criteris de racionalitat i sostenibilitat amb relació a la preservació del medi ambient, la qualitat de vida, l'especificitat cultural, el comerç just, l'accessibilitat, l'endeutament familiar, els riscos admissibles i altres factors que determinen un desenvolupament socioeconòmic individual i col·lectiu.

Article 112-5. *Principi de protecció de les persones consumidores*

Les administracions públiques catalanes han de vetllar per garantir el compliment efectiu dels drets que aquesta llei reconeix a les persones consumidores.

TÍTOL II. *Dels drets bàsics de les persones consumidores*

CAPÍTOL I. *Drets de les persones consumidores*

Article 121-1. *Disposició general*

1. Es reconeixen a les persones consumidores els drets i interessos que estableix aquesta llei d'acord amb el que disposa aquest llibre, sens perjudici dels drets i de les obligacions que estableixen la normativa sectorial específica i la normativa civil general que escaigui.

2. Les relacions de consum que es desenvolupin al territori de Catalunya es regeixen pels preceptes d'aquesta llei, llevat dels casos en què la regulació sectorial específica dispensa una major protecció als drets de les persones consumidores.

Article 121-2. *Drets protegits*

Els drets i els interessos de les persones consumidores protegits per aquesta llei són els següents:

a) El dret a la protecció de la salut i a la seguretat.

b) El dret a la protecció dels interessos econòmics i socials.

c) El dret a la indemnització i reparació de danys.

d) El dret a la protecció jurídica, administrativa i tècnica.

e) El dret a la informació, l'educació i la formació.

f) El dret a la representació, la consulta i la participació.

g) Els drets lingüístics.

Article 121-3. *Col·lectius especialment protegits*

1.   Els drets de les persones consumidores que afectin col·lectius especialment protegits gaudeixen d'una atenció especial i preferent per part dels poders públics, d'acord amb el que estableixen aquesta llei, les disposicions que la despleguin i la resta de l'ordenament jurídic.

2.   Les persones amb discapacitat, especialment, han de tenir garantit l'accés adequat a la informació sobre els béns i serveis, i el ple exercici i el gaudi dels drets i les garanties que recull aquesta llei, de la mateixa manera que la resta de persones consumidores.

Article 121-4. *Protecció general*

La protecció general de les persones consumidores ha de prendre com a referència el concepte de persona consumidora mitjana.

CAPÍTOL II.   *Dret a la protecció de la salut i a la seguretat*

Article 122-1. *Obligació general*

1.   Els béns i serveis destinats a les persones consumidores no poden comportar riscos per a llur salut ni per a llur seguretat, llevat dels que siguin usuals o legalment admissibles en condicions normals o previsibles d'utilització.

2.   Els riscos usualment o reglamentàriament admesos en condicions normals i previsibles d'utilització s'han de posar en coneixement de les persones consumidores de manera clara i amb els mitjans adequats.

3.   Els béns i serveis s'han de subjectar al que determini la normativa sectorial aplicable, especialment la relativa a seguretat industrial, sanitat i salut pública, i també qualsevol altra que tingui com a finalitat garantir la salut i la seguretat de les persones consumidores.

4.   L'accés a la informació, especialment la relacionada amb la salut i la seguretat, s'ha de garantir, amb caràcter general, a totes les persones amb discapacitat, per mitjà de la regulació reglamentària sobre béns i serveis.

5.   Els poders públics han de fomentar la inclusió del sistema Braille en l'etiquetatge dels béns, en especial respecte als béns que afectin la salut i la seguretat.

6.   Les persones susceptibles de patir trastorns alimentaris com l'anorèxia i la bulímia, entre altres, gaudeixen de la protecció especial que preveu l'article 121-3, i especialment pel que fa a la promoció, la publicitat, l'oferta i qualsevol actuació en relació amb la comercialització de béns i serveis, sigui quin sigui el mitjà a través del qual es transmet.

Article 122-2. *Obligació dels empresaris*

Els qui produeixin, importin, distribueixin, manipulin o comercialitzin béns i serveis, en llur qualitat de professionals, tenen l'obligació de subministrar béns o prestar serveis segurs i, en conseqüència, han d'actuar amb diligència per a evitar la posada al mercat de béns i serveis insegurs. Es presumeix que són segurs els béns que duen, si és preceptiu, el marcatge CE o bé que disposen d'un certificat de conformitat emès per un organisme acreditat a la Unió Europea.

Article 122-3. *Béns i serveis d'alimentació*

Els béns i serveis relacionats amb l'alimentació han de complir els requisits exigibles en matèria de producció, elaboració, manipulació, conservació, comercialització, transport i informació a la persona consumidora.

Article 122-4. *Béns i serveis destinats a la salut i la cura higiènica*

1. Els béns i serveis destinats a la salut i la cura higiènica han de complir les condicions exigibles i especificar les mesures necessàries perquè les persones consumidores siguin informades sobre la composició, les propietats, les condicions, les precaucions d'ús i la caducitat, si escau.

2. Les disposicions d'aquesta llei només s'apliquen als serveis sanitaris públics en la mesura que siguin compatibles amb llurs característiques específiques.

Article 122-5. *Béns perillosos*

Els béns que continguin substàncies i preparats classificats com a perillosos han d'ésser fabricats, transportats, emmagatzemats i comercialitzats amb les condicions i dades de seguretat, d'envasatge i d'etiquetatge corresponents i han de dur incorporats els símbols i les indicacions dels perills que comporten i l'explicació de les mesures adequades per a contrarestar-ne i apaivagar-ne els possibles efectes perjudicials sobre la salut i la seguretat.

Article 122-6. *Aparells, instal·lacions i serveis*

S'han de preveure els controls pertinents i especificar els serveis de manteniment i reparació necessaris dels aparells, les instal·lacions i els serveis que puguin afectar la seguretat física de les persones.

Article 122-7. *Transports i espais d'ús públic*

Els transports col·lectius, les instal·lacions, els locals i els espais d'ús públic han de complir les condicions exigibles que en garanteixin la seguretat, la salubritat i l'accessibilitat.

Article 122-8. *Actuació de l'Administració*

Si en el mercat hi ha béns o serveis amb riscos no acceptables per a la salut o la seguretat de les persones consumidores, els organismes competents en la matèria han d'adoptar les mesures adequades per a aconseguir-ne la detecció i la retirada del mercat i per a informar-ne les persones consumidores, aclarir responsabilitats i reprimir, si escau, les conductes infractores de la legislació.

CAPÍTOL III. *Dret a la protecció dels interessos econòmics i socials*

Article 123-1. *Disposició general*

Les persones consumidores tenen dret a la protecció de llurs legítims interessos econòmics i socials d'acord amb el que estableixen aquesta llei i les disposicions que la despleguin.

Article 123-2. *Protecció contra els abusos contractuals.*

Les persones consumidores tenen dret a:

a) Disposar, en el marc de les relacions de consum, d'unes clàusules generals o d'altres clàusules no negociades individualment que estiguin redactades amb concreció, claredat i senzillesa, amb respecte als principis de bona fe i just equilibri entre drets i obligacions de les parts, la qual cosa exclou la utilització de clàusules abusives, il·legibles o incomprensibles als contractes.

b) Rebre dels proveïdors de béns i serveis una còpia del contracte, la factura, el rebut o el justificant dels pagaments efectuats en què consti, almenys, la identitat personal o social i fiscal del proveïdor o proveïdora, l'adreça, la quantitat pagada, el concepte pel qual se satisfà i la data.

c) Rebre, per escrit o per altres mitjans que n'acreditin fefaentment l'autoria, si atesa la naturalesa del bé o el servei no es pot fixar prèviament el preu amb exactitud, un pressupost en què han de constar, almenys, la identitat i l'adreça del prestador, les operacions que s'han de dur a terme, l'import, el termini de validesa, i la data aproximada i la durada prevista de realització del servei. Aquest pressupost és vinculant per al prestador del servei fins que s'exhaureixi el termini de la seva validesa. De la mateixa manera, quan les despeses addicionals que repercuteixin en la persona consumidora no puguin ésser calculades per endavant, s'ha d'informar de l'existència d'aquestes despeses i de l'import aproximat.

d) Obtenir, si cedeixen un bé perquè se'n faci la verificació, la comprovació, la reparació, la substitució o qualsevol altra intervenció, un resguard de dipòsit en què constin, almenys, la identificació de l'establiment o dipositari, la identificació de l'objecte, l'operació que s'ha de fer, la data de lliurament del bé i la data prevista de la realització del servei.

e) Tenir garantida tota quantitat lliurada anticipadament.

f) Obtenir una protecció especial pel que fa als contractes de prestació de serveis bàsics o que afecten drets de les persones consumidores.

g) Rebre, de l'organisme competent en matèria de consum, informació sobre els mecanismes de garantia efectiva dels drets reconeguts en l'ordenament vigent aplicables en matèria de relacions de consum.

h) Sol·licitar l'eliminació i el cessament de les clàusules i pràctiques abusives o deslleials. En el cas dels crèdits o préstecs hipotecaris, es pot preveure l'opció de la dació en pagament.

Article 123-3. *Informació precontractual*

Les persones consumidores tenen dret que se'ls lliuri, amb un temps suficient i raonable, un model de contracte amb les condicions generals previstes.

Article 123-4. *Informació contractual*

En la documentació contractual han de constar, si escau, les condicions generals, el dret de desistiment i les condicions i el termini d'exercici, l'existència de garanties addicionals i l'adhesió a codis de conducta o mitjans alternatius de resolució de conflictes.

Article 123-5. *Qualitat i idoneïtat dels béns i serveis*

El termini, la garantia i la possibilitat de renúncia o devolució que s'estableixi als contractes han de permetre que la persona consumidora:

a) S'asseguri de la naturalesa, les característiques, les condicions i la utilitat o finalitat del bé o servei.

b) Pugui reclamar amb eficàcia en cas d'errada, defecte o deteriorament.

c) Pugui fer efectives les garanties de qualitat o nivell de prestació i obtenir la devolució equitativa del preu de mercat del bé o servei, totalment o parcialment, en cas d'incompliment o de compliment defectuós.

Article 123-6. *Conformitat dels béns i serveis*

1. La persona consumidora ha de gaudir com a mínim de la qualitat i les prestacions que constin en el contracte, el pressupost, la publicitat, les invitacions a comprar o qualsevol altre document que vinculi l'empresari o empresària en les relacions de consum.

2. Les persones consumidores tenen dret a ésser informades dels drets que els corresponen com a adquirents de béns o serveis, especialment pel que fa a la conformitat i a la garantia dels béns de naturalesa duradora.

3. Els venedors o els productors han de garantir a les persones consumidores el gaudiment d'un servei tècnic i d'atenció a la clientela adequat, sense demores o retards injustificats.

4. En el cas de prestacions de serveis, la persona consumidora té dret a una atenció adequada un cop prestat el servei, que en garanteixi la correcció i la idoneïtat.

Article 123-7. *Integració contractual de l'oferta, la promoció i la publicitat*

1. L'oferta, la promoció i la publicitat dels béns o serveis s'ha d'ajustar a llur naturalesa, característiques, utilitat o finalitat i a les condicions jurídiques o econòmiques de la contractació.

2. Les persones consumidores poden exigir el contingut de l'oferta, promoció o publicitat, les prestacions pròpies de cada bé o servei, les condicions jurídiques o econòmiques i les garanties ofertes, encara que no figurin expressament en el contracte o en el document o comprovant rebut. Aquests aspectes s'han de tenir en compte en la determinació del principi de conformitat amb el contracte.

3. Els contractes amb les persones consumidores s'han d'integrar d'acord amb el principi de la bona fe objectiva, fins i tot en el cas d'omissió de la informació precontractual rellevant.

4. No obstant el que estableix l'apartat 3, si el contracte conté clàusules més beneficioses per a la persona consumidora, aquestes han de prevaler sobre el contingut de l'oferta, promoció o publicitat.

Article 123-8. *Requisits dels béns i serveis*

Les persones consumidores tenen dret a:

a) L'adequació dels béns i els serveis a les expectatives d'ús, qualitat i característiques de consum que ofereixen.

b) L'exactitud en el pes i la mesura dels béns i el subministrament correcte de serveis.

c) La informació de l'origen, especialment pel que fa a la procedència comunitària o no, dels béns i els serveis.

Article 123-9. *Habitatge*

Les persones consumidores tenen dret a conèixer les característiques higienicosanitàries i constructives de llur habitatge, i també la qualitat i els sistemes de posada en obra dels materials i les instal·lacions, incloses les d'estalvi energètic, gas, aigua, fluid elèctric, comunicacions electròniques, sanejament, ascensor i, especialment, les d'aïllament tèrmic i acústic i les de prevenció i extinció d'incendis, d'acord amb el que estableix la normativa específica en matèria d'habitatge referida al llibre de l'edifici i a altres aspectes rellevants.

Article 123-10. *Crèdits o préstecs hipotecaris sobre l'habitatge*

1. Les persones consumidores, els avaladors i els tercers hipotecants tenen dret a rebre informació i protecció efectiva de l'Administració de la Generalitat en els aspectes relacionats amb els contractes de crèdit o préstec hipotecari sobre l'habitatge.

2. Les persones consumidores, els avaladors i els tercers hipotecants relacionats amb el negoci de crèdit o de préstec hipotecari tenen dret a rebre dels notaris, amb una antelació d'almenys cinc dies hàbils i de manera que els sigui comprensible, la informació següent:

a) El contingut de l'escriptura pública del contracte de crèdit o préstec hipotecari de l'habitatge i les seves conseqüències jurídiques i econòmiques per a la persona consumidora, els avaladors i els tercers hipotecants.

b) Les conseqüències d'una possible execució per impagament i de les fluctuacions del preu de mercat de l'habitatge, la possibilitat que les entitats de crèdit demanin ampliacions de garantia en determinats supòsits i els altres drets i obligacions que comporta el contracte de crèdit o préstec hipotecari.

c) La informació relativa a l'arbitratge de consum i als altres mecanismes extrajudicials de resolució dels conflictes que són conseqüència de no atendre les obligacions derivades del contracte.

3. Els notaris, en el marc de llurs obligacions legals, a més de comprovar que, en les escriptures relatives a crèdits o préstecs hipotecaris sobre l'habitatge, no s'inclouen clàusules que en altres casos hagin estat declarades nul·les judicialment per haver estat considerades abusives, han de vetllar pel respecte dels drets que aquesta llei atorga a les persones consumidores que són deutors hipotecaris.

4. Els notaris s'han d'assegurar que les persones consumidores i els avaladors comprenen correctament tota la informació obligatòria referida al contracte hipotecari abans de signar-lo.

CAPÍTOL IV. *Dret a la indemnització i la reparació de danys*

Article 124-1. *Indemnització i reparació de danys*

1. Les persones consumidores tenen dret, d'acord amb el que estableix la normativa aplicable, a la reparació o indemnització dels danys i perjudicis que pateixin com a conseqüència de l'adquisició o utilització de béns o serveis.

2. La Generalitat ha d'adoptar les mesures adequades per a afavorir la reparació i la indemnització de danys i perjudicis a les persones consumidores.

3. Els danys derivats de la prestació d'un servei públic estan sotmesos a les regles aplicables sobre responsabilitat patrimonial de l'Administració.

CAPÍTOL V. *Dret a la protecció jurídica, administrativa i tècnica*

Article 125-1. *Protecció jurídica, administrativa i tècnica*

1. Les administracions públiques catalanes, per raons d'interès públic i emprant els procediments que estableixen les lleis, poden exercir

les accions pertinents per a fer cessar les activitats lesives per als drets i interessos de les persones consumidores.

2. La Generalitat ha de fomentar els procediments voluntaris de resolució de conflictes.

3. Les diferents administracions públiques de Catalunya, en el marc de la legislació vigent i en l'àmbit de llurs competències, han de participar en el sistema arbitral de consum.

CAPÍTOL VI. *Dret a la informació, l'educació i la formació*

SECCIÓ PRIMERA. *Informació dels béns i serveis*

Article 126-1. *Promoció, publicitat i informació*

1. La promoció dels béns i els serveis destinats a les persones consumidores ha d'ésser concebuda i duta a terme de manera que no pugui enganyar o induir a engany sobre llurs característiques o condicions.

2. La publicitat s'ha de fer d'acord amb els principis de suficiència, objectivitat, veracitat i autenticitat, i no pot, sigui quin sigui el suport utilitzat, induir a error o a falses expectatives als seus destinataris.

3. La informació que figura als envasos, als embalatges i a les etiquetes dels productes ha d'ésser veraç i suficient.

Article 126-2. *Atenció*

Les persones consumidores tenen dret a rebre la informació i l'atenció adequades i necessàries per a conèixer, utilitzar i fer servir amb seguretat i d'una manera satisfactòria els béns i els serveis.

Article 126-3. *Utilització*

Les persones consumidores tenen dret a rebre la informació necessària per a conèixer i utilitzar amb seguretat i satisfactòriament els béns i els serveis.

Article 126-4. *Identificació*

1. La informació ha d'incloure la identitat dels béns i els serveis i la identificació del proveïdor o proveïdora, a fi que sigui possible fer una elecció racional entre béns i serveis competitius.

2. S'ha d'informar, si escau, sobre els processos de producció, comercialització i adquisició dels béns i serveis per a comprovar-ne l'adequació als principis de consum responsable.

Article 126-5. *Característiques dels béns*

La informació que figura als envasos, als embalatges i a les etiquetes dels productes ha d'incloure els aspectes següents:

a) La naturalesa i la composició.

b) La quantitat.

c) La qualitat.

d) La mesura i el pes.

e) El risc que en comporta l'ús, si escau.

f) La manera de preveure, contrarestar i reduir els efectes no desitjables dels incidents que, malgrat les instruccions, es puguin produir.

g) L'origen.

h) La informació obligatòria dels distintius de qualitat.

i) Les altres característiques rellevants de l'oferta.

Article 126-6. *Preus i condicions de venda*

Les persones consumidores tenen dret a rebre informació suficient i fàcilment accessible sobre els preus, les tarifes, les condicions de venda i els conceptes que incrementin el preu, abans d'adquirir el bé o contractar el servei o l'ús als punts de venda dels béns i als establiments de prestació de serveis.

Article 126-7. *Compensacions i indemnitzacions*

1. Les persones consumidores tenen dret a rebre informació suficient, abans de contractar, sobre les compensacions, els reembdorsaments o les indemnitzacions, i el mètode de determinació de l'import, en cas de manca de conformitat del bé o el servei, especialment pel que fa als serveis bàsics o essencials.

2. S'entén per informació suficient la que permet a la persona destinatària la comprensió normal de les característiques i les condicions del sistema de compensacions, reembdorsaments o indemnitzacions en funció del col·lectiu al qual es dirigeix el bé o servei. L'empresari o empresària ha d'estar en disposició de facilitar la informació complementària que li sigui requerida per la persona consumidora.

Article 126-8. *Horari*

Les persones consumidores tenen dret a conèixer l'horari d'atenció al públic dels establiments, fins i tot quan són tancats.

Article 126-9. *Informació sobre els sistemes de reclamació*

1. Les persones consumidores tenen dret al lliurament, quan el demanin, d'un full oficial de reclamació o denúncia. També tenen dret a disposar dels formularis establerts per als sistemes extrajudicials de resolució de conflictes determinats per l'Administració pública, d'acord amb la matèria del conflicte. Tant el full oficial de reclamació o denúncia com els formularis han d'estar disponibles, també, per via telemàtica.

2. Correspon als poders públics i als empresaris el deure d'informar les persones consumidores dels mecanismes de resolució de conflictes en les relacions de consum.

SECCIÓ SEGONA. *Informació a la persona consumidora*

Article 126-10. *Serveis públics de consum*

1. Qualsevol òrgan o organisme de titularitat pública dependent d'una administració pública catalana que acompleixi tasques d'informació, orientació i assessorament a les persones consumidores té la consideració de servei públic de consum en l'àmbit de la seva demarcació territorial i d'acord amb les seves competències. Aquest servei públic de consum pot exercir, entre d'altres, les funcions següents:

a) Rebre i tramitar les queixes, reclamacions i denúncies de les persones consumidores.

b) Informar, orientar i assessorar les persones consumidores sobre llurs drets i deures i les formes d'exercir-los.

c) Gestionar les reclamacions per mitjà de la mediació en matèria de consum.

d) Gestionar les denúncies i acomplir les tasques d'inspecció en matèria de consum.

e) Iniciar procediments sancionadors de consum.

f) Fomentar l'arbitratge com a mitjà de resolució dels conflictes de consum entre els establiments comercials i les empreses.

g) Educar i formar en consum les persones consumidores, particularment els col·lectius especialment protegits, sia per mitjà d'actuacions directes sia a través dels mitjans de comunicació de titularitat pública.

h) Fer difusió de les organitzacions de persones consumidores i col·laborar-hi.

2. Els serveis públics de consum han de rebre, gestionar i resoldre les queixes i reclamacions, com a mínim, de les persones consumidores domiciliades en llur demarcació territorial, dur a terme la mediació i, si escau, adreçar-les al sistema arbitral de consum. També ho poden fer respecte a les queixes i reclamacions referents a establiments radicats en llur àmbit territorial. D'acord amb el principi de proximitat, és competent, en primer lloc, el servei públic de consum del municipi on estigui domiciliada la persona consumidora. Si al municipi no hi ha cap oficina, n'és competent l'oficina supramunicipal que correspongui i, si no n'hi ha, la d'àmbit de Catalunya.

3. Les persones consumidores han de gaudir, com a mínim, d'accés a un servei públic de consum en llur comarca.

4. La Generalitat ha de potenciar el desenvolupament dels serveis públics de consum d'àmbit local seguint criteris d'eficàcia, d'eficiència i de major proximitat de les persones consumidores i els ha d'assessorar en el que calgui per a millorar l'exercici de llurs funcions.

5. La Generalitat ha de cooperar amb les administracions locals que exerceixen competències en matèria de consum i subscriure-hi convenis de col·laboració per a compartir la dotació dels mitjans tècnics i materials adequats per al compliment de llurs finalitats i, especialment, per a garantir el compliment del que estableix l'apartat 3.

Article 126-11. *Directori de serveis públics de consum de Catalunya*

1. Els serveis públics de consum que acompleixin les activitats en l'àmbit territorial de Catalunya han de formar part del Directori de serveis públics de consum de Catalunya, amb finalitats informatives. Aquest directori l'elabora i l'actualitza l'Agència Catalana del Consum i té caràcter públic.

2. Els serveis públics de consum han de facilitar a l'Agència Catalana del Consum les dades necessàries sobre les funcions que exerceixen d'entre les que estableixen les lletres *a*, *b*, *c*, *d* i *e* de l'article 126-10.1, i les altres dades que els siguin sol·licitades.

Article 126-12. *Informació telefònica i telemàtica a les persones consumidores*

L'Administració de la Generalitat ha de garantir que les persones consumidores tinguin un accés fàcil a la informació sobre llurs drets i deures i els ha de facilitar la presentació, la tramitació i, si escau, la resolució de llurs queixes, reclamacions i denúncies a través de mitjans ràpids i eficaços, com ara els sistemes de comunicació electrònica.

Article 126-13. *Accés de les persones consumidores a la informació europea en matèria de consum*

1. L'Administració de la Generalitat ha de garantir l'accés de les persones consumidores a la informació sobre consum dels diferents estats de la Unió Europea perquè es puguin orientar i assessorar sobre els drets i deures que hi tenen com a persones consumidores.

2. L'Administració de la Generalitat ha de participar en organitzacions i projectes d'àmbit europeu en matèria de consum per a garantir la informació a les persones consumidores sobre les normatives i activitats de consum de les institucions i organitzacions europees.

Article 126-14. *Promoció d'espais divulgatius de consum als mitjans de comunicació*

1. Els poders públics han de vetllar perquè els mitjans de comunicació social de Catalunya s'ocupin de la informació i l'educació de les

persones consumidores, i també de la creació i el desenvolupament de programes i espais dedicats al consum i a la difusió de les activitats de les organitzacions de persones consumidores.

2. Els mitjans de titularitat pública han de facilitar l'accés de les organitzacions de persones consumidores als espais que programin i llur participació en aquests espais.

Article 126-15. *Campanyes informatives i activitats de difusió*

L'Administració de la Generalitat ha de dur a terme i fomentar campanyes informatives i activitats de difusió amb l'objectiu que les persones consumidores coneguin llurs drets. Aquestes campanyes i activitats s'han d'acomplir a través dels mitjans més adequats en cada cas. Especialment, s'ha d'impulsar i fomentar la difusió de:

a)   La informació i la prevenció en l'ús dels béns i serveis del mercat, si poden comportar un risc per a la salut i la seguretat de les persones.

b)   La informació sobre l'ús de nous béns i serveis que apareguin en el mercat i que puguin afectar els interessos econòmics de les persones consumidores.

c)   Les noves normatives que s'aprovin que afectin els drets i deures de les persones consumidores.

d)   Les polítiques informatives, formatives i educatives que fomentin el consum responsable, reflexiu, solidari i sostenible dels béns i serveis, i també en el marc del cooperativisme de consum.

Article 126-16. *Estudis i enquestes sobre hàbits de consum de les persones consumidores*

L'Administració de la Generalitat ha de promoure i impulsar l'elaboració d'estudis tècnics i enquestes sobre les dinàmiques i els hàbits de consum a Catalunya amb els objectius de planificar les polítiques de consum més adequades i de fixar els instruments que permetin a les persones consumidores escollir millor els béns i els serveis més adequats a llurs necessitats i exigències. Aquests estudis i enquestes, sempre que sigui tècnicament i jurídicament viable, s'han de presentar amb dades desagregades per sexes i han d'incorporar l'estudi sobre l'impacte per raó de gènere.

SECCIÓ TERCERA.   *Educació i formació en consum*

Article 126-17. *Educació en consum*

1.   La persona consumidora té dret a l'educació en matèria de consum, que té els objectius següents:

a)   Contribuir a la formació integral de la persona, atenent el desenvolupament de la consciència individual i col·lectiva dels infants i els joves en els hàbits del consum responsable, crític i actiu, cercant la informació, la reflexió, la solidaritat i la sostenibilitat en el consum de béns i serveis.

b) El desenvolupament de la capacitat d'exercir una elecció lliure, racional, crítica i saludable dels béns i serveis oferts, i també de fer-ne un ús correcte i responsable.

c) El coneixement dels seus drets i deures, i de la manera d'exercir els drets amb responsabilitat.

2. El Govern ha de garantir l'accés dels consumidors a l'educació en consum de manera continuada, mitjançant un centre permanent d'educació en consum, i ha d'adoptar les mesures adequades per a assolir els objectius següents:

a) Desenvolupar transversalment l'educació en consum en els diferents nivells de l'ensenyament reglat en què es consideri més eficaç.

b) Impulsar la formació permanent en matèria de consum del personal docent, de les associacions de pares i mares d'alumnes i d'altres membres de la comunitat educativa.

c) Fomentar la publicació de material didàctic de suport a l'educació en consum.

d) Assegurar l'existència d'un centre permanent d'educació en consum que cobreixi tot el territori de Catalunya.

e) Establir col·laboracions amb els organismes o entitats públics amb competències en matèria de consum, amb les institucions competents en matèria d'educació i amb les organitzacions de persones consumidores per al desenvolupament de l'educació en consum.

Article 126-18. *Formació en consum*

El Govern ha de garantir la formació contínua i permanent dels consumidors, mitjançant el centre permanent d'educació en consum, amb l'impuls i el foment dels tipus de formació següents:

a) La formació permanent dels joves i dels adults com a persones consumidores, amb una atenció especial als col·lectius especialment protegits i amb necessitats específiques.

b) La formació contínua dels professionals del consum de les administracions públiques i de les organitzacions de persones consumidores catalanes que fan tasques en matèria de consum.

c) La formació dels agents econòmics que posen al mercat els béns i els serveis i de llurs associacions empresarials i professionals i llurs gremis sobre els requisits de llur activitat relacionats amb els drets i deures de les persones consumidores, amb una incidència especial en les afectacions en les persones amb discapacitat.

d) La formació de les persones que actuïn com a àrbitres dels col·legis arbitrals de consum que es constitueixin a Catalunya.

e)   La formació en el cooperativisme de consum.

Article 126-19.   *Innovació i recerca en consum*

El Govern ha de garantir la innovació i la recerca en consum mitjançant el centre permanent d'educació en consum, amb els objectius següents:

a)   Impulsar la innovació, la recerca i els estudis sobre actituds i tendències de consum i el desenvolupament de projectes de recerca estratègics.

b)   Promoure la transferència del coneixement en consum amb altres organismes públics i privats.

c)   Fomentar espais de reflexió i de pensament adreçats a empreses, fabricants, distribuïdors, organitzacions de protecció dels drets i interessos dels consumidors, experts, grups d'interès i administracions públiques, amb l'objectiu d'anticipar línies d'actuació de futur en l'àmbit del consum.

CAPÍTOL VII.   *Dret a la representació, la consulta i la participació. Les organitzacions de persones consumidores*

Article 127-1.   *Representació, consulta i participació*

Les organitzacions de persones consumidores són les entitats de representació, consulta i participació per a la defensa dels drets i interessos legítims dels ciutadans en llurs relacions de consum.

Article 127-2.   *Les organitzacions de persones consumidores*

Als efectes d'aquesta llei, poden tenir la consideració d'organitzacions de persones consumidores, en l'àmbit de Catalunya, les entitats següents:

a)   Les entitats sense finalitat de lucre constituïdes legalment que, d'acord amb llurs estatuts, tinguin per objecte social la defensa, la informació, l'educació, la formació, l'assistència i la representació dels interessos col·lectius dels ciutadans en llurs relacions de consum, i també dels de llurs membres.

b)   Les entitats constituïdes d'acord amb la normativa aplicable en matèria de cooperatives que incloguin en llurs estatuts, com a objecte social, la defensa, la informació, l'educació, la formació, l'assistència i la representació de les persones consumidores, i que hagin constituït un fons amb aquest objecte, d'acord amb llur legislació específica.

Article 127-3.   *Registre d'organitzacions de persones consumidores de Catalunya*

1.   Es crea el Registre d'organitzacions de persones consumidores de Catalunya, que depèn de l'Agència Catalana del Consum. La inscripció

en el Registre atorga la condició d'organització de persones consumidores a Catalunya.

2. Les entitats legalment constituïdes amb seu social a Catalunya que compleixin els requisits de l'article 127-2 i vulguin gaudir de la condició d'organitzacions de persones consumidores als efectes d'aquesta llei han d'estar inscrites en el Registre d'organitzacions de persones consumidores de Catalunya.

3. No poden estar inscrites en el Registre d'organitzacions de persones consumidores de Catalunya les organitzacions que:

a) Tinguin entre llurs membres persones jurídiques amb finalitat de lucre.

b) Rebin ajuts de qualsevol classe d'empreses subministradores de béns o serveis destinats a les persones consumidores, de les agrupacions que les representen o d'entitats relacionades amb les dites empreses.

c) Actuïn amb temeritat manifesta judicialment apreciada.

4. No es consideren ajuts als efectes de la lletra *b* de l'apartat 3:

a) Les aportacions esporàdiques per a dur a terme actuacions d'interès general per a les persones consumidores conjuntament amb les organitzacions.

b) Les retribucions o els pagaments que facin les empreses a les organitzacions de persones consumidores pels treballs, estudis o altres tasques que duguin a terme en matèria de defensa de les persones consumidores.

Article 127-4. *Funcions de les organitzacions de persones consumidores*

Les organitzacions de persones consumidores tenen les funcions següents:

a) La informació a les persones consumidores sobre llurs drets i obligacions.

b) L'educació i la formació de les persones consumidores.

c) La gestió dels conflictes en matèria de consum, especialment per mitjà de la mediació.

d) L'exercici d'actuacions de defensa de llurs membres, de l'organització i dels interessos generals de les persones consumidores.

e) La defensa dels drets i interessos de les persones com a consumidores de béns i serveis per mitjà de la funció de consulta, informe i assessorament als poders públics.

f) Qualsevol altra funció que pugui derivar de les relacions de consum i defensa dels consumidors i els usuaris.

Article 127-5. *Drets de les organitzacions de persones consumidores*

Les organitzacions de persones consumidores de Catalunya tenen els drets següents:

a) Ésser declarades d'utilitat pública i gaudir de les corresponents exempcions i bonificacions fiscals establertes legalment.

b) Obtenir informació de les administracions públiques.

c) Participar en l'arbitratge de consum, adherint-s'hi i nomenant àrbitres que representin els interessos generals de les persones consumidores en els tribunals arbitrals.

d) Gaudir de subvencions públiques i d'altres mesures de suport i foment.

e) Promoure l'exercici d'actuacions administratives en defensa dels drets de les persones consumidores.

f) Ésser considerades part interessada en els procediments administratius sancionadors que hagin promogut, sempre que hi hagin comparegut i que els procediments afectin la protecció general dels interessos de les persones consumidores.

g) Gaudir del benefici de la justícia gratuïta, d'acord amb les lleis.

h) Exigir la rectificació pública de les comunicacions i informacions publicitàries enganyoses o il·lícites, i exercir, si escau, el corresponent dret de rèplica, d'acord amb les lleis.

i) Representar les persones consumidores davant dels diferents organismes amb competències que els afecten de manera directa o indirecta.

j) Representar les persones consumidores en els mitjans de comunicació públics i privats.

k) Integrar-se en agrupacions o federacions que tinguin les mateixes finalitats i un àmbit territorial més ampli.

l) Formar part del Ple del Consell de Persones Consumidores de Catalunya.

Article 127-6. *Deures de les organitzacions de persones consumidores*

1. Les organitzacions de persones consumidores de Catalunya tenen els deures següents:

a) Ajustar llurs actuacions als principis de bona fe, precaució i diligència i no difondre dades sense un suport adequat d'acreditacions, resultats analítics o controls de qualitat suficientment contrastats, sens perjudici de llur dret a presentar les denúncies que considerin pertinents.

b) Rectificar públicament o fer cessar activitats temeràries si hi ha una sentència judicial ferma.

c) Col·laborar amb les administracions públiques de Catalunya per a assolir conjuntament els objectius d'aquesta llei.

d) Oferir a les persones consumidores una protecció jurídica eficaç, adreçada a la reparació i indemnització pels danys i perjudicis que pateixin com a conseqüència de l'adquisició, l'ús o el gaudi de béns i serveis.

2. Si una organització de persones consumidores divulga, per dol o negligència, informació errònia de la qual derivin danys o perjudicis, pot ésser suspesa temporalment o donada definitivament de baixa del Registre d'organitzacions de persones consumidores de Catalunya, amb la garantia dels principis d'audiència i contradicció, sens perjudici de la responsabilitat civil i penal en què hagi pogut incórrer.

Article 127-7. *Representativitat de les organitzacions de persones consumidores*

1. Les organitzacions de persones consumidores, per a gaudir de la condició de més representatives, han de complir les condicions següents:

a) Tenir de manera exclusiva o principal l'objecte social a què fa referència l'article 127-2.a.

b) Sol·licitar el reconeixement, que és atorgat per l'Agència Catalana del Consum, d'acord, com a mínim, amb els criteris d'implantació territorial i nombre de socis.

2. Les organitzacions de persones consumidores de Catalunya més representatives gaudeixen dels avantatges següents:

a) Exercir la representació de les persones consumidores en els organismes públics en què es requereixi.

b) Exercir el dret a participar en les polítiques sectorials que afectin directament els interessos de les persones consumidores.

c) Formar part de la Comissió Permanent del Consell de Persones Consumidores de Catalunya.

d) Gaudir de prioritat en l'accés als mitjans de comunicació social a què fa referència l'article 126-14.

Article 127-8. *El Consell de Persones Consumidores de Catalunya*

1. El Consell de Persones Consumidores de Catalunya és l'òrgan de representació i consulta de les organitzacions de persones consumidores. La seva representació és institucional davant de l'Administració de la Generalitat i d'altres administracions, entitats i organismes.

2. El Consell de Persones Consumidores de Catalunya és adscrit a l'Agència Catalana del Consum.

Article 127-9. *Audiència*

1. El Consell de Persones Consumidores de Catalunya ha d'ésser escoltat preceptivament en tràmit d'audiència en els procediments següents:

a) Elaboració de les lleis i les disposicions administratives de caràcter general que afectin directament els drets i interessos de les persones consumidores.

b) Propostes de preus i tarifes de serveis que afectin directament les persones consumidores i que estiguin subjectes legalment al control de la Generalitat, si ho estableix la normativa reguladora del servei.

c) Els procediments en què ho estableixi una disposició normativa.

2. El tràmit d'audiència preceptiu es considera complert respecte a les organitzacions que formen part dels òrgans col·legiats que informin o participin en l'elaboració de les disposicions normatives o en l'adopció dels actes administratius. En els altres supòsits, el tràmit es considera complert quan es dóna audiència al Consell de Persones Consumidores de Catalunya.

Article 127-10. *Foment de les organitzacions de persones consumidores de Catalunya*

La Generalitat ha de fomentar les organitzacions per a la defensa i la representació dels interessos de les persones consumidores, com a vehicle idoni per a protegir-los, i els ha de donar suport perquè puguin aconseguir les seves finalitats.

Article 127-11. *Els ajuts a les organitzacions de persones consumidores*

1. Les administracions públiques han d'establir ajuts destinats a les actuacions d'informació, formació, educació i defensa de les persones consumidores que facin les organitzacions de persones consumidores de Catalunya.

2. Les organitzacions de persones consumidores que acompleixin activitats publicitàries de tercers de caràcter comercial o no merament informatives o que es dediquin a activitats diferents de la defensa de les persones consumidores, llevat de les cooperatives de consum, no poden gaudir dels ajuts a què fa referència l'apartat 1.

3. Les organitzacions de persones consumidores estan obligades a aplicar els mitjans d'ajut i col·laboració o els ajuts que rebin amb aquesta finalitat exclusivament a actuacions de defensa de les persones consumidores o a l'obtenció dels mitjans instrumentals i personals per a aconseguir les dites finalitats.

Article 127-12. *Col·laboració amb l'Administració*

La Generalitat ha de fomentar la col·laboració amb les organitzacions de persones consumidores i els agents socioeconòmics, i també entre aquests, per mitjà de les actuacions següents, entre d'altres:

a) Fomentar l'arbitratge de consum.

b) Col·laborar en la comunicació de possibles riscos, si per llur magnitud cal una actuació pública per a garantir l'eficàcia de la mesura.

c) Fomentar el desenvolupament de símbols de qualitat empresarial.

d) Impulsar l'autoregulació dels sectors empresarials per mitjà de la promoció de codis de conducta i d'altres mecanismes que es puguin constituir amb aquestes finalitats.

e) Informar i formar les persones consumidores sobre béns i serveis d'ús i consum generalitzat des de la perspectiva del consum responsable.

f) Fomentar el cooperativisme de consum.

CAPÍTOL VIII. *Drets lingüístics*

Article 128-1. *Drets lingüístics de les persones consumidores*

1. Les persones consumidores, en llurs relacions de consum, tenen dret, d'acord amb el que estableixen l'Estatut d'autonomia i la legislació aplicable en matèria lingüística, a ésser ateses oralment i per escrit en la llengua oficial que escullin.[*]

2. Les persones consumidores, sens perjudici del respecte ple al deure de disponibilitat lingüística, tenen dret a rebre en català:

a) Les invitacions a comprar, la informació de caràcter fix, la documentació contractual, els pressupostos, els resguards de dipòsit, les factures i els altres documents que hi facin referència o que en derivin.

b) Les informacions necessàries per al consum, l'ús i el maneig adequats dels béns i serveis, d'acord amb llurs característiques, amb independència del mitjà, format o suport utilitzat, i, especialment, les dades obligatòries relacionades directament amb la salvaguarda de la salut i la seguretat.

c) Els contractes d'adhesió, els contractes amb clàusules tipus, els contractes normats, les condicions generals i la documentació que hi faci referència o que derivi de la realització d'algun d'aquests contractes.[**]

---

[*] La STC 7/2018, de 25 de gener (BOE núm. 46, de 21 de febrer), ha declarat que l'apartat 1 no és inconstitucional, sempre que s'interpreti en els termes establerts en el fonament jurídic 4 de l'esmentada sentència.

[**] La STC 7/2018, de 25 de gener (BOE núm. 46, de 21 de febrer), ha declarat que l'apartat 2 no és inconstitucional, sempre que s'interpreti en els termes establerts en el fonament jurídic 5 de l'esmentada sentència.

3. La Generalitat ha de vetllar pel foment en les relacions de consum de l'ús de la llengua occitana, denominada aranès a l'Aran, dins de l'àmbit territorial de l'Aran, on és llengua pròpia.

TÍTOL III. *De la resolució extrajudicial de conflictes*

CAPÍTOL I. *Disposicions generals*

Article 131-1. *Foment dels sistemes voluntaris de resolució de conflictes*

1. Les administracions públiques de Catalunya han d'impulsar, en col·laboració amb les organitzacions de persones consumidores, la disponibilitat per a les persones consumidores i per als empresaris de sistemes operatius de resolució voluntària de conflictes i de reclamacions en matèria de consum.

2. Les administracions públiques de Catalunya, en l'àmbit de llurs competències, han d'exercir les funcions de foment, gestió i desenvolupament de la mediació i de l'arbitratge de consum que la legislació els atribueixi.

Article 131-2. *Principis generals*

1. La resolució extrajudicial dels conflictes derivats d'una relació de consum es canalitza principalment per la mediació i l'arbitratge de consum, sens perjudici de les matèries o els sectors que tinguin sistemes públics extrajudicials de resolució de conflictes.

2. La resolució extrajudicial de conflictes de consum atén les reclamacions de persones consumidores i té caràcter vinculant per a les parts que s'hi hagin sotmès voluntàriament, sens perjudici de la protecció administrativa i judicial que escaigui.

3. Es poden sotmetre a la mediació i l'arbitratge els conflictes sobre matèries de lliure disposició, d'acord amb les lleis aplicables.

Article 131-3. *Sistemes extrajudicials de resolució de conflictes de consum en matèria de crèdit o préstec hipotecari*

1. En el marc dels procediments de resolució extrajudicial de conflictes de consum derivats de contractes de crèdit o préstec hipotecari que afectin l'habitatge habitual de la persona consumidora, l'organisme competent pot sol·licitar un informe d'avaluació social que determini els riscos socials i econòmics derivats del procés de llançament. Per a redactar aquest informe, s'ha de demanar informació als serveis socials bàsics sobre la situació de la persona o unitat familiar.

2. L'informe d'avaluació social ha d'anar acompanyat de propostes de viabilitat o liquidació ordenada del deute, que les parts poden assumir com a solució pactada, amb la inclusió de la dació en pagament, i que han d'estar redactades pels serveis públics de consum de Catalunya.

3. Si en el procediment extrajudicial no s'arriba a una solució pactada, l'informe d'avaluació social i les propostes de viabilitat poden ésser requerits i considerats per l'autoritat judicial en casos de procediments judicials per impagament de quotes hipotecàries per situacions de sobreendeutament sobrevingut, o bé poden ésser aportats per les parts en el dit procediment judicial.

CAPÍTOL II. *Mediació*

Article 132-1. *Definició*

La mediació de consum és un procediment que es caracteritza per la intervenció d'una tercera persona imparcial i experta, que té com a objecte ajudar les parts i facilitar l'obtenció per elles mateixes d'un acord satisfactori.

Article 132-2. *Principis*

1. Els principis de la mediació de consum són la voluntarietat, la imparcialitat, la confidencialitat i la universalitat.

2. D'acord amb el principi de voluntarietat, les parts són lliures d'acollir-se a la mediació i també de desistir-ne en qualsevol moment.

3. D'acord amb el principi d'imparcialitat, la persona mediadora té el deure d'ésser imparcial i, en conseqüència, ha d'ajudar els participants a assolir els acords pertinents sense imposar cap solució ni mesura concretes. Si en un moment determinat hi ha un conflicte d'interessos entre les parts i la persona mediadora, aquesta ha de declinar la intervenció.

4. D'acord amb el principi de confidencialitat, la persona mediadora i les parts han de mantenir el deure de confidencialitat sobre la informació de què es tracti. En compliment d'aquest deure, les parts es comprometen a mantenir-ne el secret i, per tant, renuncien a proposar la persona mediadora com a testimoni en algun procediment que afecti l'objecte de la mediació. D'altra banda, la persona mediadora també ha de renunciar a actuar com a perita en els mateixos casos.

5. D'acord amb el principi de confidencialitat, els documents i les actes que s'elaborin al llarg del procés de mediació tenen caràcter reservat. No obstant això, la persona mediadora no està subjecta al deure de confidencialitat i està obligada a informar les autoritats competents de les dades que puguin revelar l'existència de fets delictius perseguibles d'ofici.

6. D'acord amb el principi d'universalitat, la competència de les administracions públiques catalanes per a dur a terme la mediació s'estén a qualsevol assumpte que afecti les persones consumidores, amb les excepcions establertes per les lleis.

Article 132-3. *Naturalesa dels acords*

Els acords a què arribin les parts després del procés de mediació els són vinculants i es poden formalitzar en un document escrit signat per elles i la persona mediadora. La signatura de la persona mediadora deixa constància del compromís a què s'ha arribat. Els acords són executius d'acord amb la normativa sobre mediació.

Article 132-4. *Crèdits o préstecs hipotecaris*

1. Les administracions públiques catalanes i, especialment, els serveis públics de consum han de garantir que, en els casos d'execució hipotecària de l'habitatge habitual com a conseqüència de l'incompliment del deutor, es pugui dur a terme un procediment de mediació destinat a la resolució extrajudicial de conflictes previ a qualsevol altre procediment judicial o a la intervenció notarial.

2. El procediment de mediació ha d'anar adreçat a cercar acords entre les parts que facin viable que la persona consumidora conservi la propietat de l'habitatge o, subsidiàriament, la possibilitat de mantenir-ne l'ús i gaudi. En el marc d'aquest procediment, les parts o l'òrgan de resolució extrajudicial de conflictes poden sol·licitar un informe d'avaluació social amb una anàlisi socioeconòmica del deutor i les possibles vies de resolució del conflicte en els termes de l'article 133-6.

3. Les parts en conflicte, abans d'interposar qualsevol reclamació administrativa [...]*, han d'acudir a la mediació o poden acordar de sotmetre's a l'arbitratge. Una vegada transcorregut el termini de tres mesos a comptar de la notificació de l'acord d'inici de la mediació sense haver assolit un acord satisfactori, qualsevol de les parts pot acudir a la reclamació administrativa [...]*.

4. En situacions de sobreendeutament derivat de relacions de consum, la mediació correspon a les comissions de sobreendeutament, regulades per llur legislació específica. Si les comissions de sobreendeutament no aconsegueixen un acord entre el consumidor li els creditors, resta oberta la via judicial corresponent per tal de fer efectiu el que disposen aquest codi i la legislació complementària.

CAPÍTOL III. *Arbitratge*

Article 133-1. *Procedència de l'arbitratge*

1. L'arbitratge és procedent si hi ha un conveni arbitral previ entre les parts. En cas contrari, l'Administració ha de promoure la formalit-

---

*   La STC 54/2018, de 24 de maig (BOE núm. 151, de 22 de juny), ha declarat inconstitucionals els incisos «*o demanda judicial*» i «*o la demanda judicial*».

zació del conveni arbitral per a resoldre el conflicte per mitjà de l'arbitratge de consum.

2. En matèria de crèdits i préstecs hipotecaris que tenen per objecte l'habitatge habitual, s'entén que l'empresa prestadora accepta el conveni arbitral sempre que no hagi manifestat expressament al prestatari la voluntat en contra abans de la signatura del contracte.

Article 133-2. *Trasllat de la sol·licitud d'arbitratge*

Si l'arbitratge és procedent, l'administració de la qual depèn l'ens receptor de la sol·licitud n'ha de donar trasllat a la junta arbitral que en resulti competent per raó del territori.

Article 133-3. *Composició del col·legi arbitral*

Els col·legis arbitrals han d'incloure representants dels sectors afectats per la reclamació, de les persones consumidores i de les administracions públiques, de la manera que estableixen les lleis.

Article 133-4. *El sector públic i l'arbitratge de consum*

1. Les administracions públiques de Catalunya, en l'àmbit de les competències respectives, han d'imposar a llurs empreses públiques sotmeses al dret privat l'obligació d'establir necessàriament, en les condicions generals de contractació i en els contractes amb les persones consumidores, clàusules d'adhesió o de compromís a l'arbitratge de consum per a la resolució dels conflictes i les reclamacions derivats de la prestació dels serveis, l'aplicació de les quals depèn directament de la voluntat de la persona consumidora.

2. Els òrgans de contractació de la Generalitat i dels seus organismes públics i empreses han d'incorporar l'adhesió a l'arbitratge de consum com a condició d'execució en l'adjudicació de contractes.

3. S'ha de promoure que les entitats o empreses privades que gestionen serveis públics, serveis d'interès general o serveis universals en règim de concessió incloguin en els plecs de condicions l'obligació que en els contractes amb persones consumidores es prevegi l'adhesió a l'arbitratge de consum.

4. La Generalitat ha de considerar l'adhesió a l'arbitratge de consum com a mèrit objectiu en la valoració de premis a la qualitat que tingui establerts o pugui crear. Les administracions públiques catalanes han de tenir en compte l'adhesió a l'arbitratge de consum en l'atorgament d'ajuts i subvencions a les empreses i els establiments que ofereixin béns o serveis a les persones consumidores.

5. Les administracions públiques catalanes i, especialment, els serveis públics de consum han de fomentar i estimular que les empreses que atorguen crèdits o préstecs hipotecaris sobre l'habitatge inclo-

guin en les condicions generals o específiques l'adhesió a l'arbitratge de consum.

Article 133-5. *Distintiu d'adhesió a l'arbitratge*

1. El distintiu que acredita l'adhesió a l'arbitratge de consum és un distintiu de qualitat.

2. Els empresaris adherits al sistema arbitral de consum han d'informar les persones consumidores de manera clara de llur adhesió a l'arbitratge, per mitjà del distintiu a què fa referència l'apartat 1.

Llibre segon. *Requisits de les relacions de consum*

TÍTOL I. *Disposicions generals*

CAPÍTOL I. *Requisits comuns*

Article 211-1. *Àmbit d'aplicació*

Els empresaris que es dediquin a la venda de béns o a la prestació de serveis, amb independència del tipus i sector d'activitat, han de complir les obligacions que estableixen aquest llibre, la normativa sectorial específica i la normativa civil general aplicable, sens perjudici de les competències de l'Estat en matèria civil i mercantil.

Article 211-2. *Requisits exigibles en matèria de seguretat i salut*

1. Si s'han posat en el mercat béns o serveis insegurs, s'ha d'informar immediatament les persones consumidores del risc derivat de l'ús del bé o de la prestació del servei. Aquesta informació s'ha de donar per mitjà d'avisos especials que permetin a les persones consumidores conèixer el risc derivat de l'ús del bé o de la prestació del servei al més aviat possible. Aquests béns o serveis s'han de retirar del mercat. Si les persones consumidores ja n'han adquirit, s'han d'adoptar les mesures pertinents perquè esdevinguin adequats, o bé substituir-los o retornar l'import que s'hagi satisfet.

2. No es poden dur a terme activitats relacionades amb la posada en el mercat de béns i serveis que fomentin o indueixin a les persones consumidores hàbits no saludables o trastorns alimentaris com són l'anorèxia i la bulímia, entre altres.

Article 211-3. *Publicitat i informació*

1. La publicitat, la informació i l'oferta que es facin per qualsevol mitjà i la informació que es transmeti en el marc de l'activitat empresarial o professional, referides a béns o serveis, s'han d'ajustar als principis de veracitat i objectivitat i no han de contenir informació que pugui induir a confusió.

2. El preu ha d'indicar l'import total que s'ha de satisfer i s'han de desglossar, en cas que calgui, els diversos conceptes que inclou, com ara els impostos, les comissions, les despeses addicionals repercutibles en la persona consumidora i altres conceptes similars. Si les despeses addicionals no poden ésser calculades prèviament, se n'ha d'indicar l'existència i el mètode de càlcul. Aquesta informació ha d'ésser fàcilment visible per a la persona consumidora abans de contractar, de manera que no indueixi a error o engany.

3. No es poden incrementar els preus o les condicions per raó de la forma o el mitjà de pagament en quantitats superiors a les despeses que l'empresari o empresària hagi de suportar de forma directa com a conseqüència de l'admissió del mitjà de pagament de què es tracti. En cas de pagaments ajornats o fraccionats en què es meritin interessos, s'han d'especificar les quotes, els imports, la periodicitat dels pagaments, l'import total i la part corresponent a interessos, la d'altres despeses i la del bé o servei, i també les garanties exigides per a assegurar el cobrament de les quantitats ajornades. En cas de lliurament de quantitats a compte del preu final, s'ha d'informar de les condicions aplicables en el supòsit de no formalitzar-se la transacció.

4. Els empresaris tenen l'obligació de documentar la informació substancial per escrit o en qualsevol altre suport que permeti el seu emmagatzematge i que tingui una durada equivalent almenys a la vida útil o la conformitat del bé o servei. A aquests efectes, s'entén per informació substancial la que fa referència a les característiques principals, l'origen comunitari o no, la utilització o el manteniment, la justificació de la transacció efectuada i la conformitat del bé o servei. Aquesta informació s'ha de lliurar a les persones consumidores de manera gratuïta i ha d'estar disponible, almenys, en suport de paper.

5. En el cas d'empreses adherides al sistema arbitral de consum, s'ha d'exhibir el logotip d'adhesió a l'establiment permanent, en la documentació precontractual i contractual, i, si s'escau, en el lloc web. Aquest logotip s'ha d'exhibir d'una manera clara i visible.

Article 211-4. *Atenció a les persones consumidores*

Els empresaris estan obligats a:

a) Atendre, facilitar i subministrar la informació que els sigui sol·licitada per les persones consumidores de forma personal i, si escau, presencial, pels mitjans adequats.

b) Atendre i informar, en qualsevol cas, les persones consumidores, de forma immediata i adequada i, si escau, presencialment, de qualsevol incidència, esdeveniment o circumstància que afecti el funcionament normal de les relacions de consum i, d'altra banda, minimitzar i pal·liar els possibles danys i perjudicis que se'n derivin, i evitar les esperes excessives i injustificades. A aquests efectes, si l'empresari o empresària disposa d'un telèfon o telèfons d'atenció a la clientela, en cap cas no poden ésser de tarifació addicional, i n'ha d'informar i facilitar-ne el número o números a les persones consumidores.

c)   Garantir de forma fefaent que la persona consumidora, per a fer valer l'eventual exercici dels seus drets, tingui constància, per escrit o en qualsevol suport durador, de la presentació de qualsevol mena de queixa o reclamació relativa a incidències, esdeveniments o circumstàncies que afectin el funcionament normal de les relacions de consum; i donar resposta a les queixes i reclamacions rebudes al més aviat possible, en qualsevol cas en el termini d'un mes des que són presentades. En el supòsit que durant aquest termini no s'hagués resolt de forma satisfactòria la queixa o la reclamació formulades, l'empresari o empresària que estigui adherit a un sistema extrajudicial de resolució de conflictes ha de proporcionar els mitjans adequats per a garantir l'accés de la persona consumidora al sistema extrajudicial de resolució corresponent o, si escau, adreçar-la als serveis públics de consum.

d)   Posar a disposició de les persones consumidores, sigui quin en sigui el lloc de residència, en qualsevol relació de consum, informació que ha d'incloure, en qualsevol cas, l'adreça postal, el número de telèfon d'atenció i el número de fax o l'adreça de correu electrònic on les persones consumidores o bé poden sol·licitar qualsevol mena d'assessorament o informació sobre el bé o servei adquirit o contractat, o bé poden formular les queixes o reclamacions sobre qualsevol assumpte que afecti el funcionament normal de les relacions de consum.

Article 211-5.   *Requisits lingüístics*

1.   La documentació i les informacions necessàries per al consum i l'ús adequats dels béns i serveis dirigides a les persones consumidores han d'estar a disposició immediata d'aquestes, d'acord amb el que estableix l'article 128-1. Aquest requisit no s'aplica a les marques, els noms comercials i la retolació emparada per la legislació de la propietat industrial.

2.   Sens perjudici del que estableixen la Llei 1/1998, del 7 de gener, de política lingüística, i les altres lleis aplicables, les administracions públiques han de promoure, impulsar i fomentar les obligacions lingüístiques que aquesta llei estableix, especialment, per als establiments i la publicitat que ocupen el domini públic i per a les empreses concessionàries.

Article 211-6.   *Requisits formals de la documentació*

1.   La documentació que, d'acord amb aquesta llei, té caràcter obligatori ha de complir els requisits formals següents per a facilitar-ne la lectura i la comprensió:

a)   La mida de lletra ha de permetre i facilitar la lectura i la comprensió del text.

b) El contrast de la lletra més petita ha d'ésser almenys igual que el millor contrast del text.

2. S'ha d'establir per reglament la mida de la lletra necessària perquè la lectura i la comprensió del text dels documents siguin viables.

3. La informació, precontractual i contractual, sobre condicions generals, contractes d'adhesió i clàusules i condicions no negociables individualment s'ha de documentar de la manera que estableixen els apartats 1 i 2, segons que correspongui.

Article 211-7. *Pagament per avançat*

El cobrament per avançat total o parcial dels béns i serveis és permès si es compleixen els requisits següents:

a) Que estigui consignat prèviament en el pressupost o anunciat amb un cartell o un rètol, de manera que la persona consumidora conegui aquesta condició abans de l'inici de la prestació.

b) Que el pagament per avançat no comporti l'atorgament de la conformitat de la persona consumidora amb la idoneïtat de la prestació, ni cap renúncia als seus drets.

c) Que l'empresari o empresària hagi concertat els negocis jurídics adequats amb les entitats financeres o d'assegurances per tal de garantir la devolució de les quantitats avançades per la persona consumidora. Aquesta obligació esdevé aplicable en les relacions de consum en les quals les quantitats avançades superin el 25% de l'import total de la transacció, sempre que siguin superiors a 100 euros.

Article 211-8. *Promoció de vendes*

1. S'entén per promoció de vendes tota activitat que utilitza tècniques de comunicació persuasives per a apropar els béns o serveis a les persones consumidores.

2. Els empresaris, en l'exercici de l'activitat de promoció de vendes, poden utilitzar tota mena de mitjans, sempre que siguin acceptats per l'ordenament jurídic, respectant els interessos econòmics i socials de les persones consumidores.

Article 211-9. *Invitacions a comprar*

1. Les persones consumidores tenen dret a escollir lliurement entre les diverses invitacions a comprar.

2. Les invitacions a comprar dirigides a les persones consumidores que incorporin un bé o servei complementari de manera habitual també l'han d'incorporar en cas que ofereixin condicions més avantatjoses i, per tant, l'empresari o empresària no pot exigir remuneracions complementàries llevat que de la seva pròpia naturalesa es dedueixi que no són compatibles.

Article 211-10. *Requisits en matèria de consum per a les ofertes o les promocions*

1. La publicitat de condicions especials més beneficioses per a la persona consumidora amb relació a les practicades habitualment per l'empresa o l'establiment ha d'indicar almenys:

a) La data d'inici de la promoció o l'oferta.

b) La durada de la promoció o l'oferta, o bé el nombre d'unitats disponibles en oferta o promoció o el nombre de persones consumidores que es poden beneficiar de la promoció.

c) Els requisits que han de complir les persones consumidores

d) Les condicions, la qualitat i les prestacions dels béns o serveis en promoció, i els avantatges de l'oferta o la promoció.

e) El responsable o la responsable de la promoció, amb indicació del nom o la raó social i l'adreça de l'establiment o els establiments on es poden fer efectives les condicions més beneficioses, llevat que la promoció es refereixi únicament al mateix establiment on s'ofereix.

2. Si s'anuncien promocions o ofertes per un període de temps, aquest període ha d'ésser sempre determinat i l'empresa ha d'estar en condicions de satisfer la demanda de les persones consumidores del bé o servei ofert, sens perjudici de la normativa relativa als períodes de rebaixes. Si no es pot atendre la demanda, s'ha d'informar la persona consumidora del dret d'adquirir el bé o servei ofert, o un de condicions semblants, d'acord amb els beneficis de l'oferta o la promoció. Aquesta mesura s'ha de fer efectiva per mitjà del lliurament d'un full d'encàrrec que doni dret a la persona consumidora a obtenir els béns o serveis promocionats i en què s'indiqui la data en què es podrà fer efectiu aquest dret. Aquest precepte s'entén sens perjudici de les responsabilitats administratives derivades de l'incompliment de l'obligació que aquest apartat estableix amb relació al període de la promoció o l'oferta. En tot cas, no es poden fer promocions amb un nombre d'unitats manifestament insuficients en funció de la durada i la publicitat de la promoció o l'oferta i en funció de les vendes habituals.

3. Si la promoció o l'oferta indica el nombre d'unitats o de destinataris que se'n poden beneficiar, s'ha d'informar del sistema de prioritat per a atendre les demandes. Aquest sistema ha de permetre la comprovació objectiva que s'han seguit les preferències fixades en la publicitat.

4. La promoció o l'oferta és exigible durant tot el temps en què és pública i accessible.

5. Si es limiten les unitats de béns o serveis en condicions més beneficioses per a cada persona consumidora, s'ha d'informar d'aquesta limitació en la publicitat i en els cartells o els rètols de l'establiment on es faci l'oferta o la promoció.

6. Si en un mateix establiment hi ha articles o serveis en condicions normals de venda i altres en condicions més beneficioses, s'han de diferenciar o separar clarament, de manera que no es pugui induir a error o confusió respecte a les ofertes i promocions, ni a llur naturalesa.

7. Els béns o serveis en condicions més beneficioses no poden estar deteriorats o ésser de pitjor qualitat que els que l'empresa o l'establiment que fa l'oferta o la promoció ofereix habitualment, llevat de les vendes de saldos i d'altres tipus permesos d'acord amb els requisits que estableix la normativa en matèria d'ordenació comercial.

Article 211-11. *Reducció en el preu dels béns o serveis*

1. Si les condicions més beneficioses o els avantatges per a la persona consumidora consisteixen en una reducció en els preus que els béns o serveis hagin tingut amb anterioritat, s'ha d'indicar de manera clara aquesta reducció i s'ha d'informar del preu normal o habitual del bé o servei i del preu reduït.

2. La informació que prescriu l'apartat 1 es pot substituir pel percentatge de reducció de preus en cada bé o servei. Es poden agrupar lots de béns o serveis que es puguin considerar com una unitat, en funció de llurs característiques i de la reducció de preus.

3. S'entén per preu normal o habitual el que s'hagi aplicat al mateix establiment almenys durant un mes dins dels sis mesos anteriors a l'inici de l'oferta o la promoció. Correspon a l'empresari o empresària provar el compliment d'aquest requisit respecte als béns o serveis a preu reduït.

4. En les ofertes de llançament on el bé o servei no hagi estat abans a la venda o a disposició de la persona consumidora, s'ha d'indicar en la publicitat i en els cartells i rètols aquesta condició, per mitjà de l'expressió «oferta de llançament».

Article 211-12. *Obsequis*

1. Si, en el marc d'una relació de consum, s'ofereix un obsequi, s'ha d'informar clarament la persona consumidora en la publicitat i al mateix establiment dels aspectes següents:

a) Les obligacions que comporta el lliurament, si escau, incloses, especialment, les de caràcter fiscal.

b) Les condicions de lliurament, especialment les despeses que comporta la tramesa o la posada a disposició.

c) Les condicions i limitacions que s'han de complir per a obtenir l'obsequi.

d) Les instruccions clares i precises que s'han de seguir per a obtenir l'obsequi.

2. Pel que fa a la durada i les existències dels obsequis, hom s'ha d'atenir al que estableix l'article 211-10.

3. Si la persona consumidora compleix els requisits per a ésser el beneficiari o beneficiària, el lliurament efectiu o la posada a disposició dels obsequis s'ha de fer en el termini d'un mes des del moment en què la persona consumidora hagi complert tots els tràmits establerts per les condicions de la invitació a comprar.

Article 211-13. *Concursos i sorteigs*

1. Els empresaris poden utilitzar sorteigs i concursos com a tècniques de promoció. S'entén per sorteig l'oferta de premis en què la selecció dels guanyadors és fruit de l'atzar i per concurs l'oferta de premis en què la selecció dels guanyadors depèn de l'habilitat o la perícia dels concursants. La utilització d'aquestes tècniques està subjecta al règim d'autorització i comunicació que estableix la normativa de les rifes, tómboles i combinacions aleatòries.

2. En la publicitat dels sorteigs i concursos, s'ha d'informar la persona consumidora dels aspectes següents:

a) Nom o raó social i domicili de l'empresa o l'establiment que organitza el sorteig o concurs.

b) Requisits per a participar-hi.

c) Limitacions per a participar-hi.

d) Bases i manera d'obtenir el premi.

e) Forma de lliurament del premi i especificació de si comportarà despeses per a la persona consumidora.

3. El lliurament efectiu o la posada a disposició del premi s'ha de fer en el termini d'un mes des que es coneix el guanyador o guanyadora del sorteig o concurs.

4. Si una persona consumidora ha estat premiada en un sorteig en què no ha participat de manera voluntària, el lliurament del premi no es pot condicionar a la compra o contractació de cap bé o servei.

Article 211-14. *Fulls de reclamació o denúncia*

Tots els empresaris han de disposar de fulls de reclamació o denúncia de la manera que s'estableixi per reglament.

Article 211-15. *Dret de desistiment*

1. Si l'empresari o empresària ofereix el dret de desistiment o una disposició estableix que s'ha d'oferir d'acord amb la modalitat de contractació, l'empresari o empresària ha d'informar la persona consumidora, tant en les invitacions a comprar com en el document contractual, dels aspectes següents:

a) El període durant el qual la persona consumidora pot exercir el dret de desistiment.

b) Les condicions de l'exercici del dret de desistiment.

c) La quantia i la forma de pagament de les despeses de devolució, si n'hi ha.

d) Les modalitats de restitució del bé o servei rebut.

2. En els casos en què les lleis atorguin el dret de desistiment a la persona consumidora, en el document de desistiment han de constar, almenys, les dades següents:

a) La seva identificació com a document de desistiment.

b) El nom i l'adreça del destinatari o destinatària.

c) Les dades identificatives del contracte i dels contractants.

3. El dret de desistiment atribuït legalment a la persona consumidora es regeix, en primer lloc, per les disposicions legals específiques de cada supòsit i, si no n'hi ha, pel que estableix aquest article.

4. Les formalitats, els terminis i les conseqüències del dret de desistiment són els que estableix la legislació en aquesta matèria.

CAPÍTOL II.   *Requisits de les relacions de consum als establiments*

Article 212-1.   *Requisits dels preus i les condicions de pagament*

1. Als establiments s'ha d'informar del preu complet, amb tributs inclosos, dels béns o serveis oferts a les persones consumidores. Aquesta informació ha d'ésser visible per a la persona consumidora, de manera que no indueixi a error o engany.

2. En les invitacions a comprar, el preu ha d'ésser complet i ha d'incloure les despeses i els tributs.

3. Si s'accepten targetes o altres mitjans de pagament de manera habitual, no se'n pot limitar l'ús en determinats períodes o condicions, sempre que es compleixin els requisits normals per a aquests mitjans de pagament.

Article 212-2.   *Obligacions*

1. Als establiments dedicats a la venda de béns o a la prestació de serveis s'han de complir les obligacions següents:

a) Les que estableix el capítol I, si són aplicables a la naturalesa de la relació de consum, l'oferta o la promoció.

b) Lliurar un pressupost previ si la persona consumidora ho sol·licita.

c)   Lliurar una factura, un tiquet o un justificant de la transacció, amb els conceptes següents, sens perjudici del que estableix la normativa en matèria fiscal:

Primer.   Nom o raó social del venedor o venedora o del prestador o prestadora, número d'identificació fiscal i adreça completa de l'establiment.

Segon.   Béns adquirits o serveis prestats i imports de cadascun.

Tercer.   Import total, amb els tributs inclosos, desglossant-los si escau.

Quart.   Data de la transacció.

2.   Els empresaris tenen l'obligació de lliurar abans de contractar, si així ho sol·licita la persona consumidora, un model de contracte amb les condicions generals previstes.

Article 212-3.   *Informació sobre l'horari*

Als establiments on es posin a la venda béns o s'ofereixin serveis, s'ha d'informar de l'horari d'obertura al públic. Aquesta informació ha d'ésser visible de fora estant, fins i tot quan l'establiment roman tancat, llevat que alguna disposició ho impedeixi.

TÍTOL II.   *De les modalitats especials de relacions de consum*

CAPÍTOL I.   *Disposicions generals*

Article 221-1.   *Tipus de modalitats especials*

1.   Als efectes d'aquesta llei, són modalitats especials de relacions de consum les següents:

a)   Les relacions de consum a distància.

b)   Les relacions de consum fora d'establiment permanent.

c)   Les relacions de consum per mitjà de màquines automàtiques.

d)   Les relacions de consum en establiments no sedentaris.

Article 221-2.   *Informació a les persones consumidores*

En totes les modalitats especials de relacions de consum, l'empresari o empresària ha d'exhibir de manera clara i inequívoca la informació següent:

a)   Les dades d'identificació de l'empresari o empresària i l'autorització administrativa corresponent, situades en un lloc visible als punts de venda, a l'exterior de la màquina en el cas de vendes automàtiques, en l'oferta contractual i, si escau, en la documentació lliurada.

b)   El telèfon, l'adreça de correu electrònic i, en tot cas, una adreça física on la persona consumidora pugui presentar reclamacions i pugui fer efectiu el dret de desistiment, d'acord amb el que estableix aquesta llei.

c)   La informació que l'article 211-15 estableix amb relació al dret de desistiment.

CAPÍTOL II.   *Relacions de consum a distància*

Article 222-1.   *Concepte*

1.   Són relacions de consum a distància les formalitzades sense la presència física simultània de l'empresari o empresària i la persona consumidora, si l'oferta i l'acceptació es fan exclusivament per mitjà de tècniques de comunicació a distància dins d'un sistema de contractació a distància organitzat per l'empresari o empresària.

2.   S'inclouen en el concepte de relacions de consum a distància la contractació telefònica, la contractació per correspondència i la contractació feta per mitjans audiovisuals i electrònics, que comprèn les subhastes en línia.

Article 222-2.   *Informació a les persones consumidores*

1.   Tota proposta de contractació a distància ha d'incloure, de manera clara i inequívoca, informació sobre els aspectes següents:

a)   La identitat de l'oferent del bé o servei.

b)   La identificació de la proposta de contractació. La manca de resposta a la proposta no n'implica l'acceptació.

c)   El procediment que cal seguir i els requisits necessaris per a formalitzar el contracte.

d)   El cost de l'ús de la tècnica de comunicació a distància, si aquest és superior a les tarifes bàsiques del servei.

e)   La informació relativa al bé o servei que s'ofereixi, amb la descripció suficient de la naturalesa, la quantitat, la qualitat i les possibilitats de consum o d'ús del dit bé o servei.

f)   El preu total, d'acord amb el que estableix la normativa aplicable. L'import corresponent a les despeses de lliurament s'ha de consignar de manera separada si aquestes són a càrrec de la persona consumidora.

g)   La modalitat i el termini màxim de lliurament del bé o d'execució del servei des del moment de recepció de la comanda. Amb aquesta finalitat, l'empresari o empresària ha de fer arribar a la persona consumidora un justificant de recepció de la comanda en el termini de tres dies a partir de la data de recepció.

h)   La informació que l'article 211-15 estableix amb relació al dret de desistiment, quan correspongui el dret de desistiment a la persona consumidora.

i)   El sistema de devolució del bé en cas de manca de conformitat. S'ha de fer constar expressament que, en aquest cas, les despeses de devolució són a càrrec de l'empresari o empresària.

j)   Les modalitats de pagament.

k)   Les garanties i els serveis postvenda.

2.   La informació a què fa referència l'apartat 1 s'ha de subministrar en un format adequat a la tècnica de comunicació a distància emprada que en permeti la conservació a la persona consumidora. S'entén que aquest dret se satisfà si es lliura un document informatiu en paper o en un altre suport que permeti l'emmagatzematge electrònic i la reproducció posterior. Correspon a l'empresari o empresària acreditar el compliment d'aquest precepte.

3.   Si la proposta de contractació es fa per via telefònica o per mitjans audiovisuals, s'ha de trametre la informació a la persona consumidora en suport durador.

4.   En cas de contractació per mitjans telemàtics, s'ha d'identificar l'accés a la informació de manera que no ofereixi dubtes a la persona consumidora.

Article 222-3.   *Documentació contractual*

L'empresari o empresària ha de lliurar a la persona consumidora tota la documentació acreditativa del contracte i del pagament i el document per a l'exercici del dret de desistiment, quan li correspongui.

CAPÍTOL III.   *Relacions de consum fora d'establiment comercial*

Article 223-1.   *Concepte*

1.   Són relacions de consum fora d'establiment comercial aquelles en què els béns i serveis s'ofereixen amb la presència física de l'empresari o empresària i la persona consumidora fora de l'establiment comercial de l'oferent.

2.   S'inclouen en el concepte de relacions de consum fora d'establiment comercial, entre d'altres, les relacions de consum domiciliàries i les relacions de consum al lloc de treball de la persona consumidora, en llocs d'esbarjo, en reunions i en excursions organitzades.

3.   No són relacions de consum fora d'establiment comercial els lliuraments a domicili de béns adquirits per qualsevol altra modalitat de relació comercial ni les regulades per l'article 3.2 de la Directiva 85/577/CEE del Consell, del 20 de desembre, referent a la protecció dels consumidors en el cas de contractes negociats fora dels establiments mercantils.

Article 223-2.   *Requisits de l'objecte del contracte*

En la contractació s'ha de complir la normativa reguladora del bé o servei que se subministra. No poden ésser objecte de relacions de consum fora d'establiment comercial els béns o serveis prohibits per una regulació específica, especialment en el cas dels aliments i dels béns o serveis que, per la forma de presentació o altres circumstàncies, no compleixin les normes tècniques i sanitàries.

Article 223-3. *Informació a la persona consumidora*

En totes les relacions de consum fora d'establiments comercials l'oferent del bé o servei ha de subministrar, de manera clara i inequívoca, la informació següent:

a)   La informació relativa al bé o servei, amb la descripció completa de la seva naturalesa, la quantitat, la qualitat i les possibilitats de consum o d'ús.

b)   El preu total amb els tributs i les despeses inclosos. La quantia corresponent a les despeses de lliurament s'ha de desglossar si són a càrrec de la persona consumidora.

c)   El termini màxim de lliurament del bé o d'execució del servei si el bé o servei no se subministra en el moment de subscriure el contracte.

d)   Informació sobre la no-admissió del dret de desistiment, si escau per l'objecte del contracte.

e)   El sistema de devolució del bé en cas de manca de conformitat, fent constar expressament que en aquest cas les despeses de devolució són a càrrec de l'empresari o empresària.

f)   Les garanties i els serveis postvenda.

Article 223-4. *Documentació contractual*

1.   L'empresari o empresària ha de lliurar a la persona consumidora tota la documentació acreditativa del contracte subscrit i del pagament efectuat.

2.   Si la persona consumidora té reconegut un dret de desistiment, l'empresari o empresària ha de lliurar a la persona consumidora la documentació següent:

a)   Un document en què constin almenys la data, la signatura de la persona consumidora i la informació que l'article 211-15 estableix amb relació al dret de desistiment.

b)   El document per a l'exercici del dret de desistiment.

3.   Correspon a l'empresari o empresària acreditar el compliment de les obligacions que estableix aquest article.

4.   En el cas dels serveis prestats fora de l'establiment del prestador, s'han de complir les obligacions de documentació i informació que estableix el títol V, si són aplicables.

CAPÍTOL IV. *Relacions de consum per mitjà de màquines automàtiques*

Article 224-1. *Concepte*

1. Són relacions de consum per mitjà de màquines automàtiques aquelles en què la persona consumidora adquireix el bé o servei directament d'una màquina preparada per a aquesta finalitat, per mitjà de l'accionament de qualsevol tipus de mecanisme i pagant-ne prèviament l'import.

2. El fet que la màquina estigui instal·lada a l'establiment del venedor o venedora no priva la relació de la seva condició d'automàtica.

Article 224-2. *Informació obligatòria*

1. A les màquines s'ha d'exposar de manera clara la informació següent:

a) La identitat de l'oferent del bé o servei, l'adreça i un telèfon gratuït d'atenció a les persones consumidores on s'atendran llurs eventuals queixes i reclamacions.

b) La identificació i les característiques essencials del bé o servei, llevat que el seu contingut sigui evident.

c) Les instruccions per a obtenir el bé.

d) El preu exacte del bé o servei, el tipus de targetes de pagament i de monedes o bitllets que admet i la indicació de si s'ha d'introduir l'import exacte o torna el canvi.

e) El funcionament del sistema automàtic que permet recuperar monedes o bitllets en casos d'error, inexistència del bé o servei o mal funcionament de la màquina.

2. La màquina ha de tenir un sistema que permeti obtenir un comprovant de la transacció efectuada, d'acord amb el que estableix l'article 212-2. En el comprovant han de constar la identificació i l'adreça del responsable o la responsable, el preu, la descripció del bé o servei i la data. Aquesta obligació no és aplicable a les màquines recreatives i d'atzar. Per a les màquines dispensadores de béns d'alimentació, s'estableix un termini d'adaptació de cinc anys com a període d'obsolescència i amortització de les màquines.

3. La màquina automàtica ha de tenir un sistema que permeti anul·lar l'operació sense cap càrrec per a la persona consumidora abans de l'obtenció del bé o servei.

Article 224-3. *Responsabilitat*

1. Amb caràcter general, els responsables del compliment del que estableix aquest capítol són els explotadors. S'entén per explotadors els empresaris que reben un benefici directament relacionat amb l'activitat de la màquina.

2. Si els explotadors no estan identificats, són responsables de la màquina els titulars de l'establiment on es troba, els quals responen solidàriament amb el responsable o la responsable de la màquina, davant de la persona consumidora, del compliment de les obligacions que estableix l'article 224-2.

CAPÍTOL V. *Relacions de consum en establiments no sedentaris*

Article 225-1. *Les relacions de consum no sedentàries en llocs fixos*

Als efectes d'aquesta llei, s'entén per relacions de consum en establiments no sedentaris les que els empresaris duen a terme fora d'un establiment permanent, de manera habitual, ocasional, periòdica o continuada, en els perímetres i els llocs degudament autoritzats.

Article 225-2. *Relacions de consum ambulants o itinerants*

S'entén per relacions de consum ambulants o itinerants les que els empresaris duen a terme, de manera habitual, ocasional, periòdica o continuada, en llocs o perímetres no determinats prèviament.

TÍTOL III. *De les relacions de consum per mitjà d'intermediaris*

CAPÍTOL I. *Requisits i obligacions*

Article 231-1. *Concepte d'intermediari o intermediària*

S'entén per intermediari o intermediària qualsevol empresari o empresària que per compte d'altri i a canvi d'una remuneració, de caràcter pecuniari o en forma de qualsevol altre avantatge econòmic convingut, es dedica habitualment a qualsevol de les activitats següents:

a) Presentar o oferir la possibilitat d'adquirir béns o serveis a les persones consumidores.

b) Fer els tractes preliminars per a la formalització d'un contracte amb persones consumidores.

c) Formalitzar el contracte amb les persones consumidores.

d) Assessorar les persones consumidores amb relació al negoci jurídic en què intervé.

Article 231-2. *Informació a les persones consumidores*

1. L'intermediari o intermediària ha d'informar, abans de prestar qualsevol servei a una persona consumidora, dels aspectes següents:

a) La seva identitat i la seva adreça.

b) Les dades de la inscripció en el registre corresponent on, si escau, estigui inscrit.

c) L'abast de les seves competències.

d) La indicació de si treballa en exclusiva per a un empresari o empresària o com a intermediari o intermediària independent.

e) El preu real i determinat de la seva activitat d'intermediació. Aquesta obligació no és aplicable a les activitats de mediació d'assegurances.

f) Les informacions previstes per a la contractació a distància, si s'ofereix la intermediació per mitjans electrònics.

g) La informació de les garanties i els sistemes extrajudicials de solució de conflictes en matèria de consum.

2. La informació a què fa referència l'apartat 1 s'ha d'indicar en els documents que l'intermediari o intermediària lliuri a la persona consumidora.

3. Els intermediaris han d'oferir informació veraç i suficient en la promoció i oferta dels béns i serveis que comercialitzin i, en general, en llur activitat d'assessorament, si s'escau.

4. La persona consumidora ha de poder conservar la informació en suport documental. S'entén que aquest dret se satisfà si es lliura un exemplar de la informació en paper o en un altre suport que en permeti l'emmagatzematge electrònic i la reproducció posterior. Correspon a l'intermediari o intermediària acreditar el compliment d'aquestes obligacions.

Article 231-3. *Assessorament*

1. Si l'activitat comercial dels intermediaris inclou l'assessorament de les persones consumidores, els intermediaris els han de donar la informació necessària sobre la naturalesa, les característiques, les condicions i la utilitat o finalitat del bé o servei, perquè les persones consumidores puguin avaluar si el contracte proposat s'ajusta a llurs necessitats.

2. Els intermediaris han de donar a les persones consumidores la informació a què fa referència l'apartat 1 de manera clara, entenedora i fàcilment interpretable.

Article 231-4. *Obligacions*

1. Els intermediaris han de dur a terme les transaccions comercials amb diligència professional i responsabilitat i subjectant-se a la legalitat i als codis ètics del sector on acompleixen l'activitat professional. En cap cas no poden fer referències o utilitzar noms que indueixin o puguin induir les persones consumidores a errors sobre la veritable naturalesa de l'empresa, l'establiment o el servei que s'hi presta.

2. Si la persona consumidora lliura cap quantitat a compte de l'import del bé o servei abans de formalitzar el contracte, l'intermediari o intermediària té la consideració de dipositari fins a la perfecció del contracte i no la pot aplicar a compte de la seva remuneració professional.

Article 231-5. *Responsabilitat*

1. Els intermediaris són responsables de la manca de formalització del contracte si aquesta deriva de l'incompliment, per qualsevol causa o motiu, de llurs obligacions d'informació o assessorament.

2. Tot empresari o empresària que se serveixi de l'activitat d'intermediació és responsable solidari als efectes del que estableix aquest codi.

TÍTOL IV. *De l'adquisició i l'arrendament de béns*

CAPÍTOL I. *Béns immobles*

Article 241-1. *Informació en l'oferta per a la venda d'immobles*

1. En l'oferta per a la venda d'immobles, s'ha de facilitar informació suficient sobre llurs condicions essencials abans que el comprador o compradora avanci qualsevol quantitat a compte, d'acord amb el que estableix la normativa en matèria d'habitatge.

2. En l'oferta per a la venda d'immobles, s'ha d'informar de la titularitat jurídica, les càrregues i els gravàmens, les condicions d'ús, els serveis que existeixin, les despeses previsibles de manteniment, les condicions econòmiques i de finançament de l'oferta i, si és possible, les despeses previsibles de manteniment i els imports dels tributs que gravin la propietat. També s'ha de donar la resta de la informació exigible d'acord amb la legislació.

3. En l'oferta per a la venda d'immobles, s'ha de donar informació sobre els tipus de garantia, els terminis, les quanties i els mitjans per a reclamar-ne l'execució establerts per la normativa aplicable.

Article 241-2. *Informació en l'oferta per a l'arrendament d'immobles*

1. En l'oferta d'immobles en règim de lloguer, s'han d'especificar les característiques, els serveis i les instal·lacions de què disposin, les condicions d'ús, la renda contractual i les altres informacions que requereix la normativa en matèria d'habitatge.

2. L'arrendador o arrendadora de l'immoble ha de tenir la cèdula d'habitabilitat, la qualificació definitiva en el cas d'habitatges amb protecció oficial o les acreditacions equivalents. L'arrendatari o arrendatària té dret que li sigui lliurada una còpia d'aquesta documentació en el moment de formalitzar el contracte.

CAPÍTOL II. *Béns mobles*

Article 242-1. *Informació en l'oferta per a la venda de béns mobles*

En l'oferta de venda de béns mobles, s'ha de facilitar informació suficient sobre llurs condicions essencials i s'ha de fer referència a les característiques de dimensió, pes, disseny, nivell de qualitat, instal·lació, conservació, manteniment i possibilitats de reparació.

Article 242-2. *Garanties*

1. El venedor o venedora ha de lliurar a les persones consumidores un bé que sigui conforme al contracte de compravenda formalitzat i que necessàriament:

a) S'ajusti a la descripció realitzada i tingui les qualitats del bé que el venedor o venedora, si escau, hagi presentat a la persona consumidora en forma de mostra o model.

b) Presenti les qualitats i prestacions habituals d'un bé de les mateixes característiques que la persona consumidora pugui esperar fonamentadament d'acord amb la naturalesa del bé i les característiques de les quals ha informat el venedor o venedora.

c) Sigui idoni per als usos a què ordinàriament es destinen els béns del mateix tipus.

d) Sigui apte per a qualsevol ús requerit per la persona consumidora i admès pel venedor o venedora.

2. El venedor o venedora respon davant de la persona consumidora de qualsevol manca de conformitat que hi hagi en el moment de lliurament del bé.

3. La persona consumidora té dret a la reparació del bé, a la seva substitució, a la rebaixa del preu i a la resolució del contracte, d'acord amb el que estableix la normativa en matèria de garanties.

Article 242-3. *Mitjans acceptables per a fer efectiva la informació*

1. El venedor o venedora ha d'informar sobre els drets de les persones consumidores en cas de manca de conformitat per mitjà d'un cartell informatiu, un document escrit, una factura, un tiquet de compra o qualsevol altre mitjà que en permeti tenir constància.

2. Si s'informa per mitjà d'un cartell de caràcter fix, aquest ha d'estar a la vista del públic i permetre la lectura i la comprensió del text.

3. Si el mitjà emprat per a informar és el documental, l'escrit que es lliuri al comprador o compradora ha d'estar a disposició immediata de les persones consumidores en català i castellà.

4. Si la informació s'incorpora al tiquet de compra o a la factura, aquests han d'estar impresos amb un tipus de lletra i un contrast que permetin llegir-los clarament.

5. La informació dels béns de naturalesa duradora s'ha de facilitar per qualsevol dels mitjans a què fan referència els apartats 3 i 4.

TÍTOL V.   *De les obligacions en la prestació de serveis*

CAPÍTOL I.   *Disposicions generals*

Article 251-1.   *Empresaris que presten serveis*

1.   Els empresaris que presten algun tipus de servei en el territori de Catalunya estan subjectes al que disposa aquest títol, sens perjudici del que estableixi la normativa sectorial aplicable. Se n'exclouen els serveis accessoris a la venda d'un bé. S'hi inclouen els serveis en què s'aportin materials o béns, si la prestació del servei té caràcter principal.

2.   Per a determinar el caràcter principal o accessori del servei, s'ha de tenir en compte la naturalesa de la prestació del servei sol·licitat per la persona consumidora i el preu dels materials o béns respecte al preu de la mà d'obra del servei.

Article 251-2.   *Classificació de serveis*

Als efectes d'aquesta llei, els serveis es classifiquen en els tipus següents:

a)   Serveis a les persones: Serveis en què la prestació recau sobre la mateixa persona, sia en el vessant físic, intel·lectual, psíquic, emocional o locomotor, o en qualsevol altre aspecte intrínsecament unit a la persona.

b)   Serveis sobre els béns o les coses: Serveis en què la prestació recau sobre un bé o una cosa, sia per a adequar-lo, millorar-lo, reparar-lo o instal·lar-lo, o amb relació a qualsevol altre aspecte que afecti el mateix bé.

c)   Serveis bàsics: Serveis de caràcter essencial i necessaris per a la vida quotidiana o que tenen un ús generalitzat entre les persones consumidores. S'hi inclouen els subministraments, els transports, els mitjans audiovisuals de radiodifusió i de televisió, els de comunicacions, els assistencials i sanitaris, i els financers i d'assegurances.

d)   Serveis de tracte continuat: Serveis que l'empresari o empresària no presta d'un sol cop, sinó que tenen continuïtat en el temps, de manera periòdica, habitual i en diversos terminis.

e)   Serveis de marca: Serveis en què s'exhibeix visiblement el nom comercial, la marca, el logotip, l'emblema o qualsevol símbol que els identifiqui amb un altre empresari o empresària, de manera que puguin fer creure a les persones consumidores que tenen una vinculació jurídica especial amb el propietari o propietària de la marca o el nom comercial.

Article 251-3.   *Obligacions comunes per a tot tipus de serveis*

1.   Els empresaris que ofereixin o prestin qualsevol tipus de servei o que en facin publicitat han d'informar les persones consumidores del preu complet del servei per mitjà d'un rètol visible a l'establiment o d'una tarifa o un fullet de preus. S'ha d'informar del preu total, que ha de comprendre tot tipus de tributs, càrregues i gravàmens, i també els altres conceptes accessoris al servei.

2. Els empresaris que ofereixin o prestin qualsevol tipus de servei o que en facin publicitat han de fer i lliurar a les persones consumidores un pressupost previ del servei si la persona consumidora no pot calcular directament el preu, llevat que aquesta renunciï a l'elaboració del pressupost expressament, de manera manuscrita i amb la seva signatura.

3. En el pressupost a què fa referència l'apartat 2 han de constar com a mínim les dades següents:

a) La identitat del prestador o prestadora del servei, amb la indicació del nom o la raó social, el número d'identificació fiscal i l'adreça completa d'un establiment físic del prestador o prestadora.

b) El motiu o l'objecte del servei, amb la indicació de les activitats o operacions que s'han de fer.

c) Les despeses que ha de satisfer l'usuari o usuària, de manera desglossada, i l'import de les peces, els recanvis, els accessoris i els béns que s'incorporen al servei.

d) El termini de validesa del pressupost.

e) La data prevista per a l'inici de la prestació i la durada del servei.

f) La data del pressupost i la signatura d'una persona responsable de l'empresa prestadora.

g) La data de l'acceptació o del rebuig del pressupost per part de l'usuari o usuària, amb espais reservats per a signar cadascuna de les dues opcions, amb una mida igual.

4. Les còpies dels pressupostos s'han de conservar durant un termini mínim de sis mesos des de la no-acceptació del pressupost o des de la finalització del servei, segons que correspongui.

5. Els pressupostos no acceptats es poden cobrar si s'ha indicat així en la tarifa o el cartell de preus o si se n'ha informat expressament la persona consumidora. L'import no pot sobrepassar el que s'ha indicat o el corresponent al temps real emprat per a elaborar el pressupost.

6. Els preus pressupostats no poden ésser superiors en cap cas als anunciats, sigui quin sigui el concepte al qual s'apliquin.

7. Els empresaris que ofereixin o prestin qualsevol tipus de servei o que en facin publicitat han d'estendre i lliurar, un cop finalitzat i pagat el servei, una factura, un tiquet o un justificant de pagament, amb els conceptes següents, sens perjudici del que estableix la normativa en matèria fiscal:

a) El nom o la raó social del prestador o prestadora, el número d'identificació fiscal i adreça completa de l'establiment.

b) Els conceptes o les activitats en què ha consistit el servei prestat.

c) Els imports dels conceptes o les activitats.

d) Els impostos o les taxes aplicables i llur import.

e)   La indicació del temps de garantia del servei, si escau.

f)   La data de prestació del servei, si escau.

8.   Si es fan pagaments parcials del servei, en cada pagament s'ha de lliurar a la persona consumidora un rebut on han de constar com a mínim les dades següents:

a)   La identificació del prestador o prestadora, amb el nom o la raó social, el número d'identificació fiscal i l'adreça de l'establiment.

b)   L'objecte del servei i la indicació de si es tracta d'un pagament a compte o d'un pagament parcial.

c)   L'import pagat en l'acte en qüestió.

d)   L'import total pagat fins aquell dia i la quantitat total que resta per pagar.

e)   La data i la signatura d'una persona responsable de l'establiment prestador.

9.   A banda dels pagaments parcials, un cop finalitzat el servei, s'ha de complir l'obligació d'estendre una factura, un tiquet o un justificant de pagament, d'acord amb el que estableix l'apartat 7.

10.   L'empresari o empresària, si per qualsevol circumstància no pot complir les obligacions derivades de les relacions de consum acordades amb la persona consumidora, ha de garantir que es compleixin per mitjà de la seva pròpia infraestructura o d'una infraestructura aliena.

Article 251-4.   *Import de la factura*

1.   L'import de la factura no pot ésser superior a l'import pressupostat, si n'hi ha.

2.   Si durant la prestació del servei apareixen nous conceptes que s'han de cobrar a la persona consumidora o altres modificacions del pressupost, el prestador o prestadora n'ha de fer una ampliació o modificació, que s'ha de comunicar a la persona consumidora i que aquesta, si escau, ha d'acceptar, de manera que en quedi constància.

Article 251-5.   *Garantia dels serveis*

1.   Els diversos tipus de serveis s'han de garantir d'acord amb la normativa específica que els és aplicable.

2.   Si no hi ha una normativa específica que els reguli, els serveis s'han de garantir com a mínim per un període de sis mesos des que hagi finalitzat el darrer acte o activitat en què consisteixi la prestació.

Article 251-6. *Preus dels serveis*

1. Els preus, recàrrecs i suplements dels serveis són lliures, llevat dels sotmesos a règims d'aprovació o autorització prèvia, si bé s'han de respectar les obligacions d'informació prèvia que estableix aquesta llei i les altres disposicions aplicables.

2. Si per a prestar correctament el servei s'han d'incorporar peces, recanvis, accessoris o béns, s'ha de disposar d'una llista amb els preus i informar de l'existència d'aquesta llista a la persona consumidora, o bé mostrar l'albarà o factura que en justifiqui el cost d'adquisició, un cop finalitzada la prestació del servei.

3. No es poden cobrar preus abusius, especialment si les circumstàncies particulars del cas minven la llibertat d'elecció de la persona consumidora.

4. [Apartat declarat inconstitucional per STC 54/2018, de 24 de maig]

Article 251-7. *Recàrrecs i suplements en el preu del servei*

1. Si es cobren recàrrecs o suplements en el preu del servei, se n'ha d'informar la persona consumidora per mitjà d'una llista de preus o d'un pressupost previ per escrit.

2. Els recàrrecs o suplements en concepte d'horari nocturn només es poden cobrar si el servei es presta entre les 22 hores i les 6 hores de l'endemà.

3. Els recàrrecs o suplements en concepte de dia festiu només es poden cobrar si el servei es presta dins les vint-i-quatre hores del dia festiu. A aquests efectes, es consideren festius els diumenges i els dies festius del domicili del lloc on es presta el servei. Com a regla general, no es consideren festius els dissabtes.

4. En cap cas no es poden cobrar recàrrecs o suplements basats en la immediata disponibilitat, la urgència o conceptes semblants.

5. Els recàrrecs o suplements d'horari nocturn i dia festiu no són compatibles entre si, per la qual cosa només se'n pot cobrar un dels dos.

6. El que estableix aquest article és d'aplicació supletòria als serveis regulats per una normativa específica.

Article 251-8. *Refinançament de crèdits i deutes*

En el cas d'operacions de refinançament de crèdits o deutes, s'han de complir els requisits següents:

a) S'han de justificar i documentar els crèdits anteriors o preferents que són objecte de refinançament, i s'ha de documentar de manera fefaent la cancel·lació total o parcial dels crèdits refinançats amb caràcter previ o simultani a la signatura del contracte de refinançament.

b) El comprovant del lliurament o pagament real de les quantitats objecte de l'operació de refinançament ha de constar en els documents contractuals, públics i privats, relatius al crèdit o préstec.

CAPÍTOL II. *Obligacions segons el tipus de servei*

Article 252-1. *Obligacions addicionals*

A més de complir les obligacions que estableix el capítol I, segons el tipus de servei, s'han de complir les obligacions que estableix aquest capítol.

Article 252-2. *Serveis a les persones*

1. S'han de complir les disposicions sobre seguretat, salut, higiene, intimitat personal, protecció de dades i altres obligacions que estableix la normativa específica.

2. Si la prestació del servei implica algun tipus de resultat, la persona consumidora o tercers experts l'han de poder comprovar i verificar, sense la intervenció del prestador o prestadora.

3. Si la prestació del servei comporta riscos per a la salut o la seguretat de la persona consumidora, s'ha d'informar d'aquests riscos i fer les advertències pertinents per mitjà d'un cartell visible a l'establiment o del lliurament d'un fullet a la persona consumidora.

Article 252-3. *Servei sobre els béns*

1. Si per a la prestació del servei s'ha de dipositar el bé, s'ha de lliurar a la persona dipositant un resguard de dipòsit, en què han de constar com a mínim les dades següents:

a) La identificació de l'establiment, amb el nom o la raó social, l'adreça i el número d'identificació fiscal.

b) La identificació de la persona dipositant.

c) La identificació del bé.

d) La descripció del servei de la manera més detallada possible.

e) La data de recepció del bé i la durada prevista del servei.

f) El termini en què prescriu el dret a recuperar el bé dipositat.

g) La signatura o qualsevol altre mitjà que permeti l'acreditació de la persona responsable de l'establiment prestador.

2. El dipositari o dipositària ha de conservar una còpia del resguard de dipòsit almenys fins que s'exhaureixi el termini que estableix l'apartat 5.

3. Si el bé s'ha dipositat a l'establiment, per a recollir-lo s'ha de presentar el resguard de dipòsit. Si la persona consumidora no el té,

ha d'acreditar la titularitat sobre el bé de qualsevol de les maneres admeses en dret.

4. Si hi ha un pressupost previ, aquest pot tenir els efectes del resguard de dipòsit, sempre que hagi estat acceptat per la persona consumidora i el document indiqui aquesta condició.

5. Els establiments, sens perjudici del que disposen la legislació civil i mercantil i les altres normes específiques que siguin aplicables, han de mantenir el dipòsit dels béns durant un temps mínim de sis mesos des que es comunica, de manera fefaent, a la persona dipositant la possibilitat de recollir el bé i la destinació que es preveu donar-hi si no el recull. Si, una vegada exhaurit el termini, la persona consumidora no ha objectat res, el prestador pot disposar del bé de la manera que estableixen les lleis.

Article 252-4. *Serveis bàsics*

1. Els prestadors de serveis bàsics han de lliurar a la persona consumidora la informació rellevant de la prestació per escrit o d'una manera adaptada a les circumstàncies de la prestació.

2. El prestador del servei ha de facilitar, en el moment de la contractació, una adreça física a Catalunya, on la persona consumidora pugui ésser atesa de manera ràpida i directa respecte a qualsevol queixa o reclamació sobre el servei, sempre que l'atenció a la persona consumidora no es faci al mateix establiment on s'hagi contractat. També ha de disposar d'un servei telefònic d'atenció d'incidències i reclamacions, que ha d'ésser de caràcter gratuït. En determinats sectors d'activitat i en funció d'una baixa xifra de negoci o un nombre reduït de treballadors, per reglament es pot dispensar l'empresa que presta el servei del compliment d'aquestes obligacions. En tot cas, les obligacions que estableix aquest apartat s'han d'aplicar respectant els principis continguts en la Directiva 2006/123/CE, del 12 de desembre, relativa als serveis en el mercat interior, i s'entenen sens perjudici del que disposen les normes bàsiques estatals que fixen les condicions d'accés a les activitats de serveis i l'exercici d'aquestes activitats.

3. En els contractes i les factures s'ha d'informar del lloc on els usuaris poden tramitar les queixes o les reclamacions davant del prestador del servei bàsic, del procediment per a fer-ho i del número de telèfon gratuït a què fa referència l'apartat 2. També s'hi ha d'informar de si el prestador del servei està adherit a una junta arbitral de consum i de la possibilitat de la persona consumidora d'adreçar-se a aquests organismes per a resoldre els conflictes.

4. En la informació precontractual i contractual s'ha d'indicar l'existència de compensacions, reemborsaments o indemnitzacions en cas que l'empresa incompleixi la qualitat del servei bàsic fixada per l'ordenament jurídic o per la mateixa empresa. També s'ha d'informar sobre els me-

canismes per a dur a terme les mesures a què fa referència l'apartat 3 i sobre el mètode de determinació de l'import.

5.   Les empreses que prestin serveis bàsics han de vetllar perquè els contractes d'adhesió es facilitin, a petició de les persones amb discapacitat, per mitjà d'un suport que els sigui accessible.

6.   Les empreses prestadores han d'informar, en qualsevol avís o comunicació referent a la manca de pagament del servei, dels drets que afecten la pobresa energètica i dels altres drets que tenen les persones consumidores en situació de vulnerabilitat econòmica d'acord amb la normativa vigent. Aquesta informació s'ha de redactar de manera clara, transparent i adequada a les circumstàncies, d'acord amb les directrius que fixi l'Agència Catalana del Consum.

7.   Les persones en situació de vulnerabilitat econòmica que compleixen els requisits que estableix la lletra *w* de l'article 111-2, si reben un avís d'interrupció del subministrament d'aigua, electricitat o gas, han de presentar, en el termini de quinze dies hàbils des de la recepció de l'avís, un informe dels serveis socials bàsics sobre llur situació personal o, si escau, una còpia de la sol·licitud registrada en què en demanen l'emissió. [...]*

Les administracions públiques responsables han d'emetre aquest informe en el termini de quinze dies a comptar de la data en què se sol·licita. L'informe, que ha d'acreditar el compliment dels requisits que estableix la lletra *w* de l'article 111-2, també pot ésser emès d'ofici pels serveis socials bàsics i té una vigència de sis mesos a comptar del dia en què s'emet, sens perjudici del fet que es pugui renovar.

[...]*

8.   [...]*

9.   Les unitats familiars que no poden complir els compromisos de pagament d'acord amb el que estableix aquest article, una vegada exhaurits els mecanismes de resolució de conflictes, han de disposar dels instruments de suport econòmic necessaris.

10.   Les empreses subministradores, d'acord amb les administracions públiques, han d'habilitar els mecanismes d'informació necessaris per a donar a conèixer als serveis socials bàsics i a les persones usuàries la informació actualitzada sobre les tarifes socials i els altres ajuts i mesures previstos per a fer front a la pobresa energètica. Aquesta informació s'ha de redactar de manera clara, transparent i adequada a les circumstàncies, d'acord amb les directrius que fixi l'Agència Catalana del Consum. A banda d'això, s'han d'habilitar mecanismes de diàleg,

---

*   L'apartat setè, en els seus paràgrafs primer, segon incís («*Si no s'ha presentat l'informe... que s'hi havia sol·licitat.*»), i tercer, i l'apartat vuitè han estat declarats inconstitucionals per STC 54/2018, de 24 de maig (BOE núm. 151, de 22 de juny).

prevenció i informació entre les empreses subministradores i els serveis socials bàsics sobre els impagaments del servei per part de les persones consumidores.

Article 252-5. *Serveis de tracte continuat*

1.   El procediment per a donar-se de baixa d'un servei de tracte continuat no pot contenir més requisits o ésser més dificultós que el procediment per a donar-se'n d'alta.

2.   En el moment de la contractació d'un servei de tracte continuat, s'ha d'informar del procediment de baixa i de les indemnitzacions, les penalitzacions o els pagaments que ha d'efectuar la persona consumidora si es dóna de baixa del servei. Si el servei té la consideració de servei bàsic, s'ha d'informar del número de telèfon gratuït a què fa referència l'article 252-4.2 en cadascun dels rebuts o factures emesos.

3.   El prestador o prestadora ha de garantir la continuïtat i la qualitat en la prestació, d'acord amb la informació que se n'ha donat o la publicitat que se n'ha fet, sense que es pugui deslliurar de responsabilitat per conducte de tercers amb qui la persona consumidora no hagi entrat en contacte. Es poden determinar per reglament els mecanismes de control i verificació de la qualitat en la prestació dels serveis de tracte continuat.

4.   El prestador o prestadora d'un servei de tracte continuat ha de garantir una atenció adequada a la persona consumidora, sense demores ni esperes. Aquesta atenció ha d'ésser personal, sempre que la persona consumidora ho desitgi, sense procediments o mecanismes automàtics que facin impossible la conversa amb la persona consumidora.

5.   No es pot deixar de prestar el servei de tracte continuat per manca de pagament d'algun rebut o alguna factura si la persona consumidora ha presentat alguna reclamació amb relació al rebut o la factura davant del mateix prestador o prestadora o per mitjà dels mecanismes judicials o extrajudicials de resolució de conflictes.

6.   Per a interrompre el servei de tracte continuat, cal [...]* que se li hagin comunicat de manera fefaent les conseqüències d'aquest impagament [...]*.

7.   Per a incloure les persones consumidores en fitxers d'impagats, cal que hi hagi prèviament un deute cert, vençut i exigible. Es compleixen aquests requisits si no hi ha cap reclamació pendent de resolució.

8.   Si alguna de les clàusules d'un contracte de prestació de serveis de tracte continuat és declarada abusiva, l'empresa prestadora n'ha d'in-

---

*   La STC 54/2018, de 24 de maig (BOE núm. 151, de 22 de juny), ha declarat inconstitucionals els incisos *«que hi hagi, com a mínim, dos rebuts o factures impagats...»* i *«i que se li hagi donat... per pagar-los»*.

formar els clients amb contractes vigents que la incloguin i els ha de comunicar que aquesta clàusula es deixarà d'aplicar en els termes que estableixi la resolució o sentència judicial. Aquesta comunicació s'ha de fer constar, almenys, en la factura o liquidació immediatament posterior a la declaració d'abusivitat.

Article 252-6. *Serveis de marca*

1. Els prestadors dels serveis de marca estan obligats, amb relació a la persona consumidora, a fer tots els tràmits, resoldre les incidències, donar informació sobre béns i serveis i respondre de les garanties comercials com si fossin la mateixa empresa de la marca que exhibeixen.

2. En cap cas no es poden anunciar marques o logotips que indueixin la persona consumidora a error o confusió sobre la naturalesa de la marca, del servei o de la relació de l'establiment amb la marca.

3. Si els prestadors de serveis de marca estan facultats per a donar d'alta la persona consumidora en serveis de tracte continuat, també l'han de donar de baixa, si ho sol·licita, amb els mateixos requisits que per a donar-la d'alta. S'ha de lliurar a la persona consumidora un document justificatiu de la sol·licitud de baixa.

4. Si els prestadors apliquen preus o despeses autoritzats o decidits per l'empresa de la marca que representen, han de tenir a disposició de la persona consumidora unes taules o tarifes de preus i despeses elaborades per la marca.

5. Els prestadors de serveis de marca estan vinculats per la publicitat i les ofertes que faci l'empresa de la marca amb relació als béns o serveis que comercialitza, llevat que en el document publicitari constin els establiments que comprèn la promoció o l'oferta i els prestadors no hi estiguin inclosos.

Article 252-7. *Serveis de naturalesa mixta*

Si un mateix servei té característiques de més d'un dels tipus que estableix aquesta llei, s'han d'aplicar les obligacions i els requisits determinats per a cada un dels serveis que en formen part, sempre que siguin compatibles entre ells.

Article 252-8. *Serveis de les empreses concessionàries d'autopistes de peatge*

Les empreses concessionàries d'autopistes de peatge de pagament directe per part de l'usuari o usuària estan obligades a garantir la seguretat de les instal·lacions i a informar en els accessos a la concessió de les incidències que afectin la fluïdesa i la seguretat del trànsit.

Article 252-9. *Serveis financers i d'inversió de caràcter minorista*

1. S'entén per serveis de caràcter minorista, els serveis financers i els productes d'inversió destinats a les persones consumidores o que poden ésser adquirits per les persones consumidores. No són serveis de caràcter minorista els productes o serveis destinats a professionals als quals hom presumeix l'experiència, els coneixements i les qualificacions necessàries per a prendre decisions d'inversió i valorar correctament els riscos que assumeixen.

2. Les empreses, sens perjudici de la protecció que les normatives específiques en matèria financera i d'inversió atorguen a les persones consumidores d'aquests serveis, estan obligades a:

a) Lliurar la informació i la documentació d'acord amb el que estableix aquesta llei.

b) Deixar constància per escrit de la voluntat de les persones consumidores de contractar. En cap cas, no es pot dur a terme la contractació si el test d'idoneïtat, de conveniència, de solvència o qualsevol altre equivalent tenen un resultat negatiu amb relació al perfil de la persona consumidora.

c) Informar la persona consumidora de les condicions generals i particulars que l'afecten i posar a la seva disposició el model d'aquestes condicions com a mínim cinc dies hàbils abans de la formalització del contracte.

d) Lliurar un document informatiu sobre les despeses, tant fixes com variables, que poden derivar de la relació contractual i sobre els riscos financers que comporta l'operació.

Article 252-10. *Garantia dels viatges combinats*

1. Els empresaris que organitzen o comercialitzen viatges combinats estan obligats a mantenir una garantia que, en cas d'insolvència, respongui de l'execució correcta del viatge fins que aquest finalitzi i que permeti de reemborsar tots els pagaments efectuats pels viatgers.

2. La garantia es pot establir per qualsevol negoci jurídic adequat i s'ha de facilitar informació a les persones consumidores en la documentació precontractual, que s'ha de lliurar abans de la formalització del contracte del viatge combinat.

També s'ha d'indicar en el contracte l'existència de la garantia i la manera de fer-la efectiva.

3. La garantia ha de cobrir l'import dels pagaments efectuats pels usuaris amb relació a tots els viatges fins que finalitzin, i ha de comprendre també les despeses de l'allotjament previ i, en el cas que el transport estigui inclòs en el contracte, el retorn del viatger a l'origen.

4. La garantia s'ha d'activar de manera efectiva i gratuïta pel que fa a les despeses del retorn de l'usuari o usuària a l'origen i l'allotjament previ a aquest retorn.

5. Sens perjudici que la garantia ha d'ésser sempre suficient per a cobrir el reemborsament dels fons dipositats i la repatriació dels consumidors en els riscos esmentats respecte de tots els viatges que encara no han finalitzat, en tot cas, l'empresari o empresària ha de disposar d'un aval bancari o una pòlissa de caució o d'assegurances que cobreixi l'import equivalent almenys a un 5% del volum anual de negocis derivat de la comercialització o organització de viatges combinats, amb un import mínim de 100.000 euros.

El volum de negocis s'ha de referir a l'any anterior al qual es refereix la pòlissa o aval, i s'ha d'adaptar i actualitzar si augmenten els riscos, especialment en el cas d'un increment important de la comercialització de viatges combinats o de llur import.

6. En qualsevol cas, l'empresari o empresària també pot acreditar la garantia si ha subscrit i està al corrent del pagament d'una pòlissa d'assegurances que cobreixi —de manera individual i per a cada viatge combinat— els riscos a què fa referència l'apartat 1 per l'import dels pagaments efectuats pels usuaris amb relació a tots els viatges que encara no han finalitzat i a l'apartat 3.

7. La documentació ha d'incloure, com a mínim, el nom de l'entitat garant, les dades de contacte, l'adreça geogràfica i, si s'escau, el nom de l'autoritat competent designada a tal fi i les seves dades de contacte.

Article 252-11. *Garantia dels serveis de viatge vinculats*

1. S'entén per *serveis de viatge vinculats* els definits per l'article 3, apartat cinquè, de la Directiva UE 2015/2302, del Parlament Europeu i del Consell, relativa als viatges combinats i als serveis de viatge vinculats.

2. Els empresaris que comercialitzen aquest tipus de serveis estan obligats a mantenir una garantia en els termes que estableix l'article 252-10, en cas d'insolvència, si l'incompliment es deriva de llur responsabilitat.

3. Aquesta garantia ha de respondre també pel retorn a l'origen i l'allotjament previ, en els casos en què la persona que ha comercialitzat el servei és responsable del transport.

Article 252-12. *Acreditació de disponibilitat de garantia suficient*

Les persones, físiques o jurídiques, establertes a Catalunya que comercialitzen o organitzen viatges combinats o faciliten serveis de viatge vinculats han de presentar a la finestreta única empresarial una declaració responsable en què manifestin que disposen de la garantia que estableixen els articles anteriors.

TÍTOL VI. *Relacions de consum en matèria de crèdits o préstecs hipotecaris sobre habitatges*

CAPÍTOL I. *Disposicions generals*

Article 261-1. *Definicions*

Als efectes d'aquest títol, s'entén per:

a) Rehabilitació: conjunt d'obres de caràcter general que millora la qualitat pel que fa a les condicions de seguretat, funcionalitat, accessibilitat i eficiència energètica.

b) Prestador: qualsevol persona física o jurídica que, de manera professional, concedeix o es compromet a concedir crèdits o préstecs hipotecaris, incloent-hi les entitats financeres i de crèdit.

c) Intermediari de crèdit: persona física o jurídica que no actua com a prestador ni com a fedatari públic, ni tampoc es limita a posar en contacte, directament o indirectament, una persona consumidora amb un prestador o intermediari de crèdit i que, en el decurs de l'exercici de la seva activitat comercial o professional i a canvi d'una remuneració, que pot ésser de caràcter econòmic o en forma de qualsevol altre avantatge econòmic convingut, duu a terme alguna de les activitats següents:

1r. Presenta o ofereix contractes de crèdit a les persones consumidores.

2n. Assisteix les persones consumidores en els tràmits previs o en qualsevol altra gestió precontractual de contractes de crèdit diferents dels esmentats en el punt 1r.

3r. Subscriu contractes de crèdit amb persones consumidores en nom del prestador.

d) Servei accessori: servei ofert a la persona consumidora pel prestador o per l'intermediari de crèdit juntament amb el contracte de crèdit o préstec.

e) Avaluació de la solvència: avaluació de la capacitat de la persona consumidora per a fer front a les seves obligacions de deute.

f) Servei d'assessorament: prestació d'assessorament personalitzat a una persona consumidora amb relació a una o més operacions de contractes de crèdit, si es tracta d'una activitat diferent de la concessió del crèdit i de les activitats d'intermediació a què fa referència la lletra *c*.

g) Pràctiques de venda vinculada: oferta o venda d'un paquet constituït per un contracte de crèdit i altres productes o serveis financers diferenciats si el contracte de crèdit no s'ofereix a la persona consumidora per separat.

h) Pràctiques de venda combinada: oferta o venda d'un paquet constituït per un contracte de crèdit i altres productes o serveis financers diferenciats si el contracte de crèdit s'ofereix també a la persona consumidora per separat, malgrat que no es faci necessàriament en els mateixos termes i condicions que combinat amb altres serveis auxiliars.

i) Intermediari de crèdit vinculat: intermediari de crèdit que actua en nom i sota la responsabilitat plena i incondicional d'un sol prestador, d'un sol grup o d'un nombre de prestadors o grups que no representa la majoria del mercat.

Article 261-2. *Àmbit d'aplicació*

1. Els preceptes d'aquest títol s'apliquen a les relacions de consum en matèria de crèdits i préstecs garantits amb una hipoteca sobre l'habitatge, tant si són destinats a adquirir-lo com a rehabilitar-lo o a rehabilitar l'immoble del qual forma part.

2. Els preceptes d'aquest títol relatius a les persones consumidores en contractes de crèdit o préstec hipotecari s'apliquen també als avaladors de l'operació de crèdit o préstec i, si escau, als propietaris hipotecants.

3. Els preceptes d'aquest títol s'entenen sens perjudici de les obligacions que estableixen les altres normes que regulen aquesta matèria, sempre que siguin més beneficioses per a les persones consumidores, i la legislació bàsica de l'Estat.

CAPÍTOL II. *Obligacions d'informació prèvia*

Article 262-1. *Transparència amb relació als contractes*

1. Els prestadors i els intermediaris de crèdit han d'actuar honestament, professionalment i en el millor interès de les persones consumidores quan els concedeixen crèdits o préstecs hipotecaris o quan els presten serveis d'intermediació o assessorament i, si escau, serveis accessoris.

2. Els prestadors que formalitzen crèdits o préstecs hipotecaris han de lliurar a les persones consumidores les condicions generals de la contractació en un format que pugui ésser consultat en absència del prestador, en suport de paper o qualsevol altre suport durador que en permeti l'emmagatzematge i la reproducció posteriors.

Les persones consumidores no han d'afrontar cap despesa ni assumir cap compromís per a rebre-les. Aquesta informació ha d'ésser accessible des del web dels prestadors, si en tenen, i en els establiments oberts al públic o les oficines on presten els serveis, i s'ha d'adaptar als requeriments dels continguts de la fitxa europea d'informació normalitzada (FEIN).

3. L'Agència Catalana del Consum ha de vetllar perquè en la documentació contractual no s'hi incloguin clàusules declarades abusives judicialment, per la qual cosa ha de fer controls periòdics de la documentació contractual. Si hi detecta clàusules o pràctiques abusives o deslleials, l'Agència Catalana del Consum, d'ofici, pot iniciar un expedient sancionador a l'entitat financera.

4. L'Agència Catalana del Consum ha de proporcionar informació a les persones consumidores i protecció durant la vigència del contracte.

Article 262-2. *Transparència amb relació als preus*

1. Els prestadors i els intermediaris de crèdit han d'informar de les tarifes de comissions o compensacions i de les despeses transferibles i, si escau, de la periodicitat amb què són aplicables. Aquesta informació s'ha de recollir en un document, que s'ha de lliurar abans de formalitzar el contracte i que s'ha de redactar de manera clara, concreta i fàcilment comprensible per a les persones consumidores. Els prestadors i els intermediaris de crèdit vinculat no poden incloure-hi en cap cas el concepte d'assessorament.

2. La informació a què fa referència l'apartat 1 ha d'estar disponible de manera gratuïta per a la persona consumidora en els taulers d'anuncis dels establiments dels prestadors i els intermediaris de crèdit, en llurs webs i en un document que ha d'ésser lliurat a la persona consumidora en qualsevol cas i sempre amb cinc dies hàbils d'antelació a la formalització de qualsevol contracte, document de compromís, d'opció o similar que comporti l'establiment de relacions obligacionals o reals de qualsevol tipus que afectin la persona consumidora.

3. Les comissions o compensacions i les despeses transferides han de respondre a serveis efectivament prestats o a despeses que s'hagin suportat. En cap cas no es poden carregar comissions o despeses per serveis no acceptats o sol·licitats en ferm i de manera expressa per la persona consumidora.

Article 262-3. *Comunicacions comercials i publicitat*

1. Les comunicacions comercials i publicitàries dels crèdits i préstecs hipotecaris han d'ésser clares, no enganyoses, llegibles i, si escau, audibles. En cap cas no poden generar en la persona consumidora falses expectatives sobre la disponibilitat o el cost d'un crèdit o préstec, i li han d'ésser subministrades d'una manera comprensible i transparent, de manera que pugui conèixer els elements essencials per a poder comparar les diferents ofertes.

2. En la publicitat i les comunicacions comercials de les empreses i en els anuncis i ofertes exhibits en llurs establiments oberts al públic en què s'ofereixin crèdits o préstecs hipotecaris, s'ha d'informar almenys, de manera clara, concisa i destacada, dels aspectes següents:

a)   La identitat del prestador o l'intermediari de crèdit.

b)   El fet que el producte publicitat és un crèdit o préstec garantit per una hipoteca sobre un habitatge.

c)   El tipus d'interès, el caràcter fix, variable o referenciat d'aquest, l'existència de clàusules sòl o sostre, qualsevol xifra relacionada amb el cost del crèdit o préstec, i la taxa anual equivalent, mitjançant un exemple representatiu que contingui l'import total del crèdit, la durada del contracte, l'import de les quotes i l'import total que haurà de pagar la persona consumidora.

d)   El fet que la perfecció d'un contracte relatiu a serveis accessoris sigui obligatòria per a obtenir el crèdit o préstec o per a obtenir-lo en les condicions ofertes, si el cost d'aquest servei no es pot determinar abans.

Aquesta obligació s'ha d'esmentar clarament i destacadament, juntament amb la taxa anual equivalent. En tot cas, s'ha d'informar clarament de quins d'aquests productes són voluntaris i quins obligatoris per a la persona consumidora, del cost total i de la taxa anual equivalent del crèdit o préstec sense cap producte accessori o voluntari.

e)   El risc de perdre l'habitatge i, si escau, altres béns del patrimoni en cas d'incompliment dels compromisos derivats del contracte de crèdit. Se n'ha d'informar amb advertiments clars, que han de fer referència als riscos per a les persones consumidores i, si escau, per als avaladors o els tercers hipotecants.

Article 262-4.   *Informació prèvia al contracte de crèdit o préstec hipotecari*

1.   El prestador o l'intermediari de crèdit, amb una antelació mínima de catorze dies naturals a la formalització del contracte i abans que la persona consumidora assumeixi qualsevol obligació derivada de l'oferta o del contracte de crèdit o préstec hipotecari, li ha de subministrar, de manera gratuïta, clara, completa i entenedora, com a mínim la informació següent:

a)   La identitat i el domicili del prestador i la identificació de la persona responsable del préstec.

b)   La finalitat per a la qual es podrà emprar el crèdit o préstec.

c)   El dret de la persona consumidora a escollir notari, que només pot ésser escollit pel prestador si la persona consumidora no ho fa.

d)   El dret de la persona consumidora a aportar una taxació del bé immoble, que ha d'ésser acceptada i inclosa en el registre de l'entitat de crèdit, d'acord amb la legislació vigent.

e)   Una descripció de les principals característiques del contracte de crèdit o préstec, que ha d'incloure la durada; la descripció comparativa dels tipus de crèdit disponibles amb una breu exposició de les característiques dels productes a tipus fix, referenciat i variable; les implicacions per a la persona consumidora; les opcions per a reembossar el crèdit al prestador, amb la indicació del nombre, la periodicitat i l'import de les quotes; la possibilitat, si escau, de reembossament anticipat, la seva repercussió en el preu del crèdit o préstec hipotecari i, si escau, les condicions a què està subjecte el dit reembossament. En tot cas, s'ha de lliurar a la persona consumidora un quadre que reflecteixi l'evolució, durant els dotze mesos anteriors, dels diversos tipus de referència oficials.

f) El preu total que ha de pagar la persona consumidora, incloent-hi el desglossament de totes les comissions, càrregues i despeses que calguin per a la formalització del préstec, i també tots els impostos i la taxa anual equivalent, expressada amb un exemple representatiu, que ha d'incloure, almenys, les despeses desglossades d'impostos i taxes, les despeses de tramitació, taxació de la finca, comissió per cancel·lació d'hipoteques per amortitzacions anticipades parcials o totals i les altres que es puguin presentar per la contractació del préstec hipotecari. També s'han de fer constar, si n'hi ha, les despeses en cas d'impagament. Els prestadors i els intermediaris de crèdit vinculat no hi poden incloure en cap cas el concepte d'assessorament.

g) Els advertiments següents:

1r. Un advertiment que indiqui que el crèdit o préstec ofert està relacionat amb increments del tipus d'interès o del preu del crèdit o préstec hipotecari o amb altres instruments o operacions que impliquen riscos especials per a la persona consumidora.

2n. Un advertiment sobre el risc que assumeix la persona consumidora de perdre l'habitatge en cas d'incompliment dels compromisos derivats del contracte de crèdit i del fet que la responsabilitat no està limitada a la finca, i l'advertiment que també podria perdre altres béns del seu patrimoni fins a l'import degut.

En tot cas, la persona consumidora, amb aquest advertiment, ha d'obtenir un coneixement adequat dels riscos associats al finançament d'aquestes operacions, amb una referència especial al risc de tipus d'interès assumit.

3r. Un advertiment sobre els contractes d'assegurances o d'obertura de comptes corrents i els altres serveis accessoris, amb la indicació de si són obligatoris o opcionals per a la persona consumidora, del cost real per a aquesta i de les implicacions que per a ella puguin tenir, incloses les derivades de no complir-ne els compromisos. També s'hi ha d'afegir la informació sobre la possibilitat que té el consumidor de contractar-los a un proveïdor acreditat altre que el prestador.

4t. Un advertiment sobre les clàusules contractuals que generin més risc per a la persona consumidora.

5è. Un advertiment sobre el dret de l'empresa prestadora a declarar vençut tot el deute per impagament de tres quotes mensuals o un nombre d'aquestes equivalent a tres mesos.

h) Les modalitats de pagament i d'execució.

i) La divisa en la qual es poden contractar els crèdits o préstecs, amb l'explicació de les implicacions per a la persona consumidora de fer-ho en una moneda que no és de curs legal a Catalunya.

j) La naturalesa i l'abast de la garantia o garanties del crèdit o préstec.

k)   El dret a obtenir una oferta vinculant, la durada i les condicions.

l)   La informació relativa a qualsevol dret que tinguin les parts per a resoldre el contracte anticipadament, d'acord amb la legislació aplicable i les condicions del contracte, incloses les compensacions que inclogui el contracte.

m)   El tipus deutor i les condicions d'aplicació d'aquest tipus, els índexs de referència aplicables al tipus deutor inicial, els recàrrecs aplicables i les condicions en què es poden modificar. També s'ha d'especificar el tipus d'interès de demora.

n)   Un estudi de sensibilitat de les oscil·lacions en l'import total del préstec per a la persona consumidora en els crèdits o préstecs hipotecaris a tipus de referència, amb la comunicació de l'import més alt i més baix que pot tenir la quota mensual al llarg del període d'amortització previst, prenent com a base la fluctuació que ha patit l'índex de referència, almenys, en els darrers vint anys.

o)   Les clàusules sòl i sostre i altres clàusules o contractes accessoris que poden alterar el tipus d'interès o el preu del crèdit o préstec hipotecari, les implicacions d'aquestes clàusules o aquests contractes accessoris per a la persona consumidora, i la comparativa de l'onerositat del crèdit o préstec amb aquestes clàusules o aquests contractes i sense.

p)   Indicacions sobre com pot afectar el préstec hipotecari en les obligacions fiscals i sobre els ajuts públics, atenent les qualitats del prestatari consumidor.

q)   Els mitjans de reclamació i els sistemes de resolució extrajudicial de conflictes als quals té dret a accedir la persona consumidora.

r)   El sistema de fixació del deute o de la determinació de les quantitats degudes.

s)   El dret de la persona consumidora a negociar individualment les clàusules del contracte.

t)   L'obligació que, en els supòsits establerts legalment per l'escriptura dels préstecs hipotecaris, s'ha d'afegir, a més de la signatura del client, una expressió manuscrita en què el prestatari manifesti que ha estat adequadament advertit dels possibles riscos derivats del contracte.

u)   La possibilitat de consultar la Guia d'accés al préstec hipotecari, del Banc d'Espanya, i la indicació d'on es pot consultar.

2.   La informació a què fa referència aquest article s'ha de lliurar per escrit o en qualsevol suport de naturalesa duradora que permeti a la persona consumidora comparar fàcilment el producte ofert amb d'altres i que reculli la constància de la data de la recepció pel destinatari, alhora que faci possibles una conservació, una reproducció i un accés a la informació adequats.

3. S'entén que el prestador o l'intermediari de crèdit compleix les obligacions d'informació a què fa referència l'apartat 1 si lliura a la persona consumidora degudament emplenat un model d'informació que s'hagi establert legalment o reglamentàriament per a aquesta finalitat.

Article 262-5. *Taxació del bé i altres serveis accessoris*

1. El prestador, si concerta o efectua directament la prestació dels serveis preparatoris de l'operació i la despesa és a compte de la persona consumidora, li ha d'indicar la identitat dels professionals o entitats seleccionats a aquest efecte i les tarifes dels honoraris aplicables, i li ha de lliurar el servei contractat per l'empresa o prestat per aquesta, si el crèdit o préstec hipotecari no s'arriba a formalitzar, o una còpia en el cas contrari.

2. El prestador ha de lliurar a la persona consumidora una còpia de l'informe de taxació si l'operació s'arriba a formalitzar, o l'original de l'informe en cas contrari.

Article 262-6. *Oferta vinculant*

1. Una vegada obtinguda la taxació de l'immoble, efectuades, si escau, les comprovacions pertinents sobre la situació registral de la finca i avaluada la solvència del prestatari, els prestadors han de lliurar per escrit una oferta vinculant de crèdit o préstec a la persona consumidora amb la informació a què fa referència l'article 262-4 i qualsevol altra informació que considerin rellevant, o bé li han de notificar la denegació del crèdit o préstec. S'entén compllerta l'obligació que estableix aquest apartat si el prestador lliura a la persona consumidora, degudament emplenat, un formulari normalitzat aprovat mitjançant una disposició legal o reglamentària.

2. [Apartat declarat inconstitucional per STC 54/2018, de 24 de maig]

3. El document que conté l'oferta vinculant ha d'anar acompanyat del projecte de document contractual. En aquest document hi ha de constar el dret de la persona consumidora d'examinar l'escriptura pública en el despatx del notari autoritzant amb una antelació mínima a la data de la signatura de cinc dies hàbils.

Article 262-7. *Accessibilitat a la informació i als documents preceptius*

La informació i els documents que el prestador ha de donar a la persona consumidora per a dur a terme el procés de contractació han d'ésser accessibles per a les persones amb discapacitat mitjançant el sistema o mitjà de suport més adequat a aquesta finalitat.

Article 262-8. *Serveis d'assessorament*

1. Els prestadors, els intermediaris de crèdit o llurs representants han d'informar, de manera expressa, les persones consumidores de si s'estan prestant o es poden prestar serveis d'assessorament amb relació a una determinada operació.

2. Si es presten serveis d'assessorament, abans que siguin contractats s'ha de lliurar a la persona consumidora, en paper o en un altre suport durador, la informació següent:

a) El conjunt de productes que es prendran en consideració, de manera que la persona consumidora pugui entendre si les recomanacions que se li fan es fonamenten només en els productes propis del prestador o l'intermediari o bé en un conjunt més ampli.

b) Les despeses que es cobren a la persona consumidora per aquest servei d'assessorament o el mètode que s'utilitza per a calcular-les.

3. Els prestadors, els intermediaris de crèdit vinculats o llurs representants no poden fer servir en cap cas els termes assessorament, assessor o d'altres de semblants en llurs comunicacions comercials i en la publicitat.

4. Els empresaris que actuïn com a assessors han de complir els requisits següents:

a) Sol·licitar la informació necessària sobre la situació personal i financera de la persona consumidora, les seves preferències i els seus objectius, de manera que l'assessor pugui recomanar a la persona consumidora contractes de crèdit adequats.

b) Tenir en compte les hipòtesis raonables sobre els riscos existents durant la vigència del contracte de crèdit proposat.

c) Prendre en consideració un nombre suficientment gran de contractes disponibles al mercat i recomanar a la persona consumidora aquells que s'adeqüin a les seves necessitats, situació financera i circumstàncies personals.

d) Actuar en el millor interès de la persona consumidora i recomanar-li el contracte que més s'adeqüi a les seves característiques.

e) Facilitar a la persona consumidora una còpia de les recomanacions en paper o en un altre suport durador.

Article 262-9. *Pràctiques vinculades i combinades*

1. S'autoritzen les pràctiques combinades, però no les pràctiques vinculades, llevat dels supòsits següents:

a) Que s'obri o es mantingui un compte de pagament o d'estalvi, sempre que aquest compte tingui com a única finalitat acumular capital per a efectuar reembossaments de crèdit, pagar-ne interessos o agrupar recursos per a obtenir el crèdit, o bé oferir una seguretat addicional per al prestador en cas d'impagament.

b) Que s'obri o es mantingui un producte d'inversió o un producte de pensió privada, si aquests productes, que ofereixen fonamentalment a l'inversor uns ingressos després de jubilar-se, serveixen també per a oferir una seguretat addicional al prestador en cas d'impagament o per a acumular capital per a efectuar reembossaments de crèdit, pagar-ne els interessos o agrupar recursos per a obtenir el crèdit.

c) Que els prestadors puguin demostrar que les pràctiques vinculades presenten beneficis clars a les persones consumidores, tenint en compte la disponibilitat i els preus dels productes semblants oferts al mercat.

2. Es pot exigir a la persona consumidora la subscripció d'una pòlissa d'assegurances amb relació al contracte de crèdit. Tanmateix, s'han d'acceptar les pòlisses d'assegurances amb garanties equivalents subscrites directament per la persona consumidora amb proveïdors altres que el prestador.

Article 262-10. *Protecció addicional de determinats col·lectius*

1. Els col·lectius especialment protegits definits per la lletra *c* de l'article 111-2 gaudeixen d'una protecció més gran, amb les característiques i els requisits que es determinin per reglament.

2. Els serveis d'atenció han d'ésser dissenyats utilitzant mitjans i suports que segueixin els principis d'accessibilitat universal.

CAPÍTOL III. *Altres obligacions*

Article 263-1. *Explicacions adequades*

1. Els prestadors i, si escau, els intermediaris de crèdit han de facilitar a la persona consumidora, abans de formular l'oferta vinculant, explicacions adequades i comprensibles sobre els crèdits o préstecs, els possibles serveis accessoris que s'ofereixin, els imports desglossats dels serveis i llurs condicionants a l'efecte de l'atorgament de l'operació de crèdit, i també sobre si són obligatoris, opcionals o complementaris, amb la finalitat que la persona consumidora pugui valorar si els dits crèdits o préstecs s'adapten a les seves necessitats i a la seva situació financera, comparar els crèdits disponibles en el mercat, prendre una decisió fonamentada sobre la conveniència o no de subscriure el contracte de crèdit, i decidir de manera suficientment informada si accepta o no la prestació dels serveis complementaris i sobre l'import que ha de pagar.

L'acceptació expressa dels serveis complementaris per part de la persona consumidora ha de constar en un escrit en què s'han de desglossar els conceptes, els imports, els terminis i les condicions de pagament.

2. Les explicacions han d'incloure informació personalitzada sobre les característiques dels crèdits oferts i els termes de la informació precontractual que s'han de facilitar d'acord amb el que estableix aquest títol, i també de les conseqüències que la subscripció del contracte pot

tenir per a la persona consumidora, sense formular-hi cap recomanació. Aquesta informació s'ha de lliurar sense retards injustificats des del moment en què el consumidor ha lliurat la informació necessària i amb prou antelació respecte al lliurament de l'oferta vinculant.

Article 263-2. *Avaluació de la solvència de la persona consumidora*

1. El prestador o l'intermediari de crèdit, abans de concedir el crèdit o préstec hipotecari, ha d'avaluar la solvència de la persona consumidora tenint en compte, entre altres criteris, els ingressos presents i futurs, els estalvis, els deutes i els compromisos financers de la persona consumidora, d'acord amb la informació subministrada per aquesta. Aquesta avaluació no es pot fonamentar, de manera exclusiva, en el valor del bé immoble subjecte a la hipoteca.

2. Si, després de concloure el contracte de crèdit o préstec hipotecari, es preveu un augment significatiu de l'import total del crèdit atorgat, s'ha d'actualitzar la informació financera sobre la persona consumidora i s'ha de tornar a fer l'avaluació de la solvència, de la manera que estableix l'apartat 1.

3. El prestador ha de comunicar a la persona consumidora el resultat de l'avaluació de manera immediata i sense cost per a aquesta.

4. [Apartat declarat inconstitucional per STC 54/2018, de 24 de maig]

Llibre tercer. *La disciplina del mercat i els drets de les persones consumidores*

TÍTOL I. *Disposicions generals*

CAPÍTOL I. *Disposicions generals*

Article 311-1. *Tutela dels drets de les persones consumidores*

1. Els poders públics de Catalunya, especialment els que tenen específicament encarregada la tutela i la defensa dels drets de les persones consumidores, han de vetllar, per mitjà de procediments eficaços i efectius, pel compliment dels drets que reconeixen aquesta llei i les normatives específiques i sectorials de defensa i protecció de les persones consumidores.

2. Els poders públics a què fa referència l'apartat 1, en cas d'un incompliment de la legislació que posi en perill de qualsevol manera els drets o interessos de les persones consumidores, han d'adoptar les mesures que estableixen aquesta llei i la resta de l'ordenament jurídic.

3. Si es vulneren els drets de les persones consumidores, l'Administració ha d'exercir les accions judicials adequades per a posar fi a aquesta vulneració.

Article 311-2. *Codi de conducta*

1.   L'Administració de consum ha de fomentar l'adopció de codis de conducta com a instrument d'autoregulació i coregulació per a millorar la defensa de les persones consumidores i la disciplina del mercat i ha de promoure que aquests codis s'adeqüin als principis del consum responsable.

2.   Els codis poden ésser elaborats per representants de les organitzacions de persones consumidores, empresarials i professionals més representatives dels sectors afectats i l'Administració de consum.

3.   L'Administració de consum pot crear i atorgar, si escau, distintius de qualitat i determinar per reglament els compromisos i les obligacions que han d'assumir les entitats que s'hi adhereixin i el règim d'atorgament, retirada i publicitat d'aquests distintius. Aquests distintius de qualitat es poden vincular, si escau, amb l'adopció d'un codi de conducta.

Article 311-3. *Col·laboració d'altres organismes o ens públics o privats amb potestats públiques*

1.   Els òrgans administratius encarregats de vetllar per la defensa de les persones consumidores poden sol·licitar, si escau, la col·laboració d'altres òrgans administratius perquè exerceixin les potestats que els atribueixen les legislacions sectorials específiques, quan s'estimi necessari, a fi de protegir els drets o interessos de les persones consumidores. Si l'òrgan al qual s'ha demanat la col·laboració considera que no cal actuar o que no li correspon fer-ho, ha de contestar a l'òrgan que ha fet la sol·licitud i motivar la seva decisió.

2.   Les sol·licituds de col·laboració de l'Administració de consum de la Generalitat s'han de fer de manera motivada. L'òrgan o ens al qual s'ha sol·licitat la col·laboració ha de contestar en el termini d'un mes, llevat que per raons d'urgència s'indiqui en la sol·licitud un termini més curt, i ha d'indicar les mesures, les decisions o els acords adoptats, i també les actuacions realitzades.

Article 311-4. *Coordinació entre òrgans administratius de defensa de les persones consumidores*

1.   Tots els organismes de l'Administració pública de Catalunya han d'actuar coordinadament en la defensa dels drets i interessos de les persones consumidores.

2.   Els organismes de l'Administració pública de Catalunya han d'actuar conjuntament amb l'Agència Catalana del Consum i establir els criteris i les pautes d'actuació en matèria de mesures disciplinàries per a garantir la protecció dels drets de les persones consumidores.

3.   Si els organismes d'àmbit territorial tenen la competència delegada per una altra administració pública, aquesta ha de tutelar l'actuació

d'aquests òrgans, els ha de donar instruccions, pautes i criteris i ha de vetllar perquè es compleixin.

4. L'Agència Catalana del Consum ha de lliurar la informació necessària als organismes d'àmbit territorial i els ha de facilitar, en la mesura de les seves possibilitats, els mitjans adequats perquè puguin acomplir llur tasca eficaçment.

Article 311-5. *Cooperació de les persones consumidores*

1. Les persones consumidores tenen el dret i el deure de cooperar, de manera individual o per mitjà de les organitzacions que les representen, amb les administracions públiques encarregades de vetllar pel compliment de la legislació en matèria de protecció de les persones consumidores.

2. El mitjà de cooperació és la denúncia o qualsevol altre admès en dret per a la protecció de les persones consumidores.

Article 311-6. *La denúncia en matèria de consum*

1. Les persones consumidores, de manera individual o per mitjà de les organitzacions que les representen, tenen el dret de formular i presentar denúncies als organismes administratius competents en matèria de consum.

2. Per mitjà de la denúncia es comuniquen a l'administració competent en matèria de protecció de les persones consumidores uns fets, circumstàncies o esdeveniments que poden vulnerar la normativa de consum.

Article 311-7. *Tramitació de la denúncia*

1. Si de la denúncia deriven indicis d'infracció, d'acord amb el que estableixen aquesta llei i les normatives sectorials de consum, les administracions públiques competents han d'iniciar d'ofici els procediments administratius adequats per a evitar la vulneració de la normativa.

2. L'administració pública competent ha de comunicar a la persona denunciant l'inici d'ofici de les actuacions pertinents i li ha d'indicar els possibles efectes de la denúncia i la seva posició jurídica respecte a les presumptes infraccions.

3. Si a la denúncia hi manquen requisits formals i la persona denunciant pot esmenar aquesta mancança, l'administració competent que la rep li ha de donar un termini no inferior a deu dies perquè ho faci.

4. Si l'òrgan a qui s'ha adreçat la denúncia no és el competent per raó de la matèria o del territori, aquest òrgan l'ha de trametre a l'òrgan que té atribuïda la competència material o territorial i ho ha de comunicar a la persona denunciant.

5. L'administració competent, si no aprecia infraccions amb relació a la denúncia presentada, ha d'adoptar un acord motivat d'arxivament i comunicar-lo a la persona denunciant.

CAPÍTOL II. *Els principis de la disciplina del mercat*

Article 312-1. *Qüestions generals*

1. L'activitat de les administracions públiques en matèria de disciplina del mercat i defensa de les persones consumidores s'ha d'ajustar als principis generals del dret, al que estableix aquesta llei i especialment a la normativa en matèria de règim jurídic de les administracions públiques i del procediment administratiu comú.

2. Els òrgans administratius encarregats d'exercir les funcions de disciplina del mercat i de defensa de les persones consumidores han de garantir el compliment dels principis generals del dret i de les lleis i han de cercar el màxim equilibri amb l'objectiu de protegir els drets i interessos de les persones consumidores.

Article 312-2. *Principi de legalitat*

1. L'exercici de les potestats administratives en matèria de disciplina del mercat i de defensa de les persones consumidores ha d'estar regulat per una norma amb rang de llei.

2. Les mesures cautelars que afectin els drets i interessos legítims dels administrats han d'estar regulades per una llei.

Article 312-3. *Principi d'irretroactivitat*

Són aplicables als fets constitutius d'una infracció administrativa les disposicions sancionadores vigents en el moment en què es produeixen. No obstant això, s'han d'aplicar retroactivament les disposicions que siguin més favorables per a la persona presumptament infractora.

Article 312-4. *Principi de tipicitat*

1. Només són infraccions administratives les vulneracions de l'ordenament jurídic establertes per la llei.

2. Ningú no pot ésser sancionat si la seva conducta no constitueix una infracció administrativa.

3. Les disposicions reglamentàries en matèria de disciplina del mercat i de defensa de les persones consumidores no poden establir sancions o graduacions de les sancions, però poden remetre a una llei perquè llur incompliment pugui ésser sancionat.

Article 312-5. *Principi de responsabilitat*

1. Només poden ésser sancionades les persones físiques o jurídiques que cometin infraccions atribuïbles per culpa o negligència.

2. Si en la comissió de les infraccions o dels fets perillosos per a la salut i la seguretat hi han participat diverses persones físiques o jurídiques, aquestes han de respondre solidàriament de les infraccions, les mesures i les sancions que es puguin aplicar.

3. Si un empresari o empresària té el deure legal o reglamentari de col·laborar en la detecció o persecució d'una infracció i deliberadament no ho fa, en pot ésser considerat responsable.

4. Si la infracció és imputada a una persona jurídica, poden ésser considerades responsables les persones que n'integren els òrgans rectors o de direcció en el moment en què es comet la infracció. S'entén que integren els òrgans rectors o de direcció les persones que constin en els registres públics, o bé les persones que hagin mostrat públicament aquesta representació o hagin actuat com a tals.

5. Les persones intermediàries en els serveis de la societat de la informació són responsables de la veracitat i la legalitat de la informació que publiquen referent a l'àmbit dels trastorns de conducta alimentària des del moment que coneixen o poden haver conegut —emprant una diligència normal— la manca de veracitat o la il·licitud dels continguts, i sempre que no actuïn de manera ràpida per procedir a la retirada d'aquestes les dades o a impossibilitar el seu accés.

Article 312-6. *Principi de proporcionalitat*

1. Les sancions han d'ésser proporcionals a la gravetat dels fets, atenent especialment el nombre de persones consumidores afectades, el perill per a la salut o la seguretat de les persones consumidores, la reincidència o reiteració, la intencionalitat en la comissió i el volum de lucre obtingut com a conseqüència de la infracció.

2. Les sancions i mesures cautelars no poden ésser més beneficioses per a l'infractor o infractora que el compliment de la normativa infringida.

Article 312-7. *Principi de precaució*

1. En funció del risc acceptable per a la salut, la seguretat o els interessos de les persones consumidores, les administracions públiques poden adoptar mesures proporcionals i coherents amb el risc per a minorar-lo, encara que afectin els drets dels administrats. Les mesures cautelars s'han de mantenir durant el temps mínim indispensable per a garantir la finalitat per a la qual s'han adoptat.

2. Les mesures cautelars o precautòries únicament es poden adoptar si hi ha indicis racionals d'infracció administrativa o de perill per a la salut o seguretat de les persones consumidores, i s'han d'adoptar amb les garanties establertes amb aquesta finalitat. En aquests supòsits, la càrrega de la prova recau sobre qui produeix, fabrica, importa o comercialitza el bé o servei.

Article 312-8. *Principi de prescripció*

Les infraccions i les sancions prescriuen d'acord amb el que estableix aquesta llei.

Article 312-9. *Principi de concurrència de sancions*

No es poden sancionar les infraccions que hagin estat sancionades penalment o administrativament, si hi ha identitat de subjecte, fet i fonament.

Article 312-10. *Principi de competència territorial*

1. Els organismes públics de consum poden actuar, investigar, controlar, inspeccionar i adoptar mesures respecte als fets que afectin o puguin afectar les persones consumidores en llur àmbit territorial, amb independència del domicili de la persona responsable o del lloc on es trobi l'establiment.

2. Els òrgans de la Generalitat amb competències sancionadores les han d'exercir respecte a les infraccions que afectin o puguin afectar les persones consumidores en llur àmbit territorial, amb independència del domicili de la persona responsable o del lloc on es trobi l'establiment, sense que puguin inhibir-se a favor d'altres administracions de fora de Catalunya.

3. La competència sancionadora correspon a l'Agència Catalana del Consum si la infracció afecta l'àmbit territorial de més d'un municipi.

Article 312-11. *Principi de competència material*

1. Els organismes públics de consum tenen competència per a sancionar les infraccions que tipifiquen aquesta llei i les altres normes específiques de protecció de les persones consumidores, sens perjudici de la potestat sancionadora que correspongui a altres òrgans per raó de la matèria.

2. Els organismes públics poden investigar, inspeccionar i sancionar els fets que, pel fet d'incomplir qualsevol normativa sectorial o específica de protecció dels drets i interessos de les persones consumidores, poden ésser considerats infracció als efectes d'aquesta llei.

Article 312-12. *Principi pro persona consumidora*

1. La normativa en matèria de protecció dels drets i interessos de les persones consumidores s'ha d'interpretar a llur favor.

2. Si un mateix supòsit o infracció està tipificat en diversos preceptes d'aquesta llei, s'ha d'aplicar el que tipifica la infracció més greu.

TÍTOL II. *De la inspecció i el control de mercat*

CAPÍTOL I. *Disposicions generals*

Article 321-1. *La inspecció i el control de mercat*

1. L'Administració de la Generalitat i les administracions locals, en l'àmbit de les competències respectives i d'acord amb les funcions que recull el Directori de serveis públics de consum de Catalunya, han de

dur a terme les actuacions d'inspecció i control necessàries per a garantir que les empreses i els establiments que produeixen, distribueixen o comercialitzen béns o serveis, fins i tot els serveis de la societat de la informació, compleixin els deures, les prohibicions i les limitacions que estableix la normativa dels diversos sectors d'activitat econòmica, l'incompliment de la qual pot lesionar els interessos generals de la persona consumidora protegits per aquesta llei.

2.   L'activitat d'inspecció i control pot recaure sobre els béns i serveis destinats a les persones consumidores i sobre els elements, les condicions i les instal·lacions utilitzats per a produir-los, distribuir-los i comercialitzar-los.

Article 321-2. *Competències*

1.   L'activitat d'inspecció i control a la qual es refereix l'article 321-1 és acomplerta pels òrgans competents de l'Administració de la Generalitat i els serveis d'inspecció corresponents de les administracions locals en l'àmbit de les respectives competències per raó de la matèria.

2.   La funció d'inspecció dels ens locals consisteix principalment en la comprovació i el control en llur àmbit territorial dels béns i serveis d'ús comú, ordinari i generalitzat, del compliment dels requisits generals dels establiments i de la seguretat dels productes, i també en l'adopció de mesures cautelars.

3.   L'òrgan de l'Agència Catalana del Consum que exerceix funcions d'inspecció en l'àmbit del consum i els serveis d'inspecció corresponents de les administracions locals han d'actuar de manera coordinada, col·laborar entre si i donar assistència a qualsevol administració pública competent en matèria de consum que els ho demani per a acomplir l'activitat d'inspecció i control per raó de la matèria o del territori.

Article 321-3. *Estatut personal dels inspectors de consum*

1.   Les persones al servei de l'Administració que exerceixen funcions d'inspecció són agents de l'autoritat amb caràcter general i, en particular, respecte a la responsabilitat administrativa i penal de les persones que ofereixin resistència o atemptin contra els mateixos agents, de fet o de paraula, tant en acte de servei com a conseqüència d'aquest.

2.   El personal inspector s'ha d'identificar abans d'exercir les potestats derivades de les seves funcions, llevat que la identificació pugui frustrar la finalitat de la inspecció.

3.   Quan inspeccionen empreses o serveis públics, els inspectors de consum han d'actuar amb independència funcional respecte als òrgans que tinguin encomanats la direcció, la gestió o el control administratiu de les empreses o els serveis.

4.   El personal inspector i el personal adscrit als òrgans relacionats amb la inspecció han de guardar secret sobre els assumptes que coneguin per raó de llur tasca.

Article 321-4. *Col·laboració amb la inspecció*

1. El personal inspector pot sol·licitar la col·laboració o l'auxili de qualsevol altra administració pública o autoritat o de les forces i els cossos de seguretat per a exercir les funcions de control i investigació.

2. Els empresaris han de facilitar al personal inspector la informació i documentació sol·licitada per a l'exercici de les seves funcions, incloses les dades de caràcter personal sense consentiment de tercers, d'acord amb el que estableix la normativa de protecció de dades de caràcter personal.

CAPÍTOL II. *Activitats d'inspecció*

Article 322-1. *Funcions de la inspecció*

1. Les activitats inspectores de les diferents administracions públiques s'han d'acomplir en el moment, de la manera i amb els mitjans que permetin conèixer millor l'activitat del mercat i dels agents que hi actuen, i que permetin constatar els fets rellevants per a la protecció de les persones consumidores. Aquestes funcions i activitats inspectores s'han d'acomplir sota el criteri de proporcionalitat de la mesura adoptada amb la presumpta infracció.

2. Les funcions generals dels òrgans que exerceixen funcions d'inspecció en l'àmbit del consum són la vigilància, el control, la investigació i la inspecció dels béns i serveis amb la finalitat de garantir els drets de les persones consumidores.

3. Als òrgans que exerceixen funcions d'inspecció en l'àmbit del consum els corresponen, a més de les funcions generals, l'exercici de les funcions següents:

a) Investigar les irregularitats amb la finalitat de comprovar-ne l'abast, les causes i les responsabilitats dels presumptes autors.

b) Emetre informes complementaris relatius a llurs actuacions.

c) Informar els empresaris sobre el compliment de la normativa que els pugui afectar.

d) Advertir els inspeccionats de les irregularitats observades i requerir-los que facin les modificacions necessàries en els terminis adequats.

e) Proposar als òrgans competents les mesures adequades a les irregularitats constatades i col·laborar en llur execució.

f) Adoptar, en casos d'urgència, les mesures cautelars necessàries, que han d'ésser ratificades per l'òrgan competent.

g) Supervisar les entitats col·laboradores de l'Administració de consum en matèria de control.

h) Elaborar informes relatius a l'adequació normativa dels diferents sectors.

i) Col·laborar en els procediments administratius sancionadors en matèria de consum.

j) Qualsevol altra funció relativa a la protecció de les persones consumidores que li encomanin els òrgans competents en matèria de consum.

Article 322-2. *Facultats del personal inspector*

1. El personal inspector de les diferents administracions públiques, d'acord amb el principi de proporcionalitat i respecte als drets dels administrats, en el marc de les competències de l'Administració de consum, té les facultats següents:

a) Accedir sense cap avís previ als locals i les instal·lacions de les persones inspeccionades i fer-hi visites d'inspecció i control, amb independència que als dits locals i instal·lacions hi pugui tenir accés el públic en general.

b) Exigir a la persona inspeccionada l'exhibició de la documentació que ha de tenir obligatòriament per raó de l'activitat que acompleix, i també la documentació mercantil, industrial i comptable i qualsevol altra que sigui rellevant als efectes de la investigació dels fets.

c) Requerir la tramesa a les dependències administratives de la documentació a què fa referència la lletra *b* o de les dades que siguin necessàries si no s'han pogut facilitar en el moment de la visita inspectora.

d) Requerir, de manera fefaent, la presència de les persones inspeccionades, de llurs representants legals o de qualsevol altra persona a les dependències administratives, al domicili de l'empresa o al lloc on es comercialitzen, emmagatzemen, distribueixen o manipulen productes o es presten serveis a fi de portar a terme les comprovacions inspectores corresponents o fer els requeriments a què fa referència la lletra *c*.

e) Practicar les proves, les investigacions o els exàmens necessaris per a comprovar el compliment de la normativa i poder prendre mostres i fer les comprovacions i els assaigs sobre els béns o serveis posats a disposició de les persones consumidores.

f) Advertir les persones inspeccionades de les irregularitats detectades i requerir-los que les esmenin i s'adeqüin a la normativa.

g) Adoptar, fins i tot de manera immediata, les mesures cautelars que estableix la normativa per a garantir els interessos generals de les persones consumidores.

2. Si l'accés als locals i les instal·lacions a què fa referència l'apartat 1.a està restringit al públic en general, el personal inspector ha de tenir el consentiment de la persona inspeccionada, sens perjudici de les responsabilitats administratives que puguin derivar de la negativa o resistència a permetre l'accés als locals i les instal·lacions.

3. L'Administració de consum pot sol·licitar l'autorització judicial per a accedir als locals i les instal·lacions de les persones inspecciona-des. Si la negativa o resistència a permetre-hi l'accés persisteix, pot sol·licitar l'auxili dels cossos i les forces de seguretat per a accedir a les dependències objecte d'inspecció.

4. El personal inspector pot obtenir una còpia o reproducció de la documentació a què fa referència l'apartat 1.b, incloses les dades de caràcter personal, sense consentiment de tercers, d'acord amb el que estableix la normativa reguladora en matèria de protecció de dades de caràcter personal, per a incorporar-la a les diligències inspectores.

5. La documentació i les dades obtingudes pels òrgans competents en matèria d'inspecció de consum en l'exercici de llurs funcions d'in-vestigació i control tenen caràcter reservat i únicament es poden utilitzar per a la finalitat de l'actuació inspectora, de manera que queda express-sament prohibida la cessió o la comunicació a tercers, llevat que una norma amb rang de llei obligui a comunicar els fets si posen en relleu indicis d'infraccions penals o administratives en altres matèries.

6. Les citacions de les persones inspeccionades, d'acord amb el que estableix l'apartat 1.d, han d'indicar el lloc, la data, l'hora i l'objecte de la compareixença i han d'evitar pertorbar, tant com sigui possible, les obligacions laborals i professionals de les persones citades, que poden comparèixer acompanyades del personal d'assessorament que consi-derin pertinent.

Article 322-3. *Deures de les persones inspeccionades*

1. Les persones inspeccionades han de permetre i facilitar l'actuació inspectora d'acord amb el que estableixen l'article 322-2. En aquest sen-tit, han de facilitar l'accés als locals i les instal·lacions objecte d'inspec-ció i a la documentació i informació requerida en les condicions que estableix aquesta llei.

2. Les persones inspeccionades, llurs representants legals o les persones amb poders suficients han de comparèixer a les dependènci-es administratives, al domicili de l'empresa o al lloc on es comercia-litzen, emmagatzemen, distribueixen o manipulen productes o es pres-ten serveis si el personal inspector, en l'exercici de les seves tasques, els cita.

3. A més de les persones a què fa referència l'apartat 2, es pot citar qualsevol altra persona si és estrictament necessari per a l'activitat ins-pectora.

Article 322-4. *Les actes d'inspecció*

1. El personal inspector ha d'estendre actes de les seves visites d'ins-pecció, de les altres actuacions d'investigació i control i sempre que constati irregularitats administratives.

2. L'acta d'inspecció ha d'estar numerada i ha d'identificar l'inspector o inspectora actuant, la data i l'hora de la inspecció i el lloc on s'estén.

3. L'acta d'inspecció ha d'identificar el nom o la raó social, el número d'identificació fiscal o el codi d'identificació fiscal i l'adreça o la seu social del subjecte presumptament responsable. També s'ha d'identificar el nom i el cognom i el document oficial d'identitat del compareixent o la compareixent, i també la qualitat de la seva representació, llevat que s'investiguin activitats o serveis de la societat de la informació, que no sigui possible la visita al subjecte presumptament responsable o que la seva presència pugui frustrar la finalitat de l'actuació inspectora. En aquests darrers supòsits, s'ha de notificar el contingut de l'acta al subjecte presumptament responsable perquè pugui fer les manifestacions pertinents per a defensar els seus drets i interessos.

4. L'acta d'inspecció ha de recollir els fets rellevants per a la investigació o el control i les altres circumstàncies i dades objectives que permetin determinar millor les irregularitats observades, llur abast i els presumptes responsables.

5. L'acta d'inspecció pot recollir les manifestacions que el compareixent o la compareixent vol fer constar.

6. La signatura de l'acta d'inspecció pel compareixent o la compareixent no suposa el reconeixement de les presumptes irregularitats descrites ni l'acceptació de les responsabilitats que en derivin. Així mateix, la negativa a signar-la no invalida el seu contingut ni el procediment administratiu a què doni lloc, ni desvirtua el valor probatori a què fa referència l'article 322-5.

7. L'acta d'inspecció pot recollir en un annex la documentació necessària per a esclarir els fets investigats, incloent-hi tant els documents en paper com en qualsevol altre suport durador. En tot cas, els documents annexos han d'ésser diligenciats per l'inspector o inspectora actuant.

8. Les actes d'inspecció són un document públic i han d'anar signades pel personal inspector que les estengui.

Article 322-5. *Valor probatori de les actes d'inspecció*

1. Els fets constatats pel personal inspector i recollits en les actes d'inspecció tenen valor probatori i presumpció de certesa, llevat de prova en contra.

2. Les actes d'inspecció que compleixin els requisits formals establerts per aquesta llei que hagin estat esteses per serveis d'inspecció d'organismes públics altres que aquells a què fa referència aquesta llei tenen el mateix valor probatori en els procediments administratius derivats de l'aplicació d'aquesta llei.

Article 322-6. *Els informes de la inspecció*

1. El personal inspector pot emetre informes si són rellevants per a l'esclariment dels fets investigats i resulta impossible o clarament innecessari estendre una acta d'inspecció. Els informes han de contenir la identificació de l'inspector o inspectora i la data, l'hora i el lloc en què s'emeten. A més, s'hi han d'indicar forçosament les circumstàncies que en motiven l'emissió i han de recollir els fets constatats per l'inspector o inspectora i, si escau, la seva valoració. Els informes han d'anar signats per l'inspector o inspectora.

2. Els fets recollits en els informes de la inspecció tenen el mateix valor probatori que els fets constatats, continguts o recollits en les actes d'inspecció.

3. Els informes de la inspecció poden annexar la documentació necessària per a acreditar els fets investigats, incloent-hi tant els documents en paper com en qualsevol altre suport durador.

Article 322-7. *La presa de mostres reglamentària*

El personal inspector pot fer una presa de mostres reglamentària per a comprovar l'adequació a la normativa aplicable de la composició, l'etiquetatge, la presentació, la publicitat i els nivells de seguretat dels béns posats a disposició de les persones consumidores.

Article 322-8. *Les proves i les comprovacions*

El personal inspector pot prendre mostres indicatives i fer comprovacions i proves sobre instal·lacions, béns i serveis a fi de constatar-ne l'adequació a la normativa.

Article 322-9. *Pràctica de les proves*

1. Les anàlisis i els assaigs derivats de la presa de mostres i les proves i comprovacions sobre instal·lacions, béns i serveis poden ésser fets per organismes i entitats degudament acreditats per al tipus d'actuació de què es tracti. També poden ésser fets, si escau, pel mateix personal inspector, sens perjudici del dret de l'empresari o empresària a dur a terme proves contradictòries.

2. L'Administració ha de pagar el cost de les mostres i les despeses de les anàlisis, els assaigs, les proves i les comprovacions que promogui.

3. Un cop la sanció, si s'escau, sigui ferma, l'Administració pot exigir als responsables de la infracció el reemborsament de les despeses ocasionades. Si es neguen a reemborsar-les, aquesta obligació és exigible en via de constrenyiment.

CAPÍTOL III.   *Mesures cautelars i definitives*

Article 323-1. *Qüestions generals*

1. L'òrgan competent, sens perjudici de les mesures que es puguin adoptar en la tramitació d'un procediment sancionador, pot acordar mesures cautelars de manera motivada i immediata si hi ha indicis racionals de risc no acceptable per a la salut i la seguretat, els interessos econòmics i socials o el dret a la informació de les persones consumidores. Aquestes mesures no tenen caràcter sancionador.

2. L'òrgan competent pot adoptar les mesures cautelars següents:

a) Imposar, per raons de seguretat, condicions prèvies a la comercialització d'un bé o la prestació d'un servei.

b) Immobilitzar béns o obligar a retirar-los del mercat i a recuperar els que estiguin en mans de les persones consumidores i, si cal, acordar de destruir-los en condicions adequades.

c) Suspendre o prohibir l'activitat, l'oferta, la promoció o la venda de béns o la prestació de serveis.

d) Clausurar temporalment establiments i instal·lacions.

e) Mesures complementàries de les mesures a què fan referència les lletres *a*, *b*, *c* i *d* que en garanteixin l'eficàcia.

f) Qualsevol altra mesura ajustada a la legalitat que sigui necessària per a protegir les persones consumidores d'un risc.

3. Les mesures cautelars poden afectar els responsables de la producció, distribució i comercialització de béns i de la prestació de serveis o qualsevol altra persona responsable del bé o del servei.

4. L'òrgan competent pot obligar els afectats per les mesures cautelars a informar les persones exposades al risc derivat de l'ús d'un bé o de la prestació d'un servei, de manera immediata i pels mitjans més adequats, per mitjà de la publicació d'avisos especials.

5. L'adopció d'una mesura cautelar és compatible amb l'inici previ, simultani o posterior d'un procediment sancionador.

6. Les mesures cautelars han d'ésser proporcionades a la gravetat de les irregularitats detectades i tan poc restrictives amb la lliure circulació de mercaderies i la llibertat d'empresa com sigui possible. S'han de mantenir el temps estrictament necessari per a fer les comprovacions i eliminar els riscos o, si les irregularitats són esmenables, el temps necessari per a eliminar el fet que va motivar la mesura cautelar, la qual cosa pot ésser comprovada pel personal inspector.

7. El personal inspector, per raons d'urgència, pot adoptar les mesures cautelars que estableix aquesta llei estenent una acta d'inspecció motivada. Aquestes mesures han d'ésser confirmades, modificades o aixecades per mitjà d'un acord de l'òrgan competent en el termini més

breu possible i, en cap cas, en un termini superior a quinze dies a partir de l'endemà del dia en què s'hagin adoptat. Aquest acord s'ha de notificar a la persona inspeccionada. Si no es compleixen aquests preceptes, les mesures cautelars resten sense efecte.

Article 323-2.   *Procediment per a l'adopció de mesures definitives*

1.   Un cop acordada una mesura cautelar, s'inicia el procediment administratiu corresponent d'acord amb la legislació aplicable.

2.   La resolució del procediment administratiu ha de confirmar, modificar o aixecar les mesures cautelars adoptades i ha d'incloure els terminis i les condicions per a l'execució de les mesures definitives.

3.   Si els fets són greus, per a evitar danys irreparables, es pot acordar una tramitació d'urgència del procediment administratiu. L'òrgan competent en qualsevol moment pot ordenar la pràctica d'inspeccions i controls necessaris per a la resolució del procediment.

4.   La resolució del procediment administratiu no impedeix la iniciació simultània d'un procediment sancionador si es comprova la concurrència d'infraccions administratives.

5.   La persona responsable ha d'assumir les despeses derivades de l'adopció de les mesures cautelars i definitives quan siguin definitives per una resolució administrativa ferma. Les despeses derivades de les proves i els assaigs són a càrrec de qui els promogui.

Article 323-3.   *Multes coercitives*

Per a garantir l'execució de les mesures cautelars i definitives es poden imposar multes coercitives.

Article 323-4.   *Competències municipals*

Les administracions locals poden adoptar mesures cautelars i definitives si la situació de risc no acceptable per a la salut i seguretat o els interessos econòmics i socials i el dret a la informació de les persones consumidores afecta llur àmbit territorial. En tot cas, ho han de comunicar a l'Agència Catalana del Consum als efectes pertinents.

Article 323-5.   *Comunicació dels riscos i les irregularitats greus*

Els òrgans competents han de comunicar a les persones consumidores els riscos i les irregularitats greus objecte de mesures cautelars i informar-les de les precaucions necessàries per a evitar lesions greus dels seus drets, especialment de la salut i la seguretat. També han de comunicar aquestes irregularitats a les altres administracions potencialment afectades seguint els procediments establerts.

CAPÍTOL IV.   *Altres activitats de control*

Article 324-1.   *Estudis i prospeccions de mercat*

1.   Les administracions competents en matèria de consum poden fer directament estudis, controls, assaigs, anàlisis i comprovacions sobre els béns, els serveis i els establiments on es comercialitzen i es presten, per a establir estratègies d'actuació administrativa que augmentin l'eficàcia de la protecció de les persones consumidores.

2.   El personal encarregat de l'activitat d'estudi i prospecció de mercat, per a obtenir la informació necessària per a complir les seves funcions, pot quedar eximit de l'obligació d'identificar-se.

3.   Les irregularitats que es detectin durant les activitats d'estudi i prospecció de mercat s'han de comunicar immediatament als responsables perquè adoptin les mesures adequades per a corregir-les, sens perjudici de les actuacions administratives que en puguin derivar.

4.   Es pot fer publicitat de les activitats d'estudi i prospecció de mercat si dels resultats en deriva una millora dels sectors afectats o dels interessos generals de les persones consumidores.

5.   Les entitats col·laboradores i les organitzacions de persones consumidores poden acomplir activitats d'estudi i prospecció de mercat per encàrrec de l'Administració.

Article 324-2.   *Entitats col·laboradores*

1.   En l'àmbit de l'acció pública de protecció i defensa de les persones consumidores, l'Administració pot encomanar a entitats col·laboradores que acompleixin algunes de les activitats de control que corresponen a l'Administració de consum, sota la seva supervisió.

2.   S'han d'establir per reglament els tipus, els camps d'actuació i les funcions de les entitats col·laboradores.

TÍTOL III.   *De les infraccions i les sancions*

CAPÍTOL I.   *Tipificació de les infraccions*

Article 331-1.   *Infraccions en matèria de seguretat i per incompliment de disposicions o resolucions administratives*

Són infraccions en matèria de seguretat i per incompliment de disposicions o resolucions administratives:

a)   Incomplir les disposicions sobre seguretat dels béns i dels serveis posats al mercat a disposició de les persones consumidores.

b)   Fer accions o omissions que, encara que no incompleixin cap disposició, produeixin un risc o un dany efectiu per a la seguretat de les persones consumidores, si es fan sense les precaucions o cauteles exigibles en l'activitat.

c) Incomplir les disposicions o resolucions administratives sobre la prohibició de venda, comercialització o distribució de determinats béns o la prestació de serveis a determinats establiments o a tipus específics de persones consumidores.

d) Vendre, comercialitzar o distribuir sense autorització administrativa béns que la necessiten.

Article 331-2. *Infraccions per alteració, adulteració, frau o engany*

Són infraccions per alteració, adulteració, frau o engany:

a) Elaborar per a la distribució, el subministrament i la venda béns als quals s'ha addicionat o sostret qualsevol substància o element per variar-ne la composició, l'estructura, el pes o el volum, en detriment de llurs qualitats, per corregir-ne els defectes o per encobrir-ne el grau de qualitat, l'alteració o l'origen dels components utilitzats.

b) Alterar la composició de béns destinats al mercat respecte a les autoritzacions administratives o a les declaracions registrades corresponents.

c) Incomplir, en qualsevol de les fases de la distribució de béns o en la prestació de qualsevol mena de serveis, les normes relatives a l'origen, la intensitat, la naturalesa, la qualitat, la composició, la quantitat, el pes, la mida i la presentació per mitjà d'envasos, etiquetes, rètols, tancadures, precintes o altres elements rellevants, segons que correspongui, d'acord amb la normativa o les condicions en què s'ofereixen al mercat.

d) Atorgar qualsevol distintiu que per la seva aparença o configuració pugui induir a error a les persones consumidores, fer-lo servir o fer-ne publicitat indegudament o fraudulentament.

e) Oferir béns o serveis, per mitjà de publicitat o d'informació de qualsevol classe i per qualsevol mitjà, atribuint-los qualitats, característiques, comprovacions, certificacions o resultats que difereixin dels que realment tenen o poden obtenir, i fer publicitat de qualsevol manera que indueixi o pugui induir a error, engany o confusió a les persones a qui es dirigeix o que silenciï dades fonamentals que impedeixin conèixer les veritables característiques o naturalesa del bé o servei.

f) Anunciar béns o serveis per qualsevol mitjà publicitari de manera que el contingut de la publicitat es confongui amb el que és propi de la missió informativa, per la manera d'expressar o de difondre aquesta publicitat.

g) Incomplir les obligacions envers les persones consumidores assumides voluntàriament per mitjà dels codis de conducta si s'hi ha manifestat l'adhesió.

h)   Incomplir les obligacions que deriven de la manca de conformitat o de la garantia legalment establerta o oferta a la persona consumidora o imposar injustificadament condicions, dificultats o retards amb relació a les obligacions que en deriven, fins i tot amb relació als béns que s'ofereixen com a premi o regal.

i)   Substituir peces sense que calgui en la prestació de serveis d'instal·lació o reparació de béns i serveis a domicili i d'assistència a la llar per a aconseguir un augment del preu, encara que la persona consumidora hagi donat el seu consentiment induït pel prestador o prestadora; facturar treballs no realitzats, i utilitzar materials de qualitat inferior a la indicada a la persona consumidora.

j)   Posar a disposició de les persones consumidores béns de naturalesa duradora sense garantir un servei d'assistència tècnica adequat per a reparar-los i peces de recanvi de la manera obligada o exigida, o no disposar-ne en els supòsits i terminis que estableix la normativa.

k)   Oferir premis o regals, si llur cost ha repercutit en el preu de la transacció, si es redueix la qualitat o la quantitat de l'objecte principal de la transacció i si, de qualsevol altra manera, la persona consumidora no rep, d'una manera real i efectiva, el que se li ha promès en l'oferta.

Article 331-3.   *Infraccions en matèria de transaccions comercials i en matèria de preus*

Són infraccions en matèria de transaccions comercials i condicions tècniques de venda i en matèria de preus:

a)   Incomplir les disposicions que regulen la informació i la publicitat dels preus dels béns i serveis.

b)   Vendre béns o prestar serveis a preus superiors als màxims autoritzats o als legalment establerts, als preus comunicats o als preus anunciats.

c)   Restringir o limitar la quantitat o qualitat real de les prestacions, o causar qualsevol mena de discriminació per raó de les condicions, els mitjans o les formes de pagament dels béns o serveis.

d)   Realitzar pràctiques comercials deslleials per acció o per omissió que provoquin o puguin provocar a la persona consumidora un comportament econòmic que d'una altra manera no hauria tingut.

e)   Oferir o fer transaccions en què s'imposi la condició expressa o tàcita de comprar una quantitat mínima del bé sol·licitat o d'altres béns o serveis diferents dels que són objecte de la transacció, llevat que es tracti d'una unitat de venda o hi hagi una relació funcional entre ells.

f)   Acaparar i retirar del mercat béns i serveis amb la finalitat d'incrementar-ne els preus o esperar-ne els augments previsibles en perjudici de les persones consumidores.

g)   No lliurar la documentació contractual, la factura o el comprovant de la venda de béns o de la prestació de serveis, o cobrar o incrementar el preu per aquest lliurament.

h)   Negar-se injustificadament a satisfer les demandes de les persones consumidores i fer qualsevol tipus de discriminació respecte a aquestes demandes.

i)   Incrementar els preus previstos en el pressupost sense la conformitat expressa de la persona consumidora.

j)   Incrementar els preus dels recanvis o de les peces que s'utilitzen en les reparacions o instal·lacions de béns.

k)   Cobrar per mà d'obra, trasllat o visita quantitats que superin el doble dels costos mitjans estimats de cada sector.

Article 331-4.   *Infraccions en matèria de normalització, documentació i condicions de venda i en matèria de subministrament o de prestació de serveis*

Són infraccions en matèria de normalització, documentació i condicions de venda i en matèria de subministrament o de prestació de serveis:

a)   No formalitzar les assegurances, els avals o les altres garanties imposades normativament en benefici de les persones consumidores.

b)   Incomplir les disposicions relatives a la normalització o la classificació de béns o serveis que es comercialitzen o existeixen en el mercat.

c)   No complir les disposicions que regulen el marcatge, l'etiquetatge i l'envasament de productes.

d)   Tenir disposats per a la venda béns amb data de consum preferent sobrepassada.

e)   Incomplir, amb relació a la protecció de la persona consumidora, les normes relatives a la documentació, la informació o els registres establerts obligatòriament per al règim i el funcionament adequats de l'establiment, l'empresa, la instal·lació o el servei.

f)   Incomplir les disposicions sobre les condicions de les relacions de consum, en totes les modalitats, i sobre les condicions de les invitacions a comprar.

g)   Incomplir el règim establert sobre el lliurament i el canvi de béns i serveis promocionals o promocionats.

h)   No elaborar pressupostos, si és obligatori de fer-ne, o cobrar per a elaborar-los, si és prohibit.

i)   No lliurar un resguard a les persones consumidores en el cas de dipòsit d'un bé per a qualsevol tipus d'intervenció o d'operació.

j) No lliurar a les persones consumidores el document de garantia, si la normativa estableix que s'ha de lliurar, o cobrar per les reparacions que hi són incloses.

k) No lliurar a les persones consumidores les instruccions d'ús i manteniment o qualsevol altre document exigit per la normativa, a l'efecte de poder utilitzar, ocupar, mantenir i conservar un bé.

l) No informar les persones consumidores sobre el període de reflexió o desistiment, si aquest és preceptiu d'acord amb la normativa.

m) No disposar de fulls oficials de reclamació o denúncia o no anunciar-ne l'existència.

n) No informar les persones consumidores sobre l'horari d'atenció al públic.

o) Fer o facturar treballs de reparació o instal·lació o semblants, si no han estat sol·licitats o autoritzats expressament per la persona consumidora.

p) Trametre béns o prestar serveis no sol·licitats prèviament pel destinatari o destinatària i enviar ofertes o publicitat no sol·licitades, si comporten despeses per al receptor o receptora.

q) Considerar que la manca de resposta del destinatari o destinatària d'una oferta o de publicitat equival a l'acceptació del bé o servei oferts.

r) Incomplir les obligacions respecte a les explicacions adequades en matèria de crèdits o préstecs que estableix l'article 263-1.

s) Incomplir les obligacions d'avaluar la solvència de la persona consumidora en matèria de crèdits o préstecs que estableix l'article 263-2.

t) Imposar a les persones consumidores la contractació d'assegurances i altres serveis accessoris amb empreses o entitats determinades.

Article 331-5. *Infraccions per incompliment d'obligacions o prohibicions contractuals legals*

Són infraccions per incompliment d'obligacions o prohibicions contractuals legals:

a) Incloure clàusules abusives en els contractes o realitzar pràctiques abusives dirigides a les persones consumidores.

b) Realitzar pràctiques adreçades a excloure o reduir la llibertat de la persona consumidora per a contractar qualsevol prestació.

c) Incloure en els contractes clàusules o realitzar pràctiques que excloguin o limitin els drets de les persones consumidores.

d) Incloure en els contractes amb persones consumidores remissions a condicions generals o característiques contingudes en documents que no es faciliten prèviament o simultàniament a la signatura del contracte o sense permetre a l'adherent una possibilitat efectiva de conèixer-ne l'existència, l'abast i el contingut en el moment de fer el contracte, llevat que es tracti d'una remissió a textos legals o reglamentaris.

e) Incloure en els contractes un format, una mida de lletra o un contrast que no en facilitin la lectura i la comprensió o que incompleixin la normativa específica aplicable.

Article 331-6. *Altres infraccions*

A més de les infraccions que tipifiquen els articles 331-1 a 331-5, són també infraccions:

a) No subministrar dades o no facilitar la informació requerida per les autoritats competents o llurs agents per al compliment de les funcions d'informació, vigilància, investigació, inspecció, tramitació i execució de les matèries que regula aquesta llei; subministrar informació inexacta o incompleta o documentació falsa; impedir o dificultar l'accés del personal inspector als locals i les dependències per a fer visites d'inspecció i control, i fer actuacions que comportin negativa o obstrucció als serveis d'inspecció i que, en conseqüència, impossibilitin totalment o parcialment l'acompliment de les tasques atribuïdes per llei o per reglament.

b) No permetre a la inspecció l'accés a la documentació industrial, mercantil, comptable o de qualsevol altre tipus de les empreses inspeccionades.

c) Incomplir els requeriments, les citacions i les mesures adoptades per l'Administració, incloses les de caràcter provisional.

d) Manipular, traslladar, fer desaparèixer, ocultar o comercialitzar les mostres dipositades reglamentàriament o la mercaderia immobilitzada pels funcionaris competents com a mesura cautelar, o bé disposar-ne sense autorització, i també actuar amb manca de diligència respecte a l'obligació de custòdia de la mercaderia immobilitzada.

e) Coaccionar o amenaçar el personal funcionari encarregat de les funcions que estableix aquesta llei, les empreses, els particulars o les entitats representatives de persones consumidores i comerciants que hagin iniciat o pretenguin iniciar una acció legal, que hagin presentat una denúncia o que participin en procediments ja incoats, o bé exercir-hi represàlies o qualsevol altra forma de pressió.

f) No tenir la documentació reglamentària exigida o portar-la defectuosament, si afecta la determinació o la qualificació dels fets imputats.

g) Negar-se o resistir-se a subministrar fulls oficials de reclamació o denúncia a les persones consumidores que ho sol·licitin o subministrar fulls que no siguin oficials.

h) Incomplir les obligacions d'atenció a les persones consumidores d'acord amb el que estableix la normativa.

i) Imposar a les persones consumidores el deure de comparèixer personalment per a exercir llurs drets o per a fer cobraments, pagaments o tràmits semblants; exigir la formalització d'impresos i l'aportació de dades innecessàries, i obstaculitzar, impedir o dificultar que les persones consumidores puguin exercir llurs drets.

j) Incomplir l'acord a què s'hagi arribat amb la persona consumidora en el procés de mediació o incomplir el laude arbitral en el termini fixat, llevat d'acord de les parts.

k) Vulnerar els drets lingüístics de les persones consumidores o incomplir les obligacions en matèria lingüística que estableix la normativa.

l) Incomplir els requisits, les obligacions o les prohibicions que estableixen aquesta llei i les altres disposicions en matèria de defensa de les persones consumidores.

m) Realitzar activitats de promoció, publicitat, oferta o qualsevol altra que fomenti o indueixi les persones consumidores a l'adopció d'hàbits relacionats amb els trastorns alimentaris com l'anorèxia i la bulímia, entre altres.

CAPÍTOL II. *Classificació de les infraccions*

Article 332-1. *Classificació de les infraccions*

Les infraccions que tipifica aquesta llei es classifiquen en lleus, greus i molt greus.

Article 332-2. *Infraccions lleus*

1. Les accions o omissions tipificades com a infracció en matèria de defensa de les persones consumidores tenen la qualificació inicial de lleus, llevat que es puguin qualificar com a greus o molt greus d'acord amb el que estableix aquest capítol.

2. Les infraccions que tinguin la qualificació de greus s'han de qualificar com a lleus si, per llur escassa entitat o transcendència, queda provat en l'expedient sancionador que hi ha una desproporció manifesta entre la sanció a imposar i els efectes de la infracció comesa.

Article 332-3. *Infraccions greus*

1. Tenen la qualificació de greus les infraccions que tipifiquen els articles següents:

a) Els articles 331-1 i 331-2.

b) Els apartats a, b, c i d de l'article 331-3.

c) Els apartats a i s de l'article 331-4

d) Els apartats a, b i c de l'article 331-5.

e) Els apartats a, b, c, d, e i m de l'article 331-6.

2. Les infraccions qualificades com a lleus s'han de qualificar com a greus si hi concorre alguna de les circumstàncies següents:

a) Que la quantia del perjudici produït com a conseqüència directa o indirecta de la infracció superi l'import màxim establert per a les sancions aplicables a les infraccions qualificades com a lleus.

b) Que es reincideixi en la comissió d'una infracció lleu.

Article 332-4. *Infraccions molt greus*

Les infraccions que hagin estat qualificades com a greus d'acord amb l'article 332-3 s'han de qualificar com a molt greus si hi concorre alguna de les circumstàncies següents:

a) Que produeixin una alteració social greu, que origini alarma o desconfiança en les persones consumidores o que les perjudiqui amb caràcter general amb relació a un sector econòmic.

b) Que s'hagin comès aprofitant la situació especial de desequilibri o indefensió de determinades persones consumidores o de col·lectius especialment protegits.

c) Que s'hagin comès valent-se de situacions de necessitat de determinades persones o de béns o serveis d'ús o consum ordinari i generalitzat.

d) Que hagin creat o originat situacions de necessitat a les persones consumidores.

e) Que els infractors les hagin comeses valent-se de llur situació de predomini en un sector del mercat.

f) Que hi hagi reincidència en infraccions greus, sempre que no siguin alhora conseqüència de la reincidència en infraccions lleus.

g) Que s'hagi creat una situació de desproveïment d'un sector o una zona de mercat.

h) Que la quantia del benefici obtingut com a conseqüència directa o indirecta de la infracció superi l'import màxim establert per a les sancions aplicables a les infraccions qualificades com a greus.

CAPÍTOL III. *Sancions*

Article 333-1. *Classificació de les sancions*

1. Les sancions aplicables a les infraccions que tipifica aquesta llei són les següents:

a) Per a les infraccions lleus, una multa de fins a 10.000 euros, en els graus que s'indiquen tot seguit:
— Grau baix: fins a 3.000 euros.
— Grau mitjà: entre 3.001 i 7.000 euros.
— Grau alt: entre 7.001 i 10.000 euros.

b) Per a les infraccions greus, una multa compresa entre 10.001 i 100.000 euros, en els graus que s'indiquen tot seguit:

— Grau baix: entre 10.001 i 30.000 euros.
— Grau mitjà: entre 30.001 i 70.000 euros.
— Grau alt: entre 70.001 i 100.000 euros.

Aquestes quantitats es poden ultrapassar fins a assolir el quíntuple del valor dels beneficis il·lícits obtinguts o dels perjudicis causats per la infracció i, si no n'hi ha, del valor dels béns o serveis objecte de la infracció.

c) Per a les infraccions molt greus, una multa compresa entre 100.001 i 1.000.000 d'euros, en els graus que s'indiquen tot seguit:

— Grau baix: entre 100.001 i 300.000 euros.
— Grau mitjà: entre 300.001 i 700.000 euros.
— Grau alt: entre 700.001 i 1.000.000 d'euros.

Aquestes quantitats es poden ultrapassar fins a assolir el dècuple del valor dels beneficis il·lícits obtinguts o dels perjudicis causats per la infracció i, si no n'hi ha, del valor dels béns o serveis objecte de la infracció.

2. En els casos que estableix aquesta llei i com a complement de les sancions principals que estableix l'apartat 1, es pot acordar la imposició de les sancions accessòries següents:

a) Comís i destrucció de la mercaderia.

b) Tancament temporal de l'empresa infractora.

c) Rectificació pública.

d) Publicació de la sanció.

Article 333-2. *Graduació de les sancions*

1. Per a determinar la quantia i l'extensió de la sanció dins dels mínims i màxims establerts, s'han de tenir en compte les circumstàncies agreujants, atenuants i mixtes.

2. Són circumstàncies agreujants les següents:

a) La reincidència o la reiteració de les conductes infractores.

b) L'incompliment dels advertiments o requeriments previs formulats per l'Administració perquè s'esmenin les irregularitats detectades.

c) La posició rellevant de l'infractor o infractora en el mercat.

d) El fet que els afectats siguin col·lectius especialment protegits.

3. Són circumstàncies atenuants les següents:

a) La reparació o esmena total o parcial de manera diligent de les irregularitats o els perjudicis que han originat la incoació del procediment.

b) La submissió dels fets a l'arbitratge de consum.

4. Són circumstàncies mixtes les següents:

a)   El volum de negoci amb relació als fets objecte de la infracció i la capacitat econòmica de l'empresa.

b)   La quantia del benefici obtingut.

c)   Els danys o perjudicis causats a les persones consumidores.

d)   El nombre de persones consumidores afectades.

e)   El grau d'intencionalitat.

f)   El període durant el qual s'ha comès la infracció.

5.   Les circumstàncies agreujants o atenuants no s'han de tenir en compte si aquesta llei les ha incloses en el tipus infractor o si han estat tingudes en compte per a qualificar la gravetat de la infracció.

6.   Les sancions s'han d'imposar de manera que la comissió de la infracció no resulti més beneficiosa per a l'infractor o infractora que el compliment de les normes infringides.

7.   Les sancions s'han d'imposar en el grau màxim si en la comissió de les infraccions concorre alguna de les circumstàncies següents:

a)   Que s'hagin comès conscientment, deliberadament o sense complir els deures de diligència exigibles més elementals.

b)   Que es tracti d'una infracció continuada o d'una pràctica habitual.

c)   Que tinguin una alta repercussió en el mercat, de manera que afectin un nombre elevat de persones consumidores.

d)   Que vulnerin els principis del consum responsable.

e)   Que es tracti de pràctiques il·lícites del mateix tipus generalitzades en un sector determinat.

f)   Que comportin risc per a la salut o la seguretat de les persones consumidores, llevat que el risc formi part del tipus infractor.

g)   Que s'utilitzin fraudulentament marques o distintius oficials.

8.   Es poden determinar per reglament criteris objectius per a graduar les sancions d'acord amb els principis enumerats en els apartats 2, 3 i 4.

Article 333-3.   *Reincidència i reiteració*

1.   S'entén que hi ha reincidència si el subjecte que comet una infracció tipificada per aquesta llei ja ha estat sancionat per una infracció de la mateixa naturalesa per mitjà d'una resolució ferma recaiguda dins de l'any anterior a la comissió de la nova infracció. Tenen la mateixa naturalesa les infraccions que estan tipificades per un mateix article del capítol I.

2.   S'entén que hi ha reiteració si, dins de l'any anterior a la comissió de la nova infracció, l'infractor o infractora ha estat sancionat per mitjà d'una resolució ferma per la comissió d'una altra infracció tipificada per aquesta llei o per altres normes en què el bé jurídic protegit siguin els

interessos de les persones consumidores, o ha estat condemnat executòriament per un delicte en què hagin resultat perjudicats subjectes en llur condició de persones consumidores.

Article 333-4. *Comís i destrucció de la mercaderia*

1. L'autoritat a qui correspon resoldre l'expedient pot acordar, com a sanció accessòria, el comís de la mercaderia immobilitzada que impliqui un risc no acceptable per a la salut, la seguretat, els interessos econòmics o el dret a la informació de les persones consumidores. Aquesta mercaderia ha d'ésser destruïda si la seva utilització o el seu consum comporten un perill per a la seguretat de la persona consumidora. En qualsevol cas, l'òrgan sancionador ha de determinar la destinació final que cal donar a les mercaderies comissades.

2. Les despeses que originen les operacions d'intervenció, dipòsit, comís, transport i destrucció de la mercaderia objecte de la sanció són a càrrec de l'infractor o infractora.

Article 333-5. *Tancament o cessament de l'activitat de l'empresa infractora*

1. En el cas d'infraccions qualificades com a molt greus, es pot decretar el tancament de l'empresa, l'establiment o la indústria infractors, o el cessament de llur activitat, per un període màxim de cinc anys.

2. El tancament o cessament de l'activitat pot comportar l'adopció de mesures complementàries per a garantir l'eficàcia plena de la decisió adoptada.

3. L'acord de tancament o cessament s'ha de comunicar a l'empresa sancionada i s'ha de traslladar a l'ajuntament del terme municipal on es troba la dita empresa.

4. L'acord de tancament ha d'ésser executat per l'òrgan competent un cop la resolució sancionadora sigui ferma.

Article 333-6. *Restitució de quantitats percebudes indegudament*

Independentment de les sancions que estableix aquesta llei, l'òrgan sancionador ha d'imposar a l'infractor o infractora l'obligació de restituir immediatament la quantitat percebuda indegudament, en els casos d'aplicació de preus superiors als autoritzats, comunicats, pressupostats o anunciats.

Article 333-7. *Indemnització per danys i perjudicis provats*

Amb independència de les sancions que estableix aquesta llei, en el procediment sancionador es pot dictar una resolució per a exigir a l'infractor o infractora la reposició de la situació alterada per la infracció al seu estat original i, si escau, la indemnització per danys i perjudicis provats causats a la persona consumidora, que han d'ésser determinats per l'òrgan competent per a imposar la sanció. Si l'infractor o infractora no compleix voluntàriament aquesta resolució, queda oberta la via judicial pertinent.

Article 333-8. *Rectificacions públiques*

En el cas d'infraccions en matèria de publicitat, l'òrgan competent pot exigir a l'infractor o infractora que publiqui un comunicat de rectificació en les mateixes condicions o en condicions semblants a les condicions en què es va fer l'actuació sancionada. L'execució de la rectificació pública s'ha de dur a terme un cop sigui ferma la resolució sancionadora.

Article 333-9. *Publicitat de les sancions*

1. Les resolucions sancionadores poden acordar com a sanció accessòria, per raons d'exemplaritat i en previsió de futures conductes infractores, la publicació de les sancions imposades de conformitat amb aquesta llei. L'execució de la publicació de les sancions s'ha de dur a terme un cop sigui ferma la resolució sancionadora.

2. La publicitat de les sancions ha de fer referència als noms i cognoms de les persones físiques responsables, la denominació o la raó social de les persones jurídiques responsables, la classe i la naturalesa de les infraccions, i la quantia de les sancions, i s'ha de fer per mitjà del Diari Oficial de la Generalitat de Catalunya i dels mitjans de comunicació social adequats. El cost de la publicació de les resolucions ha d'anar a càrrec de la persona o empresa sancionada.

Article 333-10. *Mesures complementàries en clàusules i pràctiques abusives i deslleials*

1. L'òrgan al qual correspon de resoldre l'expedient pot, com a mesura complementària, requerir a l'infractor l'eliminació i el cessament de la incorporació de clàusules o de pràctiques que siguin considerades abusives o deslleials.

2. En el supòsit de crèdits i préstecs hipotecaris, l'òrgan al qual correspon de resoldre l'expedient pot acordar la dació en pagament o altres mesures complementàries, sempre que hi hagi una relació directa entre la clàusula o la pràctica abusiva o deslleial i la mesura adoptada.

Article 333-11. *Reducció de les sancions*

1. En cas d'infraccions qualificades com a greus o lleus, s'aplica una reducció del 50% de l'import de la sanció proposada si el presumpte infractor presta la seva conformitat amb la proposta de resolució i fa el pagament en un termini de quinze dies a comptar de la notificació.

2. La reducció és d'un 25% en els casos en què la conformitat i el pagament en el mateix termini es faci un cop notificada la resolució de l'expedient.

3.　En els casos a què fan referència els apartats 1 i 2, el presumpte infractor reconeix la seva responsabilitat i renuncia a presentar al·legacions o posteriors recursos administratius. En cas que es presentin, no es tenen en compte i no es resolen.

4.　L'acabament del procediment no necessita resolució expressa i s'entén produït el dia en què es fa el pagament.

5.　El termini per a interposar un recurs contenciós administratiu comença a comptar a partir de l'endemà del dia del pagament voluntari.

6.　L'acabament del procediment sancionador amb reconeixement de responsabilitat no prejutja la continuació de les actuacions cap a terceres persones implicades o amb relació a les mesures complementàries o accessòries que se'n puguin derivar.

Article 333-12.　*Mesures substitutives de les sancions*

1.　Les resolucions sancionadores com a conseqüència de les infraccions en matèria de drets lingüístics dels consumidors poden preveure mesures substitutives de la sanció econòmica.

2.　Les mesures substitutives han de consistir en la realització de programes educatius, activitats o serveis relacionats amb els drets lingüístics, vinculats al sector d'activitat i les circumstàncies en què s'ha comés la infracció.

3.　La mesura substitutiva l'ha de demanar la persona o persones responsables de la infracció, abans que la resolució sancionadora adquireixi fermesa en via administrativa.

4.　La mesura substitutiva l'ha de sol·licitar, de manera voluntària, la persona o persones físiques responsables de la infracció, d'acord amb el que estableix l'article 334.1. En el cas que la responsabilitat sigui d'una persona jurídica, l'ha de sol·licitar qui n'acrediti la representació, i l'han d'executar les persones vinculades laboralment o contractualment amb la persona jurídica responsable.

5.　El procediment per sol·licitar la mesura substitutiva s'ha de regular per decret del Govern. La forma, la durada i el contingut de les mesures substitutives segons les circumstàncies de la infracció s'han de regular mitjançant una ordre del departament competent en matèria de política lingüística.

CAPÍTOL IV.　*Responsabilitat per infraccions*

Article 334-1.　*Subjectes responsables*

1.　Són responsables de les infraccions que tipifica aquesta llei les persones físiques o jurídiques que per acció o per omissió hi hagin participat, amb les particularitats que estableix aquest capítol.

2. Són responsables de les infraccions que tipifica aquesta llei, com a autors, les persones físiques o jurídiques que les cometin.

3. Si en la cadena de producció, elaboració o comercialització dels béns o serveis hi intervenen diferents subjectes, cadascun d'ells és responsable de les infraccions que hagi comès.

4. Les persones, les plataformes digitals o els serveis en línia (*online*) que cooperen o encobreixen una conducta infractora referent a l'àmbit dels trastorns de conducta alimentària en són els responsables, com a cooperadors o encobridors. Qualsevol persona, plataforma digital o servei en línia que actua com a intermediari i que conegui o pugui conèixer una conducta infractora n'és també responsable si no adopta les mesures necessàries per suprimir o retirar els enllaços o els continguts afectats.

5. Si una infracció és imputada a una persona jurídica, poden ésser considerades també com a responsables les persones que n'integren els organismes rectors o de direcció. A efectes d'aquesta llei, integren els òrgans rectors o de direcció les persones que constin en els registres públics com a tals, les que hagin fet ostentació pública d'aquesta condició o les que hagin actuat com si la tinguessin.

6. En cas d'infraccions comeses per persones jurídiques que s'extingeixin abans d'ésser sancionades, la responsabilitat administrativa s'ha d'exigir a les persones físiques que des dels òrgans de direcció van determinar, amb una conducta dolosa o negligent, la comissió de la infracció.

7. Les sancions imposades abans de l'extinció de la personalitat jurídica, si no són satisfetes en la liquidació, es transmeten als socis o partícips en el capital, els quals han de respondre mancomunadament i fins al límit del valor de la quota de liquidació que se'ls hagi adjudicat.

Article 334-2.   *Béns identificats*

1. En les infraccions comeses en béns envasats o identificats, es considera responsable la firma o la raó social que figura en l'etiqueta o identificació, llevat que es demostri que s'ha falsificat o que n'és responsable algun altre integrant de la cadena de distribució o comercialització.

2. El primer comercialitzador a Catalunya d'un bé envasat o identificat pot ésser considerat responsable de la infracció comesa.

Article 334-3.   *Béns no identificats*

Si el bé no porta les dades necessàries per a identificar el responsable de la infracció, d'acord amb el que estableix la normativa, es consideren responsables els qui han comercialitzat el bé, llevat que demostrin la responsabilitat d'algun integrant de la cadena de distribució o comercialització anterior.

Article 334-4. *Serveis*

1. En les infraccions comeses en la prestació de serveis, l'empresa o la raó social obligada a prestar-los, legalment o per mitjà d'un contracte amb la persona consumidora, és considerada responsable.

2. Si es pot provar la manca de diligència d'un intermediari o intermediària en la prestació d'un servei, se'l pot considerar responsable.

CAPÍTOL V. *Prescripció de les infraccions i de les sancions*

Article 335-1. *Prescripció de les infraccions*

1. Les infraccions que tipifica aquesta llei prescriuen:

a) En el cas de les infraccions lleus, en el termini de dos anys comptats des del dia en què s'ha comès la infracció, o des de la finalització del període de comissió si es tracta d'infraccions continuades.

b) En el supòsit d'infraccions greus, en el termini de tres anys comptats des del dia en què s'ha comès la infracció, o des de la finalització del període de comissió si es tracta d'infraccions continuades.

c) En el cas d'infraccions molt greus, en el termini de quatre anys comptats des del dia en què s'ha comès la infracció, o des de la finalització del període de comissió si es tracta d'infraccions continuades.

2. Excepcionalment, si els fets són totalment desconeguts per manca de signes externs, el termini es comença a computar en el moment en què els fets es manifesten o són coneguts.

3. Les actuacions judicials penals, els procediments de mediació i arbitratge i la tramitació d'altres procediments administratius interrompen el termini de prescripció de les infraccions. El termini es reprèn en el moment en què l'Agència Catalana del Consum té coneixement, mitjançant la recepció de la comunicació corresponent, de la finalització del procediment que havia provocat la interrupció.

Article 335-2. *Prescripció de les sancions*

Les sancions prescriuen en el termini de quatre anys a partir de l'endemà del dia en què la resolució sancionadora esdevé ferma.

Article 335-3. *Prescripció de l'execució de les sancions*

1. L'acció per a exigir el pagament de les multes prescriu en el termini de quatre anys a partir de l'endemà del dia en què la resolució sancionadora esdevé ferma.

2. L'acció de tancament dels establiments comercials prescriu al cap de sis mesos de la data en què l'autoritat competent rep la comunicació per a l'execució de l'acord, d'acord amb el que estableix l'article 333-5.3.

3.   La publicació de les dades a què fa referència l'article 333-9 prescriu en el termini de sis mesos a partir del moment en què la resolució sancionadora que l'hagi acordat esdevingui ferma en via administrativa.

TÍTOL IV. *Del procediment sancionador*

CAPÍTOL I. *Procediment sancionador*

Article 341-1. *Inici*

1.   El procediment sancionador s'inicia d'ofici com a conseqüència de les actes esteses pels serveis d'inspecció, per la comunicació d'una autoritat o un òrgan administratiu, o per la denúncia formulada per les organitzacions de persones consumidores o pels particulars sobre algun fet o alguna conducta que puguin constituir una infracció.

2.   L'òrgan actuant, si la presumpta infracció advertida és inclosa en altres àmbits competencials, ha de comunicar els fets al departament i als òrgans afectats, amb la finalitat que puguin actuar d'acord amb llurs atribucions o emetre, si escau, l'informe corresponent.

3.   En el cas que els fets que constitueixen infraccions administratives d'acord amb aquesta llei puguin ésser constitutius d'infracció penal, l'òrgan competent per a iniciar el procediment, d'ofici o a instància de l'òrgan instructor del procediment, els ha de posar en coneixement de la jurisdicció penal. Especialment, en el cas de conductes reiterades de posada al mercat de productes que generin un risc greu a les persones consumidores, la comunicació a la jurisdicció penal s'ha de dur a terme, al més aviat possible, amb la indicació de totes les dades que l'òrgan administratiu disposi per a identificar-ne les persones responsables. En tots dos casos, si el procediment administratiu ha estat iniciat, se n'ha d'acordar la suspensió fins que s'hi pronunciï la resolució judicial corresponent, i pot adoptar les mesures cautelars oportunes per mitjà de resolució notificada als interessats.

Article 341-2. *Diligències prèvies*

1.   Abans d'acordar la incoació de l'expedient sancionador, es pot ordenar la pràctica de diligències prèvies amb la finalitat d'esbrinar les circumstàncies dels fets i els subjectes responsables.

2.   En cas de presa de mostres reglamentària, es pot incoar l'expedient amb el resultat de l'anàlisi inicial.

3.   S'han d'establir per reglament els òrgans competents per a acordar la incoació o, si escau, l'arxivament de les diligències practicades per la inspecció.

4.   Les diligències prèvies tenen caràcter reservat.

Article 341-3. *Mesures cautelars*

1. L'òrgan competent, en els supòsits en què es pugui comissar la mercaderia com a sanció accessòria, pot adoptar motivadament les mesures cautelars que estableix l'article 323-1 per a garantir l'eficàcia de la resolució, sens perjudici que aquesta estableixi el comís definitiu o deixi sense efecte les mesures adoptades.

2. Les mesures cautelars s'han de mantenir fins que el comís definitiu sigui executiu.

Article 341-4. *Procediment abreujat*

En el supòsit d'infraccions que s'hagin de qualificar com a lleus, es pot instruir un procediment sancionador abreujat, sempre que es tracti d'una infracció flagrant i els fets hagin estat recollits en l'acta corresponent o en la denúncia de l'autoritat competent.

Article 341-5. *Prova*

1. La manca de la documentació exigida per reglament o d'una part d'aquesta, o l'existència de documentació portada defectuosament, si afecta la determinació dels fets imputats o la qualificació d'aquests, constitueix una presumpció d'infracció.

2. La persona interessada, dins el procediment, pot proposar de practicar la prova de la qual s'intenti valer per a defensar el seu dret. En qualsevol cas, l'Administració ha d'apreciar la prova practicada en l'expedient sancionador i n'ha de valorar el resultat en conjunt.

Article 341-6. *Caducitat*

1. El termini per a notificar la resolució expressa d'un procediment sancionador és de dotze mesos a partir de la notificació de l'acord d'incoació, excepte en els procediments sancionadors abreujats, en què el termini de caducitat és de sis mesos. El venciment d'aquests terminis sense que s'hagi notificat la resolució produeix la caducitat de l'expedient.

2. La sol·licitud de practicar proves tècniques o una anàlisi contradictòria i l'acord pel qual es decideix la pràctica d'una anàlisi diriment suspenen el termini de caducitat del procediment fins al moment en què l'organisme competent coneix els resultats.

3. Si s'ha de practicar la notificació edictal de qualsevol dels tràmits del procediment, els terminis que fixa l'apartat 1 s'amplien pel temps transcorregut entre el primer intent de notificació i la finalització de la publicació en el tauler d'anuncis corresponent.

Article 341-7. *Òrgans competents per a imposar sancions*

Els òrgans competents per a imposar les sancions que estableix aquesta llei són els següents:

a)   El Govern i el conseller o consellera competent en matèria de consum, per a les infraccions molt greus i per al tancament d'establiments o el cessament de l'activitat.

b)   El departament o l'organisme que tingui assignades les competències en matèria de protecció i defensa de les persones consumidores, per a les infraccions lleus i greus.

c)   Els alcaldes, en l'àmbit de llurs competències segons la legislació de règim local, per a la imposició de sancions per infraccions lleus i greus, d'acord amb les quanties establertes. També poden imposar multes coercitives.

Article 341-8.   *Efecte de les sancions*

1.   La imposició de sancions greus i molt greus comporta limitacions per a contractar amb l'Administració en els casos i les condicions que estableix la legislació sobre contractes.

2.   L'òrgan sancionador pot proposar a l'autoritat corresponent, en el cas d'infraccions greus i molt greus, la supressió, cancel·lació o suspensió de crèdits, subvencions, desgravacions fiscals i altres ajuts oficials que l'empresa sancionada tingui reconeguts o hagi sol·licitat.

3.   Si correspon a la Generalitat atorgar un ajut sol·licitat per una empresa que hagi estat objecte d'una sanció ferma per una infracció greu o molt greu, l'òrgan a qui correspongui resoldre la sol·licitud pot denegar la concessió de l'ajut si no s'han cancel·lat els antecedents.

4.   Les sancions imposades, un cop esdevingudes fermes en la via administrativa, s'han d'executar de manera immediata. No obstant això, si una resolució que ha exhaurit la via administrativa és objecte d'un recurs administratiu, l'òrgan competent pot acordar la suspensió de l'acte en els supòsits i amb els efectes que estableix la normativa del procediment administratiu comú.

CAPÍTOL II.   *Multes coercitives*

Article 342-1.   *Competència de l'Administració*

Les administracions competents en matèria de consum poden imposar multes coercitives un cop fet el requeriment d'execució dels actes i de les resolucions administratives destinades al compliment del que estableixen aquesta llei i les altres disposicions relatives a la disciplina del mercat i a la defensa dels interessos de les persones consumidores.

Article 342-2.   *Comunicació i compliment del requeriment*

L'òrgan competent ha de comunicar per escrit el requeriment a què fa referència l'article 341-1 i ha d'advertir la persona requerida del termini per a complir-lo i de la quantia de la multa que, en cas d'incompliment, li pot ésser imposada. El termini ha d'ésser, en qualsevol cas, suficient per a complir l'obligació, i la multa no pot excedir els 3.000 euros o el 10% de l'import de l'obligació si aquesta és quantificable.

Article 342-3. *Reiteració de les multes*

1. L'Administració, si comprova l'incompliment d'allò que ha ordenat, pot reiterar les multes, subjectant-se al que estableix l'article 342-2, per períodes que siguin suficients per a complir-ho. Els nous terminis no poden ésser inferiors a l'assenyalat en el primer requeriment.

2. Les multes a què fa referència l'apartat 1 són independents de les que es poden imposar en concepte de sanció, i hi són compatibles.

DISPOSICIONS ADDICIONALS

Primera. *Informes d'avaluació*

L'Agència Catalana del Consum ha d'avaluar periòdicament la vigència, aplicació i execució d'aquesta llei, d'acord amb la finalitat i els objectius exposats en el preàmbul. Tenint en compte les dades obtingudes, l'Agència Catalana del Consum ha de formular i proposar al Govern, cada cinc anys, les reformes que convingui introduir als conceptes que utilitza aquesta llei.

Segona. *Modificació de la Llei 9/2004*

1. Es modifica l'article 12 de la Llei 9/2004, del 24 de desembre, de creació de l'Agència Catalana del Consum, que resta redactat de la manera següent:

[...]

DISPOSICIONS TRANSITÒRIES

Primera. *Procediments en tramitació i aplicació de la legislació més favorable*

1. Els preceptes d'aquesta llei no són aplicables als expedients incoats abans de la seva entrada en vigor, sens perjudici de llur retroactivitat si són més favorables per al presumpte infractor o infractora.

2. Aquesta llei, pel que fa a les infraccions, s'aplica només a les comeses a partir de la seva entrada en vigor.

Segona. *Adaptació d'empreses i entitats*

Les obligacions que estableix el llibre segon i que no recollia la normativa anterior són exigibles a les empreses i les entitats afectades un cop passats sis mesos des de la publicació d'aquesta llei. A aquests efectes, per als empresaris que tenen la consideració de microempresa o de petita o mitjana empresa, d'acord amb la Recomanació CE/2003/361, del 6 de maig, el termini d'adaptació és d'un any.

Tercera. *Règim transitori de les actuacions d'inspecció*

Mentre no es faci el desplegament reglamentari relatiu a les matèries a què fa referència la lletra *b* de la disposició final tercera, les actuacions de la inspecció s'han d'ajustar al que estableix el Decret 206/1990, del 30 de juliol, sobre la inspecció de disciplina del mercat i consum.

Quarta. *Transitorietat dels òrgans sancionadors*

1.   Mentre no es faci el desplegament reglamentari relatiu a les matèries a què fa referència la lletra *c* de la disposició final segona, és aplicable el que estableix el Decret 108/1997, del 29 d'abril, pel qual s'estableixen els òrgans competents en la imposició de sancions i altres mesures en matèria de defensa dels consumidors i dels usuaris, i en l'adopció de mesures per a garantir la seguretat dels productes destinats al mercat, d'acord amb les modificacions que en fa l'apartat 2.

2.   Es modifiquen els articles 1 a 5 del Decret 108/1997, que resten redactats de la manera següent:

[...]

Cinquena. *Creació i funcionament dels serveis públics de consum d'abast comarcal*

Les comarques que, d'acord amb l'article 126-10.3, en el moment de l'entrada en vigor d'aquesta llei, no disposin d'un servei públic de consum l'han de crear i posar en funcionament en un termini de tres anys des de la dita entrada en vigor.

Sisena. *Entrada en vigor de les obligacions dels empresaris que organitzen o comercialitzen viatges combinats*

Les obligacions dels empresaris que organitzen o comercialitzen viatges combinats a què fan referència els articles 252-10, 252-11 i 252-12 entren en vigor i són de compliment obligat en un termini de sis mesos a comptar de l'entrada en vigor de la present disposició transitòria.

DISPOSICIÓ DEROGATÒRIA

Es deroguen la Llei 3/1993, del 5 de març, de l'Estatut del consumidor, i les disposicions de rang igual o inferior a aquesta llei que s'oposin al que estableix aquesta llei.

DISPOSICIONS FINALS

Primera. *Referències a les lleis 1/1998 i 1/1990*

Les referències en matèria de consum fetes a la Llei 1/1998, del 7 de gener, de política lingüística, i a la Llei 1/1990, del 8 de gener, sobre la disciplina del mercat i de defensa dels consumidors i dels usuaris, s'entenen fetes a aquesta llei.

Segona. *Desplegament reglamentari*

El Govern, en el termini d'un any a comptar de la data d'entrada en vigor d'aquesta llei, n'ha d'aprovar el desplegament reglamentari per a regular les matèries següents:

a) El procediment de mediació. S'han d'establir les normes relatives a l'inici, el desenvolupament i l'acabament del procediment de mediació, i també els efectes de la mediació en el consum.

b) El procediment per a practicar la presa de mostres reglamentària i l'autoritat competent per a acordar les immobilitzacions cautelars i altres actuacions inspectores.

c) Els òrgans de l'Administració de la Generalitat competents per a incoar, instruir i resoldre els procediments sancionadors en matèria de defensa de les persones consumidores que estableix aquesta llei; els òrgans que poden adoptar les mesures pertinents per a garantir la seguretat dels productes destinats al mercat, i el procediment per a dur a terme la indemnització per danys i perjudicis que estableix l'article 333-7.

d) [Sense contingut. Lletra derogada per la Llei 20/2014, del 29 de desembre]

e) Els requisits, la documentació i el procediment per a inscriure les organitzacions de persones consumidores en el Registre d'organitzacions de persones consumidores de Catalunya i per a donar-les-en de baixa, i també els mecanismes de control.

f) El procediment per a l'atorgament i la pèrdua de la condició d'organització més representativa, d'acord amb l'article 127-7.

Tercera. *Entrada en vigor*

Aquesta llei entra en vigor al cap d'un mes d'haver estat publicada en el Diari Oficial de la Generalitat de Catalunya.

§ 3. LLEI 15/2009, del 22 de juliol, de mediació en l'àmbit del dret privat[*]

(DOGC núm. 5432, de 30 de juliol)

PREÀMBUL

La Llei 1/2001, del 15 de març, de mediació familiar de Catalunya, que va complir el compromís adquirit pel legislador amb la disposició final tercera de la Llei 9/1998, del 15 de juliol, del Codi de família, va representar una fita important en la introducció d'aquest procediment en el tractament jurídic de les crisis familiars. Fins aleshores, a Europa, únicament França, amb la reforma del Codi de procediment civil del 1995, tenia una legislació específica en vigor, malgrat que la pràctica de la mediació s'havia estès d'una manera incipient en la major part dels països europeus. La Llei 1/2001 va acomplir la Recomanació (1998) 1, del Comitè de Ministres del Consell d'Europa, que postulava aquest instrument per a facilitar la solució pacífica dels conflictes familiars, un objectiu que s'incardina en la tradició catalana de prevalença de les solucions obtingudes a partir de l'acord de les parts en conflicte.

La Llei 1/2001 va comportar una innovació important en l'àmbit del dret de família, en un moment en què a la resta de l'Estat espanyol no existia una pràctica generalitzada de la mediació. Aquesta situació ha canviat d'una manera notable amb l'aprovació de normes específiques en diverses comunitats autònomes.

En els sis primers anys transcorreguts des de l'entrada en vigor de la Llei 1/2001, hi ha hagut tres factors que han incidit en la necessitat d'actualitzar-la. El primer, lògicament, ha estat l'experiència obtinguda amb la implantació efectiva del sistema. El segon, la publicació de la Recomanació (2002) 10, del Comitè de Ministres del Consell d'Europa, i el debat que s'ha suscitat en l'àmbit de la Unió Europea a partir de la publicació el 2002 del Llibre verd sobre les modalitats alternatives de resolució de conflictes en l'àmbit del dret civil i mercantil. La discussió del text i les aportacions fetes es van concretar en la Proposta de directiva europea sobre certs aspectes de la mediació en assumptes civils i

---

[*]   Aquesta llei ha estat desenvolupada pel Decret 135/2012, de 23 d'octubre, pel qual s'aprova el Reglament de la Llei 15/2009, del 22 de juliol, de mediació en l'àmbit del dret privat (DOGC núm. 6240, de 25 d'octubre).

mercantils, presentada per la Comissió el 20 d'octubre de 2004 i aprovada pel Parlament Europeu i el Consell de la Unió Europea pel procediment de codecisió el 23 d'abril de 2008. El tercer dels elements, d'enorme transcendència, ha estat la modificació de la Llei d'enjudiciament civil introduïda per la Llei de l'Estat 15/2005, del 8 de juliol, per la qual es modifiquen el Codi civil i la Llei d'enjudiciament civil en matèria de separació i divorci, que estableix específicament la mediació familiar en l'àmbit dels procediments de família. Aquesta reforma dota amb un instrument processal específic la disposició de l'article 79 del Codi de família i aclareix els dubtes en l'aplicació del dret positiu pels tribunals de justícia.

Aquesta llei s'inscriu en un corrent europeu d'actualització de les lleis de mediació. Àustria, amb la Llei 29/2003, i Bèlgica, amb la Llei del 21 de febrer de 2005, han promulgat lleis de mediació general; França té la seva reforma a l'Assemblea Nacional, i altres països estan en procés d'adaptació de llur legislació. Catalunya també necessita actualitzar la seva legislació. Fonamentalment els reduïts àmbits previstos inicialment per a aplicar la Llei han estat un obstacle per a acollir determinats conflictes del cercle més proper a les persones per a les quals la mediació es revela molt útil, com els conflictes entre pares i fills o les disputes familiars per les successions. La utilització de la metodologia de la mediació a l'entorn de les famílies afectades pels processos de discapacitat psíquica o de malalties degeneratives que limiten la capacitat d'obrar és un altre dels camps que justifiquen la modificació legal.

Finalment, la modificació de la llei processal estatal imposa reformar alguns aspectes per a facilitar l'adaptació dels models a les necessitats dels tribunals. És especialment rellevant la inclusió expressa en el procediment especial de família dels principis de la mediació i la transcendència d'aquesta per a l'aprovació de les propostes de la custòdia compartida dels fills, ja que és la garantia que els acords obtinguts són els apropiats i els que protegeixen millor els interessos dels menors.

D'altra banda, determinats conflictes sorgits en l'àmbit de les comunitats i de les organitzacions que estructuren d'una manera primària la societat no poden restar exclosos del camp d'aplicació natural d'aquesta llei, sobretot quan són conseqüència del trencament de les relacions personals entre els afectats i excedeixen l'àmbit merament jurídic. En aquests casos, l'anomenada *mediació comunitària, social o ciutadana* s'ha revelat molt útil per a resoldre problemes caracteritzats pel fet que les persones involucrades s'han de continuar relacionant. En són exemples evidents els conflictes derivats de compartir un espai comú i les relacions de veïnatge, professionals, associatives, col·legials o, fins i tot, de l'àmbit de la petita empresa.

En la perspectiva de les novetats introduïdes per la Directiva 2008/52/CE del Parlament Europeu i del Consell de la Unió Europea, del 21 de maig de 2008, sobre certs aspectes de la mediació en assumptes civils i mercantils, la legislació s'ha d'obrir a poc a poc a aquesta realitat i a les noves demandes de la societat, amb el respecte que mereixen els programes que es desenvolupen des de les administracions locals, des de l'àmbit del departament competent en matèria d'acció social i ciutadania, des de l'Agència Catalana del Consum, des de les cambres de comerç i des de la pràctica de diverses professions. Amb independència de l'esmentada necessitat d'una regulació general de la mediació, cal fixar els principis que garanteixen el bon exercici de la mediació administrada pel departament competent en matèria de dret civil i regular determinats instruments de suport, com ara el règim de la confidencialitat i l'especialització dels mediadors que s'ofereixen des dels registres de professionals habilitats pel Centre de Mediació de Dret Privat, adscrit al departament competent en matèria de dret civil, per a oferir serveis d'aquest tipus als ciutadans que ho demanin. Aquest instrument no incideix en el funcionament de les experiències que ja s'han posat en marxa en altres àmbits, com ara el de l'Administració local i el dels col·legis professionals; al contrari, significa un estímul per a la pràctica professional i per a l'establiment de serveis públics d'aquesta naturalesa.

En aquesta segona fase d'implantació de la mediació, el repte d'incrementar la qualitat dels serveis de mediació s'ha de manifestar des del punt de vista legislatiu. Es compta amb un elenc suficient de mediadors i s'han consolidat amb un èxit notable els programes de formació que ofereixen les universitats i els col·legis professionals vinculats per la Llei 1/2001 a la mediació. Això permet fixar nous objectius en l'especialització i el reciclatge professional dels mediadors i obrir nous àmbits del dret privat amb un marcat caràcter social al desenvolupament d'aquesta metodologia, en col·laboració amb el sistema jurisdiccional.

La voluntat d'evitar la judicialització de determinats conflictes no només té la finalitat d'agilitar el treball dels tribunals de justícia, sinó, fonamentalment, la de fer possible l'obtenció de solucions responsables, autogestionades i eficaces als conflictes, que assegurin el compliment posterior dels acords i que preservin la relació futura entre les parts. Això significa que l'eix central del sistema de la mediació va lligat a la preparació tècnica de la persona mediadora. Per tant, cal potenciar l'especialització, d'una manera conjunta amb els principis bàsics del sistema: la confidencialitat, la imparcialitat, la neutralitat i els mecanismes de connexió i de cooperació amb els tribunals per a homologar els acords en matèries que requereixin un control jurisdiccional.

La desconfiança que va suscitar la implantació de la mediació en alguns sectors professionals s'ha esvaït gràcies, en part, a l'assentament dels mecanismes de col·laboració entre els col·legis professionals implicats en el desenvolupament de la mediació. Una col·laboració que s'ha de reforçar. La funció de l'advocacia en el procediment de mediació és una garantia per a la salvaguarda dels drets dels ciutadans. Per aquesta raó, s'han d'establir els protocols d'actuació perquè l'advocat o advocada es constitueixi en el principal valedor de la mediació envers els seus clients, com una alternativa més efectiva i indicada, en determinats casos, que la pugna judicial clàssica. Però per a això, com passa en el sistema de confrontació processal, l'advocat o advocada ha de tenir definit d'una manera adequada el seu paper en el procediment de mediació, perquè en cap cas no consideri que els interessos dels seus representats es poden veure perjudicats per manca d'assessorament legal.

Les relacions dinàmiques entre la mediació i el procés judicial són el nucli essencial de la directiva sobre certs aspectes de la mediació en assumptes civils i mercantils. En aquest sentit, la voluntarietat del sistema per a les parts no és un obstacle perquè aquesta llei estableixi el dret d'aquestes i l'obligació conseqüent d'assistir a una sessió informativa que acordi l'òrgan jurisdiccional competent.

Quant als aspectes organitzatius, la implantació efectiva del sistema i l'obertura de la mediació a determinats conflictes civils que sorgeixen en l'àmbit de les comunitats de propietaris i de la vida associativa i fundacional i a altres litigis nascuts en la comunitat que són impròpiament judicialitzats han posat de manifest la necessitat d'adaptar el Centre de Mediació Familiar de Catalunya, òrgan dependent del departament competent en matèria de dret civil i instrument principal de la Llei 1/2001, a les necessitats actuals. Com a conseqüència d'aquesta adaptació, el centre, amb el nom de Centre de Mediació de Dret Privat de Catalunya, esdevé l'impulsor principal d'aquest procediment, i també l'òrgan de suport de referència tant dels mediadors com de les persones que volen resoldre llurs diferències mitjançant la mediació. Les seves funcions de foment i vetlla de la mediació s'exerceixen amb un respecte total envers els serveis de mediació d'àmbit local, de l'Agència Catalana del Consum i dels programes d'arbitratge i mediació de les cambres de comerç i dels col·legis professionals, i, si s'escau, amb plena col·laboració amb aquests.

Aquesta llei respecta voluntàriament els continguts de la Llei 1/2001 i té com a objectius: obrir l'abast de la mediació a determinats conflictes de l'àmbit civil caracteritzats per la necessitat de les parts de mantenir una relació viable en el futur, esvair qualsevol dubte sobre l'abast dels conflictes familiars susceptibles de mediació i, en darrer terme, introduir determinades millores sistemàtiques i tècniques. S'ha de tenir present que el que estableix la directiva esmentada és la introducció de la mediació d'una forma general en tots els àmbits de la conflictivitat civil i mercantil, la qual cosa fa necessària l'aprovació d'una llei general de la mediació. Mentre no s'aprovi la dita llei, cal ordenar la regulació existent i obrir-ne l'abast a nous camps per a mantenir el lideratge que Catalunya, fins i tot en l'àmbit europeu, ha exercit en aquest terreny.

L'article 129 de l'Estatut d'autonomia atribueix a la Generalitat la competència exclusiva en matèria de dret civil, excepte en les matèries que l'article 149.1.8 de la Constitució atribueix en tot cas a l'Estat. Aquesta competència inclou la determinació del sistema de fonts del dret civil de Catalunya. Així mateix, l'article 130 de l'Estatut atribueix a la Generalitat la competència per a dictar les normes processals específiques que derivin de les particularitats del dret substantiu de Catalunya.

Aquesta llei s'estructura en sis capítols, tres disposicions addicionals, tres disposicions transitòries, una disposició derogatòria i dues disposicions finals.

El capítol I, dedicat a les disposicions generals, defineix la mediació com un procediment no jurisdiccional de caràcter voluntari i confidencial adreçat a facilitar la comunicació; en determina l'abast, això és, els conflictes, familiars i en altres àmbits del dret privat, que poden ésser objecte de mediació, i determina tant les persones mediadores com les legitimades per a participar en un procediment de mediació.

El capítol II estableix els principis que han de regir la mediació: la voluntarietat, la imparcialitat i la neutralitat de la persona mediadora, la confidencialitat, el caràcter personalíssim i la bona fe.

El capítol III regula el desenvolupament de la mediació, des de la sessió informativa prèvia, en la qual les persones són assessorades sobre el valor, els avantatges i les característiques de la mediació, fins a la sessió final, de la qual s'ha d'estendre l'acta corresponent. Es regula també la comunicació del resultat de la mediació, l'homologació dels acords presos i l'actuació i els deures de la persona mediadora.

El capítol IV, dedicat a l'organització i als registres de mediació, defineix la naturalesa i les funcions del Centre de Mediació de Dret Privat de Catalunya, que actua bàsicament en conflictes de dret privat caracteritzats pel trencament de les relacions entre persones que han de mantenir relacions en el futur. Es defineixen també les funcions dels col·legis professionals que duen a terme mediacions en l'àmbit d'aquesta llei. Cal destacar que es dóna a les administracions locals i altres entitats públiques la possibilitat d'establir, sempre dins de llurs competències, serveis de mediació d'acord amb els principis que estableix aquesta llei. També cal destacar que, per a impulsar i difondre la mediació, es crea un comitè assessor. A més, es regulen els registres de persones mediadores, es determina la comunicació de dades de la persona mediadora al Centre de Mediació de Dret Privat de Catalunya, es reconeix la retribució de les persones mediadores i el benefici de gratuïtat de què poden gaudir les persones que duen a terme una mediació per mitjà del Centre de Mediació de Dret Privat de Catalunya i compleixen les condicions econòmiques que estableixen les normes reguladores de l'assistència jurídica gratuïta. Finalment, es crea el Registre de Serveis de Mediació Ciutadana.

El capítol V estableix el règim sancionador, mitjançant la descripció dels fets constitutius d'infracció, dels tipus infractors i de les sancions, i la determinació dels òrgans amb competències sancionadores. S'estableix també específicament el deure de les persones mediadores de respectar els principis de la mediació i les normes deontològiques del col·legi professional al qual pertanyen.

El capítol VI estableix el règim de recursos contra les actuacions dictades en els procediments que determina aquesta llei.

Les tres disposicions addicionals creen una xarxa de punts d'informació i d'orientació sobre la mediació i regulen la subjecció als principis de la mediació i la inclusió en els registres de mediadors de persones que exerceixen una professió no subjecta a la col·legiació. Les tres disposicions transitòries estableixen el règim aplicable a les mediacions iniciades abans de l'entrada en vigor d'aquesta llei i regulen la situació de les persones mediadores que han superat els requisits de capacitació a l'empara de la Llei 1/2001 i la dels educadors socials col·legiats, que, encara que no tinguin titulació universitària, poden ésser inclosos en els registres de mediadors si acrediten una formació específica homologada. La disposició derogatòria deroga la Llei de mediació familiar de Catalunya. Finalment, la disposició final primera conté un manament al Govern per al desplegament reglamentari d'aquesta llei i la disposició final segona estableix la data d'entrada en vigor.

CAPÍTOL I.   *Disposicions generals*

Article 1.   *Concepte i finalitat de la mediació*

1.   Als efectes d'aquesta llei, s'entén per *mediació* el procediment no jurisdiccional de caràcter voluntari i confidencial que s'adreça a facilitar la comunicació entre les persones, per tal que gestionin per elles mateixes una solució dels conflictes que els afecten, amb l'assistència d'una persona mediadora que actua d'una manera imparcial i neutral.

2.   La mediació, com a mètode de gestió de conflictes, pretén evitar l'obertura de processos judicials de caràcter contenciós, posar fi als ja iniciats o reduir-ne l'abast.

Article 2.   *Objecte de la mediació*

1.   La mediació familiar comprèn de manera específica:

a)   Les matèries regulades pel Codi civil de Catalunya que en situacions de nul·litat matrimonial, separació o divorci hagin d'ésser acordades en el corresponent conveni regulador.

b)   Els acords a assolir per les parelles estables en trencar-se la convivència.

c)   La liquidació dels règims econòmics matrimonials.

d)   Els elements de naturalesa dispositiva en matèria de filiació, adopció i acolliment, i també les situacions que sorgeixin entre la persona adoptada i la seva família biològica o entre els pares biològics i els adoptants, com a conseqüència d'haver exercit el dret a conèixer les dades biològiques.

e) Els conflictes derivats de l'exercici de la potestat parental i del règim i la forma d'exercici de la custòdia dels fills.

f) Els conflictes relatius a la comunicació i a la relació entre progenitors, descendents, avis, néts i altres parents i persones de l'àmbit familiar.

g) Els conflictes relatius a l'obligació d'aliments entre parents.

h) Els conflictes sobre la cura de les persones grans o dependents amb les quals hi hagi una relació de parentiu.

i) Les matèries que siguin objecte d'acord pels interessats en les situacions de crisi familiars, si el supòsit presenta vincles amb més d'un ordenament jurídic.

j) Els conflictes familiars entre persones de nacionalitat espanyola i persones d'altres nacionalitats residents a l'Estat espanyol.

k) Els conflictes familiars entre persones de la mateixa nacionalitat però diferent de l'espanyola residents a l'Estat espanyol.

l) Els conflictes familiars entre persones de nacionalitats diferents altres que l'espanyola residents a l'Estat espanyol.

m) Els requeriments de cooperació internacional en matèria de dret de família.

n) La liquidació de béns en situació de comunitat entre els membres d'una família.

o) Les qüestions relacionals derivades de la successió d'una persona.

p) Els conflictes sorgits en les relacions convivencials d'ajuda mútua.

q) Els aspectes convivencials en els acolliments de persones grans, i també en els conflictes per a l'elecció de tutors, l'establiment del règim de visites a les persones incapacitades i les qüestions econòmiques derivades de l'exercici de la tutela o de la guarda de fet.

r) Els conflictes de relació entre persones sorgits en el si de l'empresa familiar.

s) Qualsevol altre conflicte en l'àmbit del dret de la persona i de la família susceptible d'ésser plantejat judicialment.

2. La mediació civil a la qual fa referència aquesta llei comprèn qualsevol tipus de qüestió o pretensió en matèria de dret privat que es pugui conèixer en un procés judicial i que es caracteritzi perquè s'hagi trencat la comunicació personal entre les parts, si aquestes han de mantenir relacions en el futur i, particularment, entre d'altres:

a) Els conflictes relacionals sorgits en l'àmbit de les associacions i les fundacions.

b) Els conflictes relacionals en l'àmbit de la propietat horitzontal i en l'organització de la vida ordinària de les urbanitzacions.

c) Les diferències greus en l'àmbit de la convivència ciutadana o social, per a evitar la iniciació de litigis davant dels jutjats.

d) Els conflictes derivats d'una diferent interpretació de la realitat a causa de la coexistència de les diverses cultures presents a Catalunya.

e) Qualsevol altre conflicte de caràcter privat en què les parts hagin de mantenir relacions personals en el futur, si, raonablement, encara es pot evitar la iniciació d'un litigi davant dels jutjats o se'n pot afavorir la transacció.

Article 3. *Persones mediadores*

1. Pot exercir com a mediador o mediadora, als efectes d'aquesta llei, la persona física que té un títol universitari oficial i que acredita una formació i una capacitació específiques en mediació, degudament actualitzades d'acord amb els requisits establerts per reglament. Aquesta persona ha d'estar col·legiada en el col·legi professional corresponent, o ha de pertànyer a una associació professional de l'àmbit de la mediació, acreditada pel departament competent en matèria de dret civil, o ha de prestar serveis com a mediador o mediadora per a l'Administració.

2. La persona mediadora pot comptar amb la col·laboració de tècnics, perquè intervinguin com a experts, i amb la participació de comediadors, especialment en les mediacions entre més de dues parts. Aquests professionals han d'ajustar llur intervenció als principis de la mediació.

Article 4. *Persones legitimades per a intervenir en un procediment de mediació*

1. Poden intervenir en un procediment de mediació i instar-lo les persones que tenen capacitat i un interès legítim per a disposar de l'objecte de la mediació.

2. Els menors d'edat, si tenen prou coneixement, i, en tots els casos, els majors de dotze anys poden intervenir en els procediments de mediació que els afectin. Excepcionalment, poden instar la mediació en els supòsits de l'article 2.1.*d, e* i *f*. En els casos en què hi hagi contradicció d'interessos, els menors d'edat hi poden participar assistits per un defensor o defensora.

CAPÍTOL II. *Principis de la mediació*

Article 5. *Voluntarietat*

1. La mediació es basa en el principi de voluntarietat, segons el qual les parts són lliures d'acollir-s'hi o no, i també de desistir-ne en qualsevol moment.

2. Si un cop iniciat el procediment de mediació qualsevol de les parts en desisteix, no poden tenir efectes en un litigi ulterior el fet del desis-

timent, les ofertes de negociació de les parts, els acords que hagin estat revocats dins el termini i en la forma escaient ni cap altra circumstància coneguda com a conseqüència del procediment.

Article 6. *Imparcialitat i neutralitat de la persona mediadora*

1.   La persona mediadora exerceix la seva funció amb imparcialitat i neutralitat, amb perspectiva de gènere, tot garantint la igualtat entre les parts i la protecció de les persones i els col·lectius vulnerables. Si cal, ha d'interrompre el procediment de mediació mentre la igualtat de poder i la llibertat de decidir de les parts no estigui garantida, especialment com a conseqüència de situacions de violència. En tot cas, s'ha d'interrompre o, si escau, paralitzar l'inici de la mediació familiar, si hi ha implicada una dona que ha patit o pateix qualsevol forma de violència masclista en l'àmbit de la parella o en l'àmbit familiar objecte de la mediació.

2.   La persona mediadora ha d'ajudar els participants a assolir per ells mateixos els compromisos i les decisions sense imposar cap solució ni cap mesura concreta i sense prendre-hi part.

3.   Si hi ha conflicte d'interessos, vincle de parentiu per consanguinitat fins a quart grau o afinitat fins al segon grau, o amistat íntima o enemistat manifesta entre la persona mediadora i una de les parts, la persona mediadora n'ha de declinar la designació. En cas de dubte, pot demanar un informe al seu col·legi professional.

4.   No pot actuar com a mediador o mediadora la persona que anteriorment ha intervingut professionalment en defensa dels interessos d'una de les parts en contra de l'altra.

5.   Si es dóna algun dels supòsits de l'apartat 3 i la persona mediadora no n'ha declinat la designació, la part pot, en qualsevol moment del procediment, recusar-ne el nomenament, davant de l'òrgan o la persona que l'hagi designat, d'acord amb el que estableix la legislació sobre el règim jurídic de les administracions públiques i del procediment administratiu comú.

Article 7. *Confidencialitat*

1.   Totes les persones que intervenen en el procediment de mediació tenen l'obligació de no revelar les informacions que coneguin a conseqüència d'aquesta mediació. Tant els mediadors com els tècnics que participin en el procediment estan obligats a la confidencialitat pel secret professional.

2.   Les parts en un procés de mediació no poden sol·licitar en judici ni en actes d'instrucció judicial la declaració del mediador o mediadora com a perit o testimoni d'una de les parts, per tal de no comprometre la seva neutralitat, sens perjudici del que estableix la legislació penal i processal.

3. Les actes que s'elaboren al llarg del procediment de mediació tenen caràcter reservat.

4. No està subjecta al deure de confidencialitat la informació obtinguda en el curs de la mediació que:

a) No està personalitzada i s'utilitza per a finalitats de formació o recerca.

b) Comporta una amenaça per a la vida o la integritat física o psíquica d'una persona.

c) S'obté en la mediació dins de l'àmbit comunitari, si s'utilitza el procediment del diàleg públic com a forma d'intervenció mediadora oberta a la participació ciutadana.

5. La persona mediadora, si té dades que revelen l'existència d'una amenaça per a la vida o la integritat física o psíquica d'una persona o de fets delictius perseguibles d'ofici, ha d'aturar el procediment de mediació i n'ha d'informar les autoritats judicials.

Article 8.   *Caràcter personalíssim*

1. En la mediació, les parts i la persona mediadora han d'assistir personalment a les reunions sense que es puguin valer de representants o d'intermediaris. En situacions excepcionals que facin impossible la presència simultània de les parts, es poden utilitzar mitjans tècnics que facilitin la comunicació a distància, tot garantint els principis de la mediació.

2. En la mediació civil entre una pluralitat de persones, les parts poden designar portaveus amb reconeixement de capacitat negociadora, que representin els interessos de cada col·lectiu implicat.

Article 9.   *Bona fe*

Les parts i les persones mediadores han d'actuar d'acord amb les exigències de la bona fe.

CAPÍTOL III.   *Desenvolupament de la mediació*

Article 10.   *Àmbit d'aplicació del procediment de mediació*

El procediment de mediació que estableix aquesta llei és aplicable:

a) A les mediacions familiars i en altres matèries de dret civil desenvolupades pels mediadors designats per l'òrgan de mediació del departament competent en matèria de dret civil.

b) A les mediacions familiars i en altres matèries de dret civil desenvolupades pels mediadors designats per les entitats signants de convenis amb el departament competent en matèria de dret civil, si ho estableix el mateix conveni.

Article 11. *Sessió prèvia*

1.   En la sessió prèvia, les persones són assessorades sobre el valor, els avantatges, els principis i les característiques de la mediació. En funció d'aquest coneixement i del cas concret, decideixen si opten o no per la mediació. Si ho acorden les parts, a les quals cal escoltar, la sessió es pot estendre a l'exploració del conflicte que les afecta. En el cas de sessió prèvia de caràcter obligatori, la manca d'assistència no justificada no està sotmesa a confidencialitat i ha d'ésser comunicada a l'autoritat judicial.

2.   Les parts poden designar de comú acord la persona mediadora entre les inscrites en el Registre general del Centre de Mediació de Catalunya. Altrament, han d'acceptar la que designi l'organisme responsable.

3.   Les parts que decideixen iniciar la mediació que regula aquesta llei han d'acceptar les seves disposicions i les tarifes de la mediació, les quals s'han de facilitar abans d'iniciar-la, llevat que gaudeixin del dret a la gratuïtat.

4.   En els termes que estableix la legislació processal, quan el procés judicial ja s'ha iniciat, l'autoritat judicial pot disposar que les parts assisteixin a una sessió prèvia sobre la mediació si les circumstàncies del cas ho fan aconsellable. En aquest supòsit, la sessió prèvia té caràcter gratuït per a les parts. L'òrgan públic corresponent facilita la sessió prèvia i vetlla, si escau, pel desenvolupament adequat de la mediació. Les parts poden participar en la sessió prèvia i en la de mediació assistides per llurs advocats. Aquesta assistència és necessària si ho requereixen les parts o si així ho disposa l'autoritat judicial i s'ha de desenvolupar sempre amb ple respecte pels principis de la mediació i per la igualtat entre les parts.

5.   La sessió prèvia s'ha de dur a terme en el termini més breu possible, que no pot excedir d'un mes, llevat que l'autoritat judicial disposi altrament. Si se supera el termini establert per a dur a terme la sessió prèvia per causes alienes a les parts, decau l'obligatorietat de participar-hi, i també les regles aplicables a la manca d'assistència no justificada que estableix l'apartat 1.

6.   La sessió prèvia no es pot iniciar o, si s'ha iniciat, s'ha d'interrompre en els supòsits a què fa referència l'article 6 i sempre que hi hagi implicada una dona o altres persones en situació de desigualtat que hagin patit o pateixin qualsevol forma de violència en l'àmbit de la parella o en l'àmbit familiar.

Article 12. *Inici de la mediació*

1.   La mediació es pot dur a terme:

a)   Abans d'iniciar el procés judicial, quan es produeixen els conflictes de convivència o les discrepàncies.

b)   Quan el procés judicial està pendent, en qualsevol de les instàncies i els recursos, en execució de sentència o en la modificació de les mesures establertes per una resolució judicial ferma, en els termes que determini la legislació processal.

2.   La mediació es pot iniciar a petició:

a)   De les parts de comú acord, sia per iniciativa pròpia o a instàncies de l'autoritat judicial o per derivació dels jutjats de pau, dels professionals col·legiats o dels serveis públics de diversos àmbits, que poden proposar-la a les parts i contactar amb el Centre de Mediació de Dret Privat de Catalunya.

b)   D'una de les parts, si l'altra o les altres n'han manifestat l'acceptació, en el termini de vint dies des que han estat informades.

3.   En la mediació familiar, perquè hi pugui haver una nova mediació ha d'haver transcorregut un any des que s'hagi donat per acabada una mediació anterior sobre un mateix objecte o des que aquesta hagi estat intentada sense acord, llevat que l'organisme competent apreciï que es donen circumstàncies que aconsellen dur a terme abans una nova mediació, especialment per a evitar perjudicis als fills menors, a les persones incapacitades o a altres persones que necessiten una protecció especial.

Article 13.   *Actuació de la persona mediadora*

La persona mediadora exerceix la seva funció afavorint una comunicació adequada entre les parts i, per tant:

a)   Facilita el diàleg, promou la comprensió entre les parts i ajuda a cercar solucions al conflicte.

b)   Vetlla perquè les parts prenguin llurs pròpies decisions i tinguin la informació i l'assessorament suficients per a assolir els acords d'una manera lliure i conscient.

c)   Fa avinent a les parts la necessitat de vetllar per l'interès superior en joc.

Article 14.   *Deures de la persona mediadora*

La persona mediadora, al llarg del procediment de mediació, ha de complir els deures següents:

a)   Exercir la seva funció, amb lleialtat envers les parts, d'acord amb aquesta llei, el reglament que la desplegui i les normes deontològiques, i ajustant-se als terminis fixats.

b)   Donar per acabada la mediació davant de qualsevol causa prèvia o sobrevinguda que faci incompatible la continuació del procediment amb les prescripcions que estableix aquesta llei, i també si aprecia manca de col·laboració de les parts o si el procediment esdevé inútil per a la finalitat perseguida, ateses les qüestions sotmeses a mediació. La persona mediadora ha de prestar una atenció particular a qualsevol signe de violència, física o psíquica, entre les parts i, si escau, denunciar el fet a les autoritats judicials.

Article 15.   *Reunió inicial*

1.   La persona mediadora ha de convocar les parts a una primera reunió en què els ha d'explicar el procediment, els principis i l'abast de la mediació. Especialment, les ha d'informar del dret de qualsevol d'elles de donar per acabada la mediació.

2.   En la primera reunió, la persona mediadora i les parts han d'acordar les qüestions que cal examinar i han de planificar el desenvolupament de les sessions que poden ésser necessàries.

3.   La persona mediadora ha d'informar les parts de la conveniència de rebre assessorament jurídic durant la mediació i de la necessitat de la intervenció d'un advocat o advocada designat lliurement per tal de redactar el conveni o el document jurídic escaient, sobre la base del resultat de la mediació. En els casos en què sigui procedent, l'advocat o advocada pot ésser el que correspongui segons el torn d'ofici, a sol·licitud de les persones interessades.

4.   En funció de les circumstàncies del cas, la persona mediadora pot informar les parts de la conveniència de rebre un assessorament específic altre que el jurídic.

Article 16.   *Acta inicial de la mediació*

1.   De la reunió inicial de la mediació, se n'ha d'estendre una acta, en la qual s'han de fer constar la data, la voluntarietat de la participació de les parts i l'acceptació dels deures de confidencialitat. S'han d'establir l'objecte i l'abast de la mediació i una previsió del nombre de sessions.

2.   La persona mediadora i les parts signen l'acta, de la qual reben un exemplar.

Article 17.   *Durada de la mediació*

1.   La durada de la mediació depèn de la naturalesa i la complexitat del conflicte, però no pot excedir els seixanta dies hàbils, comptadors des del dia de la reunió inicial. Mitjançant una petició motivada de la persona mediadora i de les parts, l'òrgan o l'entitat competent en pot prorrogar la durada fins a un màxim de trenta dies hàbils més, en consideració a la complexitat del conflicte o al nombre de persones implicades.

2.   S'ha d'establir per reglament el nombre màxim de sessions de la mediació. Aquest nombre màxim s'ha de respectar tant si la mediació acaba amb acord com si no.

Article 18.   *Acta final*

1.   De la sessió final de la mediació, se n'ha d'estendre una acta, en la qual han de constar exclusivament i d'una manera clara i concisa els acords assolits.

2. Si és impossible arribar a cap acord, s'ha d'estendre una acta en què tan sols s'ha de fer constar aquest fet.

3. La persona mediadora i les parts signen l'acta, de la qual reben un exemplar que, si escau, traslladen als advocats respectius.

Article 19. *Acords i comunicació del resultat de la mediació*

1. Els acords respecte a matèries i persones que necessiten una protecció especial, i també respecte a les matèries d'ordre públic que determinen les lleis, tenen caràcter de propostes i necessiten, per a ésser eficaços, l'aprovació de l'autoritat judicial.

2. Els acords han de donar prioritat a l'interès superior dels menors i de les persones incapacitades.

3. Els advocats de les parts poden traslladar l'acord assolit mitjançant la mediació al conveni regulador o al document o protocol corresponent, per tal que s'incorpori al procés judicial en curs o per tal que s'iniciï, perquè sigui ratificat i, si escau, aprovat.

4. En la mediació feta per indicació de l'autoritat judicial, la persona mediadora ha de comunicar a aquesta autoritat, en el termini de cinc dies hàbils des de l'acabament de la mediació, si s'ha arribat a un acord o no.

CAPÍTOL IV. *Organització i registres*

Article 20. *El Centre de Mediació de Catalunya*

1. El Centre de Mediació de Catalunya és un òrgan adscrit al departament competent en matèria de dret civil per mitjà del centre directiu que en té atribuïda la competència.

2. El Centre de Mediació de Catalunya té per objecte promoure i administrar la mediació i altres mètodes alternatius de resolució de conflictes i facilitar-hi l'accés.

Article 21. *Funcions del Centre de Mediació de Dret Privat de Catalunya*

El Centre de Mediació de Dret Privat de Catalunya exerceix les funcions següents:

a) Fomentar i difondre la mediació.

b) Actuar com a instrument especialitzat en l'àmbit dels conflictes familiars, en matèries de dret privat i en d'altres que es determinin per llei, amb un respecte total a les iniciatives de mediació ciutadana existents, d'àmbit municipal o exercides per altres entitats públiques o privades, i com a centre de seguiment, estudi, debat i divulgació de la mediació i de les relacions amb altres organismes estatals i internacionals amb finalitats equiparables.

c)   Gestionar el Registre general de persones mediadores en l'àmbit familiar i el Registre general de persones mediadores en els àmbits del dret privat.

d)   Homologar, a l'efecte de la inscripció de les persones mediadores en els registres i censos corresponents, els estudis, els cursos i la formació específica en matèria de mediació.

e)   Establir els requisits d'actualització de coneixements que garanteixin la plena aptitud de la persona mediadora i, de la mateixa manera, promoure l'especialització dels mediadors en diferents camps, dins dels àmbits respectius.

f)   Facilitar les sessions informatives gratuïtes, tant a sol·licitud directa de les parts com a instància judicial o per derivació d'altres òrgans actius titulars de serveis públics amb competència en matèria de resolució de conflictes familiars i de dret privat.

g)   Donar curs a les mediacions provinents de les autoritats judicials i administratives competents i fer-ne el seguiment.

h)   Designar la persona mediadora a proposta de les parts o quan la mediació és instada per l'autoritat judicial.

i)   Fer el seguiment del procediment de mediació i arbitrar les qüestions organitzatives que se suscitin i no formin part de l'objecte sotmès a mediació.

j)   Vetllar pel compliment dels terminis del procediment de mediació i arbitrar amb relació a les actuacions corresponents per a evitar dilacions que perjudiquin les parts.

k)   Elaborar propostes i emetre els informes sobre el procediment de mediació que, amb relació a les seves funcions, li demani el conseller o consellera competent en matèria de dret civil.

l)   Promoure l'estudi de les matèries generals de la mediació i de les específiques en funció de l'àmbit d'aplicació.

m)   Elaborar una memòria anual d'activitats.

n)   Trametre al col·legi professional corresponent les queixes o les denúncies que es presentin com a conseqüència de les actuacions de les persones mediadores inscrites en els seus registres i fer-ne el seguiment.

o)   Promoure la col·laboració amb col·legis professionals, administracions locals i altres entitats públiques, i també amb els cossos de policia, per a facilitar que la informació i l'accés a la mediació arribin a tots els ciutadans.

Article 22.   *Funcions dels col·legis professionals*

Els col·legis que integren els professionals que fan mediacions en l'àmbit d'aquesta llei exerceixen les funcions següents:

a) Gestionar el registre de persones mediadores que hi estiguin col·legiades i comunicar-ne les altes i baixes al Centre de Mediació de Dret Privat de Catalunya.

b) Proposar al Centre de Mediació de Dret Privat de Catalunya la persona mediadora quan les parts s'adrecin al col·legi professional.

c) Dur a terme la formació específica i declarar la capacitació de les persones mediadores.

d) Complir la funció deontològica i disciplinària respecte als col·legiats que exerceixen la mediació i vetllar perquè el conjunt de col·legiats compleixi les obligacions d'informació als clients i de foment i subjecció a la mediació que li imposen les lleis o els codis deontològics respectius.

e) Comunicar al Centre de Mediació de Dret Privat de Catalunya les mesures adoptades com a conseqüència dels expedients disciplinaris oberts a persones mediadores.

f) Col·laborar amb el Centre de Mediació de Dret Privat de Catalunya en el foment i la difusió de la mediació.

g) Introduir, en l'àmbit de la formació especialitzada que duguin a terme, l'estudi de les tècniques de mediació, de negociació i de resolució alternativa de conflictes.

h) Elaborar propostes i emetre els informes sobre els procediments de mediació que li demani el Centre de Mediació de Dret Privat de Catalunya.

i) Elaborar una memòria anual de les activitats del col·legi professional en l'àmbit de la mediació, que s'ha de trametre al Centre de Mediació de Dret Privat de Catalunya.

j) Dur a terme formació de capacitació en matèria de violència en l'àmbit familiar, per tal de detectar i identificar situacions de risc, prestant una atenció especial a les que afectin persones en situació de dependència.

Article 23. *Administracions locals i altres entitats públiques*

1. Es reconeix la capacitat d'autoorganització de les administracions locals i d'altres entitats públiques per a establir, en l'àmbit de llurs competències, activitats i serveis de mediació, d'acord, en tots els casos, amb els principis que estableix el capítol II.

2. Les administracions locals i les entitats públiques poden signar convenis de col·laboració amb el departament competent en matèria de dret civil per a promoure i facilitar la mediació regulada per aquesta llei en els àmbits territorials respectius.

Article 24. *Comitè assessor*

Es crea un comitè assessor format per representants dels col·legis professionals, de les associacions representatives d'ens locals i d'altres associacions i per experts amb experiència en el camp de la mediació, i també per representants del Centre de Mediació de Dret Privat de Catalunya, amb l'objectiu d'impulsar i difondre la mediació. La composició i les funcions del comitè assessor s'han de determinar per reglament.

Article 25. *Els registres de persones mediadores*

1. Les persones que compleixen els requisits que estableix l'article 3 i volen exercir les funcions de mediació que regula aquesta llei s'han d'inscriure en el registre del col·legi professional al qual pertanyen o en una associació professional de mediació acreditada pel departament competent en matèria de dret civil.

2. Les persones mediadores que siguin membres d'una associació professional de l'àmbit de la mediació acreditada pel departament competent en matèria de dret civil poden sol·licitar llur inscripció en el Registre general del Centre de Mediació de Dret Privat de Catalunya. Per a poder-s'hi inscriure, han d'acreditar el compliment dels requisits establerts per reglament.

3. Els col·legis professionals, mitjançant l'aplicació telemàtica que es determini per reglament, han de donar trasllat de les inscripcions al Centre de Mediació de Dret Privat de Catalunya, el qual ha d'inscriure els professionals mediadors en el Registre general de persones mediadores en l'àmbit familiar o en el Registre general de persones mediadores en els àmbits del dret privat o en els altres registres que corresponguin, si compleixen els requisits establerts per reglament.

4. El Centre de Mediació de Dret Privat de Catalunya i els col·legis professionals han d'aplicar un criteri de repartiment equitatiu de les mediacions, tant en la designació de persona mediadora feta pel Centre de Mediació de Dret Privat de Catalunya com en les propostes que presentin els col·legis professionals, sens perjudici de l'assignació d'una persona mediadora a un òrgan jurisdiccional o a un cas particular si les circumstàncies ho aconsellen.

5. L'estructura i el funcionament dels registres s'han de determinar per reglament.

Article 26. *Comunicació de dades*

1. La persona mediadora ha de comunicar al Centre de Mediació de Dret Privat de Catalunya i, si escau, al servei del col·legi professional al qual pertany:

a) L'inici de la mediació, trametent una còpia de l'acta inicial signada per les parts i per la persona mediadora.

b) La finalització de la mediació i les dades relatives a cada mediació, mitjançant un imprès normalitzat, als efectes de gestió i per qüestions estadístiques i de verificació.

c) La decisió de la persona mediadora de donar per acabada la mediació, per manca de col·laboració de les parts o quan el procediment esdevé inútil.

d) La finalització de la mediació en cas d'haver detectat elements que revelin l'existència d'una amenaça per a la vida o la integritat física d'una persona.

2. El Centre de Mediació de Dret Privat de Catalunya i els serveis dels col·legis professionals garanteixen la confidencialitat de les dades rebudes, d'acord amb la normativa de protecció de dades.

Article 27. *Benefici de gratuïtat i retribució de les persones mediadores*

1. Les persones que s'adrecin al Centre de Mediació de Dret Privat de Catalunya, en els supòsits que estableix aquesta llei, poden gaudir del benefici de gratuïtat, sempre que es donin les condicions materials que estableixen les normes reguladores de l'assistència jurídica gratuïta. El benefici de gratuïtat l'han de concedir els òrgans que es determinin per reglament, per mitjà del procediment que s'estableixi també per reglament.

2. Quan s'inicia la mediació amb la intervenció del Centre de Mediació de Dret Privat de Catalunya, si una o més parts no disposen del dret de justícia gratuïta, la persona mediadora les ha d'informar de les tarifes establertes per a les mediacions gestionades pel Centre.

3. L'Administració, malgrat el que estableix l'apartat 2, en interès dels usuaris i de la difusió de la mediació, pot preveure la possibilitat d'iniciar programes en què la mediació es faci d'una manera gratuïta per als usuaris, sigui a iniciativa del mateix departament competent en matèria de dret civil o en col·laboració amb altres organismes públics o privats.

4. Si una o més parts tenen dret a justícia gratuïta, el Centre de Mediació de Dret Privat de Catalunya ha de retribuir les persones mediadores d'acord amb les tarifes que fixa el departament competent en matèria de dret civil.

5. Les persones que s'acullen a la mediació per mitjà del Centre de Mediació de Dret Privat de Catalunya i no tenen benefici de gratuïtat han d'abonar a la persona mediadora, si l'altra part sí que té reconegut aquest dret, la meitat de les tarifes que fixa el departament competent en matèria de dret civil.

6. En les mediacions amb pluralitat de parts gestionades pel Centre de Mediació de Dret Privat de Catalunya s'ha d'establir la remuneració sobre la base de les tarifes que fixa el departament competent en matèria de dret civil i en funció del nombre de parts i de la complexitat del cas.

7. En les mediacions organitzades per col·legis professionals, ajuntaments i entitats públiques, hom s'ha d'atenir al que disposa l'entitat corresponent, prestant una atenció especial a aquells col·lectius que presenten dificultats derivades de situacions de dependència o amb obstacles per a emancipar-se.

Article 28.   *Registre de Serveis de Mediació Ciutadana*

Es crea el Registre de Serveis de Mediació Ciutadana per a facilitar l'accés dels usuaris al servei de mediació. L'estructura i la gestió d'aquest registre s'han d'establir per reglament.

CAPÍTOL V.   *Règim sancionador*

Article 29.   *Responsabilitat de la persona mediadora*

L'incompliment de les obligacions establertes per aquesta llei que comporti actuacions o omissions constitutives d'infracció dóna lloc a les sancions corresponents en cada cas, després de l'expedient contradictori.

Article 30.   *Fets constitutius d'infracció*

Són infraccions:

a)   Incomplir els deures d'imparcialitat i neutralitat i de confidencialitat exigibles en els termes que estableixen l'article 6 i l'article 7.1, 2 i 3, respectivament.

b)   Incomplir el deure de denunciar en els termes que estableix l'article 7.5.

c)   Incomplir els deures que estableix l'article 14.

d)   Incomplir l'obligació de comunicació a l'autoritat judicial que estableix l'article 19.4.

e)   Incomplir l'obligació d'iniciar la mediació en els terminis fixats per reglament.

f)   Incomplir l'obligació de comunicar el resultat de la mediació al Centre de Mediació de Dret Privat de Catalunya que estableix l'article 26.

g)   Incomplir el deure de facilitar prèviament les tarifes, en els termes que estableix l'article 27.2, o incrementar l'import fixat pel departament competent en matèria de dret civil en les mediacions gestionades pel Centre de Mediació de Dret Privat de Catalunya.

h)   Abandonar el procediment de mediació sense causa justificada.

Article 31.   *Tipus d'infraccions*

1.   Les infraccions per incompliment de les prescripcions d'aquesta llei poden ésser lleus, greus i molt greus.

2.   Són infraccions lleus els fets a què fa referència l'article 30.*c*, *d* i *e* que no comporten perjudicis a les parts.

3.   Són infraccions greus:

a)   Els fets a què fa referència l'article 30.*a*, *b*, *g* i *h* que no comporten perjudicis greus a les parts.

b)   La reiteració d'una infracció lleu en el termini d'un any.

c)   Els fets a què fa referència l'article 30.*c*, *d* i *e* que comporten perjudicis lleus a les parts.

4.   Són infraccions molt greus:

a)   Els fets a què fa referència l'article 30.*a*, *c* i *h* que comporten perjudicis greus a les parts.

b)   La reiteració d'una infracció greu en el termini de dos anys.

Article 32. *Sancions*

Les sancions que es poden imposar són:

a)   Per una infracció lleu, amonestació per escrit, que s'ha de fer constar en l'expedient del registre.

b)   Per una infracció greu, suspensió temporal de la capacitat d'actuar com a persona mediadora per un període d'un mes a un any.

c)   Per una infracció molt greu, suspensió temporal de la capacitat d'actuar com a persona mediadora per un període d'un any i un dia a tres anys, o baixa definitiva del Registre general del Centre de Mediació de Dret Privat de Catalunya.

Article 33. *Òrgans sancionadors*

L'exercici de la potestat sancionadora que regula aquesta llei correspon:

a)   Respecte a les persones mediadores col·legiades, als col·legis professionals als quals pertanyin d'acord amb els procediments i mitjançant els òrgans que estableixin llurs pròpies normes.

b)   Respecte a les persones mediadores que prestin serveis de mediadors per a una administració pública, a l'administració pública de la qual depenguin d'acord amb el procediment i mitjançant els òrgans que estableixin les seves pròpies normes.

c)   Respecte a les persones mediadores amb titulació no subjecta a col·legiació i que no prestin serveis de mediadors per a una administració pública, d'acord amb el procediment que s'aprovi per reglament, als òrgans següents:

Primer. El conseller o consellera competent en matèria de dret civil, en el cas d'infraccions molt greus.

Segon. El secretari o secretària general del departament competent en matèria de dret civil, en el cas d'infraccions greus.

Tercer. El director o directora del centre directiu al qual està adscrit el Centre de Mediació de Dret Privat de Catalunya, en el cas d'infraccions lleus.

Article 34. *Normes deontològiques*

Les persones mediadores han de respectar els principis de la mediació que estableixen aquesta llei, les normes deontològiques del col·legi professional al qual pertanyen i les altres normes de conducta específiques adreçades a les persones mediadores.

CAPÍTOL VI. *Règim de recursos*

Article 35. *Règim de recursos*

1. Pertoca al director o directora del centre directiu del departament competent en matèria de dret civil al qual és adscrit el Centre de Mediació de Dret Privat de Catalunya dictar els actes administratius en les matèries de la seva competència. Contra aquests actes es pot interposar un recurs d'alçada davant l'òrgan superior jeràrquic del que els ha dictats. El recurs extraordinari de revisió es pot interposar davant el conseller o consellera competent en matèria de dret civil en els supòsits que estableix la legislació de procediment administratiu.

2. La interposició del recurs contenciós administratiu és procedent d'acord amb el que estableixi la llei d'aquesta jurisdicció.

3. L'exercici d'accions civils i laborals es regeix per les normes que hi són aplicables, i la reclamació prèvia ha d'ésser resolta pel conseller o consellera competent en matèria de dret civil.

4. És aplicable als actes dels òrgans dels col·legis professionals el règim de recursos que estableixen els estatuts respectius i la Llei 7/2006, del 31 de maig, de l'exercici de professions titulades i dels col·legis professionals.

DISPOSICIONS ADDICIONALS

Primera. *Xarxa d'informació i d'orientació*

El departament competent en matèria de dret civil, mitjançant el centre directiu al qual està adscrit el Centre de Mediació de Dret Privat de Catalunya, ha de promoure, per mitjà de la signatura de convenis de col·laboració amb ajuntaments, consells comarcals i altres organismes públics, la creació i la gestió d'una xarxa de punts d'informació i d'orientació sobre la mediació que abasti tot Catalunya, i també la formació dels equips vinculats a la xarxa.

Segona. *Subjecció als principis de la mediació*

Els principis que estableix el capítol II són aplicables a totes les persones mediadores que duguin a terme actuacions de mediació per a la resolució de conflictes en l'àmbit familiar i en els altres de dret privat als quals fa referència aquesta llei.

Tercera. *Inclusió en els registres de mediadors de persones que exerceixen una professió no subjecta a col·legiació*

Les persones que tenen una titulació universitària i que exerceixen una professió no subjecta a col·legiació, o que presten serveis de mediadors per a l'Administració pública, poden demanar al Centre de Mediació de Dret Privat de Catalunya d'ésser incloses en els registres respectius de mediadors, sempre que compleixin els altres requisits que estableixen l'article 3.1 i el reglament corresponent.

Quarta. *Informació a les persones sobre la resolució extrajudicial dels conflictes i foment dels acords per part dels professionals col·legiats*

Els professionals col·legiats, en llurs àmbits respectius de funcions, han d'informar els clients sobre la conveniència de gestionar i resoldre els conflictes que els afectin per mitjà d'acords extrajudicials, i també sobre la mediació i altres fórmules de resolució de conflictes establertes per llei, diferents de l'acció judicial, d'acord amb el que estableixen les lleis i els codis deontològics respectius. En els mateixos termes, han de procurar resoldre els conflictes que tinguin en l'exercici de la professió amb llurs clients o companys o amb altres persones per mitjà de la mediació o altres formes extrajudicials de resolució de conflictes.

DISPOSICIONS TRANSITÒRIES

Primera. *Règim aplicable a les mediacions iniciades abans de l'entrada en vigor d'aquesta llei*

Les mediacions iniciades abans de l'entrada en vigor d'aquesta llei es regeixen per la Llei 1/2001, del 15 de març, de mediació familiar de Catalunya.

Segona. *Situació de les persones mediadores que han superat els requisits de capacitació d'acord amb la Llei 1/2001*

Les persones mediadores que han superat els requisits de capacitació d'acord amb la Llei 1/2001 mantenen llur inscripció en el Registre general de persones mediadores en l'àmbit familiar.

Tercera. *Situació dels Educadors Socials que compleixen el requisit que estableix la Llei 15/1996*

Els educadors socials que no estiguin en possessió d'una titulació universitària i que estiguin col·legiats en el Col·legi d'Educadores i Educadors Socials de Catalunya, d'acord amb el que estableix la disposició transitòria quarta de la Llei 15/1996, del 15 de novembre, de creació del Col·legi d'Educadores i Educadors Socials de Catalunya, i l'article 11 dels estatuts del dit Col·legi, i que acreditin una formació i una capacitació específiques en mediació, homologada pel Centre de Mediació de Dret Privat de Catalunya, poden sol·licitar d'ésser inclosos en el Registre general de persones mediadores en l'àmbit familiar i en el Registre general de persones mediadores en els àmbits del dret privat.

DISPOSICIÓ DEROGATÒRIA

Es deroga la Llei 1/2001, del 15 de març, de mediació familiar de Catalunya.

DISPOSICIONS FINALS

Primera.   *Desplegament per reglament*

El Govern ha de regular per reglament, en el termini de sis mesos, l'organització, l'estructura, el funcionament i la publicitat dels registres de persones mediadores, la capacitació de les persones mediadores, el règim de tarifes i les altres qüestions que siguin pertinents.

Segona.   *Entrada en vigor*

Aquesta llei entra en vigor al cap de vint dies d'haver estat publicada en el *Diari Oficial de la Generalitat de Catalunya*.

§4. LLEI 14/2010, del 27 de maig, dels drets i les oportunitats en la infància i l'adolescència[*]

(DOGC núm. 5641, de 2 de juny)

PREÀMBUL

I

Aquesta llei constitueix una de les fites més importants en la intensa i destacada tasca legislativa que ha estat duent a terme el Parlament de Catalunya en l'àmbit de l'atenció i la protecció de l'infant i l'adolescent. Desplega l'article 17 de l'Estatut d'autonomia de Catalunya, que reconeix el dret de totes les persones menors d'edat a rebre l'atenció integral necessària per al desenvolupament de llur personalitat i llur benestar en el context familiar i social, i troba el seu fonament competencial en l'article 166.3 i 4 del mateix Estatut, que atribueix a la Generalitat la competència exclusiva en matèria de protecció de menors i de promoció de les famílies i de la infància.

Ja amb la Llei 11/1985, del 13 de juny, de protecció de menors, Catalunya fou la primera comunitat autònoma de l'Estat espanyol que aprovà una regulació, moderna i ajustada als principis constitucionals, de la protecció dels menors desemparats i dels que manifesten conductes de risc social. Aquella llei abraçava els tres àmbits d'actuació en què tradicionalment s'ha estructurat la protecció esmentada: la prevenció de la delinqüència infantil i juvenil, el tractament de la delinqüència infantil i juvenil i la tutela dels menors quan manca la potestat parental o aquesta s'exerceix inadequadament. Pocs anys després, es va aprovar una llei específica per a la protecció dels menors en situació de desemparament, de caràcter bàsicament civil: la Llei 37/1991, del 30 de desembre, sobre mesures de protecció dels menors desemparats i de l'adopció. Aquesta tècnica de les lleis sectorials especials continuà amb

---

[*] Aquesta llei ha estat desenvolupada pel Decret 63/2022, de 5 d'abril, dels drets i deures dels infants i els adolescents en el sistema de protecció, i del procediment i les mesures de protecció a la infància i l'adolescència (DOGC núm. 8643, de 7 d'abril).

la Llei 27/2001, del 31 de desembre, de justícia juvenil, reguladora de les funcions de l'Administració de la Generalitat en l'execució de les mesures adoptades per l'autoritat judicial en el marc de la responsabilitat penal dels menors infractors.

Precisament, aquell nou plantejament legislatiu de la protecció dels menors desemparats, juntament amb la ingent tasca legislativa del Parlament adreçada al desenvolupament del dret civil de Catalunya, ha fet que sigui una matèria que ha estat objecte d'un tractament legislatiu intens. En són exemples, a banda de la dita Llei 37/1991 (modificada després per la Llei 8/1995, del 27 de juliol, d'atenció i protecció dels infants i els adolescents), la Llei 39/1991, del 30 de desembre, de la tutela i institucions tutelars, i la Llei 9/1998, del 15 de juliol, del Codi de família. Cal destacar que aquesta darrera llei va significar un pas cabdal cap a la culminació d'aquest procés, ja que incorporà a la norma més emblemàtica del dret català sobre el dret de la persona i la família el règim juridicocivil de la protecció dels menors desemparats, als quals va atorgar un tracte legislatiu del mateix nivell que els règims tutelars ordinaris de protecció de menors. Finalment, el projecte de llei del llibre segon del Codi civil de Catalunya segueix aquesta mateixa direcció i proposa incorporar una regulació més completa dels aspectes civils de protecció dels menors desemparats que complementarà el que disposa la llei present, des del vessant de la intervenció protectora de l'Administració, que aquí se centra en la valoració de la situació de desprotecció, la tramitació dels procediments d'adopció de la mesura i les seves modificacions, i també en els recursos que es poden interposar.

La Llei 8/1995, del 27 de juliol, d'atenció i protecció dels infants i els adolescents —bona part de la qual, convenientment actualitzada, ha estat incorporada a aquesta llei— ja va néixer amb la voluntat de fixar un sistema general català d'assistència dels infants i els adolescents i de protecció de llurs drets, però el fet que la regulació sobre la protecció dels infants o adolescents desemparats es mantingués en una altra llei va impedir que es pogués assolir plenament aquell objectiu i implicava, tàcitament, que els infants o els adolescents en situació de desemparament o de desprotecció fossin un col·lectiu que s'havia de tractar de manera diferenciada, és a dir, d'una manera discriminada respecte de la població infantil i juvenil en general. A més, des d'una perspectiva pràctica, aquesta duplicitat normativa no ha facilitat gens la tasca dels operadors jurídics ni dels professionals de l'àmbit de la infància.

Precisament, la voluntat de comptar amb una norma que abracés tota la legislació catalana sobre infància i adolescència, és a dir, que inclogués tant els menors desprotegits o en risc com la resta i que visualitzés l'infant i l'adolescent com a subjecte de drets i oportunitats va ésser un dels motius que van portar al Departament de Benestar i Família a impulsar la redacció del Projecte de llei d'infància de Catalunya. Un grup d'experts es va encarregar de redactar el document de bases del qual s'ha nodrit fonamentalment el dit projecte i sobre el qual es va obrir un ampli i enriquidor procés de participació ciutadana en el curs del qual les persones interessades, molt particularment les que treballen directament en l'àmbit de la infància, han pogut fer llurs reflexions i propostes, que han estat tingudes molt en compte en la redacció d'aquesta llei.

Així, doncs, aquesta llei aporta a l'ordenament jurídic una major claredat i unitat, alhora que facilita una localització més ràpida del dret aplicable i reforça la seguretat jurídica, ja que reuneix en un sol instrument jurídic, a manera de codi de la infància i l'adolescència, ambdues regulacions: d'una banda, la destinada a l'infant i a l'adolescent en general, en què s'estableixen els principis rectors i els drets d'infants i adolescents que posteriorment, en els capítols successius, es van concretant en els diferents àmbits d'actuació; i, de l'altra, la destinada a regular la protecció dels infants i els adolescents quan els mecanismes socials de prevenció no han estat suficients i s'han produït situacions de risc o de desemparament que cal pal·liar amb les mesures necessàries d'intervenció pública per tal de garantir que aquestes situacions no es tradueixin en perjudicis irreparables per a l'infant o l'adolescent.

La unificació legislativa no és, però, l'única raó d'ésser d'aquesta llei. També ho és, molt especialment, la necessitat d'actualitzar i modificar la regulació fins ara vigent amb relació a les noves demandes i circumstàncies socials. En efecte, el fet que visquem en una societat acceleradament canviant fa que calgui adaptar els marcs legals, amb flexibilitat i rigor, a les noves circumstàncies i sensibilitats del nostre entorn sociocultural. En menys de vint anys, i particularment a partir de l'aprovació de la Convenció de les Nacions Unides sobre els drets de l'infant, del 20 de novembre de 1989, la sensibilitat social envers la població infantil i adolescent ha anat canviant de manera diversa, però molt notòriament en alguns aspectes, a tots els països industrialitzats. En el context europeu, hem pogut observar dinàmiques que promovien un respecte més decidit dels drets dels infants i els adolescents, sobretot en la línia d'intensificar les actuacions en contra de qualsevol forma de maltractament; al mateix temps, també hem assistit al desplegament de nombroses iniciatives per a aconseguir una major responsabilització social dels infants i els adolescents, sobretot per la via d'incrementar llur participació social. Però hi ha un dèficit en l'aplicació dels drets de participació. Els drets de supervivència —els drets socials— i els drets de participació —subjectius, personals— es complementen, són indivisibles, s'ajuden mútuament. És per aquest camí, que neixen les responsabilitats de l'infant i de l'adolescent, perquè els drets anomenats socials són passius, mentre que els personals o subjectius són actius. Cal iniciar el camí integrador i de transformació d'uns drets cap als altres.

L'interès superior de l'infant o l'adolescent constitueix el principi bàsic de tot el dret relatiu a aquestes persones, i en les últimes dècades s'ha confirmat com un dels principis essencials del dret modern de la persona i la família (en la protecció de menors, en l'adopció o en les relacions familiars). Així, l'esmentada convenció de les Nacions Unides sobre els drets de l'infant estableix que, en totes les mesures que adoptin les institucions públiques o privades de benestar social, els tribunals, les autoritats administratives o els òrgans legislatius, aquests hauran d'atendre amb una consideració primordial l'interès superior de l'infant.

En aquest mateix sentit, l'article 2 de la Llei orgànica 1/1996, del 15 de gener, de protecció jurídica del menor, estableix que en la seva aplicació ha de prevaler l'interès superior dels menors sobre qualsevol altre interès legítim que pugui concórrer i l'article 3 de la Llei 8/1995 estableix que l'interès superior de l'infant i l'adolescent ha d'ésser el principi inspirador de les actuacions públiques i de les decisions i les actuacions que els concerneixen adoptades i dutes a terme pels pares, tutors o guardadors, per les institucions públiques o privades encarregades de protegir-los i d'assistir-los o per l'autoritat judicial o administrativa.

Malgrat que la consagració d'aquest principi en l'àmbit del dret de la infància i de la família va comportar un avenç important respecte a la situació anterior, aquesta projecció limitada s'ha mostrat insuficient, atès que no incideix d'una manera integral i transversal en tots els àmbits que afecten l'infant o l'adolescent com a persona subjecte de drets i oportunitats.

L'article 40.3 de l'Estatut recull com a principi rector que, en totes les actuacions portades a terme pels poders públics o per institucions privades, l'interès superior de l'infant ha d'ésser prioritari i, d'acord amb aquest principi rector, la present llei no només redueix a un sol instrument jurídic les regulacions de la infància i l'adolescència en general, i la regulació de la protecció dels infants i els adolescents que necessiten protecció, sinó que fa un pas més, i manifesta un compromís explícit per l'atenció integral de tots els infants i adolescents, tot avançant en la consideració de l'interès superior d'aquests en tots els àmbits —social, cultural, polític i econòmic—, i no solament en l'àmbit de la legislació protectora i de família.

La transversalització de les polítiques de dones i per a les dones ha estat una de les primeres línies estratègiques d'actuació pioneres del Govern de la Generalitat per a fer de la igualtat d'oportunitats una realitat dins la societat catalana, amb la incorporació de l'avaluació de l'impacte de gènere. Aquest mateix compromís, en el qual s'inspira la nova política d'infància i adolescència, cal fer-lo explícit amb la transversalització de la primacia de l'interès de l'infant o l'adolescent. Aquesta nova política comporta refer conceptes i formes de veure el món, pensar des d'un paradigma nou que consideri les condicions, les situacions i les necessitats de l'infant i l'adolescent en tots els àmbits i que doni preeminència a l'interès d'aquestes persones com a valor superior de l'ordenament jurídic.

L'interès superior de l'infant o l'adolescent no necessita estar en conflicte per ésser el primer interès que han de tenir en compte les polítiques públiques, per la qual cosa també cal aplicar l'avaluació de les normes des de la perspectiva de l'interès superior de l'infant o l'adolescent. El principi de transversalització representa un avenç important en el reconeixement dels drets dels infants i els adolescents, perquè fomenta una revisió global del dret des del prisma de la preeminència de l'interès de l'infant o l'adolescent, i perquè incorpora als processos polítics la perspectiva d'aquest interès en totes les fases i nivells. Tota acció de govern ha d'incorporar aquesta visió i ha de promoure la participació d'infants i adolescents en tots els àmbits, per la qual cosa cal que el principi de transversalització de l'interès superior de l'infant o l'adolescent impregni totes les polítiques i les mesures generals i es tingui en compte en el moment de planificar-les.

Paral·lelament, les aspiracions col·lectives en el context europeu han consolidat i, fins i tot, incrementat el desig d'aconseguir més benestar i una vida més saludable i de més qualitat per a tota la població, i els infants i adolescents hi són inclosos. En aquest sentit, el concepte de *prevenció* té una importància clau, entès com el conjunt d'actuacions socials anticipatòries destinades a evitar les situacions no desitjades i a afavorir les situacions favorables. Les ciències humanes i socials han anat progressant en el coneixement dels anomenats indicadors de risc, que són dades que ens mostren que hi ha probabilitats que les situacions esdevinguin perjudicials per a les persones implicades. Les societats occidentals han avançat força en el desplegament d'actuacions per a disminuir les probabilitats d'esdeveniments negatius quan es concentren factors de risc, i les actuacions socials vers la població infantil i adolescent no poden quedar excloses d'unes polítiques socials preventives i de promoció de la salut i del benestar, tant de les adreçades a amplis conjunts de població de manera genèrica, com de les destinades a atendre casos concrets, de manera personalitzada. Especialment, calen actuacions públiques intensives i integrals de prevenció i promoció en els entorns territorials en què es tendeixen a concentrar en major mesura les desigualtats socials, la pobresa i les diverses formes d'exclusió econòmica, cultural i comunitària: els indicadors de risc es concentren en aquestes zones en què l'entorn dels infants i els adolescents té un efecte multiplicador del risc.

Es tracta d'assumir que tenim una responsabilitat social envers el conjunt de la població infantil i adolescent de Catalunya, perquè aspirem a una societat millor, i que cal fer prevenció, fer actuacions proactives que donin oportunitats a l'infant i a l'adolescent, fins ara no pensades. Les actuacions socials preventives constitueixen nous reptes per a les polítiques socials i per als programes d'intervenció social en l'àmbit de la infància i l'adolescència, ja que comporten actuacions sobre probabilitats, no sobre fets inqüestionables i unívocs. És per això que cal facilitar instruments, fins i tot instruments legislatius, que fan de disminuir les probabilitats genèriques d'esdeveniments que incideixen negativament en la població infantil o adolescent, i a fi de potenciar actuacions que garanteixin un augment del benestar social de tota la població. Aquesta llei també vol afrontar, per primera vegada i específicament, la pobresa infantil com a factor de risc susceptible d'ésser l'objecte de les polítiques públiques. Malgrat que la pobresa familiar no és objecte d'aquesta llei, és el moment per a assumir que les conseqüències de la pobresa i de la privació econòmica en els infants i els adolescents constitueixen un risc social de primera magnitud, i que la manca de prevenció d'aquest risc en pot perjudicar greument les oportunitats i el desenvolupament futur.

Una de les novetats del nou text legal és la voluntat, expressada en el títol, de remarcar d'una manera explícita, un doble concepte: el reconeixement dels drets dels infants i els adolescents i el de les oportunitats d'aquests persones.

A l'entorn del concepte d'*oportunitat* gira la voluntat de fer possible l'obertura de nous camins, de noves vies, d'establir mesures concretes per a fer possible el ple exercici dels drets reconeguts als infants en aquesta llei i en les convencions internacionals.

Quan parlem d'oportunitats, parlem dels nous camins que s'han d'obrir i que han de permetre als infants i als joves llur ple desenvolupament com a ciutadans. Així, aquestes oportunitats s'han de traduir, entre altres, en l'establiment de Canals i instruments per a fer sentir la veu d'infants i adolescents, per a fer expressa llur participació en la presa de decisions en la comunitat i, en definitiva, per a facilitar-ne el futur encaix, com a persones responsables, en la societat adulta.

Atenent els principis inspiradors d'aquesta llei, segons els quals els infants i els adolescents són considerats subjectes de dret i en virtut dels quals el dret de decidir s'infereix de llur capacitat, es pretén incidir en el dret subjectiu de les noies menors a decidir sobre llur maternitat. Així, es recull el mandat de l'article 41.5 de l'Estatut, segons el qual «els poders públics, en l'àmbit de llurs competències, i en els supòsits que estableix la llei, han de vetllar perquè la lliure decisió de la dona sigui determinant en tots els casos que en puguin afectar la dignitat, la integritat i el benestar físic i mental, en particular pel que fa al propi cos i a la seva salut reproductiva i sexual». Es vol, d'aquesta manera, que les noies menors que han demostrat capacitat suficient s'apoderin també dels drets a controlar els processos reproductius i a decidir el significat i el destí del propi cos. Les noies menors no són alienes als drets sexuals i reproductius de les dones, descrits en el marc de la IV Conferència Mundial sobre les Dones, de Pequín, i reconeguts com a part indissoluble dels Drets Humans.

Cal esmentar aquí, per la importància que tenen, alguns dels conceptes emprats per aquesta llei, més enllà de l'estricta definició jurídica. Al llarg del text s'utilitzen repetidament els conceptes de *promoció*, *prevenció*, *atenció*, *protecció* i *participació* de l'infant i l'adolescent.

La *promoció* és el conjunt d'actuacions socials que es desenvolupen «encara que res vagi evidentment malament», perquè obeeixen a objectius de millora social i responen a anhels o aspiracions col·lectius, particularment als d'un benestar personal i social més gran.

La *prevenció* és el conjunt d'actuacions socials destinades a preservar l'infant o l'adolescent de les situacions que són perjudicials per al seu sa desenvolupament integral o per al seu benestar.

L'*atenció* és el conjunt d'actuacions socials per a «quan les coses comencen a anar malament» o per a quan només van «una mica malament» i existeix la probabilitat, i no la certesa, que el desenvolupament integral de l'infant o l'adolescent en pot resultar afectat negativament. La conseqüència jurídica d'aquests casos és la declaració de risc.

La *protecció* és el conjunt d'actuacions socials reservades per a «quan les coses van malament», quan el desenvolupament integral de l'infant o l'adolescent sembla clar que resulta seriosament afectat, en vista dels coneixements científics actuals. Una de les seves conseqüències jurídiques és la declaració de desemparament.

El concepte de *participació* de l'infant o l'adolescent en tot el que l'afecta és el que en configurarà l'estatus de ciutadà o ciutadana. És inimaginable el disseny de polítiques públiques en qualsevol àmbit elaborat d'esquena als ciutadans afectats. La llei ofereix la promoció d'òrgans de participació per tal que els infants i els adolescents puguin participar activament en la vida pública. El concepte de prevenció resulta transversal a aquests tres tipus d'actuacions socials: si bé, en primera instància, té molt a veure amb l'atenció i la promoció, en darrera instància persegueix evitar haver de recórrer a la declaració de situacions de desemparament, però també a la promoció del benestar de tot aquest conjunt de població.

El concepte de *benestar* es tracta des de dos vessants al llarg d'aquesta llei: el benestar personal i el benestar social. El primer es refereix a situacions i circumstàncies personalitzades i el segon es refereix a les que afecten conjunts o subconjunts de la població. Ambdós casos es poden subdividir alhora en dos més: el benestar material i el benestar psicològic.

Amb aquesta llei es persegueix establir un marc d'actuació ordenat, per tal de millorar els programes de promoció, prevenció, atenció, protecció i participació de la població infantil i adolescent a Catalunya, tot partint del principi que es tracta d'una responsabilitat de tota la ciutadania i de tots els poders públics. És per això, precisament, que la Llei preveu, per primera vegada en la legislació de Catalunya, un marc de coordinació i cooperació interinstitucional per a atendre i prevenir les situacions de risc social de la població infantil i adolescent en general, i dels nens, les nenes i els adolescents en particular.

II

El contingut d'aquesta llei s'estructura en sis títols i en set disposicions addicionals, quatre de transitòries, una de derogatòria i quatre de finals.

Al títol I s'estableixen les disposicions generals i els principis rectors, que, tal com havia fet la Llei 8/1995, desenvolupen la Convenció de les Nacions Unides sobre els drets de l'infant. Aquestes disposicions i aquests principis marquen l'orientació de la Llei i pretenen donar una visió global de l'infant o adolescent com a titular dels drets que li reconeix l'ordenament jurídic vigent i com a eix vertebrador d'un sistema que comprèn, alhora, l'atenció de les seves necessitats quotidianes i l'organització, quan s'escaigui, de la seva protecció en situacions de risc.

El títol II es refereix als drets dels infants i els adolescents i, seguint la convenció de les Nacions Unides esmentada, com a text universal i indivisible que afavoreix una visió global de la infància, no estableix cap jerarquia entre els drets que proclama, tot i que el Comitè dels Drets de l'Infant ha destacat quatre drets principals que, de fet, han estat la font d'inspiració dels principis rectors als quals s'ha d'ajustar l'actuació dels poders públics. D'altra banda, les actuacions de promoció dels infants i els adolescents, i particularment de llurs drets, queden assenyalades com a responsabilitat de totes les institucions públiques, i es deixa un marge ben ample per a tot tipus d'iniciatives, especialment per a les que derivem de la disseminació i el compliment de la convenció de les Nacions Unides esmentada.

El capítol IX del títol II conté un seguit d'obligacions amb relació a la publicitat i els mitjans de comunicació social, amb la finalitat de protegir adequadament els drets dels infants i els adolescents, sens perjudici de les competències del Consell de l'Audiovisual de Catalunya en la seva qualitat d'autoritat reguladora independent en l'àmbit de la comunicació audiovisual pública i privada, en el marc de les obligacions imposades als subjectes sotmesos al règim jurídic de la legislació audiovisual catalana.

El títol III desenvolupa temes relatius a la prevenció general en l'àmbit de la infància i l'adolescència, la qual cosa representa una novetat en la legislació catalana. En primer lloc, s'estableixen les situacions davant les quals les administracions públiques catalanes han de desenvolupar actuacions preventives. D'acord amb això, s'estableix que la Generalitat ha d'emprendre programes concrets d'informació i sensibilització ciutadana per a promoure el benestar de tota la població infantil i adolescent. Es dedica un article extens a la prevenció de l'ablació o mutilació genital femenina. S'opta per aquesta doble denominació (en consonància amb l'informe del 2005 del Centre d'Investigacions d'UNICEF, publicat en el butlletí *Innocenti Digest* n. 1 d'aquell any) perquè l'expressió *mutilació genital femenina* és la que s'ha anat generalitzant fonamentalment des de la fi dels anys vuitanta i principi dels noranta, amb la finalitat de marcar una clara distinció amb la circumcisió masculina i subratllar la gravetat de practicar-la com a atemptat contra la integritat física i psíquica de les nenes; i d'altra banda, perquè l'*ablació* és una expressió més neutra, per tal com és una de les més utilitzades per les comunitats que la practiquen. Aquest doble caràcter també fa que la Llei tracti aquesta pràctica tradicional perjudicial per a les nenes dins el capítol de la prevenció i no en el següent, sobre la protecció davant del maltractament. Es defineix la prevenció del risc social i la prevenció de la desprotecció infantil i s'estableix un procediment per a disposar de llistes d'indicadors o factors de risc i per a actualitzar-les, i també de factors de protecció i resiliència. Finalment, es reconeixen les competències relatives a les intervencions socials preventives dels ens locals, sens prejudici que l'abast de llur incidència exigeixi la coordinació d'altres administracions.

El títol IV és íntegrament de nova factura i respon a la voluntat ferma de posar la lluita contra el maltractament infantil al mateix nivell que la lluita contra la violència de gènere o masclista. L'article 40.3 de l'Estatut estableix que els poders públics han de garantir la protecció dels infants, especialment, contra qualsevol forma de maltractament, i per a garantir aquesta protecció no solament són necessaris els mecanismes tradicionals de protecció dels infants i els adolescents, sinó que cal establir un nou marc de protecció específica contra el maltractament infantil que prevegi totes les situacions, tant si són tributàries d'una declaració de desemparament com si no.

Durant els darrers anys, el Govern ha creat el registre unificat de maltractaments infantils i ha fet esforços en matèria de lluita contra el maltractament infantil per a poder donar rang legal a aquests esforços, i ha regulat per llei el dit registre.

Aquesta llei crea un centre especialitzat en la recerca sobre els maltractaments infantils i posa l'accent en l'especialització, la formació, la prevenció i l'atenció en els àmbits policial, sanitari i educatiu.

Encara pel que fa al maltractament infantil, aquesta llei, davant la regla general vigent segons la qual cal separar l'infant o l'adolescent del seu domicili o nucli familiar, pretén iniciar un canvi de paradigma. És a dir, sempre que sigui possible, cal separar la persona maltractadora, i s'han de prioritzar les mesures administratives o judicials que permetin l'atribució a l'infant o l'adolescent de l'ús de l'habitatge familiar i la determinació d'aliments, si escau, a càrrec de la persona maltractadora.

La protecció davant el maltractament infantil abraça la protecció davant la victimització secundària. Cal evitar els perjudicis causats a la víctima pel desenvolupament del procés penal posterior al delicte, que són especialment preocupants en el cas dels infants i els adolescents que són víctimes d'atemptats contra la indemnitat o contra la llibertat sexual. Certament, s'han produït en els darrers anys molts avenços en la protecció de la víctima adreçats a evitar la confrontació visual de les víctimes amb els acusats, però amb aquesta protecció no n'hi ha prou. La protecció de l'infant i l'adolescent ha de passar per davant del dret de l'Estat a castigar, per la qual cosa davant el resultat incert del procés penal sempre ha de prevaler la protecció del menor o la menor víctima, ja que és del tot intolerable que, fins i tot amb la finalitat lògica de castigar la persona culpable, es causi un nou trauma a l'infant o l'adolescent que presumiblement ha estat víctima de maltractaments o d'abusos sexuals. Per això, i amb el ple respecte per la competència exclusiva de l'Estat en matèria processal penal, cal potenciar la coordinació entre el personal clínic i el personal forense i evitar les dobles exploracions i recollides de mostres, i fomentar l'únic sistema per evitar la major part dels efectes produïts per la incoació del procés penal: la preconstitució de la prova testifical de l'infant o l'adolescent que eviti declaracions posteriors.

També són nous la creació i el foment de serveis especialitzats per a detectar i atendre el maltractament infantil i preveure la possibilitat de prestacions periòdiques o úniques per a ajudar a pal·liar els efectes patits i a assolir l'autonomia de l'infant o l'adolescent envers la persona maltractadora.

El títol V s'ocupa dels règims específics de protecció dels infants i els adolescents en situació de risc social i desemparament. Aquí és on es troben algunes de les novetats més importants. Efectivament, s'opta per un model de protecció nou en què la declaració de desemparament ja no és l'únic títol que habilita els poders públics per a la intervenció protectora, sinó que aquella declaració es reserva per a quan calgui separar l'infant o l'adolescent del seu nucli familiar o, el que és el mateix, per als casos més greus de desprotecció. Per això es configura un sistema descentralitzat de protecció, que es fonamenta en la distinció entre les situacions de desemparament i les de risc, mantenint la competència de la Generalitat quan es tracta d'infants o adolescents desemparats i atribuint-la als ens locals si afecta infants o adolescents en situació de risc. Per tant, ja no cal que totes les intervencions públiques en matèria de protecció de menors hagin d'estar emparades per una resolució que declari el desemparament; només serà així si la mesura de protecció implica la separació de l'infant o l'adolescent del seu nucli familiar.

Aquesta llei defineix la situació de risc com la situació en què el desenvolupament i el benestar de l'infant o l'adolescent es veuen limitats o perjudicats per qualsevol circumstància personal, social o familiar, si els progenitors o guardadors no assumeixen o no poden exercir completament llurs responsabilitats, i estableix una llista de situacions que es consideren de risc, la qual cosa ha de servir de gran ajut per als professionals que han d'avaluar i decidir sobre un infant o adolescent en concret. Defineix també el desemparament, i ho fa partint de criteris objectius. Es considera desemparat l'infant o l'adolescent que es troba en una situació de fet en què li manquen els elements bàsics per al desenvolupament integral de la personalitat, sempre que per a la seva protecció efectiva calgui aplicar una mesura que impliqui la separació del nucli familiar, i afegeix després un seguit d'indicadors de desemparament que, com en el cas del risc, han de coadjuvar en l'adopció de decisions preses pels professionals responsables i facilitar-los-la.

La intervenció en les situacions de risc no finalitza amb una declaració formal de risc, sinó que únicament pot fer-ho de manera convencional. La Llei parteix de tota l'actuació dels serveis socials que es dirigeix a valorar i proposar les mesures que permetin disminuir o eliminar la situació de risc, mitjançant la col·laboració dels progenitors. S'opta per posar l'accent en el treball i la bondat de les mesures que s'han de proposar, i es deixa l'execució forçosa derivada d'un acte unilateral de l'Administració per a les situacions més greus que han de comportar el desemparament.

Una altra novetat important en matèria de desemparament és la fixació d'un procediment administratiu específic per a acordar-lo. En aquest procediment resta plenament garantida la intervenció de totes les parts interessades, per tal que puguin fer valer llurs drets. Al mateix temps, es regula un procediment simplificat per als casos d'abandonament voluntari de l'infant o l'adolescent o per a quan els progenitors o els titulars de la tutela o de la guarda manifesten conformitat amb la declaració; la Llei estableix també la possibilitat de declarar-lo cautelarment i de disposar les mesures que siguin necessàries, sens perjudici que el procediment de desemparament prossegueixi els tràmits fins a la resolució definitiva, la qual ha de ratificar, modificar o deixar sense efecte la resolució inicial i les mesures que s'hagin acordat també provisionalment.

Amb la voluntat, a més, de no perllongar les situacions d'incertesa amb oposicions injustificades i sovint extemporànies dels progenitors o dels familiars —que s'acaben convertint en un perjudici irreparable per a l'infant o l'adolescent, que veu, completament indefens, com la seva infància i adolescència s'escola irremeiablement als centres d'internament—, la nova regulació limita el termini per a oposar-se judicialment a la declaració de desemparament a tres mesos comptadors des de la notificació de la resolució que l'acorda. Paral·lelament, i amb la mateixa finalitat, s'estableix un termini d'un any, a comptar de la notificació de la resolució administrativa de desemparament, perquè els progenitors o els titulars de la tutela suspesos en llur potestat puguin sol·licitar que es deixi sense efecte la intervenció protectora acordada, sempre que s'hagi produït un canvi substancial en les circumstàncies que van motivar la declaració de desemparament. Aquesta revisió, però, no és possible si ja s'ha constituït l'acolliment preadoptiu, ja que preval l'interès superior de l'infant o l'adolescent davant qualsevol altre dret concurrent.

A fi de donar plena efectivitat al dret dels infants i els adolescents tutelats per la Generalitat a ésser escoltats, en la línia del que disposa la Convenció dels drets de l'infant, la Recomanació 1121 de l'Assemblea Parlamentària del Consell d'Europa, relativa als drets dels infants, i les resolucions A3-314/91 i A3-0172/92 del Parlament Europeu, s'estableix la creació de la figura del procurador o procuradora de la infància com a òrgan administratiu que s'ha d'integrar en l'òrgan públic competent en matèria de protecció dels infants i els adolescents.

Pel que fa a les mesures de protecció, cal esmentar especialment la nova regulació de l'acolliment familiar, en què, a banda de l'acolliment constituït en forma simple i de l'acolliment permanent, s'introdueix l'acolliment en unitats convivencials d'acció educativa, que permetrà que força infants i adolescents que, per raó d'edat, situació familiar o per circumstàncies especials, romanen en els centres de protecció sense cap expectativa de viure en família puguin créixer i desenvolupar-se amb la cura de persones especialitzades que els proporcionaran un entorn familiar i desinstitucionalitzat.

Tot i que l'objecte d'aquesta llei són els infants i els adolescents, no limita el seu camp d'aplicació a la minoria d'edat estricta. En efecte, la llei entén que sovint és fonamental no tallar en sec la intervenció protectora pel sol fet que l'adolescent legalment ha deixat d'ésser-ho en arribar a la majoria d'edat. De fet, una de les assignatures pendents en tots aquests anys ha estat la dificultat perquè la protecció prestada fins llavors tingui una continuïtat adaptada, és clar, a la nova realitat derivada de la majoria d'edat. Així, s'estableix que la persona fins llavors tutelada per l'entitat pública es pugui acollir voluntàriament a un conjunt de mesures assistencials que l'acompanyaran, més enllà de la seva majoria d'edat, en el procés cap a la plena integració a la vida adulta, i que pugui ésser beneficiària d'aquestes mesures. En aquesta línia, la Llei 13/2006, del 27 de juliol, de prestacions socials de caràcter econòmic, reconeix el dret a rebre una prestació fins als vint-i-un anys subjecta a un pla de treball que té finalitat d'inclusió social.

Finalment, en aquest títol V es dóna resposta també a la problemàtica complexa que planteja la remissió que els articles 3, 7.9, 18, 27 i 33 de la Llei orgànica 5/2000, del 12 de gener, reguladora de la responsabilitat penal dels menors, fan a les normes civils sobre protecció dels infants i els adolescents. Es concreten les actuacions que ha de seguir l'entitat pública competent en aquesta matèria, és a dir: l'elaboració d'un estudi psicològic i educatiu amb relació a l'entorn familiar i social de l'infant o l'adolescent a partir de les circumstàncies que constin en el testimoni que hagi remès el fiscal, la determinació de si concorre o no una situació que constitueixi risc social o desemparament i l'emissió de l'informe corresponent amb la proposta d'intervenció dels serveis socials bàsics o de l'òrgan públic de protecció dels infants o els adolescents.

El títol VI conté el règim sancionador, que inclou les infraccions, les sancions i el procediment aplicable per a garantir l'aplicació del dret substantiu regulat per la norma i evitar la vulneració dels drets de contingut declaratiu que, en cas contrari, perdrien llur eficàcia en la protecció dels interessos dels infants o els adolescents.

Amb aquesta finalitat, s'han classificat les infraccions i s'hi han incorporat els tipus d'acord amb l'evolució tecnològica i cultural que s'ha produït en el nostre entorn social des de l'anterior regulació de la matèria per la Llei 37/1991. Tanmateix, s'estableix un termini únic de prescripció per a cada nivell de classificació de totes les infraccions tipificades, el qual es computarà des de la data de la comissió de la infracció, si bé, atenent el grau d'afectació dels infants o els adolescents en algunes infraccions, s'ha considerat que el termini de prescripció s'ha de computar des que aquests assoleixen la majoria d'edat.

En congruència amb la necessitat d'establir entre les institucions i els professionals de l'atenció i la protecció dels infants i els adolescents una cultura de l'avaluació que ajudi a millorar l'eficàcia, l'eficiència i l'efectivitat de les polítiques i intervencions socials en benefici dels infants i els adolescents i de llurs drets, aquesta llei incorpora un seguit de novetats que es fonamenten en el reconeixement de l'avaluació com un principi rector. Addicionalment, a la disposició transitòria primera s'estableix l'obligació d'anar incorporant a qualsevol programa d'intervenció o servei finançat amb pressupostos públics un disseny d'avaluació dels resultats o de l'impacte, segons escaigui.

Finalment, la disposició transitòria primera també estableix que aquesta mateixa llei ha d'ésser objecte d'avaluació del propi impacte al cap de tres anys d'haver entrat en vigor.

TÍTOL I. *Disposicions generals, principis rectors i actuacions de les administracions públiques*

CAPÍTOL I. *Disposicions generals*

Article 1. *Objecte de la llei*

1. Aquesta llei té per objecte la promoció del benestar personal i social dels infants i els adolescents i de les actuacions de prevenció, atenció, protecció i participació dirigides a aquestes persones a fi de garantir l'exercici de llurs drets, l'assumpció de llurs responsabilitats i l'assoliment de llur desenvolupament integral.

2. Aquesta llei fixa el marc en què s'han de dur a terme les activitats de participació i de promoció dels drets i del benestar dels infants i els adolescents, i les activitats per a atendre'ls i protegir-los en les situacions de risc o de desemparament.

Article 2. *Àmbit personal i territorial d'aplicació de la llei*

1. Aquesta llei s'aplica a qualsevol infant o adolescent domiciliat a Catalunya o que s'hi trobi eventualment, sens perjudici de les normes que resolen els conflictes de lleis internacionals o interregionals.

2. Als efectes d'aquesta llei i de les disposicions que la despleguen, s'entén per *infant* la persona menor de dotze anys i per *adolescent* la persona amb una edat compresa entre els dotze anys i la majoria d'edat establerta per la llei.

3. Resten incloses en l'àmbit d'aplicació d'aquesta llei les persones majors d'edat que hagin estat tutelades pel departament competent en infància i adolescència en els termes establerts per la llei.

Article 3. *Responsabilitat ciutadana i pública*

1. L'obligació de vetllar pel respecte efectiu dels drets dels infants i els adolescents és una responsabilitat de la família, de tota la ciutadania i, molt particularment, de tots els poders públics, que també tenen l'obligació de defensar-los i promoure'ls.

2. Les administracions públiques han de desenvolupar llurs activitats de manera que els infants i els adolescents siguin considerats i reconeguts com a ciutadans de ple dret, sens perjudici de les limitacions que deriven de la minoria d'edat legal.

3. Les administracions públiques han d'exercir les funcions i les competències de promoció, d'atenció i de protecció dels drets dels infants i els adolescents, alhora que en faciliten els canals de participació adequats, d'acord amb el que estableix aquesta llei i la normativa sectorial aplicable, amb relació a cada situació que els afecti.

4. Els poders públics han de garantir el respecte dels drets dels infants i els adolescents i han d'adequar llurs actuacions a aquesta llei i a la normativa internacional sobre aquesta matèria.

Article 4. *Interpretació de les normes relatives als infants i adolescents*

1. La interpretació d'aquesta llei, de les normes que la despleguen i de les altres disposicions de la Generalitat relatives als infants i als adolescents s'ha de fer d'acord amb els tractats internacionals ratificats per l'Estat espanyol, especialment la Convenció de les Nacions Unides sobre els drets de l'infant, del 20 de novembre de 1989, la Convenció Europea de Drets de l'Home, del 4 de novembre 1950, els principis consagrats en la Carta Europea dels Drets de l'Infant i en la Carta dels Drets Fonamentals de la Unió Europea, del 7 de desembre de 2000, les Observacions Generals del Comitè dels Drets de l'Infant de Ginebra, la Constitució espanyola, l'Estatut d'autonomia de Catalunya, la Resolució 194/III, del Parlament de Catalunya, sobre els drets de la infància, i també totes les resolucions sobre infants i adolescents aprovades pel Parlament de Catalunya.

2. Els poders públics han d'interpretar i aplicar aquesta llei garantint la igualtat en la diferència dels infants i els adolescents d'ambdós sexes, per tal d'eliminar la discriminació sexista, per raó d'origen, color, idioma, religió, opinió política o d'una altra índole, ètnica o social, posició econòmica, condicions físiques, psíquiques o sensorials, estat de salut, naixement, orientació sexual o qualsevol altra condició personal pròpia o de llurs progenitors o representants legals.

CAPÍTOL II. *Principis rectors*

Article 5. *L'interès superior de l'infant o l'adolescent*

1. L'interès superior de l'infant o l'adolescent ha d'ésser el principi inspirador i fonamentador de les actuacions públiques.

2. Les normes i les polítiques públiques han d'ésser avaluades des de la perspectiva dels infants i els adolescents, per garantir que inclouen els objectius i les accions pertinents adreçats a satisfer l'interès superior d'aquestes persones. Els infants i els adolescents han de participar activament en aquesta avaluació.

3. L'interès superior de l'infant o l'adolescent ha d'ésser també el principi inspirador de totes les decisions i actuacions que el concerneixen adoptades i dutes a terme pels progenitors, pels titulars de la tutela o de la guarda, per les institucions públiques o privades encarregades de protegir-lo i d'assistir-lo o per l'autoritat judicial o administrativa.

4. Per a determinar l'interès superior de l'infant o l'adolescent se n'han d'atendre les necessitats i els drets, i s'ha de tenir compte la seva opinió, els seus anhels i aspiracions, i també la seva individualitat dins el marc familiar i social.

Article 6. *Desenvolupament de les potencialitats personals*

La criança i la formació dels infants i els adolescents ha de garantir-ne el desenvolupament físic, mental, espiritual, moral i social, d'una manera lliure, integral i harmònica, i ha de potenciar en tot moment llurs capacitats educatives i d'aprenentatge, i procurar-los el benestar físic, psicològic i social.

Article 7. *Dret d'ésser escoltat*

1. Els infants i els adolescents, d'acord amb llurs capacitats evolutives i amb les competències assolides, i en qualsevol cas a partir dels dotze anys, han d'ésser escoltats tant en l'àmbit familiar, escolar i social com en els procediments administratius o judicials en què es trobin directament implicats i que aboquin a una decisió que n'afecti l'entorn personal, familiar, social o patrimonial.

2. Els infants i els adolescents poden manifestar llur opinió ells mateixos o mitjançant la persona que designin.

3. En l'exercici del dret d'ésser escoltat s'han de respectar les condicions de discreció, intimitat, seguretat, recepció de suport, llibertat i adequació de la situació.

Article 8. *Protecció contra els maltractaments*

1. Qualsevol infant o adolescent ha d'ésser protegit de qualsevol forma de maltractament, que inclou el maltractament físic, el psicològic, la negligència, el tracte indigne, l'explotació laboral, l'explotació i

l'abús sexuals, la corrupció, la manipulació, el mal ús de la seva imatge i qualsevol altra forma d'abús.

2.   Els poders públics han de desenvolupar actuacions per a prevenir, tant en l'àmbit individual com en l'àmbit social, les formes més habituals de maltractament que es donin als diferents indrets i entorns sociodemogràfics de Catalunya, incidint sobre les situacions de risc, tal com són definides per aquesta llei.

3.   L'Administració responsable d'un servei públic que atén infants o adolescents, tant en règim ambulatori com d'internat, ha de corregir de manera immediata les situacions en què resultin perjudicades les necessitats bàsiques de desenvolupament personal o d'educació de l'infant o l'adolescent.

Article 9.   *No-discriminació*

1.   Els poders públics han de garantir el principi d'igualtat i eliminar qualsevol discriminació a infants o adolescents per raó de raça, sexe, idioma, religió, opinió política o d'una altra índole, origen nacional, ètnic o social, posició econòmica, condicions físiques, psíquiques o sensorials, estat de salut, naixement, orientació sexual o qualsevol altra condició personal o de llurs progenitors o representants legals.

2.   Els poders públics han d'identificar d'una manera activa els infants o els adolescents que, individualment o en grup, requereixen l'adopció de mesures protectores especials per a reduir o eliminar factors de discriminació.

Article 10.   *Perspectiva de gènere i de diversitat funcional*

1.   Els poders públics han d'introduir la perspectiva de gènere en el desenvolupament i l'avaluació de les mesures que adopten amb relació als infants i els adolescents, de manera que en totes les actuacions i tots els programes que els adrecen es tingui en compte que són nois i noies i que poden tenir necessitats iguals o específiques.

2.   Els poders públics han d'introduir la perspectiva de la diversitat funcional en el desenvolupament i l'avaluació de les mesures que adopten amb relació als infants i els adolescents, de manera que en totes les actuacions i tots els programes que els adrecen es tinguin en compte les diferents maneres en què funciona llur cos i que poden tenir necessitats iguals o específiques.

Article 11.   *Ciutadania activa*

1.   Els poders públics han de promoure el dret dels infants i els adolescents a participar activament en la construcció d'una societat més justa, solidària i democràtica.

2.   Els poders públics han de fomentar la solidaritat i la sensibilitat social per tal que s'incrementi la participació social dels infants i els

adolescents i es generin espais socials nous que dinamitzin la participació responsable d'aquest sector de la població i afavoreixin la convivència i la integració social en l'àmbit veïnal i local.

Article 12.   *Respecte i suport a les responsabilitats parentals*

1.   Els pares i les mares tenen responsabilitats comunes en l'educació i el desenvolupament dels fills menors d'edat. Les polítiques d'atenció i protecció dels infants i els adolescents han d'incloure les actuacions necessàries per a l'efectivitat de llurs drets, tenint en compte que el benestar dels infants i els adolescents està íntimament relacionat amb el de llurs famílies.

2.   Els poders públics han de proporcionar la protecció i l'assistència necessàries a les famílies perquè puguin assumir plenament llurs responsabilitats.

3.   Les necessitats dels infants i els adolescents s'han de satisfer allà on viuen i creixen, sempre que sigui possible, i s'ha de tenir en compte, alhora, llur benestar material i espiritual.

Article 13.   *Foment i suport a l'educació*

1.   Els infants i els adolescents tenen dret a rebre el màxim nivell d'educació possible des de llur naixement. En tot cas, els poders públics han de garantir que qualsevol infant o adolescent rep l'educació establerta com a obligatòria legalment.

2.   Les administracions públiques competents han de promoure serveis educatius que afavoreixin la reorganització del temps personal, familiar i laboral dels progenitors o del titular o la titular de la tutela de l'infant o adolescent.

3.   El sistema educatiu ha d'ésser un instrument per a compensar les desigualtats socials i ha de tenir en compte el respecte a la pròpia identitat, al medi ambient, a les diferències funcionals com a part de l'enriquidora diversitat humana, a la igualtat entre els sexes tenint present la diferència que suposa la construcció de la identitat femenina i la identitat masculina, i també als valors culturals d'altres països, particularment d'aquells dels quals prové l'alumnat de cada escola.

4.   El dret a l'educació, incloses les activitats extraescolars, esportives, de lleure i les activitats culturals dels infants i els adolescents, ha de prevaler per damunt de les pràctiques culturals, la tradició i la religió, i llurs manifestacions; aquestes pràctiques no poden justificar en cap cas una discriminació, limitació o exclusió d'infants i adolescents en el ple exercici d'aquest dret.

Article 14.   *Foment i suport a les relacions intergeneracionals*

Les administracions públiques, en l'àmbit de llurs competències, han de promoure i afavorir les relacions intergeneracionals, tot procurant

d'evitar que els diferents nivells d'edat s'aïllin en si mateixos i propi-
ciant el voluntariat social de les persones grans per a col·laborar en
activitats amb infants i adolescents, i també el voluntariat social dels
infants i els adolescents per a col·laborar en activitats amb persones
grans.

Article 15. *Prioritat pressupostària*

1. Els poders públics, en l'àmbit de llurs competències, han de donar
prioritat en llurs pressupostos a les activitats d'atenció, formació, pro-
moció, reinserció, protecció, integració, lleure i prevenció dels infants i
els adolescents.

2. Els poders públics han d'adoptar amb caràcter urgent les mesures
necessàries per a evitar que el contingut essencial dels drets dels infants
i els adolescents resti afectat per la manca de recursos adaptats a llurs
necessitats.

3. Les prestacions de serveis i econòmiques necessàries per a complir
les mesures de protecció dels infants o els adolescents en situació de risc
o desemparament tenen el caràcter de prestacions garantides als efectes
establerts per la Llei 12/2007, de l'11 d'octubre, de serveis socials.

Article 16. *Difusió dels drets dels infants i els adolescents*

1. Els poders públics han de donar a conèixer àmpliament, per mit-
jans eficaços i adequats, els drets dels infants i els adolescents.

2. La difusió dels drets dels infants i els adolescents s'ha de fer a prop
d'aquests i, amb la simultaneïtat que calgui, a prop dels grups d'adults
que en tenen cura, i també dels professionals que s'hi dediquen.

Article 17. *Exercici dels drets propis pels infants i adolescents*

1. Els infants i els adolescents poden exercir i defensar ells mateixos
llurs drets, llevat que la llei limiti aquest exercici. En qualsevol cas, poden
fer-ho mitjançant llurs representants legals, sempre que no tinguin inte-
ressos contraposats als propis.

2. Les limitacions a la capacitat d'obrar dels infants i els adolescents
s'han d'interpretar sempre de manera restrictiva.

3. Els infants i els adolescents, amb l'objecte de demanar informa-
ció, assessorament, orientació o assistència, es poden adreçar personal-
ment a les administracions públiques encarregades d'atendre'ls i prote-
gir-los, fins i tot sense el coneixement de llurs progenitors, tutors o
guardadors, en particular si la comunicació amb aquests pot frustrar la
finalitat pretesa. Amb el mateix objectiu també es poden adreçar al
Ministeri Fiscal, al Síndic de Greuges o als síndics de greuges o defen-
sors locals de la ciutadania.

4. Les administracions locals, en funció de llur proximitat a la ciutadania i d'acord amb la legislació vigent, són el primer nivell d'informació i assessorament dels infants i els adolescents que ho sol·liciten.

Article 18. *Deures i responsabilitats*

1. Els infants i els adolescents han d'assumir els deures i les responsabilitats que els corresponen d'acord amb el reconeixement de llurs capacitats per a participar activament en tots els àmbits de la vida.

2. Als efectes del que estableix l'apartat 1, i sens perjudici del que estableix la legislació civil respecte dels deures del fill o filla, els infants i els adolescents s'han de respectar a si mateixos, han de respectar les persones amb què es relacionen i l'entorn en què es desenvolupen, i han d'assistir a llur centre educatiu durant el període d'ensenyament obligatori.

Article 19. *Coneixement rigorós i divulgació de la realitat social*

1. La informació general i estadística sobre la situació social dels infants i els adolescents a Catalunya ha d'estar a disposició de tota la ciutadania de Catalunya, com a base de les polítiques d'infància, i s'ha d'assegurar la desagregació de totes les dades per sexe, edat i diversitat funcional. Els estudis i les dades sobre el benestar, les desigualtats i les situacions de risc a Catalunya s'han de disposar de manera desagregada per territoris.

2. Els poders públics han de fomentar la realització i la divulgació de treballs d'investigació i informes sobre la situació dels infants i els adolescents, com a base de les polítiques d'infància.

3. Els poders públics han de col·laborar en la realització dels informes preceptius que, amb destinació al Comitè dels Drets de l'Infant, elabora l'Estat amb relació a l'aplicació de la Convenció de les Nacions Unides sobre els drets de l'infant. Igualment, han de difondre aquests informes i les recomanacions i els suggeriments que provinguin del Comitè esmentat.

4. Els poders públics han de fomentar la col·laboració entre les universitats i la iniciativa privada en la confecció d'estudis i informes sobre la situació social dels infants i els adolescents a Catalunya, i en l'aplicació de les polítiques i els programes d'atenció i protecció dels infants i els adolescents.

Article 20. *Avaluació*

Els poders públics, a partir dels estudis i els informes, han d'avaluar el resultat de les polítiques aplicades. Aquests estudis i informes tenen caràcter públic.

CAPÍTOL III. *Planificació i coordinació*

Article 21. *Planificació*

1.   El departament competent en infància i adolescència ha d'elaborar, amb la col·laboració de la resta de departaments implicats, i amb la consulta prèvia a les entitats que intervenen en la promoció i la protecció dels infants i els adolescents, un pla d'atenció integral a infants i adolescents que ha d'aprovar el Govern per a establir una coordinació adequada de les actuacions portades a terme des dels diferents nivells d'intervenció, molt especialment en prevenció de les situacions de risc.

2.   El pla d'atenció integral als infants i als adolescents a què fa referència l'apartat 1 té una durada quadriennal, té la naturalesa de pla sectorial als efectes del que estableix l'article 38 de la Llei 12/2007, i ha de formar part del desplegament del Pla estratègic de serveis socials i impulsar les actuacions preventives d'atenció i protecció dels infants i els adolescents transversalment en tots els àmbits.

Article 22. *Coordinació*

1.   El departament competent en matèria de protecció dels infants i els adolescents ha de:

a)   Promoure programes generals d'actuació per a cada un dels diferents tipus de serveis especialitzats en infants i adolescents, a fi de garantir l'homogeneïtat de criteris entre aquests serveis en tot el territori.

b)   Coordinar els serveis especialitzats d'atenció als infants i als adolescents que gestionen els ens locals per delegació, i establir les directrius i els procediments generals d'actuació.

c)   Promoure l'establiment de protocols d'actuació entre les diferents administracions, departaments o serveis, que n'assegurin l'actuació coordinada i integral, especialment en els àmbits de la salut, l'educació, els serveis socials i els cossos de seguretat.

2.   L'Administració de la Generalitat, mitjançant els departaments competents, ha de desenvolupar un pla d'atenció integral per a atendre les persones amb problemes de salut mental. El pla ha d'establir el model d'atenció integral en salut mental en la població infantil i adolescent vulnerable.

Article 23. *Recursos i serveis*

1.   L'Administració de la Generalitat, mitjançant el departament competent en infància i adolescència, ha d'elaborar un mapa de recursos i serveis per a prevenir les situacions de risc social i la desprotecció i per a protegir els infants i els adolescents. Aquest mapa de recursos i serveis ha de formar part del mapa de serveis socials de Catalunya.

2.   El mapa de recursos i serveis ha d'oferir el conjunt d'informació en un format estandarditzat i regular en el temps que permeti conèixer

la dimensió, la territorialització i l'evolució de l'oferta i la cobertura a Catalunya de les prestacions establertes en la Cartera de serveis socials.

3. Els ens locals, amb el suport de la Generalitat, han de promoure l'establiment de recursos o serveis preventius per als infants i els adolescents i, especialment, de centres oberts.

4. Els municipis i la resta d'ens locals, amb col·laboració de la Generalitat, han de promoure, mitjançant els plans d'actuació local previstos per la Llei de serveis socials, els serveis residencials i d'acolliment en consideració a la situació i les necessitats dels infants i els adolescents del llur territori. En les revisions o modificacions del planejament urbanístic municipal es poden tenir en compte les previsions contingudes en aquests plans.

5. Les entitats públiques, les entitats d'iniciativa privada i especialment les entitats d'iniciativa social de l'àmbit del tercer sector social, d'acord amb la legislació de serveis socials, poden promoure l'establiment dels recursos, els serveis i els equipaments a què fa referència aquest article mitjançant acords i convenis amb les administracions públiques que corresponguin, de conformitat amb el mapa de recursos i serveis i la planificació local establerta.

6. Els ens locals han de facilitar l'emplaçament dels recursos preventius i dels serveis residencials i d'acolliment, mitjançant l'oferiment de sòl o d'habitatges dotacionals d'ús públic, o altres mitjans, d'acord amb el planejament urbanístic i la normativa vigent.

7. Les administracions han d'afavorir les entitats socials i comunitàries que treballen pels drets i les oportunitats dels infants i els adolescents, i donar-los suport, especialment en els territoris i entorns en què es concentren les desigualtats i els indicadors de risc majors.

Article 24. *Actuació de les administracions públiques*

1. Les actuacions dutes a terme per les administracions públiques amb relació als infants i als adolescents han de respectar els principis bàsics establerts per aquesta llei i fomentar la tolerància, la solidaritat, el respecte, la igualtat, la responsabilitat i, en general, tots els valors democràtics.

2. Les administracions implicades han de col·laborar i actuar coordinadament. Especialment en matèria de protecció dels infants i els adolescents, els serveis públics estan obligats a facilitar la informació requerida pel departament competent en matèria de protecció dels infants i els adolescents a fi de valorar quina és la situació de l'infant o l'adolescent, i a portar a terme les actuacions de col·laboració necessàries per a protegir-los. Les dades que es poden cedir entre administracions sense consentiment de la persona afectada són les econòmiques, laborals, socials, educatives, de salut, policials i penals dels menors i de llurs progenitors, tutors o guardadors.

3. Els expedients administratius i els procediments judicials que donen lloc a decisions que afecten l'infant o l'adolescent s'han de tramitar amb caràcter d'urgència i atorgar-los preferència en l'ordre de tramitació, en els termes establerts per la legislació processal.

4. Les administracions públiques han de vetllar perquè tots els professionals que atenen infants i adolescents tinguin la formació i la qualificació específiques i adequades a les necessitats dels atesos.

Article 25.   *Sistema d'informació i gestió en infància i adolescència*

1. Es crea el sistema d'informació i gestió en infància i adolescència, en el marc del sistema d'informació social establert per l'article 42 de la Llei 12/2007 i amb l'objecte de garantir l'ordenació adequada del sistema de protecció i la coordinació administrativa. El sistema ha d'integrar totes les dades relatives a les actuacions i mesures d'intervenció respecte als infants o adolescents, que han de servir d'eina per a la tramitació, la comunicació i la informació dels ens públics i les administracions amb competència en la matèria.

2. El sistema d'informació i gestió en infància i adolescència, que s'ha d'integrar en el sistema d'informació social, té caràcter administratiu i és gestionat pel departament competent en matèria de protecció dels infants i els adolescents.

3. En l'accés i la utilització del sistema d'informació i gestió en infància i adolescència s'ha de garantir sempre la privacitat de les dades personals constitucionalment i legalment protegides, i també la seguretat de les comunicacions en l'intercanvi d'informació entre els agents del sistema sobre dades de caràcter personal que siguin necessàries per a tramitar els procediments.

4. El departament competent en matèria de protecció dels infants i els adolescents ha d'establir pautes generals obligatòries per a la recollida d'informació quantitativa i qualitativa que permeti la confecció d'estadístiques i informes, amb la garantia que es respecta l'anonimat de les dades personals que consten en els informes i d'acord amb el que disposa la legislació sobre protecció de dades i l'altra normativa aplicable.

Article 26.   *Taules territorials d'infància*

1. Les taules territorials d'infància són els òrgans col·legiats que es constitueixen per coordinar, impulsar i promoure les polítiques d'infància arreu del territori, mitjançant les diverses administracions i institucions implicades. Les funcions principals d'aquests òrgans són les següents:

a)   La coordinació de les diverses administracions i institucions en la promoció social d'infants i adolescents, i també de la detecció i la intervenció davant possibles situacions de risc o desemparament, especialment pel que fa als maltractaments infantils.

b) El desplegament dels eixos del pla integral al qual fa referència l'article 21, i la promoció i la coordinació, en l'àmbit territorial corresponent, de la planificació local o comarcal dels recursos preventius en la infància i l'adolescència en col·laboració amb els ens locals.

c) La coordinació de tots els agents implicats per a potenciar el treball en xarxa, en especial en els àmbits de l'educació, la salut, la seguretat, el treball, la joventut i les dones que afecten els infants i els adolescents del territori.

2. S'han d'establir per reglament l'abast territorial, la composició i el funcionament de les taules territorials d'infància, i també els de la taula nacional de la infància de Catalunya, que depèn del departament competent en infància i adolescència.

Article 27. *Consells de participació territorial i nacional dels infants i adolescents*

1. Les administracions locals han de crear consells de participació territorial per tal de donar als infants i als adolescents l'oportunitat d'afavorir la convivència i la integració cultural en l'àmbit veïnal i local.

2. Es crea el Consell Nacional dels Infants i els Adolescents de Catalunya, que depèn del departament competent en infància i adolescència.

3. La composició i les funcions dels consells de participació territorial i del Consell Nacional dels Infants i els Adolescents de Catalunya s'han d'establir per reglament.

TÍTOL II. *Dels drets dels infants i els adolescents*

CAPÍTOL I. *Drets i llibertats civils i polítics*

Article 28. *Drets civils i polítics*

1. Els infants i els adolescents tenen dret a exercir els drets civils i polítics sense més limitacions que les fixades per les lleis.

2. Els poders públics han d'establir els mitjans necessaris per a donar als infants i als adolescents l'oportunitat d'exercir plenament aquests drets.

Article 29. *El defensor o defensora dels drets dels infants i els adolescents*

1. La institució del Síndic de Greuges, si escau, mitjançant la figura de l'adjunt o adjunta al Síndic per a la defensa dels drets dels infants i dels adolescents, d'acord amb la llei que regula aquesta institució, té la missió de promoure els interessos i els drets dels infants i els adolescents i de vetllar pel ple compliment de les condicions de llur desenvolupament integral.

2. El síndic o síndica de greuges i l'adjunt o adjunta al Síndic per a la defensa dels drets dels infants i dels adolescents han de presentar anualment a la comissió parlamentària corresponent un informe específic sobre la situació de la infància a Catalunya amb relació als drets establerts per la Convenció de les Nacions Unides sobre els drets de l'infant i la legislació relativa a infància i adolescència.

Article 30. *Dret a la identitat, al nom, a la nacionalitat i a conèixer els orígens*

1. Els infants i els adolescents tenen dret a llur identitat personal i sexual, i a tenir un nom i una nacionalitat, des del moment de néixer.

2. Els infants i els adolescents tenen dret a conèixer llur origen genètic, pares i mares biològics i parents biològics.

3. Els infants i els adolescents tenen dret a sol·licitar a les administracions públiques competents la documentació que els permeti acreditar llur identitat.

Article 31. *Llibertat d'expressió*

1. Els infants i els adolescents tenen dret a la llibertat d'expressió en els termes constitucionalment establerts. Aquesta llibertat d'expressió té el seu límit en la protecció de la intimitat i la imatge del mateix infant o adolescent.

2. El dret a la llibertat d'expressió dels infants i adolescents s'estén especialment a:

a) La publicació i difusió de llurs opinions.

b) L'edició i producció de mitjans de difusió.

c) L'accés als ajuts que les administracions públiques estableixin amb la finalitat de fomentar la llibertat d'expressió.

Article 32. *Accés a la informació*

1. Els infants i els adolescents tenen dret a cercar, rebre i utilitzar la informació adequada a llur edat i condicions de maduresa.

2. Els pares i les mares, els titulars de la tutela o de la guarda i els poders públics han de vetllar perquè la informació que rebin els infants i els adolescents sigui veraç, plural i respectuosa amb els principis constitucionals.

3. Els pares i les mares, els titulars de la tutela o de la guarda i, en darrer terme, els poders públics han de protegir els infants i els adolescents de la informació i el material informatiu perjudicials i, especialment, quan hi poden accedir mitjançant les tecnologies de la informació i la comunicació.

Article 33. *Llibertat de pensament, consciència i religió*

1. Els infants i els adolescents tenen dret a la llibertat de pensament, de consciència i de religió en els termes constitucionalment establerts.

2. Els pares i les mares, els titulars de la tutela o que en tinguin la guarda i els educadors tenen el dret i el deure de cooperar perquè els infants i els adolescents exerceixin aquesta llibertat, de manera que contribueixin a llur desenvolupament integral.

Article 34. *Dret de participació*

1. Els infants i els adolescents tenen el dret de participar plenament en els nuclis de convivència més immediats i en la vida social, cultural, artística i recreativa de llur entorn. Els poders públics els han d'oferir les oportunitats necessàries perquè s'incorporin progressivament a la ciutadania activa, d'acord amb llur grau de desenvolupament personal.

2. Les administracions públiques han d'establir procediments destinats a recollir les opinions dels infants i els adolescents amb relació a les polítiques, les normes, els projectes, els programes o les decisions que els afecten.

Article 35. *Llibertat d'associació i reunió*

1. Els infants i els adolescents tenen dret a constituir associacions infantils i juvenils i a ésser-ne membres. També tenen dret a ésser membres d'organitzacions juvenils de partits polítics i sindicals, d'acord amb la legislació vigent i els estatuts d'aquestes organitzacions, i a participar-hi activament d'acord amb llurs condicions de maduresa.

2. Cap infant o adolescent no pot ésser obligat a ingressar en una associació ni a romandre-hi contra la seva voluntat.

3. Els infants i els adolescents tenen dret a prendre part en reunions públiques i manifestacions pacífiques.

Article 36. *Dret a la protecció de l'honor, la dignitat, la intimitat i la pròpia imatge*

1. L'infant o l'adolescent té dret a la protecció de l'honor, la dignitat, la intimitat i la pròpia imatge.

2. S'ha de preservar els infants i els adolescents de la difusió de llurs dades personals, de la difusió d'imatges que atemptem contra llur dignitat i de l'explotació econòmica de llur imatge.

3. Els poders públics han de vetllar, amb un interès especial, pel dret a la intimitat i a l'honor dels infants i adolescents, especialment dels que han estat objecte d'agressions sexuals, maltractaments o qualsevol altra experiència traumàtica.

CAPÍTOL II.　*Drets en l'àmbit familiar*

Article 37.　*Responsabilitat en la criança i la formació*

1.　La responsabilitat primordial de la criança i la formació dels infants i els adolescents correspon als pares i les mares o a les persones que en tenen atribuïda la tutela o la guarda, d'acord amb el que disposa la legislació vigent.

2.　Els pares i les mares i les persones que tenen atribuïda la tutela o la guarda dels infants i els adolescents han d'assegurar, dins llurs possibilitats, les condicions de vida necessàries per al desenvolupament integral dels infants i els adolescents.

3.　Les administracions públiques han de vetllar per la protecció dels infants i els adolescents en el cas de mal ús de la potestat parental, tutelar o de la guarda, i també perquè els pares, els titulars de la tutela o els que en tenen la guarda disposin de les oportunitats i dels mitjans d'informació i formació adequats per a ajudar-los a complir llurs responsabilitats envers els infants i adolescents. Igualment, han de posar especial atenció en les necessitats dels infants i adolescents de famílies monoparentals i en l'àmbit de famílies pertanyents als grups menys afavorits o que viuen en situació de pobresa.

4.　Les administracions públiques han de fer extensibles als titulars de la tutela o de la guarda els sistemes de prestacions socials adreçats als progenitors, per tal d'afavorir el compliment de llurs responsabilitats. Així mateix, han d'assessorar-los en situacions de crisi familiar, en el marc establert per la legislació de Catalunya relativa a serveis socials.

5.　En els casos d'infants en situació de desemparament, les administracions públiques actuen subsidiàriament amb relació als progenitors o titulars de la tutela o de la guarda que exerceixen els deures de criança i de formació.

Article 38.　*Drets de relació i convivència*

1.　Els infants i els adolescents tenen dret a viure amb llurs progenitors llevat dels casos en què la separació és necessària. També tenen dret a conviure i a relacionar-se amb altres parents pròxims, especialment amb els avis.

2.　Els infants i els adolescents tenen dret a mantenir un contacte directe amb els progenitors amb qui no convisquin.

3.　L'autoritat judicial o administrativa, segons escaigui, ha de prendre les mesures adequades per a garantir els drets de visita als infants i adolescents que resideixen habitualment a l'estranger.

4.　L'infant o l'adolescent separat dels seus progenitors per l'adopció d'alguna mesura judicial o administrativa que comporta l'empresonament o la detenció d'aquests té dret a ésser informat del lloc i la situació en què es troben, tenint en compte sempre l'interès de l'infant o l'adolescent.

5. Les administracions públiques han de garantir l'exercici adequat dels drets regulats per aquest article i de la conciliació de la vida familiar, personal i laboral pel que fa a llur exercici, especialment si hi ha una situació de conflicte familiar, mitjançant els serveis de punt de trobada o altres que compleixin la mateixa finalitat, amb el garantiment, en tot cas, del benestar i la seguretat dels infants i els adolescents. El règim, l'organització i el funcionament d'aquests serveis s'han d'establir per reglament.

Article 39. *Mediació*

Els poders públics, a fi de garantir el dret dels infants i els adolescents a relacionar-se amb llurs famílies, han de fixar procediments específics de mediació familiar. El sistema de mediació també ha d'incloure els conflictes que afecten els infants i els adolescents en l'àmbit familiar.

Article 40. *Trasllats i retencions il·lícits*

1. Els poders públics han d'adoptar les mesures necessàries per a lluitar contra els trasllats i les retencions il·lícits d'infants o adolescents a l'estranger, tant si els porta a terme un dels progenitors com una tercera persona.

2. Els poders públics, amb la mateixa finalitat a què fa referència l'apartat 1, han de promoure davant l'administració competent l'establiment d'acords bilaterals o multilaterals, o l'adhesió a acords ja existents.

CAPÍTOL III. *Benestar material i personal*

Article 41. *Dret a un nivell bàsic de benestar*

Els poders públics han d'adoptar les mesures pertinents per a assegurar que els progenitors o les persones que tinguin la tutela o la guarda d'infants o adolescents tinguin l'oportunitat d'oferir-los el nivell bàsic de benestar material que necessiten per a un desenvolupament integral adequat. El desenvolupament d'aquestes mesures ha d'establir els criteris per a determinar el nivell bàsic de benestar material dels infants i els adolescents i ha de incloure un règim d'ajuts i prestacions públiques.

Article 42. *Infants i adolescents que troben limitacions o barreres per al desenvolupament o la participació*

1. Els infants i els adolescents amb discapacitats tenen dret a una escolaritat inclusiva i amb el suport necessari per a potenciar el màxim desenvolupament acadèmic, personal i social. Així mateix, han de tenir l'oportunitat de gaudir d'una vida plena i respectable, amb unes condicions que els permetin d'assolir una vida social, escolar inclusiva i labo-

ral de qualitat i en igualtat d'oportunitats i que els facilitin la participació activa en la comunitat.

2. Els poders públics han de prestar una atenció especial a preveure i eliminar actituds discriminatòries dirigides a infants i adolescents amb discapacitats.

3. Els infants i els adolescents amb discapacitats tenen dret a gaudir d'assistència sanitària i de mesures terapèutiques ocupacionals adequades a llurs necessitats.

Article 43.   *Suport a la integració social dels infants i adolescents immigrats*

1. Les administracions públiques han de fomentar, mitjançant serveis i programes d'acollida, la integració social dels infants o els adolescents immigrats.

2. L'Administració de la Generalitat, mitjançant el departament competent en matèria de protecció dels infants i els adolescents, ha de prestar el servei de primera acollida amb relació als infants i adolescents immigrats sense referents familiars, d'acord amb el que disposa la legislació vigent.

3. Els infants i els adolescents estrangers que són a Catalunya tenen els drets que reconeix aquesta llei i, especialment, tenen dret a ésser escoltats i a rebre informació de manera entenedora sobre qualsevol actuació que porti a terme l'Administració amb relació a llur persona.

CAPÍTOL IV.   *Salut*

Article 44.   *Dret a la prevenció, la protecció i la promoció de la salut*

1. Els infants i els adolescents tenen dret a la promoció, la prevenció i la protecció de la salut i a l'atenció sanitària.

2. Qualsevol infant o adolescent té dret a:

a) Beneficiar-se de les accions de promoció de la salut, rebre informació i educació per a la salut en tots els àmbits de la seva vida i beneficiar-se de les accions de salut comunitària, a fi de desenvolupar al màxim les seves potencialitats físiques i psíquiques i la capacitat per a gestionar la pròpia salut.

b) Rebre actuacions preventives, amb l'objectiu de prevenir les malalties i les seves complicacions i disminuir l'exposició a factors de risc per a la salut; disposar de vacunacions, cribratges neonatals i protocols de seguiment de la infància, únicament amb els límits que l'ètica, la tecnologia i els recursos assistencials imposen al sistema sanitari.

c) Rebre els efectes beneficiosos de la protecció de la salut, que s'expressa en el dret a desenvolupar-se en entorns saludables, tant en l'àmbit públic com en l'àmbit privat.

d) Rebre informació sobre la seva salut i sobre l'atenció sanitària que rep, i a poder participar en el seu procés assistencial d'una manera adequada a la seva edat i al seu grau de maduresa.

e) Rebre atenció sanitària adequada al seu nivell evolutiu, atenent tant els aspectes orgànics com els aspectes emocionals, i, d'acord amb el que disposa la legislació vigent, beneficiar-se de les prestacions del sistema sanitari públic.

f) Rebre informació sobre les seves necessitats sanitàries especials. En particular, sobre la fisiologia de la reproducció, la salut sexual i reproductiva, el risc per a la salut que comporta l'embaràs a edats molt primerenques, la prevenció de les infeccions de transmissió sexual i de la infecció pel virus de la immunodeficiència humana (VIH), i també la promoció d'una sexualitat responsable, amb el garantiment de la confidencialitat de la informació rebuda.

3. Les administracions públiques han de prendre totes les mesures necessàries per a abolir les pràctiques tradicionals que siguin perjudicials per a la salut dels infants i els adolescents.

Article 45. *Atenció en situacions de risc per a la salut mental*

1. D'acord amb el Pla director de salut mental i addiccions, s'han de desenvolupar programes adreçats a la prevenció, la detecció, el diagnòstic precoç, el tractament i l'atenció integral de les necessitats en salut mental infantil i juvenil, des de la xarxa sanitària pública de Catalunya. Correspon al departament competent en matèria de salut planificar i posar en funcionament els serveis de salut mental necessaris d'acord amb el mapa sanitari, sociosanitari i de salut pública de Catalunya.

2. L'atenció en salut mental ha d'incloure també l'atenció als infants i als adolescents amb problemes addictius.

3. S'ha de garantir l'atenció en salut mental dels infants i els adolescents amb discapacitat, mitjançant programes integrals d'atenció en el territori que tinguin en compte els serveis i equipaments dels departaments de la Generalitat implicats en llur atenció.

Article 46. *Hospitalització*

1. S'ha de potenciar el tractament en l'atenció primària de salut o el tractament domiciliari dels infants i els adolescents, a fi d'evitar-ne, sempre que sigui possible, l'ingrés hospitalari. Si l'ingrés hospitalari és necessari, aquest ha d'ésser tan breu com sigui possible i s'ha de procurar que tingui lloc en unitats preparades per a infants i adolescents i evitar l'hospitalització entre els adults.

2. Els infants i els adolescents hospitalitzats tenen dret a estar acompanyats de llurs pares i mares, i, si s'escau, dels titulars de la tutela o de la guarda, llevat que això pugui perjudicar o obstaculitzar l'aplicació dels tractaments mèdics.

3. Els infants i els adolescents tenen dret a prosseguir llur educació en els termes establerts per l'article 49 mentre duri llur estada a l'hospital.

4. Les administracions públiques i els responsables hospitalaris han de promoure en tots els casos la realització estable i continuada d'activitats de joc, culturals i d'acompanyament, adequades per a l'edat dels infants i els adolescents malalts, ja sigui organitzant serveis directament o mitjançant convenis amb entitats socials.

5. En tot allò no establert per aquest article s'han de tenir en compte els drets reconeguts per la Carta europea dels infants hospitalitzats, aprovada pel Parlament Europeu el 13 de maig de 1986.

Article 47. *Dret a decidir sobre la maternitat*

1. Les noies tenen dret a decidir sobre la maternitat amb relació a llur grau de maduresa, d'acord amb la legislació específica.

2. En els casos de noies tutelades per l'Administració de la Generalitat, aquesta administració ha de posar a disposició de la noia tot el suport psicosocial i material que calgui per tal d'ajudar-la a afrontar la nova situació. Aquest suport s'ha d'ampliar, si escau, per a garantir el benestar del nounat.

CAPÍTOL V. *Educació*

Article 48. *Dret a l'educació*

1. Els infants i els adolescents tenen el dret i l'obligació de rebre els ensenyaments obligatoris, i el dret de rebre els ensenyaments no obligatoris.

2. Les administracions públiques han de crear serveis educatius adreçats als infants de 0 a 3 anys i a llurs famílies, i han de donar-hi suport.

Article 49. *Atenció educativa d'infants o adolescents malalts*

1. Les administracions públiques i els responsables hospitalaris han de garantir que qualsevol infant o adolescent, en cas de malaltia o hospitalització que duri més de trenta dies, té cobertes les necessitats escolars, el joc i la realització d'activitats culturals i d'acompanyament, sempre que l'estat de salut li ho permeti.

2. L'infant o l'adolescent malalt o convalescent que s'està al seu domicili, o que està internat més de trenta dies en un centre que no

disposa d'unitat específica pediàtrica, té dret a rebre l'educació corresponent al seu nivell escolar sens perjudici que també se li faciliti suport educatiu per mitjans telemàtics.

Article 50. *Infants i adolescents que troben limitacions o barreres per al desenvolupament o la participació en diverses activitats*

1. Els infants i els adolescents amb necessitats educatives especials han de rebre una formació educativa i professional que els permeti la integració social, el desenvolupament, la realització personal i l'accés a un lloc de treball en el context més normalitzat possible, i d'acord amb llurs aspiracions i actituds.

2. Els infants i els adolescents amb discapacitat tenen dret a gaudir d'un sistema d'educació inclusiu, amb accés a l'educació obligatòria en les mateixes condicions que els altres membres de la comunitat, sense exclusió per raó de discapacitat, i els ajustaments i suports necessaris per a potenciar el màxim desenvolupament acadèmic, personal i social.

3. Els centres educatius han d'assumir la responsabilitat d'acollir i educar de manera inclusiva tot l'alumnat com una tasca bàsica i fonamental de llurs projectes educatius i han de posar en marxa estratègies pedagògiques per a atendre les diferències individuals en els contextos ordinaris.

Article 51. *Atenció educativa a l'infant o l'adolescent en situació de desemparament*

1. L'infant o l'adolescent en situació de desemparament o d'acolliment familiar té un dret preferent a l'escolarització en el centre escolar més adequat a les seves circumstàncies personals.

2. El departament competent en matèria d'educació ha d'establir les mesures adequades d'accés a l'escolarització per tal de garantir el dret regulat per aquest article.

3. La persona o família acollidora de l'infant té la prioritat d'optar pel centre educatiu més proper al domicili familiar o laboral o, si és el cas, pel centre en què estiguin escolaritzats els seus fills.

Article 52. *No-escolarització, absentisme i abandó escolar*

1. Als efectes del que estableix aquesta llei, s'entén per:

a) *No-escolarització*: el fet que els progenitors, els titulars de la tutela o els guardadors d'un infant o adolescent en període d'escolarització obligatòria no gestionin la plaça escolar corresponent sense una causa que ho justifiqui.

b) *Absentisme*: l'absència de classe sense presentar justificant o sense una justificació acceptable. S'han de determinar per reglament quins són els casos que constitueixen absentisme lleu, absentisme moderat o absentisme greu, i quines són les mesures que cal adoptar en cada cas.

c) *Abandó escolar*: el cessament indefinit de l'assistència a la plaça escolar corresponent per l'infant o l'adolescent en període d'escolarització obligatòria.

2. Les administracions públiques han de fer especial atenció a detectar els casos de no-escolarització, absentisme i abandó escolar i han d'adoptar de manera coordinada les mesures necessàries per a fer-hi front, mitjançant els protocols corresponents.

CAPÍTOL VI. *L'infant i l'adolescent en l'àmbit social*

Article 53. *Els infants i els adolescents com a ciutadans*

1. Qualsevol infant o adolescent té dret a ésser considerat un ciutadà o ciutadana, sense altres limitacions que les establertes explícitament en la legislació vigent per a les persones menors d'edat, i a ésser protagonista de la defensa dels seus drets.

2. Les administracions públiques han de facilitar que els infants i els adolescents siguin escoltats com a col·lectiu en les decisions ciutadanes que els afectin.

3. Les administracions públiques han de prendre les iniciatives pertinents per a informar i sensibilitzar la ciutadania sobre els drets, les necessitats, les problemàtiques i els riscos que afecten la població infantil i adolescent a Catalunya, o a subconjunts d'aquesta població, tot cercant la col·laboració ciutadana per a la detecció i superació d'aquests casos i circumstàncies. Particularment, s'han de crear els canals perquè la ciutadania posi en coneixement de les autoritats competents els casos de conculcació de drets que afecten infants o adolescents concrets, la denúncia de maltractaments o els casos que ho fan sospitar.

CAPÍTOL VII. *Medi ambient i espai urbà*

Article 54. *Medi ambient*

Les administracions públiques, per tal de garantir el dret dels infants i els adolescents a conèixer el medi natural de Catalunya i a gaudir-ne, han de promoure:

a) El respecte i el coneixement de la natura i el medi rural entre infants i adolescents, informant-los de la importància d'un medi ambient saludable i capacitant-los per fer-ne un bon ús.

b) Visites i itineraris programats per a conèixer la diversitat de l'entorn.

c) Programes formatius, divulgatius i de conscienciació per a l'ús responsable i sostenible del medi rural i dels recursos naturals i l'adquisició d'uns hàbits positius per a la conservació del medi ambient.

d) El desenvolupament sostenible de Catalunya, que garanteixi a infants i adolescents poder exercir el dret a què fa referència aquest article.

Article 55. *Drets i deures en l'espai urbà*

1. Els infants i els adolescents tenen dret a moure's, a gaudir i a desenvolupar-se socialment en el propi entorn urbà i tenen el deure de respectar i tractar amb cura els elements urbans al servei de la comunitat i les instal·lacions que formen part del patrimoni públic i privat.

2. Els poders públics han de fer possible el desenvolupament i l'autonomia dels infants i els adolescents en un entorn segur a les ciutats i als pobles.

3. El planejament urbanístic municipal ha de preveure i configurar els espais públics, tenint en compte la perspectiva i les necessitats dels infants i els adolescents.

4. Els infants i els adolescents tenen dret a conèixer llur ciutat o població i llur barri per a gaudir de l'entorn urbà.

5. Les administracions públiques han de fomentar:

a) La consideració de les necessitats específiques dels infants i els adolescents en la concepció dels espais urbans, mitjançant els consells de participació territorial dels infants i els adolescents.

b) La disposició d'àmbits segurs i adequats per als infants i els adolescents en els espais públics.

c) L'accés segur dels infants i els adolescents als centres escolars o a altres centres que freqüenten.

d) L'eliminació de qualsevol tipus de barrera, física o cultural, que limiti les possibilitats de participació de qualsevol grup.

Article 56. *Zones i equipaments recreatius*

1. El planejament urbanístic ha de preveure espais i zones recreatives públiques idònies perquè els infants i els adolescents puguin gaudir-hi del joc i l'entreteniment.

2. La disposició dels espais a què fa referència l'apartat 1 ha de tenir en compte la diversitat de necessitats d'entreteniment i de joc en atenció als grups d'edat dels infants i els adolescents. En el disseny i la configuració d'aquests espais, els ajuntaments han d'escoltar l'opinió i fer possible la participació activa dels infants i els adolescents mitjançant els consells de participació territorial.

3. S'ha de garantir que els infants i els adolescents que tenen una discapacitat física, psíquica o sensorial poden accedir als espais i zones recreatives públiques i en poden gaudir, d'acord amb la legislació vigent en matèria d'accessibilitat i de supressió de barreres arquitectòniques.

4. En el cas de zones recreatives públiques en què hi ha piscines o es porten a terme activitats específiques que impliquen el control d'accés i vigilància, s'han de regular les mesures de seguretat, els serveis de vigilància i les característiques de les activitats que s'hi poden fer i a les quals tenen accés els infants i els adolescents, mitjançant una disposició reglamentària dictada pel Govern o les ordenances municipals corresponents.

5. L'Administració local ha de garantir que els espais i les zones recreatives destinades a infants o adolescents en el municipi gaudeixen d'un entorn segur, allunyades de construccions o elements nocius o perillosos per a la salut i la integritat física d'aquests usuaris.

6. Els parcs temàtics, d'atraccions, i altres zones o establiments recreatius similars, estan subjectes al que disposa la legislació sectorial específica.

CAPÍTOL VIII.   *Educació en el lleure i pràctica de l'esport*

Article 57.   *Educació en el lleure*

1. Els infants i els adolescents tenen dret a rebre una formació integral en el temps de lleure que els faciliti l'educació en els valors cívics i en el respecte a la comunitat i al medi, mitjançant centres d'esplai, agrupaments i centres que formen la xarxa associativa d'entitats d'educació en el lleure, i les altres entitats culturals, esportives i socials o les institucions existents a Catalunya i que es dediquen al lleure.

2. Les entitats d'educació en el lleure tenen per funció la intervenció educativa en l'àmbit del temps lliure, fora de l'ensenyament reglat i de l'àmbit familiar i ajuden al desenvolupament dels infants i els adolescents com a futurs adults responsables i compromesos amb la comunitat.

3. Les administracions han d'afavorir i fomentar l'educació en el lleure i donar suport a la xarxa d'entitats socials, i n'han de fomentar la igualtat d'accés dels infants i els adolescents.

Article 58.   *El joc i la pràctica de l'esport*

1. Els infants i els adolescents tenen dret al descans, al joc i a les activitats recreatives pròpies de llur edat com a part de l'activitat quotidiana, i també a participar lliurement en la vida cultural i artística de llur entorn social.

2. El joc s'ha d'entendre com un element essencial del creixement i la maduració dels infants i els adolescents. Els jocs i les joguines s'han d'adaptar a les necessitats dels infants i els adolescents i han d'ajudar al desenvolupament psicomotor de cada etapa evolutiva.

3. Els infants i els adolescents tenen dret a practicar l'esport i a participar en activitats físiques i recreatives en un entorn segur. La participació en esports de competició ha d'ésser voluntària i els mètodes i els plans d'entrenament han de respectar la condició física i les necessitats educatives dels infants i els adolescents.

4. Les administracions han de fomentar l'activitat física i esportiva com a hàbit de salut.

CAPÍTOL IX. *Publicitat i mitjans de comunicació social i espectacles*

Article 59. *Publicitat adreçada als infants i als adolescents*

1. El Govern, i el Consell de l'Audiovisual de Catalunya en l'àmbit dels mitjans audiovisuals, amb la finalitat de protegir adequadament els drets dels infants i els adolescents, han de fixar per reglament els límits de la publicitat divulgada en el territori de Catalunya adreçada a aquestes persones, atenent especialment els principis següents:

a) Els anuncis publicitaris, d'acord amb el nivell de coneixement de l'audiència infantil i adolescent i atenent el seu estat formatiu, no han d'incitar a la violència o a la comissió d'actes delictuosos, ni a cap mena de discriminació, ni projectar imatges estereotipades d'infants i adolescents, ni imatges degradants i violentes d'infants i adolescents.

b) Les prestacions i l'ús d'un producte s'han de mostrar de manera comprensible, coincident amb la realitat i amb un llenguatge senzill i adaptat al nivell de desenvolupament dels col·lectius infantils i adolescents als quals s'adreça.

c) Si el preu de l'objecte anunciat supera la quantia que reglamentàriament es determini, ha de constar de manera clara i manifesta en l'anunci de l'objecte.

d) S'han d'evitar els missatges que contenen discriminacions o diferències per raó del consum del producte anunciat. En particular, la publicitat de joguines adreçada a infants i adolescents ha d'anar orientada a fomentar les joguines no sexistes.

2. Els principis a què fa referència l'apartat 1 han d'ésser exigibles a la publicitat emesa pels mitjans de comunicació social que emeten o tenen difusió en el territori de Catalunya.

3. De conformitat amb el que disposa la normativa audiovisual catalana, la publicitat i la televenda difoses pels prestadors de serveis de televisió subjectes a l'àmbit d'actuació del Consell de l'Audiovisual de

Catalunya no poden incloure continguts que puguin perjudicar moralment o físicament els menors i han de respectar els principis següents:

a) No han d'incitar directament els infants i els adolescents a la compra d'un producte o d'un servei explotant llur inexperiència o llur credulitat, ni persuadir llurs progenitors o titulars de la tutela, o els progenitors o els titulars de la tutela de tercers, perquè comprin els productes o els serveis de què es tracti.

b) No han d'explotar en cap cas la confiança especial dels infants i els adolescents envers llurs progenitors, professors o altres persones.

c) No poden, sense un motiu justificat, presentar els infants i els adolescents en situacions perilloses.

d) Les joguines, quan són objecte de la publicitat o la televenda, no poden conduir a error sobre les característiques que tenen o llur seguretat, ni tampoc sobre la capacitat i l'aptitud necessàries perquè els infants en puguin fer ús sense fer-se mal ni fer-ne a terceres persones.

e) La publicitat o la televenda adreçades a menors han de transmetre una imatge igualitària, plural i no estereotipada de dones i homes.

4. Resten prohibides totes les formes de publicitat de locals de joc i de serveis, o d'espectacles violents o que inciten a la violència, i les de caràcter eròtic o pornogràfic en publicacions principalment adreçades a infants i adolescents que es distribueixen a Catalunya, i també en la publicitat difosa pels serveis de televisió o per ràdio durant les franges horàries de protecció especial d'infants i adolescents. Especialment, es prohibeix als prestadors de serveis de ràdio i televisió la difusió de continguts publicitaris pornogràfics o que inciten a la violència gratuïta, en qualsevol franja horària de la programació.

5. Els infants i els adolescents han d'ésser protegits de la publicitat de begudes alcohòliques i de productes de tabac en els termes establerts per la legislació vigent.

Article 60. *Publicitat protagonitzada per infants i adolescents*

1. La participació d'infants i adolescents en anuncis publicitaris que promouen la venda de begudes alcohòliques o de productes de tabac resta prohibida en els termes establerts per la legislació vigent.

2. La publicitat i la televenda de begudes alcohòliques difosa pels prestadors de serveis de televisió subjectes a l'àmbit d'aplicació de la Llei 22/2005 no es poden adreçar específicament a infants o adolescents, ni poden presentar aquestes persones consumint begudes alcohòliques, de qualsevol graduació, sens perjudici del que estableix l'apartat 1 i de conformitat amb el que disposa la legislació vigent.

3. Els infants i els adolescents no poden ésser utilitzats en anuncis publicitaris divulgats en el territori de Catalunya que promoguin activitats que els són prohibides.

4. Qualsevol escenificació publicitària en què participin menors ha d'evitar missatges que incitin al consum compulsiu.

Article 61. *Imatges, missatges i objectes*

L'exhibició pública o la difusió d'imatges, missatges o objectes no poden ésser perjudicials per als infants o els adolescents ni poden incitar a actituds o conductes que vulnerin els drets i els principis reconeguts per la Constitució i per la resta de l'ordenament jurídic vigent.

Article 62. *Publicacions*

Les publicacions que inciten a la violència, a activitats delictives o a qualsevol mena de discriminació o que tenen un contingut pornogràfic, o qualsevol altre que sigui perjudicial per al desenvolupament de la personalitat dels infants i els adolescents, no poden ésser ofertes ni exposades de manera que restin lliurement a l'abast d'aquests.

Article 63. *Material audiovisual*

No és permès de vendre ni llogar a infants o adolescents materials audiovisuals o multimèdia, com videojocs o altres, que continguin missatges contraris als drets i les llibertats fonamentals reconeguts per l'ordenament jurídic vigent, que incitin a la violència i a activitats delictives, al consum de substàncies que puguin generar dependència, a qualsevol mena de discriminació o que tinguin contingut pornogràfic. Així mateix, no és permès de projectar aquests materials en locals o espectacles en què s'admet l'assistència d'infants o adolescents ni de difondre'ls entre aquests per qualsevol mitjà, ni tampoc oferir-los o exposar-los de manera que restin lliurement a llur abast.

Article 64. *Mitjans de comunicació social*

1. Les programacions dels serveis de ràdio i televisió, en les franges horàries més susceptibles de tenir una audiència d'infants i adolescents, han d'afavorir els objectius educatius que tenen aquests mitjans de comunicació i han de potenciar els valors humans i els principis de l'estat democràtic i social, d'acord amb el que disposa la legislació vigent.

2. L'Administració de la Generalitat, i, si escau, el Consell de l'Audiovisual de Catalunya, han de procurar que la premsa, els serveis de ràdio i televisió i la resta de mitjans de comunicació social dediquin als infants i als adolescents una atenció educativa especial, i han de garantir l'exclusió de continguts que en puguin perjudicar seriosament el desenvolupament físic, mental o moral, en particular, de continguts sexistes, pornogràfics, de violència gratuïta o que fomentin la intolerància o en degradin la imatge, en els termes que estableix la legislació vigent.

3. Els mitjans de comunicació social que emeten o tenen difusió en el territori de Catalunya han de tractar amb una cura especial qualsevol

informació que afecti els infants o els adolescents, evitant difondre'n el nom, la imatge o les dades que en permetin la identificació, quan apareixen com a víctimes, testimonis o inculpats en causes criminals, llevat del cas que ho siguin com a víctimes d'un homicidi o un assassinat; o quan es divulgui qualsevol fet relatiu a llur vida privada que n'afecti la reputació i el bon nom.

CAPÍTOL X. *Consum de productes i serveis*

Article 65. *Protecció dels infants i els adolescents com a consumidors*

Les administracions públiques, en l'àmbit de llurs competències respectives, han de vetllar perquè els drets i els interessos dels infants i els adolescents, com a col·lectius de consumidors amb necessitats i característiques específiques, gaudeixin d'una defensa i una protecció especials.

Article 66. *Productes comercialitzats per a l'ús o el consum dels infants i els adolescents*

1. Els béns o els productes comercialitzats per a l'ús o el consum d'infants i adolescents no poden contenir substàncies perjudicials i han de facilitar, de manera visible, la informació suficient sobre la composició, les característiques i l'ús, i també la franja d'edat, si escau, a la qual són destinats.

2. Els béns o els productes comercialitzats per a l'ús o el consum d'infants i adolescents han de complir les mesures de seguretat suficients per a garantir-ne la innocuïtat tant per a l'ús al qual són destinats com per a evitar les conseqüències nocives que poden derivar d'un ús inadequat.

Article 67. *Begudes alcohòliques i tabac*

1. Els infants i els adolescents tenen l'accés limitat a les begudes alcohòliques i al tabac, en els termes establerts per la legislació vigent.

2. No és permès vendre ni consumir tabac, ni vendre qualsevol altre producte que l'imiti o indueixi a fumar en centres d'ensenyament i formatius de qualsevol nivell, amb independència de l'edat dels alumnes, ni en instal·lacions destinades a activitats amb infants i adolescents. Tampoc no es pot vendre ni consumir cap tipus de beguda alcohòlica en centres en què s'imparteix ensenyament no superior ni en instal·lacions destinades a activitats amb infants i adolescents. Aquestes prohibicions s'han de fer constar en llocs ben visibles.

Article 68. *Altres productes o serveis que poden perjudicar la salut*

Resten prohibits la venda o el subministrament als infants i adolescents de qualsevol producte o servei diferent dels que determina l'article 67 que puguin causar dependència física o psíquica, encara que sigui per un ús inadequat, o, en general, que puguin produir efectes que perjudiquin la salut o el lliure desenvolupament de la personalitat dels infants i els adolescents.

Article 69. *Medicaments*

L'Administració de la Generalitat, en l'àmbit de les seves competències, ha de vetllar pel compliment de la legislació estatal sobre productes farmacèutics, i particularment en el cas de medicaments destinats a infants, pel que fa a les garanties exigides en la corresponent autorització de comercialització d'aquests medicaments amb relació a la prevenció raonable d'accidents.

Article 70.   *Jocs de sort, envit o atzar i màquines recreatives*

1.   Els infants i els adolescents no poden accedir a la pràctica de jocs de sort, envit o atzar en què s'arrisquen quantitats de diners o objectes econòmicament avaluables, l'ús de màquines recreatives amb premi i la participació en apostes i, en qualsevol cas, han de tenir prohibida l'entrada als locals que s'hi dediquen específicament. També els és prohibit l'ús de les màquines recreatives que inciten a la violència o que contenen jocs violents.

2.   Les màquines recreatives sense premi només poden ésser instal·lades en establiments expressament autoritzats, d'acord amb el que disposa la normativa vigent en matèria de màquines recreatives i d'atzar.

3.   És prohibit l'accés dels infants no acompanyats d'una persona major d'edat als salons recreatius on hi hagi instal·lades únicament màquines recreatives del tipus A. En tot cas, els infants no acompanyats d'una persona major d'edat no tenen permès l'ús de màquines recreatives del tipus A. Aquesta prohibició s'ha de fer constar en la superfície frontal de la màquina o, si s'escau, s'ha d'utilitzar el suport vídeo o similar mitjançant la pantalla o el joc corresponent.

Article 71.   *Béns i mitjans culturals*

Les administracions públiques han de fomentar l'accés dels infants i els adolescents als béns i mitjans culturals existents a Catalunya, i la creació de recursos en l'entorn relacional dels infants i els adolescents on puguin desenvolupar llur capacitat intel·lectual i llur habilitat manual o de raonament, com a complement de l'aprenentatge als centres escolars.

Article 72.   *Espais col·lectius diürns*

Les administracions públiques han de vetllar perquè els espais, centres i serveis en què hi ha habitualment infants o adolescents tinguin les condicions físiques i ambientals, higienicosanitàries i de recursos humans adequades. Aquests espais han de disposar de projectes socioeducatius i garantir la participació d'infants i adolescents en allò que els afecta.

Article 73. *Allotjament d'infants o adolescents sense el consentiment dels progenitors o dels titulars de la tutela o de la guarda*

Els responsables d'un establiment d'allotjament, quan els infants o adolescents menors de setze anys sol·licitin d'allotjar-s'hi sense el consentiment exprés dels progenitors, o dels titulars de la tutela o de la guarda legal, han de posar aquest fet en coneixement dels dits progenitors o titulars o en el dels cossos de seguretat.

TÍTOL III. *De la prevenció general*

Article 74. *Prevenció general*

1. Les administracions públiques han de desenvolupar les actuacions necessàries per a prevenir els infants i els adolescents de les situacions que són perjudicials per a llur sa desenvolupament integral o per a llur benestar, i especialment de les següents:

a) Qualsevol forma de maltractament o càstig físic.

b) Qualsevol forma de maltractament psicològic, tracte indigne o càstig denigrant.

c) La inducció o la coacció a participar en qualsevol activitat sexual il·legal.

d) L'explotació en la prostitució o en altres pràctiques sexuals o la utilització en espectacles o en material pornogràfic.

e) La participació en qualsevol tasca que pugui ésser perillosa, perjudicar-ne la salut o entorpir-ne l'educació, la formació o el desenvolupament integral.

f) Qualsevol forma de negligència en l'atenció física, sanitària o educativa.

g) La captació i la integració en sectes destructives.

h) El consum de drogues.

i) Les condicions de treball perilloses i en especial les recollides en la normativa específica de prevenció de riscos laborals i de protecció del treball dels infants i els adolescents.

2. Les administracions públiques han d'actuar preventivament perquè els infants i els adolescents que pateixen o han patit qualsevol de les problemàtiques a què fa referència l'apartat 1 no es trobin en desavantatge social pel fet que llurs carències no hagin estat ateses i compensades adequadament.

Article 75. *Promoció i sensibilització ciutadana*

Les administracions públiques han de posar en pràctica programes d'informació i sensibilització adreçats a prevenir àmpliament, i cercant la col·laboració ciutadana i la iniciativa privada, totes les problemàtiques socials que afecten la població infantil i adolescent de Catalunya, i particularment:

a)   La identificació i l'actuació per la ciutadania de qualsevol forma de maltractament als infants o als adolescents.

b)   La identificació i l'actuació per la ciutadania de les altres problemàtiques socials a què fa referència l'article 74, i molt especialment sobre els efectes de les substàncies que poden generar dependències entre els infants i els adolescents o altres conductes de risc, com la conducció temerària, les relacions sexuals no segures, les conductes violentes o l'absentisme, entre altres.

c)   El bon tracte als infants i als adolescents en funció de llurs circumstàncies personals, familiars i socials.

d)   El consum de béns i serveis i l'ús adequat d'aquests béns i serveis, particularment l'ús adequat de mitjans audiovisuals i de les tecnologies de la informació i la comunicació.

e)   Qualsevol altra bona pràctica que contribueixi a millorar el benestar de la població infantil i adolescent.

Article 76.   *Prevenció de l'ablació o la mutilació genital de les nenes i les adolescents*

1.   L'objecte de la prevenció de les ablacions o les mutilacions genitals de les nenes i les adolescents són les situacions en què concorren indicadors o factors de risc que fan palesa la probabilitat que la menor que s'hi trobi resulti en el futur víctima d'aquestes pràctiques.

2.   La identificació d'indicadors o factors de risc d'ablació o mutilació genital respecte a una nena o una noia menor d'edat ha de donar lloc a una intervenció socioeducativa en el seu entorn, amb la finalitat que la família de la nena o la noia sigui la que decideixi no practicar-li l'ablació o la mutilació genital.

3.   Si en qualsevol moment es valora que existeix el risc que la nena o la noia pot ésser mutilada, dins o fora del territori de l'Estat, s'ha de derivar el cas a la fiscalia o al jutjat competent perquè adopti les mesures necessàries per a impedir la consumació de l'ablació o la mutilació dins el territori de l'Estat, i també, si escau, per a prohibir la sortida de la nena o la noia de l'Estat, per tal que la consumació de l'ablació o la mutilació no pugui tenir lloc a l'exterior.

4.   Les nenes i les noies víctimes de l'ablació o la mutilació genital han de rebre el suport necessari per a evitar els danys físics o psíquics que se'n poden derivar, o, si escau, per reparar-los.

5.   L'Administració de la Generalitat es pot personar en els procediments penals per a perseguir extraterritorialment la pràctica de l'ablació o la mutilació genital femenina, sempre que les persones responsables

es trobin a l'Estat, en la forma i amb les condicions establertes per la legislació processal.

Article 77. *Prevenció del risc social*

1. L'objecte de la prevenció del risc social són les situacions que afecten conjunts d'infants o adolescents de manera global, tant de caràcter territorial, cultural com social, en què concorren indicadors o factors de risc que fan palesa la probabilitat que els infants o els adolescents que s'hi troben resultin en el futur perjudicats en llur desenvolupament o benestar.

2. La identificació d'indicadors o factors de risc en un entorn territorial concret o amb relació a un conjunt concret d'infants o adolescents ha de generar plans d'intervenció social preventius i comunitaris.

3. Els plans a què fa referència l'apartat 2 han d'ésser específics i s'han de desenvolupar en els barris i entorns territorials en què es detecti una gran concentració de situacions de desigualtat econòmica, escolar, cultural i d'indicadors de risc per als infants i adolescents. En aquestes zones, en què l'actuació hi és preferent, s'han d'impulsar polítiques de prevenció del risc social.

4. L'Administració competent en infància i adolescència, en coordinació amb els ens locals i els departaments de la Generalitat corresponents, ha de desenvolupar programes integrals d'atenció als adolescents en risc i desavantatge social en entorns territorials en què es concentrin desigualtats i situacions de conflicte social. Aquests programes han de comptar amb mesures extraordinàries de suport a l'escolarització i a la continuïtat formativa, treball de carrer, lleure, acompanyament a la formació i a la inserció sociolaboral, i mesures socioeducatives intensives com centres oberts i centres diürns.

Article 78. *Prevenció de la desprotecció*

1. L'objecte de la prevenció de la desprotecció infantil són les situacions en què concorren indicadors o factors de risc que fan palesa la probabilitat que l'infant o l'adolescent que s'hi trobi resulti en el futur desatès en les seves necessitats bàsiques.

2. La identificació d'indicadors o factors de risc en un entorn familiar concret ha de generar programes de suport familiar, que es poden desenvolupar fins i tot durant el període de gestació, per tal d'establir pautes de criança i de millorament de les capacitats parentals, d'una manera preventiva en entorns de desavantatge social.

Article 79. *Elaboració de llistes d'indicadors i de recomanacions*

El departament competent en infància i adolescència, en col·laboració amb altres departaments de la Generalitat, les universitats i els col·legis professionals i altres entitats dedicades als infants i als adolescents, ha d'elaborar llistes d'indicadors i factors de risc i llistes d'indicadors i factors de protecció i resiliència. Així mateix, ha de formular les recomanacions específiques per tal de facilitar i promoure la identificació d'aquests indicadors o factors i la valoració conseqüent de la situació de l'infant o l'adolescent. Aquestes llistes i recomanacions es poden actualitzar i modificar sempre que ho aconsellin els avenços en el coneixement científic i professional.

Article 80. *Competències de les intervencions socials preventives*

Les competències de les intervencions socials preventives són dels ens locals en què s'identifica la situació, sens prejudici que la major amplitud de la incidència de la situació exigeixi la coordinació amb altres administracions.

TÍTOL IV. *De la protecció pública relativa als maltractaments a infants i adolescents*

CAPÍTOL I. *Disposicions generals*

Article 81. *Protecció efectiva davant els maltractaments a infants i adolescents*

Els poders públics han de prendre totes les mesures necessàries per a protegir els infants i els adolescents de qualsevol forma de maltractament i, especialment, de qualsevol forma de violència física, psíquica o sexual.

Article 82. *Atenció a infants i adolescents maltractats*

Els poders públics han de prendre totes les mesures necessàries per a promoure la recuperació física i psicològica i la inserció social dels infants o els adolescents que han estat víctimes de maltractament, sens prejudici de la protecció prevista per a les situacions de risc i desemparament.

Article 83. *Plans de col·laboració i protocols de protecció davant els maltractaments a infants i adolescents*

1. L'Administració de la Generalitat ha d'elaborar plans de col·laboració que garanteixin l'ordenació de les seves actuacions en la prevenció, l'assistència i la persecució del maltractament a infants i adolescents. Aquesta col·laboració ha d'implicar les administracions sanitàries i educatives, l'Administració de justícia, les forces i cossos de seguretat i els serveis socials.

2. Per al desenvolupament dels plans a què fa referència l'apartat 1, el departament competent en infància i adolescència ha de promoure l'establiment de protocols que assegurin una actuació integral dels diferents serveis, departaments o administracions implicats en la prevenció i la detecció dels maltractaments a infants i adolescents.

3. El departament competent en matèria de salut ha de promoure l'aplicació, l'actualització i la difusió de protocols que continguin pautes uniformes d'actuació sanitària, tant en l'àmbit públic com en l'àmbit privat.

4. Els protocols, a més d'establir els procediments que cal seguir, han de fer referència expressa a les relacions amb l'Administració de justícia i l'òrgan competent en matèria de protecció dels infants i els adolescents en els casos en què hi hagi la constatació o la sospita fonamentada de l'existència d'infraccions penals o es valori com a necessària l'adopció de mesures cautelars judicials o administratives.

5. Els protocols elaborats han d'ésser aprovats mitjançant un acord del Govern.

Article 84. *Priorització de la permanència de l'infant o l'adolescent en un entorn familiar lliure de violència*

1. Si el maltractament s'ha produït en l'àmbit familiar, i sempre que convingui a l'interès de l'infant o l'adolescent, s'han de prioritzar les mesures de protecció administratives o judicials que permetin la permanència de l'infant o l'adolescent en un entorn familiar lliure de violència i l'allunyament de la persona maltractadora.

2. Amb la finalitat establerta per l'apartat 1, l'autoritat judicial pot adoptar en qualsevol moment i de conformitat amb el que disposa la legislació civil o penal, a instància de les persones legitimades o de l'òrgan competent en matèria de protecció dels infants i els adolescents, les mesures que siguin necessàries respecte a l'atribució de l'ús de l'habitatge familiar, amb el parament corresponent, i determinar, si escau, la quantia dels aliments a càrrec de la persona maltractadora.

Article 85. *Tractament de la informació sobre maltractaments a infants i adolescents*

1. El departament competent en infància i adolescència ha de vetllar perquè els mitjans de comunicació ofereixin un tractament adequat de les notícies sobre maltractaments a infants i adolescents, i ha de promoure que alhora es faci referència als serveis o recursos de prevenció, detecció i protecció existents per a evitar els fets objecte de la notícia.

2. Les informacions relatives als maltractaments a infants i adolescents han de respectar el dret a la intimitat de les víctimes.

3. El departament competent en infància i adolescència ha de promoure l'elaboració d'un manual d'estil perquè els professionals dels mitjans de comunicació donin el tractament adequat a les informacions relacionades amb el maltractament a infants i adolescents.

Article 86. *Registre unificat de maltractaments infantils*

1. El registre unificat de maltractaments infantils ha de rebre, a efectes de detecció, prevenció i d'estadística, totes les notificacions dels maltractaments detectats per qualsevol servei, departament o administració.

2. El registre unificat de maltractaments infantils té naturalesa administrativa i és gestionat pel departament competent en matèria de protecció dels infants i els adolescents.

3. El registre unificat ha de permetre centralitzar tota la informació i integrar totes les notificacions procedents dels diferents àmbits relatives a un mateix infant o adolescent, i s'ha d'incorporar dins el sistema d'informació i gestió en infància i adolescència. També ha de permetre al departament competent en matèria de protecció dels infants i els adolescents fer la consulta d'antecedents en el cas de noves notificacions.

4. En l'accés al sistema d'informació i gestió en infància i adolescència, i en la seva utilització, s'ha de garantir sempre la privacitat de les dades personals constitucionalment i legalment protegides, i també la seguretat de les comunicacions en l'intercanvi d'informació entre els agents del sistema sobre dades de caràcter personal que siguin necessàries per a la tramitació dels procediments.

Article 87. *Protecció davant de la victimització secundària*

1. Els infants i els adolescents víctimes de maltractaments físics, psíquics o sexuals han de rebre protecció especial urgent i suport psicològic, educatiu i social, segons el que es requereixi en cada cas.

2. Les administracions públiques s'han de coordinar amb la participació activa dels departaments i les administracions implicades per tal d'adoptar solucions immediates i evitar a les víctimes danys psicològics afegits a causa d'una atenció deficient.

3. L'Administració de la Generalitat ha de posar els mitjans necessaris perquè les declaracions que els infants o adolescents, víctimes de maltractaments físics, psíquics o sexuals, efectuïn en el marc d'un procediment penal es puguin portar a terme evitant la confrontació visual amb la persona imputada i amb la intervenció del personal tècnic que transmeti les preguntes formulades, tot assegurant la pràctica de la prova anticipada establerta per la Llei d'enjudiciament criminal i la recollida d'aquesta prova per mitjans que en permetin la reproducció audiovisual posterior.

4. En el període d'investigació o instrucció d'un cas, s'ha de procurar que no es facin dobles exploracions i que no es repeteixin les recollides de mostres, per la qual cosa s'han de coordinar les actuacions clíniques i les forenses.

Article 88. *Policia de la Generalitat-Mossos d'Esquadra*

La Policia de la Generalitat-Mossos d'Esquadra ha de prestar atenció específica als infants i adolescents víctimes de qualsevol forma de maltractament i ha de disposar de la formació i la capacitació adequades en aquesta matèria. L'atenció específica s'ha de fer, si s'escau, mitjançant unitats especialitzades.

Article 89. *Protecció en l'àmbit de la salut*

Els infants i els adolescents víctimes de maltractaments han de rebre atenció especial de caràcter sanitari urgent segons el que es requereixi en cada cas. Amb la finalitat de garantir aquest dret, les administracions públiques han de promoure i desenvolupar les actuacions dels professionals sanitaris per a la detecció precoç del maltractament a infants i adolescents, i la coordinació necessària entre els serveis sanitaris i els serveis socials. En particular, han de desenvolupar programes de sensibilització i formació contínua del personal sanitari amb la finalitat de millorar el diagnòstic precoç, l'assistència i la rehabilitació de l'infant o l'adolescent maltractat.

Article 90. *Protecció en l'àmbit de l'educació*

1. Les administracions públiques han d'impulsar el desenvolupament d'actuacions adreçades al conjunt de la comunitat educativa que permetin prevenir, detectar i eradicar el maltractament a infants i adolescents, els comportaments violents, l'assetjament escolar i la violència masclista.

2. Els dissenys curriculars i els programes educatius han de tenir els continguts necessaris per a promoure l'educació en igualtat d'oportunitats i de gènere, respecte i tolerància, de manera que s'hi afavoreixi la prevenció d'actituds i situacions violentes, i també el coneixement dels drets de la infància.

Article 91. *Acció popular*

L'advocacia de la Generalitat pot actuar en exercici de l'acció popular en defensa de la legalitat i de l'interès conjunt de la ciutadania de Catalunya, en la forma i condicions establertes per la legislació processal, en els procediments penals per mort o maltractament físic, psíquic o sexual greu a infants o adolescents amb independència del mitjà emprat per a la comissió del delicte, inclosos els electrònics o digitals. A aquest efecte es considera que el maltractament és greu quan pugui comportar una pena privativa de llibertat.

Per a l'exercici de l'acció popular, l'obtenció del consentiment de la víctima o dels seus familiars, segons els casos, s'ha d'adequar a la forma i a les condicions establertes per la legislació processal.

CAPÍTOL II. *Serveis públics especialitzats i foment de la detecció i l'atenció del maltractament a infants i adolescents*

Article 92. *Servei d'atenció immediata mitjançant recursos telefònics i telemàtics*

1. El departament competent en matèria de protecció dels infants i els adolescents, a fi de donar una resposta efectiva a les comunicacions de possibles maltractaments comesos a un infant o adolescent, ha de crear un servei d'atenció immediata especialitzada mitjançant recursos telefònics i telemàtics.

2. El servei d'atenció immediata ha de disposar dels recursos tecnològics d'informació i comunicació amb la ciutadania i l'Administració que existeixin en cada moment, s'ha de coordinar amb els diferents serveis, departaments i administracions i ha de promoure o proposar l'adopció de les mesures cautelars procedents, de manera que s'activin els recursos necessaris per a garantir una protecció efectiva de l'infant i l'adolescent.

Article 93. *Servei d'atenció especialitzada als infants i adolescents víctimes d'abús sexual*

L'Administració de la Generalitat, per mitjà del departament competent en infància i adolescència, ha de crear un servei d'atenció especialitzada adreçat a infants i adolescents víctimes d'haver patit abús sexual i ha de vetllar especialment per la prevenció i la detecció activa dels abusos sexuals dels menors. Així mateix, ha de promoure bones pràctiques de prevenció activa dels abusos, i també la formació contínua dels professionals de la xarxa social pel que fa a la prevenció i la detecció d'abusos sexuals.

Article 94. *Foment de programes per a la detecció i l'atenció del maltractament a infants i adolescents*

L'Administració de la Generalitat, mitjançant el departament competent en infància i adolescència, ha de donar suport als programes que desenvolupin els ens locals i les entitats d'iniciativa social especialitzades adreçats a infants o adolescents víctimes de maltractament, per tal d'oferir informació, atenció, assessorament psicològic i jurídic i acompanyament.

Article 95. *Atenció a infants i adolescents que conviuen amb situacions de violència masclista*

La Generalitat, per mitjà del departament competent de la xarxa de recursos sobre violència masclista, té l'obligació de desenvolupar l'atenció especialitzada adreçada a infants i adolescents que conviuen amb situacions de violència masclista en l'àmbit familiar, tal com recull la Llei 5/2008, del 24 d'abril, del dret de les dones a eradicar la violència masclista, en el marc dels serveis d'atenció integral que formen part de la dita xarxa de recursos i d'una manera coordinada amb l'organisme competent en infància i adolescència.

CAPÍTOL III. *Accés prioritari a serveis i programes*

Article 96. *Determinació de les situacions de maltractament a infants i adolescents per a l'accés prioritari als serveis i programes*

Amb la finalitat d'assolir els drets d'accés prioritari establerts per aquest capítol, es determinen com a mitjans per a identificar les situacions de maltractament els següents:

a) La sentència de qualsevol ordre jurisdiccional que declari que un infant o adolescent ha patit violència física, psíquica o sexual.

b) La resolució administrativa que declari el desemparament per raó de l'existència de violència física, psíquica o sexual.

c) L'informe dels serveis especialitzats d'atenció als infants i als adolescents que constati l'existència de violència física, psíquica o sexual.

d) Qualsevol altre mitjà establert reglamentàriament.

Article 97. *Atenció prioritària dels infants i els adolescents víctimes de maltractaments*

Els infants i els adolescents víctimes de maltractaments han de tenir accés prioritari als serveis i programes següents:

a) Serveis i establiments de salut mental infantil i juvenil públics, i d'assistència psicològica i jurídica.

b) Serveis públics d'escola bressol.

c) Programes de formació ocupacional, inserció laboral i amb relació a l'emprenedoria.

d) Programes per a la transició a la vida adulta i a l'autonomia personal, i ajuts i altres mesures per a facilitar l'accés a un habitatge, especialment de promoció pública.

e) Serveis públics especialitzats establerts per la Llei 12/2007.

f) Ajuts públics que s'estableixin reglamentàriament.

TÍTOL V. *De la protecció dels infants i els adolescents en situació de risc o desemparament*

CAPÍTOL I. *Disposicions generals*

Article 98. *Competència en matèria de desemparament*

L'Administració de la Generalitat exerceix la protecció sobre els infants i els adolescents desemparats mitjançant el departament que té atribuïda aquesta competència.

Article 99. *Competència en matèria de risc*

L'Administració local ha d'intervenir si detecta una situació de risc d'un infant o adolescent que es troba en el seu territori; ha d'adoptar les mesures adequades per a actuar contra aquesta situació, de conformitat amb la regulació establerta per aquesta llei, amb la normativa de la Generalitat que la desenvolupa i amb la legislació en matèria de serveis socials.

Article 100. *Deure de comunicació, intervenció i denúncia*

1. Els ciutadans que tenen coneixement de la situació de risc o desemparament en què es troba un infant o adolescent tenen el deure de comunicar-ho als serveis socials bàsics, especialitzats o del departament competent en matèria de protecció dels infants i els adolescents, al més aviat possible, perquè en tinguin coneixement.

2. L'Administració ha de garantir la confidencialitat de la identitat de la persona que porta a terme la comunicació a què fa referència l'apartat 1.

3. Tots els professionals, especialment els professionals de la salut, dels serveis socials i de l'educació, han d'intervenir obligatòriament quan tinguin coneixement de la situació de risc o de desemparament en què es troba un infant o adolescent, d'acord amb els protocols específics i en col·laboració i coordinació amb l'òrgan de la Generalitat competent en matèria de protecció dels infants i els adolescents. Aquesta obligació inclou la de facilitar la informació i la documentació que calgui per a valorar la situació de l'infant o l'adolescent.

4. Els contractes que les administracions públiques catalanes subscriguin amb les persones o entitats privades que presten serveis en els àmbits professionals relacionats en l'apartat 3 han de recollir expressament les obligacions d'intervenció.

5. Les obligacions a què fa referència aquest article s'entenen sens perjudici del deure de comunicació o denúncia dels fets als cossos i les forces de seguretat, al Ministeri Fiscal o a l'autoritat judicial.

Article 101. *Expedient de l'infant i l'adolescent*

1. Els serveis socials bàsics i els serveis socials especialitzats d'atenció a la infància han de informar l'òrgan competent en matèria de protecció dels infants i els adolescents de les situacions de risc o desemparament que coneguin mitjançant el sistema d'informació i gestió en infància i adolescència. L'òrgan ha d'incorporar aquesta informació a l'expedient únic de l'infant o l'adolescent.

2. L'expedient únic de l'infant o l'adolescent a què fa referència l'apartat 1 pot tenir, segons els tipus de procediment o d'actuació tramitada, les peces següents:

a) Informativa.

b) De risc.

c) De desemparament.

d) De tutela.

e) De guarda.

f) Assistencial.

3. L'expedient de l'infant o adolescent ha de romandre obert fins que fineixi l'actuació protectora o fins la majoria d'edat, llevat, en aquest darrer cas, dels expedients assistencials.

4. Qualsevol persona que, prestant o no serveis en el departament competent de l'Administració de la Generalitat, l'Administració local o les institucions col·laboradores, intervingui en els expedients dels infants o els adolescents està obligada a guardar secret de la informació que n'obtingui.

CAPÍTOL II. *Les situacions de risc*

Article 102. *Definició i concepte*

1. Als efectes del que estableix aquesta llei, s'entén per *situació de risc* la situació en què el desenvolupament i el benestar de l'infant o l'adolescent es veuen limitats o perjudicats per qualsevol circumstància personal, social o familiar, sempre que per a la protecció efectiva de l'infant o l'adolescent no calgui la separació del nucli familiar.

2. Són situacions de risc:

a) La manca d'atenció física o psíquica de l'infant o l'adolescent pels progenitors, o pels titulars de la tutela o de la guarda, que comporti un perjudici lleu per a la salut física o emocional de l'infant o l'adolescent.

b) La dificultat greu per a dispensar l'atenció física i psíquica adequada a l'infant o l'adolescent per part dels progenitors o dels titulars de la tutela o de la guarda.

c) La utilització, pels progenitors o pels titulars de la tutela o de la guarda, del càstig físic o emocional sobre l'infant o l'adolescent que, sense constituir un episodi greu o un patró crònic de violència, en perjudiqui el desenvolupament.

d) Les mancances que, pel fet que no poden ésser adequadament compensades en l'àmbit familiar, ni impulsades des d'aquest mateix àmbit per a llur tractament mitjançant els serveis i recursos normalitzats, puguin produir la marginació, la inadaptació o el desemparament de l'infant o l'adolescent.

e) La manca d'escolarització en edat obligatòria, l'absentisme i l'abandó escolar.

f) El conflicte obert i crònic entre els progenitors, separats o no, quan anteposen llurs necessitats a les de l'infant o l'adolescent.

g)   La incapacitat o la impossibilitat dels progenitors o els titulars de la tutela o de la guarda de controlar la conducta de l'infant o l'adolescent que provoqui un perill evident de fer-se mal o de perjudicar terceres persones.

h)   Les pràctiques discriminatòries, pels progenitors o titulars de la tutela o de la guarda, contra les nenes o les noies, que comportin un perjudici per a llur benestar i llur salut mental i física, incloent-hi el risc de patir l'ablació o la mutilació genital femenina i la violència exercida contra elles.

i)   Qualsevol altra circumstància que, en el cas que persisteixi, pugui evolucionar i derivar en el desemparament de l'infant o l'adolescent.

Article 103. *Intervenció dels serveis socials*

1.   Els serveis socials bàsics han de valorar l'existència d'una situació de risc i promoure, si escau, les mesures i els recursos d'atenció social i educativa que permetin disminuir o eliminar la situació de risc cercant la col·laboració dels progenitors o dels titulars de la tutela o de la guarda.

2.   Els serveis socials bàsics han de designar un professional o una professional de referència, per a cada cas, de l'infant o l'adolescent, al qual correspon avaluar-ne la situació i fer-ne el seguiment posterior.

3.   Si el risc és greu i amb la intervenció dels serveis socials bàsics no s'aconsegueix disminuir o controlar la situació de risc, els dits serveis han d'elevar l'informe amb la valoració de la situació de risc que persisteix en l'infant o l'adolescent, el resultat de la intervenció i la proposta de mesures que considerin oportunes als serveis socials especialitzats en infància i adolescència.

4.   Els serveis socials especialitzats d'atenció als infants i als adolescents, atenent l'informe i les mesures d'atenció proposades, han de completar l'estudi i han d'elaborar un compromís socioeducatiu adreçat als progenitors o als titulars de la tutela i orientat a la superació del risc que envolta l'infant o l'adolescent, el qual ha de contenir la descripció i l'acreditació de la situació de risc, la seva avaluació i la concreció de les mesures que s'aplicaran des dels serveis socials bàsics o des d'altres serveis especialitzats per a la superació de la situació perjudicial.

5.   Abans de signar el compromís socioeducatiu amb els progenitors o, si escau, amb els titulars de la tutela o de la guarda, cal haver escoltat l'adolescent, en tot cas, i l'infant, si té prou coneixement.

6.   Si no s'obté la col·laboració dels progenitors, dels titulars de la tutela o de la guarda, o si es neguen a participar en l'execució de les mesures acordades i això comporta un perill per al desenvolupament o benestar personal de l'infant o l'adolescent, o si en el transcurs de la intervenció es dóna qualsevol altra situació de desemparament, els serveis especialitzats d'atenció als infants i als adolescents han d'elaborar l'informe proposta i elevar-lo al departament competent perquè incoï el procediment de desemparament corresponent.

Article 104. *Mesures d'atenció social i educativa davant les situacions de risc*

Les mesures que es poden establir un cop valorada la situació de risc són les següents:

a) L'orientació, l'assessorament i l'ajut a la família. L'ajut a la família inclou les actuacions de contingut tècnic, econòmic o material dirigides a millorar l'entorn familiar i a fer-hi possible la permanència de l'infant o l'adolescent.

b) La intervenció familiar mitjançant l'establiment de programes socioeducatius per als progenitors, tutors o guardadors amb la finalitat que assoleixin capacitats i estratègies alternatives per a la cura i l'educació de llurs fills o de l'infant o l'adolescent tutelat.

c) L'acompanyament de l'infant o l'adolescent als centres educatius o a altres activitats, i el suport psicològic o els ajuts a l'estudi.

d) L'ajut a domicili.

e) L'atenció en centre obert i altres serveis socioeducatius.

f) L'atenció sanitària, que inclogui la intervenció psicoterapèutica o el tractament familiar, tant per als progenitors o els titulars de la tutela o de la guarda, com per a l'infant o l'adolescent.

g) Els programes formatius per a adolescents que han abandonat el sistema escolar.

h) L'assistència personal per als progenitors, tutors i guardadors amb diversitat funcional que els permeti assumir llurs obligacions d'atenció i cura dels infants i els adolescents.

i) L'assistència personal per als infants i els adolescents amb diversitat funcional que els permeti superar la situació de risc.

j) Qualsevol altra mesura de caràcter social i educatiu que contribueixi a la desaparició de la situació de risc.

CAPÍTOL III. *Protecció dels infants i els adolescents desemparats*

SECCIÓ PRIMERA. *El desemparament*

Article 105. *Concepte*

1. Es consideren desemparats els infants o els adolescents que es troben en una situació de fet en què els manquen els elements bàsics per al desenvolupament integral de la personalitat, sempre que per a llur protecció efectiva calgui aplicar una mesura que impliqui la separació del nucli familiar.

2. Són situacions de desemparament:

a) L'abandonament.

b) Els maltractaments físics o psíquics, els abusos sexuals, l'explotació o altres situacions de la mateixa naturalesa efectuades per les persones a les quals correspon la guarda o que s'han portat a terme amb el coneixement i la tolerància d'aquestes persones.

c) Els perjudicis greus al nadó causats per maltractament prenatal. A aquests efectes, s'entén per *maltractament prenatal* la manca de cura del propi cos, conscient o inconscient, o la ingestió de drogues o substàncies psicotròpiques per part de la dona durant el procés de gestació, i també el produït indirectament al nadó per la persona que maltracta la dona en procés de gestació.

d) L'exercici inadequat de les funcions de guarda que comporti un perill greu per a l'infant o l'adolescent.

e) El trastorn o l'alteració psíquica o la drogodependència dels progenitors, o dels titulars de la tutela o de la guarda, que repercuteixi greument en el desenvolupament de l'infant o l'adolescent.

f) El subministrament a l'infant o l'adolescent de drogues, estupefaents o qualsevol altre substància psicotròpica o tòxica portat a terme per les persones a les quals correspon la guarda o per altres persones amb llur coneixement i tolerància.

g) La inducció a la mendicitat, la delinqüència o la prostitució per part de les persones encarregades de la guarda, o l'exercici de les dites activitats portat a terme amb llur consentiment o tolerància, i també qualsevol forma d'explotació econòmica.

h) La desatenció física, psíquica o emocional greu o cronificada.

i) La violència masclista o l'existència de circumstàncies en l'entorn sociofamiliar de l'infant o adolescent, quan perjudiquin greument el seu desenvolupament.

j) L'obstaculització pels progenitors o els titulars de la tutela o de la guarda de les actuacions d'investigació o comprovació, o llur falta de col·laboració, quan aquest comportament posi en perill la seguretat de l'infant o l'adolescent, i també la negativa dels progenitors o els titulars de la tutela o de la guarda a participar en l'execució de les mesures adoptades en situacions de risc si això comporta la persistència, la cronificació o l'agreujament d'aquestes situacions.

k) Les situacions de risc que per llur nombre, evolució, persistència o agreujament determinin la privació a l'infant o l'adolescent dels elements bàsics per al desenvolupament integral de la personalitat.

l) Qualsevol altra situació de desatenció o negligència que atempti contra la integritat física o psíquica de l'infant o l'adolescent, o l'existència objectiva d'altres factors que n'impossibilitin el desenvolupament integral.

Article 106. *Procediment de desemparament*

1.   En el moment que es té coneixement que un infant o adolescent es pot trobar en situació de desemparament, el departament competent en matèria de protecció dels menors desemparats ha d'incoar l'expedient de desemparament. Abans de l'acord d'iniciació, l'òrgan competent pot obrir un període d'informació prèvia amb la finalitat de conèixer les circumstàncies del cas concret i la conveniència o no d'iniciar el procediment.

2.   La incoació s'ha de notificar als progenitors o als titulars de la tutela o de la guarda de l'infant o l'adolescent, i se'ls ha d'informar del dret que tenen de comparèixer en el procediment, aportar informes o altres elements de prova, o efectuar les al·legacions que considerin procedents.

3.   Per a la resolució del procediment els equips tècnics competents han d'evacuar un informe amb caràcter preceptiu. A aquests efectes, tenen el caràcter d'equips tècnics els serveis especialitzats d'atenció als infants i als adolescents, i els altres que es determinin reglamentàriament.

4.   Els equips tècnics, en llur intervenció durant el procés d'estudi i avaluació, han d'escoltar l'adolescent, i l'infant si té prou coneixement, i també les persones que tinguin la potestat parental, tutelar o la guarda, sempre que sigui possible. A aquests efectes, els progenitors o els titulars de la tutela o de la guarda estan obligats a comparèixer a la seu administrativa a la qual se'ls convoqui.

5.   Un cop s'hagi elaborat l'informe proposta pels equips tècnics i s'hagin practicat les altres actuacions acordades, si s'escau, d'ofici o a instància de part, s'ha de donar audiència i vista de l'expedient en un termini de deu dies als progenitors, o als titulars de la tutela o de la guarda, tenint molta cura que no accedeixin a documents o dades que afectin la intimitat de les persones o siguin reservats o confidencials.

6.   El procediment fineix per resolució motivada que declara la situació de desemparament o, en cas contrari, ordena l'arxivament de l'expedient. L'Administració té l'obligació de dictar la resolució en el termini d'un any a comptar de la incoació de l'expedient. Transcorregut aquest termini sense que s'hagi dictat la resolució, el procediment s'entén caducat, sens perjudici de la seva nova incoació, si escau. En el cas que, tot i no ésser procedent la declaració de desemparament, es constati una situació de risc, l'expedient s'ha de derivar als serveis socials especialitzats o als serveis socials bàsics per tal que procedeixin d'acord amb el previst per a les situacions de risc.

Article 107. *Procediment simplificat*

L'organisme competent en matèria de protecció dels infants o els adolescents desemparats pot dictar, sense més tràmits, la resolució que declara la situació de desemparament, si els progenitors o els titulars de la tutela o de la guarda manifesten la conformitat amb la declaració, i un cop escoltat l'adolescent, o l'infant, si té prou coneixement.

Article 108. *Notificació*

1. Les resolucions que declaren el desemparament han d'ésser comunicades al Ministeri Fiscal en el termini de dos dies i notificades als progenitors, als titulars de la tutela o de la guarda i a l'adolescent.

2. La notificació a què fa referència l'apartat 1 ha d'informar dels efectes de la resolució, de la possibilitat d'impugnació i dels terminis per fer-ho, i també dels requisits i els tràmits que s'han de complir per al reconeixement del dret a l'assistència jurídica gratuïta.

Article 109. *Efectes de la declaració de desemparament*

1. La resolució de declaració de desemparament comporta l'assumpció immediata de les funcions tutelars sobre l'infant o l'adolescent, mentre no es constitueixi la tutela per les regles ordinàries o l'infant o l'adolescent no sigui adoptat, no sigui reintegrat a qui en tingui la potestat o la tutela, no s'emancipi o no arribi a la majoria d'edat.

2. L'assumpció de les funcions tutelars implica, mentre és vigent, la suspensió de la potestat parental o de la tutela ordinària i dels drets que se'n deriven, sempre que aquesta assumpció de funcions tutelars no resti sense efecte per resolució administrativa o resolució dictada en el procediment judicial civil corresponent.

3. L'organisme competent pot demanar, si escau, la privació de la potestat parental, la remoció de la tutela i reclamar aliments o exercir les accions administratives o judicials que escaiguin en benefici de l'infant o l'adolescent.

4. La suspensió o la privació no afecten l'obligació dels progenitors o d'altres parents de fer tot el que calgui per a assistir els infants o els adolescents ni l'obligació de prestar-los aliments en el sentit més ampli.

5. La resolució de desemparament ha de determinar l'obligació dels progenitors o altres parents de contribuir al pagament dels serveis utilitzats per l'infant o l'adolescent.

6. La resolució de desemparament definitiva comporta l'obligació, per part de l'organisme de protecció de l'infant i l'adolescent, de promoure la tramitació immediata de la documentació personal del menor o la menor, en cas que aquest no en disposi prèviament.

Article 110. *Mesures cautelars*

1. L'òrgan competent de la Generalitat en matèria de protecció dels infants i els adolescents, els serveis socials especialitzats i el serveis socials bàsics tenen l'obligació de prestar l'atenció immediata que necessiti qualsevol infant o adolescent, en funció de llur competència.

2. Quan els infants i els adolescents immigrats no acompanyats no puguin acreditar documentalment la minoria d'edat o es tingui dubtes sobre la veracitat de la documentació aportada, el departament com-

petent en matèria de protecció dels infants i els adolescents els ha d'oferir l'atenció immediata que necessitin mentre es fan les gestions i els tràmits establerts per la legislació sobre estrangeria per a determinar-ne l'edat.

3. Quan existeixi una situació de perill per a l'infant o l'adolescent, o concorri qualsevol altra causa que exigeixi una intervenció urgent i que faci necessària la separació del nucli familiar, l'organisme competent ha de declarar preventivament el desemparament mitjançant resolució motivada i ha d'aplicar les mesures que calguin, amb les notificacions establertes per l'article 108. Simultàniament, en el cas de no haver-ho fet abans, ha d'iniciar el procediment de desemparament, que ha de seguir els seus tràmits fins a la resolució definitiva que ratifiqui, modifiqui o deixi sense efecte la resolució de desemparament i les mesures provisionalment acordades.

4. La declaració preventiva de desemparament abans del naixement és procedent quan es preveu clarament la situació de desemparament del futur nadó. En el supòsit de maltractament prenatal, l'òrgan competent en matèria de protecció dels infants i els adolescents pot demanar a l'autoritat judicial les mesures necessàries amb relació a la mare per a fer efectiva la protecció futura del nadó.

5. Prèviament a la declaració preventiva de desemparament i a l'adopció de mesures urgents, sempre que la situació ho permeti, cal escoltar l'adolescent, i l'infant, si té prou coneixement, i també els progenitors o els titulars de la tutela o de la guarda.

Article 111. *Atenció immediata i transitòria en famílies acollidores d'urgència o en centres d'acolliment*

1. Les famílies acollidores d'urgència o els centres d'acolliment, si escau, han d'exercir l'atenció immediata i transitòria dels infants i els adolescents desemparats, mentre s'analitza la problemàtica i es determina, si s'escau, la mesura de protecció més adequada. L'estudi de la problemàtica del infant i la proposta de mesura protectora s'han de portar a terme en el termini que s'estableixi reglamentàriament, que com a màxim ha d'ésser de sis mesos.

2. En els centres d'acolliment s'han de crear unitats de primera estada per a acollir inicialment, en el període d'adaptació al sistema, els infants i adolescents desemparats.

Article 112. *Auxili judicial i policial*

1. Si per l'oposició dels progenitors, o dels titulars de la tutela o de la guarda, o per l'existència de qualsevol altre impediment greu, s'obstaculitza o s'impossibilita l'execució de les mesures de protecció acordades, l'òrgan competent ha de sol·licitar a l'autoritat judicial que correspongui segons la Llei orgànica del poder judicial les mesures necessàries per fer-les efectives, sens perjudici de les intervencions im-

mediates que es puguin portar a terme si està en perill la vida o la integritat del menor o la menor o són greument vulnerats els seus drets.

2. La Policia de la Generalitat - Mossos d'Esquadra ha de prestar la cooperació i l'auxili necessaris per a practicar les actuacions d'investigació i ha d'executar les mesures establertes si hi ha negativa o resistència a complir-les.

Article 113. *Règim de recursos*

1. La declaració de desemparament, sens perjudici de la seva eficàcia immediata, és impugnable en els termes establerts per la Llei d'enjudiciament civil davant la jurisdicció civil sense necessitat de reclamació prèvia per via administrativa en el termini de tres mesos a comptar de la notificació de la resolució que s'impugna.

2. La impugnació per part de l'adolescent requereix que prèviament l'autoritat judicial hagi nomenat un defensor o defensora judicial. A aquests efectes, quan un cop notificada la resolució l'adolescent manifesti, dins de termini, la disconformitat i la voluntat d'impugnar, l'òrgan competent que ha assumit la tutela n'ha de promoure el nomenament judicial.

Article 114. *Acumulació processal*

El departament competent en matèria d'atenció als infants i als adolescents, sens perjudici de les obligacions que pertoquen al Ministeri Fiscal d'acord amb la disposició final vintena de la Llei orgànica 1/1996, del 15 de gener, de protecció jurídica del menor, de modificació parcial del Codi civil i de la Llei d'enjudiciament civil, ha de vetllar perquè, incoat un procediment d'oposició a mesures administratives de protecció de menors, es resolguin en un mateix procediment totes les accions i incidències que afectin un mateix infant o adolescent o que afectin germans. A aquest efecte, ha de promoure les actuacions oportunes establertes per la legislació processal.

Article 115. *Canvi de circumstàncies*

1. Els progenitors que no han estat privats de la potestat parental o, si escau, les persones titulars de la tutela que no han estat remogudes del càrrec poden sol·licitar a l'organisme competent en matèria de protecció dels infants i els adolescents, dins el termini d'un any a comptar de la notificació de la resolució administrativa de desemparament, que deixi sense efecte la resolució que l'hagués acordat, si s'ha produït un canvi substancial en les circumstàncies que van motivar la declaració de desemparament i no s'ha constituït la mesura d'acolliment preadoptiu, sempre vetllant per l'interès superior de l'infant o l'adolescent.

2. La sol·licitud s'ha de resoldre en el termini de tres mesos. Passat aquest termini, la sol·licitud s'entén desestimada per silenci, a fi de salvaguardar sempre l'interès superior de l'infant o l'adolescent.

3. Contra aquesta resolució es pot formular oposició judicial en el termini de dos mesos a comptar de la notificació o des del finiment del termini per a resoldre, en els termes establerts per la Llei d'enjudiciament civil.

4. Passat el termini d'un any establert per l'apartat 1, decau el dret de petició de revisió i hom no es pot oposar a les mesures que s'adoptin per a la protecció de l'infant o l'adolescent.

Article 116. *Règim de relació i visites*

1. La declaració de desemparament i l'adopció posterior d'una mesura de protecció no ha d'impedir la comunicació, la relació i les visites de l'infant o l'adolescent amb els seus familiars, llevat que l'interès superior de l'infant o l'adolescent en faci aconsellable la limitació o l'exclusió.

2. Llevat que s'hagi acordat l'acolliment preadoptiu i que sigui ferm, la resolució que disposa, limita o exclou el règim de relació i visites o la desestimació per silenci en el termini d'un mes a comptar de la data de la sol·licitud és impugnable davant de la jurisdicció civil, en els termes establerts per la Llei d'enjudiciament civil, en el termini de dos mesos a comptar de la seva notificació o de la desestimació presumpta per silenci i sense necessitat de reclamació prèvia per la via administrativa, a fi de salvaguardar sempre l'interès superior de l'infant o l'adolescent.

3. L'òrgan competent de la Generalitat en la supervisió de la relació i les visites de l'infant o l'adolescent amb els seus familiars té l'obligació de procurar els mecanismes necessaris perquè la visita tingui lloc en els horaris més adequats d'acord amb l'interès de l'infant o l'adolescent, tenint en compte especialment el seu horari escolar.

Article 117. *Informació a l'infant o l'adolescent desemparats*

1. L'infant que té prou coneixement i l'adolescent han d'ésser informats pel departament competent en matèria de protecció dels infants i els adolescents sobre llur situació personal, les mesures adoptades i les actuacions que cal seguir, llur duració i contingut, de quins són llurs drets i dels òrgans i institucions a què es poden adreçar per a defensar llurs drets. Aquesta informació ha d'ésser comprensible, adequada a llurs condicions i contínua durant tot el procés d'intervenció. Tanmateix, l'infant o l'adolescent té dret a participar en el procés d'estudi de la seva situació i en l'elaboració de la proposta de mesura, si les condicions d'edat o de maduresa ho fan possible.

2. L'infant o l'adolescent té dret a conèixer, en funció de la seva edat i capacitat, la seva història personal i familiar i, si ha estat separat de la seva família d'origen de manera definitiva, els seus antecedents culturals i socials, que han d'ésser sempre respectats.

3. Assolida la majoria d'edat, la persona interessada té dret a accedir al seu expedient i a conèixer les dades sobre els seus orígens i parents biològics. Amb aquesta finalitat, l'òrgan competent en matèria de protec-

ció dels infants i els adolescents ha d'iniciar un procediment confidencial de mediació, previ a la revelació dels possibles parents biològics, en el marc del qual, tant la persona interessada com les persones afectades han d'ésser informades de les circumstàncies familiars i socials respectives, i de l'actitud manifestada per l'altra part amb relació a la possible trobada.

Article 118. *El procurador o procuradora dels infants i els adolescents*

Les funcions d'inspecció, d'atenció a les sol·licituds i queixes dels menors tutelats i l'atenció de les peticions d'informe del Síndic de Greuges, i també la funció d'elevar recomanacions i propostes en l'àmbit de les situacions dels infants i adolescents, poden ésser atribuïdes a un funcionari o funcionària del departament competent en atenció als infants i als adolescents, que ha d'ésser nomenat procurador o procuradora de la infància. En qualsevol cas, reglamentàriament s'ha de regular la figura o òrgan esmentat depenent de la unitat directiva competent en l'atenció als infants i als adolescents.

SECCIÓ SEGONA. *Impossibilitat temporal de complir les funcions de guarda*

Article 119. *Guarda protectora*

1. Els progenitors o les persones titulars de la tutela, si concorren circumstàncies greus i alienes a llur voluntat que els impedeixen complir temporalment les funcions de guarda, poden sol·licitar al departament competent en matèria de protecció dels infants i els adolescents que assumeixi la guarda de l'infant o l'adolescent mentre es mantingui aquella situació. Aquesta guarda es porta a terme mitjançant l'acolliment en un centre o per una persona o una família.

2. La guarda protectora no afecta l'obligació dels progenitors o d'altres parents de fer tot el que calgui per a assistir els infants o els adolescents ni l'obligació de prestar-los aliments en el sentit més ampli.

3. La resolució administrativa de guarda ha de determinar l'obligació dels progenitors o altres parents de contribuir al sosteniment de l'infant o l'adolescent en els termes que s'estableixin reglamentàriament.

SECCIÓ TERCERA. *Mesures de protecció dels infants i els adolescents desemparats*

Article 120. *Tipologia de les mesures*

1. Les mesures que cal adoptar per resolució motivada, sempre tenint en compte l'interès de l'infant o l'adolescent, poden ésser les següents:

a) L'acolliment familiar simple per una persona o una família que pugui suplir, temporalment, el nucli familiar natural de l'infant o l'adolescent.

b) L'acolliment familiar permanent.

c) L'acolliment familiar en unitat convivencial d'acció educativa.

d) L'acolliment en un centre públic o concertat.

e) L'acolliment preadoptiu.

f) Les mesures de transició a la vida adulta i a l'autonomia personal.

g) Qualsevol altra mesura de tipus assistencial, educatiu o terapèutic aconsellable, d'acord amb les circumstàncies de l'infant o l'adolescent.

2. Les mesures d'acolliment familiar, sempre que sigui possible, tenen preferència respecte de les que comporten l'internament del menor o la menor en un centre públic o concertat.

3. L'infant o l'adolescent per a la protecció del qual és necessària l'aplicació de la mesura d'acolliment en família aliena o en centre té dret a ésser acollit al més a prop possible del seu domicili, llevat que no li sigui beneficiós.

Article 121. *Procediment per a l'adopció de mesures*

L'adopció de qualsevol mesura de protecció s'ha de fer mitjançant resolució motivada i notificada, d'acord amb el que estableix l'article 108; i, llevat dels supòsits d'adopció de mesures cautelars, s'ha de complir el procediment determinat legalment.

Article 122. *Revisió i modificació*

Les mesures de protecció poden ésser revisades i modificades en qualsevol moment en funció de l'evolució de la situació de l'infant o l'adolescent. Amb aquesta finalitat, els equips tècnics competents han d'informar semestralment l'òrgan competent en matèria de protecció dels infants i els adolescents de l'evolució de la situació i del seguiment que en fan.

Article 123. *Impugnació*

1. Les resolucions que acorden les mesures de protecció són impugnables davant l'autoritat judicial, sense necessitat de reclamació prèvia per la via administrativa, en el termini de dos mesos a comptar de la notificació de la resolució que s'impugna.

2. No obstant el que estableix l'apartat 1, un cop passat el termini d'un any establert per l'article 115 o confirmat judicialment el desemparament, els progenitors no es poden oposar a les decisions o mesures que s'adoptin per a la protecció de l'infant o l'adolescent, llevat de la resolució que acordi l'acolliment preadoptiu, sempre que, en aquest cas, els progenitors no hagin estat privats de la potestat parental.

3. La impugnació per part de l'adolescent requereix que prèviament l'autoritat judicial hagi nomenat un defensor o defensora judicial, segons el que estableix el Codi civil. A aquests efectes, quan, un cop notificada

la resolució, l'adolescent manifesti, dins de termini, la seva disconformitat i la voluntat d'impugnar, l'òrgan competent que hagi assumit la tutela ha de promoure el dit nomenament judicial.

Article 124. *Extinció*

Les mesures de protecció s'extingeixen per:

a) Adopció.

b) Assoliment de la majoria d'edat, emancipació o habilitació d'edat.

c) Resolució judicial civil ferma.

d) Constitució de la tutela.

e) Acord de l'òrgan competent que declara que han desaparegut les circumstàncies que havien donat lloc a l'adopció de la mesura.

f) Mort o declaració de defunció de l'infant o l'adolescent.

SUBSECCIÓ PRIMERA. *Acolliment familiar*

Article 125. *Mesura d'acolliment familiar*

1. L'infant o l'adolescent desemparat ha d'ésser confiat a una família o a una persona que faci possible el desenvolupament integral de la seva personalitat.

2. Les persones que reben un infant o un adolescent en acolliment n'exerceixen la guarda i tenen l'obligació de vetllar per aquesta persona, tenir-la en llur companyia, alimentar-la, educar-la i procurar-li una formació integral, sota la supervisió de l'entitat competent, que ha de facilitar l'ajut i l'assessorament necessaris.

Article 126. *Classes*

1. L'acolliment familiar pot ésser simple o permanent.

2. L'acolliment familiar simple s'ha d'acordar si es preveu que el desemparament serà transitori, i pot tenir diferents modalitats; la tipologia i la durada de les modalitats d'acolliment familiar simple s'han d'establir reglamentàriament.

3. L'acolliment familiar permanent s'ha d'acordar si es preveu que el desemparament serà definitiu i no es considera més favorable per a l'interès de l'infant o l'adolescent l'aplicació de l'acolliment preadoptiu o quan aquest no sigui possible.

Article 127. *Acolliment en família extensa i acolliment en família aliena*

1. L'acolliment familiar, simple o permanent, es pot constituir en la família extensa de l'infant o l'adolescent o en família aliena.

2. Als efectes d'aquesta llei, s'entén per *família extensa* aquella en què hi ha una relació de parentiu per consanguinitat o afinitat entre l'infant o l'adolescent i la persona acollidora, o un dels membres de la família acollidora, i també amb els convivents amb l'infant o l'adolescent en els darrers dos anys.

3. L'acolliment simple o permanent en família extensa té preferència respecte a l'acolliment en família aliena.

4. L'elecció dels familiars en l'acolliment simple o permanent en família extensa s'ha de fer tenint en compte, en tot cas, que els que volen acollir l'infant o l'adolescent han mostrat prou interès pel seu benestar, que hi ha vincle afectiu, que tenen la capacitat de preservar-lo de les condicions que van generar la situació de desemparament, i una aptitud educadora adequada. Així mateix, no hi ha d'haver oposició a l'acolliment per part de les persones que conviuen en el domicili dels acollidors.

Article 128.   *Resolució d'acolliment*

L'acolliment familiar s'acorda per resolució motivada del departament competent en infància i adolescència, sense necessitat del consentiment dels progenitors o titulars de la tutela o de la guarda.

Article 129.   *Formalització de l'acolliment*

1. L'acolliment familiar s'ha de formalitzar per escrit. En aquesta formalització escrita ha de constar el consentiment dels acollidors i de l'adolescent. En el cas dels infants, tenen dret a ésser escoltats si tenen prou capacitat. L'acte de formalització no és impugnable.

2. En el moment de formalitzar l'acolliment, el departament competent en infància i adolescència ha de facilitar als acollidors els documents necessaris per a justificar la identitat del menor o la menor, els informes de salut i educatius de què es disposi i la informació d'interès per a l'exercici de la guarda i les funcions tutelars delegades.

3. Els criteris de selecció de la persona o la família d'acolliment s'han d'establir per reglament i han de tenir en compte l'edat, l'aptitud educadora, la situació familiar i altres circumstàncies en interès de l'infant o l'adolescent.

4. L'acolliment de germans s'ha de confiar a una mateixa persona o família, llevat que hi hagi circumstàncies que en justifiquin la separació, i també s'han de facilitar les relacions entre l'infant o l'adolescent i la seva família natural quan sigui possible el reintegrament a aquesta, per tal d'afavorir-lo, i quan pugui beneficiar l'infant o l'adolescent.

Article 130.   *Finiment de l'acolliment familiar*

L'acolliment familiar, a més de per les causes establertes per l'article 124, fineix per mort, incapacitat o voluntat de la família o la persona acollidora, i per voluntat de l'adolescent. En aquests casos cal establir seguidament la mesura de protecció que escaigui en benefici de l'infant o l'adolescent.

SUBSECCIÓ SEGONA. *Acolliment en una unitat convivencial d'acció educativa*

Article 131. *Acolliment convivencial d'acció educativa*

1. L'acolliment en una unitat convivencial d'acció educativa és el que exerceixen persones prèviament seleccionades i qualificades per raó de llur titulació, formació i experiència en l'àmbit de la infància i l'adolescència.

2. L'acolliment en una unitat convivencial d'acció educativa es pot acordar fonamentalment respecte d'infants o adolescents amb diversitat funcional, grups de germans i altres en dificultats especials o amb necessitats educatives especials.

SUBSECCIÓ TERCERA. *Acolliment en centre*

Article 132. *Adopció de la mesura d'acolliment en centre*

1. L'acolliment en centre s'ha d'acordar quan es preveu que el desemparament o la necessitat de separació de la pròpia família seran transitoris i no ha estat possible o aconsellable l'acolliment per una persona o una família. També és aplicable quan, havent-hi els requisits per a l'acolliment preadoptiu, aquest no s'ha pogut constituir.

2. L'acolliment en centre consisteix a ingressar l'infant o l'adolescent en un centre públic o concertat adequat a les seves característiques, per tal que rebi l'atenció i l'educació necessàries.

3. Els centres han d'ésser oberts, integrats en un barri o una comunitat, i s'han d'organitzar sempre en unitats que permetin un tracte afectiu i una vida quotidiana personalitzats.

4. Els acolliments en centres es constitueixen per resolució de l'òrgan competent en matèria de protecció dels infants i els adolescents.

5. Els germans han d'ésser acollits en el mateix centre, llevat que no els sigui beneficiós.

6. El director o directora del centre exerceix per delegació les facultats i les obligacions inherents a la guarda.

7. L'estada durant períodes de temps curts, cap de setmana o vacances d'un infant o adolescent amb mesura d'acolliment en centre, amb una persona o família col·laboradora, ha de tenir lloc en les condicions que s'estableixin reglamentàriament, atenent de manera prioritària els casos dels infants o els adolescents amb discapacitats o altres situacions que dificulten l'establiment d'un acolliment simple o permanent.

Article 133. *Centres o unitats d'educació intensiva*

1. Quan sigui necessari, en consideració a les característiques o al capteniment dels adolescents acollits, s'han de crear centres o unitats amb espais d'escolarització propis reconeguts per l'Administració educativa amb activitats escolars reconegudes pel sistema educatiu, i que incorporin en llur configuració arquitectònica elements constructius de protecció, amb l'objecte d'afavorir l'eficàcia dels programes educatius, prelaborals o de tractament psicològic o terapèutic.

2. Aquests centres tenen com a objectiu donar una resposta educativa i assistencial als adolescents que presenten alteracions de conducta que requereixen un sistema d'educació intensiva.

3. En aquests centres es poden restringir o suprimir les sortides per un temps màxim d'un mes, de manera que es puguin desenvolupar programes individuals. En aquests casos, els adolescents poden formular una reclamació en forma de queixa a la unitat directiva competent en infància o adolescència o al procurador o procuradora dels infants i els adolescents. La restricció o supressió de les sortides s'ha de notificar al Ministeri Fiscal en el termini de vint-i-quatre hores a comptar d'haver estat adoptada i s'ha de revisar setmanalment.

4. S'ha de vetllar perquè les pràctiques de contenció en els centres respectin els drets dels infants i els adolescents, d'acord amb el reglament que ha de desenvolupar el departament competent en matèria d'atenció als infants i als adolescents. Aquest reglament ha de limitar els usos de les sales i de les altres mesures de contenció i aïllament físic dels infants i els adolescents en els centres de tipus terapèutic o d'educació intensiva, per tal que se'n faci un ús limitat i extraordinari per a protegir l'infant o l'adolescent de si mateix en episodis de violència, i en cap cas no es poden utilitzar com a mesures de sanció o correcció. El subministrament de psicofàrmacs als menors per part del personal dels centres ha de tenir un seguiment mèdic i en cap cas no pot esdevenir una metodologia de contenció habitual.

Article 134. *Drets dels infants i els adolescents acollits en centres*

Els infants o els adolescents, mentre són acollits en centres, tenen, respecte de les persones que els guarden, els mateixos drets i deures que els corresponen en la relació amb el tutor o tutora establerts per la legislació civil. Especialment, tenen els drets següents:

a) El dret d'ésser respectats en llur intimitat personal i en llurs pertinences individuals en el context educatiu que regeix el centre.

b) El dret d'ésser informats pels responsables del centre de llur situació legal i de participar en l'elaboració de llur projecte individual.

c) El dret d'ésser escoltats en les decisions que els afecten, si tenen prou enteniment.

d)   El dret de participar d'una manera activa en l'elaboració de la programació d'activitats internes o externes del centre i en el desenvolupament d'aquestes activitats.

e)   El dret d'ésser escoltats en cas de queixa i ésser informats de tots els sistemes d'atenció i reclamació que tenen a l'abast.

f)   El dret de mantenir relacions amb llurs familiars i rebre'n les visites en el centre, segons el marc establert per la legislació vigent.

Article 135.   *Deures dels infants i els adolescents acollits en centres*

Durant l'estada als centres d'acolliment o residencials, els infants o els adolescents han de:

a)   Complir les normes de funcionament i convivència dels centres.

b)   Respectar la dignitat i les funcions del personal del centre i dels altres residents.

c)   Desenvolupar amb dedicació i aprofitament les activitats educatives, laborals i de formació, organitzades, dirigides i coordinades pel mateix centre d'acolliment o residencial, que formin part del seu projecte educatiu.

Article 136.   *Incompliment dels deures de convivència en el centre*

Són incompliments de deures de la convivència per part dels infants i els adolescents les conductes següents:

a)   L'incompliment de les normes de funcionament i de convivència del centre.

b)   La promoció i la participació activa en actes o conductes que comportin l'alteració de l'ordre del centre o la insubordinació respecte del personal del centre.

c)   L'abandonament del centre sense autorització o el fet d'intentar-ho de manera reiterada.

d)   La causació de danys en les dependències, els materials i els efectes del centre o a les pertinences d'altres persones.

e)   Els actes d'incorrecció o desconsideració respecte als companys o el personal del centre.

f)   Les faltes de puntualitat.

g)   Qualsevol altra incorrecció que alteri el desenvolupament normal de la convivència en el centre.

Article 137.   *Mesures educatives*

En cas d'incompliment dels deures de la convivència, es poden aplicar les mesures educatives correctores següents:

a)   Amonestació.

b) Privació d'activitats quotidianes d'oci, esportives o de caràcter lúdic, tant si són diàries, de cap de setmana o especials, o limitació horària o d'incentius, per un període màxim de quinze dies.

c) Realització d'activitats d'interès per a la col·lectivitat en el mateix centre, per un període màxim de quinze dies.

Article 138. *Incompliments de deures greument perjudicials per a la convivència*

Són incompliments de deures greument perjudicials per a la convivència per part dels infants o els adolescents les conductes següents:

a) La introducció, la possessió o el consum en el centre de substàncies tòxiques, incloent-hi substàncies psicotròpiques o estupefaents.

b) La introducció o la possessió en el centre d'armes o instruments especialment perillosos.

c) La sostracció de materials o efectes del centre o de pertinences d'altres persones.

d) Els actes greus d'indisciplina, les injúries i ofenses contra companys i la falta de respecte al personal del centre.

e) Les vexacions o humiliacions contra qualsevol membre del centre, especialment les que tenen una implicació de gènere, sexual, racial o xenòfoba, o es dirigeixen als companys del centre especialment vulnerables.

f) Les amenaces, les agressions físiques, les actuacions que atempten contra la integritat o que són perjudicials per a la salut comeses contra companys.

g) El deteriorament greu, causat intencionadament, de les dependències del centre, del material que conté o dels objectes i les pertinences dels altres membres del centre.

h) Els actes injustificats que alteren greument el desenvolupament normal de la convivència en el centre.

i) La comissió de conductes, d'una manera sistemàtica i reiterada, contràries als deures de convivència del centre.

Article 139. *Mesures educatives en cas d'incompliments greument perjudicials*

En el cas d'incompliments de deures greument perjudicials per a la convivència, la persona que té la guarda de l'infant o adolescent pot aplicar les mesures educatives correctores següents:

a) Realització d'activitats d'interès per a la col·lectivitat en el mateix centre, per un període màxim d'un mes.

b) Privació d'activitats quotidianes d'oci, esportives o de caràcter lúdic, tant si són diàries, de cap de setmana com especials, o limitació horària o d'incentius, per un període màxim d'un mes.

c) Separació del grup amb privació o limitació d'incentius per un període màxim de tres dies.

Article 140. *Criteris per a l'aplicació de les mesures educatives*

Per a aplicar les mesures educatives correctores, s'han de tenir en compte els criteris següents:

a) L'edat i les característiques de l'infant o l'adolescent.

b) El projecte educatiu individual.

c) El grau d'intencionalitat o negligència.

d) La reiteració de la conducta.

e) La pertorbació del funcionament del centre.

f) Els perjudicis causats als altres residents, al personal o als béns o les instal·lacions del centre.

Article 141. *Audiència de la persona interessada*

L'actuació educativa com a resposta als incompliments de deures ha de garantir sempre el dret de la persona interessada a ésser informada i escoltada amb relació al fet.

Article 142. *Contingut i funció de les mesures educatives*

Les mesures educatives correctores han de tenir un contingut i una funció fonamentalment educatius. No es poden aplicar mesures correctores que impliquin directament o indirectament càstigs corporals, privació de l'alimentació, privació del dret de visita de la família, privació del dret a l'educació obligatòria i d'assistència al centre escolar, o que atemptin contra la dignitat de l'infant o l'adolescent.

Article 143. *Petició d'excuses i reparació dels danys*

La petició d'excuses a la persona ofesa, la restitució dels béns o la reparació dels danys poden donar lloc a la suspensió de les mesures educatives correctores, sempre que no es reiteri la conducta que es vol corregir.

Article 144. *Aplicació de la mesura*

1. L'aplicació de la mesura correspon a l'educador o educadora que té al seu càrrec l'infant o l'adolescent, si es tracta d'una actuació educativa que s'aplica com a resposta a incompliments de deures de la convivència establerts per l'article 136.

2. L'aplicació de la mesura correctora com a resposta a incompliments de deures greument perjudicials per a la convivència establerts per l'article 138 l'ha de resoldre el director o directora del centre mitjançant la instrucció d'expedient disciplinari, en la qual s'ha de nomenar un

instructor o instructora. En tots els casos s'ha de donar audiència a l'infractor o infractora.

Article 145. *Infraccions penals*

Si l'incompliment de deures és susceptible de constituir una infracció penal, se n'ha de donar compte immediatament al Ministeri Fiscal, de conformitat amb la legislació sobre responsabilitat penal del menor.

SUBSECCIÓ QUARTA.   *Mesures de transició a la vida adulta i a l'autonomia personal*

Article 146.   *Transició a la vida adulta i a l'autonomia personal*

1.   Les mesures de transició a la vida adulta i a l'autonomia personal han de consistir a oferir acompanyament en la inserció sociolaboral i d'habitatge per garantir una preparació progressiva per a la independència personal, d'acord amb les necessitats formatives i d'integració social i laboral de cada adolescent.

2.   Aquestes mesures es poden acordar, fonamentalment, respecte d'adolescents majors de setze anys, amb llur consentiment, que es trobin amb possibilitats escasses de retorn al nucli familiar d'origen o sense perspectives d'integració en altres nuclis de convivència i que tinguin risc d'exclusió social en assolir la majoria d'edat.

SUBSECCIÓ CINQUENA.   *L'acolliment preadoptiu*

Article 147.   *Mesura d'acolliment preadoptiu*

1.   La mesura d'acolliment preadoptiu, com a pas previ per a l'adopció, s'acorda en els casos següents:

a)   Quan no és possible la reintegració de l'infant o l'adolescent en la seva família d'origen i es considera que el més favorable al seu interès és la plena integració en una altra família mitjançant l'adopció.

b)   Quan els progenitors o titulars de la tutela ho sol·liciten a l'entitat pública competent i fan abandonament dels drets i dels deures inherents a llur condició.

2.   Als efectes del que estableix l'apartat 1, s'entén que no és factible la reintegració de l'infant o l'adolescent en la seva família biològica quan, tot i que existeix una possibilitat de reintegració, aquesta requeriria el transcurs d'un període de temps durant el qual es podria produir un major deteriorament psicosocial en el desenvolupament evolutiu de l'infant o l'adolescent.

3.   Un cop acordada la mesura d'acolliment preadoptiu, s'han de suspendre les visites i les relacions amb la família biològica, per tal d'acon-

seguir la millor integració en la família acollidora, si convé a l'interès de l'infant o l'adolescent.

Article 148. *Resolució d'acolliment*

1. L'acolliment preadoptiu s'acorda per resolució de l'òrgan competent sense necessitat de consentiment dels progenitors i havent escoltat l'infant, si té prou coneixement. En el cas dels adolescents, cal llur consentiment.

2. Els progenitors que no estan privats de la potestat, els titulars de la tutela als quals no els ha estat remoguda, sempre que no hagin donat llur consentiment, o la mare que ha fet abandonament voluntari abans d'haver passat trenta dies del part, es poden oposar judicialment a l'acolliment preadoptiu en el termini de dos mesos a comptar de la notificació de la resolució.

3. Un cop ha esdevingut ferma la resolució que acorda l'acolliment preadoptiu, no cal l'assentiment dels progenitors a l'adopció.

Article 149. *Formalització de l'acolliment*

L'acolliment preadoptiu s'ha de formalitzar per escrit. En aquesta formalització escrita ha de constar el consentiment dels acollidors i de l'adolescent. La formalització no és impugnable.

Article 150. *Finiment de l'acolliment preadoptiu*

L'acolliment preadoptiu fineix per les causes generals d'extinció de les mesures de protecció establertes per l'article 124 i, a més, per les específiques que determina la legislació civil. El finiment per mort, incapacitat o voluntat dels acollidors, per voluntat de l'adolescent i per decisió de l'entitat pública competent comporta necessàriament l'establiment de la mesura de protecció que més escaigui en benefici de l'infant o l'adolescent.

CAPÍTOL IV.   *Suport posterior a l'emancipació o a la majoria d'edat*

Article 151. *Mesures assistencials*

1. Assolida la majoria d'edat, l'emancipació o l'habilitació d'edat, s'extingeixen les mesures de protecció. Això no obstant, l'organisme competent de la Generalitat pot disposar les mesures assistencials que consideri necessàries, mitjançant resolució motivada i amb el consentiment de la persona interessada o, si manca el consentiment, si es tracta d'un presumpte o una presumpta incapaç, mitjançant autorització judicial.

2. Aquestes mesures assistencials poden tenir contingut econòmic, jurídic i social o consistir en l'atorgament o el manteniment d'una plaça en centre i es poden estendre fins als vint-i-un anys d'edat.

3. L'advocat o advocada de la Generalitat pot representar i defensar en judici les persones extutelades que en assolir la majoria d'edat, l'emancipació o l'habilitació d'edat ho sol·licitin, sempre que la representació i defensa s'hagi iniciat durant la minoria d'edat.

Article 152. *Programes de suport a l'emancipació i a l'autonomia personal dels joves extutelats i en situació de risc per a promoure la igualtat d'oportunitats*

1. L'organisme competent ha de facilitar l'orientació, la formació i el suport necessaris als joves extutelats que en arribar a la majoria d'edat, l'emancipació o l'habilitació d'edat ho sol·liciten, sempre que compleixin els requisits establerts pels programes d'autonomia personal.

2. Els programes d'autonomia personal tenen com a objectiu oferir als joves extutelats els recursos de suport personal, d'habitatge, formatius i laborals necessaris per tal d'assessorar-los i acompanyar-los en l'exercici de la plena ciutadania en condicions d'igualtat, amb responsabilitat i amb el màxim grau d'integració en la societat on viuen.

3. Els programes d'autonomia personal han d'incloure metodologies d'inserció fonamentades en l'anàlisi de gènere per tal d'assegurar l'adquisició de competències professionals que permetin millorar l'ocupabilitat dels joves extutelats.

CAPÍTOL V. *Actuacions de protecció en els supòsits d'aplicació de la legislació reguladora de la responsabilitat penal dels menors*

Article 153. *Coordinació interadministrativa*

Els sistemes de protecció i el sistema de justícia juvenil han de mantenir la coordinació deguda amb l'objecte d'assegurar la major efectivitat de l'acció desenvolupada per cadascun, simultàniament o successivament, sobre una mateixa persona menor.

Article 154. *Menors de catorze anys que cometen infraccions penals*

1. Quan el Ministeri Fiscal, en compliment del que estableix la legislació reguladora de la responsabilitat penal dels menors, trameti el testimoni de particulars per fets comesos per menors de catorze anys al departament competent en matèria de protecció dels infants i els adolescents, aquest ha de valorar la possibilitat que existeixi una situació de risc o desemparament i, si escau, ha de derivar o incoar el procediment corresponent.

2. Sens perjudici del que estableix l'apartat 1, s'ha de valorar la possibilitat d'efectuar una activitat mediadora amb la víctima, i s'han de derivar, si escau, els particulars a l'equip tècnic del departament competent en matèria de protecció dels infants i els adolescents per a portar a terme aquesta activitat.

Article 155. *Majors de catorze anys*

Quan el Ministeri Fiscal o el Jutjat de Menors, en compliment del que estableix la legislació reguladora de la responsabilitat penal dels menors, trametin el testimoni de particulars per fets comesos per majors de catorze anys al departament competent en matèria de protecció dels infants i els adolescents, aquest ha de valorar la possibilitat que hi hagi una situació de risc o desemparament i, si escau, ha de derivar o incoar el procediment corresponent.

TÍTOL VI. *Infraccions i sancions*

CAPÍTOL I. *Infraccions*

Article 156. *Infraccions i subjectes responsables*

1. Són infraccions administratives d'aquesta llei les accions o les omissions en matèria d'atenció i protecció dels infants o els adolescents tipificades i sancionades per aquest capítol.

2. La responsabilitat per les infraccions tipificades per aquest capítol correspon a les persones físiques o jurídiques a les quals són imputables les actuacions constitutives d'infracció.

3. Les infraccions es classifiquen en lleus, greus i molt greus.

4. Les infraccions determinades en aquest capítol que també estiguin tipificades en la normativa sectorial específica decauen en favor d'aquestes. A aquest efecte, s'ha de traslladar la denúncia o les actuacions d'ofici portades a terme a l'administració competent. En tot cas, el règim sancionador que s'aplica als prestadors públics i privats de serveis de comunicació audiovisual, i en general als subjectes inclosos en l'àmbit d'aplicació de la Llei 22/2005, és el que estableix la dita llei, i és aplicat pel Consell de l'Audiovisual de Catalunya.

Article 157. *Infraccions lleus*

Són infraccions lleus en l'àmbit d'aquesta llei, les accions o les omissions següents:

a) Emetre informes socials o psicològics destinats a integrar expedients per a la tramitació d'adopcions internacionals no autoritzats per l'òrgan competent en matèria de protecció d'infants o adolescents desemparats.

b) Incomplir la normativa d'aplicació dels drets dels infants i els adolescents, si no se'n deriven perjudicis greus per a ells.

c) No gestionar, els progenitors, els tutors o els guardadors de l'infant o l'adolescent en període d'escolarització obligatòria, la plaça escolar corresponent sense causa que ho justifiqui.

d)   No procurar, els progenitors, els tutors o els guardadors d'un infant o adolescent en període d'escolarització obligatòria, que aquest assisteixi al centre escolar quan disposa de plaça i sense causa que ho justifiqui.

e)   Oferir, vendre, llogar, difondre per qualsevol mitjà als infants o adolescents, o fer exposició pública, de manera que quedin lliurement a llur abast, publicacions, objectes, materials audiovisuals, jocs informàtics o materials de qualsevol naturalesa que incitin a la violència i a activitats delictives o a qualsevol mena de discriminació, o que tinguin un contingut pornogràfic o incitin al consum de substàncies o a la comissió d'actuacions que generen addiccions perjudicials per a la salut d'infants i adolescents, o que els siguin perjudicials, o que incitin a tenir actituds o conductes que vulnerin els drets i els principis reconeguts en la Constitució o en l'Estatut. La responsabilitat d'aquestes accions correspon als titulars dels establiments i, si escau, a les persones físiques infractores.

f)   Projectar material audiovisual de qualsevol tipus en llocs públics o en espectacles accessibles als infants o adolescents amb els continguts descrits en l'apartat *e*.

g)   Incomplir, els responsables dels establiments d'allotjament, l'obligació establerta per l'article 73.

h)   Incomplir, els progenitors, tutors o guardadors de l'infant o adolescent, durant la tramitació d'un expedient de desemparament, l'obligació establerta per l'article 106.4 de comparèixer a la seu administrativa a la qual se'ls convoqui, quan no constitueixi una infracció greu.

Article 158.   *Infraccions greus*

Constitueixen infraccions greus en l'àmbit d'aquesta llei, les accions o les omissions següents:

a)   Reincidir en infraccions lleus.

b)   Cometre les infraccions tipificades com a lleus per l'article 157 si l'incompliment o els perjudicis causats als drets dels infants o els adolescents són greus o afecten una pluralitat d'aquests drets.

c)   Intervenir, els centres sanitaris, els professionals de la sanitat, dels serveis socials o del dret, o qualsevol persona física o jurídica, en funcions de mediació per a l'acolliment o l'adopció d'un infant o adolescent sense l'habilitació del departament competent en matèria d'atenció i protecció a la infància.

d)   Rebre un infant o adolescent aliè a la família receptora amb la intenció d'adoptar- lo posteriorment, quan en el lliurament de l'infant o adolescent no ha intervingut l'organisme competent en matèria d'atenció i protecció a la infància.

e)   Impedir, els progenitors, els tutors o els guardadors d'un infant o adolescent en període d'escolarització obligatòria, que aquest assisteixi al centre escolar quan disposa de plaça i sense cap causa que ho justifiqui.

f)   No informar, les persones que per raó de llur professió en tenen coneixement, l'organisme competent en matèria d'atenció i protecció a la infància o qualsevol altra autoritat o, si escau, la família, del fet que un infant o adolescent està extraviat, es troba en situació de risc o de desemparament, o ha fugit de la llar, quan hi ha possibilitats reals per a actuar i quan el fet d'ometre-ho comporta, de manera notòria, el perllongament de la situació de desprotecció.

g)   Incomplir les resolucions administratives dictades per l'òrgan competent en matèria de protecció dels infants i els adolescents.

h)   Incomplir el deure de confidencialitat respecte de les dades dels infants i els adolescents, i vulnerar el caràcter reservat de les actuacions en matèria d'acolliment i d'adopció.

i)   Incomplir, els mitjans de comunicació social que tenen difusió en el territori de Catalunya, no sotmesos a la legislació de la comunicació audiovisual, el que disposa l'article 64. La responsabilitat d'aquestes accions correspon als mitjans de comunicació infractors.

j)   Emetre o difondre publicitat que contravingui a les prohibicions o als principis establerts per l'article 59. La responsabilitat d'aquestes accions correspon als mitjans que l'emeten o la difonen.

k)   Utilitzar menors en la publicitat de manera que es contravingui al que estableix l'article 60. La responsabilitat d'aquesta acció correspon a l'anunciant i als mitjans que l'emeten o la difonen.

l)   Difondre dades personals dels infants o els adolescents pels mitjans de comunicació.

m)   Incomplir, una entitat o institució col·laboradora en l'àmbit de l'adopció o l'acolliment, les directrius establertes per l'organisme competent i les seves obligacions, de conformitat amb la normativa vigent sobre la matèria.

n)   Causar danys directament o indirectament al patrimoni i als béns de la Generalitat a causa de una conducta dolosa o negligent per part d'una entitat col·laboradora d'adopció internacional.

o)   Rebre, una entitat col·laboradora d'adopció internacional, quantitats econòmiques per sobre de les estipulades per contracte o per conceptes que no hi siguin previstos, sense autorització de l'organisme competent.

p)   Incomplir, els ciutadans que tenen coneixement de la situació de desemparament en què es troba un infant o adolescent, el deure de comunicació establert per l'article 100.1, quan no constitueixi una infracció molt greu.

q)   Incomplir, algun dels progenitors o alguna de les persones que exerceixen la tutoria o la guarda de l'infant o adolescent, durant la tramitació d'un expedient de desemparament, l'obligació establerta per l'article 106.4 de comparèixer a la seu administrativa a la qual se'ls convoqui quan l'incompliment comporti o pugui comportar un perill greu o molt greu per a la integritat física o psíquica del menor o la menor d'edat.

r)   Obstaculitzar o impossibilitar l'execució de les mesures de protecció acordades per l'entitat pública competent en matèria de desemparament, quan no constitueixi una infracció molt greu.

s)   Incomplir, els pares, tutors o guardadors d'un menor, els requeriments de l'entitat o organisme que ha d'elaborar o enviar informes de seguiment postadoptiu o de seguiment d'altres mesures protectores prèvies a l'adopció, en la forma i el temps determinats per la legislació aplicable, o bé obstaculitzar l'actuació de l'entitat o organisme amb relació a l'elaboració o l'enviament dels informes esmentats.

Article 159.   *Infraccions molt greus*

Constitueixen infraccions molt greus en l'àmbit d'aquesta llei, les accions o les omissions següents:

a)   Reincidir en infraccions greus.

b)   Cometre les infraccions tipificades com a greus per l'article 158 si en deriven perjudicis per als drets dels infants o els adolescents de reparació difícil o impossible.

c)   Intervenir, les persones físiques o jurídiques, en funcions de mediació per a l'acolliment o l'adopció mitjançant preu o engany o amb perill manifest per a la integritat física o psíquica de l'infant o l'adolescent.

d)   Rebre un infant o adolescent aliè a la família receptora amb la intenció d'adoptar-lo posteriorment, quan en el lliurament de l'infant o l'adolescent no ha intervingut el departament competent en matèria d'atenció i protecció a la infància, i la família receptora ha convingut un preu o ha causat engany amb perill manifest per a la integritat física o psíquica de l'infant o l'adolescent.

e)   Exercir, qualsevol persona o entitat, funcions o activitats per a les quals no ha estat acreditada, de conformitat amb la normativa vigent sobre la matèria, i obtenir-ne un lucre indegut o causar un perjudici greu a un infant o adolescent.

f)   Dur a terme, una entitat col·laboradora d'adopció internacional, l'assignació d'un infant o adolescent coneixent la seva condició de no-adoptabilitat d'acord amb la normativa del seu país d'origen o les normes o convenis internacionals en la matèria.

g)   Incomplir, els ciutadans que tenen coneixement de la situació de desemparament en què es troba un infant o adolescent, el deure de comunicación establert per l'article 100.1, quan l'incompliment comporti o pugui comportar un perill greu o molt greu per a la integritat física o psíquica del menor o la menor d'edat.

h) Obstaculitzar o impossibilitar l'execució de les mesures de protecció acordades per l'entitat pública competent en matèria de desemparament quan la situación comporti o pugui comportar un perill greu o molt greu per a la integritat física o psíquica del menor o la menor d'edat.

Article 160. *Reincidència*

Hi ha reincidència quan la persona responsable de la infracció ha estat sancionada mitjançant una resolució administrativa ferma per la comissió d'una altra infracció de la mateixa naturalesa, en el termini d'un any en el cas de faltes lleus, de tres anys en el cas de faltes greus i de cinc anys en el cas de les molt greus, a comptar de la notificació de la resolució.

CAPÍTOL II. *Sancions administratives*

Article 161. *Sancions en l'àmbit d'aquesta llei*

1. Les infraccions tipificades pel capítol I d'aquest títol, en l'àmbit d'aplicació d'aquesta llei, són sancionades de la manera següent:

a) Les infraccions lleus són sancionades amb una amonestació per escrit o una multa de fins a 3.000 euros.

b) Les infraccions greus són sancionades amb una multa de 3.001 euros a 90.000 euros.

c) Les infraccions molt greus són sancionades amb una multa de 90.001 euros a 600.000 euros.

2. En els supòsits a què fan referència els apartats *b*, *c*, *d* i *h* de l'article 157; els apartats *a*, *b*, *d*, *e*, *p*, *q* i *r* de l'article 158, i els apartats *a*, *b*, *g* i *h* de l'article 159, l'òrgan competent per a sancionar pot substituir, amb el consentiment del presumpte infractor o infractora, les sancions econòmiques establertes per l'apartat anterior per les mesures educatives o socials que es determinin per reglament, tenint en compte els criteris de graduació establerts per l'article 163.1.

3. Addicionalment a les sancions previstes en les lletres *b* i *c* de l'apartat 1 d'aquest article, quan resulti adequat a la naturalesa de la infracció i proporcionat a la seva gravetat, es pot imposar la pèrdua de l'acreditació i la prohibició d'obtenir-la de nou per un període de fins a dos anys en les infraccions greus, i d'entre dos i quatre anys per les molt greus.

Article 162. *Acumulació de sancions*

Si el responsable d'una infracció és un mitjà de comunicació social o un mitjà publicitari, es pot acumular com a sanció la difusió pública de la resolució sancionadora pel mateix mitjà sancionat en les condicions que fixi l'autoritat sancionadora.

Article 163. *Graduació de les sancions*

1. Les autoritats competents, per a concretar les sancions que és procedent d'imposar i per a establir la graduació de la quantia de les multes, han de guardar l'adequació pertinent entre la gravetat del fet constitutiu de la infracció i la sanció o les sancions aplicades, i considerar especialment els criteris següents:

a) El grau de culpabilitat i la intencionalitat de l'infractor o infractora.

b) Els perjudicis físics, morals i materials causats, i la situació de risc creada o mantinguda envers les persones o els béns.

c) La transcendència econòmica i social de la infracció.

d) La reiteració o la reincidència de les infraccions.

2. Si el benefici econòmic que resulta d'una infracció tipificada per aquesta llei és superior a la sanció pecuniària que li correspon, aquesta es pot incrementar amb la quantia equivalent al benefici obtingut.

CAPÍTOL III. *Procediment sancionador*

Article 164. *Òrgans sancionadors*

1. Els ajuntaments i els consells comarcals exerceixen la potestat sancionadora en les matèries pròpies de llur competència, d'acord amb la distribució establerta per aquesta llei. La determinació de l'òrgan sancionador específic s'ha de fer de conformitat amb la normativa pròpia dels ajuntaments i els consells.

2. El Govern i el Consell de l'Audiovisual de Catalunya exerceixen la potestat sancionadora en les matèries atribuïdes a llur competència d'acord amb aquesta llei. El Govern ha de determinar per reglament l'òrgan o els òrgans competents per a la incoació, la tramitació i la resolució dels expedients sancionadors que s'incoïn en virtut d'aquesta llei quan la infracció es produeixi en el seu àmbit competencial.

Article 165. *Procediment sancionador*

1. Els òrgans competents per a la incoació, la tramitació i la resolució dels expedients sancionadors incoats per la comissió d'infraccions tipificades en el capítol i d'aquest títol han de seguir el procediment establert per la normativa vigent en matèria de procediment administratiu sancionador.

2. Si, un cop resolt el procediment sancionador, se'n deriven responsabilitats administratives per als pares, els tutors o els guardadors, s'han de posar en coneixement de la Fiscalia a l'efecte de les possibles responsabilitats civils.

3.   En el cas d'infraccions greus o molt greus, l'autoritat que resol l'expedient pot acordar, per raons d'exemplaritat i en previsió de conductes infractores futures, la publicació en el *Diari Oficial de la Generalitat de Catalunya* de les sancions greus o molt greus imposades, un cop han esdevingut fermes. Aquesta publicitat ha de fer referència als noms o els cognoms, a la denominació o la raó social de les persones naturals o jurídiques responsables, i a la classe i la naturalesa de les infraccions.

Article 166.   *Destinació de les sancions*

Les administracions públiques actuants han de destinar, en l'àmbit de llurs competències, els ingressos derivats de la imposició de les sancions establertes per aquesta llei a l'atenció i la protecció dels infants i els adolescents.

Article 167.   *Prescripció de les infraccions i de les sancions*

1.   Les infraccions tipificades per aquest títol prescriuen, si són molt greus, al cap de cinc anys; si són greus, al cap de tres anys, i si són lleus, al cap d'un any, en tots els casos a comptar de la data de comissió de la infracció.

2.   No obstant el que estableix l'apartat 1, quant a les infraccions establertes per les lletres *c* i *d* dels articles 158 i 159, el termini es computa des de l'endemà del dia en què l'infant o l'adolescent assoleix la majoria d'edat.

3.   Les sancions prescriuen en els terminis establerts en el procediment sancionador aplicable als àmbits de competència de l'Administració de la Generalitat.

DISPOSICIONS ADDICIONALS

Primera.   *Recursos financers i econòmics*

1.   L'Administració de la Generalitat té la responsabilitat de garantir els recursos necessaris per a donar el compliment adequat a l'ordenació i la provisió de les accions i els serveis establerts per aquesta llei.

2.   L'Administració de la Generalitat ha d'impulsar la signatura de convenis amb els ens locals i les organitzacions d'iniciativa social. Els convenis han de promoure plans, recursos o serveis preventius i comunitaris innovadors per als infants i els adolescents; serveis residencials i d'acolliment en consideració a la situació i les necessitats dels infants i els adolescents del seu territori, i programes d'informació, atenció, acompanyament i assessorament psicològic i jurídic en cas de maltractament infantil.

Segona. *Institucions col·laboradores d'integració familiar*

1. Són institucions col·laboradores d'integració familiar els organismes de les entitats locals, les fundacions, les associacions, les cooperatives o altres entitats sense ànim de lucre, legalment constituïdes i acreditades per l'organisme competent, en els estatuts o les regles de les quals figura com a finalitat la protecció de menors, i disposen de l'organització i l'estructura suficients i dels equips tècnics pluridisciplinaris necessaris per a complir aquesta funció.

2. Les institucions col·laboradores tenen per objecte portar a terme les tasques d'integració familiar relatives a l'acolliment familiar i l'adopció que s'estableixin reglamentàriament i s'han de sotmetre a les directrius, la inspecció i el control de l'organisme competent. Cap altra persona o entitat no pot intervenir en tasques d'integració familiar.

Tercera. *Sistema d'informació i gestió en infància i adolescència*

La Generalitat, a partir de l'entrada en vigor d'aquesta llei, ha de dotar progressivament el sistema d'informació i gestió en infància i adolescència, creat per l'article 25, de la infraestructura necessària perquè es pugui desenvolupar com a sistema d'informació per a la tramitació, comunicació i informació dels ens públics i les administracions que desenvolupin llurs funcions en matèria de protecció de menors, i també adaptar-se a les exigències del sistema d'informació social a què fa referència l'article 42 de la Llei 12/2007, de l'11 d'octubre, de serveis socials.

Quarta. *Nivell d'objectius de les prestacions garantides en la Cartera de serveis socials*

Els municipis i els ens locals supramunicipals han de poder planificar i preveure per cada àrea de població mínima de cinquanta mil habitants, d'acord amb el que estableix l'article 23, un mínim de vint places en l'àmbit dels serveis residencials i d'acolliment per a infants i adolescents en situació de desemparament. Aquestes previsions s'han de tenir en compte en els plans d'actuació local, conjuntament amb la programació dels serveis preventius de situacions de risc establerts per l'article 104 per a les situacions de risc.

Cinquena. *Informes periòdics de valoració i anàlisi des de la perspectiva de la infància i l'adolescència*

El Govern, mitjançant el departament competent en infància i adolescència, ha d'elaborar, cada dos anys i amb un criteri de transversalitat, un informe de valoració i d'anàlisi des de la perspectiva de la infància i l'adolescència, del conjunt de la producció normativa aprovada pel Govern i pels diversos departaments, i també del grau de compliment de la Convenció de les Nacions Unides sobre els drets de l'infant. Les conclusions d'aquest informe s'han de presentar al Parlament.

Sisena. *Recerca sobre maltractaments infantils i creació d'un centre de recerca especialitzat*

1.   El Govern ha d'impulsar la recerca sobre el maltractament infantil, i la formació i capacitació dels professionals en contacte amb aquest tipus de maltractament.

2.   Per assolir l'objectiu establert per l'apartat 1 es crea un centre especialitzat dedicat a la recerca sobre el maltractament infantil, que ha d'adoptar la denominació que determini el Govern. La composició, el funcionament i les competències d'aquest centre s'han d'establir reglamentàriament.

Setena. *Integració de les prestacions i pensions en el patrimoni del menor*

1.   L'import de les prestacions o pensions que causin els infants o els adolescents que estan sota tutela o guarda de la Generalitat resta afectat a subvenir les despeses derivades de l'atenció del servei públic que reben només en relació amb el compliment de les obligacions alimentàries a favor dels fills, segons el que estableix la normativa en matèria de seguretat social.

2.   Els infants o adolescents orfes que són beneficiaris d'una prestació o pensió estan eximits de subvenir a qualsevol despesa derivada de l'atenció que, per causa d'orfenesa, reben de la Generalitat.

3.   La pensió d'orfenesa d'un infant o adolescent sota la guarda o tutela de la Generalitat s'integra en el patrimoni de l'infant o l'adolescent orfe, del qual passa a formar part. Un cop assolida la majoria d'edat o finida la situació de guarda o tutela de la Generalitat, l'entitat protectora ha de lliurar a l'orfe, o a les persones titulars de la pàtria potestat o de la tutela, si encara és menor d'edat, la totalitat del seu patrimoni.

Vuitena. *Procediments de valoració de persones o famílies sol·licitants d'acolliment familiar o d'adopció*

1.   El procediment de formació i valoració psicosocial de les persones o de les famílies que s'ofereixen a acollir un infant s'ha de dur a terme d'acord amb el que s'estableix per reglament, i té una durada màxima de sis mesos. Un cop transcorregut el termini sense que s'hagi notificat la resolució, s'entén que la sol·licitud ha estat desestimada.

2.   El procediment de formació i valoració psicosocial de les persones o de les famílies que s'ofereixen a adoptar un infant s'ha de dur a terme d'acord amb el que s'estableix per reglament, i té una durada màxima de vuit mesos. Un cop transcorregut el termini sense que s'hagi notificat la resolució, s'entén que la sol·licitud ha estat desestimada.

Vuitena [*bis*].

El departament competent en matèria d'infància i adolescència ha d'establir el mecanisme adequat per a fer efectiu el reembossament total de les prestacions o pensions d'orfenesa retingudes i no rebudes pels infants o adolescents tutelats per la Generalitat des de l'entrada en vigor de la Llei 5/2017, del 28 de març, de mesures fiscals, administratives, financeres i del sector públic i de creació i regulació dels impostos sobre grans establiments comercials, sobres estades en establiments turístics, sobre elements radiotòxics, sobre begudes ensucrades envasades i sobre emissions de diòxid de carboni.

Novena.

El Govern de la Generalitat, mitjançant els departaments competents, ha de crear el Comissionat per a la Infància, amb l'objectiu que, des del Pla interdepartamental de suport a les famílies, defineixi una estratègia que permeti d'atendre les situacions de pobresa infantil.

Novena [*bis*].

La Generalitat ha d'establir el mecanisme adequat per a reparar els drets dels menors recollits en els articles 15 i 17 de l'Estatut d'autonomia que van ésser conculcats per la retenció de les pensions o prestacions d'orfenesa destinant-les a subvenir a les despeses derivades de l'atenció del servei públic que rebien d'acord amb la Instrucció 1/2012, del 24 de febrer, sobre les prestacions i les pensions del sistema de la seguretat social, de les quals són o eren beneficiaris els infants i adolescents tutelats per la Direcció General d'Atenció a la Infància i l'Adolescència, amb l'objecte de reembossar a aquests menors el total de les prestacions o pensions d'orfenesa retingudes i no rebudes des de l'entrada en vigor de la dita instrucció fins a l'entrada en vigor de la Llei 5/2017, del 28 de març, de mesures fiscals, administratives, financeres i del sector públic i de creació i regulació dels impostos sobre grans establiments comercials, sobres estades en establiments turístics, sobre elements radiotòxics, sobre begudes ensucrades envasades i sobre emissions de diòxid de carboni.

DISPOSICIONS TRANSITÒRIES

Primera. *Avaluació de resultats i d'impacte*

1. Les administracions públiques responsables han de dissenyar llur planificació de manera que els programes nous i els serveis adreçats a l'atenció social dels infants i adolescents, parcialment o totalment finançats per fons públics, incloguin l'avaluació de resultats, d'acord amb el que disposa l'article 20.

2. Si les característiques dels objectius o la magnitud dels fons públics implicats en un programa o servei són prou rellevants socialment, el Govern pot exigir també la inclusió d'una avaluació de l'impacte social.

3. L'avaluació de resultats s'ha d'anar incloent, en la mesura del possible, en tots els programes i serveis adreçats als infants i als adolescents que ja estiguin en funcionament a l'entrada en vigor d'aquesta llei.

4. El Govern ha de fer una avaluació de l'impacte d'aquesta llei al cap de quatre anys de l'entrada en vigor.

Segona. *Mapa de recursos i serveis per a la prevenció i protecció dels infants i els adolescents*

En el termini de dos anys a comptar de l'aprovació d'aquesta llei, el departament competent en matèria d'infància ha de presentar el mapa de recursos i serveis per a la prevenció i protecció dels infants i els adolescents a què fa referència l'article 23, que ha de formar part del mapa de serveis socials de Catalunya.

Tercera. *Integració de la Comissió interdepartamental de coordinació de les actuacions de l'Administració de la Generalitat adreçades als infants i als adolescents amb discapacitats o risc de tenir-ne a les taules territorials d'infància*

La Comissió interdepartamental de coordinació de les actuacions de l'Administració de la Generalitat adreçades als infants i als adolescents amb discapacitat o risc de tenir-ne continua exercint les seves funcions i els seus comitès s'han d'integrar a les taules territorials d'infància, un cop s'hagin constituït.

Quarta. *Terminis de revisió o impugnació de resolucions de desemparament*

Els terminis per a la revisió o impugnació de les resolucions administratives dictades en els procediments a què fan referència els articles 115 i 123 es computen des del moment de l'entrada en vigor d'aquesta llei si han estat dictades abans de l'aprovació de la llei.

DISPOSICIÓ DEROGATÒRIA

1. Resten derogades la Llei 37/1991, del 30 de desembre, sobre mesures de protecció dels menors desemparats i de l'adopció; la Llei 8/1995, del 27 de juliol, d'atenció i protecció dels infants i els adolescents i de modificació de la Llei 37/1991, del 30 de desembre, sobre mesures de protecció dels menors desemparats i de l'adopció; i la Llei 8/2002, del 27 de maig, de modificació de la Llei 37/1991, del 30 de desembre, sobre mesures de protecció dels menors desemparats i de l'adopció, i de regulació de l'atenció especial als adolescents amb conductes d'alt risc social.

2. Resten derogades totes les normes que s'oposin al que estableix aquesta llei, sens perjudici de la vigència de les disposicions reglamentàries que les despleguen, sempre que no contradiguin aquesta llei.

DISPOSICIONS FINALS

Primera. *Desplegament i execució*

Es faculta el Govern i els consellers competents en els àmbits corresponents perquè dictin les disposicions necessàries per a desplegar i executar, respectivament, aquesta llei, i perquè adoptin les mesures pertinents amb la mateixa finalitat.

Segona. *Modificació de la Llei 13/2006*

1. Es modifica l'article 22 de la Llei 13/2006, del 27 de juliol, de prestacions socials de caràcter econòmic, que resta redactat de la manera següent:

«Article 22. Prestació per l'acolliment de menors d'edat tutelats per la Generalitat

1. Es crea una prestació de dret subjectiu per a atendre les despeses de manteniment d'un menor o una menor d'edat tutelat per la Generalitat en mesura d'acolliment en família extensa o en família aliena.

2. Tenen dret a la prestació regulada per aquest article els menors d'edat tutelats per la Generalitat que es troben en una de les situacions següents:

a) Acolliment familiar simple en família extensa o aliena.

b) Acolliment familiar permanent en família extensa o aliena.

c) Acolliment familiar en unitat convivencial d'acció educativa.

d) Acolliment preadoptiu de menors amb discapacitat.

3. L'import de la prestació regulada per aquest article consisteix en una quantitat per menor d'edat acollit, establerta per la Llei de pressupostos. Aquest import, si escau, es redueix en proporció a l'import que es rep o que es pot reconèixer per dret d'aliments o derivats de la Llei 18/2003, del 4 de juliol, de suport a les famílies.

4. El Govern pot establir imports complementaris a la prestació per raó de discapacitat del menor o de la menor d'edat, pel nombre de menors acollits o per qualsevol altra circumstància que requereixi una dedicació especial.

5. La prestació regulada per aquest article s'abona a la persona o a les persones en qui ha estat delegada la guarda.

6. Són causes d'extinció de la prestació regulada per aquest article, a més de les establertes amb caràcter general, les següents:

a) Deixar sense efecte la mesura d'atenció o acolliment dels menors d'edat.

b) Arribar a la majoria d'edat o veure reconeguda l'emancipació.

c) Haver-se dictat sentència ferma d'adopció.

7. L'import de la prestació regulada per aquest article, establert per la Llei de pressupostos, ha d'ésser revisat com a mínim en la mateixa proporció que l'índex de renda de suficiència regulat per aquesta llei.»

2. S'afegeix un nou article, el 22 *bis*, a la Llei 13/2006, amb el text següent:

«Article 22 *bis*. Prestació per a menors d'edat en situació de risc

1. Es crea una prestació de dret subjectiu per atendre les despeses de manteniment d'un menor o una menor d'edat en situació de risc respecte al qual s'hagi formalitzat el compromís socioeducatiu corresponent.

2. Tenen dret a la prestació regulada per aquest article els menors d'edat que hagin estat valorats en situació de risc, respecte als quals s'hagi formalitzat el compromís socioeducatiu corresponent i la unitat familiar dels quals disposi d'uns ingressos, per tots els conceptes, iguals o inferiors a l'indicador de renda de suficiència. Aquest límit d'ingressos s'incrementa d'un 30% per cada membre de la unitat familiar a partir del segon.

3. L'import de la prestació regulada per aquest article consisteix en una quantitat per menor d'edat en risc, establerta per la Llei de pressupostos. Aquest import, si escau, es redueix en proporció a l'import que es rep o que es pot reconèixer per dret d'aliments o derivats de la Llei 18/2003, del 4 de juliol, de suport a les famílies.

4. El Govern pot establir imports complementaris a la prestació per raó de discapacitat del menor o la menor d'edat, pel nombre de menors d'edat en risc o per qualsevol altra circumstància que requereixi una dedicació especial.

5. La prestació regulada en aquest article s'abona a la persona o a les persones que exerceixin la guarda.

6. Són causes d'extinció de la prestació regulada en aquest article, a més de les establertes amb caràcter general, les següents:

a) La finalització del compromís socioeducatiu o la seva pèrdua d'efectes.

b) L'incompliment del compromís socioeducatiu.

c) Arribar a la majoria d'edat o veure reconeguda l'emancipació.»

Tercera. *Modificació de la Llei 13/1997 i de la denominació de l'Institut Català de l'Acolliment i de l'Adopció*

[…]

Quarta. *Entrada en vigor*

Aquesta llei entra en vigor al cap d'un mes d'haver estat publicada en el *Diari Oficial de la Generalitat de Catalunya*, llevat de la modificació de la Llei 13/2006, del 27 de juliol, de prestacions socials de caràcter econòmic, establerta per la disposició final segona, que entra en vigor l'1 de gener de 2011.

ÍNDEX ANALÍTIC

---

* V. nota al peu de la pàg. 122.

N

---

* V. nota al peu de la pàg. 122.